죄,
의미,
문명
I

송희식 지음

죄, 의미, 문명

철학과
형법총론의
신형상

I

도서출판 모시는사람들

죄, 의미, 문명 I

등록 1994.7.1 제1-1071
1쇄 발행 2021년 4월 30일

지은이 송희식
펴낸이 박길수
편집장 소경희
편 집 조영준
관 리 위현정
디자인 이주향
펴낸곳 도서출판 모시는사람들
       03147 서울시 종로구 삼일대로 457(경운동 수운회관) 1207호
전 화 02-735-7173, 02-737-7173 / 팩스 02-730-7173

인 쇄 (주)성광인쇄(031-942-4814)
배 본 문화유통북스(031-937-6100)
홈페이지 http://www.mosinsaram.com/

값은 뒤표지에 있습니다.
ISBN 979-11-6629-035-0   94360
ISBN(세트) 979-11-6629-036-7   94360

이 저서는 2017년 정부(교육부)의 재원으로 한국연구재단의 지원을
받아 수행된 연구임(NRF-2017S1A6A4A01021037)

이 책은 현대의 철학과 형법총론 두 분야에 걸쳐 새로운 시야(視野)를 모색한다. 구체적으로 제1권은 책임개념과 자유의지, 제2권은 분석철학과 그 새로운 시야, 제3권은 범죄론 체계의 신형상(新形象, neue Bild), 제4권은 법익론(法益論)과 독일철학의 새로운 시야를 논의한다. 두 개 학문분야를 혁신(革新)한다는 거대담론이 되었지만, 처음부터 이를 시도한 것은 아니었다.

원래 이 연구의 목표는 형법총론(범죄론 체계)을 좀 더 발전시키겠다는 것이었다. 인류가 도달한 두 개의 범죄론 체계가 있는데, 하나는 독일의 범죄론 체계이고, 다른 하나는 영미(英美)의 그것이다. 독일체계와 영미체계를 초월하는 보편적인 범죄론 체계를 종합(綜合)해 내겠다는 것이 저자의 목표였다. 범죄는 불법(不法)과 책임(責任)에 의하여 규정된다. 영화 〈타이타닉(Titanic)〉에서 배가 침몰한 후 잭(Jack)과 로즈(Rose)는 조그만 널판지에 몸을 의지하고 표류한다. 널판지가 너무 작아 두 사람이 모두 위에 오를 수 없어 잭은 손으로만 잡고 몸은 찬 바다에 잠겨 있다. 구조 보트가 나타났을 때 잭은 저체온증(低體溫症)으로 이미 사망한 상태였다. 널판지가 더 작아서 오직 한 사람만 의지할 수 있다면 어떻게 될까? 둘이 붙잡으면 널판지 자체가 바다 속으로 빠져 들어가는 경우이다. 그래서 한 사람이 살기 위하여 다른 사람을 밀어내어 죽게 하였다면 살인죄일까? 이것이 형법학에서는 카르네아데스 널판지(Plank of Carneades)라고 부르는 오래된 사례이다. 독일체계에서는 이 경우 면책적(免責的) 긴급피난이라고 하여 책임을 면제된다고 한다. 그래서 무죄(無罪)이다. (영미체계에서는 이에 대해 공식적으로 합의된 교의(教義)는 아직 없다. 오래된 것으로

미뇨네트(Mignonette)호 사건에서 유죄를 선고한 판례가 있다). 널판지에서 밀어내 죽게 한 것에 대해 살인의 불법(不法)은 있지만, 책임이 없어 무죄라는 것이다. 이처럼 불법과 책임은 범죄의 근본적인 두 개의 체계 범주이다.

그렇다면 책임이란 무엇인가? 위 사례에서 보듯이 형법학에서 책임이라는 개념(槪念)은 한 사람(피고인)이 처형되느냐, 감옥에 가느냐 아니면 석방되느냐를 좌우하는 문제이다. 그것이 개념을 어떻게 규정하느냐에 의하여 결정되는 것이다. 이처럼 개념을 정의한다는 것은 더이상 철학자의 상념(想念)도 아니고 일상의 언어놀이도 아니다. 그리하여 형법학자는 도대체 개념이란 무엇인가 하고 철학자에게 묻는다. 스스로 고뇌하기 위하여 철학자의 언급(言及)을 찾는 것이다.

오랫동안 책임은, 인간이 자유의지(自由意志)를 가지고 있기 때문에, 적법(適法)을 선택할 수 있는데도 불구하고 불법을 선택한 데 대한 비난(非難)으로 여겨져 왔다. 그런데 1980년대에 들어서 인간의 의식적 자유의 관념이 환상(illusion)이라는 신경과학(neuroscience)의 실험이 제시되었다(Libet's experiment). 우리가 손목을 구부리겠다고 생각하고 이어서 손목을 구부렸을 때, 우리의 생각(의지)이 손목을 구부린 것으로 안다. 그러나 우리 뇌의 신경세계에서는 우리의 생각(의지) 이전에 이미 손목을 구부리는 신경과정(神経過程)이 진행되고 있다는 것이 측정된 것이다. 우리가 자신의 의지로 손목을 구부린다는 이 당연한 느낌(feeling)은 환상(幻想)이라는 것이다. 이 실험 이후로 40여 년 동안 많은 추가적 실험들이 행해졌고, 신경과학자, 철학자, 사회심리학자 등 많은 학자들이 자유의지 논쟁에 참여하였다. 이 책은 이 모든 논의를 재검토하고 그에 따라 새로운 책임 개념을 제시한다. 필자가 제시하는 책임 개념은 인지적(認知的) 자유의 부담이라는 것이다. 그리고 면책성은 문명적(文明的) 자유의 결여(缺如)에 근거한다는 것이다. 이것이 제1권의 논의 내용이다.

자유의지에 관한 위 논의의 한 귀결은, 인간이란 수동모드(manual mode)의 자동차가 아니라, 자동모드(auto mode)의 무인자동차(無人自動車, 또는 AI자동차)를 운전하는 것에 비유할 수 있다는 것이다. 인간은 존재론적(存在論的)으로는 자동모드이고, 의미론적(意味論的)으로만 의식적 의도가 개입하는 수동모드이다. 이것은 우리의 인간상을 변혁하는 것이다. 우리는 근대 이후 500년이 된 인간관을 가지고 있다. 인간이란 육체와 정신을 가지고 있으며, 자유의지에 의해 행동하며, 그러한 개개인들이 합의하여 사회를 구성하고, 이성(理性)의 빛에 의하여 자연의 진리를 밝혀내어 문명(文明)을 구축한다는 것이다. 신경과학은 자유의지만이 아니라, 우리가 개념(概念)으로 상정하고 있는 것에 대응하는 그러한 정신, 마음, 이성(理性), 자아(自我)와 같은 것은 실재하지 않는다는 것을 보여주었다. 신경세계에는 이들에 대응하는 신경상관자(神經相関者, neural correlates)가 없는데 어떻게 이들을 규정할 수 있는가 하는 문제가 제기된다.

　자유의지, 이성, 자아 등 근대의 관념들에 대한 근원적인 타격은 이러한 신경과학 이전에 철학적으로 이미 진행되고 있었다. 지금으로부터 약 120여 년 전에 프레게(Frege)는 야심적인 학문적 기획(企画)을 시도하였는데, 그것은 수학(数学)과 논리학(論理学)을 종합함으로써 진리를 밝혀낼 수 있는 엄밀하고 발전된 논리를 제공하겠다는 것이었다. 프레게의 혁명적 사유는 한편으로는 오늘날의 컴퓨터를 탄생하게 하였고, 다른 한편에서는 그 이전까지의 모든 철학을 헛소리(nonsense)로 만들었다. 러셀(Russell)은 프레게를 받아들이고 비트겐슈타인(Wittgenstein)을 등장시켜, 실제로 그 이전까지의 모든 철학, 이리저리 개념을 조작(造作)하는 형이상학적 철학을 모조리 쓸어버렸다.

　이렇게 출발한 영미철학은 언어, 의미, 논리가 주요한 내용을 형성하는 분석철학으로 불리게 되었다. 분석철학의 관점에 서면 인간이란 의미론적 존재이다. 즉 인간이란 의미를 이해하는 존재이다. 창 아래에서 로미오가 '사랑한다'고 말하고, 줄리엣의 창가에 매달린 새장에서 앵무새가 이를 되받아서 '사랑한다'고 말했다고 하자. 로미오는 '사랑한다'는 발성(発声, 시니피앙, significant)의 의미를 이해하지만 앵무새는 자기 발성의 의미(意味)를 알지 못한다. 이렇게 보면 의미는 인간에 선행(先行)한다. 즉 의미를 이해할 수 있게 됨으로써 인간은 비로소 인간이 된다.

이 책은 영미 분석철학의 이론사를 개관(概觀)한다. 이것만으로도 아래서 보는 바와 같이 형법학의 가장 중대한 질문 중의 하나인 범죄의 유개념(類概念) 문제를 해결하는 대답을 얻는다. 그리고 우리는 더 나아가 분석철학 자체의 새로운 시야를 모색한다. 그 이유는 형법학이 철학에 대하여 제기하는 여러 가지 질문에 대하여 분석철학만으로는 답변이 충분하지 못하기 때문이다. 우리는 철학이 모든 학문의 왕이라거나, 다른 학문을 평가할 수 있다거나, 다른 모든 학문의 토대(土台)가 된다고 생각하지 않는다. 그렇지만 다른 학문에서 질문하는 문제에 대해서는 대답할 수 있어야 한다고 본다. 또한 아무도 대답하지 못하는 질문에 대하여 말할 수 있어야 한다. 이러한 관점에서 철학의 과제를 규정한다면 우리는 그것이 하나의 질문, 가장 거대한 질문에 응축된다고 본다. 그것은 '어떻게 문명(文明)이 가능한가' 하는 질문이다. 이 책은 이 질문과 이에 대한 포괄적 대답으로서 분석철학의 새로운 시야를 논의한다. 그것은 이제까지의 인식론, 존재론, 가치론, 의미론 그리고 형이상학을 재구성하는 것이기도 하다. 이것이 제2권에서 논의하는 것이다.

분석철학으로부터 범죄론 체계에서 200여 년 동안 해결하지 못했던 근원적인 문제의 답을 얻는다. 그것은 범죄의 유개념(類概念)의 문제이다. '범죄란 무엇인가'라는 근본적인 질문에 대하여, '범죄란 행위(行為)이다'라는 것이 헤겔리안(Hegelian)의 대답이었다. 포이에르바하(Feuerbach)는 범죄를 권리침해(Rechtsverletzung)로 규정한 데 대하여, 헤겔리안은 범죄를 행위(Handlung)로 규정하였던 것이다. 그러나 부작위범(不作爲犯)에서 부작위(행위하지 않음)는 행위가 아니다. 과실범에서도 과실 자체는 행위가 아니다. 데이비슨(Davidson)은 그의 저서 『행위와 사건(Essays on Actions and Events)』과 여러 논문에서, 그의 진리조건 의미론에 기초하여 행위가 사건의 한 종류이며, 사건이 근본적인 유개념이라는 것이라는 것을 논증(論証)하고 있다. 그렇다면 범죄란 행위가 아니라 사건(事件)이라고 해야 한다.

원래 독일체계에서 범죄란 '구성요건에 해당하고 위법하고 책임(責任)있는 행위'라고 한다. 영미체계는 범죄 개념을 정의하지 못하고 있으며, 다만 그 요소로서 악행(惡行, actus reus), 악의(惡意, mens rea)를 들고 있다. 필자는 인류가 도달한 두 개의 범죄체계에 관하여 이론사를 검토하고, 독일체계와 영미체계를 종합(綜合)하는 새로운 범죄론 체계를 제시한다. 제1권의 결론으로서 책임 개념과 면책성의 개념, 그리고 분석철학에서 얻은 범죄 개념의 유개념으로서의 사건의 개념에 터잡아, 우리는 범죄 개념의 정의와 범죄론 체계를 얻는다. 그리하여 우리의 출발점은, 범죄란 '불법과 책임이 귀속되는 사건'이라는 것이다. 필자는 이러한 새로운 범죄 정의와 범죄론 체계에 의하여 형법 총론을 재구성한다. 이것이 제3권의 내용이다.

범죄론 체계와 관련하여 남겨져 있는 또 하나의 과제가 있다. 그것은 불법(不法)이란 무엇인가 하는 문제이다. 앞의 카르네아데스의 널판지 사례에서, 다른 사람을 바다에 밀어내 익사시킨 자가 면책(免責)되어 무죄라고 하더라도, 그 살인행위는 불법이라는 것이 독일체계의 관점이다. 불법이란 무엇인가? 독일체계에서는 이에 관련하여 법익(法益, Rechtsgut)에 관한 이론이 약 200여 년에 걸쳐 발전되어 왔다. 불법이란 법익의 침해라는 것이다. 영미체계에서는 범죄화(criminalization) 이론이 불법이론에 해당한다고 할 수 있다. 어떤 행위를 범죄로 규정할 것인가 하는 문제이다. 이에 대해 밀(J.S.Mill)이 제시한 원리가 해악의 원칙(principle of harm)이다. 그리고 이 논점을 둘러싸고 혐오의 원칙(principle of offense)을 주장한 더블린과의 사이에 하트-더블린 논쟁(Hart-Devlin debate)이 있었다. 우리는 이 논제가 근본적으로 사회질서와 사회체계의 문제라고 본다. 총기(銃器)를 소지하는 것이 범죄(犯罪)인가 권리(權利)인가? 이것은 미국을 비롯하여 이를 인정하는 국가와 총기소지 금지국가의 문명의 차이로 보인다. 그리하여 이에 관해서는 사회이론의 차원에서 독일철학을 새로운 시야로 발전시키는 것에 의하여 해결해야 하는 문제라고 본다. 이에 관한 내용이 제4권이다.(다만 제4권의 출판은 다른 원고를 정리하는 문제로 시기는 좀 늦어질 것이다.)

위와 같이 이 책은 철학과 형법학에 관한 논의를 내용으로 하지만, 저자는 대단한 지적 야심(野心)으로 이 책을 썼다. 그것은 인간·사회·문명에 관한 상식들을 전복(顚覆)하는 것이다. 우리의 상식은 서구의 근대 철학자들이 개척한 정신의 파편(破片)이다. 이런 점에서 철학자들은 정신(精神)을 만드는 사람들이다. 500여 년 전의 마련된 사고방식으로서 서구 근대정신은 이제 진부(陳腐)한 것으로 뒤로 밀어낼 때가 되었다. 근대사회와 근대국가를 초월하는 전망(展望)을 제시하는 것이 이 책의 목적이다. 이 책을 읽은 후에 독자는 다른 사람들이 미망(迷妄)에 빠져 있는 것처럼 보이게 될 것이다. 달리 말하면, 현재의 사고방식으로는 상상력의 범위에 들지 않는, 사회적 문명적 전환이 가능하다는 새로운 시야(視野)를 발견할 것이다. 과학기술적 가능성은 이미 충분히 준비되어 있다. 그리하여 우리에게 필요한 것은 사회인문학적 상상력이다.

이 책을 쓰는 동안 도와준 많은 분에게 감사를 드린다. 송한식 교수는 문장은 물론 번역 부분을 많이 고쳐 주었다. 그러나 출판 마감시간 때문에 전부를 교정할 수는 없었다. 따라서 번역을 포함하여 부족한 점은 나의 책임이다. 크산티페(Xanthippe)를 이해하지만 나를 지지한다는 아내 배진숙에게 감사한다. 평생의 친구로서 격려해주고 물심양면으로 도와준 이규용 회장, 손창조

회장, 오상탁 회장에게 감사한다. 교정을 도와준 송희숙 선생에게 감사한다. 자료를 구해 준 동아대학교 법학전문대학원 송강직 교수, 하태영 교수, 송시섭 교수, 장병일 교수, 제주대 법전원 안성조 교수에게 감사한다. 인생의 한 시절 토론과 담화의 시간을 함께한 허일태 교수, 한정환 교수, 유각근 교수, 김용의 교수, 이종길 교수, 최병각 교수, 조동제 교수, 이상천 교수, 황형모 교수에게 감사한다. 여러 도서관에서 자료를 구해 준 동아대 법전원 도서관 담당 선생님에게 감사를 드린다.

2021. 4. 송희식

죄, 의미, 문명 I

제1권 책임개념과 자유의지론

*　　*　　*

제3권 불법과 책임이 귀속되는 사건

I.

이 책은 학문적으로는 형법학과 분석철학 두 개의 분야를 내용으로 한다. 구체적으로 영미의 분석철학을 검토하고 새로운 시야(視野)를 모색하며, 분석철학의 새로운 시야로서 독일과 영미의 형법총론의 체계를 종합하여 통일된 보편적 체계를 추구한다. 여기에는 관련되는 주제에 따라 신경과학(neuroscience), 사회심리학, 인지생물학, 사회생물학, 인류학, 영장류학(靈長類學) 등 여러 학문이 논의된다. 이렇게 논의가 여러 학문 분야에 걸치는 이유는 검토하는 논제가 많기 때문이다. 자유의지란 무엇인가, 의미란 무엇인가, 인간이란 무엇인가, 사회란 무엇인가, 질서(秩序)란 무엇인가, 지식과 인식이 어떻게 가능한가, 세계는 어떻게 가능한가, 문명은 어떻게 가능한가의 문제가, 범죄·불법(不法)·책임(責任)·행위·사건·면책(免責)·정당성 등의 개념들과 함께 논의된다.

개념은 인간을 형성하는 콘텐츠(內容)[1]이고, 죄(罪)는 사회를 만드는 기반(基盤)이다. 동물의 세계에는 개념도 죄도 없다. 이런 점에서 죄는 인간과 동물, 인간의 사회와 동물의 세계를 가르는 본질적(本質的)인 것이다. 한편 개념에 대해서 보면, 인간이 개념을 가지는 것이 아니라, 오히려 개념을 가졌기

---

[1] 이 개요의 일부 전문적인 단어나 독특한 단어에 대하여 글 뒤에 간단한 용어 해설을 실었다.

때문에 인간이 된다고 할 수 있다. 생물학적 측면에서는 인간으로 태어나도, 언어와 개념을 배우지 못하면 인간이 되지 못한다.[2] 죄는 모든 인간이 태어나면서부터 짊어지는 원죄(原罪)의 개념으로 현재에 이르기까지 기독교 문명을 형성하는 결정적 콘텐츠이다. 물론 우리가 논의하는 것은 형법학의 범죄(犯罪)의 개념으로서 실제로 사회질서와 권력(權力)을 규정하는 기초이다. 범죄와 형벌제도는 사회질서의 가장 기반이 되는 것이다. 범죄에 대한 처벌이 있음으로써 비로소 사회에 질서가 규정된다. 나아가 범죄에 대한 처벌의 권력이야말로 권력의 가장 기본적인 내용이다. 범죄에 대한 처벌의 권력이 실질적으로 어디에 있고, 어떠한 양식으로 행사되는지가 민주주의 정치제도의 핵심이다.

인류학자 베네딕트(R.F.Benedict)의 책 『문화의 패턴』에는 도부(Dobu)의 한 종족에 관한 연구가 있다. 그들의 사회에서는 살인(殺人)이 찬양된다. 다시 말하면 도부 사회에는 죄(罪)의 개념이 없다. 그들은 마음만 먹으면 누구든지 죽일 수 있다. 그들은 사람을 죽이기 위하여 독초(毒草)를 찾아내고 자기만의 독(毒)을 만든다. 그들의 '사회 형태는 악의(惡意)와 배반(背叛)을 조장하고 그것을 사회의 용인된 미덕으로 인정한다.' 가장 많이 죽인 자는 명예로운 자이고, 죽거나 병신이 된 자는 저열(低劣)한 자이다.[3] 이러한 사회가 유지될 수 있을까? 유지된다! 도부 사회는 오랫동안 유지되어 왔고 전체 인구에 비교한 살

---

2 인도(印度)에서 화제가 되었던 늑대 아이(wolf child)는 태어나자마자 산속에 버려진 것으로 보였다. 그 아이는 10대의 나이에 인간에게 발견되어 인간사회로 돌아왔지만 언어를 배우지 못하고 인간이 되지 못했다. 그 늑대 아이는 급할 때는 네 발로 달리고, 달이 뜨는 밤에는 밖으로 튀어나가 울부짖다가, 결국 인간사회에 적응하지 못하고 죽었다. 그 아이를 만난 모든 사람은 그 아이를 인간으로 느끼지 못했다.
3 우리로서는 이해하기 어려운 일이다. 그러나 베네딕트의 책을 읽어 보면 이것을 이해하기 어려워하는 우리의 사유(思惟)가 얼마나 좁은 한계에 갇혀 있는지를 발견할 수 있다. 강자(强者)가 선택되는 것이 진화의 기본 원칙이라는 것을 상기할 필요가 있다. 실제로 우리 역시 살인을 많이 한 사람을 찬양한다. 인류의 역사에서 영웅이라고 불리는 사람이 얼마나 많은 살인을 했는지 생각해 보라. 100명, 1000명 단위가 아니라 수백만 명 수천만 명을 살해한 사람이 위대(偉大)한 영웅으로 찬양받는다. 그리하여 살인의 문제가 아니라 정당성(正當性)과 불법(不法)이라는 에토스(ethos)의 문제이다.

인사건 발생률은 우리 문명사회보다 오히려 낮다. 왜 그럴까?

베네딕트보다 한 세대 이전(以前)에 살았던 형법학자 리스트(F.v.Liszt)는 원시사회의 사회질서 기제(機制)에 대하여 설명하고 있다. 그것은 바로 복수(復讎)의 기제이다. 살인사건이 일어나면 혈족 간(血族間) 피의 복수(Blutrache)가 시작된다. 따라서 살인을 하려는 자는 복수로 그 자신도 죽임을 당할 수도 있다는 것을 각오하지 않으면 안 된다. 그렇기 때문에 도부 섬에서도 살인은 은밀(隱密)히 하여 복수를 당하지 않아야 한다. 도부의 사회에서 살인사건 발생률이 오히려 문명사회보다 낮은 이유는, 은밀하게 살인하여 복수를 당하지 않는 것이, 문명사회에서 살인범으로 체포되지 않는 것보다 더 어렵기 때문이다.

우리 문명사회는 도부 사회와는 다른 사회구성양식(社會構成樣式)을 선택했다. 이것은 실로 문명(文明)에로의 길에서 가장 기본적이고 근원적인 선택이었다. 그것은 폭력과 살인이 방치되고 복수의 기제(機制)에 의하여 규제되었던, 짧게는 5만 년 길게는 약 20만 년의 수렵채집사회 이후에, 비로소 이루어진 선택이었다. 즉, 문명이 살인을 찬양하는 대신 살인을 죄(罪)로 만들었다.[4] 그 외 여러 가지 행위들을 죄로 규정함으로써 그것을 금지하는 것이 사회질서(社會秩序)가 되었다. 이렇게 하여 사회의 가장 근본적인 질서(秩序)가 탄생한 것이다. 동시에 이것이 바로 사회와 문명의 탄생이기도 하다. 즉, 범죄를 처벌하는 질서가 성립되는 것이 문명의 탄생이다. 왜냐하면 그것은 바로 국가와 권력의 탄생을 의미하기 때문이다. 죄와 국가와 문명은 동시에 탄생하였다기보다 그것은 하나이다. 죄의 개념은 동시에 불법(不法)의 개념과 정당성(正當性)의 개념을 형성한다. 사적(私的)으로 살인을 하는 것은 죄(불법)

---

4   실제로는 많은 문명에서 살인은 문명의 시작 이후에도 오랫동안 복수(復讎)의 기제(機制)에 맡겨져 있었다. 즉 도부 사회처럼 살인죄가 없었다. 오히려 절도죄 상해죄 등의 죄가 살인죄에 앞서 규정되었다.

이고, 살인자를 살인하는(死刑시키는) 것이나, 국가가 살인하는 것(전쟁)은 정당성이다. 사적으로 남의 돈을 강탈하는 것은 강도(불법)이고, 공적으로 남의 돈을 가져가는 것(세금)은 정당성이다. 이 모든 것을 정당화하는 것은 국가의 개념이고 권력의 개념이며 정당성의 개념이다. 즉, 죄(불법)와 정당성은 대개념(対槪念)으로서 함께 탄생한 것이다. 그리하여 인간과 문명은 개념에 의하여 만들어진다. 침팬지가 인간으로 진화한다는 것은, 그가 개념 덩어리가 되는 것이다. 또한 사회와 문명이 발전한다는 것은 개념이 발전한다는 것이다.

II.

이러한 사회질서 그리고 사회와 관련된 개념(槪念)이 지금은 얼마나 발전하였을까? 우리는 과연 약 4,000년 전의 사람들보다 사회에 관하여 더 나은 개념들을 가지고 있을까? 가장 기본이 되는 범죄의 개념에 관하여 우리는 얼마나 더 나은 정의(定義)를 가지고 있는가? 지금까지 인류가 발전시킨 범죄의 정의는 단 하나뿐이다. 그것은 독일체계(獨逸体系)가 제시한 것으로, '범죄란 구성요건에 해당하고 위법하고 책임 있는 행위이다'라는 정의이다. 영미체계(英美体系)는 actus reus(惡行)와 mens rea(惡意)를 범죄의 구성요소로 들고 있지만, 범죄개념의 공식적인 정의가 없다. 사회질서의 가장 기초가 되는 범죄의 개념이 하나밖에 없다는 것은 놀라운 일이다. 그리하여 위 범죄정의에 기초하는 독일체계는 미국의 hearsay rule(伝聞法則)과 함께 인류가 창조한 사회인문학(社会人文学)에서 최고의 발명(發明)으로 평가된다. 이 책을 읽는 사람이 만일 범죄개념의 정의에 대하여 뭔가 다른 개념을 제시할 수 있다면, 그는 대단한 일을 하는 것이다. 저자는 독일체계와 영미체계를 종합한 새로운 범죄론 체계를 제시할 것이다. 물론 새로운 범죄개념의 정의도 제시할 것이다. 이 책의 반은 이 새로운 범죄론 체계에 관한 것이다.

범죄론 체계의 발전은 앞에서 본 것처럼 사회와 문명의 토대이다. 앞에서 죄와 정당성의 탄생이 국가의 탄생이었다는 것을 상기(想起)할 필요가 있다. 국가란 권력(權力)의 체계이다. 원래 권력은 불가분(不可分)이었다.[5] 이러한 불가분의 권력을 분할(分割)하는 데 성공할 수 있었던 것은 범죄개념의 발전 덕분이었다. 서구 근대에 들어서서 범죄에 대하여 재판하는 권력을 개념 전문가(즉 검사와 판사)에게 맡기는 것이 가능할 수 있을 정도로 범죄론 체계가 발전하였던 것이다. 범죄에 대하여 재판하는 권력은 원래 권력자의 것이었다. 권력자가 반대파를 반역죄(反逆罪)로 처단하는 것은 오래된 권력투쟁의 방법이었다. 따라서 권력자가 재판의 권력을 장악하는 것은 필수적인 것이었다. 그런데 범죄론 체계가 이론적으로 확립되어 그 이론에 따라 일반적 논리적(論理的) 결론이 가능하게 되어, 재판권력(裁判權力)을 정치권력자가 아닌 이론가(판사)에게 맡기는 것이 가능하게 된다. 권력자로서도 반역죄가 아닌 이상 일반적인 재판권은 분할해 주어도 자신의 권력이 직접 위협받는 것은 아니었다. 나아가 반역죄도 진정한 반역만 처벌하려 한다면 제3자에게 맡겨도 되는 것이었다. 그렇게 하여 역사상 최초로 권력의 분할(分割)이 가능해진 것이 근대 민주주의의 토대였다. 이것은 달리 말하면 범죄론 체계가 더욱 발전하여 국가 간의 차이를 넘어설 수 있다면 이 재판권력만은 국가를 초월(超越)할 수도 있다는 것을 의미한다. 실제로 범죄론 체계는 같은 수준의 문명사회에서는 이미 국가 간의 차이가 많지 않으며, 전 세계 여러 나라에서 범죄론 체계는 독일체계(獨逸体系)와 영미체계(英美体系)가 일반화되어 있다. 물론 이 체계를 채택하지 않은 국가들이 있지만, 그것은 그 사회의 특수한 성격을

---

5 권력을 나누어 주는 것은 곧 그 권력자의 죽음을 의미하였다. 그리하여 권력자는 자신의 권력 일부를 나누어 가지려는 자는 가차없이 죽였다. 한비자(韓非子)는 왕이 자신의 처(왕비)를 총애하면 신하들이 왕비에 줄을 설 것이며, 마침내 그 왕비의 아들에게 권력을 찬탈당할 것이라고 경고했다. 왕비의 입장에서는 남편보다 아들이 더 안전하기 때문이다. 아들에게도 권력을 나누어 줄 수 없기 때문에 측천무후(則天武后)는 자신의 권력에 도전하는 아들도 죽였다고 전한다.

반영하는 것으로 보편성이 떨어지는 체계라고 단언(斷言)할 수 있다. 이 책은 독일체계와 영미체계를 종합하는 범죄론 체계의 보편화, 보편적 범죄론 체계에 관한 연구이다.

그런데 범죄론 체계의 발전은 개념의 발전에 의하여 가능한 것이다. 단순화하여 말하면 범죄개념의 정의, 즉 범죄의 개념이 발전하는 것이 범죄론체계의 발전이다. 그런데 개념(概念)이 발전하는 것은 대단히 어렵다. 세계적으로 홍행에 대성공했던 〈스타워즈(Star Wars)〉라는 영화를 보라. 그 세계는 인간 상상력의 진수를 보여준다고 할 만하다. 시간적으로는 아득한 미래이고 공간적으로는 전 우주(全宇宙)를 배경으로 한다. 그런데 인류의 발전의 첨단에 서 있는 이 영화의 정치제도를 보라. 왕정체제인 제국(帝國)이 거의 우주 전체를 지배하고 있고, 가끔 공화국이라는 단어가 나오고, 주인공들로는 왕정의 공주(公主)가 나오는가 하면 중세적 개념의 기사(騎士)도 나온다. 다시 말하면 정치제도에서는 오히려 과거로 후퇴하고 있으며, 사회인문학적 상상력은 거의 보이지 않는다. 실제 현실에서도 이제까지 제시된 정치체제에 관련된 개념으로서 민주주의 이외에 그보다 발전된 개념은 하나도 없다고 해도 과장이 아니다. 마르크스주의자가 민주주의의 대안으로 제시한 것은 놀랍게도 계급독재체제였다. 왜 이렇게 인류의 사회인문학적 상상력(想像力)은 빈곤한 것일까? 자연과학의 발전에 비하면 사회인문학적 상상력의 빈곤은 놀라운 것이다. 그리하여 우리는 개념의 역사를 돌아볼 필요가 있다.

Ⅲ.

인류의 역사에서 고의(故意)와 과실(過失)의 개념은 언제 어떻게 출현했을까? 사람을 칼로 찔러 죽이면 고의에 의한 살인(殺人)이고, 교통사고로 사람을 죽게 하면 과실치사(過失致死)이다. 일반인에게 고의살인은 상상도 하지 않는 사건이지만, 과실치사(교통사고)는 어느 날 갑자기 일어날 수도 있는 현실성이 있는 사건이다. 똑같이 결과적으로 사람이 죽게 하는 것이지만, 고의로 죽게 한 것과 과실로 죽게 한 것은 대단히 큰 차이가 있다. 그런데 이 고의와 과실의 개념은 인류의 역사에서 언제 출현했을까? 함무라비(Hammurabi) 왕의 법전에는 고의와 과실을 구분하는 구체적인 판례법(判例法)이 있다. 말하자면 지금으로부터 약 3,800년 전이고, 우리에게 까마득한 소크라테스(Socrates)와 공자(孔子)보다 1,300년 전(前)이다. 함무라비 법전에는 다음과 같은 조문이 있다. "만약 어떤 사람이 언쟁을 하다 다른 사람을 때려서 다치게 하였다면, 그는 내가 '일부러(wittingly) 그런 것이 아니다.'라고 맹세하고 치료비를 지급해야 한다(제206조)." "만약 그 어떤 사람이 그의 상해로 사망했다면, 그는 위와 같은 맹세를 하고, 만약 사망한 자가 자유인이라면 그는 은 2분의 1미나를 배상해야 할 것이다(제207조)." 이 조문들은 오늘날의 관점에서 보면 폭행치상(暴行致傷)이나 상해치사(傷害致死)에 관한 규정이다. 앞의 경우는 폭행은 고의로 한 것이지만 상해는 과실로 발생한 경우이고, 뒤의 경우에는 상해는 고의로 한 것이지만 죽음(死亡)은 과실로 발생한 경우이다. 즉 함무라비 법전에는 상해나 사망이 과실로 발생한 경우와 고의로 발생한 경우를 구별하고 있다. 지금으로부터 3,800년 전에 함무라비 시절의 법관들은 고의와 과실의 개념을 사례(事例)를 통하여 일종의 판례법으로 알고 있었던 것이다. 그들은 사람들이 싸우다 다쳐서 왔거나 또는 죽은 경우에 가해자가 일부러 그렇게 한 것인지(고의), 실수로 그렇게 한 것인지(과실)를 판단했던 것이다. 그리고 일부러(즉 고의로) 그런 결과를 야기한 것이 아니라고 판단되면, 신에게 맹세(盟誓)를 시키는 것으로 이를 확인하고 벌금형으로 처벌했던 것이다.

그런데 중요한 것은 3,800년 전에 고의나 과실이라는 기표(記標, 단어)는 없었으며, 추상적(抽象的) 개념으로서 고의와 과실의 기의(記意, 개념)도 없었다는 것이다. 즉 고의·과실의 사례(事例, 판례)는 인정되었고 알고 있었으나, 고의·과실의 개념(추상개념)은 없었다. 물론 함무라비 시대에도 위에서 '일부러 (wittingly)'로 번역된 단어는 있었다. 그러나 그 단어(개념)가 추상개념으로 보편적 범주(範疇)를 형성한 것은 아니다. 즉 그들은 사례를 통해서만 알고 있었다. 여기에 사례(事例)와 개념(概念)의 차이가 있다. 중요한 것은 이 사례로 아는 것과 개념으로 체계화하는 것의 차이가 아주 크다는 것이다. 고의·과실이라는 단어가 법학적으로 의미를 가진 개념으로서 처음 등장한 것은 위 함무라비 시대보다 무려 약 1,500년 후인 로마 시대였다. 로마법에서 고의의 개념은 대표적으로 dolus로 표기되었고 과실은 culpa로 표기되었다. 사례로 알고 있는 것을 개념화하는 데 무려 1,500여 년이나 걸린 것이다. 왜 이렇게 오랜 시간이 걸린 것일까? 인간에게 이성(理性)이라는 것이 있다면, 이것은 이성의 수수께끼라고 할 수 있다. 더욱 놀라운 것은 로마 시대의 고의·과실의 개념도 제대로 된 보편적 의미의 고의·과실의 개념이 아니라는 것이다. 왜냐하면 로마법에서 오늘날의 고의의 개념을 가진 것은 dolus만이 아니라 voluntas, consulto, proposito, sponte, data opera, fraude, sciens, animus nocendi, animus violandi, animus occidendi 등 극히 다양한 용어가 있었기 때문이다. 과실의 개념도 culpa 이외에 imprudentia, negligentia, nimia negligentia, ignorantia, involuntarie 등의 용어가 있었다. 이것은 단일한 고의·과실의 개념을 여전히 형성하지 못했다는 것을 의미한다. 로마 시대에도 사람을 의도적으로 죽이려 하는 것(animus occidendi)과 이득을 얻으려는 기망(fraude), 목적하는 것(proposito), 계획적으로 노력하는 것(data opera), 아는 것(sciens) 속에 공통의 개념(概念, 즉 고의)이 있다는 것을 정확히 알지 못했고, 그것을 개념적으로 보편적으로 규정하여 처벌의 크기를 규정하는 개념 적용을 알지 못했다. 결국 로마인들이 형성한 고의·과실의 개념도 사실은 사례(事例)와 추상적 보편개념의 중간적 범주의 관념에 불과한 것이었다. 제대로 된 추상개념으로서 고의·과실의 개념이 형성되는 데에는 다시 1,000년을 기다려야 했다.

IV.

위의 사정에서 보면 개념은 문명(文明)과 관계가 깊다. 우리가 개념을 얼마나 발전시킬 수 있느냐가 인류의 문명을 얼마나 진보시킬 수 있는지의 관건(關鍵)이 되어 온 것이다. 자연과학에서 이것은 새삼 논의할 필요가 없이 잘 알고 있는 것이다. 그리고 자연과학의 발전에 있어서는 단 한 사람의 학자에 의해서도 인류의 공유재산으로서의 개념이 규정될 수 있다. 이 점에서 근대 이후 자연과학의 발전은 눈부신 것이었다. 물리학적 법칙 관계의 해명, 그에 관련된 개념의 규정과 발전은 한 사람의 천재에 의해서도 완전하게 그 발전을 이룩할 수 있다. 가령 에너지(energy)라는 개념, 질량(質量)이라는 개념, 에너지와 질량이 같은 것($E=mc^2$)이라는 관념적 발전은 한 편의 논문만으로도 확정되었고, 원자탄으로 그 위력이 증명되었다. 심지어 세계에 따라서 시간이 다르게 갈 수 있다는 관념도 지적(知的) 권위를 가지고 있다. 그런데 눈부신 자연과학의 발전에 비하여 사회인문학의 발전은 거의 눈에 띄지 않는다.

이것은 사회인문학(社會人文學)의 영역에서 실제 현실에 적용되는 추상개념을, 더 나아가 사회체계를 형성하는 개념을 규정(規定)하는 것이 얼마나 어려운가 하는 점을 말하는 것이다. 이것은 오늘날도 마찬가지이다. 형법학의 독일체계에서는 "범죄는 행위(行爲)인가?" 하는 물음을 거의 200여 년 동안 해결하지 못하고 있다. 독일체계에서 범죄란 "구성요건에 해당하고 위법하고 유책한 '행위'이다."라는 것이 공식적 개념정의이다. 그런데 이 '행위'라는 개념에 문제가 있다는 것은 오래전부터 널리 알려진 사실이다. 왜냐하면 '행위를 하지 않는 것(不作爲)'이 범죄가 되기도 하고, 잘못 인식한 것(과실)도 범죄가 되기 때문이다. 아이가 물에 빠진 것을 보고 고의로 구조(救助)하지 않아 죽은 경우, 아버지에게는 살인죄가 적용된다. 의사가 패혈증(敗血症)에 관한 최신의 개념정의를 알지 못하여 이미 진행 중인 패혈증을 제대로 진단하지 못하여 사람을 죽게 한 경우, 과실은 '개념정의를 알지 못한 것'이다. 이것들은 모두 우리가 아는 일반적인 의미의 행위(行為)가 아니다. '행위하지 않은 것' '알지 못한 것'은 행위라고 할 수 없는 것이다. 그리하여 로스쿨(Law School)에서는 행위개념을 억지로 비틀어 '행위하지 않은 것', '알지 못한 것'도 행위라고 이해(理解)하도록 만들고 있다. 그리하여 로스쿨을 졸업할 때쯤에는 부작위나 과실을 행위로 이해하지 못하는 학생은 없게 된다.[6]

현재의 범죄론 체계에서 문제가 되는 개념이 행위만으로 그치는 것이 아니다. 행위, 구성요건, 불법, 책임, 정당성, 면책성, 고의, 과실 등 범죄론 체계의 주요한 개념들이 모두 중대한 난점(難点)을 안고 있다. 난점이 있다는 것은 그 개념들을 제대로 정의하지 못하고 있다는 사실에서도 드러난다. 가령 우리는 책임개념을 정의하지 못하고 있다. 불법개념도 마찬가지이다. 영미체계는 독일체계에서 가장 중요한 체계범주인 구성요건, 불법, 책임의 개념을 체계범주(体系範疇)로 설정하지 않고 있다. 영미체계에서는 actus reus(惡行), mens rea(惡意), justification(正当化), excuse(免責性)가 체계범주이다. 독일체계에서 이론적으로 크게 문제가 되는 것, 가령 행위개념, 불법개념, 책임개념 등은 영미체계의 범죄론 체계에서는 별로 논의되지 않는다. 책임개념도 형법학의 범죄론 문제가 아니라 철학의 논제(論題)로 규정된다. 우리는 책임개념(責任概念)의 정의에만 이 책 제1권의 반(半)을 할애하고 있다. 그것은 자유의지(自由意志)의 문제와 불가분적으로 관련된다.

---

6   이것은 마치 경제학에서 "공급은 스스로 수요를 창조한다."는 세이의 법칙(Say' law)을 제대로 이해하지 못하고 의심하면, 경제학도로서의 자질(資質)을 의심받았던 케인즈(J.M.Keynes) 이전(以前) 시대의 상황과 비슷하다.

V.

이 책은 2017년 정부(교육부)의 재원으로 한국연구재단이 지원하는 인문사회 분야 저술출판지원사업에서 형법총론의 신형상(죄와 개념)으로 선정되어 연구가 시작되었다. 그로부터 약 4년 동안 연구가 진행되었고, 그 이전의 개인적 연구 기간을 더한다면 저자가 여기에 투자한 시간은 아마도 7년은 될 것이다. 그렇게 하다 보니 연구 내용에 깊이를 계속 추구하게 되었는데, 그것은 형법학적 논의를 뒷받침하는 철학 분야의 연구를 피할 수 없게 만들었다. 즉 형법총론의 신형상(新形象)과 관련하여 책임과 자유의지론에 관한 철학과 신경과학(neuroscience)의 연구가 요구되었다. 나아가 행위론(行爲論)과 사건존재론(事件存在論)에 관한 연구에 있어서 분석철학(分析哲學)에 대한 연구가 필수적이라는 것을 알게 되었다. 독일에서 200여 년 동안 행위개념을 대체하려는 연구가 있었음에도 출구를 얻지 못한 것은 근본적으로 전혀 다른 철학적 시야(視野)가 없었기 때문이라고 생각하였다. 저자는 그 시야를 분석철학에서 찾는다. 그뿐만 아니라 규범적 학문으로서 형법학 나아가 법학에 논리(論理)가 있을 수 있는가, 그것이 어떻게 가능하고, 그 성격은 무엇인가에 관해서도 분석철학에 묻게 되었다. 결국 연구 내용이 많아져 전체를 3권으로 나누어 출판하게 되었다. 이렇게 초고를 나누었는데도 시간에 쫓기게 되어 법익론(法益論), 그리고 사회질서에 관한 사회철학적 시야, 그리하여 독일철학의 새로운 시야에 관한 초고(草稿)는 출판을 뒤로 미룰 수밖에 없게 되었다.[7]

이 제1권에서는 책임개념과 자유의지론을 논의한다. 자유의지론을 논의하게 되면 결국 '인간이란 무엇인가'에 관한 관문(觀問)으로 이어진다. 그리고

---

7 나의 생애에 시간이 주어진다면 이 책 제4권이 출간될 것이다. 다음 저작은 경제학 분야를 잡고 있기 때문에, 그것이 끝나고 현재의 법익론과 사회질서에 관한 이론의 초고를 독일철학의 새로운 시야로 연계하는 작업에 시간이 주어지기를 바란다.

책임 문제는 사회를 어떻게 구성할 수 있는가에 관한 관문에 관한 것이다. 불법과 함께 책임은 범죄론 체계의 두 개의 주요한 체계범주 중의 하나이다. 그렇지만 책임개념은 앞의 고의·과실의 개념과 유사하게 4,000년에 걸친 관념의 발전에도 현재까지 그 개념을 명확하게 규명하지 못하고 있다. 독일체계에서는 책임(Schuld)이라는 기표(단어)가 확립되어 있음에도 그 개념을 정의하지 못하고 있다. 한편 영미체계에서는 liability, culpability, responsibility, answerability, accountability 등의 개념이 있으나 어느 것도 독일의 Schuld에 해당하지 않는다. 이것은 마치 로마법에서 고의·과실의 개념이 여러 개 있었던 것을 상기시킨다. 그렇다고 단 하나의 기표(단어)가 있는 독일체계라고 하여 사정이 다른 것은 아니다. 책임개념의 정의에 대해 아무런 결론이 없을 뿐만 아니라 심지어 거꾸로 Schuld 이외에 Verantworlichkeit(답책성)이라는 기표(단어)를 분화(分化)시키려고 하는가 하면, 아예 책임형법을 부정(否定)하는 이론마저 대두되고 있다. 결국 우리는 아직도 책임이 무엇인지 모른다. 그럼에도 독일체계의 국가들에서 책임원칙은 형법만이 아니라 헌법원칙(憲法原則)으로 규정되어 국가적 이념으로 인정되고 있다.

이처럼 책임의 개념이 불확정적이지만, 일정한 사유(事由)가 있는 경우에 책임이 없거나, 책임을 묻지 않는 것–면책성(免責性, excuse)–으로 규정하는 점에서는 모든 형법이 일치한다. 이미 로마 시대에 7세 미만의 아이는 면책되었으며, 정신장해(精神障害)의 경우도 면책되었다. 하드리아누스 황제(Emperor Hadrian)를 공격했으나 실패한 미치광이가 처벌되지 않고 의료적(醫療的) 보살핌을 받았다는 기록이 있다. 심지어 앞에서 본 대로 이미 3,800년 전에 고의범죄와 과실범죄의 사례를 구별하였다는 것은 고의범에 비해서 과실범은 책임이 적다는 사유(思惟)가 배경에 있었다고 해야 한다. 이렇게 보면 인류는 3,800년 전의 사람들이 이미 생각했던 것을 아직도 정확히 그 실체를 규명하지 못하고 있는 셈이다. 우리는 책임개념의 시초라고 할 수 있는 아리스토텔레스에서 시작하여 21세기에 제시된 이론까지 모두 검토할 것이다.[8] 이 중에서 가장 인기 있는 책임개념은 규범적 책임개념으로서 책임을 '비난가능성(非難可能性)'으로 정의하는 것이다. 오늘날 로스쿨 학생에게 책임개념을 물으면 비난가능성이라고 대답하는 것을 듣게 될 것이다. 그러나 "어떤 경우에 비난 가능한가"라는 문제에 대답할 수 없기 때문에 사실상 동어반복(同語反覆)에 불과하다. 그리고 비난 가능하다고 상정하는 범위에 따라 전혀 다른 책임개념을 주장하는 결과가 된다. 이 점은 비난가능성이론의 주창자 프랑크(Reinhard Frank) 스스로 알고 있었으며 이를 보충하려고 노력했으나 결국 실패했다. 독일체계의 책임개념 이론사의 귀결은 2000년대에 들어서서 발터(Tonio Walter)나 진(Arndt Sinn)에 이르러서는 책임을 범죄론의 체계범주로서 폐지해야 한다는 주장에까지 이르렀다.

VI.

이러한 책임개념의 이론사에는 중간에 중대한 문제가 제기되었는데, 그것이 자유의지(自由意志)의 관문(觀門)이다. 범죄자에 대한 비난(非難)이 가능하기 위해서는 사건 당시에 범죄행위가 아닌 다른 행위의 가능성이 있었는가, 즉 범죄를 하지 않을 수 있었는가 하는 점이 기본적 전제(前提)이다. 즉 타행위가능성(anders-handeln-können)이 책임의 본질적 전제이다. 독일연방대법원의 판결처럼 '적법(適法)'을 택할 수 있었음에도 불법(不法)을 선택하였다는 점에 대하여 비난(非難)하는 것'이 책임이라는 것이다. 이러한 타행위가

---

8 아리스토텔레스, 푸펜도르프(Pufendorf)의 귀속(imputatio, Zurechnung)개념에서 시작하여 독일체계 책임개념의 이론사(理論史)를 모두 살펴본다. 헤겔과 헤겔리안(Hegelian), 빈딩(Binding), 리스트(v.Liszt), 프랑크(Frank), 카우프만(Arthur Kaufmann), 그라마티카(Gramatica), 앙셀(Ancel) 등 많은 학자들의 논의를 모두 검토한다. (目次 참조)

능성(他行爲可能性)은 영미철학에서는 대체가능성의 원리(principle of alternate possibilities, PAP)로 표현되고 있다. 가령 살인범(殺人犯)이 과연 적법을 선택할 수 있었을까? 시간(時間)을 되돌릴 수 있어서, 살인범이 범행 직전(直前)의 시간으로 되돌아간다면 그가 살인행위를 하지 않을 수 있었을까? 오늘날 흔히 다루어지고 있는 TV 드라마의 시간여행과는 달리 타행위가능성은 증명할 수가 없다. 증명할 수 없을 뿐만 아니라 오히려 정반대로 살인범은 다시 살인을 하게 될 것이 아닌가 하는 유력한 주장이 제기되었다. 19세기 후반 이탈리아에서 롬브로조(Cesare Rombroso)의 사회적 책임론을 이어받은 페리(Enrico Ferri)는 인간의 자유의지를 정면으로 부정(否定)하고 나왔다. 어쨌든 이후로 인간의 자유의지를 책임개념의 전제로 삼을 수 없게 되었으며, 이후의 책임개념들은 모두 다 자유의지의 문제를 우회(迂廻)하는 이론을 모색하게 되었다. 그러나 어떠한 이론도 만족할 만한 책임이론을 제시하지 못했으며, 앞에서 본 것처럼 최근에는 아예 책임개념을 폐기해야 한다는 주장에 이르게 된 것이다.

이러한 상황에서 신경과학(neuroscience)의 분야에서 하나의 중대한 실험이 행해졌다. 이제는 '리벳의 실험(Libet's Experiment)'이라고 불리는 이 유명한 실험은 별로 복잡한 것은 아니었다. 리벳(Benjamin Libet)은 피험자(被驗者, 실험 참가자)에게 손목을 구부리겠다고 생각하고 이어서 손목을 구부리는 동작을 하라고 했다. 다만 손목을 구부리겠다고 생각하였을 때 눈앞에 있는 커다란 정밀한 시계를 보라고 주문했다. 이 실험에 대하여 리벳은 세 개의 시점(時点)을 측정하였다. 첫째, 피험자가 손목을 구부리겠다고 생각하고 본 시점(時点)으로서 피험자가 보고한 시간(時間), 둘째 피험자의 뇌에 연결된 뇌전도(腦電図, EEG) 측정장치에 의하여 측정된 것으로 뇌에 운동의 준비전위(readiness potential, RP)가 나타난 시간, 셋째, 손목에 연결된 장치에 의하여 측정된 실제 손목이 동작(動作)한 시간, 이 세 가지를 측정한 것이다. 리벳이 발견한 결과는 RP(준비전위)가 피험자가 손목을 구부리겠다고 생각한 시간–의도(意図)–보다 350ms (millisecond) 앞선다는 것이다. 간단히 말하면 우리가 손목을 구부리겠다고 생각한 시간보다 0.35초 이전에 이미 손목을 구부리는 동작에 관한 신경과정이 뇌 속에서 진행되고 있었다는 것이다. 의미론적(意味論的)으로 기술(記述)하면 뇌는 우리의 의도보다 350ms 이전에 결정(決定)을 하였다는 것이다. 우리의 의식은 뇌의 결정을 뒤늦게 자각(awareness)할 뿐이라는 것이다. 뇌의 결정은 우리의 의도보다 앞선다. 이 작은 시간차이(350ms)가 중요한 것은 그것의 함축(含蓄)하고 있는 의미이다. 살인범에게 살인하겠다는 의도–형법상의 고의–는 스스로 형성한 것이 아니라, 이미 그 전에 그의 뇌에 의하여 형성된 결정을 뒤늦게 자신의 의도로--말하자면 착각(錯覚)이고 환상(幻想)–자각(自覚)하고 있을 뿐이라는 것이다.

　이 실험을 두고 많은 논쟁이 벌어졌다. 이 실험을 검증하고 비판하고 부정하기 위해 많은 신경과학적 실험들이 행해졌다. 또한 많은 철학적 심리학적 논쟁이 가세했다. 서구사회에서 자유의지는 철학적으로나 도덕적으로나 대단히 중대한 문제였고(괴테 파우스트의 주제를 생각해 보라), 자유의지를 부정하는 논의에 대해서는 상당한 거부감이 있으며, 단순히 이론의 문제로 그치지 않는다. 우리는 이 모든 실험들과 논쟁을 검토한다.[9]

9　신경과학 관련 실험으로서 데스머겟 등 연구진(Desmurget et al), 프리드 등 연구진(Fried et al), 해거드와 에이머(Haggrad와 Eimer), 라우 등 연구진(Lau et al), 하인즈 등 연구진(Haynes et al) 등의 각 실험들을 검토한다. 실험 이외에 데카르트(Desccartes), 쇼펜하우어(Schopenhaur) 등의 전통적 철학자, 써얼(John Searle), 멜레(Alfred Mele), 데넷(Daniel C. Dennett), 가브리엘(Markus Gabriel) 등 철학자들의 주장을 논의하고, 가자니가(Michael Gazzaniga), 다마지오(Antonio Damasio), 해리스(Sam Harris), 베넷(Maxwell R. Bennett), 등 신경과학자들의 주장을 논의하고, 와드(Jamie Ward)의 인지신경과학 교과서, 바니츠(Marie T. Banich)등의 인지신경과학 교과서의 관련 부분을 논의한다. 한편 이 논쟁에 직접 참가하고 있는 웨그너(Daniel Wegner), 바우마이스터(Roy F. Baumeister), 바그(John A. Barg) 등의 사회심리학적 논의와 직접 자유의지를 언급하고 있지 않지만 중요하게 관련이 있는 카네만(Daniel Kahneman)의 연구를 논의한다. 그 외 신경생물학자 크릭(Francis H.R.Crick), 부케티츠(Franz M. Wuketits)의 주장을 논의한다. (目次참조).

리벳의 실험 그 자체는 옳다. 이것은 신경과학계에서 정설(定說)이 되었다. 다만 사회심리학, 철학 등 다른 분야에서 이를 받아들이지 못하고 있을 뿐이다. 우리가 손가락을 구부리겠다는 의도(意図)를 가지는 것은, 뇌에서의 신경과정이 선행(先行)하여 진행된 귀결(帰結)이다. 이것은 오히려 너무나 당연한 것이다. 만일 그렇지 않다면 어디에서 의사(意思)가 형성되었다는 말인가? 호문쿨루스(homunculus)나 영혼(靈魂)이라는 것이 있어서 그것에 의하여 형성된 의도가 뇌의 피질로 투입된다고 상정(想定)할 수는 없다(데카르트 프레임, Descartes' frame). 그런데 이 당연한 결론을 이해하는 데에는 이제까지의 사고방식과는 다른 상상력(想像力)을 필요로 한다. 의사형성(意思形成)도 당연하게 뇌의 미시적 신경과정에 의하여 이루어진다고 말했지만, 사실 이 표현은 의미론적 기술(semantic description)로서 정확한 표현은 아니다. 정확하게 말하면 뇌의 신경과정에는 의사(意思)나 의도와 같은 것은 없다.[10] 그냥 신경적 발화(firing)라는 신경과정이 있을 뿐이다. 그리고 그 과정은 결정론적(決定論的)이다. 이것은 작동적 폐쇄성(operationale Geschlossenheit)을 지닌 뇌 미시세계의 당연한 기제(機制, mechanism)이다. 그런데 우리는 의식(意識)이 작용하는 내관세계(內觀世界)에서는 의도를 느끼고 이를 자유(自由)로 해석한다. 뇌 미시세계(微視世界)에서의 결정론을, 우리가 행동하는 가시세계(可視世界)에서는 자유의지로 느낀다. 이제까지 생각했던 것과는 달리 결정론과 자유의지는 대개념(対概念)이 아니라 세계를 달리한다. 이것이 모순적으로 보이는 것

---

10 그러면 의사나 의도는 어떻게 형성되는가? 뇌 신경과정에 그런 것은 없다. 그렇다고 가시세계(可視世界)에도 의사나 의도는 없다. 의사나 의도는 오직 우리의 내관세계(內觀世界)-우리의 주관세계(主觀世界)-에서 형성된다. 우리의 내관세계(주관세계)가 뇌의 미시세계만을 반영(反映)한다고 생각하는 것도 잘못이다. 왜냐하면 그것은 우리의 가시세계도 반영한다고 해야 하기 때문이다. 즉 우리의 내관세계(주관세계)는 뇌의 미시세계와 행동하는 가시세계 모두를 종합(綜合)하고 해석한다(물론 이것도 의미론적 기술이다). 그러한 종합과 해석이 우리의 의사와 의도이다. 뇌가 해석기(解釈器)라는 것을 밝혀낸 것은 가자니가(M.Gazzaniga)의 공헌이다. 이 독특한 내관세계-여기에 언어(言語)가 가세한다-는 인간만이 가지고 있으며, 바로 여기서 마음(mind)이 탄생한다. 이에 관한 논의가 이 책 제2권의 하나의 주제이다.

은 두 개의 세계를 하나의 세계로 오해(誤解)하고 있기 때문이다. 이 점을 이해하는 것은 이 책 전체에 걸쳐 필요한 하나의 깨달음이 될 것이다.

VII.

이 이론적 결론의 형법학적 철학적 귀결은 심원(深遠)한 것이다.[11] 우선 타행위가능성(他行爲可能性) 내지 대체가능성원리(PAP)는 부정(否定)된다. 살인범은 과거의 시간으로 되돌아가도 살인을 하게 될 것이다. 우리는 타행위가능성으로서의 자유의지를 전제로 하여 책임개념을 규정할 수는 없다. 그렇다고 인간은 자신의 행위에 대해 책임이 없다는 결론이 도출되는 것은 아니다. 왜냐하면 우리 모두는 스스로 자신의 행위를 자유스럽다고 느끼고 있기 때문이다. 왜 이렇게 자유의 환상(幻想)을 가지고 있는 것일까? 이 점이야말로 수수께끼이며 화두(公案)이다. 여러분이 가위바위보(rock-paper-scissors)를 한다고 상상해 보자. 자신이 가위를 내고서 졌을 때, 아, 이것은 나의 자유의지가 아니야, 라고 말했다고 하자. 여러분의 친구는 여러분과 다시는 가위바위보를 하지 않을 것이다. 이것은 가위바위보라는 게임 자체가 자유의지와 책임을 전제로 하여 성립할 수 있다는 것을 말한다. 여러분 스스로 가위바위보를 하면서 자신이 선택한 가위가 과연 의식적으로 선택한 것이었는지를 생각해 보라. 자신이 가위를 선택하게 된 의식의 내관세계를 성찰해 보라. 여러분이 의식적으로 가위를 선택했다고 '생각'할지라도, 그 '생각'이 뇌피질(腦皮質) 신경과정의 뒷받침없이 이루어진 것은 아니다. 그리고 그 신경과정은 시간적으로는 여러분의 생각(의도)에 선행(先行)하는 것이다. 실제로는 뇌피질에서 가위, 바위, 보를 향한 세 개의 신경과정이 경쟁적(競爭的)으로 진행

---

11 철학적 귀결은 제2권에서 논의한다.

되다가, 어느 순간 하나가 우세(優勢)해진다. 그리고 우세해진 하나의 과정이 확정적으로 진행된 다음에, 여러분은 '가위를 내야지' 하는 의도(意圖)를 자각 (awareness)하게 된다. 이렇게 신경과정이 선행(先行)하는 것을 인정한다면 의도나 자유의지라는 느낌(feeling)은 일종의 해석에 의한 환상(幻想)이 된다.[12] 이것은 우리 인류의 문명(文明)이 우리 모두의 공동환상(共同幻想) 위에 구축되어 있다는 것을 의미하는 것이다. 환상이라고 할지라도 우리 모두가 공동으로 가지고 있다면 그것이 바로 사회적 실재(実在)이다.

이상의 논의는 두 가지 중요한 논제(論題)를 제기한다. 하나는 우리가 이제까지 논의해 온 책임의 개념에 대하여 결론을 내리는 문제이다. 다른 하나는 '우리는 왜 공동환상을 가지는가'의 문제이다. 우리 문명에서 책임의 개념은 공동환상(共同幻想)이다. 가위바위보라는 게임이 성립하는 것은, 졌을 때 그것이 자신의 책임이라는 것을 받아들이는 것을 전제로 한다. 다행스럽게도 (달리 보면 불행하게도) 모든 사람들이 자유의지라는 공동환상을 가지고 있으므로, 모두 다 그것을 자신의 책임으로 받아들인다. 그러나 가위바위보와는 달리 범죄와 형벌의 경우 자유의지라는 공동환상을 전제로 하는 것은 사실 가혹(苛酷)한 것이다. 그것은 범죄자 스스로도 알지 못하는–막연하게 느끼는 불만은 있을지라도–그러한 문명의 가혹함이다.

범죄자에게는 가혹하지만, 책임의 근거는 그래도 자유이다. 인간에게 자유의지는 없지만, 인간에게는 자유가 규정될 수 있다. 즉 리벳의 실험이 긍정되고, 의식적 의도가 환상이라고 할지라도 인정되는 자유가 있다. 그것이 인지

---

12 그것은 마술사의 마술을 보는 사람의 환상과 같다. 관객은 긴 네모상자 속에 들어간 미녀(美女)가 얼굴과 발만 내놓고 있는 것을 본다. 이어서 마술사는 얼굴과 발 사이의 상자를 날카로운 톱날칼을 돌려 자른다. 미녀와 관객은 비명을 지른다. 우리는 미녀의 신체가 반으로 잘라지는 것처럼 느낀다. 관객은 이성적으로 미녀의 허리가 절대로 잘려지지 않는다는 것을 알고 있다. 그러나 지각적(知覚的) 느낌 (feeling)으로서는 잘리는 것처럼 느낀다. 해석(解釈)이 느낌(feeling)을 가져오는 것이다. 우리의 내관세계는 바로 이 느낌으로 구성된다. 이것이 마술적 지각이론(theory of magic perception)이다.

적(認知的) 자유이다. 이제까지 자유의지에 관한 논쟁에는 언어와 의미(意味)의 측면을 놓치고 있었다. 그런데 언어와 의미야말로 인간이 동물과 다른 측면이며, 바로 여기에 인간의 자유가 위치하고 있는 것이다. 행위에서 우리에게 주어진 자유의 영역은 언어와 의미에 의한 인지적 측면이다. 우리의 뇌와 신경과정과 신경체계는 동물과는 달리 언어와 의미에 의하여 형성되는 측면이 있다. 그것에 의하여 우리의 동작 스키마(motor schema)와 행동 프로그램이 규정되는 측면이 있다. 또한 우리의 행위에도 의미가 개입(介入)한다. 소설가가 소설을 쓰는 경우 키보드를 치는 그의 손가락 동작은 결정론적이다. 그러나 그의 소설의 콘텐츠(내용, 스토리)는 소설가가 창작하는 것이고 소설가의 자유이다. 나아가 우리의 행위는 동물의 행동과는 달리 모두 행위의미(行爲意味)를 가진다. 우리는 이것들을 의미론적 개입(semantic commitment)이라고 부른다. 그리고 이러한 의미론적 개입에 의하여 인간에게만(동물에는 없는) 열려진 가능성을 인지적 자유라고 부르는 것이다.

VIII.

인지적(認知的) 자유란 언어와 의미가 우리 뇌의 신경과정에 개입(介入)하는 것을 근거로 하는 자유개념이다. 그것은 또한 언어와 의미가 우리의 행위의 콘텐츠(내용)를 구성하고, 우리의 행위 사회적 의미(행위의미)를 스스로 선택한다는 자유이다. 종합적으로 인간의 언어와 의미의 측면, 의미론적 개입이 열어 주는 인간의 유적(類的) 본질로서 자유가 있다. 호랑이는 토끼를 잡아먹더라도 그것은 과거에 개념(槪念)이 입력된 결과가 아니다. 그러나 인간의 경우 살인(殺人)을 한 것은 그의 생애(生涯)를 통하여 입력된 개념(槪念)들의 결과이다. 인간은 AI와 같다. 그런데 오직 인간이 AI와 다른 한 가지 점이 있다면, 그것은 AI에는 없는 내관세계(內觀世界)를 인간이 가지고 있다는 것이다. 이 내관세계에서 우리는 미시과정과 가시세계를 종합하여 자유로 느끼는데, 이 내관세계가 의식(意識)이고 마음(mind)이다. AI와 인간이 바둑을 두었을 때 착점을 결정하는 과정은 다르지 않다. 그렇지만 인간은 그 착점에 대해 내관세계에서 자신이 자유롭게 결정했다고 느낀다. 생애를 통하여 언어와 개념의 개입이 없는 늑대 아이(wolf child)가 어떤 행동을 한 경우에는, 의미론적 개입이 없으므로 자유도 책임도 성립하지 않는다. 이러한 인지적 자유의 부담(負擔)이 책임이다. 그리고 이러한 의미의 책임을 부과하는 이유는 우리의 문명이 그러한 방법 이외에는 달리 사회질서와 문명을 구성하는 방법을 알지 못하기 때문이다.

그러나 인지적 자유의 부담으로서 책임은 가혹한 것이다(타행위가능성이 없다). 여기에 우리 문명은 면책성(免責性)의 개념을 문명의 콘텐츠로 발전시켜 왔다. 책임과 형벌은 우리 문명의 한계(限界)이다. 이러한 한계 내에서 인류는 멀리 3,800년 전부터 또는 2,000여 년 전부터 이러한 책임에 예외(例外)를 인정하는 제도를 발전시켜 왔다. 그것이 면책성(免責性)이다. 사실 실제적으로는 책임보다 면책성의 개념이 더 중요하다. 우리는 면책성의 근거를 문명적(文明的) 자유의 결여(缺如)로 규정한다. 문명적 자유란 우리의 문명이 보장해 주는 자유이다. 그것은 가시세계에서의 의식(意識)을 전제로 하여 규정하는 의식적 자유(自由)에 기초한다. 문명적 자유는 문명의 수준(水準)에 따라서 다를 수 있겠지만 합리적(合理的) 자유라고 부를 수 있다. 그것은 개인에게 문명이 제공해 주어야 할 자유이며, 문명의 수준을 반영하는 자유이다. 그것은 한편으로는 공정(公正)을 제공함으로써 문명의 유지 발전에 유익하다. 이미 로마 시대에 어린이와 정신장해자에 대하여 그들에게는 문명적 자유가 결여(缺如)되어 있다고 평가하였으며, 그리하여 책임을 면제하였다. 어린이나 정신장해자라고 할지라도 인지적 자유는 있다. 그들 역시 언어를 체득하고 의미론적 개입에 의하여 뇌 신경과정이 작동한다. 그렇지만 문명은 그들 어린이나 정신장해자 등에 대하여 아직 자유롭지 못하다고 평가하여 그들의 행동에 대한 책임은 면책하는 것이다. 이것이 면책성(免責性)의 개념이다.

여기까지가 제1권에서 다루는 내용이다.

IX.

형법학은 철학에 그 해결을 기대하는 문제를 가지고 있다. 범죄론 체계의 가장 근원적인 논제는 범죄개념의 유개념(類概念)은 무엇인가 하는 것이다. 200여 년에 걸쳐 범죄개념의 유개념은 '행위'에서 벗어나지 못하고 있는데, 그렇다고 행위개념이 옳다는 증명이 이루어진 것도 아니다. 이것은 근원적으로는 도대체 개념이란 무엇인가 하는 철학적 문제를 제기한다. 비트겐슈타인(Wittgenstein)은 특이한 개념을 통찰하였는데, 그것은 일정한 본질(本質)이 없으며 마치 가족관계처럼 넓게 얽혀 있는 연관에 의한 가족유사성(Familienähnlichkeit) 성격의 개념이었다. 이것은 철학의 일상언어학파만이 아니라 일부 인지언어학(認知言語學)에도 영향을 미치는 중요한 통찰이었다. 그렇지만 사실 법학에서는 개념의 가족유사성(家族類似性)은 당연한 것이었으며, 다만 공식적 철학이론으로 생각하지 않았을 뿐이다 가령 형법상 점유(占有)의 개념은 일정한 개념적 본질이 없으며, 어떤 경우는 사실적 관리가능성을 기준으로, 다른 경우에는 지배의사를 기준으로, 또 다른 경우에는 사회적 통념을 기준으로 한다. 심지어 한국 판례는 점유자가 사망(死亡)하여 점유주체가 없는 경우에도 점유를 인정한다(점유개념이 적용되는가 여부에 의하여 절도죄(竊盜罪)인가 점유이탈물횡령죄(占有離脫物橫領罪)인가가 좌우된다).

개념이란 무엇인가 하는 문제는 사실상 법이론에서의 모든 문제에 연관된다. 우선 법학의 모든 개념은 최하위 수준에서는 대부분 가족유사성의 성격을 가지는 개념이다. 그렇기 때문에 판례(判例)가 필요해진다. 그런데 여기에 또 다른 철학적 문제가 제기되는바, 최하위 수준의 개념이 가족유사성 개념이라면, 이론체계상 그러한 하위개념들을 포괄하는 최상위의 개념은 본질이 명확하게 규정되는 개념인가 하는 것이다. 만일 이론체계에서 최상위 수준의 개념도 개념적 본질(本質)이 없다면, 이것은 범죄론 체계 자체가 구성될 수 없다는 것을 의미한다. 이러한 문제 역시 철학적으로 그 해결을 구할 수밖에 없다. 이것은 개념의 문제를 넘어서 논리(論理)의 문제에서도 마찬가지이다. 형법학 그리고 범죄론은 과연 규범적(規範的) 학문에도 논리학(論理学)이 성립할 수 있는가 하는 근본적인 문제를 제기한다. 수학이나 자연과학에 관한 학문이 아닌 경우에는 논리학이 성립할 수 없다면, 형법학과 범죄론은 본질적으로 논리적 학문이 될 수 없다는 것을 의미한다. 그런데 현실에서는 판사나 변호사의 법이론적 담론은 논리(論理)를 생명으로 한다. 그렇다면 그 논리가 과연 논리학적 뒷받침이 있는 것인가? 규범적 논의에서도 논리학이 가능한가? 논리가 권력을 정당화(正当化)하고 있는가, 아니면 권력이 논리를 정당화하고 있는가?

저자는 이러한 모든 관문(観問)에 대하여 분석철학(分析哲学)에 그 대답이 있을 것으로 보았다. 18세기 말과 19세기 초에 걸쳐 프레게(Gottlob Frege)와 그를 이어받은 러셀(B.Russell)은 논리학을 수학화하고, 수학을 논리학화함으로써 서구철학의 역사에 새로운 시야(視野)를 열었다. 모든 지식 그리고 학문은 세계로부터의 경험적 소여(所与)와 언어의 논리적 분석으로 규정될 수 있는 것이었다. 그 이외의 이론은 논리적 진리성이나 경험적 진리성이 없는 형이상학적 헛소리라는 것이다. 형법학과 범죄론, 그리고 변론요지서와 판결문은 어디에 속하는가? 우리는 이 모든 문제를 관문의식(観問意識)으로 하여 영미 분석철학을 논의한다. 우선 영미 분석철학의 이론사를 중심을 형성하

는 본류적(本流的) 흐름으로 요약한다.[13]

이제까지 형법의 범죄론과 영미의 분석철학을 연관시키는 연구는 없었다. 영미 분석철학은 형법학이 부딪친 난관에 대해 알지 못했고, 독일 형법학은 분석철학에 대하여 질문하려고 하지 않았다. 포이어바흐(v. Feuerbach)는 계몽주의 사회철학에 질문하였으며, 헤겔리안(Hegelian)들은 헤겔 철학에, 리스트(v.Liszt)와 벨링(Beling)은 실증주의 철학에, 벨첼(Welzel)은 하르트만(Nicolai Hartmann)의 철학에 (벨첼 스스로는 사고심리학(Denkpsychologie) 등의 영향이라고 했다) 마이호퍼(Maihofer)는 하이데거(Heidegger) 철학에 질문하였으며, 야콥스(Jakobs)는 루만(Lumann)의 사회학에서 답을 구했다. 그리고 그 결과가 바로 앞에서 본 것처럼 여전히 많은 난문(難問)을 안고 있는 것이다.

독일체계에서 해결하지 못한 문제에 대해서, 영미 분석철학이 선명(鮮明)하게 대답할 수 있는 하나의 문제가 있다. 그것도 가장 중요한 관문(觀問)으로서, '범죄란 무엇인가' 하는 질문이다. 구체적으로 범죄란 '행위'인가 하는 것이다. 독일체계가 200년을 끌어 오며 해결하지 못한 이 범죄의 유개념(類槪念) 문제를 놀랍게도 영미 분석철학은 명쾌(明快)하게 대답한다. 그러나 우리가 제기한 다른 관문들에 대답하기 위해서는 오히려 영미의 분석철학의 지평을 넘어설 것을 요구하는 것으로 보인다. 그것은 어떤 점에서는 분석철학을 초월하는 것이며, 이런 점에서 분석철학 이후의 철학을 요구한다.

그리하여 우리는 새로운 철학을 모색한다. 우리의 이 새로운 철학적 기획(企劃)은 세 가지 특성으로 요약할 수 있다. 첫째, 새로운 철학은 문명(文明)이라는 주제를 상정한다.[14] 둘째, 이 새로운 철학은 기존의 분석철학의 성과만

---

13 프레게(Gottlob Frege), 러셀(Bertrand Russell), 비트겐슈타인(Ludwig Wittgenstein), 카르납(Rudolf Carnap), 타르스키(Alfred Tarski), 콰인(Willard Van Orman Quine), 셀라스(Wilfrid Stalker Sellars), 데이빗슨(Donald Davidson), 도넬란(Keith Donnellan) 등이 우리가 연구하는 분석철학의 거장들이다. (目次 참조).
14 문명(文明)을 철학의 관문(觀問)으로 설정한다는 것은 생소(生疏)하게 느껴질 수 있다. 문명(文明)은 일

이 아니라 다른 학문들의 성과를 수용하여 검토하는 해석학적(解釈学的) 방법론을 취한다. 셋째, 문명의 시야(視野)에서 기존의 인식론, 의미론, 존재론, 가치론을 재구성한다. 이와 함께 가장 기본적인 시각을 전환하는바, 우리가 구하는 지식은 자연이 함축하는 진리(플라톤의 동굴의 알레고리)를 구하는 것이 아니고, 로티(Rorty)가 말하는 것처럼 철학을 자연의 거울로 보지 않는다는 것이다. 우리는 지식을 문명에 의의(意義) 있는 콘텐츠(contents)로 본다. 지식은 '문명의 논리공간(論理空間)'을 구성하는 콘텐츠이며, 이성(理性)은 문명의 논리공간에서 작동하는 가다머(Gadamer)의 영향사의식(wirkungsgeschtlichen Bewuβtsein)이다. 그리하여 우리는 언어(言語)를 넘어 문명으로 간다.

이상이 제2권에서의 논의이다. 제2권의 실질적인 내용의 요약은 제2권의 개요에서 말할 것이다.

X.

제3권에서는 이제까지의 논의를 기반으로 하여 범죄론 체계의 신형상(新形象)을 추구한다. 우선 이제까지의 범죄론 체계에 관한 독일에서의 약 200년에 걸친 체계의 이론사를 고찰한다.[15] 독일체계(獨逸体系)의 범죄론에서 논쟁

반적으로 자연의 대개념(対槪念)으로서 비자연(非自然) 탈자연(脱自然)이다. 자연의 진리를 이성의 거울로 비추어 발견한다는 프레임이 서구철학의 근본적 기조이다. 그것은 실로 플라톤의 동굴 알레고리 이래의 서구철학의 기본적 성격이다. 로티(Richard Rorty)는 '철학 그리고 자연의 거울'에서 서구철학의 이 근본적 기조를 폐기해야 한다고 주장한다. 우리가 로티의 종점(終点)을 출발점(出發点)으로 시작한다면, 우리는 자연이 아닌 것(非自然), 자연을 벗어난 것(脱自然)으로서 문명(文明)을 발견한다. 이렇게 우리가 자연과 문명을 철학적 시야에 끌어들이면, 즉시 많은 논제가 제기된다. 인간은 자연인가 문명인가? 언어는 자연인가 문명인가? 지식은 자연인가 문명인가? 인식과 가치, 그리고 존재론… 이 모든 것에 대하여 근본적인 질문이 제기된다. 진리는 자연의 거울인가 문명의 원리인가? 그것은 모든 논점을 재규정한다. 그리하여 우리는 언어(言語)를 넘어 문명(文明)으로 간다.

15 포이어바흐(v. Feuerbach), 헤겔과 헤겔리안(Hegel-Hegelian), 빈딩(Binding), 리스트(v. Liszt)의 체계, 벨링(Beling)의 체계, 리스트-벨링체계에 대한 Radbruch의 비판, 벨첼(Welzel)의 체계, 카우프만(Arthur Kaufmann), 슈미트호이저(Schmidhäuser) 등의 각 범죄론 체계를 검토한다(目次 참조). 이러한 범죄체

의 중심은 범죄개념의 유개념(類概念)이 무엇인가 하는 것이었다. 독일체계에서 제시된 범죄의 유개념은 행위개념(行爲概念)이었고, 이것은 헤겔철학의 대답이었다. 그 이후 오늘에 이르기까지 독일체계는 헤겔에서 벗어나지 못했고, 이제는 그것에 익숙해져 헤겔과 관계있는 것인지조차 묻지 않게 되었다. 영미체계는 헤겔을 따르지는 않았지만 아예 범죄개념을 정의하지 못했다. 논점은 간단하다. '범죄는 행위인가?' 하는 것이다. 그런데 핵심은 이 관문(觀問)—범죄란 무엇인가?—자체가 무엇인가 하는 것이다. 그것은 개념을 발명하는 문제인가, 진리를 찾는 문제인가, 존재론인가, 가치론인가…. 이에 대하여 현대의 영미 분석철학은 형법학과 아무 상관없이 일반적 존재론(存在論)의 문제로서 이 문제에 대답했다. 그것이 데이빗슨(Davidson)의 사건존재론(事件存在論)이다. 그의 사건존재론은 왜 행위가 사건(事件)의 개념에 포함되고, 사건이 존재의 일반적 범주인가 하는 점을 그의 진리조건 의미론에 의하여 선명하게 논증한다. 우리는 이 논의를 검토하고 이 결론을 받아들인다. 범죄는 행위가 아니라 사건(事件)이다. 이것이 범죄론 체계의 새로운 출발점이다.

그리하여 우리가 제시하는 범죄개념의 새로운 정의는 이렇다. "범죄란 불법과 책임이 귀속(歸屬)되는 사건이다." 우리는 이것을 벨링의 범죄정의에 대비하여 사건테제(事件 These)라고 부를 것이다. 사건테제에서는 사건, 불법, 책임, 귀속이 최고 수준의 체계범주이다. 이 체계범주는 현실에서 발견되는 사실적 내용으로 인식(認識)되는 개념이 아니라, 문명의 논리공간에서 가치론적 콘텐츠로 규정(規定)되는 개념이다. 구성요건은 사건에 대한 불법의 귀속양식이다. 그리하여 구성요건은 독립된 체계범주가 아니라 불법을 사건에

계를 형성하는 데 영향을 미친 헤겔(Hegel) 철학, 슐라이어마흐(Schleiermacher)와 딜타이(Dilthey)의 해석학과, 하이데거(Heidegger)와 가다머(Gadamer)의 철학, 그리고 루만(Luhmann)의 사회학을 검토한다. 영미체계에 대해서는 모범형법(Model Penal Code)를 중심으로 그 체계성을 해석학적으로 검토한다.

귀속시키는 적극적 소극적 양식이다. 사건에는 불법과 책임 이외에 정당성과 면책성이 귀속될 수도 있다. 정당성과 불법은 모순관계이므로 정당성이 귀속되면 불법은 배제된다. 면책성은 책임을 전제(前提)하는 것으로 면책성이 귀속되면 책임은 면제된다. 책임은 불법을 전제(前提)하며 불법의 번역(飜譯)이다. 이런 점에서 불법과 책임은 일치(一致)한다. 이것은 인지적(認知的) 자유의 부담이 책임이기 때문이며, 책임은 다만 문명적 자유의 결여에 근거하는 면책성의 전제로서 의미를 가진다. 물론 이 모든 요소들은 처음부터 유개념으로서 사건을 한정하는 범죄사건의 구조에 함축(含蓄)되어 있는 것들이다. 이상이 사건테제의 간결한 스케치이다.

이러한 범죄론 체계구성은 하위의 법형상(Rechtsfigur)에 많은 영향을 미친다. 가령 일반적 행위개념은 배제되고, 형법에서 의미를 가지는 행위는 실행행위(実行行為)가 된다. 실행행위는 작위범의 구성요건에 공통된 보편개념이다. 부작위나 과실범은 행위개념으로 규정되지 않는다. 모든 유형의 범죄는 불법의 유형으로서 행위불법, 결과불법, 의무불법, 위험불법, 의사불법 등의 조합으로 환원(還元)된다. 이런 점에서 불법의 문제는 불법의 귀속양식과 불법분석(不法分析)의 문제가 된다. 이렇게 되면 불법분석은 형법학의 새로운 논리학(論理学)을 전개시킨다. 면책성의 문제는 문명적 자유의 논리에 따라 특정 사회의 문명적 수준의 척도가 된다. 그 외에 모든 하위 법형상(法形象)의 논의들이 논리화한다. 제3권의 실질적인 내용에 대해서도 제3권의 개요에서 말할 것이다.

저자의 조어(造語)가 있어서 몇 개의 용어에 대해 설명한다(가나다 순).

O 공동환상(共同幻想), 사적환상(私的幻想): 우리는 마음속에 국화꽃의 이미지를 떠올릴 수 있다. 어렸을 때 산에 올라가 고향 마을 앞 강물을 내려다본 기억을 되살려 낼 수도 있다. 이렇게 마음속에 떠오르는 것 같은 영상(映像) 같은 것은 사실은 실체(実体)가 없다. 이처럼 우리의 내관세계(內觀世界)에서 느껴지는 것 같은 이미지, 표상, 영상, 감정, 느낌 등은 모두 실체적인 것이 아니다. 여기에 우리의 욕망(慾望)이 가세한다. 이런 점에서 이들을 모두 환상이라고 부를 수 있다. 우리는 다른 모든 사람들과 공동으로 유사한 내용의 환상을 가지는데, 그것이 우리 커뮤니케이션의 공통기반이 된다. 이것이 공동환상이다. 이에 대해 순전히 사적(私的)인 환상, 다른 사람들은 가지지 않은 환상을 가질 수도 있다. 그것이 사적환상(私的幻想)이다. 정신분열은 심각한 사적환상을 가지는 것이다. 자살(自殺)은 환상아(幻想我)가 현실아(現実我)를 죽이는 것이다. 이것은 일본 심리학자 기시다 슈(岸田秀)의 논의이다. 우리는 기시다 슈의 공동환상, 사적환상의 개념을 그대로 채용하고 일반화한다.

O 관문(観問), 관문의식(觀問意識): 관문은 질문(質問), 문제를 말하고, 관문의식은 문제의식(問題意識)의 의미이다. 어떠한 논점에 대해 질문을 설정하고, 그 질문을 어떻게 보는가(관문) 하는 관점이 이미 그 대답의 반을 규정하고 있는 셈이다. 저자가 이러한 조어를 한 이유는 화두(話頭), 공안(公案)을 평

범한 말로 바꾸어 부르는 기표(단어)가 필요했기 때문이다. 동시에 제2권에서 논의하는바 인식론적(認識論的) 의미가 있다.

○기제(機制): 영어 mechanism의 번역어로 선택한다. 다른 번역어로는 기전(機全)이 있다.

○기표(記標, significant), 기의(記意, signifié): 기표(시니피앙), 기의(시니피에)는 소쉬르(Ferdinand de Saussure)의 언어학 용어이다. 기표는 단어의 뜻(기의)을 생각하지 않는 소리(청각영상)이다. 앵무새가 '사랑'이라고 말하면 그것은 기표일 뿐이다. 저자는 뜻을 생각하지 않는 단어라는 의미로 기표를 사용한다. 그래서 '기표(記標, 단어)'라는 식으로 표기하였다.

○내관세계(內觀世界), 미시세계(微視世界), 가시세계(可視世界), 거시세계(巨視世界): 원자 분자와 같은 수준의 세계가 미시세계이다. 우리 뇌의 신경세포와 신경시냅스의 세계는 미시세계이다. 우리 눈에 보이는 것과 같은 중간 크기의 세계가 가시세계이다. 우주는 거시세계이다. 이에 대해 우리 마음에서 이미지, 표상, 느낌으로 느껴지는 내적 세계를 내관세계라고 하기로 한다. 내관세계는 주관세계(主觀世界)이기도 하다. 내관세계는 의식(意識)되는 세계로서 가시세계와 같은 수준에 있다. 각 세계는 그 작동(作動)에 있어서 폐쇄(閉鎖)되어 있다. 폐쇄되어 서로 다른 세계를 하나의 세계로 오해하는 것이 세계의 오류이다. [1506]에서 논한다.

○대개념(対概念), 대비개념(対比概念): 대개념(対概念)은 같은 범주 내에서 대립적이거나 상대적인 관점에서 규정되는 개념이다. 대비개념은 서로 비교(比較)하는 관점에서 규정되는 개념이다.

○데카르트 프레임(Descartes' frame): 데카르트를 비롯하여 이제까지 자유의지를 주장하는 사람들은, 뇌의 신경기제(神経機制)와는 다른 뇌 외부에 영혼과 같은 것이 있어서, 그것이 의도(意図)를 형성한다고 가정하는 셈이다. 그렇게 형성된 의도가 뇌의 대뇌피질에 투입되어 그것을 작동시켜 신경신호를

팔에 보내 손가락을 구부린다고 생각하는 셈이다. 데카르트는 뇌의 송과선 (松科腺)에 영혼이 있다고 생각했다. 그곳에서 의도가 형성되는 셈이다. 이러한 사유방식이 데카르트 프레임이다. 저자의 조어이다.

○독일체계(獨逸体系), 영미체계(英美体系): 영미 형법학의 범죄론 체계를 영미체계, 독일 형법학의 범죄론 체계를 독일체계라고 부르기로 한다. 저자의 조어이다. 이 책의 한 목적은 이 두 개의 체계를 종합하는 보편적인 범죄론 체계를 형성하는 것이다.

○문명(文明)의 논리공간(論理空間): 형법학의 어떤 논제(論題)에 대하여 말하는 것은 형법학적인 개념과 논리를 공유하는 사람들 상호 간에 논의와 논쟁을 하는 것으로 생각할 수 있다. 이렇게 보면 모든 학문이 그러한 논리적인 추상공간이라고 개념화할 수 있다. 이것을 확장시켜 생각하면, 모든 학문 나아가 우리 인간이 이룩한 모든 것에 대하여 개념과 이론을 축적하고 발전시키는 공간을 상정할 수 있다. 이러한 모든 것을 포괄하여 문명의 논리공간이라고 부르기로 한다. 저자의 조어이다. 셀라스(Wilfrid Sellars)의 이유의 논리공간(logical space of reasons)의 대비개념이다.

○범죄론(犯罪論), 범죄론 체계: 형법학상 범죄에 관한 이론을 범죄론이라고 한다. 그 이론체계에 초점을 두는 경우 범죄론 체계라고 쓰기로 한다. 범죄체계론, 범죄체계학 등의 용어가 있으나 일반적으로 범죄론 체계의 용어를 사용하기로 한다.

○사건(事件): 살인사건, 교통사고, 당신의 출생, 나폴레옹의 대관식(戴冠式), 국화(菊花), 토끼… 이 모든 것이 사건이다. 이 세계에서 '가장 보편적인 것'이 사건이다. 모든 존재(存在)는 사건이다. 실제로는 항상 변화하고 있기 때문이다. 모든 행위도 사건이다. 사건의 특징은 전 우주(全宇宙)와 전 시간(全時間)에 걸쳐서 각각의 사건이 오직 한 번뿐이라는 것, 즉 유일(唯一)하다는 것이다(당신 자신, 이 순간의 행동, 현재의 양치질행동 등은 오직 한 번뿐이다). 사건

이라는 기표(단어)는 불교 연기법(緣起法)의 연기(緣起)의 평범한 표현으로 선택하는 것이다. 그 외 여러 철학자들의 사건의 개념을 수용하는 셈이다. 이에 대해서는 제2권 제3권의 관련 부분에서 논의한다.

○사회인문학(社會人文學): 사회과학과 인문학을 포괄하여 사회인문학이라고 하기로 한다. 이것은 자연과학에 대비한 용어로 저자의 조어(造語)이다. 독일어 Geisteswissenschaft의 번역어로 선택한다.

○시야(視野): 말 그대로 눈에 보이는 경관(景觀)의 의미이다. 관점(観点), 시좌(視座) 등과는 뉘앙스를 달리하여 관점을 달리하면 눈에 보이는 경치가 달라짐으로써 새로운 것을 발견할 수 있다는 그러한 의미로 사용한다.

○에토스(ethos): 인간이 의미와 개념을 축적하여 자신만의 독특한 사고방식, 개념적 도식, 가치관, 개성 등을 형성한 것을 말한다. 말하자면 의미론적 개입이 축적된 것이다. 원래 에토스(ἔθος)는 아리스토텔레스에 의하여 철학적 의미가 주어졌는바, 로고스(logos)·파토스(pathos)의 대개념(対概念)이다. 이성의 로고스, 격정의 파토스에 대개념으로서 윤리성을 바탕으로하여 그 성품·캐릭터 등을 의미하는 것이었다. 우리는 로고스 파토스의 대개념으로 사용하지 않고, 의미론적 개입의 맥락에서 인간의 개념적 측면의 모든 것을 에토스라고 부르기로 한다.

○유개념(類概念), 종개념(種概念): "사람은 생각하는 동물이다."라고 했을 때, 동물이 유개념이고 사람이 종개념이다. 종개념(사람)은 유개념(동물)의 한 종(種, 종류)이다. 유개념이 상위개념이고 넓은 개념이며 종개념은 하위개념이고 한 종류이다. 어떤 개념을 정의(定義)할 때, 먼저 유개념을 설정하고(가령 동물), 그중에서 다른 것과의 차이(種差, 여기서는 '생각하는')를 제시해 주면 그 정의가 논리적으로 규정된다. 유개념과 종개념은 전통적인 본질(本質)을 가지는 개념에 관한 것이다.

○유태성숙(neoteny): 유태보존(幼態保存), 유형성숙(幼形成熟)으로도 번역된

다. 생물학적 용어로 원래 멕시코 도롱뇽이 다른 양서류와 달리 변태(變態)를 일으키기 않고 유생형(幼生形) 그대로 성숙하는 현상을 가리키는 것이었다. 널리 인간의 특성을 가리키는 데 사용된다. 인간은 일반 동물과는 달리 미완성 형태로 출생한다. 갓 출생한 아이의 뇌는 성인 뇌(腦)의 23% 크기밖에 되지 않는다. 인간의 뇌는 6년 동안 급성장하고 23년 정도 지나야 성장과정이 끝난다. 그 결과 인간만이 학습적(學習的) 개체가 된다. 초기의 가장 혁명적 현상은 생후 1년 6개월 내지 2년 후에 시작되는 언어(言語)의 체득이다.

○ 의미론적 개입(semantic commitment): 동물은 자극반응(刺戟反応)의 체계이다. 외계로부터 감각적 자극에 대하여 반응하는 것이다. 이에 대하여 인간은 감각적 지각(知覚) 이외에 언어, 의미, 개념이 입력되어 체계화되고 축적된다고 할 수 있다. 언어, 의미, 개념의 입력과 그것들이 축적되고 체계화되는 측면, 즉 에토스로 발현되는 뇌의 미시과정을 형성하는 특성을 의미론적 개입으로 규정한다. 저자의 조어이다. 정확한 의미는 [1631]에서 논의한다.

○ 의미론적 기술(semantic description): 매일 같이 산책하는 애완견이 문을 긁고 있는 행동에 대하여 늦게 일어난 주인에게 산책하자고 보채는 행동이라고 기술하는 것이 의미론적 기술이다. 마뚜라나(Humberto R. Maturana)와 바렐라(Francisco J. Varela)의 용어이다. 사람이 아닌 동물의 행동과 같은 것에 대하여 사람처럼 설명하는 것이다. 의미를 인식하지 않는 주체의 행동을 의미의 관점에서 기술하는 것이다.

○ 작동적 폐쇄성(operationale Geschlossenheit): 미시세계, 가시세계, 거시세계는 그 작용이 다른 세계와 독립되어 있다. 이것은 내관세계(內觀世界)도 마찬가지이다. 다른 세계가 환경(環境)으로 작용한다고 해도 그 환경요소는 각 세계에 그 세계 내의 존재로 변용되어 나타난다. 그리하여 각 세계는 다른 세계에 대하여 폐쇄되어 있다. 이것은 마치 잠수함(潜水艦) 내에서 태어나 평생 그 속에서 살아온 사람이 잠수함을 운전하는 것과 같다. 그는 암초(暗礁)를

피하며 운전하지만, 그것은 그 암초가 무엇인지는 잠수함 내부 기계에 나타나는 수치(数値)로 규정하게 되고, 실제 암초의 모습은 알지도 못할 뿐 아니라 알 필요도 없고, 안다고 하여 도움이 되는 것도 아니다. 마뚜라나와 바렐라의 용어이다.

○주연자(主演者): 독일의 형법이론에서 범인(犯人,Täter)은 일본이나 한국에서 대체로 행위자(行為者)로 번역된다. 그러나 부작위 사건의 범인을 행위자로 번역하는 것은 이상하다. 사건의 관점에서 보면 스토리가 있게 되고 그 스토리의 주인공과 그 스토리의 서술자가 있게 된다. 이렇게 되면 서사학(敍事學, narratology)의 관점이 된다. 그리하여 사건에서 스토리의 주인공을 주연자로 표현하기로 한다. 주연자는 언술주체(言述主体)로 표현하기도 한다. 이에 대해 사건의 서술자, 이야기의 주인공(主人公)이 아니라 이야기를 하는 사람을 언표주체(言表主体)로 표현하기로 한다. 주연자는 영어의 agent의 번역어로도 사용한다. 저자의 조어이다.

○콘텐츠(contents): 내용(內容)의 의미이지만 콘텐츠라고 표기할 때에는 내용을 타입(type, 형상), 매체(media, 질료)의 대개념(対概念)으로 사용한다. 베토벤의 운명교향곡의 악보내용이 콘텐츠이다. 운명교향곡의 연주공연은 타입이고, 동원된 악기나 사람은 매체이며, 이 전체는 사건(事件)을 구성한다.

○테제(These): '근본적인 주장'의 뜻으로 사용한다. 독일어 These는 원래 정립(定立)으로 번역되고 헤겔 변증법에서 정립(These)-반정립(Antithese)-종합(Synthese) 또는 정반합(正反合)으로 사용되었다. 그런데 이 테제의 기표(단어)는 근본적인 주장, 기본노선, 전략 전술 등의 개념으로 사용되기도 한다. 마르크스의 포이어바흐에 관한 테제(Thesen über Feuerbach), 하이데거의 칸트의 존재테제(Kants These über Sein), 레닌의 4월테제 등이 그것이다.

○통속적(通俗的, folk): 영어 folk의 번역어로 통속적이란 말을 선택한다. 이것은 신경세계에 상관적(相関的) 대응이 없는 일반적으로 통용되는 심리적

개념들에 대한 지칭에 대해서 주로 사용하기로 한다. 가령 희망(希望), 의지 (意志), 에고(ego) 등과 같은 말은 신경세계에서는 대응하는 것을 찾을 수 없는 말이지만, 우리는 일반적으로 사용하는 말이다. 대부분의 심리적 개념이 여기에 속한다. 통속심리학(folk psychology)에서 온 개념인 바, 비하(卑下)의 뜻으로 사용하는 것은 아니다. 일반화하여 세계의 오류[1506]를 함축할 가능성이 있다는 의미로 사용한다.

제1장

4천 년 전의 사람은
우리와 다르게 생각했는가?

―책임개념의 전사(前史)

[1101] 함무라비 법전과 책임의 관념(觀念)

　살인은 가장 전형적인 범죄라고 생각되고 있다. 그런데 인류 초기 수천 년 동안 살인죄는 형법상 범죄로 규정되지 않은 것으로 보인다. 현재까지 가장 오래된 법전은 슈메르의 우르남무(Ur-Nammu) 법전으로 알려져 있다. 이 법전은 기원전 2,100년경에 기록된 것으로 추정되며 지금으로부터 약 4,100년 전의 법전이다. 이 법전에는 살인죄가 규정되어 있다. 그런데 그다음으로 오래된 법전인 3,800년 전의 함무라비(Hammurabi, B.C. 1790-1750)의 법전에는 살인죄가 없다. 살인죄가 형법으로 규정되지 않은 것은 2,000년 전인 로마 초기에까지 이른다.

　우르남무 법전에서 해독된 법조문 중 살인과 상해죄에 관련된 규정을 보면 다음과 같다.

　　제1조, 사람이 살인을 저지르면, 그들이 그 사람을 죽일 것이다.

　　제2조, 사람이 무법하게(?) 행동하면, 그들이 그를 죽일 것이다.('무법하게'가 강도라는 해석이 있다)

　　제3조, 사람이 타인을 억류하면(?), 그 사람은 구금되고 은 15세켈을 무게를 달아 지불해야 한다. ('억류'에 대해 납치나 어린이 납치라는 해석이 있다)

　　제18조, (사람)이 (다른 사람의) 다리를 상해하면 은 10세켈을 무게 달아 지불해야 한다.

　　제19조, 사람이 무기에 의해 타인의 뼈를 부러뜨리면, 그는 은 60세켈을 무

게 달아 지불해야 한다.

　제22조, 사람이 (타인의) 이를 (빠지게 하면), 그는 은 2세켈을 무게 달아 지불
해야 한다."[1]

위 우르남무 법전은 살인죄에 대해서 '그들이 그 사람을 죽일 것이다.'라고
하고 있다. 상해죄에 대해선 대체로 금전배상을 규정하고 있다. 약 300년 후
의 함무라비 법전에서는 살인죄가 없어졌지만 상해죄에 대해서는 형벌이 강
화되었다. 무엇보다도 가장 큰 발전은 고의의 사례와 (결과적 가중범을 포함한)
과실의 사례가 구별되었다는 것이다. 함무라비 법전의 상해죄에 관한 규정
을 보면, 폭행 및 상해죄에 관하여 무려 20개의 상세한 법조문을 두고 있다.

　"제195조, 만약 자식이 그의 부모를 폭행했다면, 그의 손은 잘려질 것이다.
　제196조, 만약 어떤 사람이 다른 사람의 눈을 멀게 했다면, 그의 눈도 멀게
될 것이다.
　제197조, 만약 어떤 사람이 다른 사람의 뼈를 부러뜨린다면, 그의 뼈도 부
러질 것이다.
　제198조, 만약 어떤 사람이 평민의 눈을 멀게 하거나 뼈를 부러뜨린다면 그
는 금 1미나를 배상해야 할 것이다.
　제199조, 만약 어떤 사람이 타인 소유 노예의 눈을 멀게 하거나 뼈를 부러

1　Martha Tobi Roth, Law Collections from Mesopotamia and Asia Minor, Scholars Press Atlanta,
　Georga. 1995, pp.17-19. 1 If a man commits a homicide, they shall kill that man. 2 If a man acts
　lawlessly(?), they shall kill him. 3 If a man detains(?) (another), that man shall be imprisoned and he
　shall weigh and deliver 15 shekels of silver. … 18 If [a man] cuts off the foot of [another man with …
　], he shall weigh and deliver 10 shekels of silver. 19 If a man shatters the … bone of another man
　with a club, he shall weigh and deliver 60 shekels of silver. 20 If a man cuts off the nose of another
　man with … he shall weigh and deliver 40 shekels of silver. 22 If [a man knocks out another man's]
　tooth with […]. he shall weigh and deliver 2 shekels of silver.

뜨린다면, 그는 그 노예가치의 2분의 1을 지급해야 할 것이다.

제200조, 만약 어떤 사람이 자신과 사회적 신분이 동일한 사람의 이를 부러 뜨린다면, 그의 이는 부러질 것이다.

제201조, 만약 어떤 사람이 평민의 이를 부러뜨린다면, 그는 금 3분의 1미나를 배상해야 할 것이다.

제202조, 만약 어떤 사람이 자신보다 높은 지위의 사람을 폭행한 경우, 그는 대중 앞에서 소가죽 채찍으로 60대를 맞게 될 것이다.

제203조, 만약 자유인이 다른 자유인을 폭행한 경우, 금 1미나를 배상해야 할 것이다.

제204조, 만약 평민이 다른 평민을 폭행하는 경우, 은 10세켈을 배상해야 할 것이다.

제205조, 만약 자유인의 노예가 다른 자유인을 폭행한다면, 그의 귀는 잘릴 것이다.

제206조, 만약 어떤 사람이 언쟁을 하다 다른 사람을 때려서 다치게 하였다면, 그는 '내가 일부러(wittingly) 그런 것이 아니다.'라고 맹세하고 치료비를 지급해야 한다.

제207조, 만약 어떤 사람이 그의 상해로 사망했다면, 그는 위와 같은 맹세를 하고, 만약 사망한 자가 자유인이라면 그는 은 2분의 1미나를 배상해야 할 것이다.

제208조, 만약 위 사망한 자가 평민이라면 그는 은 3분의 1미나를 배상해야 할 것이다.

제209조, 만약 어떤 사람이 자유인인 여성을 폭행하여 유산시켰다면, 그는 그녀의 낙태에 대하여 은 10세켈을 배상해야 할 것이다.

제210조, 만약 위 여성이 사망하였다면, 그의 딸은 사형에 처하게 될 것이다.

제211조, 만약 어떤 사람의 폭행에 의해 자유인인 여성의 태아가 사망한다

면, 그는 은 5세켈을 배상해야 할 것이다.

제212조, 만약 위 여성이 사망한다면, 그는 은 2분의 1미나를 배상해야 할 것이다.

제213조, 만약 어떤 사람이 하녀(maid-servant)를 폭행하여 그 결과 유산되었다면, 그는 은 2세켈을 배상해야 할 것이다.

제214조, 만약 위 하녀가 사망하였다면, 그는 은 3분의 1미나를 배상해야 할 것이다."[2]

함무라비(B.C.1790-1750) 법전은 동해복수법(lex talionis)의 법전으로 알려져 있다. 그러나 모든 경우에 그러한 동해보복을 규정하고 있는 것은 아니다. 무엇보다도 중요한 점은 함무라비 법전도 많은 경우 벌금형(금전배상)을 규정하고 있다는 것이다. 폭행과 상해에 관련하여 20개의 법조문을 두고 있는데, 사

---

2   L.W. King The Code of Hammurabi, pp.25-26. (The text of this work is based on the 1915 translation by L. W. King, which is now in the public domain.) 195. If a son strike his father, his hands shall be hewn off. 196. If a man put out the eye of another man, his eye shall be put out. [An eye for an eye] 197. If he break another man's bone, his bone shall be broken. 198. If he put out the eye of a freed man, or break the bone of a freed man, he shall pay one gold mina. 199. If he put out the eye of a man's slave, or break the bone of a man's slave, he shall pay one-half of its value. 200. If a man knock out the teeth of his equal, his teeth shall be knocked out. [A tooth for a tooth] 201. If he knock out the teeth of a freed man, he shall pay one-third of a gold mina. 202. If any one strike the body of a man higher in rank than he, he shall receive sixty blows with an ox-whip in public. 203. If a free-born man strike the body of another free-born man or equal rank, he shall pay one gold mina. 204. If a freed man strike the body of another freed man, he shall pay ten shekels in money. 205. If the slave of a freed man strike the body of a freed man, his ear shall be cut off. 206. If during a quarrel one man strike another and wound him, then he shall swear, "I did not injure him wittingly," and pay the physicians. 207. If the man die of his wound, he shall swear similarly, and if he (the deceased) was a free-born man, he shall pay half a mina in money. 208. If he was a freed man, he shall pay one-third of a mina. 209. If a man strike a free-born woman so that she lose her unborn child, he shall pay ten shekels for her loss. 210. If the woman die, his daughter shall be put to death. 211. If a woman of the free class lose her child by a blow, he shall pay fire shekels in money. 212. If this woman die, he shall pay half a mina. 213. If he strike the maid-servant of a man, and she lose her child, he shall pay two shekels in money. 214. If this maid-servant die, he shall pay one-third of a mina.

실상 고의와 과실을 구분하고 있다는 것이다. 그리고 앞에서 말했듯이 함무라비 법전에 살인죄가 없다?[3] 왜 그런가? 그것은 살인의 문제를 혈족 간의 복수(復讐)의 기제(機制)에 맡겨 두고 있었기 때문이다. 살인이 범죄가 아니라면 그 살인자에 대해 피해자의 혈족이 복수하는 살인도 범죄가 아니다. 이것은 인간사회가 살인에 관한 질서에 있어서는 범죄개념이 아니라 복수에 의하여 질서가 유지되었다는 것을 의미한다. 이러한 기제는 로마 초기까지 계속되었다.[4]

[1102]

한편 함무라비 법전은 고의와 과실을 사례로서 구별하고 있다. 말하자면 고의에 의하여 상해를 가한 경우와 실수로 사람을 다치게 한 경우를 구별하고 처벌을 달리하고 있다. 사람이 타인의 눈을 빠지게 하였으면 그의 눈을 뺀다(제196조, 소위, 눈에는 눈, An eye for an eye). 그러나 서로 다투다 (실수로) 다

---

3 함무라비 법전에서 유일하게 하나의 살인죄가 규정되어 있다. 이 살인죄는 상해죄 등의 장에 규정되어 있는 것이 아니라 가족법의 장에 규정되어 있다. 엄밀히 말하면 가족법의 제일 뒤, 근친상간죄 앞에 있다. 간통죄와 근친상간죄 자체가 가족법 가운데에 규정되어 있다. 가족법은 함무라비 법전의 거의 1/4을 차지하고 있는데, 127조에서 193조까지 약 67개 조문이다. 이 중 간통죄가 129-132조이고, 근친상간죄는 154-158조이다. 그리고 아내의 남편 살해죄가 153조이다.(영어 번역 :153. If the wife of one man on account of another man has their mates (her husband and the other man's wife) murdered, both of them shall be impaled. 영어 번역에서 murder라는 단어가 선택된 유일한 경우이다) 이는 후세 로마 초기의 법을 참고하면 복수권리를 갖는 가부장이 살해된 경우이다. "로마인들은 대부분의 살인은 가족문제(family affair)였고 호주(paterfamilia, 가부장)의 관할권(jurisdiction)에 속하는 것이었다. 그러나 호주가 살인자일 때에는 누군가 개입해야 한다. 살바누스가 알려지지 않은 동기로 그의 아내를 창밖에 던져 죽였을 때, 그를 황제 앞에 데려간 것은 그의 father-in-law(아마도 여전히 그 여자의 호주)였다. (O.F.Robinson, The Criminal Law of Ancient Rome, p.41) 한편 B.C. 1850년경 제3자인 주연자 3명이 남편을 살해하였고, 그들이 아내에게 이를 알렸는데, 아내가 침묵하고 이를 당국에 알리지 않은 경우의 사례에 대한 재판에서, 아내에게 무죄를 선고한 흥미로운 사례가 있다. 박성식 역, 『역사는 수메르에서 시작되었다』, 가람기획, 2001, pp. 93-96. Samuel Noha Kramer, History Begins at Sumer: Thirty-Nine Firsts in Recorded History.

4 복수(復讐)의 기제(機制)에 관해서는 뒤에서 논의한다. infra [1729-1730]

른 사람을 다치게 하였는데, 그가 '일부러 친 것이 아니다.'라고 맹세할 수 있다면, 치료비를 물어 준다(제206조). 이것은 상해죄와 과실치상 내지 폭행치상죄를 구별하고 있다는 것인데, 이것은 바로 고의와 과실의 사례를 구별하고 있다는 것을 의미한다. 위 20개의 법조문 중 거의 반에 해당하는 9개의 법조문이 과실에 의한 범죄의 규정이라는 것은 주목할 만하다. 순수한 과실범과 결과적 가중범 형태의 과실범을 규정하고 있는 셈이다. 함무라비 왕은 이러한 법조문을 조각한 거대한 바위를 제국의 곳곳에 설치하였다. 이러한 구별은 사례(事例) 내지 판례법으로서 구별하는 것이다. 위 법문은 법조문의 형태를 취하고 있지만 실제로는 판례법이라고 해야 한다.

함무라비 법전이 개념으로서 고의·과실의 개념을 설정하고 있는 것은 아니다. 이러한 사례적 구별에서 고의(dolus)와 과실(culpa)이라는 개념이 확립된 것은 함무라비 시대로부터 실로 1,800년이 지난 로마 시대였다.[5] 사례로서 고의·과실을 구별하는 데 우르남무 법전에서 함무라비 법전 사이의 약 300년이 걸렸다면, 그것이 개념적으로 확립되는 데는 거의 이천 년이 걸렸다고 할 수 있다. 말하자면 그러한 사례들에 대하여 일반적으로 적용할 수 있는 개념으로서 고의·과실이라는 '개념(concept)'을 창조하는 데, 인류는 1,800년이나 걸렸다는 것이다. 사실 로마 시대에도 고의·과실 개념은 완전한 것이 아니었다.[6] 이것이 무엇을 의미하는지는 많은 논의를 필요로 한다. 여기에서는 단순하게, 인간이 구체적인 사례에 대한 관념을 가지고 그것을 현실에 적용하는 것과, 관념적으로 보편적 개념을 창조하고 이를 적용하는 것은, 동일한

---

5 O.F.Robinson, The Criminal Law of Ancient Law, The Johns Hopkins University Press, Baltimore, Maryland, 1995, p.16. Eugene R. Milhizer, Justification and Excuse: "What They Were, What They Are, and What They Ought To Be", St. John's Law Review: Vol. 78: Iss. 3, Article 12. 2012, p.756.

6 고의는 로마 법원(法源)에서 voluntas, consulto, proposito, sponte, data opera, fraude, sciens, animus nocendi, animus violandi, animus occidendi 등 다양한 용어가 사용되었다. 과실은 culpa 이외에도 imprudentia, negligentia, nimia negligentia, ignorantia, involuntarie 등 다양한 용어가 사용되었다. 조규창, 『로마형법』, 고려대학교 출판부, 1998, pp.78-79, p85.

내용이라고 해도 1,800년의 시간이 걸릴 만큼 어렵다는 것으로 해석할 수 있다. 이것이 인간의 의식 발전의 한 특징이라고 할 수 있다. 고의·과실의 개념 차이는 책임(責任)의 차이라고 할 수 있다. 어쨌든 지금으로부터 2,000년 전인 로마 시대에는 고의와 과실의 '개념'이 어느 정도 확립되었다고 할 수 있다. 그러나 불명확하지만 함무라비 시대부터 이미 책임(責任)의 관념이 있었다고 해야 할 것이다.

한편 로마 시대에는 이미 7세 미만의 아이는 형벌로부터 배제되었으며, 25세 미만의 청소년들도 경우에 따라 형벌을 감경받을 수 있었다.[7] 정신장해의 경우도 마찬가지였다. "친구의 정원에서 하드리아누스 황제(Emperor Hadrian)를 공격했으나 실패한 미치광이는 처벌되지 않고 의료적 보살핌을 받았다고 전해진다."[8] 그 외 긴급피난이나 법률의 착오 등의 법형상(Rechtsfigur)이 이미 로마 시대에 확립되어 있었다. 그러나 이 모든 법형상(法形象)을 포괄하는 하나의 개념으로서 '책임(Schuld)'이라는 개념이 논의되기 시작한 시공간은 불

---

7 E.R.Milhizer, *op.cit.*, p.763. O.F.Robinson, *op.cit.*, p.16.
8 O.F.Robinson, *op.cit.*, p.16. Infants, those under seven years, were excluded from penal liability, as being incapable of dolus, of forming a guilty intention. Children up to puberty had a presumption in their favour, but this could be rebutted; their age would also normally protect them from torture. But politics could lead to mere assassinations or exceptions in form of law, such as the sad case of Sejanus' daughter. Lunatics also were not capable of committing a crime, though the Romans had the usual difficulty of deciding whether there was true insanity or if it was only feigned, and intermittent insanity also posed problems. But a lunatic might have to be kept under restraint, even in chains, for the public safety. While it may not be a true story, we are told that a lunatic slave who attacked the Emperor Hadrian in a friend's garden was simply restrained by Hadrian himself and then not punished but handed over to the physicians' care. 7세 미만의 어린이는 유죄 의도를 형성하는 고의(dolus)의 능력이 없기 때문에 형법적 부책성(liability)에서 제외되었다. 사춘기까지의 아이들은 자신에게 유리한 추정을 가지지만 이것은 반증될 수 있었다. 그들의 나이는 또한 일반적으로 고문으로부터 보호받았다. 그러나 정치는 세야누스의 딸의 슬픈 사건과 같은 법적인 형태의 예외나 순전한 암살로 귀결될 수도 있다. 정신이상자(Lunatics)도 또한 범죄를 저지를 능력이 없었지만, 로마인들은 실제 정신이상인지 혹은 단지 가장한 것인지, 그리고 간헐적 정신이상인지를 결정하는 문제에 항상 어려움이 있었다. 그러나 미치광이는 공공의 안전을 위해 사슬에 묶어 둔다든가 하는 구속을 받을 수 있었다. 실화가 아닐지 모르나, 친구 정원에서 하드리아누스 황제를 공격한 미치광이 노예는 단순히 하드리아누스 자신이 제지한 뒤 처벌받지 않고 의사들의 보살핌에 넘겨졌다는 이야기가 전해지고 있다.

과 100년 전 독일이었다. 다시 말하면 고의와 과실의 구별·형사미성년자·정신장해, 긴급피난, 법률의 착오 등의 구체적 사례에 관한 관점은 이미 로마 시대에 이루어졌지만,[9] 이들을 포괄하는 책임이라는 '개념'을 규정하는데 인류는 2,000년의 시간이 필요했다. 더 거슬러 올라가면, 함무라비 시대에 이미 민사적 면책항변(excuse defense)의 사례[10]가 발견되는 것을 보면, 실로 인류가 구체적 사례에서 책임이라는 '추상개념'에 도달하는 데 3,800년이 걸린 것이다. 이것이 '책임'이라는 개념의 무게이다.

그런데 고의와 과실의 개념, 그리고 형사미성년자나 정신장해, 긴급피난, 법률의 착오 등의 구체적 사례가 성립한 로마 시대 이래 2,000년이 지났지만, 현재에도 여전히 이를 포괄하는 '책임의 개념'은 확립되지 못했다. 우선 영미 체계에서는 아예 '책임'이라는 통일된 단어(記標, significant)조차 없다. 영미체계에서 책임(Schuld)과 연관되는 단어로서 liability, culpability, responsibility, accountability, answerability, guilt, attribution 등이 있다. 영미 학계나 법률가 사회에서 이들 전체를 포괄하는 하나의 단일하고 동일한(identity) 개념으로서 '책임(Schuld)'에 대응하는 단어는 없다. 결국 영미 법학계는 책임이라는 단일한 개념을 가지고 있지 않다. 대신에 영미체계는 면책성(excuse)이라는 단일한 개념을 가지고 있는데, 독일에서는 책임의 하위개념에 불과하고 그 범위가 명백하지 않다.

---

9   이 중 긴급피난은 면책적 긴급피난이나 강제(duress)와 관련되지 않았고 정당화사유 내지 정당화항변(justification defense)의 관점에서 규정되었다. 법률의 착오는 오늘의 관점과는 다르다고 할 것이다. 그러나 오늘날 면책적 긴급피난이나 강제가 로마 시대의 사례와 무관한 것은 아니다. 한편 로마 시대에는 특별형법(또는 법정범)이 많지 않았고 그 외에 법률의 무지에 의한 면책을 주장할 수 있는 예외가 있었으니 여성, 미성년자, 문맹자, 군인의 경우가 그러하다. O.F.Robinson, *op.cit.*, p.17. 조규창, *op.cit.*, p.83.

10 L.W.King, *op.cit.*, 102-103조, 168-169조, 226-227조. 위 E.R.Milhizer는 이 조문을 상속권과 관련하여, 아들의 최초의 잘못에 관한 면책(168-169조)의 사례로, 돈을 위탁받은 상인(102-103조)과 노예표지를 실수한 이발사(226-227조)의 경우 타인의 기망이나 강제에 의한 면책항변의 사례로 해석한다. E.R.Milhizer, *op.cit.*, p.735 및 각주 30, 31.

[1103] 아리스토텔레스의 형법이론

2,300년 전 아리스토텔레스(Aristoteles, BC 384-322)의 논의에서 형법학의 기원(起源)을 찾을 수 있다. 그는 "처벌을 받아야 하는 범죄자의 관점에서 형법을 고려했다".[11] 오늘날 사용하는 용어로 말하면, 그는 책임과 관련된 강제(duress), 착오, 명정(intoxication), 고의, 심지어는 원인에 있어서 자유로운 행위로 해석될 수 있는 사례들을, 『니코마코스 윤리학(*HΘIKΩN NIKOMAXEIΩN*)』에서 다루었다. 그의 관문의식(觀問意識)은, 칭찬과 비난의 대상이 될 수 있는 인간행위의 유형을, 자발적 행위(ἑκούσιον, 에코우시온)와 비자발적 행위(ἀκούσιον, 아코우시온)로 나누는 것이었다.[12] 아리스토텔레스는 그의 『니코마코스 윤리학』 제3권 제1장을 이렇게 시작한다.

> "미덕(美德)은 감정과 행위와 관련되고, 자발적인 감정과 행위는 칭찬받거나 비난받는 데 반해 비자발적인 감정과 행위는 용서받거나 때로는 동정받기까지 하는 만큼, 미덕을 연구하는 사람은 반드시 자발성과 비자발성(非自發性)을 구분해야 할 것이다. 상벌(賞罰)과 관련하여 입법자도 그렇게 (구분)하는 것이 유익하다. 강요(強要)당하거나 무지(無知) 때문에 행해진 그런 행위는 비자발적인 것으로 간주된다. 그 원인이 외부에 있어, 행하는 자나 당하는 자의 의

---

11 Carl Luwig von Bar, A History of Continental Criminal Law, translated by Thomas p. Bell, Boston, Little Brown and Company 1916. §73. p.385. "All other ancient philosophy vouchsafed no independent rights to the individual as against the State, and rather, when necessary, allowed the individual to be absolutely sacrificed to the harmony of the whole without further thought or justification. But Aristotle regarded criminal law not only from the viewpoint of the State inflicting the punishment, but also from the viewpoint of the criminal who has to suffer the punishment."

12 ἑκούσιον (현대알파벳표기: ékoúsion)은 '자발적 행위' 또는 '자유의지 행위' 두 가지 의미 모두가 포함되고 있다. ἀκούσιον (ákoúsion)은 반대의 의미이다. 영어 번역voluntary 독일어 번역freiwillig 등은 관련 각주에서 확인될 것이다. 한편 여기에서 voluntary의 번역은 형법이론의 행위에 관한 논의에서 임의적 행위에서의 임의성과는 구별되어야 한다. 해석에 따라 이 두 단어는 자발적 행위가 논점이 될 수도, 또 인간의 자유의지가 논점이 될 수도 있다.

지와는 무관하게 행해지면 그런 행위는 강요당한 것이다. 예컨대 누군가 바람을 만나 어디론가 표류하거나, 그를 지배하는 사람들에 의해 어디론가 연행되는 경우가 그렇다."[13]

'자발적 행위(ἑκούσιον)만이 칭찬받거나 비난받는다'는 이 논의는 해석—이론체계—에 따라 많은 의미가 부여될 수 있다. 윤리적 관점에서는 인간의 행위 중 윤리학(倫理學)의 대상이 되는 행위에 관한 논의라고 해석할 수 있다. 자발적 행위(ἑκούσιον)는 자유로운(freiwillig) 행위로도 해석되며, 그리하여 인간의 자유의지(free will)의 문제도 바로 ἑκούσιον(에코우시온)를 설명하는 용어인 행위의 '제1원리(ἐν ἡμῖν, 에피헤민)'[14]에서 그 기원을 구할 수 있다.

---

13 천병희 역, 『니코마코스 윤리학』, 도서출판 숲, 2015, p.90. 아리스토텔레스의 텍스트 출전은 대개 베커(Immanuel Becker)판 (Aristoteles opera recensione Immanuelis Beckeri edidit Academia Regia Borussica, Berlin 1831)의 쪽수 단수 행수를 표기한다. 위 천병희 번역 부분은 1109b30-35, 그리고 1110a1-4이다. 해당 부분 영어 번역 :1. VIRTUE, as we have seen, has to do with feelings and actions. Now, praise or blame is given only to what is voluntary that which is involuntary receives pardon, and sometimes even pity. It seems, therefore, that a clear distinction between the voluntary and the involuntary is necessary for those who are investigating the nature of virtue, and will also help legislators in assigning rewards and punishments. That is generally held to be involuntary which is done Under compulsion or through ignorance. "Done under compulsion" means that the cause is external, the agent or patient contributing nothing towards it as, for instance, if he were carried somewhere by a whirlwind or by men whom he could not resist. (영어 번역 출전) The Nicomachean Ethics of Arustotle, translated by F. H. Peters M. A. Mellow of University College, Oxford Fourteenth Edition, London, Kegan Paul, Teench, Trubnee & Co., Ltd. 1893. p.58 이하 아래에서 그리스어 출전은 ARISTOTELIS, ETHICA NICOMACHEA, KECOGNOVIT, FRANCISCUS SUSEMIHL, LIPSIAE, IN AEDIBUS B. G. TEUBNERI. MDCCCLXXXVII.이다.

14 ἐν ἡμῖν(eph' hemin)은 니코마코스 윤리학에서 형법학과 관련 중요한 용어이다. 이 용어는 현대적 관점에서 보면 '자유로운 행위이기 때문에 책임을 져야 한다.'라는 명제의 사상적 기원이 되는 용어라고 할 수 있다. 이에 대한 표현으로 '제1원리'는 천병희 씨의 번역이다. 영어 번역은 일반적으로 'depend on us'이다. 이것은 어떤 행위의 원인이 자기 자신에게 있으며 타인이나 자연에서 그 원인을 구할 수 없는 것을 말한다. 니코마코스 윤리학에는 이 구 ἐν ἡμῖν이 대단히 많이 사용되고 있다(3권에서만 9회). 한 예를 본다. 1113b19-22, 영어 번역은 F. H. PETERS, op.cit., p.75. 그리스어 원문은 Ethica Nicomachea, Editio altera curavit Otto Apelt. Published 1903 by In aedibus B.G. Teubneri in Lipsiae, [Germany]. p.53. "εἰ δὲ ταῦτα φαίνεται καὶ μὴ ἔχομεν εἰς ἄλλας ἀρχὰς ἀναγαγεῖν παρὰ τὰ ς ἐν ἡμῖν, ὧν καὶ αἱ ἀρχαὶ ἐν ἡμῖν, καὶ αὐτὰ ἐφ' ἡμῖν καὶ ἑκούσια." But if those statements commend themselves to us, and if we are unable to trace our acts to any other sources than those

아리스토텔레스의 비난의 개념에 처벌(형벌)을 대입하면 그대로 형법적 문제가 된다. 즉 범죄의 경우에도 자발성이 있는 행위만이 처벌의 대상이 될 수 있다는 논의가 된다. 우선 강제된 행위(duress)의 경우 그는 자발적인가 비자발적인가는 논란거리라고 했다.[15] 무지(無知)로 인한 행위는 자발적인 것이 아니지만, 그것이 비자발적인 것이 되자면 고통과 뉘우침이 따라야 한다고 한다.[16] 무지의 원인이 술에 취한 것 때문이라면 두 배로 처벌받아야 한다.[17] 이는 명정(intoxication) 내지 원인에 있어서 자유로운 행위와 연관된 관점이라고도 할 수 있다. 자발적 행위에는 의도적 선택적 행위(προαίρεσις)가 있으며 이것은 오늘날 목적고의 내지 의도고의(purposely)로 해석할 수도 있다. 자발성이 선택적 행위보다 외연(外延)이 넓다는 것이 아리스토텔레스의 관점이다.[18] 그에게 과실(過失)은 무지의 문제이다. 석궁(石弓)을 가진 사람이 어떻게 작동하는지 보여주려고 했는데 발사되었다든가,[19] 권투연습경기에서 살짝 스치려고 했는데 다치게 했다든가[20] 하는 경우, 행위목적이나 행위상황에 대한 무지의 문제로서, 비자발적 행위(άκούσιον)이다. 다만 이 경우에도 고통과 뉘우침이 있어야 비자발적 행위로 간주된다.

이상의 논의는 윤리학과 법학, 불법과 책임의 문제가 모두 미분화(未分化) 상태에 있다는 것을 보여준다. 가장 단적으로 드러나는 것은 과실의 문제이다. 석궁(石弓) 사례가 보여주는 과실의 문제는 말하자면, 주의의무와 관련하여 불법으로 논의해야 할 성질의 것과, 고통과 뉘우침이라는 책임의 문제가

that depend upon ourselves, then that whose source is within us must itself depend upon us and be voluntary. ἐν ἡμῖν과 귀속이론에 대하여, Michael Wittmann, Aristoteles und die Willensfreiheit, Druck und Kommissionsverlag der Fuldaer Actiend ruckerei, 1921, p.23ff.

15 ETHICA NICOMACHEA, op.cit., 53. 1110a4-12
16 ETHICA NICOMACHEA, op.cit., 53. 1110b18-19
17 ETHICA NICOMACHEA, op.cit., 53. 1113b30-34
18 ETHICA NICOMACHEA, op.cit., 53. 1111b7-9
19 ETHICA NICOMACHEA, op.cit., 53. 1111a11
20 ETHICA NICOMACHEA, op.cit., 53. 1111a15

포괄되어 있다. 그러나 이것은 현재 이 시점에 이르기까지 해명된 것은 아니라는 점에서 반드시 아리스토텔레스가 고졸(古拙)하다고 하기는 어렵다. 더욱 근원적인 문제는 ἑκούσιον(에코우시온)을 자발성(voluntary)으로 볼 것인가 의지자유(freiwillig)로 해석할 것인가, 하는 점이다. 이 자발성을 임의성과 같은 것으로 해석하면 오늘날 형법에서 임의성이 없는 행위–행위로 규정되지 않는 동작–와 같은 아주 좁은 의미가 되어, 책임과 관련된 형법적 문제의 판단기준으로는 관계없는 것이 된다. 한편 ἑκούσιον(에코우시온)을 의지(意志)의 자유로 해석한다면 과연 그것이 무엇이며 존재하는가 하는 문제로 확대된다. 나아가 자유의지론(自由意志論)의 기원이 되는 논의라고도 할 수 있다. 어느 쪽으로 보든 아리스토텔레스의 관점은 성공적인 것은 아니다. 그렇지만 이 역시 현재 이 시점에 이르기까지 해명된 것이 아니다. 아리스토텔레스의 이 관점은 출발점으로서는 실로 위대(偉大)하다고 할 수 있으나, 여러 논점이 미분화(未分化) 상태였고, 수백 년 동안 추종자를 얻지 못했으며, 그의 접근법은 만족스러운 것은 아니었다.[21]

한편, 아리스토텔레스의 위 논의를 윤리학과 법학의 책임이론의 기원으로 해석하는 경우가 많지만, 아리스토텔레스가 책임의 개념에 도달한 것은 아니었다. 그의 저서인 위 제3권에서 오늘날 책임으로 해석될 만한 기표(단어)가 고정적으로 쓰였다거나 확립된 논제로 다루어진 것은 아니다. 제3권에 대해서도 후세의 학자들 중 도덕적 책임이라고 제목을 다는 경우도 있고, 의지(will)로 제목을 붙이는 경우도 있다.[22] 실제 그리스어 원문에서 쓰여진 단어 중 책임에 가장 가까운 단어는 αἴτιος(아이티오스)이다. 이 단어의 의미는 크

21 A HISTORY OF CONTINENTAL CRIMINAL LAW, op.cit., 51, p.386.
22 한국의 천병희 교수는 이 3권의 제목을 '도덕적 책임'으로 붙였다. 천병희, op.cit., 53, p.89. 그러나 F. H. Peters의 영어 번역본의 3권 제목은 THE WILL이다. F. H. Peters, op.cit., 53, p.58.

게 3가지인데, 원인(저자, 장본인), 피의자, 범죄(유죄의, 책임 있는)이다.[23] 이 단어를 responsible로 해석하지만 그 의미는 '유죄의(guilty)'와 같은 의미이고, 동시에 '그에게 원인이 있다(그가 장본인이다)'와 같은 의미이다.[24] 이 세 가지 '의미가 약 2,000년 뒤에 귀속의 개념, 책임의 개념과 연결된다.

---

23 αἴτιος(aitios)는 크게, the cause, author; the culprit, the accused; the crime의 의미로 요약할 수 있다. Yinya Liu, From Response to Responsibility, A Study of the Other and Language in the Ethical Structure of Responsibility in the Writings of Bonhoeffer and Levinas, National University of Ireland, Maynooth, 2010, p.9. "Barnes notes that 'responsible' in Greek is αἴτιος(aitios), means, to be anointed with the same oil and sometimes in saying of someone that he is responsible for a certain state of affairs, we mean to hand out blame: calling someone responsible is calling him guilty. 'Aitia', according to Liddell and Scott, means 'responsibility, mostly in the bad sense, guilt, blame, or the imputation thereof, i.e., accusation'."

24 가령 1113b30-34(마지막 문단)에 "실제로 입법자들은 무지에 대한 책임이 범죄자에게 있다고 생각되면 무지 자체 때문에 범죄자를 처벌한다. 이를테면 술취한 범죄자는 가중처벌한다."(op.cit., 53. 천병희 역)라는 문장을 보자. 이 문장의 '책임이 ~에게 있다'에 해당 단어는 αἴτιος이다. 그런데 이 문장에서 책임이 ~에게 있다(responsible)는 의미는 그가 '유죄이다(guilty)'와 같은 의미이고, 동시에 무지의 "원인이" 그에게 있다. 그가 스스로 무지를 야기한 "장본인"이다(attributed)로 해석될 수 있고, 그것들이 고대 그리스인들에게는 같은 의미라는 것이다. 같은 취지를 다음 문장에서도 볼 수 있다. 1114a28-34(마지막 문단). "이처럼 우리에게 책임이 있는 몸의 결함은 비난받고, 우리에게 책임이 없는 몸의 결함은 비난받지 않는다."(op.cit., 53. 천병희 역). 여기에서 천병희 씨는 '책임이 있는'으로 번역하고 있지만, 영어 번역은 "depend on ourselves"이고 이에 해당하는 그리스어는 "ἐφ' ἡμῖν"(eph' hemin)이고 이 단어의 의미는 "depend on us"이다. 즉 그 결함이 "자신 때문이라면…"으로 번역되어야 할 것이다. 참고로 위 두 문단의 그리스 원어와 영어 번역을 첨부한다. "καὶ γὰρ ἐπ' αὐτῷ τῷ ἀγ νοεῖν κολάζουσιν, ἐὰν αἴτιος εἶναι δοκῇ τῆς ἀγνοίας, οἷον τοῖς μεθύουσιν διπλᾶ τὰ ἐπιμ ία· ἡ γὰρ τοῦ μὴ μεθυσθῆναι,τοῦτο δ' αἴτιον τῆς ἀγνοίας…" ARISTOTELIS, OPERA OM NIA. VOL. X. Insunt ; ETHICA AD NICOMACHUM. EDITIO STEREOTYPA. LIPSIAE SUMTIBUS ET TYPIS CAR. TAUCHNITII. 1831. p.52. 1113b28-34 "I say " ignorance for which the agent is not responsible," for the ignorance itself is punished by the law, if the agent appear to be responsible for his ignorance, e.g, for an offense committed in a fit of drunkenness the penalty is doubled: .." F. H. PETERS, op.cit., 53. p.76. "τῶν δὴ περὶ τὸ σῶμα κακιῶν αἱ ἐφ' ἡμῖν ἐπιτιμῶνται, αἱ δὲ μ ὴ ἐφ' ἡμῖν οὔ. εἰ δ' οὕτως, καὶ ἐπὶ ἄλλων αἱ ἐπιτιμώμεναῖ τκακιῶν ἐφ' ἡμῖν ἂν εἶε…" ibid., p.53.1114a30-34 We see, then, that of the vices of the body it is those that depend on ourselves that are censured, while those that do not depend on ourselves are not censured. And if this be so, then in other fields also those vices that are blamed must depend upon ourselves. ibid., p.77.

제2장

책임이란무엇인가? I
─독일체계, 책임개념의 이론사

[1201] 귀속(歸属)의 개념과 Pufendorf

고대 그리스인의 에토스(ethos)에 있어서 '~하다면 비난받아야 한다' '그가 ~의 원인이다' '그가 ~의 장본인이다' '그는 유죄(有罪)이다' 등을 동일한 의미로 사용하는 것에서, 소위 귀속이론(Zurechnungslehre)이 탄생하였다고 할 수 있다.[1] 그것은 아리스토텔레스를 재해석하는 것으로 이루어졌다. 귀속이라는 개념을 주제로 삼고, 그에 관한 이론을 최초로 제시한 사람은 17세기의 Samuel Pufendorf(1632-1694)였다.[2] 실제로 푸펜도르프가 그의 저서 『자연법과 국제법』의 제1권 제9장에서 그 제목을 '도덕적 행위의 귀속'이라고 붙이고 이에 관하여 논의한 것이 귀속개념과 귀속이론의 시작이라고 할 수 있다.[3]

---

1 Hans Welzel은 아예 아리스토텔레스의 니코마코스 3권을 귀속이론으로 규정하여 해석하고 있다. Hans Welzel, Naturrecht und Materiale Gerechtigkeit, 4.Aufl., Göttingen · vandelhoek & Ruprecht, 1962. p.35.

2 귀속이론(Zurechnungslehre)이라고 이름을 붙여 아리스토텔레스와 푸펜도르프를 연구한 최초의 학자는 Rechard Löning(1848-1913)이었다. 그는 범죄의 주관적 측면에 관한 탐구로서 푸펜도르프의 이론에 접하고 '귀속이론'에 헌신하기로 결심하였다고 말한다. 그리고 푸펜도르프는 누구에게 기반을 두고 있는가 하는 관점에서 아리스토텔레스에 이르렀다고 한다. Löning, Die Zurechnungslehre Des Aristoteles (1903), Kessinger Pub Co, 2010, Vorwort. p.3f. "So beschloß ich, diesen Fragen, der "Zurechnungslehre", zunächst eine besondere wissenschaftliche Untersuchung zu widmen, ··· SAMUEL PUFENDORF ist der erste gewesen, der, wie er den (bei CARPZOV z. B. noch nicht vorkommenden) Ausdruck "imputatio" als einen technischen in die Rechtswissenschaft eingeführt, so auch unter diesem Titel die subjektiven Voraussetzungen für die Bestrafung der Verbrechen zu einer einheitlichen Lehre, zu einem System zusammengefaßt hat. ··· Den Weg zeigte hier vielmehr die Moralphilosophie des 17. Jahrhunderts, mit deren Jenaer Vertretern PUFENDORF im Jahre 1658 in nähere Berührung gekommen war, und diese wies, abgesehen von gewissen Einflüssen der mittelalterlichen Scholastik, direkt auf ARISTOTELES zurück···."

3 Joachim Hrushchka, Zurechnung und Notstand Begriffsanalysen von Pufendorf bis Daries, Schröder, Entwicklung der Methodenlehre in Rechtswissenschaft und Philosophie vom 16. bis zum

아리스토텔레스의 세계와 2,000년 후세의 학자인 푸펜도르프의 세계를 비교하면, 달라진 것은 이전에는 하나의 세계였던 것이 두 개의 세계로 변화되었다는 것이다.[4] 근대는 '물리적 세계'를 발견하게 되었는바, 푸펜도르프는 여기에 더하여 '도덕적 세계'를 규정하였다. 물리적 자연세계와 도덕적 인간세계, 물리적 존재양식(entia physica)과 도덕적 존재양식(entia moralia)으로 구별하게 된 것이다. 이렇게 할 때, 우리에게 쉽게 보이는 것은, 물리적 세계는 '인과적 법칙'에 의하여 지배되는 데 비하여, 인간사회는 '자유로운 인간의 행위'에 의하여 구성된다는 것이다. 물리세계에서 물질적 존재들은 필연적 법칙적 관계에 놓여 있다. 이에 대해 인간사회에서 인간의 행위나 사건은 사실적(事實的) 법칙적 관계에 있는 것이 아니다. 인간사회에서는 특정한 사람이나 행위에 대하여 도덕적인 어떤 의미(意味, 가령 칭찬이나 비난)를 관념적으로 연계(連繫)시키는 것이다. 이것이 귀속(Imputatio, Zurechnung)이다. 아리스토텔레스가 '자발적 행위(ἑκούσιον)만이 도덕적 비난의 대상이 된다' 라고 한 것은, 잘못된 행위를 자발적으로 한 자에게 '도덕적 비난이 귀속된다'라고 언술(言述)한 것이다. 이와 같이 도덕적 상찬과 비난의 귀속(歸屬)에 의하여 윤리세계가 형성되고, 처벌의 귀속에 의하여 형법적 세계가 구성된다. 푸펜도르프는 귀속의 개념을 이렇게 규정한다.

"입법자가 그를 그 행위의 저자(著者)로 선언하고, 그 행위의 통상적 효과가 그에게 귀착하거나 그에게 내재할 때, 그 행위는 그에게 귀속된다(imputed)고

---

18. Jahrhundert, Beiträge zu einem interdisziplinären Symposion in Tübingen, 18-20, 1996, p.164.
4   중세 1,000년을 지배한 종교적 사유에서도 그러하고, 그러한 종교적 사유의 배경이론이 되었던 아리스토텔레스의 세계관에서도, 세계는 '하나의' 세계였다. 물리적 세계 역시 아리스토텔레스의 목적인 (final cause)에 의하여 정신화(精神化)되어 있었다. 이것이 기독교적 세계관으로 변용되면 하느님의 계획과 뜻에 의한 세계로 정신적(精神的)인 것이었다. 그것이 근대로 전환하면서 자연에서 정신성은 배제되었다. 물질적 기계적 인과적 법칙에 의하여 지배되는 세계가 되었다. 이 논점은 후세 영미 분석철학에서 McDowell에 의하여 다시 제기된다.

말한다."[5]

그리하여 푸펜도르프는 도덕에서 중추적 격률(prime Maxim)을 설정하는데, 그의 두 개의 저서, 『보편법학의 기초』 그리고 『자연법과 국제법』에서 모두 제시하고 있는 제1의 공리(Axiom I)는 다음과 같다.

"하느냐 하지 않느냐가 인간의 힘에 속하고, 도덕적 규범에 따를 수 있는 바의 모든 행위는 그에게 귀속된다. 그와 반대로, 그 자체에 있어서도 그 원인에 있어서도, 그것이 사람의 힘 안에 있지 않은 것은, 그에게 귀속될 수 없다."[6]

물리적 세계가, 각 사물이 다른 사물에 대하여 인력이 작용하는 중력의 법칙에 의하여 통합되는 법칙적 관계에 있다고 한다면, 도덕적 세계에서는, 인간들의 개개의 행위는 그 도덕적(또는 법적) 효과가 그 주연자(主演者, 주체)에게 귀속됨으로써 개인들이 도덕규범(또는 법규범)에 의하여 통합(統合)되는 관

---

5 Samuel Freiherr von Pufendorf, De jure naturae et gentium, OF THE LAW OF NATURE AND NATIONS, Done into English by BASIL KENNETT, Printed for J. Walthoe, R. Wilkin, J.LONDON, 1729, Book I. cap. IX, II. p.92. "Actions of the former Kind are then said to be imputed to the Agent, when the Legislator or Sovereign declares him to be the Author of them, and at the same Time decrees that the ordinary Effects of such Actions shall redound on him, or shall be conceived as inherent in him."

6 푸펜도르프 저서 『자연법과 국제법』『보편법학의 기초』 모두에 나타나는 귀속의 공리이다. *ibid.*, De jure naturae et gentium, Book I. cap. V, V, p.47. ELEMENTORUM JURISPRUDENTIAE UNIVERSALIS LIBRI DUO. BY SAMUEL PUFENDORF, THE TRANSLATION BY WILLIAM ABBOTT OLDFATHER, OXFORD: AT THE CLARENDON PRESS, ONDON: HUMPHREY MILFORD, 1931, p.209. "Any action whatsoever that may be directed according to a moral norm, which is within a man's power to do or not to do, may be imputed to him. And, on the contrary :That which neither in itself nor in its cause was within a man's power, may not be imputed to him." 이 공리의 라틴어 원문: "Quaelibet actio ad normam moralem dirigibilis, quam penes aliquem est fieri vel non fieri, potest ipsi imputari. Et contra: Id quod neque in se neque in sua causa penes aliquem fuit, non postest ipsi imputari." Samuelis Pufendorf, Elementorum jurisprudentiae universalis libri II, Editio novissima & emendatissima. Published 1672 by ex officina J. Hayes, Celeberrimae Academiae Typographi, p.243.

계에 놓여 있다.

[1202]

푸펜도르프는 뉴턴이 만유인력법칙에 의하여 물리적 세계를 해명하였듯이, 귀속의 법칙에 의하여 도덕적 세계를 해명하려고 하였다. 이런 관점에서 그는 『보편법학의 기초』에서 두 개의 공리(axioma)와 21개의 정의(definitio), 5개의 논평(observatio)으로 도덕세계를 해명하려고 하였다. 가령 제1의 정의는 행위에 관한 것인데 다음과 같다. "인간행위라 함은 그 효과의 귀속으로 간주되는 공동체 생활에서 사람의 자발적 행위를 뜻한다."[7] 그는 인간의 행위를 세 가지 요소로 분석하는데, 질료적(質料的) 요소, 근본적(根本的) 요소, 형상적(形相的) 요소가 그것이다.[8] 그는 행위의 형상적 요소에 대한 설명에서, 마치 중력이 물체를 통하여 자신의 법칙적 내용을 실현하듯이, 도덕법칙은 인간행위의 귀속을 통하여 그 내용이 실현된다고 한다. "그것(귀속)은 주연자가 진실로 도덕의 실현에 참여하는 그 행위의 형상적 측면에서 연유하며, 도덕적 대의(大義)라 불린다."[9] 만유인력이 태양과 지구와 달의 연관관계를 설명

---

7 라틴어 원문: "Actiones humanæ dicuntur actiones hominis voluntariæ in vita communicum imputatione suorum effectuum spectatæ." Pufendorf, *ibid*,, ELEMENTORUM···, p.1. 엉어 번역문: "By human actions are meant the voluntary actions of a man in communal life regarded under the imputation of their effects." W. A. OLDFATHER, *ibid*,, p.3.

8 Pufendorf, *op.cit*,, 71, ELEMENTORUM.. p.2. W. A. OLDFATHER, *op.cit*,, 71, p.4.

9 라틴어 원문: "A qua quidem actionis formalitate ipsum etiam agens moralitatis denominationem participat, & *causa moralis* appellatur."Pufendorf, *op.cit*,, 71, ELEMENTORUM, p.3. 영어 번역: Now it is from the formal aspect of an action that the agent himself, indeed, shares in the designation of morality and is called the *moral cause*. W. A. OLDFATHER, *op.cit*,, 71, p.4. 영어 번역에서는 denominationem을 designation으로 번역하였으나, denominatio는 대체, 환유(metonymy)의 의미가 있어 말하자면 도덕성이 인간의 행위를 통하여 구체적으로 실현된다는 의미가 있다. causa도 단순한 원인이나 주장이 아니라 좀 더 강한 의미인 대의로 표현하였다. 원문 역시 이탤릭체로 강조 표시를 하고 있다.

하고 그 법칙성을 드러내듯이, 귀속법칙은 인간과 행위와 사실들에 대하여 연관관계를 설명하고 도덕법칙성을 드러낸다는 것이다.

푸펜도르프에 의하여 제시된 귀속에 관한 프레임(frame)은 그 이전 아리스 토텔레스의 해석에 있어서도, 그 이후 독일체계의 형법학 발전에 있어서도 결정적인 영향을 미쳤다. 벨첼(Welzel)은 푸펜도르프의 귀속이론에서 개발한 행위이론이 19세기 형법이론의 기초를 형성했다고 설명한다.[10] 이제 형법학 을 귀속의 프레임으로 생각하게 된 것이다.

그런데 푸펜도르프의 귀속개념에서 물리적 세계와 도덕적 세계의 구별이 라는 그의 배경 프레임을 배제해 버리면 사실 그 내용이 상당히 모호하게 된 다. 단적으로 말해 귀속이란 단순히 '범행(犯行)에 관한 법의 적용'과 구별하 기 어렵게 된다. 어떤 사건에 대하여 법을 적용하는 것이 바로 그 행위주체 에 대하여 그 사건과 법적 효과를 귀속시키는 것이기 때문이다. 이렇게 되면 귀속의 문제란 법의 적용을 위하여 대상이 되는 행위의 특성을 연구하는 문 제가 된다.[11] 푸펜도르프 이후의 귀속이론의 발전은 바로 이러한 법의 적용 과 구별되는 귀속의 개념을 규정하는 문제가 되었다. 우선 귀속의 개념을 물 리적 귀속(imputatio physica)과 도덕적 귀속(imputatio moralis)으로 구분한 학 자는 볼프(Christian Wolff, 1679-1754)였다. 물리적 귀속은 주체가 관여된 사건 (Ereignis)과 그 사건의 결과 사이의 도덕률을 배제한 순전한 인과관계이다. 이에 대해 도덕적 귀속은 사건(행위)의 그 주체에 대한 귀속이다.[12]

---

10 Welzel, Das Deutsche Strafrecht, 11. Aufl., 1969. pp.38-39.
11 실제로 100년 뒤 독일 형법이론은 이러한 의미의 행위론이 범죄론 체계의 가장 기본적인 배경 프레임 이 된다.
12 Joachim Hruschka, Ordentliche und ausserordnetliche Zurechnung bei Pufendorf, ZStW 96, 1984, Heft 3. p.696. "Die imputatio physica Wolffs ist die schlichte Feststellung eines Kausalzusammenhangs zwischen einem Ereignis, in das ein Subjekt verwickelt ist, und einer Wirkung dieses Ereignisses "seposita omni moralitate actionis" - "Wenn jede Moralität des Ereignisses einmal beiseite gesetzt wird". Mit der imputatio moralis dagegen werden Ereignisse (actiones) einem Subjekt (agens) zugerechnet.

여기에서 나아가 귀속의 개념을 좀 더 정밀화하려는 시도는 레만(Johann Jacob Lehmann, 1683-1740)에 의하여 이루어졌다. 그는 세 종류의 귀속을 구별하였다. 첫째, 어떤 행위가 그 주체(저자, 장본인)[13]에게 귀속하는 것, 둘째, 어떤 행위가 그것이 좋은 것 · 나쁜 것 · 비가치적(非價値的)인 것으로 의미부여 되는 것, 셋째, 어떤 결과가 어떤 행위의 결과로 승인되는 것이다.[14] 이에 대하여 법률의 적용과 귀속과의 개념적 차이를 명확히 하고, 사실적 귀속(imputatio facti)과 법률적 귀속(imputatio iuris)으로 구별한 것은 다리스(Daries, 1714-1791)였다. 사건이 행위로서 그 주체에게 귀속되는 것[15]이 사실적 귀속이며, 선한 소행(所行)은 공적(功績)으로, 위법한 소행은 책임(Schuld)으로 귀속되는 것이 법률적 귀속이다.[16] 한편 귀속은 판단자의 시선(視線, Blickrichtung)이 행위의 주체를 향하는 것이라는 점에서, 반대로 시선이 주체의 소행을 향하는 법의 적용과는 다르다고 볼 수도 있다.[17]

---

13 귀속이론의 한 내용은 어떤 행위가 그 주체에게 귀속되는 것으로 그 주체의 의미가 저자(著者 라틴어 autor 영어 author)로 표현되며, 같은 뜻으로 장본인(張本人, Urheber)으로 표현된다. 독일어에서 Urheber은 장본인뿐만 아니라 원작자 · 저자의 뜻도 있어서 이 표현의 동일성은 쉽게 수용될 수 있다. 그리스어 그리고 아리스토텔레스에서는 이 저자라는 표현이 발견되지 않는다. 이에 대응하는 것이 있다면 앞에서 본대로 ἐν ἡμῖν인데 이는 뉘앙스가 다르다.

14 Joachim Hruschka, Ordentliche und ausserordnetliche Zurechnung bei Pufendorf, op.cit., 78, p.695. 그러나 이 해석은 엄밀한 것으로 보이지 않는다. 흐루시카가 인용한 라틴어 원문: "Imputatio varia deprehenditur; vel enim auctori adscribitur illius actio humana; vel ei ut bona, mala aut indifferens tribuitur, vel consequentia actionis huius ipsi decernuntur." 이 원문은 행위의 평가가 결과와 통합되어 "좋고 나쁘고 무관한 것이 행위의 결과에 귀속된다."로 해석될 수 있다. 이에 대한 흐루시카의 번역: "Die Zurechnung wird als eine mannigfaltige begriffen ; bald nämlich wird dem Urheber die zu ihm gehörige menschliche Handlung zugeschrieben ; bald wird ihm die Handlung als eine gute, schlechte oder gleichgültige zugemessen, bald werden ihm die Folgen dieser Handlung zuerkannt."

15 이것은 귀속의 오래된 표현으로서, 더 명쾌한 표현을 찾으면, "귀속이란 누군가가 소행의 장본인임을 선언하는 것(Zurechnen bedeutet, jemanden zum Urheber einer Tat erklären)"이라는 Nicolaus Hieronymus Gundling (1671-1729)의 정의를 들 수 있다. Joachim Hruschka, Ordentliche und ausserordnetliche Zurechnung bei Pufendorf, op.cit., p.693.

16 Joachim Hruschka, Ordentliche und ausserordnetliche Zurechnung bei Pufendorf, op.cit., p.696. "Dem Subjekt wird ein Geschehen als Tat zugeschrieben (Zurechnung erster Stufe; imputatio facti), bzw. ihm wird die gute Tat zum Verdienst, die rechtswidrige Tat zur Schuld zugerechnet (Zurechnung zweiter Stufe; imputatio iuris)."

17 ibid., 귀속에 대한 이러한 관점은 두 가지 초점을 제시하는 셈이다. 하나는 귀속이 판단자를 가정한다

이것이 18세기 말까지 귀속이론이 도달한 지점이다. 아리스토텔레스에서 영감을 받아 귀속개념을 처음 세운 푸펜도르프는 그 배경 프레임을 물리세계와 도덕세계의 구분에서 찾았다. 귀속개념은 그 뒤에 이를 사용하는 학자마다 그 배경 프레임을 달리한다. 오늘날에도 귀속이론의 매력은 살아 있다.[18] 그렇지만 귀속이라는 개념을 사용하는 오늘날의 학자들은 푸펜도르프와는 그 배경 프레임을 달리하고 있다.

[1203] Hegel과 Hegelian의 책임개념

변증법적 관념론에서 법의 출발점은 자유의지(自由意志)이다.[19] 자유는 의지와 같은 것이며, 의지는 행위로써 주관과 객관을 매개한다.[20] "주체적 도덕적 의지를 외화(外化 Äußerung)하는 것이 행위이다. 행위는 세 개의 규정(Bestimmung)을 포함하는데, 1) 그 외화된 것도 나의 것으로 인식되고, 2)당위로서의 개념과 본질적인 관계를 맺으며, 3) 타인의 의지와도 본질적인 관계

는 것이며, 판단자의 방향성이 그 본질적 내포를 형성한다. 이는 사실 Pufendorf와는 배경 프레임이 달라져 있다는 것이 된다. 푸펜도르프에게 귀속이란 물리세계와 구별되는 도덕세계의 도덕적 법칙성(규범성)을 묘사하는 것과 같은 것이었다.

18 Jakobs는 그의 형법 교과서에 귀속이론을 부제로 달고 있다. Günther Jakobs, Strafrecht, Allgemeiner Teil, Die Grundlagen und die Zurechnungslehre, Lehrbuch. 2. Aufl., 1993. 그의 배경 프레임은 사회학자 루만(Luhmann)의 사회체계론이다. 그 외 많은 학자들이 귀속이론을 논의하고 있는바 모두 그 배경 프레임을 달리한다.

19 G.W.F. Hegel, Grundlinien der Philosophie des Rechts, G.W.F.Hegel Werke in zwang Bänden 7. Suhrkamp Verlag Frankfurt am Main 1970. p.80(§29) 임석진 역, 『법철학』, 한길사, 2014. 이하 헤겔 법철학의 번역은 임석진의 번역을 인용하는바, 때때로 저자가 수정하였으므로 번역의 책임은 저자에게 있다. "현존이 자유의지의 현존 일반으로서 있는 것, 이것이 법이다. 이로써 자유의지 일반은 이념으로 있게 된다."(임석진 번역, 위 책 p.107.-무언가의 현실존재가 자유의지를 구현하는 것으로 있는 것, 이것이 바로 법(정의, 권리)이다.-여기에서는 자유가 이념으로서 있게 된다). Dasein은 '지금 여기 있음'의 의미라고 할 수 있는데, 하이데거의 개념과 같이 모두 현존으로 번역하기로 한다. 일본에서는 定有라는 번역도 있다. "Dies, daß ein Dasein überhaupt Dasein des freien Willens ist, ist das Recht. Es ist somit überhaupt die Freiheit, als Idee."

20 Hegel은 행위(Handlung) 이전에 활동성(Tätikeit)을 논의한다. ibid., p.58(§8). p.207(§109).

를 맺는다."[21]

헤겔의 언어(言語)에 접하면 평범한 사실도 신비(神祕)가 된다. 그가 말하는 신비는 관념적(觀念的) 신비이다. 모든 것들은 이 관념적 신비에 의하여 해석되고 총괄되고 통합된다. 그의 관념적 신비의 가치는, 그것이 없다면 그 관계가 해석이 가능하지 않은, 그러한 관계나 해석을 가능하게 한다는 것이다. 진리의 근원은 정신이다. 그것도 객관정신이다. 객관정신은 자유의지를 본질로 한다. 이것을 쉽게 해석하면 진리는 정신적인 것인데, 그 정신은 사물과 비교한다면 자유로운 의지를 가지고 있다는 것이다. 이것은 우리 인간의 정신을 생각한다면 당연하다고 할 것이다. 정신이라는 것은 자유로운 것이고 그 자유로움은 의지의 표현이라고 할 수 있다. 이러한 자유로운 의지가 외적(外的)인 것으로 변화하여 나타나는 것이 행위이다. 마음속 생각(정신, 자유, 의지)은 내적인 것으로 눈에 보이지 않지만, 우리가 어떤 생각의 표현으로 행위를 하게 되면 그것은 외적(外的)인 어떤 것이 된다. 이 평범한 사실을 헤겔식으로 표현하면, 의지의 외화(外化)가 행위라는 것이다.

그리하여 정신(객관정신)-자유-의지-사유-활동-행위에 이르는 이 개념적 맥락(脈絡)이 법철학의 배경 프레임이다. 의지와 자유는 같은 것이다. 그것은 마치 물체와 그 중력이 같은 것과 비교될 수 있다. "의지의 자유는 물리적인 자연을 참조하는 데서 가장 잘 설명된다. 즉 자유라는 것은 중력(무게)이 물체의 근본규정인 것과 마찬가지로 의지의 근본규정이기 때문이다. 물질은 오히려 무게 그 자체이다. 무거움이 물체를 이루며 그리고 물체이다. 자유와 의지도 이것과 마찬가지로 자유로운 것이 의지이다. 의지는 자유가 없이

---

21 *ibid.*, p.211(§113). Die Äußerung des Willens als subjektiven oder moralischen ist Handlung. Die Handlung enthält die aufgezeigten Bestimmungen, α) von mir in ihrer Äußerlichkeit als die meinige gewußt zu werden, β) die wesentliche Beziehung auf den Begriff als ein Sollen und γ) auf den Willen anderer zu sein.

는 공허한 말이고, 자유 또한 의지에 의하여 주체(주관)일 때 비로소 현실적이다."[22] 한편 의지-사유-자유도 같은 말이다. 이 점은 행위의 기제(機制)와 관련하여 동물과 인간을 구별할 때 중요한 의미가 있다.

"정신은 사유 일반(Denken überhaupt)이며, 사유(思惟)에 의하여 인간은 동물과 구별된다.… 의지(意志)는 사유의 특수한 한 가지 방식이다. 즉 의지란 사유가 자신을 현존(Dasein)으로 옮겨 가는 방식이며, 자신에게 현존을 부여하는 충동으로서의 사유이다.… 결국 내가 의욕하는 것은 내가 내 마음속에서 표상(表象)하는 것이며 나에게 대상이다. 동물은 본능에 따라 행동하고 내적인 충동에 의하여 추동된다는 점에서 실천적이기도 하다. 그러나 동물은 어떠한 의지도 가지고 있지 않다. 왜냐하면, 동물은 그가 탐하는 것을 자기 마음속에 표상하지는 않기 때문이다. 이것에 못지않게 (대조적으로) 인간은 의지 없이는 이론적으로 처신(處身)하거나(verhalten) 사유할 수 없다. 왜냐하면, 우리는 사유한다는 것에 의해 바로 활동적(tätig)이기 때문이다."[23]

---

22 *ibid.*, p.46(§4 Zusatz). '중력의 비유'라고 할 만하다. Die Freiheit des Willens ist am besten durch eine Hinweisung auf die physische Natur zu erklären. Die Freiheit ist nämlich ebenso eine Grundbestimmung des Willens, wie die Schwere eine Grundbestimmung der Körper ist. Wenn man sagt, die Materie ist schwer, so könnte man meinen, dieses Prädikat sei nur zufällig: es ist es aber nicht, denn nichts ist unschwer an der Materie: diese ist vielmehr die Schwere selbst. Das Schwere macht den Körper aus und ist der Körper. Ebenso ist es mit der Freiheit und dem Willen, denn das Freie ist der Wille. Wille ohne Freiheit ist ein leeres Wort, sowie die Freiheit nur als Wille, als Subjekt wirklich ist.

23 *ibid.*, p.48(§4 Zusatz). Der Geist ist das Denken überhaupt, und der Mensch unterscheidet sich vom Tier durch das Denken… sondern der Wille ist eine besondere Weise des Denkens: das Denken als sich übersetzend ins Dasein, als Trieb sich Dasein zu geben… was ich will, stelle ich mir vor, ist Gegenstand für mich. Das Tier handelt nach Instinkt, wird durch ein Inneres getrieben, und ist so auch praktisch; aber es hat keinen Willen, weil es sich das nicht vorstellt, was es begehrt. Ebensowenig kann man sich aber ohne Willen theoretisch verhalten oder denken; denn indem wir denken, sind wir eben tätig.

"동물은 충동, 욕구, 경향을 갖고 있지만 의지(意志)를 가지고 있지 않으므로 어떤 외적인 것에 의해 방해받지 않는다면 동물은 충동을 따르게 마련이다. 그러나 인간은 전혀 규정되어 있지 않은 존재로서 이런 충동을 자기의 것으로서 규정하고 정립할 수 있다."[24]

헤겔의 행위론은 위와 같이 객관적 정신, 주관적 정신, 자유, 의지, 사유, 의사 등의 맥락개념(脈絡槪念)이다. 행위는 주체적 의지의 외화(Äußerung)이지만, 앞에서 본 대로 외화(外化)된 것이 '나의 것'으로 인식되고, 당위적 관점과 연관되어 있으며, 다른 사람의 의지와 연관된다.[25] 행위는 바로 나의 것이라는 점에서, 그리고 당위적 관점에 연관되어 타인과의 관계 속에서 타인에 의하여 평가된다는 점에서, 행위는 논리필연적으로 귀속(Zurechnung)과 연계되지 않을 수 없다. 귀속이란 바로 타인에 의하여 나의 것으로 규정되고 평가되는 것을 의미하기 때문이다.

[1204]

중요한 점은 헤겔이 귀속과 연관된 논의에서 책임(Schuld)개념을 제시하고 있다는 것이다. 그의 『법철학』 제2부의 제1장의 제목 자체가 '고의와 책임(Der Vorsatz und die Schuld)'이다.

"행위로 직접 옮겨지는 데 있어 주체적 의지의 유한성(Endlichkeit)은, 무엇

---

24 *ibid.*, p.63(§11 Zusatz). Triebe, Begierden, Neigungen hat auch das Tier, aber das Tier hat keinen Willen und muß dem Triebe gehorchen, wenn nichts Äußeres es abhält. Der Mensch steht aber als das ganz Unbestimmte über den Trieben und kann sie als die seinigen bestimmen und setzen.
25 *ibid.*, p.211(§113).

보다도 전제된 외적 대상과 다양한 부수사정(Umstände) 때문이다. 소행(Tat)은 눈앞에 있는 현존(Dasein)에 하나의 변화를 정립(초래)하는 것이며, 따라서 의지(意志)는, 그 변화된 현존 속에 '나의 것(des Meinigen)'이라는 추상적 술어가 따르는 한, 책임(Schuld)이 있다."[26]

이 구절에 대한 보충문에서 헤겔은 이렇게 쓰고 있다.

"나의 고의(Vorsatz) 속에 있던 것이 나에게 귀속될(zugerechnet) 수 있으니, 범죄의 경우 특히 이 점이 중요하다. 그러나 책임을 묻는다는 것 속에는 단지 내가 어떤 것을 하였는지 하지 않았는지에 대한 극히 외적(外的)인 판단이 있을 뿐이다. 내가 무언가에 책임이 있다는 것은, (문제된) 그 사실이 나에게로 귀속될(imputiert) 수 있다는 것은 아니다."[27]

이 구절에 의하면 헤겔은 책임(Schuld)이 있다는 것과 귀속되는 것(imputiert)을 구별하고 있다고 해석될 수 있다. 그는 책임을 순전히 외적(外的)인 판단에 대하여 사용하고 있다. 말하자면 사건을 외견적(外見的)으로 평가하여 그 결과가 주연자(主演者)에게 연관된다면 그에게 책임이 있다는 것이다. 그러나 이러한 책임 자체는 헤겔 자신의 논의에 의하여 이론적으로 의미가 없다. 따라서 이러한 외견적 의미의 책임개념은 사실상 사장(死藏)된다.

---

26 *ibid.*, p.215(§115). 이탤릭체 강조는 원문에 따른 것이다. "Die *Endlichkeit* des subjektiven Willens in der Unmittelbarkeit des Handelns besteht unmittelbar darin, daß er für sein Handeln einen *vorausgesetzten* äußerlichen Gegenstand mit mannigfaltigen Umstäden hat. Die *Tat* setzt eine Veräderung an diesem vorliegenden Dasein und der Wille hat *Schuld* überhaupt daran, insofern in dem veränderten Dasein das abstrakte Prädikat des *Meinigen* liegt."

27 *ibid.*, p.216(§115 Zusatz). (Zurechnung) "Zugerechnet kann mir das werden, was in meinem Vorsatz gelegen hat, und beim Verbrechen kommt es vornehmlich darauf an. Aber in der Schuld liegt nur noch die ganz außerliche Beurteilung, ob ich etwas getan habe oder nicht; und daß ich schuld an etwas bin, macht noch nicht, daß mir die Sache imputiert werden könne."

외견적 책임개념은 후의 헤겔리안들에게 채용되지 않았다.

행위와 그 결과에서 원래의 정신과 의지에서 표출된 것에 대해서만 자신의 것이기 때문에 책임이 있다는 것으로 이해할 수 있다. 간단히 말하면 고의의 내용(內容)에 있었던 것에 대해서만 책임이 있다.

> "그런데 이러한 전제에 의하여 의지는 유한하기 때문에, 그에게 대상화하여 나타나는 것은 우연(偶然)에 좌우되면서 자신의 표상(Vorstellung)에 있던 것과는 다른 것이 될 수도 있다. 그러나 의지의 법(das Recht des Willens)이란 자기의 소행(Tat)에 있어서 미리 전제로서 목적으로 생각하고 있었던 것과 자기의 고의 속에 있었던 것에 대해서만, 자신의 행위로서 인정하고 책임을 지는 것이다.–소행은 오직 의지의 책임으로서만 귀속될(zugerechnet) 수 있을 뿐이다.–이것이 인지(認知)의 법(das Recht des Wissen)이다."[28] 헤겔과 그의 철학에 있어서, "나는 오직, 나의 자유와의 관계에서만, 존재할 뿐이므로, 소행은 오직 내가 알고 있는 한에 있어서만, 나의 의지의 책임(죄책)이다."[29]

이를 단순하게 이해하면 고의의 범위 내에서만 책임을 진다는 것이다. 이상의 현란한 논의를 최대한으로 단순화하면, 인간은 자유의지에 의하여 행위하기 때문에 행위의 결과는 모두 그에게 귀속하지만, 법적으로 책임을 져야하는 부분은 자신의 고의 내용(內容) 안에 있었던 것에 한정되어야 한다는 것

---

28 *ibid.*, p.217(§117) "…Aber weil er, um dieser Voraussetzung willen, endlich ist, ist die gegenständliche Erscheinung für ihn zufällig und kann in sich etwas anderes enthalten, als in seiner Vorstellung. Das Recht des Willens aber ist, in seiner Tat nur dies als seine Handlung anzuerkennen, und nur an dem schuld zu haben, was er von ihren Voraussetzungen in seinem Zwecke weß was davon in seinem Vorsatze lag. –Die Tat kann nur als Schuld des Willens zugerechnet werden; -das Recht des Wissens." 한편 Roxin은 이 구절을 Hegel이 형법에 있어서 행위개념의 아버지로 인정받는 구절로 인용하고 있다. Roxin, ATI, 3.Aufl., §8Rn.7.

29 *ibid.*, p.217(§117 Zusatz) "Ich bin aber nur, was in Beziehung auf meine Freiheit ist, und die tat ist nur Schuld meines Willens, insofern ich darum weß.

이다. 여러 가지 사정 때문에(의지의 유한성) 고의와 상관없이 의외(意外)의 결과를 야기할 수 있지만, 책임은 한정되어야 한다는 것이다. 이 점에 관련하여 헤겔은 자신의 아버지인 줄 알지 못하고 아버지를 살해한 외디푸스(Ödipus)를 존속살해(尊属殺害)로 처벌해서는 안 된다고 두 차례에 걸쳐서 논의한다.[30]

형법학의 관점에서는 이러한 논의를 단순하게 사실의 착오(錯誤)의 문제로 해석할 수도 있다. 그러나 헤겔의 논의의 중요한 점은 그 접근하는 시야(視野)가 우리와 정반대라는 것이다. 그는 전일적(全一的)인 관념론적 진리로부터 현실의 구체적인 사실의 해석으로 접근한다. 우리는 쉽게 정반대의 시야에 서는 것으로 가장 구체적인 사실을 예로서 이해하는 것이 용이하다.

[1205]

우리가 헤겔 논의의 의의(意義)를 알기 위해서는 다시 그 사례의 전일적 추상적 의미로 되돌아가야 한다. 고의의 범위 내에서만 책임을 져야 한다는 이 단순한 논의가 중요한 이유는 헤겔이 귀속의 개념을 대체하여 법적 책임의 개념을 제시하고 있는 것이기 때문이다. 간단히 말하여 귀속의 개념에 대체하여 책임의 개념을 논의하게 된 것이다. 물론 귀속의 개념이 완전히 제거된 것도 아니고 귀속과 책임의 개념을 엄밀하게 구별하고 있는 것도 아니다. 그렇지만 헤겔과 헤겔리안에게 책임은 고의와 연관되어 있으며, 인간의 자유의지와 연관되어 있으며, 인간의 정신적 측면(가령 귀속능력)에 연관되어 있으며, 그리하여 인격(가령 인간의 권리와 명예)에 연관되어 있다. 이러한 연관은 물론 그의 변증법적 관념론에서 유래한다.

---

30 *ibid.*, p.217(§117 Zusatz). *ibid.*, p.219(§118 Anm.) 여기에서 Tat와 Handlung를 구별한다.

"어떤 행위가 범죄로서 범죄자에게 귀속되기(zugerechnet) 위해서는, 그가 행위의 순간에 그 불법과 가벌성에 대해서 명료하게 표상하고 있어야 한다."[31] 이것을 반대 측면에서 보면, "주관의 법은 아이나 백치나 광인의 경우에는 귀속능력(Zurechnungsfähigkeit)을 경감하거나 배제하는 결과를 낳는다. 그러나 여러 상태와 그 경우 귀속능력의 한계는 뚜렷하게 확정되는 것은 아니다. 순간적인 현혹이나 정념의 발동, 명정(酩酊)처럼 보통 강력한 감각적 충동이라고 불리는 것을 가벌성과 범죄규정, 그리고 귀속(Zureuchnung) 여부의 근거로 삼거나, 그러한 사정 때문에 범죄자의 책임(Schuld)을 면해 주는 것은 곧 범죄자를 인간의 권리와 명예에 걸맞게 취급하지 않은 것이 된다."[32]

이상 독일 형법이론에 대한 헤겔의 영향은 실로 결정적이며 현재까지도 독일체계는 헤겔체계라고 부르는 것이 타당하다고 생각될 정도이다. 형법이론의 개별적인 논점에 대한 헤겔의 관점[33]은 중요하지 않다. 왜냐하면, 개별적 논점은 헤겔 시대가 아니라 이미 로마 시대부터 있어 온 논의이고, 독일체계

---

31 *ibid.*, p.247(§132 Anm.). "…Daß der Verbrecher im Augenblick seiner Handlung sich das Unrecht und die Strafbarkeit derselben deutlich müsse vorgestellt haben, um ihm als Verbrechen zugerechnet werden zu könen,…"

32 *ibid.*, p.247(§132 Anm.). "Das Recht des Subjekts,… hat bei Kindern, Blödsinnigen, Verrückten die Folge, auch nach dieser Seite die Zurechnungsfähigkeit zu vermindern oder aufzuheben. Eine bestimmte Grenze läßt sich jedoch für diese Zustände und deren Zurechnungsfähigkeit nicht festsetzen. Verblendung des Augenblicks aber, Gereiztheit der Leidenschaft, Betrunkenheit, überhaupt was man die Stärke sinnlicher Triebfedern nennt, zu Gründen in der Zurechnung und der Bestimmung des Verbrechens selbst und seiner Strafbarkeit zu machen, und solche Umstände anzusehen, als ob durch sie die Schuld des Verbrechers hinweggenommen werde, heißt ihn gleichfalls nicht nach dem Rechte und der Ehre des Menschen behandeln…." 어린이나 백치의 귀속능력(Zurechnungsfähigkeit) 문제는, *ibid.*, p.226(§120 Anm.)에서도 논의한 바 있다.

33 개별적인 형법 논점에 대한 헤겔의 관점은 여러 문장에서 산견된다. 가령 인과관계와 결과귀속에 관해서-오늘날 객관적 귀속의 근거를 헤겔에서 찾는 것-에 관해서는 §118과 그 주해. 결과적 가중범과 같이 예상하지 못한 큰 결과에 대한 문제-"돌이 손을 빠져나가면 악마의 것이 된다(der Stein, der aus der Hand geworfen wird, ist des Teufels.)-에 관해서는 §119와 추가. 그 외 여러 가지 논점을 찾을 수 있으나, 이는 마치 원인에 있어서 자유로운 행위에 관한 논의를 아리스토텔레스에서 찾는 것처럼 천재(天才)의 단상(斷想)이라고 해야 할 것이다.

이외에서도 충분하게 제시되는 논의이기 때문이다. 형법이론 그리고 독일체계에서 중요한 것은 체계범주이다. 이런 점에서 헤겔의 영향은 절대적이다. 헤겔 이전의 독일에서 책임이 중요한 의의를 가지는 범죄론 체계는 존재했다고 할 수 없으며, 헤겔에 의하여 현재의 독일체계가 생겨났다고 해야 할 것이다. 이러한 점은 제3권에서 다시 논의한다.

일반적으로 귀속이 연관되는 맥락에서 실체적 의미를 가진 책임개념을 사용하게 되면 귀속은 대체로 그에 대한 술어(述語)로 배치되게 된다. 실제로 헤겔이 책임개념과 독립하여 귀속개념을 따로 주제로 한 논의는 없다.[34] 이렇게 되면 헤겔에게서 책임개념이 무엇인가 하는 문제가 제기된다. 헤겔이 따로 독립적으로 책임개념을 정의한 것은 보이지 않는다. 헤겔은 책임과 귀속의 개념을 문맥적(文脈的)으로만 사용하고 있다. 문맥적이지만 책임은 어떤 사회적 실체(명사)로 그리고 귀속은 술어로 사용하고 있으므로 당연히 그 위상이 달라진다. 과거의 귀속개념은 이제 어떤 사회적 실체가 되고, 선체적으로 '책임이 귀속된다'는 방식으로 사용된다. 이것은 사실상 귀속개념이 책임개념으로 대체되었다는 것을 의미한다. 즉 헤겔은 귀속 개념보다는 책임개념을 일반적으로 사용하였다.[35] 중요한 문제는 책임(Schuld)이라는 단어가

---

34 앞에서 논의한 바와 같이 귀속과 책임을 구별하고 있는 것 같은 헤겔의 문장이 있다. 그러나 그것이 엄밀한 체계성을 가지고 있는 것은 아니다. Hegel, op.cit., p.216(§115 Zusatz). 그러나 앞에서 본 바와 같이 이것은 엄밀한 체계적 의미를 가진 것은 아니라고 생각된다. Bubnoff와 平場安治도 헤겔이 책임과 귀속을 구별했다고 한다. Eckhart von Bubnoff, Die Entwicklung des strafrechtlichen Handlungsbegriffes von Feuerbach bis Liszt unter besonderer Berüksichtigung der Helschule, Carl Winter Universitätverlag, Heidelberg, 1966., pp.47-48. 平場安治, 刑法における行為槪念の硏究, 有信堂, 1961, p.56. 그러나 앞에서 본 것처럼 §115 Zusatz에서 행위귀속을 책임이라고 보고, 귀속 자체는 한정적으로 논의하고 있으나 이렇게 보면 헤겔의 다른 언급들과 통합이 되지 않는다.

35 헤겔의 『법철학』에서 imputation은 전혀 사용되지 않고 동사 형태 등으로 단지 2회 사용되고 있을 뿐이다. 한편 단어 Schuld는 여러 가지 형태로 약 44회 사용되고 있는데 비하여, 귀속이라는 의미의 단어는 각주를 포함하여 약 20회 정도 사용되고 있을 뿐이며, 이 중에서 6회는 귀속능력(Zurechnungsfähigkeit)으로서 나머지 명사나 동사 형태는 14회 정도이다. 당연히 술어로 사용되고 있다.(zuzurechnen 2회, zugerechnen유형 8회 Zurechnungsfähigkeit 6회) Zurechnung은 4회인데, §132의 Anm.에서 2회, §117 Zusatz에서 1회 사용되고, §115 Zusatz에서는 Zurechnung이 제목으로

사용되면 귀속이라는 단어는 그 중요성이 감소한다는 것이다. 책임이 있다고 말하면 그것은 그에게 어떤 사실이나 법효과 등이 귀속된다는 말이고 결국 이것은 책임이 귀속이라는 개념을 대체하는 것이 된다.

아헨바흐(Hans Achenbach 1941~현재)는 19세기 중반에는 점차 Schuld (Verschuldung) 개념이 넓게 채용되었으며 형사법률가들이 이를 사용하고 있었다고 말한다.[36] 그는 오히려 헤겔리안에 대하여 "진정한 새로움은 개별적 귀속에 관한 독창적 이론의 생성에 있는 것도 아니고, Schuld와 같은 단어의 적용에 있는 것도 아니고, 그것의 체계개념에의 상승에 있다."고 한다.[37]

[1206] Binding: 책임개념 최초의 정의(定義)

헤겔이나 헤겔리안이 책임개념을 사용하였지만 그것은 문맥적으로 사용한 것이고, 책임개념에 대하여 공식적인 정의를 제시한 것은 아니었다. 다시 말하면 헤겔의 그 방대한 저작 어디에서도 책임개념을 공식적으로 정의(定義)한 곳은 없다. 이에 대하여 최초로 책임을 개념적으로 정의한 학자는 빈딩(Karl Binding 1841-1920)이다.[38] 『규범론』 2권(1877)에 제시된 다음 문장은 빈딩의 책임개념을 간결하게 요약하고 있다.

사용되고 있다.

36 Hans Achenbach, Historische und Dogmatische Grundlagen der Strafrechtssystematischen Schuldlehre, Berlin, 1974. p.20,

37 ibid., p.21. "Das eigentlich Neue an der Systematik der auf den Hegelianismus folgenden strafrechtsdogmatischen Auffassungen war also weder die Ausbildung einer besonders originellen Lehre von der individuellen Zurechnung, noch auch nur die Verwendung des Wortes, 'Schuld' als solchen, sondern allein dessen Aufsteigen zum Systembegriff."

38 ibid., p.27. 완성된 체계에 있어서 고정적 윤곽을 가진 의미의 책임개념을 부여한 최초의 저자는 칼 빈딩이다. Der erste Autor, der dem Begriff der Schuld eine festumrissene Bedeutung in einem geschlossenen System gegeben hat, war Karl Binding.

"의무합치적 의지(意志)의 대립물(Gegenbild)이 책임이고, 의무합치적 행위의 대립물이 범죄이다. 범죄는 책임의 자기실현이며, 책임은 위법성을 야기하는 행위능력 있는 의지이다"[39]

여기에는 책임에 대한 두 개의 정의가 제시되어 있다. 하나는 '의무합치적 의지의 대립물'이고, 다른 하나는 '위법성을 야기하는 행위능력 있는 의지'라는 것이다. 헤겔의 영향이 눈에 보이는 이 정의는 그러나 인류(人類) 최초의 책임개념의 정의이고, 동시에 그 후의 심리적 책임개념에 기원이 되었을 뿐만 아니라 현재까지도 책임개념의 한 근원으로 인정되고 있다. 중요한 점은 범죄개념과 행위개념이 동시에 체계화되어 있다는 것이다. 행위-범죄, 의지-책임의 맥락이다. 책임을 이렇게 의지에 기초하여 정의하면 범죄는 '책임의 자기실현'으로 규정된다. 이렇게 범죄의 개념도 규정되는 셈이다.

결국 책임은 '의지'인데, 의무위반적 의지라는 것이다. 또 책임은 위법성을 야기하는 의지이며, 위법성을 야기할 행위를 할 능력이 있는 의지라는 것이다. 이것은 어떤 점에서는 헤겔의 책임개념과는 성격이 다르다. 헤겔이 맥락적으로 사용한 책임을 우리가 개념화하면, 책임은 일종(一種)의 '귀속'이라고 할 수 있는데, 그것은 귀속을 대체하거나 귀속의 한 종류로서 책임을 상정하고 있기 때문이다. 헤겔과 빈딩을 비교한다면 헤겔에게 책임은 귀속과 같은 어떤 관계(関係)이고, 빈딩에게 책임은 정신적 실재(実在)라고 할 수 있다. 헤겔에게 책임은 의지가 그 내용의 범위에 의하여 사회적으로 규정(規定)되는

---

39 Karl Binding, Die Normen und ihre Übertretung, Zwiter Band, Verlag von Wilhelm Engelmann, Leipzig, 1877, p.102(§37). "Das Gegenbild des pflichtmässigen Willens ist die Schuld, das Gegenbild der pflichtmässigen Handlung das Delikt. Das Delikt ist Selbstverwirklichung der Schuld, und Schuld ist der Wille eines Handlungsfähigen als Ursache einer Rechtswidrigkeit." 이 관점은 또한 Binding이 헤겔과 그 뒤의 실증주의의 과도기의 인물로 해석할 수도 있다. 책임이 '의지의 자기실현'이라는 것은 이념(정신)의 외화라는 점에서 헤겔적 관점과 상통한다. 한편 이념과 상관없이 사회적 실재로서 규범과 의무에 대한 연구에 기초하고 있다는 점에서 실증주의에로의 길에 들어서 있다.

관계이고, 빈딩에게 책임은 특정한 성격의 의지 그 자체이다.

빈딩의 책임개념은 그의 평생에 걸친 연구 주제였던 규범론(規範論)에서 도출된다. 빈딩은 그의 주저 『규범론』에 학문적 인생 50년을 바쳤다. 그의 규범에 대한 가장 기본적인 관점은 규범(Norm)이란 법전의 형법률(刑法律)과 구별되는 것이며, 법(법률) 이전(以前)에 존재하는 것이다. '사람을 살해한 자는 사형, 무기 5년 이상의 징역에 처한다.'는 형법전에 규정된 법률(형법률)이 있다. 이에 대하여 '사람을 살해하지 말라.'라는 내용으로 일반 사람들의 의식(意識)에 자리 잡고 있는 에토스(ethos)를 규범(規範)이라고 할 수 있다.[40] 이 둘은 구별되고 범죄자가 위반하는 것은 형법률이 아니라 규범이다. 빈딩은 이렇게 말한다.

> "범죄자는 자신에게 행동지침을 규정하는 그러한 명제(命題)만을 위반할 수 있기 때문에, 그러한 법명제를 규범이라고 명명한다."[41]

이것은 순전히 규범을 범죄와의 관계에서 규정하고 있는 셈이다. 이렇게 볼 때 당장 제시되는 결론의 하나는, 범죄자가 침해하는 것은 규범이지 형법률이 아니라는 것이 된다. 실제로 그는 1권 3장의 제목으로, 규범(規範)에 대한 하나의 정의라고 상정할 수도 있는 표현으로, '범죄자가 위반하는 법명제'[42]라는 제목을 사용하고 있다.

이렇게 규범을 형법률(Strafgesetz)과 구별되는 사회적 에토스로 규정하면, 형법률은 이러한 규범과는 성격적으로 다르다. 우선 형법전의 법률은 확정

---

40 규범에 대하여 에토스(ethos)라고 하는 것은 저자의 해석이며 빈딩이 이 용어를 사용한 것은 아니다.

41 Karl Binding, Die Normen und ihre Übertretung, Vierte Auflage. Erster Band, Verlag von Felix Meiner, Leipzig, 1922, p.7. "Jene Rechtssätze taufe ich Normen, weil der Verbrecher nur den Satz übertreten kann, der ihm die Richtschnur seines Verhaltens vorschreibt."

42 ibid., op.cit., p.35("III. Der Rechtssatz, dem der Verbrecher zuwiderhandelt: die Norm")

된 입법자인 국회가 제정하는 데 대하여, 에토스로서의 규범은 특정한 제정자가 없는 일반 사람의 마음속의 관념(觀念)이다. 한편 '타인의 재물을 절취한 자는 6년 이하의 징역에 처한다.'라는 법명제는 '도둑질 하지 말라.'라는 규범을 표현한 것으로 볼 수도 있고, 규범과 상관없이 도둑질을 하면 징역형으로 처벌한다는 표현으로도 볼 수 있다. 빈딩의 관점은 형법률의 의미는 후자라는 것이다. 그 근거의 하나로서 규범은 정언명제(定言命題)이지, 형법전의 문언과 같은 가언명제(仮言命題)[43]가 아니라는 것이다. 그리하여 형법률 자체는 국가에 대한 명령이고, 생각할 수 있는 형법률의 위반자(違反者)는 국가라는 것이다.[44] 따라서 형법률 명제의 앞부분을 규범을 표현하는 것이라고 생각하는 것은 별로 의미가 없다. 왜냐하면, 직접 부과되는 규범은 "행위능력 있는 인간이 범죄개념을 실현하였다는 것"을 전제하는데, 그러한 조건이 충족되지 않는 한, 형법률이 "특정한 법주체에게 직접 의무를 부과한다는 결론을 허용하는 것은 아니기" 때문이다.[45]

규범과 형법률을 구별하는 이러한 빈딩의 주장은 규범이라는 사회적 실재(social reality)를 발견하고 인정하는 의미가 있다. 이렇게 되면 규범위반으로서의 범죄(Delikt)와 형법률위반으로서의 범죄(Verbrechen)를 개념적으로 구

---

43 [~ 하면 ~한다] 형식의 명제. 도둑질을 하면 ~년의 징역에 처한다. 가언명제이기 때문에 (국민이 아니라) 국가에 대한 명령이라는 뜻이다.

44 Karl Binding, Die Normen und ihre Übertretung, *op.cit*., p.18,(§2). "Da im Strafgesetz der Staat Niemand Anderem gebieten würde als sich selbst, so wäre der Staat auch der allein denkbare Uebertreter der Strafgesetze."

45 빈딩은 형법률의 구조와 의미에 대해 자세한 분석을 행하고 있다. *ibid*., pp.7-8. "Die Voraussetzung des Sollens in den Strafe anordnenden Gesetzen besteht allein oder mit einer zweiten Bedingung verbunden darin, dass ein Deliktsbegriff durch einen handlungsfähigen Menschen verwirklicht worden ist…II. es bildet nur einen Anweadungsfall der auch bei berechtigenden Sätzen allgemein üblichen Form der feierlichen Erklärung des ita jus esto, des neuerdings so genannt »Gesetzesbefehls«, lässt also einen Schluss auf die Verpflichtung bestimmter Rechtssubjekte aus dem Gesetze nicht unmittelbar zu."

별하는 것이 가능하다.[46] 형법률위반으로서의 범죄는 처벌을 받는 범죄이다. 말하자면 모든 규범위반이 형법률의 범죄로서 처벌받는 것이 아니다. 그렇지만 형법률을 위반한 것이 아니라도 규범위반은 엄연한 사회적 실재이다. 규범의 내용이 금지(Verbot)와 요구(Gebot)라는 점에서 당장 작위범과 부작위범이 규범위반, 의무위반의 본질을 가지게 된다.

[1207]

규범을 인식한다는 것은 규범의 내용으로 의무(義務)를 인식한다는 것이며, 말하자면 의무의 에토스가 상정된다. 이런 점에서 규범과 의무는 같은 것이라고 할 수 있다.[47] 빈딩은 규범의 내용은 명령(Befehl)이라고 본다.[48] 그렇다면 이러한 명령의 형식을 가진 규범(가령 살인하지 말라!)을 인식(認識)한다는 것에 의하여 의무를 지는 것이다. 그 이유는 규범과 의무의 본질 자체가 에토스이기 때문이다. 이렇게 되면 의무의 개념이 형법이론의 차원에서 제시되는 것이며, 또한 의무를 본질로 하는 과실범과 부작위범에 대한 이론적 근거가 제공되는 것이고, 이는 작위범에 대해서도 일반적 금지라는 의무에 의한 설명이 가능하게 된다. 이것은 헤겔리안의 관점과는 다르다고 할 수 있다. 헤겔리안은 작위범의 본질은 의지의 외화이고, 그것이 범죄인 이유는 자유의지가 법(일반의지)을 부정하였기 때문이었다. 그리하여 헤겔리안에게 범죄의 본질은 법(法)의 부정(否定)임에 대하여, 빈딩에게 범죄의 본질은 의무

---

46 *ibid.*, p.133. Achenbach, Historische und Dogmatische Grundlagen der Strafrechtssystematischen Schuldlehre, *op.cit.*, p.28. Binding, Grundriss des Deutschen Strafrechts Allgemeiner Teil, Verlag von Wilhelm Engelmann, Leipzig, 1902, p.60ff.(§17).
47 Karl Binding, Die Normen und ihre Übertretung, *op.cit.*, pp.96-97.(§14).
48 *ibid.*, p.8. 44. 51. 83. 이것은 법철학적 논쟁에서의 명령설과 승인설의 대립에서 빈딩의 명령설을 지지한다고 해석하기는 어렵다. 순전히 규범의 사회적 실재성이 에토스라고 하고 규범의 내용이 명령을 의미한다면 그것을 인식하는 것으로 충분히 규범은 명령이라고 설명할 수 있다.

(義務)의 위반(違反)이다. 그리하여 빈딩의 규범론의 프레임에서는 앞에서 말한 것과 같이 간결한 결론이 가능해진다. 즉, 의무합치적 의지의 대립물은 책임이다.

『규범론』 2권의 이 문장은 책임, 범죄, 행위, 위법성에 대한 간결한 표현이며, 독일체계─그리고 인류의 형법이론사─에서 최초로 제시된 책임에 대한 정의(definition)이다. 더욱 중요한 것은 빈딩은 책임을 범죄론의 독립한 체계범주로 설정하고 그러한 체계범주로서 책임개념을 정의하였다는 것이다.[49] 당연하게도 책임이나 그와 유사한 개념과 그 개념의 의미는 빈딩 이전에도 있었다. 아리스토텔레스에서부터 귀속개념과 관련하여 책임의 의미는 맥락적으로 사용되어 왔다. 그렇지만 범죄론에서 체계범주로서 책임을 설정하고 그것에 공식적인 정의를 내린 것은 빈딩이 최초이다. 나아가 범죄가 '의무위반'이고 책임이 의무위반적 의지라면, 범죄는 '범죄의 실질은 책임의 자기실현'이다. 이것은 책임이 범죄론에서 가장 중요하고 핵심적인 체계개념이라는 것을 의미한다.[50]

빈딩의 책임개념은 책임을 형성하는 책임요소의 관점에서 보면, "위법한(rechtswidrige)" 의지(意志)와 행위능력(Handlungsfähigkeit)이다. 헤겔리안에게 책임(즉 귀속이고 행위)의 근거는 '자유의지'였다. 빈딩은 책임에 대하여 위법한

---

49 Achenbach, Historische und Dogmatische Grundlagen der Strafrechtssystematischen Schuldlehre, *op.cit.*, p.33. Mit dieser Lehre hat Binding als erster dem Begriff der Schuld eine festumrissene systematische Bedeutung gegeben. 빈딩은 이러한 교리로서 책임개념에 고정적 윤곽을 가진 체계적 의미를 최초로 부여하였다.

50 이 점에서는 미국의 모범형법(Model Penel Code)의 체계와 비교할 수 있다. 영미체계에서는 행위, 위법성, 책임의 개념이 독립되어 있지 않다. 그리하여 범죄 전체를 책임(부책성, Liability)으로 규정한다고 볼 수도 있다. 범죄를 성립시키는 모든 요소를 규정하고 있는 ARTICLE 2의 제목이 GENERAL PRINCIPLES OF LIABILITY 이다. 고의, 과실, 행위, 공범, 면책성의 모든 내용을 규정하는 편이 Liability의 이름으로 규정되고 있다. 그리고 다른 편으로 규정된 정당화항변(ARTICLE 3) 이나 정신장해항변(ARTICLE 4), 미완성범죄(ARTICLE 5)는 이러한 Liability에 대한 항변이나 수정을 논점으로 한다. 이것은 빈딩과 같이 범죄의 모든 개념이 궁극적으로는 책임(모범형법의 경우 부책성)으로 환원된다는 것을 의미한다.

의지 이외에 다른 요소로서 행위능력(行爲能力)을 들었다. 빈딩에게 행위능력의 개념은 오늘날의 그것과는 다르며 범죄능력(Deliktsfähigkeit)[51]이라고 하는 것이 더 정확한 표현이라고 할 수 있다. 범죄능력은 누적적으로 요구되는 다양한 능력들의 총체이다. 우선 그것은 규범에 대한 인지(die Kenntnis der Normen)를 포함한다. 규범에 대한 복종은 규범을 인지하고 있다는 것을 전제하기 때문이다. 그의 종합적인 결론은 행위능력(범죄능력)은 "규범과 관련하여 자신의 행위를 인지하고 그것과 조화를 유지하는 능력"[52]이다.

한편 책임의 본질로서 '위법한 의지'의 개념은 과실범의 문제를 제기한다. 단순하게 생각하면 고의는 의지라고 할 수 있지만 과실은 의지라고 할 수 없다. 이에 대하여 빈딩은 의지는 엄밀하게 원하는 것을 의미하는 것이 아니며, "사람의 안에서 일어나는 사건의 원인" 이외의 아무것도 아니라고 한다. 또는 "의지는 인간에게 인과적 요소"라고 한다.[53] 사람은 다양한 내용의 의지(의사)를 가질 수 있다. 그러나 인과관계는 오직 한 종류만 있을 뿐이다. 따라서 사람이 다양한 의사내용을 가질 수는 있지만, 다양한 방식(인과적 실현 이외의 방식)으로 원할 수는 없다. "우리는 조사하지 않았던 원인과 함께 그 모든 결과를 원한다. 왜냐하면, 결과를 받아들이는 것 외에는 아무것도 할 수 없기 때문에, 그 모든 결과의 원인으로 간주한다."[54] 그리하여 "불법을 (명시적으로) 원하지 않았다는 것을 인정하면서도, 과실을 하나의 책임으로 정의하는 것은 차가운 열(熱), 비겁자의 담력(膽力)과 같이 논리적(論理的)이다."[55] 이러한 논의

---

51 Karl Binding, Die Normen und ihre Übertretung, *op.cit.*, p.54f(§34).

52 *ibid.*, p.77(§34). "das Vermögen die eigene That im Verhältniss zur Norm zu erkennen und im Einklange mit ihr zu erhalten"

53 *ibid.*, p.103(§37). "der Wille aber nichts anders ist als die im Menschen liegende Ursache eines Geschehenden" 또 다른 표현으로서 "의지는 인간에 있어서의 인과적 요소(der Wille als das kausale Moment im Menschen" *ibid.*, p.112(§38)

54 *ibid.*, p.112(§38) "Wir wollen mit den Ursachen unbesehen alle ihre Folgen, weil wir überhaupt nicht anders wollen können, als daß wir die Folgen mit in Kauf nehmen."

55 *ibid.*, p.103(§37). "Die Fahrlässigkeit als eine Schuld anerkennen und gleichzeitig als ein Nichtwollen

는 후세의 학자들에게 인과적 행위론에의 길을 예비한 셈이다. 그리고 차가운 열, 비겁자의 담력과 같이 반대개념을 수식어나 주어로 쓸 수 있다는 보기 드문, 그러나 형법에서는 가끔 보이는 논리의 시초라고 할 만하다.

[1208] v. Liszt: 행위의 속성, 심리적 책임개념

빈딩의 책임개념은 의무위반적인 의지(意志)였다. 이에 대하여 리스트(Franz von Liszt, 1851-1919)의 책임개념은 행위의 속성(屬性)으로 규정된다. 리스트의 책임개념은 범죄행위의 주관적 속성으로서 고의와 과실이다. 빈딩의 책임개념이 규범론을 그 배경 프레임(frame)으로 한다면, 리스트의 책임개념은 범죄개념의 내포적(內包的) 정의의 논리학적 관점을 그 배경 프레임으로 한다. 그의 교과서(제1판 1881년)에서 제시되는 범죄개념은 '위법하고 책임 있는 행위'이다.[56] 여기서 범죄의 유개념(類槪念)은 행위이고, 행위를 한정하는 속성으로서 위법성과 책임이 있다. 그리하여 책임은 행위의 속성(attribute)이다.

빈딩에게 책임의 내용을 구성하는 요소로 제시된 것은 의무위반적 의지와 행위능력이었다. 철학적으로 책임은 의지일지 모르나 구체적 그리고 법률적으로는 오히려 행위능력(行爲能力)이 더 본질적이라고 할 수 있다. 위법한 의지를 가능하게 하는 것은 행위능력(또는 범죄능력)이며, 그외 위법성에 대한 인지 등 다른 여러 가지 요소도 행위능력에 포괄될 수 있는 것이기 때문이다.[57] 이에 대하여 리스트의 책임개념의 위상은 '위법하고 유책한 행위'에서

---

des Unrechts definiren, ist gerade so logisch als von kalter Hitze und von dem Mute der Feigheit zu reden."

56 엄밀히 말하면 범죄는 '형벌로 위하되는 유책하고 위법한 행위'이다.Franz von Liszt, Lehrbuch des Deutschen Strafrechts, 25.Auflage, Walter de Gruyter & Co. Berlin und Leipzig, 1927, p.112(§26). "Verbrechen ist die mit Strafe bedrohte schuldhafte rechtswidrige Handlung."

57 Achenbach, Historische und Dogmatische Grundlagen der Strafrechtssystematischen Schuldlehre, *op.cit.*, p.27(§27). 그리하여 Achenbach는 빈딩의 책임에 관한 장에 "die schuld als

보듯이 행위의 특정한 속성이다. 그리하여 책임 자체(責任自體)에서 행위능력 (귀속능력, 범죄능력, 책임능력)은 예리하게 분리된다. 행위능력은 책임자체가 아니라 책임의 전제(前提)라는 것이다.

"주연자(Täter)의 자질에 관한 부책적 행위의 징표적(symptomatisch) 의미가 책임개념의 실질적 내용을 산출한다. 그것은 바로 범해진 소행(반사회적 행태)에서 드러나는 주연자(主演者)의 비사회적 정서(asozialen Gesinnung)이다. 그 것은 사회적 공존에 요구되는 사회적 의무감의 결여와 그것이 야기하는 반 사회적 동기화(공동체적 목표에 반대되는 목표설정)이기도 하다."[58] 여기서 소행 (Tat)은 범죄행위의 객관적 측면을 의미한다. 그리하여 책임은 "소행과 주연 자의 주관적 관계"[59]이며, "소행과 주연자의 주관적 관계는 단지 심리적일 수 도 있다."[60] "책임은 범해진 행위에 대한 실제적 답책성(Verantwortlichkeit)"[61]이 다. 그 외에 "결과에 대한 주연자의 주관적 관계" "주관적 관계로서 파악되는 결함 있는 사회적 심정"[62] 등의 정의가 있으며, "책임판단은 주연자에 대한 반

Handlungsfähigkeit"라는 제목을 달고 있다.

58 Liszt, Lehrbuch des Deutschen Strafrechts, 25. Aufl., *op.cit.*, p.152(§36). "Der Schluß aus der symptomatischen Bedeutung der schuldhaften Handlung auf die Eigenart des Täters ergibt den materiellen Inhalt des Schuldbegriffs; er liegt in der aus der begangenen Tat (dem antisozialen Verhalten) erkennbaren asozialen Gesinnung des Täters; also in der Mangelhaftigkeit des durch das Zusammenleben der Menschen im Staate geforderten sozialen Pflichtgefühls und in der dadurch hervorgerufenen antisozialen Motivation (der den Zwecken der Gemeinschaft widersprechenden Zwecksetzung)."

59 *ibid.*, p.151(§36). "Die Wissenschaft, die die Merkmale des Deliktsbegriffes getrennt betrachtet, nimmt den Schuldbegriff in einem engeren, nur die subjektive Beziehung zwischen Tat und Täter umfassenden Sinn."

60 *ibid.*, p.152(§36). "Die subjektive Beziehung zwischen Tat und Täter kann nur eine psychologische sein;"

61 *ibid.*, 10. Aufl., p.136(§36). "Schuld ist die thatsächliche Verantwortlichkeit für die begangene Handlung." Liszt, Lehrbuch des Deutschen Strafrechts, 25판에서는 넓은 의미의 책임개념으로 수정 한다. *ibid.*, 25. Aufl., p.151(§36)."Schuld im weitesten Sinne ist die Verantwortlichkeit des Täters für die von ihm begangene rechtswidrige Handlung."

62 Achenbach, Historische und Dogmatische Grundlagen der Strafrechtssystematischen Schuldlehre, *op.cit.*, p.42(§5). "Schuld als die subjektive Beziehung des Täters zum Erfolg," (Lehrbuch 7판) "mangelhafte soziale Gesinnung aufgefaßten subjektiven Beziehung "

가치판단"이며, "외화된 반사회적 정서(고의)와 사회적 공동생활에 대한 무관심(과실)에 대한 비인(非認, Mißbilligung)"이다.[63] 결국 고의와 과실이 책임이다.

책임에 대한 개념정의는 위에서 보는 바와 같이 리스트 교과서의 여러 판본에 따라 그 뉘앙스(nuance)에 변화가 있다. 그렇지만 그것이 어떤 사회적으로 결함이 있는 심리적 실체(実体)라는 점은 유지되고 있으며 그러한 의미에서 심리적 책임개념이라고 할 수 있다. 이러한 심리적 책임개념은 우선 책임능력(귀속능력 등)과 같은 정신적 능력을 본질로 하지 않으며, 또한 위법성의 인지를 본질로 하는 것도 아니라는 점에서 빈딩과 구별된다. 그것들은 책임과 관련이 있을 수 있으나 책임 그 자체는 아니다. 무엇보다도 중요한 것은 책임이 고의와 과실의 상위개념(Oberbegriff)이라는 것이다. 아헨바흐가 지적하고 있듯이, 그의 책임개념의 "이 복잡하고 변화하는 전개는 리스트의 책임개념이 실제에 있어서는 고의 · 과실의 상위개념으로서의 기능이 전부이고, 그것을 초과하는 다른 어떠한 요소도 너해지지 않았다."[64] "고의는 두 개의 책임형식(Schuldform) 중 무거운 것이다. 주연자의 비사회적 심정(Gesinnung)이, 자기 소행의 반사회적 의미의 인지(認知)에도 불구하고 그러한 인지가 그의 소행을 저지하지 않았다는 사실로 폭로된다."[65] 또한 과실은 제2의 책임형식

---

63 Bubnoff, Die Entwicklung des strafrechtlichen Handlungsbegriffes, *op.cit.*, p.139, (Liszt, Lb, 21/22. Aufl., p.151)"Das Schuldurteil ist ein Unwerturteil über den Täter. Es enthält eine Mißbilligung der in der Tat sich äußernden gesellschaftsfeindlichen Gesinnung (vorsätzliche Handlung) oder Gleichgültigkeit gegenüber den Anforderungen des sozialen Zusammenlebens (fahrlässige Handlung)."

64 Achenbach, Historische und Dogmatische Grundlagen der Strafrechtssystematischen Schuldlehre, *op.cit.*, p.42(§5). "Diese komplizierte und an Wandlungen reiche Entwicklung hat jedoch nichts daran geändert, daß v. Liszts Schuldbegriff sich sachlich stets in der Funktion als Oberbegriff von Vorsatz und Fahrlässigkeit erschöpfte und niemals um andere, darüber hinausgehende Elemente angereichert wurde."

65 Liszt, 25. Aufl., *op.cit.*, p.163(§39). "Der Vorsatz ist die schwerere der beiden Schuldformen. Die asoziale Gesinnung des Täters wird hier dadurch bekundet, daß der Täter trotz der Erkenntnis von der antisozialen Bedeutung seiner Tat handelt, daß also diese Erkenntnis ihn von der Begehung der Tat nicht abgehalten hat."

이다. "과실개념은 그 도달한 결과에 대한 책임의 관계라는 것이 본질이다."[66]

[1209]

우리가 책임개념에 관한 정의에 초점을 맞추어 정리하면 다음과 같이 말할 수 있다.

첫째, 책임은 고의와 과실이다. 이것은 책임이 심리적 상태(즉 심리적 책임개념)이고 어떤 실체(實体)라는 것을 말한다. 실제 위 리스트의 책임에 관한 규정들을 보면 실체가 아닌 다른 범주들이 있다. 우선 책임은 '소행과 주연자의 주관적 관계'에서 보듯이 실체가 아닌 '관계(關係)'가 책임이라는 표현들이 있다. 또한 책임은 주연자에 대한 반가치판단이나 부정적(否定的) 가치판단을 의미하는 비인(非認, Miβbilligung)과 같은 표현을 사용하고 있다. 그러나 주관적 관계에서 관계는 결과나 행위에 대한 인간의 주관성(심리, 정서)의 위상(位相)을 표현하는 것으로 보아야 할 것으로 책임의 본질이 관계라는 것을 주장하는 것은 아니다. 또한 가치판단적인 표현은 리스트의 후기에 교과서에 주로 등장하는 것으로 프랑크의 규범적 책임개념에 영향받은 것으로 보아야 할 것으로 리스트의 고유한 주장은 아니라고 해야 한다.

둘째, 리스트가 책임개념을 심리적 실체로 규정하는 논리적 근거는 책임이 행위의 속성이라는 것이다. 이 점에서 리스트의 책임개념은 행위론과 논리학 그리고 실증주의를 그 배경 프레임으로 하고 있다. 이 점은 변증법적 관념론이라는 철학(자유의지의 외화), 사회적 에토스로서의 규범론을 배경 프레임으로 하는 헤겔이나 빈딩과 다르다. 리스트에게 책임은 '위법하고 유책한 행

---

66 *ibid.*, p.175(§42), "Wesentlich ist dem Begriff der Fahrlässigkeit seit den Schriften der mittelalterlichen Italiener die Beziehung der Schuld auf den eingetretenen Erfolg."

위'라는 범죄론 체계의 체계개념이다. 행위는 내용이 비어 있는 인과적 연계로서만 파악되는 넓은 범위의 의미를 가진 유개념이고, 이러한 유개념을 종차(種差)로서 범위를 한정 지우는 것이 위법성과 책임이다. 그리하여 '범죄'행위의 객관적 속성(俗性)이 위법성이고, 주관적 속성이 책임이다. 이러한 관점에서 보면 책임이 심리적 실체라는 것은 당연하고 논리필연적인 귀결이라고 해야 한다.

셋째, 심리적 책임개념에 있어서는 행위능력(귀속능력, 범죄능력)은 책임 그 자체가 아니라 책임의 전제(前提)이다. 이 점이 빈딩과 다른 점이다. 또한 규범위반성에 대한 인지(認知)—즉 위법성의 인식—도 고의의 요소가 아니며, 따라서 책임 그 자체는 아니라는 결론이다. 이것은 책임개념이 복잡한 구조를 가지는 개념—복합개념—이라는 것을 의미한다. 책임 자체는 아니라고 할지라도 책임의 전제가 결여된다면 책임은 성립할 수 없다. 그렇다면 책임 자체와 책임의 전제의 관계는 어떻게 되는가? 모든 개념은 전제와 본질이 있는가? 또 리스트는 책임유형 또는 책임형식으로서 고의와 과실을 말한다. 고의는 '인과관계의 표상을 동반하는 의지'이고, 과실은 '인과관계의 표상을 수반하지 않는 행위의 원인'이다.[67] 그런데 개념이 전제, 본질, 형식 등의 구조(構造)를 가진다면 우리는 개념의 구조론(構造論)을 논의해야 한다. 그러한 일반적인 논의가 가능한가?

넷째, 리스트는 책임개념을 규정하면서 그 이전과는 완전히 다르고 오늘날에는 지배적이고 그만큼 당연한 태도(개념에 대한 태도)를 보여주고 있다. 그것은 책임에 관한 법적인 논의는 철학적 추상이 아니라 현실의 사건에 적용할 수 있는 체계적이고 엄밀한 개념을 구축해야 한다는 것이다. 그것은 당시

---

67 Achenbach, Historische und Dogmatische Grundlagen der Strafrechtssystematischen Schuldlehre, op.cit., p.40(§5)

의 실증주의로 평가되고 있지만, 법적 개념의 필수적인 엄밀성은 그와 상관 없이 당연하다. 그것은 법치주의와 자유주의적 형법에 있어서 본질적인 것 이라고 할 수 있다. 아헨바흐는 이렇게 쓰고 있다. "말하자면 자연과학적으로 확인될 수 있는 충분히 객관적인 기준에 형벌을 연결하려는 이 시도는, 리스트의 기본 입장을 분명하게 보여주는바, 그의 법치국가적 자유주의적 태도는 정밀한 윤곽을 가진 규정적(規定的) 개입과 그의 방법론적 자연주의만을 용인할 수 있다는 것이다."[68]

그러나 책임이 심리적 실체(実体)라는 이 관점은 쉽게 이해할 수 있는 것이 아니다. 우리에게 책임은 실체가 아니라 평가(評価)라는 이미지가 일반적이다. 특히 한자권(漢字圈)의 한국·일본에서는 책임이 실체라는 이미지는 생소한 느낌을 야기할 수 있다. 여기에는 번역(飜譯)의 문제가 있다. Schuld는 일본에서 책임(責任)으로 번역되었다. 그러나 Schuld에는 책임의 이미지보다는 죄책(罪責, guilt)의 이미지가 있다.[69] 죄책이라고 하면 실체의 이미지가 어색하지 않다. 죄책(罪責, Schuld)이나 죄의식(Schuldbewußtsein)이 심리상태, 즉 실체라고 한다면 그것은 용이하게 납득할 수 있다. 이에 대하여 책임은 과거 한자권에서 책(責)과 임(任)을 묶어서 사용된 흔적을 찾기 힘들고 일본의 번

---

68 *ibid.*, p.42(§5) Dieser Versuch, die Strafe an völlig objektivierbare, gleichsam naturwissenschaftlich feststellbare Kriterien zu knüpfen, zeigt deutlich Liszts Grundpositionen: seine rechtsstaatlich liberale Haltung, die nur genau umrissene Zwangseingriffe dulden konnte, und seinen methodologischen Naturalismus.

69 책임 계열 단어의 이미지와 관련하여 김일수의 다음 논의는 인용할 가치가 있다, 김일수, 『한국 형법』 II, 박영사 p.40. "종래의 형벌근거책임으로서의 책임, 즉 구성요건에 해당하고 위법 유책하다는 범죄 론 체계상의 책임(Schuld)은 주연자의 범행에 대한 사회윤리적 비난이 가미된 죄책(罪責, guilt)을 의 미한다.… 이에 비해 죄책에서 죄에 대한 비난성을 완전히 배제한 책임개념은 민사상의 부책(負責 Haftung, liability)과 같은 의미를 지닌다. 그 밖에서 사회윤리적 철학적 관점에서 인간의 자유에 대한 책임을 의미하는 말로 답책(答責, Vetantwortung, responsibility)이란 말도 있다. 그러나 록신의 벌책성 (罰責性Verantwortlichkeit)은 이와 달리 죄책과 예방적 처벌 필요를 포괄하는 체계범주이다. 벌책성은 김일수의 번역이다.

역 과정에서 만들어진 조어(造語)로 보인다.[70] 그러나 현재 책임이라는 단어는 완전히 일반화하였다고 할 수 있으며, 이 단어를 변경하는 것은 불가능한 것으로 보인다. 책임(責任)이라는 단어를 사용하면서, 그것이 Schuld라는 단어의 번역어라는 것을 상기하는 것이, 책임이 실체의 이미지를 가질 수 있다는 것을 이해하는 데 도움이 될 것이다.[71]

그런데 실제 독일체계의 이론사에서 심리적 책임개념의 기반은 실증주의에 있었다. 그것은 형법과 범죄론 그리고 책임이론을 철저하게 자연주의적 기초에 의하여 파악하려는 사유방식에 기초하는 것이었다. 이러한 점에서 책임이 고의·과실이라는 관점은 그야말로 자연과학적으로 엄밀한 것이었다. 그것은 논리주의와 실증주의의 시야(視野)이다.[72]

---

70 皇甫明国, 中国 刑法学上 責任理論에 관한 研究, 慶尚大学校大学院, 박사학위논문, 2006, p.9. 어학상 책임-법률책임-형사책임은 긴밀한 從屬関係를 가지고 있다. 고대 중국어에는 責과 任이 연결뇌어 사용된 흔적을 찾아보기 드물다. 다만 責자는 많이 사용되었으며 대체로 ① "求하다 또는 재촉하여 받아내다."(許慎, 說文解字, 中華書局, 1963, 130面). ② "비난 또는 질책하다." ③ "의무" ④ "처리 또는 처벌" ⑤ "債務" 등의 뜻을 가지고 있다.辭海, 上海辭書出版社, 1980, 1220面. 현대중국어에서 책임은 ① 직책으로 해야 할 몫, ② 특정인이 특정한 사항으로 발생한 결과에 대한 의무로써 여기에는 擔保責任, 擧證責任이 있다. ③ 앞의 두 가지 의무를 다하지 못하여 부담하게 되는 不利한 結果 또는 强制性義務로서의 소극적 의미이다. 여기에서 세 번째 해석에 의하면 책임은 이중성을 띄는 것으로, 즉 적극적 책임과 소극적 책임으로 나눌 수 있다. 적극적 의미의 책임으로서 직책과 의무가 여기에 속하며, 소극적 의미의 책임은 직책과 의무를 다하지 못하여 이에 대한 불이익 또는 강제성 의무의 부여이다.(王晨, 刑事責任의 一般理論, 武漢大学出版社, 1999, 35-39面).
71 한국어에서도 책임(責任)의 이미지는 꾸짖음과 임무의 합성어로서 '비난받기 때문에 수인(受忍)해야 하는 의무' 또는 '짊어져야 하는 임무' 등의 의미이다. 그리하여 책임의 본질적 성격은 죄책감이나 죄의식과 같은 심리상태가 아니라 임무나 의무이다. 나아가 Verantwotlichkeit에 대해서도 일본에서 번역한 답책성(答責性)이라는 말이 일반화되었다. 그러나 한국에서는 앞에서 보았듯이 김일수의 벌책성(罰責性)이라는 번역이 있다. verantwortlich라는 말은 '책임이 부과되어야 하는'의 의미로서 부책적(負責的)이라는 번역어를 사용하는 경우도 있을 것이다.
72 바세도우(Max Hermann Anton Basedow, 1874-1940)는 순수하게 경험적 현상으로서 책임인식사실에서 책임원칙의 기초를 찾았다. 이렇게 보면 책임이란 규범위반성의 인식 가능성이라는 결론에 이르렀다. 그것은 형벌을 기초하는 특성을 가진 인간 내부에 생긴 의사경과(Willensvorgang)였다. 라드브루흐(G.Radbruch) 역시 자연주의적 관점에서 심리적 요소만이 책임개념을 구성할 수 있다고 보았다. 그의 관점에서 책임의 엄밀한 개념을 추구하는 것은, 책임을 행위, 귀속능력, 위법성 등의 개념과의 구별에서 규정되어야 하는 것이었다. 이러한 관점에서는 신체활동과 의사가 일치하는 의사활동이 행위이고, 이에 비교하여 그 의사내용이 책임이라는 것이었다. 책임은 우선 기본적으로 의사활동(행위)과 구별되는 의사내용(책임)이었다. 콜라우쉬(Eduard Kohlrausch, 1874-1948)는 책임을 행위에 대한

[1210] 윤리적(倫理的) 책임개념(Liepmann, Mayer, Sturm, Dohna)

책임을 실증주의적으로 그리고 자연과학과 같은 접근법으로 규정하겠다는 논의에 대해서는 19세기 말에 이르러 신칸트주의(Neukantianismus) 철학으로부터 심각한 비판이 제기되었다. 심리적(心理的) 책임개념을 주장한다고 해도 가치적 규범적 요소를 인정하는 경우도 있었다. 그러나 그러한 경우 가치적 규범적 요소를 인정한다고 하더라도, 그것은 위법성의 '인식(認識)'이나 의무위반성의 '인식'과 같이 하나의 사실(事実)로서 규정되었다. 이에 대하여 신칸트주의는 단순하게 말하면 세계를 사실과 가치의 관점에서 보는 것이었다. 신칸트주의가 새롭게 제기하고 중심으로 삼은 문제는 '가치(価値)'란 무엇인가 하는 문제였으며, 실증주의와 비교한다면 사회인문학에서는 가치의 문제가 본질적이라는 것이었다.

법학은 결코 자연과학이 아니며, 사회인문학(독일의 Geisteswissenschaft)이다. 그렇다면 책임에 대하여 실증주의적 접근은 본질을 놓치고 있는 것이었다. 이러한 관점의 시초를 연 학자는 리프만(Moritz Liepmann, 1869-1928)이었는데 그에게 책임판단은 당연하게도 가치판단이었고, 그것은 의무위반성(Pflichtwidrigkeit)이 윤리적 성격으로 규정되는 비인(非認, 부정적)의 가치판단이었다. 그것은 주연자의 인격을 참조하는 개별적 귀속판단이었다.

M.E.마이어(Max Ernst Mayer, 1875-1923) 역시 자연과학적 방법론을 거부하면서, 책임개념은 가치판단과 결합되어 있다는 점에서 출발한다. 책임개념의 논리적 기반과 책임의 한계는 형법의 평가적(評価的) 특성에 있다는 것이었다. 책임에 관한 주관적 귀속도 평가작용이다. 범죄론의 중심문제는 행위

주연자의 주관적 관계이며, 이 때문에 주연자가 행위에 대하여 책임을 진다고 보았다. 그리고 이 주관적 관계는 의무위반적 의사활동을 본질로 한다.

의 가치문제이고, 이 가치는 의사의 특성으로서만 이해될 수 있으므로, 모든 책임은 반드시 의사책임(意思責任)이다. 마이어는 형법적 책임개념이 윤리적 (倫理的) 개념에서 연원한다는 것을 인정한다. 형법에서 책임의 정의는 도덕적으로 비난할 수 있는 의무위반적 의사활동에서 나오는 것이며, 결국 책임이란 의무위반에 대한 비난가능성이다. 고의는 의무위반성의 인식이고 과실은 의무위반성의 인식가능성이다.

쉬투름(Friedrich Sturm)은 철학적 관점에서 책임을 규명하려고 하였다. 이러한 관점에서 책임의 기초는 자유의지에 두게 되었고, 사실에서가 아니라 철저하게 가치(價値)에서 책임을 규정하려고 하였다. 그는 독특한 책임개념에 이르게 되었는데, 그것은 일반적인 사유와는 정반대였다. 가령 살인행위에 있어서 책임은 그가 살인의 고의를 야기하였거나 살인행위를 했다는 것이 아니라, 반대로 살인금지의 의사를 형성하지 않았고 살인금지의 의무를 이행하지 않은 것에 책임이 있다는 것이었다. 이렇게 의무의 부작위로 책임을 규정하면, 그것은 사실(事實)이 아니고, 순수한 가치평가가 된다. 이렇게 평가함으로써 과실책임도 동일하게 가치평가로 규정되는바, 과실책임은 올바른 표상(表象)을 형성하였어야 할 의무를 이행하지 않은 것에 있기 때문이다. 결과적으로 쉬투름은 책임개념으로부터 심리적 요소를 모조리 추방하였다는 점에서 철저하다.

도나(Alexander Graf zu Dohna, 1876-1944) 역시 초기에 책임은 윤리적 책임으로 본다. 그는 심리적 책임개념이 책임판단에 있어서 본질적인 규범적 요소를 등한시하였고, 가치판단에 있어서 동기(動機)의 의의를 무시하고 있다고 비판한다. 책임의 본질은 결과에 대한 주관적·심리적 관계가 아니라, 의사의 의무위반성이다. 그는 책임판단이 한편으로 윤리적 근원, 다른 한편으로는 심리적 근원을 갖는 두 요소로 구성되어 있다고 본다. 중요한 점은 규범적 책임요소는 심리적 표지들과 구별되는 독자적 요소라는 것이다.

그의 범죄론 자체가 독특하게도 '행위'가 아니라 '규범위반성'을 기준으로 하고 있다. 즉 범죄개념의 구성요소는 크게 두 가지인데, 하나는 평가의 객체 (Das Objekt der Wertung)이고 다른 하나는 객체의 평가(Die Wertung des Objekts) 이다. 평가의 객체는 객관적 구성요건과 주관적 구성요건으로 나누어진다. 그리고 객체의 평가에는 객관적 구성요건의 평가로서 위법성(違法性) 문제가 논의되고, 주관적 구성요건의 평가로서 책임(責任)이 논의된다. 객관적 구성 요건의 평가가 위법성이고, 주관적 구성요건(고의·과실)의 평가가 책임이다. "하나의 행위에서 그 객관적 내용이 법규범에 위배되는 것이 위법하다고 하 듯이, 우리는 심리적 행태로부터 얼마나 비인(非認, Mißbilligung)으로 인정되 는가에 관한 것을 책임이라고 부르는 것이다. 따라서 책임은 의무위반적 의 사결정에 따르는 것이다."[73]

[1211] Arthur Kaufmann

1961년 카우프만(Arthur Kaufmann)은 '책임원리(Das Schuldprinzip)'라는 제목 으로 책을 출판하였다. 우리는 카우프만의 주장을 윤리적 책임개념의 범주 로서 다루기로 한다.

카우프만은 윤리적 책임론을 형이상학(形而上學)으로 접근하는데, 그는 우 선 형이상학의 불가피성을 주장한다. 실제로 우리는, 어떠한 이론에 있어서 도 그러한데, 사회인문학(社會人文學)에 있어서 그 타당성의 근거(根拠)를 끝 까지 천착한다면, 결국 형이상학이 불가피(不可避)하다는 결론에 귀착하지

---

73 Alexander Graf zu Dohna, Der Aufbau der Verbrechenslehre, Vierte durchgesdhens Auflage, Ludwig Röhrscheid Verlag, Bonn, 1950(초판 1936), p.40, Wie rechtswidrig eine Handlung ist, deren objektiver Gehalt zu den Normen des Rechts in Widerspruch steht, so nennen wir schuldhaft eine solche, die aus einem psychischen Verhalten entspringt, welches Mißbilligung verdient, Schuld ist danach pflichtwidrige Willensbestimmung.

않을 수 없다. 왜냐하면, 우리는 결국 근원적인 것은 모른다는 점에 직면하게 되기 때문이다. 깊이 들여다보면 우리는 모두 근원적으로 형이상학적 전제(前提)를 가지고 있다. 심지어 실증주의도 그러하다.

> "원래 학문적 인식은 경험을 초월하지 않고도, 따라서 형이상학을 떠나서도 가능하다는 이 주장 자체는 요컨대, 형이상학으로만 입증할 수밖에 없는 것이 아닐까. 어떤 인식이 현존(現存)하는 것을 실증으로 증명하는 것은 불가능하다. 왜냐하면, 야스퍼스(Jaspers)가 적절하게 언급한 대로 '실증주의가 인식하고 있는 현실재(Wirklichkeit)에서 그 현실재를 인식(認識)할 수 있는지 등은 생각할 수 없기' 때문이다."[74]

이렇게 형이상학의 불가피성을 받아들이면, 책임원리(責任原理)는 윤리학 그리고 법학에서 절대적인 원리가 될 수밖에 없다. '책임 없으면 형벌 없음 (nulla poena sine culpa)'을 내용으로 하는 책임원리는 인간과 사회의 모든 현상의 가장 전제가 되는 원리이기 때문이다. 책임원리 없이 인간이 규정될 수 없고 사회가 형성될 수 없다.

> "순수한 형벌은 책임이 있는 경우에만 부과되어야 한다는 책임원리는 '황금률(黃金律)'이라든가 '각자에게 그의 것을(suum cuique)'이라는 원리와 같은 평등명제와 마찬가지로 '공통원리(principia communissima)'에 속한다. 이러한 공

---

74 Arthur Kaufmann, Das Schuldprinzip -Eine strafrechtlich-rechtsphilosophie Untersuchung, Heidelberg, 1961 (Carl Winter · Universitätsverlag), p.49. Schon diese Behauptung, daß wissenschaftliche Erkenntnis ohne Überschreitung der Erfahrung, also ohne Metaphysik, möglich sei, könnte, wenn überhaupt, nur metaphysisch bewiesen werden. Es ist schlechterdings unmöglich, positivistisch zu beweisen, daß irgendeine Erkenntnis vorhanden ist, weil, wie Jaspers zutreffend ausführt, "aus der Wirklichkeit, welche der Positivismus erkennt, nicht zu begreifen ist, daß sie erkannt wird".

통원리는 윤리적 세계의 본성법칙으로서 인간의 본질 존재로부터만 이해되고 기초를 둘 수 있다.… 정신적 의식이 결여되어 결정의 자유를 가지지 않는 동물은 책임능력이 없으며, 따라서 또한 형벌에도 감응하지 않는다. 즉, 동물은 조련되고 책망을 당하고 견책받고 그리고 무해한 것으로 여겨질 수 있지만 저지른 책임에 대해 속죄(贖罪)할 수는 없다."[75]

그리하여 책임원리는 절대적으로 정당하다. 책임원리는 절대적 윤리원칙이다.[76] "책임원리는 형법의 본래적으로 가장 심원한 정당화(正当化)로서 절대적 성질의 것으로 그 타당성은 공간적 및 시간적 제약에 좌우되지 않는다."[77]

책임원리는 인간의 원리이다. 인간이 동물과 다른 점은 자기결정과 자기완성으로서의 인격적 존재라는 것이다. 이러한 인격적 존재로서의 인간의 원리가 책임원리이다. 그것은 자기결정과 자기완성을 향하는 인격의 실존적 자유와 그에 따른 답책성으로서 인간과 사회를 규정하는 원리이다.

"인간을 인간으로서 돋보이게 하는 것, 즉 인간을 다른 모든 생물에서 구별하는 부분의 것은 인간의 정신적 본성, 즉 인격성(Personalität)이다. 이미 앞에

---

75 *ibid.*, p.116. Das Schuldprinzip, nach dem echte Strafen nur bei Vorliegen von Schuld verhängt werden dürfen, gehört wie der Gleichheitssatz, die "Goldene Regel" oder das Prinzip des "suum cuiqu" zu den "principia communissima", die als Naturgesetze der sittlichen Welt nur aus dem Wesen des Menschen heraus verstanden und begründet werden können… Das Tier, das mangels eines geistigen Bewußtseins keine Freiheit der Entscheidung besitzt, ist nicht schuldfähig und daher auch nicht strafempfänglich; es kann dressiert, gezüchtigt, gemaßregelt und unschädlich gemacht werden, aber es kann nicht Sühne leisten für begangene Schuld.

76 카우프만의 책 제4장의 제목이 '절대적 윤리원칙으로서 책임원리(Das Schuldprinzip als absoluter sittlicher Grundsatz)'이다. *ibid.*, p.115.

77 *ibid.*, p.115. Einerseits ist das Schuldprinzip als die eigentliche und tiefste Rechtfertigung des Strafrechts absoluter Natur, seine Gültigkeit ist von räumlichen und zeitlichen Bedingtheiten unabhängig….

서 우리는 인격의 속성 결정적 기준으로 자기결정과 자기완성을 인정했다. 인격존재(Personsein)란 정신적인 자기인식 및 합당한 자기처분의 능력을 갖는 것을 말한다. 인격존재란 자기소유(Selbstbesitz)이며, 그리고 자기소유는 자기존재(Selbstsein)를 포함한다.”[78]

“인격으로서의 자기실현은 따라서 자유로운 취향의 문제가 아니라 의미 있게 실현해야 할 과제이다. 즉, 인간은 압박으로부터 자유롭지만 가치로부터 자유롭지 못하고, 인간존재는 과연 필연(Müssen)의 강제하에는 없지만 당위(Sollen)의 지배하에 있다. 인간의 이 ‘실존적 자유’에, 자신에 대한 인간의 답책성, 그리고 유책화(Schuldigwerden)에의 능력이 기초를 둔다.”[79]

인격으로서의 인간의 자기결정은 바로 자유를 의미하는 것이며, 자유는 인간의 정신적 본성의 영역에서 자기완성을 향한 자유이다. 동시에 이 자유는 세계를 구성하는 하나의 본성으로서 사물존재의 세계에서 인과법칙이 지배하듯이 인간의 정신적 본성의 영역에서 자유의 윤리법칙(倫理法則)이 지배한다. 즉 윤리법칙은 인격존재의 자기실현의 자유이며, 자유는 인격존재가 인간과 사회를 구성하는 윤리법칙이다.

---

78 *ibid.*, p.117. Das, was den Menschen als Menschen auszeichnet, was ihn von allen anderen Lebewesen unterscheidet, ist seine Geistnatur, seine Personalität. Schon im vorigen Kapitel (vgl. oben S. 102) haben wir als das entscheidende Kriterium der Personenhaftigkeit die Selbstbestimmung und Selbstvervollkommnung erkannt. Personsein heißt: die Befähigung zum geistigen Selbstbewußtsein und zur entsprechenden Selbstverfügung besitzen. Personsein ist Selbstbesitz, und dieser schließt das Selbstsein ein.

79 *ibid.*, p.118. Die Selbstverwirklichung als Person ist also keine Angelegenheit des freien Beliebens, sondern eine sinnvoll zu vollziehende Aufgabe, der Mensch ist frei vom Drang, aber nicht frei vom Wert, sein Sein steht zwar nicht unter dem Zwang des Müssens, aber doch unter der Herrschaft des Sollens. In dieser “existenziellen Freiheit” des Menschen liegt seine Verantwortlichkeit für sich selbst und damit seine Fähigkeit zum Schuldigwerden begründet.

"인간은 오히려 피조물로서 천지창조의 질서의 여러 법칙에 복종하는 것이지만, 그 질서는 인간을 인간의 정신적 본성의 영역에서, 인과적으로가 아니라, 도덕적으로 연결시키는 것이다. 자기결정에 대한 인간의 자유는 객관적인 소여된 윤리법칙(도덕률)의 기준에 따른 독자적인 본질존재의 현실화에 대한 자유이며, 그 윤리법칙은 존재의 유비에 따라 인간에게 무언가의 '타자의 법칙(Fremdgesetz)'이 되지 않으므로, 인간은 이를 스스로 양심(良心) 속에서 자신의 것으로 만들 수 있다."[80]

[1212]

자유의 윤리법칙은 사회적 객관성에서 의무(義務)로 나타난다. 이 의무와 당위(当為)의 차원에서 자유는 답책성으로, 의무는 책임으로 나타나는 것이다. 사회적 객관성의 차원에서 윤리적 의무는 타인의 자유에 대하여 윤리적 책임이 되고, 이 윤리적 책임의 최소한이 법적 책임이다. 우리가 형이상학적 시좌(視座)에서 인간-사회-세계를 바라보면 즉각 알게 되는 것이 하나에서 다른 하나를 논리적으로 연역(演繹)할 수 있는 것이 아니라는 것이다. 왜냐하면, 형이상학적 시좌에서 보면 우리 앞에 놓인 세계는 사소한 존재자들로 분할된 세계가 아니라, 일체를 포함하는 전체(全体)만이 실재하기 때문이다. 헤겔의 말대로 진리는 전체성(全体性)이다.[81] 언어로 표현되는 하나는 전체를 함축한다. 그리하여 우리는 인격 · 자유 · 의무 · 책임 · 윤리 · 법 등의 개념들을 논

---

80 *ibid.*, p.127. Als Kreatur ist er vielmehr den Gesetzen der Schöpfungsordnung unterworfen, die ihn aber im Bercich seiner Geistnatur nicht kausal, sondern moralisch binden. Die Freiheit des Menschen zur Selbstbestimmung ist Freiheit zur Verwirklichung des eigenen Wesens nach Maßgabe des objektiv vorgegebenen Sittengesetzes, das er sich, da es zufolge der Analogie des Seins für ihn kein "Fremdgesetz" ist, im Gewissen zu eigen machen kann.

81 Hegel, Phänomenologie des Geistes, Jubiläumsausgabe, Verlag der Dürr'schen Buchhandlung, Leipzig. 1907. p.14(vorrede) Das Wahre ist das Ganze.

리적으로 연역하는 것이 아니다. 우리는 하나의 전체성의 진리를 각 측면에서 언어로 해석하고 연관시키는 것이다. 이렇게 볼 때 인격 · 자유 · 의무 · 책임 · 윤리 · 법 등은 전체로서의 진리의 한 부분이고 한 언어(言語)이다.

"윤리법칙(도덕률)의 객관성에서 의무의 개념이 결과로 생겨나고, 그리고 이 의무의 개념은 답책(Verantwortung)과 책임(Schuld) 기초가 된다. 의무란 항상 객관적으로 부여된 윤리적 가치에 의해서만 기초를 둘 수 있는 것이며, 결코 한 사람의 인간 혹은 수많은 인간의 주관적 의욕에 의해, 하물며 단순한 강제에 의해 기초가 되는 것이 아니다. 양심을 구속하는 제반 의무는, 그러므로 윤리적 제 의무로서만 존재할 수 있고, 윤리적 제 의무만이 강제적 명령뿐만 아니라 내적 당위(inneres Sollen)를 만들어 내는 것이다. 엠게(Emge)는 말한다. '윤리적 당위는 그러므로 당위라는 말만 그 때문에 이용되지 않을 수 없는 부분의 당위 일반이다.' 라고. 그에 따르면 법의무도 윤리적 의부로서만 존재하며, 따라서 법적 책임은 윤리적 책임으로만 존재한다. 따라서, '법 및 윤리에 있어서 책임원리의 내실' 또한 기본적으로 같다."[82]

법적 책임을 윤리적 책임과 전혀 다른 것으로 규정하려는 관점은 귀속(즉 장본인성)을 책임으로 혼동하는 것이다. 어떤 결과나 행위가 누구에게 귀속되

---

82 Arthur Kaufmann, Das Schuldprinzip, *op.cit.*, p.128 (Kaufmann, Das Schuldprinzip) Aus der Objektivität des Sittengesetzes resultiert der Begriff der Pflicht, und dieser ist die Grundlage für Verantwortung und Schuld. Eine Pflicht kann immer nur durch einen objektiv gegebenen sittlichen Wert begründet werden, niemals durch das subjektive Wollen eines Menschen oder einer Vielheit von Menschen und schon gar nicht durch bloβen Zwang. Pflichten, die das Gewissen binden, kann es daher nur als sittliche Pflichten geben, nur sie erzeugen ein inneres Sollen und nicht lediglidh ein erzwungenes Müssen. "Das ethische Sollen", sagt Emge, "ist das Sollen 'schlechthin', für das daher das Wort Sollen allein gebraucht werden müβte." Demgemäβ gibt es auch Rechtspflichten nur als sittliche Pflichten und mithin rechtliche Schuld nur als sittliche Schuld. Und folglich ist auch "der Inhalt des Sdchuldprinzips in Recht und Ethik grundsätzlich gleich…."

어야 하는가 하는 질문은 그것을 야기시킨 장본인(張本人)이 누구인가를 묻는 것이다. 그러나 무엇의 장본인이라는 것과 그것에 책임이 있다는 것은 다른 것이다. 책임은 그 장본인에게 인격적으로 부응가능성(副應可能性)이 있을 때에만 부책(負責)될 수 있다. 즉 그에게 의지의 자유가 있어서 윤리적 법적 의무에 부응할 수 있어야 한다. 그리하여 윤리적 법적 책임에 있어서 자유의지는 논리필연적 함축이다.

> "책임이란, 단순히, 장본인성(Urheberschaft)에 불과하다고 하면, 본인의 인격적 자유라든지 부자유 및 그의 양심은 문제가 될 리가 없다. 그러나 이 '책임' 관념에는 바로 본질존재적인 것, 즉 인격적 부응가능성(Dafürkönnen)[83]이 결여되어 있다. 엄밀히 말하면, 이것들의 조건 아래에서는 동물들조차 '책임이 있다'가 될 수 있을 것이다.… 형법상의 책임의 내용에 관한 모든 논쟁에서 책임이 실질적으로 이해될 때만 책임원리가 의미와 의의를 유효하다는 것, 이 사실은 합리적으로 의심할 수 없다. 그러나 실질상 책임은 윤리적 책임으로서 밖에, 즉 주지의 윤리적 의무에 대한 자유로운, 자기답책적 의사결정으로서 밖에 존재하지 않는다."[84]

---

83 Dafürkönnen, Dafür-Können의 번역어로 '부응가능성(副應可能性)을 채택한다. Kaufmann을 일역(日譯)한 甲斐克則(かいかつのり)의 번역은 대상가능성(代償可能性)이다. 甲斐克則의 '責任原理' 九州大学出版会, 2000, p.129. 한국에서는 '범죄하지 않을 수 있었음'이라는 번역이 있다(이상돈 역, 「책임없는 도그마틱」, 『책임형법론』, 홍문사, 1995, p.232), 그 외에 '규범합치적 행위의 가능성'이라는 번역이 있다(『책임원칙』, 조상제 역, 형사법연구, 1993, p.207)

84 *ibid.*, pp.128-129. 'Schuld' ist einfach Urheberschaft. Auf die personale Freiheit oder Unfreiheit des Urhebers und auf sein Gewissen soll es nicht ankommen. Damit fehlt dieser 'Schuld'-Auffassung aber gerade das Wesentliche: das persönliche Dafürkönnens. Streng genommen könnten unter diesen Voraussetzungen sogar Tiere schuldig werden… Bei allem Streit über den Inhalt der strafrechtlichen Shuld: dies kann vernünftigerweise nicht in Zweifel gezogen werden, daβ das Schuldprinzip nur dann Sinn und Bedeutung hat, wenn Schuld material verstanden wird. Material gibt es Schuld aber nur als sittliche Schuld: als freie, selbstverantwortliche Willensentscheidung gegen eine erkannte sittliche Pflicht.

"모든 책임은 윤리적 책임이라는 명제는, 물고기는 아가미에 의해 호흡하는 존재라는 명제와 마찬가지로 확고하고 정당하다. 이에 대해, 자유롭지 못한 행위도 유책할 수 있다는 주장을 하는 자는 고래는 폐에 의해 호흡하고 있는데 고래도 또한 물고기라고 부르는 자와 같다."[85]

[1213] 규범적(規範的) 책임개념(Frank)

심리적 책임개념은 책임이 심리적 실체이고 고의 · 과실이라는 것이었다. 심리적 책임개념에 입각하고 독일체계를 완성한 벨링의 위대한 교과서를 출판한 바로 다음 해인 1907년에 프랑크(Reinhard Frank, 1860-1934)는 30페이지 정도의 작은 논문으로 책임의 이론사에 '새로운 시대'[86]를 열었다. 그는 「책임 개념의 구성에 관하여」라는 논문에서 책임이란 고의 · 과실이 아니라 '비난 가능성(Vorwerfbarkeit)'이라고 하였다. 사실 책임이란 무엇인가에 대하여 한마디로 이해할 수 있는 설명으로 비난가능성만큼 명료한 이미지는 없다. 실제 이 용어는 그 이전부터 사용되어 왔고, 프랑크 자신도 동어반복(同語反覆)에 불과할지도 모른다고 생각했다. 그렇지만 이 용어는 대중적인 성공을 거두었으며, 모든 법률가들에게 책임에 대한 상식적인 이해로 받아들여지고 있다. 즉, 누군가 책임이 무엇인가, 하고 물었을 때, 그것은 비난가능성이다, 라고 말하면 가장 잘 이해시킬 수 있다. 심지어 규범적 책임개념에 반대하는 법

---

85 *ibid.*, p.129. Der Satz, daß alle Schuld sittliche Schuld ist, ist ebenso unverbrüchlich richtig wie der Satz, daß Fische nur solche Wesen sind, die durch Kiemen atmen. Wer dagegen die Behauptung aufstellt, auch unfreies Handeln könne schuldhaft sein, gleicht demjenigen, der auch den Wal, wiewohl er durch Lungen atmet, einen Fisch nennt. Das ist dann eben etwas ganz anderes, was mit 'Schuld' und mit 'Fisch' gemeint ist.
86 아헨바흐의 프랑크 책임론에 관한 장의 제목이다. Achenbach, Historische und Dogmatische Grundlagen der Strafrechtssystematischen Schuldlehre, *op.cit.*, p.97(§12) §12 Die Schuldlehre Reinhard Franks - Beginn einer neuen Epoche?

률가도 일반인이 책임을 물었을 때 그렇게 대답한다.

책임이 비난가능성이라는 것은 그것이 심리적 실체(実体)가 아니라 규범적 평가(評価)라는 본질을 제시하는 것이다. 그리고 객관적인 부수사정(付随事情 die begleitenden Umstände)에 대한 가치평가를 포함해야 한다는 점에서 심리적 책임개념과는 다른 시야(視野)를 제공한다. 프랑크는 이해하기 쉽게 아주 구체적이고 단순한 사례에서 출발한다.

> "어떤 사업체의 회계원과 우편배달부가 각각 횡령죄(横領罪)를 범했다고 하자. 전자는 유복하고 가족이 없으며 사치한 도락성(道樂性)을 가지고 있었고, 후자는 절약 검소했고 병든 아내와 다수의 아이가 있었다. 사람들은 두 사람에 대하여 모두 다른 사람의 돈을 위법하게 횡령했고, 고의에 관해서는 아무런 차이도 존재하지 않는다는 것을 알고 있음에도 불구하고 회계원이 우편배달부보다 더 무거운 책임을 부담한다고 생각한다. 후자의 책임은 그가 처한 불우한 부수사정(付随事情)으로 인해 감소되는 반면, 전자의 책임은 그것의 좋은 재산상태와 그의 사치한 성향에 의해 반대로 증가한다."[87]

이 사례는 책임이 고의·과실과는 상관없는 객관적 부수사정에 대한 가치평가에 의하여 규정된다는 것을 보여주는 것이다. 만일 동일한 금액을 횡령했다면 불법과 고의는 동일하다고 해야 할 것이다. 그런데도 우리는 두

---

87 Reinhard Frank, Über den Aufbau des Schuldbegriffs,(1907) BWV · Berliner Wissenschafts-Verlag, 2009, p.4.(원문 pp.4-5) Der Kassierer eines Geschäftshauses und ein Geldbriefträger begehen unabhängig voneinander Unterschlagungen. Jener ist gut situiert und hat keine Familie, wohl aber kostspielige Liebhabereien. Dieser wird mäßig bezahlt, hat eine kranke Frau und zahlreiche kleine Kinder. Obwohl jeder von beiden weiß, daß er sich fremdes Geld rechtswidrig zueignet, hinsichtlich des Vorsatzes also kein Unterschied obwaltet, wird doch jedermann sagen: den Kassierer trifft schwerere Schuld als den Briefträger. Denn die Schuld des letzteren wird vermindert durch die ungünstigen Umstände, in denen er sich befand, während die Schuld des ersteren umgekehrt erhöht wird durch seine guten Vermögensverhältnisse und seine luxuriösen Neigungen.

경우에 있어서 책임의 크기가 다르다고 직관적(直觀的)으로 생각한다.[88] 책임이 심리적 실체로서 고의·과실에 한정되는 것이 아니라는 점은, 그 당시 문제되기 시작한 면책적 긴급피난(緊急避難)의 경우에 더욱 선명하게 드러난다. 면책적(免責的) 긴급피난은 오래된 '카르네아데스의 널판지(Plank of Carneades)' 사례를 상정할 수 있다. 배가 침몰하여 바다에 빠진 선원 두 명이 하나의 널판지에 매달렸는데 그 널판지는 한 사람밖에 의지할 수 없었다고 하자. 이 경우 자신이 살기 위하여 다른 사람을 밀어내 죽게 한 사람에 대하여 책임을 어떻게 평가해야 하는가? 당시 독일체계에서는 이것을 면책적 긴급피난이라고 하여 책임이 없는 경우로 설명하게 되었다.[89] 프랑크는 면책적 긴급피난의 사례에서 책임은 고의·과실과는 무관하게 규정된다는 사실을 제기하였다.

"부수사정이 책임을 경감할 수 있다면 책임을 조각(阻却)할 능력도 있다는 것은 의심의 여지가 없다.… 왜냐하면, 책임개념을 고의·과실의 총체 이상의 것이 아니라고 파악하고, 이것을 인식적 혹은 부주의한 결과야기(結果惹起)로 구성하면, 긴급피난으로 인해 책임이 조각되어질 수 있다고는 전혀 이해할 수 없기 때문이다. 긴급피난 상황하에서 행위하는 자도, 자신이 하고 있는 것을 인식(認識)하고 있기 때문이다. 그 주연자에게 고의를 부정하는 것은 일반적 의미에서 분명히 비논리적이다."[90]

---

88 물론 이 사례는 적절한 사례가 아니라고 주장할 수도 있다. 회계원과 우편배달부에 대해 달라지는 책임은 양형책임(量刑責任)이다. 그렇다면 책임성립의 관점에서 보는 책임과 양형책임이 본질적으로 같은가 다른가의 문제가 제기된다. 그러나 뒤에서 보는 바와 같이 고의·과실(심리적 실체)이 아닌 부수사정이 책임의 성립에도 연관될 수 있다는 점에서 보면 틀린 사례라고 할 수 없다.

89 영미체계에서 동일한 결론에 이르고 있는 것은 아니다. 영미체계에서는 이에 관한 법철학적 논의로서 「동굴탐사대 사례(The Case of the Speluncean Explorers-Harvard Law Review Vol. 62, No. 4, February 1949)」 논문에서 보면 보면 어느 대법관도 면책적 긴급피난의 개념을 제기하고 있지 않다.

90 Reinhard Frank, Über den Aufbau des Schuldbegriffs, *op.cit.*, p.6.(원문 p.6) Können somit die begleitenden Umstände die Schuld mildern, so unterliegt es keinem Bedenken, ihnen auch

이렇게 프랑크는 심리적 책임개념이 논리적 오류라는 것을 엄밀하게 설명하고 있다. 그는 책임능력(귀속능력)을 책임이 아니라 책임의 전제라는 리스트-벨링의 주장에 대해서도 비판하고 있다.

> "이러한 정의는 책임의 표지(標識)들을 포함하지 않기 때문에 완전하지 않다. 또는 그것이 완전하다면, 왜 귀속능력이 고의의 전제인지 이해할 수 없다. 왜냐하면, 정신병자라도 그 행위를 의욕하고, 그때에는 그 행위를 범죄로 낙인화(烙印化)하는 요소를 인식하고 있기 때문이다. 그뿐 아니라 정신병자는 그 행위가 범죄라는 것을 알고 있다.… 귀속능력과 형벌 사이에 연관성이 있는 것은 말할 필요도 없지만, 이 연관성은 책임과 형벌 사이의 그것과 다른 것이 아니다. 오직 책임 있는 자만이 당벌적(当罰的)이고 가벌적이며, 귀속능력은 책임에 속한다. 따라서 그것은 책임의 능력이 아니고, 책임의 전제조건이 아니라, 바로 책임에 속한다."[91]

die Fähigkeit der Schuldausschließung zuzugestehen… Denn umfaßt der Schuldbegriff nichts weiter als die Summe von Vorsatz und Fahrlässigkeit, und bestehen diese in der bewußten oder unvorsichtigen Herbeiführung des Erfolgs, so bleibt es ganz unverständlich, wie die Schuld durch Notstand ausgeschlossen werden könnte. Denn auch der im Notstand handelnde Täter weiß, was er tut. Ihm den Vorsatz in dem mitgeteilten Sinne absprechen heißt einfach unlogisch sein.

91 ibid., p.10, 11.(원문 pp.8-9) Entweder ist diese Definition nicht vollständig, weil sie die Merkmale der Schuld nicht enthält-oder, wenn sie vollständig ist, so versteht man nicht, wieso die Zurechnungsfähigkeit Voraussetzung des Vorsatzes sein sollte. Denn auch ein Geisteskranker kann die Handlung wollen und sich dabei die Merkmale vorstellen, welche sie zum Verbrechen stempeln, er kann sogar wissen, daß sie ein Verbrechen ist… Freilich waltet ein Zusammenhang zwischen Zurechnungsfähigkeit und Strafe ob, aber dieser Zusammenhang ist kein anderer als der zwischen Schuld und Strafe: nur der Schuldige ist strafwürdig und strafbar, und zur Schuld gehört die Zurechnungsfähigkeit. Sie ist nicht Schuld*fähigkeit*, nicht Schuld*voraussetzung, sondern sie gehört zur Schuld*.

[1214]

프랑크가 예리하게 지적하고 있는 것처럼, 정신병자가 책임이 없다는 것은 고의가 없기 때문이 아니다. 정신병자도 자신의 행위 자체에 대하여 인식하고 있으며, 분명히 고의가 있다. 심리적 책임개념에 의하면 이 경우 고의가 있으므로 책임이 있다고 해야 한다. 그런데 고의가 있으므로 책임이 있는데 책임의 전제조건인 책임능력이 없으므로 책임이 없다고 하는 것은 논리적으로 잘못된 것이다. 책임능력이 책임의 전제조건이라면, 책임능력이 없다면 고의(즉 책임) 자체가 성립할 수 없어야 한다. 이러한 논리적 결함은 인식 없는 과실에 있어서는 더욱 치명적이다. 비록 프랑크는 논의하고 있지 않지만, 인식 없는 과실에 있어서는 아예 인식 자체가 없으므로 심리적 실체가 없게 된다. 그렇다면 책임을 인정할 여지도 없게 된다. 그리하여 프랑크는 책임이란 심리적 실체가 아니라 가치평가로서 비난가능성이라고 말한다.

> "책임개념의 모든 언급된 구성요소를 포함하는 짧은 슬로건을 찾으면서 나는 비난가능성(Vorwerfbarkeit) 외에 다른 것을 찾지 못했다. 책임은 비난가능성이다. 표현이 마음에 들지는 않지만 나는 더 이상을 알지 못한다.… 책임의 문제는, 행위가 위법일 때, 즉 금지된 것일 때, 제기된다. 이것은 우리를 다음과 같은 명제로 이끈다.: 금지된 행태는, 그것이 훼손했다는 사실에 대하여 비난할 수 있을 때, 누군가에게 책임이 귀속된다."[92]

---

92 *ibid.*, p.15.(원문 p.11) Auf der Suche nach einem kurzen Schlagwort, das alle erwähnten Bestandteile des Schuldbegriffs in sich enthält, finde ich kein anderes als *Vorwerfbarkeit. Schuld ist Vorwerfbarkeit*. Der Ausdruck ist nicht schön, aber ich weiß keinen besseren··· Die Frage der Schuld tritt aber (abgesehen von dem wenig glücklich gefaßten §54) im Strafecht nur dann auf, wenn das Verhalten ein rechtswidriges, ein verbotenes ist. Damit wären wir zu dem Satze gelangt: *ein verbotenes Verhalten ist jemanden dann zur Schuld anzurechnen, wenn man ihm einen Vorwurf daraus machen kann, daß er es eingeschlagen hat.*

프랑크는 책임이 비난가능성이라고 규정하였지만, 사실 프랑크만큼 그 규정이 불충분하다는 것을 인식한 사람은 없었다고 할 수 있다. 왜냐하면, 비난가능성은 대중적인 성공을 거두어 오늘날 일반 사람들만이 아니라 모든 법률가들의 표상(表象)을 지배하고 있기 때문이다. 그러나 프랑크는 당시 비난가능성의 개념에 대해 그것이 이론적 가치가 별로 없다는 것을 충분히 알고 있었다. 그것은 책임의 직관적(直觀的) 이미지의 하나를 표현하는 것에 불과하기 때문이다. 그리하여 프랑크는 그것이 사실상 동어반복(同語反覆)에 불과하기 때문에, 그에 대하여 두 가지 방식으로 그 이론적 의미를 부여하려고 하였다. 하나는 비난가능성이 책임을 성립시키는 여러 가지 요소들의 공통적(共通的) 의미를 지칭하거나, 또는 그러한 요소들의 집합을 요약(要約)하는 의미를 가진다는 것이었다. 다른 하나는 책임 자체가 아니라 '책임 있는 행위' 내지 유책한 행위(行爲)로 규정하는 성격을 표현하는 것으로 규정한 것이었다. 말하자면 '책임'을 정의하려고 할 것이 아니라 '유책한 행위'를 정의해야 한다는 것이다.

> "마이어(M. E. Mayer)와 함께, 책임을 정의할 것이 아니라 부책적(負責的) 행위를 정의해야 한다는 의견을 가진 사람은 이렇게 말한다. 부책적(schuldhafte)으로 행위함은 비난가능하게 행위함이며, 주연자를 비난할 수 있는 행위이다. 콜러(Kohler)와 라드브루흐(Radbruch)가 부작위를 행위가 아니라고 하더라도, 그러한 어려움과 싸울 필요가 없다. 행위 대신 행위가 일어나게 하는 것만이 필요하다. 부책적 행태(verhalten)는 비난가능한 행태이다."[93]

---

93 *ibid.*, p.15.(원문 p.11) Wer mit M.E.Mayer der Ansicht ist, daβ man nicht die Schuld, sondern die schuldhafte Handlung definieren soll, kann sagen: *schuldhaftes Handeln ist vorwerfbares Handeln*, ein solches also, aus dem man dem Handelnden einen Vorwurf machen kann. Mit Schwierigkeiten wird man auch nicht zu kämpfen haben, wenn man mit Kohler und Radbruch die Unterlassungen aus dem Gebiete der Handlungen ausscheidet. Man braucht dann nur an Stelle des Handelns das

그리하여 책임이 비난가능성이라는 정의(定義)는 책임을 성립시키는 요소들의 집합을 간결하게 표현한다. '책임은 비난가능성이다.'와 같은 문장은 다음과 같은 것이다.

> "이 문장이 고립적으로 나타날 때, 사람들은 그것에 대하여 반대할 수 있는 바, 그것은 단지 같은 것(idem per idem)을 의미한다는 것이다; 비난가능성은 책임의 동의어(同義語) 이외에 아무것도 아니다.⋯ 그것은 그 자체로서 가치를 가져서는 안 되며, 그것이 특성화하고자 하는 것들의 지시(指示)로서만 가치가 있어야 한다. 종합적으로만 의미가 얻어진다. 법률에서 직접 사용된 것처럼 그것이 주어진다면, 그 요소들은 분석적으로 인정될 것이다."[94]

[1215]

프랑크는 아예 개념 자체에 대하여 새로운 관점으로 책임개념을 규정한다. 그는 책임개념이 유개념(類槪念)이 아니라 복합개념(zusammengesetzter Begriff)이라고 말한다. 즉 책임개념은 고의·과실을 하위의 종개념으로 내포하는 것이 아니라, 어떠한 구조 내지 체계를 가진 복합개념(複合槪念)이라는 것이다.

> "지배적 교리에 의하면, 한편의 책임개념과 다른 한편의 고의·과실 개념

Verhalten treten zu lassen: *schuldhaftes Verhalten ist vorwerfbares Verhalten*.
94 *ibid.*, p.16.(원문 p.12) Erschiene dieser Satz isoliert, so könnte man gegen ihn einwenden, er besage nur idem per idem; denn die Vorwerfbarkeit sei nichts als ein Synonymon der Schuld ⋯ Er soll seinen Wert nicht in sich selbst, sondern nur in dem Hinweise auf das haben, was er charakterisieren will. Gewonnen ist er auf synthetischem Wege. Denkt man ihn sich als gegeben, als unmittelbar im Gesetz gebraucht, so würden seine E1emente auf analytischem Wege zu erkennen sein.

의 관계는 상위의 유개념과 하위의 종개념의 관계와 같다. 그러나 나의 견해에 의하면 책임개념은 다른 것과 함께 고의·과실을 구성부분으로 포함하는 복합개념이다.… 이러한 개념과 책임개념과의 관계는 유(類)와 종(種)의 관계가 아니다."[95]

프랑크에 의하면 유개념과 종개념의 구조를 가진 개념은 상위와 하위의 범주로 구조화되는 개념이라고 할 수 있다. 이에 대해 복합개념은 여러 가지 평등한 구성요소를 가지는 개념이라고 할 수 있다. 또는 구조 내지 체계를 내용으로 가지는 개념이라고 할 수 있다. 그리하여 프랑크는 이러한 검토의 결론으로서 책임은 3개의 동등한 '요소(要素)'로 성립되어 있다고 한다. 그것은 다음과 같다.

> 1) 주연자의 정상적인 정신상태(귀속능력)
> 2) 행위에 대한 주연자의 구체적·심리적 관련 혹은 그 가능성(고의 또는 과실),
> 3) 주연자가 행위하고 있는 부수사정의 정상성(正常性).[96]

프랑크의 규범적 책임개념에 대한 논의는 소극적으로 심리적 책임개념의

95 *ibid.*, p.16.(원문 p.11) Nach der *herrschenden Lehre* verhalten sich die Begriffe der Schuld auf der einen Seite und die des Vorsatzes oder der Fahrlässigkeit auf der andern wie der übergeordnete Gattungsbegriff zum untergeordneten Artbegriff. Nach meiner *Ansicht* ist der Schuldbegriff ein *zusammengesetzter Begriff* zu dessen Bestandteilen unter anderm auch Vorsatz oder Fahrlässigkeit gehören… Denn das Verhältnis dieser Begriffe zu dem Schuldbegriff ist nicht das der Art zur Gattung.
96 *ibid.*, pp.16-17.(원문 p.12) 1. eine normale geistige Beschaffenheit des Täters, die wir Zurechnungsfähigkeit nennen…. 2. Eine gewisse konkrete psychische Beziehung des Täters zu der in Rede stehenden Tat oder doch die Möglichkeit einer solchen, so daß er entweder deren Tragweite übersieht (Vorsatz), oder doch übersehen könnte (Fahrlässigkeit)…. 3. die *normale Beschaffenheit der Umstände, unter welchen der Täter handelt*….

비판에 있어서는 타당하다고 할 수 있지만, 적극적으로 그가 제시한 규범적 책임개념이 타당다고 하기에는 근원적인 난관(難關)이 있다. 당장 그가 제시하는 부수사정의 정상성(定常性)이라는 것이 객관적으로 규정될 수 있는가 하는 문제가 있다. 오늘날 부수사정의 정상성을 다루는 교과서가 없는 점이 보여주듯이 이 표지는 실패로 끝났다. 프랑크 자신도 후일에 이르러 이를 정상적 동기화(nomale Motivierung)로 대체하였는데 이렇게 되면 이것은 심리적(心理的)인 범주가 되어 버린다.[97] 프랑크는 다시 정상적인 동기설정의 개념을 포기하고 자유(Freiheit)를 책임개념의 구성요소로 설정한다.

> "이론은 외부적 또는 내부적 자유(自由)가 없을 때 책임을 부인하지만, 자유를 책임개념의 구성부분이 아니라 책임의 전제로 생각한다. 그러나 이 방법은 불가능하다. 왜냐하면, 자유를 책임개념의 구성요소로 볼 때에만, 책임의 무게가 침해받는 법익(法益)의 가치와 의미, 고의·과실의 문제에 의존할 뿐만 아니라, 책임이 자유의 정도(程度)에 의존한다는 것을 설명할 수 있기 때문이다."[98]

그러나 그의 부수사정의 정상성이나 정상적 동기화와 마찬가지로 자유의 개념도 책임요소로 살아남지 못했다. 결국 프랑크의 책임개념에서 가장 심각한 결함은 비난가능성이라는 개념이 직관(直觀)에 그치고 있다는 것이다.

---

97 Achenbach, Historische und Dogmatische Grundlagen der Strafrechtssystematischen Schuldlehre, op.cit., p.100.

98 Frank, Das Strafgesetzbuch Für Das Deutsche Recht, Achtzehnte, neubearbeitete Auflage, Tübingen, 1931, p.137(Vierter Abschnitt. Gründe, welche die Strafe ausschlieβen oder mildern). Lehre verneint die Schuld bei mangelnder äuβerer oder innerer Freiheit, aber sie faβt die Freiheit nicht als Bestandteil des Schuldbegriffs, sondern nur als Voraussetzung der Schuld auf. Dieser Ausweg ist aber nicht gangbar; denn nur wenn man in der Freiheit einen Bestandteil des Schuldbegriffs sieht, kann man es erklären, daβ die Schwere der Schuld nicht nur von dem Werte und der Bedeutung des angegriffenen Rechtsguts (Interesses), nicht nur von der Frage des Vorsatzes oder der Fahrlässigkeit, sondern auch von dem Maβe der Freiheit abhängt.

그것은 용어로서는 대단히 성공적이었지만 이론적 내용으로서는 그렇지 못했다. 그는 비난가능성을 책임요소들을 포괄하는 표지 정도로 상정하였을 뿐이고 더 이상 그 개념 자체를 논의하지는 않았다. 이것은 당장 책임개념의 본질적인 문제에 대하여 아무런 대안이 없다는 것을 의미한다. 책임이 심리적 실체가 아니라면 무엇인가? 심리적 책임개념을 비판한 프랑크 역시 고의·과실을 핵심적 책임요소로 인정하고 있다. 그런데 고의·과실은 심리적 실체이다. 도대체 심리적 실체로서 고의·과실을 책임요소로 하고 있는 규범적 책임개념이란 무엇인가? 여기에 비난가능성이란 무엇인가 하는 물음이 다시 제기되는데 그것은 회피할 수 없는 물음이다. 이러한 문제는 프랑크 이후의 학자들에게 넘겨진 과제였다.

[1216] Goldschmidt, Freudenthal, Eb.Schmidt

골트슈미트(James Paul Goldschmidt, 1874-1940)는 심리적 요소와 구분되는 규범적 요소를 독립적으로 규정하려고 시도했다. 그는 가령 고의에서 규범적 성격이 있다면 그것은 단순히 규범위반을 '인식'하는 것이 아니라고 보았다. 그러한 인식과는 독립적으로 고의와 병행하는 규범적 요소로 고의 그 자체의 어떤 사회적 성격으로서 의무위반성(Pfichtwidrigkeit)이 있다고 보았다. 그것이 고의와 관련된 규범적 요소라는 것이다. 이것은 고의의 경우 결과를 고려하여 적법한 방향으로 동기(動機)를 설정해야 하는 의무와 같은 것이다. 여기에 일정한 외부적 행태(äußeres Verhalten)에 관한 법규범(Rechtsnorm)과 인간의 내심(內心)을 향한 의무규범(Pflichtnorm)을 구분한다. 규범적 요소는 바로 이러한 의무규범위반성이다. 고의는 순수한 심리적인 관계이다. 그런데 이러한 고의에 있어서 의무규범이 작용하지 않아, 주연자에게 결과예견이 그 행위를 억제하는 자극을 야기하지 않은 데 대한 비난(非難)이 고의에 있어서

의무위반성이고 규범적 요소라는 것이다.

프로이덴탈(Berthold Freudenthal, 1872-1929)은 규범적 책임이론과 기대가능성(期待可能性)이론에 중요한 공헌을 하였다. 그는 프랭크의 부수사정을 다만 동기부여의 요소 내지 타행위가능성(他行爲可能性)의 요소로 본다. 그리고 책임의 핵심은, "다르게 행동해야 하고 할 수 있었는데도 불구하고, 주연자가 그렇게 행동한 데 대한 비인(非認, Mißbilligung)"[99]이라고 규정한다. 책임이란 타행위가능성(他行爲可能性)이 있는데도 주연자가 위법하게 행위한 데 대한 부정적 가치판단이다. 그런데 달리 행위할 수 있는 것은 부수사정에 달려 있다. 즉 "구체적 상황에 있어서 범행의 불이행을 위하여 필요한 저항력의 정도를 그 누구에게도 기대할 수 없을 경우에는, 비난에 있어서의 가능성이나 책임에 있어서의 비난도 함께 결여된다."[100] 그리하여 법을 준수할 수 있는 행위의 기대가능성(Zumutbarkeit)이 면책의 중심적인 범주가 된다. 그것은 심리적 요소가 아니라 윤리적 책임요소(ethische Schuldelement)이다. 이렇게 되면 책임에 대하여 프랑크의 비난가능성에 더하여 다시 기대가능성이라는 기표(記標, 단어)를 얻게 되는 셈이다. 기대가능성은 한때 중요한 이론적 사유의 주제가 되었지만, 현재에 이르러서는 고의범에 대해서는 부정적인 견해가 지배적이다.

에버하르트 슈미트(Eberhard Ludwig Ferdinand Schmidt, 1891-1977)는 골트슈미트의 규범이론을 비판적으로 극복하여 책임개념에 접근한다. 그는 법규범에 대하여 이를 평가규범(Bewertungsnorm)과 의사결정규범(Bestimmungsnorm)으로 분류하고, 책임에 대하여 의사결정규범의 개념을 적용시키고 있다. 평

---

99 Freudenthal, Schuld und Vorwurf im geltenden Strafrecht, Tübingen, 1922, p.6. die Mißbilligung, daß der Täter sich so verhalten hat, während er sich anders hätte verhalten sollen und können

100 ibid., p.7. Liegen sie in concreto so, daß zur Nichtbegehung der Straftat ein Maß von Widerstandskraft gehört hätte, wie man es normalerweise niemandem zumuten kann, so fehlt es mit dem Können am Vorwurf und mit dem Vorwurf an der Schuld

가규범은 외부적 행태를 향하여 적법·위법을 평가하는 법규범이고, 결국 이에 대한 위반은 위법성을 형성한다. 의사결정규범은 내심적 의사를 향하여 동기화에 대한 요청(명령, 금지)으로서 이에 대한 위반은 책임을 구성한다. 평가규범(評價規範)은 단순히 어떤 사실이 법질서와 모순되는지 여부에 관한 평가이기 때문에 책임무능력자의 행위에 대해서도 불법이라고 규정할 수 있다. 이에 대하여 의사결정규범(意思決定規範)은 사람의 의사에 대한 명령이고 수범자가 그것을 알고 그것을 수용할 수 있는 능력이 있어야 하므로 그러한 능력이 없는 책임무능력자의 행위는 규범위반이라고 할 수 없고 따라서 책임이 없다.

프랑크에서 슈미트에 이르는 규범적 책임론자에게 있어서도 고의·과실은 여전히 책임요소이고 그것도 가장 중요한 책임요소이다. 그런데 고의·과실이 책임요소인 한에 있어서는 책임은 여전히 심리적 실체의 측면과 동거하고 있는 것이며, 그것이 어떻게 규범적 평가와 조화되어 정체성(正體性)을 가질 수 있는가의 문제는 여전히 해결되지 않는다. 슈미트는 리스트와 함께 공저(共著)한 형법 교과서에서 책임에 대해 주연자의 귀속능력과 행위의 귀속가능성(Zurechenbarkeit)으로 정리하고 있다. 여기서 행위의 귀속가능성은 결국 고의와 과실이다.[101]

---

101 Liszt/Schmidt, Lehrbuch des deutschen Strafrecht, 25.Aufl., Berlin/Leipzig 1927, p.152(§36). a) Die Zurechnungsfähigkeit (Schuldfähigkeit) des Täters. Diese ist gegeben mit jenem psychischen Zustand des Täters, der ihm die Möglichkeit sozialen Verhaltens gewährleistet; also mit seiner allgemeinen Determinierbarkeit durch die Nonnen des sozialen Verhaltens, mögen diese den Gebieten der Religion, der Sittlichkeit, der Klugheit usw. oder dem Gebiete des Rechts angehören (unten §§ 37, 38). b) Die Zurechenbarkeit der Tat. Diese ist gegeben, wenn der Täter entweder die antisoziale Bedeutung seines Verhaltens gekannt hat (unten §§39–41), oder wenn er sie hätte kennen können und sollen (unten § 42); wenn er also, trotz seiner allgemeinen Determinierbarkeit, im Einzelfall durch die Normen des sozialen Verhaltens nicht determiniert worden ist. Damit ist die Grundlage für die beiden Schuldarten des Vorsatzes und der Fahrlässigkeit gegeben.

[1217] Welzel, Wessels, Jescheck

이러한 불명확과 애매함에 대하여 선명(鮮明)한 규범적 책임개념을 끝까지 밀어붙인 학자가 벨첼(Hans Welzel, 1904-1977)이다. 그는 명쾌하게 책임이란 '평가의 객체(客体)'가 아니라 '객체의 평가(評価)'라고 하였다. 물론 이러한 규정의 배경에는 고의·과실을 불법요소로 돌리고, 책임요소에서 제거해 버린 그의 목적적 행위론의 범죄체계가 있다. 벨첼은 자신 이전의 책임개념의 발전사와 자신의 의견을 이렇게 간단히 요약한다.

"프랑크는 '정상적 동기화'를 고의와 과실 외 독립적 책임요소로 지정하고, 책임을 '비난가능성'으로 주장함으로써 심리적 책임개념을 뛰어넘는 첫 번째 단계를 밟았다. 프랑크와 함께 시작된 '규범적' 책임론은 비난가능성의 본질에 관한 것이었다. 골트슈미트는 그것이 의무위반에 있다고 믿었고, 프로이덴탈은 그것을 '기대가능성(Zumutbarkeit)'에서 발견했다.⋯ 적어도 고의의 경우, '심리적 관계'는 여전히 책임개념에 필수적인 요소로 끌려다니고 있었다. 오직 도나(Dohna)만이 후자의 관계에서 '평가'로서의 비난가능성과 '평가의 대상'으로서의 고의를 날카롭게 분리(分離)하였으며, 대상의 평가에 대한 책임비난(의사결정의 非認)을 제한했다. 이렇게 집을 잃은 고의에 대하여, 목적적 행위론은 고의범의 주관적 구성요건으로서 적절한 장소(목적적 행위의지의 아래 위치로)를 제공했으며, 나아가 책임이론에서 벗어나 불법론의 발전에서도 새로운 상황을 형성했다."[102]

---

102 Welzel, Das Deutsche Strafrecht, op.cit., p.140. Den ersten Schritt über den psychologischen Schuldbegriff hinaus tat Frank (Aufbau des Schuldbegriffs, 1907), indem er die "normale Motivierung" als selbständiges Schuldelement neben Vorsatz und Fahrlässigkeit stellte und die Schuld als "Vorwerfbarkeit" bestimmte. Um das Wesen der Vorwerfbarkeit ging es in der mit Frank beginnenden "normativen" Schuldlehre. Goldschmidt (Der Notstand, ein Schuldproblem,

그러나 책임을 '객체의 평가'라고 규정하는 순수한 규범적 책임론은 유지되지 못했다. 순전히 가치평가라고 할 경우에 그것은 그 내용에 있어서 법적 개념의 엄밀성을 확보할 수 없는 것이었다. 평가의 '객체'를 한정하지 않은 경우에 재판관은 제각각의 대상을 임의로 상정하고 그것을 평가함으로써 책임을 임의적으로 규정할 수 있다는 것이 된다. 여기에 불법요소로 배치되었던 고의·과실이 다시금 책임평가의 대상으로 되돌아와야 한다는 문제가 제기되었다. 그렇다고 고의·과실이 불법요소가 아니라고 할 수는 없는 것이었다. 그리하여 고의·과실이 불법요소이기도 하고 책임요소이기도 하다는 고의·과실의 '이중적 기능(Doppelfunktion)'라는 현학적(衒學的) 이론이 등장하였으며, 이러한 이론이 오늘날 독일체계의 주류이론이 되었다. 베셀스(Wessels)는 이렇게 논의하고 있다.

"고의가 주관적 불법구성요건에 속한다는 것은 고의가 책임영역에서 더 이상 어떤 의미도 갖지 않는다는 필연적인 결론으로 귀결되는 것이 아니다. 오히려 고의는 지배적인 목적론적 범죄구성에서 행태형식(Verhaltensform)과 책임형식(Schuldform)으로서 범죄체계상 이중 기능을 충족해야 한다는 데서 출발해야 한다. 불법구성요건 내에서 행위형식으로서의 고의는 외적으로 나타난 범행사실(Tatgeschehen)에 대한 주연자의 심리적 관계를 포함하는 법적 사

1913) glaubte es in der Pflichtwidrigkeit des Wollens, Freudenthal (Schuld und Vorwurf, 1922) in, der "Zumutbarkeit" gefunden zu haben… Noch immer schleppte man, wenigstens beim Vorsatz, die "psychische Beziehung" als Essentiale im Schuldbegriff mit herum. Erst Dohna (Aufbau der Verbrechenslehre, 1935) trennte in letzterer Beziehung scharf zwischen Vorwerfbarkeit als "Wertung" und Vorsatz als dem "Objekt der Wertung" und beschränkte den Schuldvorwurf auf die Wertung des Objekts (die Mißbilligung der Willensbestimmung). Dem damit heimatlos gewordenen Vorsatz wies die finale Handlungslehre den sachgemäßen Platz (als Unterfall des finalen Handlungs willens) im subjektiven Tatbestand der vorsätzlichen Delikte zu und stellte-- auch von der Schuldlehre aus--den Zustand her, zu dem die Entwicklung der Unrechtslehre von sich aus gekommen war.

회적 행위의미의 담지자(擔持者)이다. 책임영역에서 책임형식으로서의 고의는 고의적 구성요건실현에 정형으로 결합된 준법정신 결여를 나타내는 심정 반가치(Gesinnungsunwert)의 담지자이다."[103]

비록 '이중적 기능'이라는 표현을 사용하지 않는다고 하더라도 고의 · 과실이 책임판단의 대상이 된다는 것은 현재 독일체계의 지배적인 견해이다. 예섹(Jescheck)은 이렇게 말한다.

"이 발전은 이 단계를 한 발 딛고 이제 든든한 기반에 도달하고 있는 것으로 보인다.… 새로운 이론은 책임판단을 위해서 고유의 관련 대상(eigenes Bezugsobjekt)을 확보하는 데 성공하였다. 즉, 책임판단의 대상은 행위이지만, 그것은 행위결의가 생기는 원천이 된 법적으로 하자 있는 심정(비난할 만한 법적 심정(tadelnswerte Rechtsgesinnung))에 관련된 행위라는 것이다. 심정은 소행에의 결정이 기반을 두고 있는 행위기준의 총체에 의하여 형성된다. 따라서, 심정은 지속적인 자세로서가 아니라, 행위결의를 형성하는 데 있어서 '지금 실제로 내가 생각하는 것(aktuelles Gesonnensein)'으로서 이해되어야 한다. 이 입장에 따르면 책임이란, '행위 속에 나타나는 부인되는 심정을 고려하는 것에 의한 행위의 비난가능성'(Gallas)을 의미한다. 비난받는 것은 항상 행위이지, 오

---

103 Wessels/Beulke/Satzger, AT, 46 Aufl., §200, §202, p.60. 번역은 허일태 역, 『독일 형법총론』, 세종출판사, 1998을 인용한다. 다만 경우에 따라 수정한 부분이 있으므로 표현의 책임은 저자에게 있다. 이하 Wessels교과서에 대해 모두 그러하다. Die Zuordnung zum subjektiven Unrechtstatbestand hat aber nicht notwendig zur Folge, dass der Vorsatz im Schuldbereich nunmehr jede Bedeutung verliert. Vielmehr ist mit dem herrschenden teleologischen Verbrechensaufbau davon auszugehen, dass er als Verhaltensform und als Schuldform letztlich eine Doppelfunktion im Deliktssystem zu erfüllen hat. §202. p.60. Im Unrechtstatbestand ist der Vorsatz als Verhaltensform Träger des rechtlichsozialen Handlungssinns, der die psychischen Beziehungen des Täters zum äußeren Tatgeschehen umfasst. Im Schuldbereich ist der Vorsatz als Schuldform Träger des Gesinnungsunwertes, der die mit der vorsätzlichen Tatbestandsverwirklichung typischerweise verbundene mangelnde Rechtsgesinnung zum Ausdruck bringt.

직 심정뿐이라고 하는 것은 아니고 그것은 당연하다. 그렇지만 법에 대항하는 주연자의 심정, 보다 정확하게는, 그때그때의 보호법익의 존중 요구에 대항하는 심정이 행위 속에 표명되고 있는 한에서만, 비난(非難)은 정당하다."[104]

그러나 이러한 지배적 견해는 모든 수정주의가 그렇듯이 논리적으로 치밀한 것 같은 성격 자체가 항상 논리적으로 수많은 난점을 안고 있는 것이다. 정교한 것은 부서지기 쉬운 것이다. 평가의 객체가 비인(非認)의 심정(Gesinnung)이라고 하는 것은 당장 고의 · 과실과의 관계의 문제를 제기한다. 그것이 고의 · 과실과 동일한 것(또는 그것에 동반하는 것)이라고 하면 정신적 내용이 없는 인식 없는 과실의 책임을 설명할 수 없다. 또한 책임능력 없는 자에게도 고의 · 과실은 있으므로 정신병자도 책임이 있다고 해야 한다. 만일 비인의 심정이 고의 · 과실과는 다른 별도의 어떤 것이라면, 그것은 정신병자의 고의 · 과실에는 없는 어떤 것이어야 한다. 그러나 이 경우 다른 면책사유에 있어서의 심정은 어떠한가 하는 문제가 다시 제기된다. 가령 강제당한 자의 마음은 비인의 심정이 있는가 없는가? 이것은 다시 책임의 성립요소의 문제와 면책사유의 구별의 문제를 제기한다. 이 모든 논의는 또한 지배적 견해가 사실상 또 하나의 심리적 책임개념이라는 것을 의미한다. 논의하고

---

104 Jescheck/Weigend, AT, *op.cit.*, §38.II.5, p.421-422. Die Entwicklung ist jedoch über diese Stufe noch einen Schritt hinausgegangen und scheint nunmehr ein festes Fundament erreicht zu haben ··· ist es der neueren Lehre gelungen, dem Schuldurteil ein *eigenes Bezugsobjekt* zusichern: Gegenstand des Schuldurteils ist die Tat im Hinblick auf die rechtlich fehlerhafte Gesinnung (tadelnswerte Rechtsgesinnung), aus der der Entschluβ zur Tat erwachsen ist. Gebildet wird die Gesinnung durch die Gesamtheit der Handlungsmaximen, die dem Entschluβ zur Tat zugrunde liegen. Gesinnung ist also nicht ais dauernde Einstellung, sondern als *"aktuelles Gesonnensein"* bei der Bildung des Tatentschlusses zu verstehen. Schuld bedeutet danach: "Vorwerfbarkeit der Tat mit Rücksicht auf die darin betätigte miβbilligte Gesinnung" (*Gallas*). Was vorgeworfen wird, ist natürlich immer die Tat und nicht allein die Gesinnung. Der Vorwurf ist jedoch nur insoweit berechtigt, als sich in der Tat die gegen das Recht, genauer: gegen den Achtungsanspruch des jeweils geschützten Rechtsguts gerichtete Gesinnung des Täters manifestiert.

있는 대상이 오직 심리적 실체에 관한 것뿐이기 때문이다. 이것은 결국 세련된 심리적 책임개념이다. 이것은 심리적 책임개념의 본래의 난점, 책임은 심리적 실체인가 하는 문제를 다시 제기한다. 이러한 심정은 아마도 책임의 모든 문제를 해결해 주는 마법의 심정이 될 것이다. 동시에 그것은 사실은 아무것도 해결하는 것이 없는 심정이다. 왜냐하면, 결론을 전제로 삼고 있기 때문이다. 결론을 기준으로 심정이라는 개념을 창조하는 것이다.

그러나 이러한 논쟁은 별로 의미가 없다. 그것은 이미 프랑크 자신부터 이제까지 100년간 논쟁해 온 것이고 아무런 결론이 없는 것이다. 실제 이런 지배적 견해를 위협하는 것은 이미 오래 전에 전혀 다른 논점에서 제기되었다. 그것이 바로 자유의지(自由意志)의 문제이다.

[1218] 자유의지의 부정(否定)(Rombroso)

이제까지 모든 책임이론의 근저에는 인간의 자유의지(自由意志)라는 상식(常識)이 전제되어 있다. 인간은 자유로운 의지를 가지고 있고, 자유의사에 의하여 행동하므로, 자신의 행위에 대하여 책임을 져야 한다는 것이다. 특히 자유의지를 강조한 것은 앞에서 보았듯이 윤리적 책임개념이다. 그렇지만 다른 모든 책임개념에 있어서도 자유의지는 필수적(必須的) 전제이다. 즉 인간이 범죄를 저질렀을 때, 그는 범죄행위를 하지 않고 달리 행동할 수 있었으므로, 자신이 저지른 범죄행위에 대하여 책임을 져야 한다. 이러한 상식은 계몽사상에서부터 시작하여 오늘에 이르기까지 사실상 모든 책임이론의 전제이다. 그것은 타행위가능성(Anders-Handeln-Können) 또는 부응가능성(Dafür-Können)으로 설명되기도 한다. 타행위가능성(他行爲可能性)은 영미(英美)에서도 마찬가지로 주요한 개념으로서 대체가능성(代替可能性)의 원리(principle of alternate possibilities, PAP)라고 불린다. 추상적 자유의지의 개념이 아니라 이러한 타행위가능성을 우리가 앞에서 논의한 아리스토텔레스, 푸펜도르프, 헤겔리안, 빈딩, 리스트, 윤리적 책임론, 규범적 책임론 등이 모두 암묵적(暗默的)으로 전제로 삼고 있는 것이다.

그렇지만 다른 한편으로는 인간의 자유의지는 서구철학의 거의 전 역사(全歷史)에 있어서 논쟁의 대상이 되어 왔다. 상식적으로 보면 논쟁의 여지 없이 너무나 당연한 것으로 보이는 이러한 자유의지에 대하여 이론적으로 심각한 논쟁이 되어 온 것은, 항상 평범한 사실에 숨어 있는 위대한 신비(神祕)의 문제이기 때문이다. 서구 역사에서 자유의지의 문제가 논쟁의 대상이 되는 또 하나의 원천은 종교적 이유이다. 기독교의 프레임에서 볼 때 전지전능한 신(神)의 섭리(攝理)를 전제로 한다면, 그것을 거스를 자유를 인간에게 인정한다는 것은 심각한 문제이다. 인간이 악을 선택할 수 있다는 것은 신이 전능하지 않다는 것을 말하는 것이기 때문이다. 갑(甲)이 살인을 저지른 것이 갑의 자유의지라면 그것은 선(善) 그 자체라고 할 수 있는 신의 전능을 훼손한다. 반대로 갑이 살인을 저지른 것이 신의 뜻이라면 신의 전능은 침해되지 않지만 대신에 갑에게는 자유도 인정할 수 없고 책임도 물을 수 없게 된다. 이러한 종교적 문제는 동양에서는 존재하지 않는다. 그러나 자연에 대한 일반적 프레임으로서 인과적 결정론(決定論)은 신의 섭리와 마찬가지로 인간의 자유의지와 대립한다. 세계가 인과적으로 그리하여 결정론적으로 규정된다는 것은 자연과학자만이 아니라 모든 사람에게 상식이다. 그러한 세계(자연)에 인간의 자유의지는 특이한 것이고 예외적이다. 그렇다면 인간은 자연(自然)이 아닌가? 아니면 자연에도 자유가 있는가? 이 논점은 종교적 딜레마가 세계관의 딜레마로 옮겨 온다. 자유가 자연이 아니라면 자연외적(自然外的)인 것, 자연이 아닌 것을 인정하는 것이 된다. 반대로 자유도 자연이라면 이번에는 자연이 정신화(精神化)한다. 자연 자체가 자유를 함축하는 정신적인 것이라는 결론은 종교인이나 관념론자에게는 축포를 쏠 일이지만 그것은 근대 이전으로 되돌아가는 일이다. 맥도웰(McDowell)은 이를 자연의 재마법화(re-enchantment)라고 한다. 자연의 재마법화(再魔法化)는 푸펜도르프 이전의 세계로 거슬러 올라가는 것이다.[105]

인간의 자유의지에 대하여 가장 심각한 이론적 도전이 제시된 것은 실증주의가 인간의 사유(思惟)를 강타한 19세기 후반의 유럽, 특히 이탈리아에서였다. 그 이전까지 인간의 자유의지는 당연하고, 이러한 이성과 자유의지에 기반을 두고 새로운 사회를 규정하는 것이 계몽시대 이후의 프레임이었다. 이러한 당연하고 일반적인 상식에 대하여 놀라운 도전을 제기한 학자들이 이탈리아의 실증주의 학자 세 사람, 롬브로조(Cesare Lombroso, 1835-1909), 페리(Enrico Ferri, 1856-1929), 가로팔로(Raffaele Garofalo, 1851-1934)였다.

롬브로조는 일반적으로 저서 『범죄인론(L'uomo deliquente, 1876-1897)』을 통하여 범죄인류학을 창시하였다고 알려져 있다. 실제 그의 논의는 그 이전까지의 사유를 혁신하는 실증주의(positivism)의 관점과 방법론으로 범죄학이라는 새로운 학문을 창시하고. 형법적 관점에서도 근대학파(近代學派)에로의 전환을 형성하였다. 그 이전까지의 고전주의 형법학은 계몽주의에 뿌리를 둔 것으로 베까리아(Ceasre Beccaria, 1738-1794)의 『범죄와 형벌(Dei delitti e delle pene, 1764)』로 대표되었다. 그 기본적인 관점은 범죄자의 자유의지에 기반을 두고 범죄와 형벌의 비례성을 강조하는 것이었다. 그것은 기본적 사유에 있어서 수천 년에 걸친 단순한 사유, 즉 죄를 지은 자를 처벌한다는 것이었으며, 범죄와 그 원인에 관한 과학적(科學的)인 연구가 없는 것이었다. 다윈의 진화론과 같이 롬브로조는 범죄에 관하여 과학적 연구의 방법론을 보여주었다. 범죄자의 두개골 66개를 연구하였고 범죄자 6,608명의 신체를 측정하여 그들의 인상(人相)을 연구하였다. 비록 오늘날의 관점에서는 회의적(懷

---

105 *supra* [1201]. 이 논점은 제2권에서 다시 논의한다.

疑的)으로 느껴지지만, 범죄학이라는 하나의 학문을 추구하는 방법론적 실증적 자세를 보여주는 것이었다. 그는 범죄와 그 원인에 관한 그야말로 말 그대로 '모든 것'을 연구하였다. 범죄자들의 문신, 감정, 종교, 지능과 교육, 은어, 문학, 정신이상, 조직범죄, 격세유전, 범죄자들의 자살, 격정범, 상습범, 범죄자의 필체, 기후와 인종, 문명·술·유전, 연령·성·도덕교육·성기·모방, 야만들의 범죄와 성생활, 아동, 도덕적 정신이상과 생래적 범죄인, 신진대사·월경·출산력, 범죄자들의 의사커뮤니케이션, 그 예술작품, 간질병, 알콜중독자, 히스테리 범죄자, 기회범죄인, 정치범, 도시과밀화 등 이것들이 그가 조사하고 연구하여 그의 저서의 제목을 이루고 있는 내용들이다.

　그의 이러한 연구는 적어도 범죄가 단순히 자유의지를 가지고 있는데도 도덕적으로 타락한 자와 같은 이미지를 불식하는 것이었다. 그가 말하는 정신이상자 등을 포함하는 생래적 범죄인(delinquente nato)은 인류학적 또는 생물학적 원인에 기인하거나, 격세유전(隔世遺傳), 또는 알콜중독, 성병, 영양실조 등에 의하여 생물학적 정신적 기능이 퇴행(退行)한 자들이다. 이러한 범죄자에 대하여 자유의지를 논의하는 것은 부질없는 일이다. 범죄자에 대한 또 하나의 분류로서 격정범(激情犯)은 이들과 달리 다혈질이나 신경질이 많은 사람과 같이 그 성격이 원인이라고 해야 한다. 간통한 아내를 살해한 한 범죄자가 창밖으로 몸을 던져 버린 사례가 있다. 격정범에 대해서도 자유의지는 말하자면 별로 의미가 없는 것이다. 롬브로조는 기회범죄인(機会犯罪人)을 하나의 군으로 분류했는데, 이들은 다시 유사범죄인, 준범죄인, 상습범죄인, 잠재적 범죄인 등으로 모두 환경이나 유혹을 이기지 못하여 범죄를 저지르는 사람들이다. 그의 범죄에 대한 광범한 연구는 정치범죄(政治犯罪)에도 미쳤으며 나쁜 정부야말로 범죄의 원인이라고 보았다. 실제로 나쁜 정치는 정상적인 사람도 분노하게 만든다. 국민들 내부에 심각한 정치적 사회적 견해의 차이가 있는 경우에 정치적 반대파를 혐오(嫌惡)하게 만든다. 한 국가의 정치적 사회적 견해의 차이가 심각하게 반분된 경우, 또는 소수일지라도 생존의 위협이나 종교적 차이, 이념적 차이 등은 인간을 분노하게 하여, 암살, 테러, 혁명, 인종청소로 나아가게 만든다. 이러한 경우 자유의지의 문제의 한계는 명백하게 드러난다. 롬브로조는 정치범죄를 일종의 격정범이라고 규정한다.

> "우리는 정치범죄를 격정범의 일종으로 보는바, 그것은 특히 종교와 정치에 있어서 안정의 감정, 인류에 대한 본래적이거나 시작되는 증오를 자극하기 때문에 유해하고 처벌되어야 한다. 그리고 여기서 우리는 젊은이들이 더큰 역할을 하고, 더욱 지적이고 교육받은 사람과 온화한 국가의 주민들의 경우에서 그것을 보게 된다.… 나쁜 정부: 공공복지가 무시되고 정직한 자가 박해를 받는 정부는 반란과 혁명을 일으킨다. 박해는 관념을 감정으로 바꾼다 (Machiavelli). 미국 혁명 전날 벤자민 프랭클린은 팸플릿을 썼으며, 위대한 제국을 보잘것없는 것으로 만드는 지배를 나쁜 통치라는 원인으로 요약한 다음, 실제로 그의 나라를 반란으로 이끌었다."[106]

롬브로조의 실증적 연구는 적어도 범죄에 대하여 단순히 자유의지가 있음에도 도덕적으로 타락한 자라고 재단(裁斷)해서는 안 된다는 것을 실증적 즉 과학적 연구를 통해서 보여주는 것이다. 분명히 유전적이고 생래적으로 범

---

106 Cesare Lombroso, L'uomo Delinquente, Torino-Tipografia Vincenzo Bona, 1897. p.288, 291. Abbiamo visto che il delitto politico è una specie di reato per passione che intanto è dannoso e punibile in quanto porta offesa al sentimento della conservazione, all'odio del novo, proprio della razza umana, specialmente nella religione e nella politica. E abbiam visto che qui i giovani pigliano una parte maggiore (V. vol. II) ed i popoli più intelligenti e più colti, ed abitanti dei paesi caldi…(p.291) Cattivi governi.–Un Governo, in cui il benessere pubblico sia negletto e gli onesti perseguitati, è causa di rivolte e di rivoluzioni. Le persecuzioni vi mutano le idee in sentimento (Machiavelli). Beniamino Franklin, alla vigilia della Rivoluzione americana, in un opuscolo intitolato: Regole per fare di un grande impero uno piccolo, così riassume le cause di mal governo che, infatti, trascinarono poi il suo paese alla rivolta:

죄적 행위로 나아가는 성향을 가진 사람들이 존재한다. 이러한 범죄적 경향은 후천적으로 성장하면서 형성될 수도 있고 원래 있던 윤리적 자질이 퇴화될 수도 있다. 또한 성질이 급한 사람은 격정적인 충동에 취약하며 그것을 자유의지의 문제로 평가하는 것은 타당하게 보이지 않는다. 그 외 환경이나 유혹에 약한 사람이 있다.

[1219] Enrico Ferri

롬브로조 문하의 페리(Enrico Ferri)는 스승의 범죄인류학을 넘어서 그의 저서의 제목처럼 『범죄사회학(Sociologia Criminale, 1884)』으로 나아갔다. 그는 우선 그 이전까지 자유의지를 전제로 하는 형법과 형벌의 이론은 실증적이고 과학적인 관점에서는 성립하지 않는다고 말한다. 그는 자유의지란 실증과학에 의하여 우리의 주관적 관점에 기초한 순전한 환상(pura illusione)이라는 사실이 판명되었다고 주장한다.

> "일반 감정, 전통 철학 그와 함께 고전 형법학이 형벌을 정당화하는 일반적인 추론은 그가 저지른 범죄에 대해 다음과 같이 요약된다. 사람에게는 자유의지와 윤리적 자유가 부여되어 있다. 그것은 선(善) 또는 악(惡)을 원할 수 있다. 그리므로 그가 악을 행히기로 선택한다면, 그것은 그에게 귀속되고 형벌을 받아야 한다.… 실증적 형법학파는 두 가지 주요 이유 때문에 이 법률가들의 일치된 추론을 받아들이지 않는다. 첫째, 실증적 생리-심리학에서 자유의지나 윤리적 자유에 대한 이러한 믿음을 완전히 타파되었기 때문에, 그것은 주관적인 심리적 관찰에 의한 순전한 환상으로 판명되었다…."[107]

---

107 Enrico Ferri, Sociologia Criminale, Quarta Edizione, Torino, 1900, §42. pp.467-468. 42. - Ⅱ

그는 진화론과 당시의 생물학과 생리학 등의 실증과학적 관점에서 볼 때, 인간은 단순한 원형질 세포에서 유기체 그리고 동물과 인간에 이르는 복잡성이 증가하는 진화일 뿐이며, 오직 인간의 단계에서만 자연의 보편적 인과법칙과 결정론을 초월하는 윤리적 자유의 차원이 열린다는 것은 전혀 근거가 없다고 한다. 실제로 모든 존재를 포괄하는 자연세계는 보편적인 법칙인 인과적 결정론이 지배하는데, 유독 인간만이 이를 파괴하고 초월하는 세계가 가능하다는 것은 우리 인간의 주관적인 환상이라는 것이다. 그러한 것을 믿는다는 것에 대해 페리는, 인간이 자기중심적인 '기적적 예외(eccezione miracolosa)'를 상정하는 것이라고 말한다. 우리는 동물의 차원에서도 윤리적 자유의지를 상정하지 않는다. 인간의 행동 역시 그 본질적 정체성에 있어서는 동물의 행동과 마찬가지인 반사행위에 불과하며, 그것은 다만 좀 더 복잡한 반사행위(attività riflessa)라는 것이다.

> "정확하게 말하면, 그것은 개인의 의지가 개입하지 않는 단순한 반사행위(反射行為)로부터, 가장 높고 가장 복잡한 임의적 행위에 도달하는데, 그것은 단지 인간의 의지에 의존하는 것처럼 보일 뿐, 실제는 그 정도에 있어서는 높지만 그 본질적 정체성(正体性)에 있어서는 동일한 반사행위의 표현일 뿐이다."[108]

---

ragionamento abituale, con cui il sentimento comune, la filosofia tradizionale e con essi la scienza criminale classica giustificano la punibilità dell'uomo, per i reati da lui commessi, si riduce a questo: - L'uomo è dotato di libero arbitrio, di libertà morale: può volere il bene od il male ; e quindi, se sceglie di fare il male, esso ne è imputabile e deve esserne punito··· La scuola criminale positiva non accetta codesto unanime sillogismo dei giuristi, per due principalissime ragioni. Primo, perchè la fisio-psicologia positiva ha completamente annientata questa credenza nel libero arbitrio o libertà morale, che si dimostra una pura illusione della osservazione psicologica soggettiva···.

108 ibid., §43. p.470. Per la quale appunto, dal semplice atto riflesso - in cui la volontà individuale non ha alcuna parte - si giunge all'atto deliberato più alto e complicato, che sembra dipendere unicamente dalla volontà umana, mentre non è che una manifestazione, superiore per grado ma

128 | 죄, 의미, 문명 I

지금부터 140년 전(1884) 28세의 청년 페리의 이러한 통찰은 오늘날에 있어서도 놀라운 것이다. 오늘날에 이르러 인간행위의 대부분은 반사행위로 설명될 수 있다는 결론에 이르고 있기 때문이다.

　우리는 오늘날에도 여전히 오직 인간만은 자연의 법칙을 초월하여 인과적 결정론의 세계를 벗어난 윤리적 자유의지의 차원에 있다는 것을 당연한 상식으로 받아들인다. 그러나 페리의 통찰과 인간의 일반적 상식 간에는 실로 건너기 어려운 강(江)이 가로놓여 있다. 우리는 페리가 무엇이라고 주장하든 간에, 우리가 인과적 결정론에 속박되어 행동하는 것이 아니라, 나의 의지에 따라 그리고 나의 결정에 의하여 행동하는 것으로 믿고 있다. 그리하여 페리의 주장이 아무리 논리적으로 선명(鮮明)하다고 하더라도 우리의 상식은 그를 믿지 않는다. 그러나 실제로 우리의 상식을 믿는다는 것은 페리의 말대로 우리가 자연적 우주에서 오직 우리만의 특별한 하나의 세계, 하나의 기적적인 세계를 믿고 있다는 것이 된다. 그것은 우주자연의 필연의 왕국과는 전혀 다른 자유의 왕국이다.

[1220]

　과연 인간만이 모든 자연적 존재를 초월하여 자유의 왕국을 창조한 것일까? 페리는 우리가 믿고 있는 자유의 왕국이 사실은 주관적 환상일 뿐이고 실제로는 좀 더 복잡한 반사행동에 불과하다고 한다. 동물은 반사적으로 행동한다. 파블로프(Ivan Petrovich Pavlov, 1849-1936)가 개의 조건반사(conditioned reflex) 실험과 이론을 내놓은 시기가 1902년이라는 것을 생각하면, 그보다 20년 이전인 1884년의 페리의 통찰은 더욱 빛나는 것이라고 할 수 있다. 오늘날

---

identica per natura, della stessa attività riflessa.

에는 동물의 행동에서 나아가, 인간의 행동에 대하여 이를 준비반사(prepared reflex)로 설명할 수 있다는 주장이 제시되고 있다.[109]

사자(獅子)가 사슴을 발견하고 이를 추적하여 포획하는 행동을 상정해 보자. 우리는 사자가 사슴을 포획하기로 의사결정하고, 사슴을 쫓아 달리기로 의사결정하고, 이 순간 앞발로 후려치기로 의사결정을 하고…. 이런 식으로 의사결정의 자유를 가졌다고 생각하지 않는다. 실제로 그것은 본능적인 행동이다. 그렇지만 사자는 어떤 경우에는 사슴을 발견하고도 사냥을 하지 않는 의사결정을 하기도 하고, 달리면서 좀 더 속도를 올리는 의사결정을 하기도 하고 방향을 바꾸기로 의사결정을 하기도 하고, 이 다음 순간에 뒷발로 후려치기로 의사결정을 하기도 한다. 그렇지만 사자가 의지의 자유를 가지고 있는 것은 아니다. 마찬가지로 우리는 아침에 일어나 양치질을 하고 세수를 하고 식사를 하고 출근을 하고 출근해서 그날그날의 일상적인 일을 처리하고 점심을 먹고… 이와 같이 일상적으로 루틴(routine)한 즉 일련의 프로그램화된 것 같은 행동을 되풀이한다. 이러한 일상적인 행위들이 사자의 행동과 본질적으로 다른 것일까? 사자의 행동은 본능적 행동이고 우리가 일상적으로 되풀이하는 행위는 의지의 자유에 기인한 행위인가? 준비반사(準備反射) 개념을 여기에 적용한다면, 그러한 행위들은 자유의지에 의한 의사결정으로 이루어지는 행위가 아니라 그 이전에 이미 설정되어 있는 행위에의 정향성(定向性)에 의하여 자동적으로 이루어지는 행위이다. 물론 그러한 준비반사의 배경에는 오래된 축적(蓄積)으로서 성격 내지 인격이 있다. 설사 그것이 감정이나 충동이 아닌 사고방식에 연유하는 것이라고 할지라도 그것을 형성하고 있는 심의성(審議性 deliberazione)[110] 역시 우리의 관점에서 말하면 준비

---

109 Bernhard Hommel, The Prepared Reflex: Automaticity and Control in Stimulus-Response Translation, Attention and Performance, Vol.18, 2000, p247ff.

110 Ferri의 이 저서에서 deliberazione을 심의성(審議性)으로 번역하였다. 영어의 deliberation, resolution,

반사를 구성한다.

　"모든 사람은 근본적으로 육체적-정신적 유전에 의해 우선적으로 결정되고 그리고 환경의 변화에 의해 결정되는 자신의 신체적 및 정신적 개성(기질 및 성격)을 가지고 있다: 그것은 정서적 삶에 의하여 영향받기도 하고, 다소간 인식적이지만 그러나 불변하고 일정하게, 개별행위의 결정자로 유지된다: 또한 그것은 환경에 반응하는 개성적 방식이고, 삶의 모든 환경에 직면하여 개개의 임의적 심의성(審議性)으로 작용한다. 인간은 개별적 행위에 있어 관념이나 견해의 명백한 영향에도 불구하고, 진실은 인간은 생각하는 대로가 아니라 느끼는 대로 작동한다는 것이다(l'uomo opera come sente e non come pensa)"[111]

　페리는 인간이 동물의 차원을 넘어 정신적 단계에 도달함으로써 환상을 가지게 된다고 한다. 우리의 상식은 인간은 동물의 차원을 넘어 정신적 단계에 도달함으로써 자유의지를 가지게 되었다고 상정하는데, 페리는 정반대로 자유의지의 환상을 가지게 되었다는 것이다. 우리가 소위 정신적 차원으로서 얻게 된 것은 자유의지가 아니라 환상이라고 한다.

---

　decision, intention에 해당하는 말이나 그 맥락적 의미는 신체적 정신적 유전에 의하여 규정되고 성장과정에서 영향받아 재구성되는 개인의 사유방식이 하나의 [熟考의 樣式]를 형성하고 있다는 관점으로 해석된다.

111 Ferri, Sociologia Criminale, *op.cit.*, §43. p.475. Ogni uomo ha una propria personalità fisica e psichica (temperamento e carattere), che è determinata fondamentalmente dalla eredità fisio-psichica e si svolge dappoi e si modifica nell'ambiente: ma, che attenendosi soprattutto alla vita affettiva, permane come determinante, più o meno avvertita ma inesorabile e costante, della condotta individuale ; cioè del modo personale di reagire all'ambiente, e quindi di ciascuna deliberazione volontaria di fronte ad ogni circostanza della vita. Ed è perciò che, malgrado l'apparente influenza delle idee od opinioni sull'attività individuale, la verità è, invece, che *l'uomo opera come sente e non come pensa.*

"이 과정이 정신적 단계에 도달하지 않으면, 그것은 자유의지에 대한 관념이 들어가지 않는 단순한 무의식 또는 비자발적 반사행동의 수준에 남아 있다. 반면에 그것이 정신적 표현단계에 이르러 의식적이거나 자발적인 행동이 되면, 내부의식에 있어서는 위에서 말한 환상 때문에, 순간적이지 않아 더 나은 느낌을 주는 심의성(審議性)의 특별한 경우에는, 정신적 단계에서의 임의적 자유의 느낌이 최대로 발현하게 된다."[112]

[1221]

자유의지의 문제는 결국 의식(意識)의 문제와 연관된다. 우리가 일상적으로 자유의지로 알고 있는 것은 사실은 의식하고 있다는 것에서 연유하기 때문이다. 우리의 일상적인 경험으로서 자동차의 운전은 의식과 자유의지의 연관을 이해하는 경험이 될 수 있다. 운전을 오래 한 사람은 운전하는 동안 자신이 의지적으로 그리고 의식적으로 운전하는지 자동적으로 무의식적으로 운전하는지 명확하게 구분되지 않는다는 것을 안다. 이 경우 우리가 특정한 상황에서 특정한 선택을 하여 말하자면 자유의지로 운전했다는 것은 그 상황이 특별하여 의식적(意識的)으로 운전을 하였다는 것과 같은 의미이다.

페리(Ferri)가 자유의지와 연관하여 자연스럽게 언급하게 되는 의식에 관하여 말하는 것은 그것들이 개개의 구체적 단위로서 개별적 의식만이 있을 뿐이며 의식 그 자체는 실재하지 않는다는 것을 말한다. 그는 이것을 색깔에 대한 우리의 인식과 비교한다. 빨간색은 모든 개별적이고 다양한 빨간색 사물

---

112 *ibid.*, §43, p.473. Se questo processo non raggiunge la fase psichica, rimane al grado di semplice atto riflesso inconscio o involontario, nel quale non entra idea di libero arbitrio: se raggiunge invece la manifestazione psichica e diviene atto cosciente o volontario, nella coscienza interna interviene, per l'illusione sopraddetta, il sentimento della libertà volitiva dm'ante la fase psichica, massime nei casi speciali di deliberazione non istantanea e quindi meglio avvertita.

들의 특성에 대한 주관적 종합(sintesi soggettiva)일 뿐이며, 빨간색 그 자체는 실재하지 않는다. 이러한 점에서 보면 빨간색이라는 추상(抽象)은 우리의 환상이기도 하다. 기억과 지능 그리고 의지도 마찬가지라는 것이다. 빨간색 인식의 문제와는 달리 의지에 이르면 이것은 중대한 차이가 된다. 즉 모든 개별적 단위에 있어서의 의식적 경험이 야기될 뿐, 임의적 명령(comandi volitivi)을 내리는 그러한 실재로서의 일반적인 의지는 없다는 것이 되기 때문이다. 우리가 알고 있는 자유의지란 모든 경험을 주관하면서 자신이 어떠한 행동을 해야 할지에 관하여 임의적 의지적 명령을 내리는 그러한 주체적 의지이다. 페리는 그러한 주체적 일반적 의지는 실재하지 않는다고 말한다.

> "기억과 지능은, 우리가 가졌던 모든 개개의 생각, 또는 우리 조상으로부터 전달된 경험이나 유전에 의한, 모든 개별 기억의 주관적이고 추상적인 요약에 지나지 않는다. 기억은 없고, 개개의 기억행위가 있을 뿐이며, 지능은 없고, 개개의 사고(思考) 기타 등등이 있을 뿐이다. 마찬가지로, 의지는 우리가 수행한 모든 개별 임의행위(singoli atti volitivi)의 종합적 추상 이외는 아무것도 아니며, 그 자체 실체로서, 때때로 임의적 명령을 내리는, 그러한 의지는 없다."[113]

140년 전의 이러한 통찰은 놀라운 것이다. 오늘날 페리의 통찰은 핵심적으로는 같은 내용으로 데넷(Daniel Clement Dennett III, 1942-현재)에 의하여 의식

---

113 *ibid.*, §43. p.478. ···così la memoria e l'intelligenza altro non sono che il soggettivo riassunto astratto e generale di tutti i singoli ricordi, di tutti i singoli pensieri che noi abbiamo avuto, o per esperienza nostra o per trasmissione ereditaria dei nostri antenati: e non esiste una memoria, ma singoli atti di memoria, come non esiste un'intelligenza, ma singoli pensieri e via dicendo. Allo stesso modo, la volontà altro non è che l' astrazione sintetica di tutti i singoli atti volitivi da noi compiuti e non esiste quindi una volontà, come ente per se stante, che emetta di tanto in tanto dei comandi volitivi.

에 관한 이론으로 제시되고 있다. 데넷도 우리의 의식에 관하여 주체적이고 일반적인 실체로서 의식이라는 것은 실재하지 않는 환상이라고 말한다. 우리는 마치 우리의 뇌 속에서 아주 작은 실체로서의 나(我)가 있고 그것이 지속적으로 모든 경험들을 총괄하고 명령을 내리는 것과 같은 가정을 상식으로 상정하고 있다. 그러한 관점에서 인식은 영화관의 화면을 보는 것과 같고 의식은 그 화면을 보는 관객의 영화감상과 같다. 데넷은 이러한 모형을 '데카르트의 극장(Cartesian Theater)' 모형이라고 부른다. 이렇게 보면 우리의 의식도 그리고 자유의지도 상황과 행동에 의하여 구성되는 것이지 반대로 의식과 의지가 상황과 행동을 야기하는 것이 아니다.

"앞에서 언급한 모든 인간 행동의 생리·심리적 과정에서 볼 수 있듯이 의지적 심의(deliberazione volitiva)는 운동의 원인이 아니며, 운동 자체의 의식 이외 아무것도 아닌바, 그것은 의지적 명령이 아니라 신체적, 생리·심리적 힘의 상호변환 과정에 의해서 이루어진다. 말하자면, 리봇이 말한 것처럼, '심의성의 심리·생리학적 작업은, 한편으로는 자의와 의식의 상태, 다른 한편으로는 일련의 움직임 또는 그 억제로 이어진다. 나는 상황을 알기를 원하지만, 그것이 상황을 구성하지는 않는다.'"[114]

"그 자체로서의 의지(volontà)는 없고 단 하나의 연속적인 자의(volizioni)가 있을 뿐이기 때문에, 모든 자의(自意)는, 그 과정이 끝나는 지점에서의 생리·

---

114 *ibid.*, §43. p.478. Non solo: ma come risulta da quel processo fisio-psicologico di ogni azione umana, che ho ricordato poc'anzi, la deliberazione volitiva non è, essa, la causa del movimento, e non è altro invece che la coscienza di questo stesso movimento, che si compie, non già per il comando volitivo, ma unicamente per quel processo di reciproca trasformazione delle forze fisiche e fisiopsicologiche. Vale a dire, col Ribot, che "il lavoro psicofisiologico della deliberazione mette capo da una parte, ad uno stato di coscienza, la volizione, e dall'altra ad un insieme di movimenti o di arresti di movimento. L'io voglio constata una situazione, ma non la costituisce".

심리적 과정의 의식(그리고 자발적 행동과 비자발적 행동의 차이는 이 의식의 존재
또는 부재에 있다)에 지나지 않는다는 점을 감안할 때, 그것으로 어떻게 도덕적
자유 또는 자유의지를 품을 수 없는지 쉽게 알 수 있다; 이것이 인간 의지의
분리할 수 없는 질(qualità)이기 때문에, 주체는 그 자체로 제거되었고, 그에 귀
속되는 질(質)조차도 사라지는 것이다."[115]

[1222]

페리는 실증주의적인 사회과학의 관점에 서면 자유의지의 문제는 통계학
에 의하여 완전히 배제된다고 주장한다. 한 사회에 있어서 범죄의 발생은 자
유의지와는 상관없이 사회환경의 상황에 관한 통계학에 의하여 일정하게 법
칙적으로 규정된다. 다수의 사람들의 행위가 종합되는 사회적 차원에 서면
범죄의 발생에 관한 인과적 관계도 규칙성을 가지게 되며, 개개인의 개성과
상관없이 사회적 인과적 요인에 의하여 결정된다. 이것이 범죄사회학이 성
립할 수 있는 근거이기도 하다. 그가 내린 범죄사회학적 결론의 하나는 범죄
란 그 사회와 문화의 제 인과적(諸因果的) 요소에 의하여 한정된 수(數)의 범죄
가 발생하며, 포화상태(飽和狀態)에 이른다는 것이었다. 그가 '범죄포화의 법
칙(legge di saturazione criminosa)'으로 부른 이 결론은 사회적 차원에서는 자유
의지론을 완전히 구축(驅逐)하는 것이라고 할 수 있다. 인간의 자유의지와는
상관없이, 그리고 자유의지에 근거하여 어떠한 처벌을 하는 것과 상관없이,

---

115 *ibid.*, §43, p.479. Ed allora dato che non esiste una volontà per se stante ma soltanto singole
e successive volizioni, e dato che ogni volizione altro non è che la coscienza del processo che
sta per finire (e la differenza appunto fra atto volontario ed atto involontario sta nella presenza o
mancanza di questa coscienza) è facile vedere come non si possa concepire libertà morale o
libero arbitrio ; poiché siccome questo sarebbe una qualità inseparabile della volontà umana, così
tolto il soggetto per se stante scompare anche la qualità, che ad esso era attribuita.

범죄의 발생은 사회적 인과적 요소에 의하여 일정한 범위 내에서 규정된다.

"우리가 고립된 개인에서 개인들의 집합으로서 대중으로 넘어가면, 통계(統計)는 우리에게 육체적·사회적 환경의 조건에 대한 임의적 인간 활동의 의존성에 대한 다른 웅변적 확증을 제공한다.… 결혼, 자살, 범죄, 이민 등과 같은 가장 도덕적으로 자유로울 것으로 여겨지는 인간행동의 영역에서 나타나는, 환경의 영향과 그에 따라 변이(変移)하는 현상 같은, 인구통계 범죄통계 등에 있어서의 뜻밖의 결과는 자유의지의 지지자들에게 도덕적 자유의 관념에 결정적인 타격을 주었다."[116]

"통계에 의해 밝혀진 인간행동의 규칙성과 필연성은 오직 대중에게만 유효하고, 항상 상대적인 자유를 유지하고 '새장 안의 새처럼' 한정된 개인에게는 유효하지 않다는 이유로, 많은 통계학자가 채택하는 수정적 결론으로 되돌아가는 것은 쓸모없는 일이다. 이 절충적 설명의 기반에는 '상대적으로 자유로운' 개인들의 합성으로부터 그 활동에 있어서 '절대적으로 결정되는' 대중으로 귀결되는 신기한 가능성이 항상적으로 있다!"[117]

---

116 *ibid.*, §43. p.480. E se dall'individuo isolato noi passiamo alle masse di individui, la statistica viene a darci altre e non meno eloquenti conferme di codesta dipendenza della attività volontaria umana dalle condizioni dell'ambiente fisico e sociale… Ma poi i risultati così inaspettati dai sostenitori del libero arbitrio, nella statistica demografica, criminale ecc., mostrandoci le azioni umane, che si credevano le più libere moralmente, come matrimonii, suicidi, delitti, emigrazioni ecc., soggette invece alle influenze dell'ambiente e varianti con esse, hanno portato il colpo di grazia a questa idea di una libertà morale.

117 *ibid.*, §43. pp.480-481. Ed è inutile che io ritorni qui sulla conclusione accomodativa, che molti statistici hanno adottato, per la quale la regolarità e la necessità delle azioni umane rivelate dalla statistica varrebbero solo per le masse, ma non per gl'individui, che conserverebbero sempre una libertà relativa e limitata "come l'uccello dentro la gabbia". In fondo a questa spiegazione eclettica sta sempre la peregrina possibilità che dalla somma di molti individui "relativamente liberi" risulti una massa "assolutamente determinata" nella sua attività!

"우리는 범죄 수준이, 매년 선천적 경향과 개인의 때때로 나타나는 충동과 결합된, 물리적 환경과 사회적 환경의 여러 조건에 의해, 마치 화학적 데이터와 유사하게, 내가 범죄포화(犯罪飽和)라고 부르는 법칙에 의하여 결정되는 것을 알게 된다. 하나의 주어진 양(量)의 물(水)에는, 주어진 온도에서, 하나의 원자가 더 많지도 적지도 않게, 특정 수량의 화학물질이 용해되는 것처럼, 하나의 주어진 사회에는, 주어진 개인과 물리적(fisiche) 조건에서, 하나라도 더 많지도 적지도 않게, 특정 수의 범죄가 저질러진다."[118]

자유의지 부정의 문제는 일종의 깨달음과 같다. 그런 점에서 젊은 페리의 통찰은 날카롭다. 특히 현재의 신경과학(neuroscience)이 시사하는 내용과 거의 일치한다는 점에서 더욱 놀라운 것이다. 그것은 너무나 우리의 상식적 생각에 배치되기 때문에 이 문제의 실상을 깨닫는다는 것은 대단히 어렵다. 그런데 자유의지가 부정된다면 그 논리적 사회적 귀결은 어떻게 되는가? 가장 심각한 문제는 자유의지를 부정하고도 인간에게 책임을 물을 수 있는가 하는 문제이다. 그런데 자유의지를 부정한다고 해서 인간이 동물과 같다는 결론이 내려지는 것은 아니다. 그렇다면 도대체 우리가 믿고 있는 자유의지는 무엇이고, 또 페리가 부정하는 그 자유의지는 무엇인가 하는 문제가 다시 제기된다. 이렇게 되면 도대체 우리가 자유의지의 이름 아래 도대체 무엇을 논의하고 있는가 하는 문제가 오히려 출발점이 된다. 그런데 자유의지에 대한 이 관문의식(觀問意識)이야말로 문제의 처음이자 끝이라는 것을 발견한다. 그

---

118 *ibid.*, §35. p.350. Onde si vede, che il livello della delinquenza è determinato, anno per anno, dalle diverse condizioni dell' ambiente fisico e sociale combinate colle tendenze congenite e cogli impulsi occasionali degli individui, secondo una legge, che, analogamente ai dati della chimica, io chiamai di saturazione criminosa. Come in un dato volume di acqua, ad una data temperatura, si scioglie una determinata quantità di sostanza chimica, non un atomo di più non uno di meno; così in un dato ambiente sociale, con date condizioni individuali e fisiche, si commette un determinato numero di reati, non uno di piii non uno di meno.

것은 당신과 나의 문제이기도 하고, 죄와 사회의 문제이기도 하며, 자연과 세계의 문제이기도 하다. 140년 전의 페리도 이 문제가 모든 사회과학과 법학의 논점들에 근원적으로 연결되어 있다는 점을 강조하고 있다.

> "모든 사회과학적 연구의 밑바닥에는 침묵으로 전달되는 이 문제가 항상 있기 때문에, 이 문제는 끊임없이 오해와 천박한 반대의 원천이 되어 왔으며, 형법 연구에 있어서는 그것이 인간심리학과 너무 밀접하게 연관되어 있어서 이 문제야말로 가장 심각한 것이다."[119]

[1223] 사회적 책임개념, 사회방위론, 성격적 책임개념(Prins)

이탈리아의 실증주의자들의 범죄에 관한 실증적 연구, 그리고 자유의지에 대한 비판적 연구는 독일 책임이론에 하나의 전환을 가져왔다고 할 수 있다. 이것은 고전학파와 구별되는 근대학파의 시작이라고 불리기도 한다. 책임론에서는 과거의 도의적 책임론에 대하여 근대의 사회적 책임론에로의 전환이라고 말해지기도 한다. 그러나 사회적 책임론이 반드시 일의적으로 합의된 의미가 있는 것은 아니다. 그렇지만 오히려 일본이나 한국에서는 거의 합의된 개념으로 사용된다. 사회적 책임론은 도의적 책임론과 비교되는바, 도의적 책임론은 "책임의 근거를 자유의사에 두고, 책임은 자유의사를 가진 자가 자유로운 의사에 의하여 적법한 행위를 할 수 있었음에도 위법한 행위를 하였으므로 행위자에게 윤리적 비난을 가하는 것"[120]이라고 한다. 이에 대하여

---

119 *ibid.*, §43. p.482. poiché in fondo ad ogni ricerca di scienza sociale sta sempre questo problema, che, passato in silenzio, è sorgente continua di equivoci e di obbiezioni inattendibili, massime nelle ricerche di diritto criminale, così intimamente connesse colla psicologia umana.
120 이재상, 『형법총론』, 박영사, 2010, p. 291.

사회적 책임론은 자유의지를 부인하고 인과적 결정론의 입장에 서는 것이라고 한다.

> "사회적 책임론은 인과적 결정론의 입장에서 도의적 책임론이 형사책임의 근거로 삼고 있는 자유의사는 하나의 주관적 환상에 불과하다고 비판하며 인간의 자유의사를 부정한다. 즉 범죄는 주연자의 소질과 환경에 의하여 결정되는 것이므로 주연자에게 도의적 비난을 가하는 것은 넌센스에 지나지 않는다고 한다. 사회적 책임론에 의하면 책임의 근거는 행위자의 반사회적(反社会的) 성격에 있으므로 사회생활을 하고 있는 책임무능력자에 대하여도 사회방위의 보안처분(保安処分)을 하여야 한다.… 책임의 근거가 행위자의 반사회적 성격에 있으므로 책임론은 반사회적 성격의 징표를 문제로 하며, 여기에 성격책임(性格責任)의 원리가 지배하게 된다. 사회적 책임론은 근대학파(신파)의 형법이론의 기초가 된 책임이론이며, 범죄론에서의 주관주의와 형법론에서의 목적형주의가 결합된 책임이론이다."[121]

사회적 책임론의 이러한 요약은 한국의 교과서 거의 전부에서 유사한 내용을 보인다.[122] 이러한 관점은 일본도 마찬가지이다.[123] 그러나 사실 사회적 책

---

121 *ibid.*, 위 도의적 책임론의 설명과 함께 모두 유기천의 형법교과서의 설명을 다수 수정하여 옮긴 것으로 보인다. 유기천, 『형법학(총론강의)』, 일조각, 1971. p.38.
122 신동운, 『형법총론』, 법문사, 2008. p.343-344. 배종대, 『형법총론』, 홍문사, 2008. p.420. 박상기, 『형법총론』, 박영사, 2009. p.218. 임웅, 『형법총론』, 법문사, 2010. p.276. 김성돈, 『형법총론』, 성균관대학교 출판부, 2010. p.338. 오영근, 『형법총론』, 박영사, 2010. p.276. 성낙현, 『형법총론』, 동방문화사, 2010. p.334. 김일수는 형법책임과 윤리책임, 행위책임과 행위자책임을 비교하고 있으며, 사회적 책임론에 대한 독립적 설명은 없다. 김일수, 『한국 형법II』, 박영사, 1997. p.20,24.
123 大谷實, 『刑法総論』, 成文堂, 2012, pp.306-307. 西田典之, 刑法総論, 弘文堂, 2019, pp.220-221. 高橋則夫, 『刑法総論』, 成文堂, 2018, p.343. 井田良, 『講義刑法学』, 有斐閣, 2018. pp.388-389. 浅田和茂, 『刑法総論』, 成文堂, 2019. pp.277-278. 사회적 책임론이 아니라, 행위책임, 성격책임, 인격책임을 논의하는 경우: 川端博, レクチャー『刑法総論』, 法学書院, 2005, pp.234-236. 三原憲三/津田重憲, 刑法総論講義, 成文堂, 2007, pp.149-150. 山口厚, 『刑法総論』, 有斐閣, 2017, p.198. 松宮

임론에 대한 이러한 요약은 과도한 도식화(図式化)로 보인다. 위 인용에 대한 하나의 비판은 이와같다. "도의적 사회적 책임론은 국내 교과서에만 설명된 이론이며 독일 문헌(文獻)에서는 찾을 수 없어 출처와 배경은 불명확하다."[124] 뒤에서 보는 바와 같이 사회적 요인을 중요시하는 책임개념들이 결코 자유의지론을 부정했다고 할 수 없으므로 이런 개념은 엄밀하다고 할 수 없다. 그리고 좀 더 엄밀하게 규정하려는 시도[125]도 있으나 우리의 관점에서는 이러한 도식적 정의도 가치가 있는 것으로 보인다. 우리는 사회적 책임론의 시좌(視座)에서 사회방위론, 성격책임개념, 인격책임개념 등을 논의하기로 한다.

벨기에의 프린스(Adolphe Prins, 1845-1919)는 사회방위(社会防衛)의 개념을 제시하고 이를 하나의 학설로서 정립한 최초의 학자로 인정되고 있다.[126] 그가 자유의지의 부정을 이론적 전제로 삼은 것은 아니었다. 그 대신에 자유의지를 전제로 하는 책임이론과 형사법 제도를 더 이상 고집할 필요가 없고, 더구나 도덕적 책임에 정확하게 비례하여 처벌을 한정하는 관점은 유지될 수 없다는 것이었다. 이러한 주장에는 당시 19세기 말의 심각한 범죄의 증가, 특히 누범(累犯)과 상습범(常習犯)의 증가에 대하여 당시 형사제도가 전혀 대처하지 못하고 있던 것에 대한 반성이 나타나고 있다. 당시 도덕적 책임개념에 입각한 관대한 양형, 특히 단기자유형의 증가가 범죄를 더욱 증가시키고 있었다. 그리고 특별예방적 치유행위로 실시되었던 독거제(獨居制)가 아무런 치료효과를 보여주지 못했다. 형사재판의 목적은 정당화될 수 있는 방법으

孝明, 『刑法総論講義』
124 한정환, 『형법총론 I』, 한국학술정보, 2010, p.406.
125 사회적 책임개념을 1)책임판단의 척도를 평균인으로 두고 2)규범을 통한 동기설정가능성을 기준으로 하여 규정하는 관점이 있다. 김성돈, 「책임개념의 기능화와 적극적 일반예방이론-독일에서의 논의를 대상으로-」, 성균관대학교 대학원, 박사학위논문, 1992, p.27.
126 그는 벨기에의 법학교수로 1889년에 『형사학과 실정법(Science pénale et droit positif)』 그리고 1910년 『사회방위와 형법의 변천(La Défense sociale et les transformations du droit pénal)』을 저술했다. 앞의 저술에서는 형사법에서 사회방위의 개념을 제시하고 있으며, 뒤의 저술은 사회방위론의 최초의 고전으로 평가되고 있다.

로 인간의 생명과 재산을 지켜주는 데 있으며, 이것이 당시 사회방위운동(社會防衛運動)의 일반적 관점이었다. 그것은 형사적 처벌에 있어서 도덕적 책임개념 대신에 범죄인의 위험성(危險性)을 기준으로 대치시킴으로써 달성될 수 있는 것이었다. 여기에 위험성이 있는 개인을 분류하는 접근이 채택되었는 바, 그것은 정신장애자와 누범 및 상습범의 분류가 그것이다. 이러한 관점은 행형제도(行刑制度)에 여러 가지 변화를 가져왔다. 자유형에 있어서는 단기자유형이 지양되고, 부정기형(不定期刑)이 도입되었으며 국가에 따라서는 종신유형제도(終身流刑制度)를 도입하는 예도 있었다. 그러나 이러한 사회방위운동은 사회운동으로서는 의미가 있었으나 형법이론 그리고 책임이론에 있어서 근본적인 전환을 제기하는 것은 아니었고 그것이 가능한 것도 아니었다. 이론에 있어서 근본적인 전환을 추구할 경우 자유주의적 책임이론 대신에 개인의 위험성(危險性)으로 그에 대체해야 하는데 그 완전한 대체는 불가능한 것이었다. 형사재판이 범죄인의 위험성을 올바로 파악하고 그에 대한 사회방위처분을 규정하고 그것을 정당화하는 것은, 그것이 이론적으로 순수성을 관철할 경우 근대 자유주의 사회체제 자체를 부정하는 것이기 때문이다. 어쨌든 프린스는 학문적으로 하나의 학파를 형성하지 못했다. 그렇지만 국제적인 사회운동으로서 사회방위운동은 오늘날까지 유지되고 있다.

[1224] Gramatica

프린스에서 끊어졌던 사회방위론의 이론적 작업은 20세기 중반에 등장한 그라마티카(Filippo Gramatica, 1901-1979)에 의하여 혁명적인 이론으로 다시 제기되었다.[127] 그는 기존의 형법체계를 완전히 부정하는바, 그리하여 그가 말

---

127 그라마티카(F. Gramatica)는 1945년을 전후하여 『주관적 형법(Droit pénal subjectif)』, 『형벌에 대한

하는 '사회방위법'에 의하여 형법을 대체하여야 한다고 주장한다. 형사책임을 반사회성의 개념으로 대체해야 한다는 것이다. 이것은 동시에 형벌제도의 폐지를 주장하는 것이며, 형벌은 사회방위처분으로 대체하는 것이다. 이러한 이론적 혁명은 범죄개념을 폐지하고 행위자의 반사회성이라는 근본개념으로 대체하는 것으로, 형벌이라는 여하한 관념도 배제한다. 이것은 다시 근원적으로 국가에 대하여 개인을 처벌하는 권리를 부정하며, 그 대신 개인을 사회화시키는 의무(義務)를 부과하고 있다. 사회방위의 재판은 범죄인의 재사회화(再社會化)라는 목적만을 가진다.

그라마티카의 '사회방위법'의 관점에서는, 범죄 대신에 반사회성을, 그리고 그 주관적 측면을 중심에 두었다. 사회방위법의 주관화(主觀化)는 문제 되는 개인의 반사회적 행위의 외적(外的) 징표를 통해 수행된다. 그라마티카는 형사책임 개념의 폐지를 주장하였는데 이것은 형법과 사회방위법을 통합하는 데 따른 귀결이기도 하다. 형벌을 대신하는 '사회방위처분'는 범죄사의 인격(personality)에 대한 파악에 근거한다. 사회방위의 측면에서 형사사법의 유일한 목적은 범죄자의 재사회화(resocialization)에 있으며, 이러한 관점은 어쨌든 기존의 전통적 형사사법과는 급진적으로 다르다.

> "사회방위는 규범의 '주관화'라는 제 원리를 채용하여, 실제의 제도를 주체의 개선 및 그 사회적 적응이라는 목적성에 부호화하려는 것, 바꿔 말하면 실제의 제도에 행위와 행위로 야기된 손해로 이어진 형사 '책임'이라는 기준을 버리고, 반사회성 관념, 즉 법률에 의해 금지된 일정 행위의 행위자의 주관적인 심리적인 평가라는 관념을 세우도록 하는 것이 그것이다. 이것은, 현실적

투쟁(La lutte contre la peine)』을 저술하였고, 1961년에『사회방위원리(Principi di difesa sociale)』에 자신의 이론을 종합하고 있다.

으로는, '범죄'의 폐지 및 거기에서 생기는 '형사책임' 폐지와 주관적으로 평가되어야 할 반사회성의 지표(indices d'antisocialité)의 출현을 가져온다."[128]

"사회는 어떤 능동 주체가 사회 전체 및 현행 법질서에 적합하지 않거나 대립되는 요소일 수 있다고 평가하는 한, 그 구성원의 안전을 보호하기 위해 사회 자신을 방위하지 않으면 안 된다. 요컨대, 사회는 이미 접한 것과 같은 그 생래적 기능을 행사함으로써, 즉 당해 주체를 미래를 향해 사회적으로 적응시킴으로써 사회 자신을 방위하지 않으면 안 된다. 개인적 자아와 사회적 자아 사이에 형성되는 관계가 본질적으로 공법적 성격을 갖는 이상 엄격하게 사법적 성격을 갖는 책임이라는 관념을 양자 사이에 삽입하는 것은 불가능하다."[129]

형법 자체를 아예 폐기하고 사회방위법으로 대체한다는 그라마티카의 관점은 실로 혁명적이라고 하지 않을 수 없다. 그렇다고 그 혁명성이 전혀 영

---

128 Filippo Gramadica, Principes de Défense Sociale, 1964. 森下忠 編訳, 社会防衛原理, 成文堂, 1980, p.35. すなわち, 「社会防衛」は, 規範の「主観化」という諸原理を採用し, 実在の制度を主体の改善およびその社会的適応という目的性に符号せしめようとすること, 換言すれば, 実在の制度に, 行為と行為によって惹き起こされる損害とに結びつけられた刑事責任」という基準を放棄させ, 反社会性の観念, つまり, 法律によって禁止された一定の行為の行為者の主観的な心理的な評価という観念を立てさせようとすることが, それである. このことは, 現実には, 「犯罪」の廃止ならびにそこから生じる「刑事責任」の廃止と, 主観的に評価されるべき反社会性の指標 (indices d'antisocialite)の出現とをもたらす.

129 ibid., p.40. 社会は, その能動主体のうちに反社会人を認め, かつ, 彼から社会自身を防衛するのである. すなわち, 社会は, 犯された行為とは無関係に, そして, 当該作為または不作為が置きうる特別な関係(例えば, 他の裁判所への当該事件の移送を必然的に伴う損害賠償行為など)とは無関係に, 反社会人から社会自身を防衛しなければならない. それゆえ, 社会は, ある能動主体が社会全体および現行の法秩序に適合せず, または対立する要素でありうると評価する限り, その構成員の安全を保護するために社会自身を防衛しなければならない. 要するに, 社会は, すでにふれたようなその生来的機能を行使することによって, すなわち, 当該主体を将来に向かって社会的適応させることによって, 社会自身を防衛しなければならない. 個人的自我と社会的自我との間に作り出される関係が本質的に公法的性格をもつ以上, 厳格に私法的性格をもつ責任というような観念を両者の間に挿入することは, 不可能である.

뚱한 형법을 주장하는 것은 아니다. 그렇지만 그의 이론이 악용될 경우 전혀 다른 형법이 된다. 그의 이론의 혁명적인 성격은 그라마티가의 주관적 의도와는 상관없이 왜곡(歪曲)되고 악용되었다. 인간의 반사회성과 주관주의적 관점은 히틀러 나치(Nazi)의 의사형법(意思刑法)으로 기울어지는 것이 아니냐는 혐의를 피할 수 없었다. 그라마티카 자신은 그 차이를 신중하게 지적하고 범죄의 고의에 대하여 국가가 취해야 할 행동은 사회복귀작업이며 반사회적 개인에게 어떠한 손실도 가해서는 안 된다고 주장하였다. 그러나 결국 그라마티카의 이론은 사회방위론자들의 모임인 국제사회방위협회(Société internationale de Défense Sociale)에서도 배척되었다. 이 협회에서는 1954년 밀라노에서 최소강령(la programme minimum)을 채택하면서 사회방위 · 형법 양립론(兩立論)이 지배적 지위를 점하게 되었다.

[1225] Ancel

앙셀(Marc Ancel, 1902-1990)에 의해 요약되고 있는 신사회방위론(新社会防衛論)은 그라마티카에 비교한다면 다분히 절충주의적이다. 그에 의하면 사회방위운동의 첫 번째가 되는 기본적인 입장은 '신고전파의 법률주의의 과잉에 대항하는 것으로 그 이론의 고유한 영역은 법운용의 기술에 있는 것이 아니라 형사정책(刑事政策)에 있다고 한다.[130] 이것이 바로 최소강령의 사회방위 · 형법 양립론의 배경이라고 할 수 있는바, 그것은 형법을 대체하는 데까지 나아가지 않는다. 이것은 적어도 책임개념의 차원에 있어서는 형법의 전통적인 견해와 크게 다르지 않다는 것을 의미한다. 오히려 책임에 대해서는

---

130 Marc Ancel, Translated by J.Wilson, Social Defence ; A Modern Approach To Criminal Problems, London, Routledge & Kegan Paul, 1981. p.125.

더 강조하여 신사회방위론은 일종의 '책임의 교육학'이라고 한다.

> "신사회방위론의 전통적인 체계와의 유일한 차이는 범죄가 그 자체만이 대상이 되고 행위자와는 분리되는 것이 아니라, 범죄인의 인격(personality)이 사회적 차원에 투사된 것으로 간주되는 점이다. 따라서 범죄는 형사법정에 출두하는 계기(occasion)일 뿐만 아니라, 그것이 드러나는 근거이기도 한데, 이는 사회적 맥락에 있어서 개인의 책임성의 구체적 표현이다. 이와 같은 관점에서 보면 책임성과 위험성 사이에는 이제 더 이상 좁힐 수 없는 대립은 존재하지 않음이 명백하다. 왜냐하면, 양자는 모두 인격의 표현이고 그 사회적 표현이기 때문이다. 신고전학파에서 행하는 가책성(culpability)과 위험성(危險性)의 구분은 인간적인 현실과 사회적인 현실에서 보면 형벌과 보안처분(safety measures)의 구분만큼이나 인위적이다."[131]

이렇게 보면 신사회방위론은 형법적 관점에서의 책임론에 더하여 범죄자의 사회적 위험성에 근거한 보안처분을 추가하게 되는 문제가 된다. 이것은 분명 근대 자유주의적 행위형법의 관점에서는 오히려 후퇴라고 할 수도 있다. 자유의지의 문제가 그대로 유지되면서, 거기에 사회방위의 요구가 추가되는 결과를 가져오며, 바로 절충주의의 취약점이라고 할 수도 있다.

---

131 *ibid.*, p.181. The only difference between this approach and the traditional view is that the offence is not envisaged in itself, but as the projection into the social sphere of the offender's personality. The crime is thus not only the occasion for the offender's appearance before the criminal court but the reason for that appearance: here is the practical social expression of the obligation to account for one's acts, an obligation which is itself the tangible expression in the social context of the idea of individual responsibility. (c) In this perspective it is clear that there is no longer any irreducible conflict between responsibility and dangerousness; for they are both expressions - social expressions - of personality. The context of social and human reality, the distinction made by the neo-classicists between culpability and dangerousness, is as artificial as the parallel distinction between punishment and safety measures.

"사회적 · 개인적 이중의 차원에서 파악된 책임성은 분명 형사재판관에게 새롭고 곤란한 과제들을 부과한다. 실제 사건에서 범죄자의 책임을 지적하고 해당 개인의 위험성의 정도를 고려한 구체적인 요인에 기초하여, 우리는 형사재판관에게 진정한 범죄학적인 예후(prognosis)을 요구할 것이다. 게밀리(Gemelli)는 정당하게 현대적 의미에서 형사재판관은 '이제 더 이상 상아탑에 갇힌 듯이 범죄를 이미 규정된 규범에 대한 침해로 보지 말고' '임상검사를 통해 심리학적 실재의 튼튼한 토대 위에서, 사건을 처리하라고 말한다.[132]

[1226] Tesař

자유의지론의 딜레마 때문에 급진적으로 출발했던 사회방위론의 사상도, 결국 전통적인 책임개념을 수용하는 수정주의로 돌아갔다. 가장 중요한 문제는 자유의지를 부정한다면 형법 자체를 유지할 수 있는가 하는 문제이다. 사회방위론자들은 형법과 사회방위법에 있어서 대체론(代替論)과 양립론(兩立論)의 대립이 있었고, 결국 양립론으로 귀결되었다. 형법을 부정한 대체론자였던 그라마티카는 나치의 의사형법(意思刑法) 혐의를 받는 위험에 직면해야 했다. 반대로 양립론자라고 하여 자유의지의 부정에서 형법을 구제한 것은 결코 아니었다. 다른 한편 전통적인 형법이론가들 역시 자유의지의 딜레마에서 형법을 지키는 것이 가장 중대한 문제였다. 오늘에 이르기까지 모든

---

132 *ibid.*, p.182. (e) Thus considered from a twofold standpoint, individual and social, the concept of responsibility undoubtedly lays an additional burden on the court. On the basis of the concrete elements pointing to the offender's responsibility in the actual case, and having regard to the degree of dangerousness of the individual in question, the judge will have to produce a veritable criminal prognosis.Gemelli has said that in the modern view the criminal judge 'is no longer imprisoned in the ivory tower of the offence envisaged simply as the infringement of a predetermined legal rule' and that he handles the case 'on the firm foundation of psychological realities provided as the result of a clinical examination'.

형법학자들은 어떠한 형태로든 자유의지의 부정이나 불가지론(不可知論)으로부터 형법과 책임을 정당화하는 나름의 이론을 개발해 왔다. 그러나 실제 이들의 마음을 뒷받침해 온 것은 그들이 개발해 온 이론의 타당성이라기보다는 그들은 물론 일반적으로 당연한 것으로 여기는 자유의지의 환상(幻想)이었다. 형법학자나 철학자만이 아니라 모든 사람이 인간에게는 자유의지가 있다고 사실상 받아들이고 있다. 그렇게 모든 사람에게 상식적으로 받아들여지는 것을 환상이라고 깨우치려고 애쓸 필요 없이, 적절한 이론으로 자유의지의 부정론에 적당한 비판을 하고 책임개념을 상정하면 되었다. 이러한 성격은 현대적 독일체계의 성립에서부터 시작된 것이었다.

자유의지를 부정하게 되면 책임론에서 가장 타격을 받게 되는 것이 타행위가능성(他行爲可能性)을 인정할 수 없게 된다는 것이다. 갑(甲)이 살인을 하였을 때, 그 행위의 시점에 갑이 다른 적법한 행위를 선택할 수 있었을 때에만 우리는 갑에게 책임을 물을 수 있다. 그런데 자유의지가 부정된다면 그 행위의 순간에 타행위(他行爲)를 선택할 수 있었다고 말할 수 없으며, 따라서 그에게 책임을 물을 수 없다. 책임론은 이 간단하고 단순한 비판을 논파해야 한다. 이에 대한 가장 기본적인 대안으로 제시된 것이 성격론적 책임이론(Die charakterologischen Schuldlehren)이다. 개개의 범죄행위가 아니라 성격(性格)을 책임이론의 전제로 규정한다. 이제까지 책임론은 책임이 개개의 범행(행위)의 한 요소(要素)라는 것이었는데, 성격은 이와는 다른 관점으로 이행한다. 즉, 시간적으로는 주연자의 그 이전까지의 장기적인 축적(蓄積)으로, 대상으로서는 행위가 아니라 그 주체인 주연자(行爲者)로 이행한다. 성격의 관념은 비인(非認) 내지 비난(非難)의 대상이 될 수도 있고, 동시에 사회적 위험성의 잠재태(潛在態)로 생각될 수도 있다. 이런 점에서 성격은 전통적 책임개념과 사회방위의 관점을 매개할 수 있다.

이러한 관점을 먼저 제시한 학자로는 테자르(Ottokar Tesař)를 들 수 있다.

그는 범죄에 대해 그것이 야기한 피해가 아니라 사회적 위험성을 가진 범죄자의 그 위험성이 폭로되는 징표(Symptom)로 평가해야 한다고 주장한다.

> "범죄행위에 있어서 두 가지 평가가능성이 강조되어야 한다. 하나는 외부세계에 야기된 피해의 크기에 따라 유해한 행태를 판단하는 것인데, 그것은 범죄를 그 현실적 의미에 따라 평가한다. 두 번째 가능성은, 범죄적 사상(事象)은 그것이 야기(惹起)한 것이 아니라, 범죄자가 그것을 통하여 드러내는 것에 의하여 평가되어야 한다. 즉 소행(所行)은 그 징표적(徵標的) 의미에 의하여 평가되어야 한다. 간결성을 위해 형법에서 이러한 견해를 지지하는 사람들은 징표주의자(Symptomatiker)로 불릴 것이다."[133]

[1227] v. Liszt

테자르가 말한 징표주의자에는 현대적 독일체계를 최초로 구축한 리스트(v. Liszt)도 포함된다. 리스트는 외부적으로는 이태리학파를 거론하지는 않았지만, 자유의지와 행위를 전제로 하여 책임개념을 규정할 수 없다는 것을 알고 있었다. 그는 범죄징표설을 받아들여 범죄를 그 위험성을 징표하는 것으로 하여 책임개념을 규정하고 처벌한다는 것이었다. 리스트가 주장하는 바는 위험성이 있다는 것만으로 처벌해서는 안 되고 범죄로 인하여 그 위험성이

---

133 Ottokar Tesař, Die symptomatische Bedeutung des verbrecherischen Verhaltens: Ein Beitrag zur Wertungslehre im Strafrecht, Walter de Gruyter GmbH & Co KG, Reprint 2019, p.3. Zwei Wertungsmöglichkeiten des deliktischen Handelns sind hier hervorzuheben. Die eine beurteilt das schädliche Verhalten nach Maßgabe des in der Außenwelt verursachten Schadens, sie bewertet die Delikte nach ihrer realen Bedeutung. Die zweite Möglichkeit ist die, das deliktische Geschehen nicht nach dem abzuschätzen, was es verursacht hat, sondern danach, was es uns in dem Verbrecher enthüllt; die Tat wird nach ihrer symptomatischen Bedeutung gewertet. Der Kürze halber sollen im folgenden die Anhänger dieses Wertungsstandpunktes im Strafrecht als Symptomatiker bezeichnet werden,.

징표될 때에 한정하여 처벌해야 한다는 것이었다. 그런 점에서는 형법이 사회적 위험성에 근거한 처벌로부터 범죄자를 보호하는 셈이 된다. 이것이 리스트가 형법이 범죄자의 마그나카르타(magna Charta)라고 한 의미였다. "형법은 범죄자의 마그나카르타이다. 범죄의 징표적(徵標的) 의미에도 불구하고 구성요건 해당행위라는 전제조건을 유지하고 개인적 부책으로 사회적 위험이 초래되는 것을 방지한다".[134] 그리하여 "주연자의 자질에 관한 부책적 행위의 징표적(symptomatisch) 의미가 책임개념의 실질적 내용"[135]이라고 하였다.

자유의지가 없다면 책임을 물을 수 없다는 논점은 회피되었다. 그 대신에 사회방위의 관점에서 사회적 위험성을 모조리 처벌할 것이 아니라, 구체적 범죄에 의하여 징표되는 자만을 처벌해야 한다고 주장한다. 이것은 과격한 사회방위의 관점에 대항해서는 범죄자의 마그나카르타이지만, 자유주의적 책임개념에서는 당연한 것이었다. 리스트의 책임에 관한 다른 논거는 인간의 행위가 관념(idea)에 의하여 규정된다는 것이다. 그는 책임의 개념이 자유의지의 가설과는 무관(無關)하다고 주장한다. 오히려 결정론(決定論)이야말로 인간의 지속적인 심리적 인격의 매개를 통하여 표현된 범죄와 주연자의 책임을 정당화한다고 한다.

사실 리스트가 책임 그리고 자유의지에 관하여 어떠한 입장에 있는지는 명확하지 않다. 그는 자유의지의 가설과는 완전히 독립되어 있다고 하면서 자유의지에서 책임개념의 근거를 구하지 않았다. 그렇다고 그가 순수하게 사회방위의 관점에 서 있는 것도 아니다. 다른 한편 그가 주장한 것으로 받아들

---

134 v. Liszt, Lehrbuch des Deutschen Strafrechts, 25. Aufl., *op.cit.*, p.18(§4). (각주2) 2 Insofern erscheint das Strafgesetz als die magna Charta des Verbrechers. Es verhindert, indem es trotz der symptomatischen Bedeutung des Verbrechens an der Voraussetzung einer tatbestandsmäßigen Handlung festhält, daß an Stelle der individuellen Verschuldung die soziale Gefahr gesetzt wird.

135 *ibid.*, p.152(§36). "Der Schluß aus der symptomatischen Bedeutung der schuldhaften Handlung auf die Eigenart des Täters ergibt den materiellen Inhalt des Schuldbegriffs;

여지는 심리적 책임개념의 배경 프레임이 명확하게 설명되고 있는 것도 아니다. 그렇다고 그가 성격론적 책임개념을 배경으로 하고 있는 것도 아니다. 다르게 말하면 그의 심리적 책임개념은 이러한 여러 가지 관점을 자신으로서는 종합된다고 상정하여 말하고 있다고 해야 할 것이다. 어쨌든 그의 책임개념은 징표주의를 매개로 하여 성격론적 책임개념과도 연계되어 있다.

성격론적 책임이론도 여러 가지 관점이 가능하다. 우선 앞에서 본 것처럼 성격에 기초한 위험성이 사회방위이론의 전제가 될 수 있다. 이것은 개인을 사회방위의 대상으로 규정하는 방식이다. 성격책임론의 가장 단순한 생각은, 사람은 자신의 성격에 대하여 책임을 져야 한다는 것이다. 다만 이 경우 자신의 성격에 대하여 부담하는 '책임'의 관념이 여러 가지로 규정될 수 있다. 이 '책임'이 '비난'의 관념이라면 사람은 자기의 나쁜 성격에 대해서는 '비난' 받아야 한다는 것이 된다. 또 이 '책임'이 사회방위처분이나 형벌을 받아야 하는 '지위'라는 의미가 될 수도 있다. 이 경우 책임은 사회에 대한 자기 '성격의 보증의무(Einstehenmüssen)'가 된다. 즉 사람은 자기의 성격이 사회에 피해가 가지 않도록 보증할 의무가 있으므로 사회가 부과하는 형벌이나 방위처분을 수인(受忍)해야 한다는 의미가 된다. 또는 성격 '책임'에 대하여 과거에 자신의 성격을 사회에 적합하게 형성할 수 있는 가능성이 있었으므로 그러한 가능성을 제대로 활용하지 않았다는 점에 대하여 책임을 져야 한다. 이것은 현재 행위에 대한 타행위가능성과 비교하여 '다른 성격의 형성가능성'을 근거로 하여 자유의지를 시간적으로 연장한 것으로 볼 수도 있다. 반대로 성격을 현재의 타행위가능성의 근거로 삼을 수도 있다. 비록 지금 현재의 시점에서는 타행위가능성이 없지만, 그가 과거에 다른 성격을 형성했다면 지금 다른 행위가 가능하였다. 그러므로 그는 현재의 행위에 대하여 그의 성격을 근거로 책임을 져야 한다.

다른 한편 성격책임론은 자유의지의 부정이라는 관점에서 도출되는 것만은 아니다. 사실 자유의지를 전제하는 것으로는 해결할 수 없는 논점이 있었다. 그 논점은 의외로 광범위하여 넓게는 행위자형법에 관련된 문제들이 모두 여기에 거론될 수 있다. 우선 누범·상습범의 문제이다. 누범·상습범은 일반적으로 자유의지를 전제로 한다고 해도, 행위의 시점에서는 이미 습관화되어 있다고 할 수도 있어 다른 행위를 선택할 가능성이 대단히 작으며 그런 면에서 자유도(自由度)가 떨어진다고 할 수 있다. 그렇다면 누범·상습범에 대해서는 자유의지가 없어(또는 작아) 책임이 작다고 해야 한다. 그런데 입법의 일반적인 현상은 누범·상습범에 대하여 형을 가중하여 처벌한다. 이것은 자유의지를 전제로 한 책임개념으로 설명할 수 없다. 이러한 문제는 인식 없는 과실에 있어서도 발생한다. 어떤 과실범에 대하여 아예 인식이 없었다는 점 자체가 과실이 될 때에 행위 시점에서의 자유의지를 논의할 수 없다. 결과와 관련하여 아무것도 인식하지 못한 상태에서 자유의지는 무의미하고 따라서 책임을 논의할 수 없게 된다.

이것은 책임개념이 순전하게 인간의 자유의지의 관점에서 규정할 수 없다는 것을 말하는 것인지도 모른다. 1920년 당시 누범·상습범이 중요한 문제로 대두되었고, 그에 따라 사회적 위험성의 문제로 중요한 논점이 되었다. 1922년 오스트리아 형법 초안은 "형벌은 행위자의 책임과 위험성에 의하여 양정(量定)되어야 한다."[136]라고 규정하고 있었다. 이것은 책임과 위험성을 동렬에 놓고 있다는 것을 의미한다.

---

136 v. Liszt, Strafbemessung: Im Vorentwurf zu einem Deutschen Strafgesetzbuch, de Gruyter; Aus: Die Reform Des Reichsstrafgesetzbuchs. Reprint 2019ed. p.12 (§ 43) Die Strafe ist nach dem Verschulden und der Gefährlichkeit des Täters zu bemessen. Dabei sind die Beschaffenheit der Tat, sowie die persönlichen und wirtschaftlichen Verhältnisse des Täters zu berücksichtigen.

[1228] Edmund Mezger

메츠거(Edmund Mezger, 1883-1962)는 1923년 「위험한 상습행위자의 취급」[137] 이라는 제목의 논문을 제시함으로써 성격론적 책임개념의 가장 중요한 인물이 되었다. 그는 책임과 위험성을 동렬에 놓는 이원적 입장을 취했다고 할 수있다. 책임(責任)은 과거에 존재했던 주연자의 그 자신의 행위에 대한 구체적심리학적 관계를, 그 당시 존재했던 성격론적 여러 사정, 그리고 아마도 외부적 여러 사정에도 관련시켜 회고(回顧)한다. 이에 반해 위험성(危險性)은 주연자의 장래의 행동에 관해 성격론적으로 근거가 있는 예후(豫後, Prognose)를고려한다. 여기서 성격론적 요소는 책임판단에도 위험성판단에도 중요한 역할을 하게 된다. 그것은 한편으로는 행위에 대한 비난의 확정에 도움이 되며, 다른 한편으로 장래의 범죄에 대한 개연성(蓋然性) 판단에도 도움이 된다. 전자는 정서적 규범적 기능을 가지며 후자는 인식론적 기술적 기능을 가지고있다.[138] 그리고 형벌은 분리된 개별적 행위에 대하여 부과되는 것이 아니라주연자의 본질과 관계된다. 그리하여 형사책임은 개별적인 행위책임에 그치는 것이 아니라 전체적인 인격책임이다.[139] 메츠거는 책임과 위험성의 이원론을 성격론에 의하여 매개하고 있다. 이렇게 보면 성격이야말로 형벌의 결정에 있어서 책임과 위험성 모두를 규정하는 규정적인 요소가 된다.

메츠거는 주연자의 인격을 범죄와의 관계에서 두 가지 측면으로 제시하고 있다. 하나는 행위가 그것을 야기한 자의 인격에 상당한(adäquat) 것이어야 한다. 이것은 문제되는 범죄행위가 그의 인격에서 연원(緣源)한다는 것이

---

137 Edmund Mezger, Die Behandlung der gefährlichen Gewohnheitsverbrecher, MfKuS. 14 (1923), pp.135ff
138 *ibid.*, p.170.
139 Mezger, Die Straftat als Ganzes, ZStW, 57, p.688.

다. 그는 이것을 행위의 인격상당성(Persönlichkeitsadäquanz der Tat)이라고 불렀다. 특정의 구체적인 범죄행위의 모든 것이 주연자의 인격으로 환원될 수 있는 것은 아니다. 이것은 주연자의 인격이 아닌 부수사정이나 피해자 등 다른 요소에 의하여 연원될 수 있다는 점에서 의미가 있다. 행위가 주연자의 반사회적 인격의 상당한 표현일 때에는 형이 가중되어야 하고 주연자 외부에 존재하는 사정에 의해서 야기된 때에는 형은 감경되어야 한다. 다른 한편 범죄자의 인격 그 자체가 사회적 표준과 연관하여 적정한 것이어야 한다. 이것은 행위를 한 범죄자 인격의 사회적 통상성(通常性) 내지 정상성(定常性)에 관한 것이라고 할 수 있다. 그는 이것을 주연자 인격의 사회적 상당성(soziale Adäquanz der Persönlichkeit des Täters)[140]이라고 불렀다. 만일 어떤 범죄에 있어서 그 범죄자의 인격이 사회적으로 비정상적이었다면 그에 대한 비난은 경감되어야 한다.

　"사회적인 책임 정도에 대해서는 첫째, 행위(Tat)의 인격상당성(人格相当性)이라는 한쪽 관점만 결정할 수 있다. 책임의 문제는 특정 소여(所与)의 인격에 관련하여 제기될 수 있으나, 인격 자체의 성질은 행위 책임의 표준으로 흐려질 수 없다. 행위가 이러한 인격에 상응해 있으면 있을수록 그만큼 책임은 무거워지고, 사정이 그렇지 않을수록 그만큼 책임은 가벼워진다. 주연자 자신의 사회적 상당성(社会的相当性)이라는 제2의 관점은 이러한 범위 내에 있어서만 책임의 특질에 대하여 의의가 있을 수 있다. 물론 이 경우에 있어서도, 독립하여 귀책의 분기점까지 이루는 것이긴 하지만, 다음과 같이 말할 수 있다. 얻어진 두 가지 책임결정 사유는 형의 양정의 경우에는 평판(平板)에 하나

---

140 *ibid.*, p.275.

의 면에 존재하고 있는 것이 아니라, 그것은 다른 평면에 존재하고 있다."[141]

메츠거가 이처럼 책임(및 위험성)을 행위의 인격상당성과 주연자 인격의 사회적 상당성이라는 개념을 성격을 매개하여 규정하는 것은 기존의 책임이론과는 상당히 다른 귀결에 이르게 한다. 우선 책임은 심리적 책임개념과는 달리 행위의 한 요소가 아니며 행위의 범위를 벗어나게 된다. 그는 책임비난의 대상을 책임사태(Schuldsachverhalt)라고 규정하였으며, 책임은 이러한 책임사태에 대한 가치판단이라고 하였다. 즉 책임은 고정된 심리학적 사태가 아니라 규범적으로 평가되는 사태이다.[142] 이것은 다른 관점에서는 행위책임이 아니라 행위자책임이기도 하다. 이러한 책임사태(責任事態)에는 메츠거가 말하는 성격론적 책임의 내용을 이루는 생활영위책임(Lebensführungsschuld)으로 주연자의 이제까지의 생활영위(生活營爲)가 포함된다. 추상적으로는 생활영위의 개념이지만 이는 행위책임에 비교되는 것으로 구체적으로는 두 가지 내용을 가지고 나타난다. 하나는 롬보로조 이래(以來)의 범죄자 유형론에 연관하여 생각할 수 있는 것으로 범죄자를 생물학적 유형, 심리학적 유형, 행위유형, 성격유형이나 정신분석적 유형 등과 같이 여러 가지 유형(類型)으로 분류하여 책임 내지 위험성과 연관시키는 것이다. 다른 하나는 독일 형법 제46조 2항과 제54조 1항이 열거하는 여러 가지 사유들은 행상책임(行狀責任)을 반영한다. 동법 제46조 2항은 '범행을 통하여 표출된 성향과 범행의지' '주연자의 전력, 개인적 · 경제적 사정, 범행 후의 태도' 등의 사유를 열거하고 있으며, 제54조 1항은 '주연자의 인격과 개별 범죄행위는 종합적으로 평가된다.'

---

141 Mezger, Zurechnungsfähigkeit, in: Frank Festgabe Bd.1, p.536.
142 Mezger, Ein Lehrbuch, München, Leipzig, 1931, p.1931. pp.248-250, ···nicht ein feststehender psychologischer Sachverhalt, sondern ein normativ-bewerter Sachverhalt ist.

라고 규정하고 있다.[143]

[1229]

메츠거는 책임론에 관해 자유의지의 문제에서 출발한 것이 아니라, 규범적 책임론의 발전이라는 관점에서 출발했다. 그런 점에서 메츠거는 자유의지의 문제에 심각한 비중을 둔 것은 아니었다. 메츠거는 이 문제에 관하여 확실히 자유의지의 존재는 증명될 수 없다는 것을 받아들이고 있지만, 그렇다고 그 점을 자신의 성격책임론의 전제나 바탕으로 삼은 것은 아니었다.

> "물론 '자유'의 현존은 정확하게 증명될 수 없다. 나아가 자유의지의 존재론적 필연성은 확립되지 않았으며, 다만 존재론적 가능성으로 남아 있다.… 그리고 자유의식의 주장에 관한 한 주지의 귀속무능력자(歸属無能力者)야말로 자신의 '자유로운' 의지를 열정적으로 주장하는 반면, 명백한 귀속능력자가 그들이 행동할 때 '그들은 다르게 행동할 수 없었다.'라고 열정적으로 주장하는 것으로 알려져 있다."[144]

---

143 StGB § 46 Grundsätze der Strafzumessung (2) Bei der Zumessung wägt das Gericht die Umstände, die für und gegen den Tätersprechen, gegeneinander ab. Dabei kommen namentlich in Betracht:die Beweggründe und die Ziele des Täters,die Gesinnung, die aus der Tat spricht, und der bei der Tat aufgewendete Wille,das Maβ der Pflichtwidrigkeit,die Art der Ausführung und die verschuldeten Auswirkungen der Tat,das Vorleben des Täters, seine persönlichen und wirtschaftlichen Verhältnisse sowiesein Verhalten nach der Tat, besonders sein Bemühen, den Schaden wiedergutzumachen, sowie das Bemühen des Täters, einen Ausgleich mit dem Verletzten zu erreichen. § 54 Bildung der Gesamtstrafe (1) …Dabei werden die Person des Täters und die einzelnen Straftaten zusammenfassend gewürdigt.

144 Mezger, Probleme der strafrechtlichen Zurechnungsfähigkeit, Verlag der Bayerischen Akademie der Wissenschaften München, 1949, p.43. Freilich: exakt beweisen läβt sich das Vorhandensein dieser "Freiheit" nicht. Es bleibt vielmehr "bei der ontologischen Möglichkeit der Willensfreiheit, ohne daβ ihre ontologische Notwendigkeit feststünde."(Nicolai Hartmann)… Und was das Argument des Freiheitsbewuβtseins anlangt, so ist bekannt, daβ sehr häufig notorisch Unzurechnungsfähige

메츠거의 이런 주장은 자유의지가 환상이라고 하는 경우에 그 환상을 범죄자들이 어떻게 느끼는가에 대한 하나의 좋은 자료이다. 그러나 물론 메츠거가 이러한 관점에서 논의하는 것은 아니다. 그는 자유의지와 그의 성격론적 책임의 연관에 대해 간단하게 언급하고 있을 뿐이다. "확실히, 정상인으로서 (왜냐하면 그는 형법 §51 사유에 해당하지 않으므로) 그는 법이 상정하는 바에 따라 그의 이전 삶을 다른 방식으로 조직할 수 있었고, 그랬다면 현재 그를 강요하는 성향을 피할 수 있었다."[145]

그러나 성격책임, 생활영위책임, 인격책임을 포함하여 성격론적 책임론은 치명적인 결함이 있다. 우선 자유의지를 부정한다면 인격(성격)의 형성에 있어서도 다른 가능성이 있었다는 것, 즉 다른 성격을 형성할 수 있었다는 것은 부정되지 않을 수 없다. 반대로 성격(인격)을 형성하는 데 있어서 자유롭기 때문에 책임을 져야 한다면 행위 시(行爲時)에도 자유롭다고 할 수 있기 때문에 군이 성격에까지 거슬러 올라갈 필요가 없다. 막연하게 행위 시에는 타행위가능성이 없지만 과거의 오랜 시간에 있어서 성격(인격)의 형성에 있어서는 다른 가능성(결국, 자유의지)이 있었다는 주장은 타당하다고 할 수 없다. 결국 성격(인격)의 자유로운 형성가능성에 관한 "이 가정은 행위 시의 타행위가능성과 똑같이 증명할 수 없는 것"[146]이다.

또 하나의 치명적인 결함은 정신병자와 정상인을 책임에 있어서 구별할 수 없다는 결론에 이른다. 정상인의 범죄를 그 성격(인격)을 근거로 처벌한다면

---

leidenschaftlich ihr "freies" Wollen behaupten, während offensichtlich Zurechnungsfähige ebenso leidenschaftlich behaupten, "sie hätten nicht anders handeln können", als sie ihre Taten begingen.

145 Mezger, Moderne Wege der Strafrechtsdogmatik, Duncker & Humblot / Berlin-München, 1949, p.35. Gewiß "konnte" er als normaler Mensch (denn wo er dies nicht ist, greift aus diesem Grunde §51 StGB ein) nach dem, was das Gesetz voraussetzt, sein früheres Leben anders einrichten und damit jenem, ihn jetzt zwingenden Hang entgehen.

146 Roxin, ATI, §19Rn.29. "… Aber solche Annahmen sind ebenso wenig zu beweisen wie das Andershandelnkönnen im Tatzeitpunkt und …".

정신병자의 범죄도 그 성격(인격)의 발현으로 처벌하지 않을 수 없다. 정상인의 성격과 정신병자의 성격을 구별할 수 있는 근거가 없다. 인간에게는 두 개의 성격(인격)이 있다고 가정하는 것은 성격론적 책임이론의 파탄(破綻)을 자백하는 것밖에 되지 않는다. "왜 정신병자나 그 밖의 귀속무능력자도 단지 자기의 성격상태(Wesensbeschaffenheit)에 따라서 행동하고 있음에도 불구하고 책임 없이 행위한 것이 되는지 이해할 수 없다."[147]

한편 성격론적 책임이론의 가장 일반적인 반론은 그것이 행위형법(行爲刑法)을 벗어난다는 것이다. 행상책임(생활영위책임)이나 생활결정책임은 결국 처벌을 구성요건적 행위보다 훨씬 이전단계로 거슬러 올라가는 것이다. 이는 잘못이다. 유책행상(有責行狀)은 구성요건이 아니다. 그리고 구성요건 실현만이 가벌적이다. 성격(인격)을 책임과 처벌의 기준으로 한다는 것은 결국 행위책임을 벗어나 행위자책임으로 이행하는 것이다. 가령 상습범에게 상습을 이유로 처벌을 가중하는 것은 행위 이외의 사정, 성격이나 성향을 처벌하는 것으로 행위책임을 넘어서는 것이며 본인이 어쩔 수 없는 것에 대해서 형벌을 가하는 것이다. 이것은 사회의 정당방위로서 보안처분은 가능할 수 있으나 형벌은 책임원칙을 침해하는 것이다. "어쨌든, 우리는 그 소행에 있어서 우리의 운명(運命)에 대해 마주 서야 한다. 그러나 이것으로부터 형법상의 제 귀결을 끌어내는 것은 부책성의 원칙(Prinzip der Schuldhaftung)에 분명히 저촉된다."[148]

---

147 Roxin, ATI, §19Rn.31. ···indem sie nicht mehr plausibel machen kann, warum der Geisteskranke oder sonst Zurechnungsunfähige nicht schuldhaft handelt, da auch er nur gemäß seiner gegebenen Wesensbeschaffenheit tätig wird.

148 Arthur Kaufmann, Das Schuldprinzip, op.cit., p.193. So ist insbesondere darauf hinzuweisen, daß dann, wenn man die strafrechtliche Schuld in der Lebensführungsschuld, in der schuldhaften Erwerbung eines zu mißbilligenden Haltungsgefüges sieht, der entscheidende Zeitpunkt des strafbaren Tuns "in ein Stadium zurückverlegt wird, für das eine" wie wir hinzufügen: rechtliche "Verpflichtung zum Erwerb der betreffenden Qualitäten noch nicht angenommen werden kann". /···Irgendwie müssen wir in der Tat auch für unser Schicksal geradestehen. Aber daraus

[1230] 자유의지의 우회이론(迂廻理論)

19세기 말에 이탈리아의 실증주의자들의 자유의지론에 대한 비판은 앞에서 본 것처럼 책임개념에 중대한 영향을 미쳤으나 그렇다고 자유의지가 부정된 것은 아니었다. 오히려 자유의지는 사실상 암묵적(暗黙的)으로 전제되어 있었으며, 자유의지의 문제점은 이제 공공연한 비밀(秘密)이었다. 이것은 심리적 책임개념이나 규범적 책임개념에 있어서도 마찬가지였다. 그리고 실무에 있어서는 오히려 자유의지는 당연하고 상식적인 책임개념의 전제이고 내용이기도 했다. 20세기 중반의 독일에서 자유의지의 문제는 다시 새롭게 책임개념의 문제로 제기되었다. 이러한 논쟁의 계기가 되었다고 할 수 있는 것은 명백히 자유의지를 전제로 하는 독일연방재판소의 유명한 판결이다. 1952년의 이 판결은 형법학에서 독일만이 아니라 일본·한국, 그리고 미국에서도 연구 자료가 되었다. 그 판결(BGHSt 2, 194, 200)의 요지는 다음과 같다.

"형벌은 책임을 전제로 한다. 책임은 비난가능성이다. 책임이란 반가치(反價値)판단을 통하여, 주연자에게 그가 부적법(不適法)하게 행위하였는바, 적법하게 행위하고 적법을 택할 수 있었음에도 불법(不法)을 선택하였다는 점에 대하여 비난하는 것이다. 책임비난의 내적 근거는, 인간은 자유로운, 답책적, 윤리적 자기결정을 할 수 있는 바탕이 있으며, 따라서 그가 윤리적으로 성숙하자마자 자유로운 윤리적 자기결정에 대한 성향이 … 일시적으로도 마비되거나 영원히 파괴되지 않는 한, 스스로 법에 찬성하고 불법에는 반대하는 결정을 내려 자기의 태도를 법적 당위의 여러 규범에 적합하게 하고, 법적으로 금

---

strafrechtliche Konsequenzen herzuleiten, widerspricht doch augenscheinlich dem Prinzip der Schuldhaftung.

지된 것을 회피할 능력이 있다는 점에 있다. 인간이 자유로운 답책적, 윤리적 자기결정 속에서 법에 찬성하고 불법에 반대하는 결정을 내리기 위한 조건은 법과 불법의 인식(認識)이다. 자신이 자유롭게 결정하는 것이 불법임을 아는 자는, 그런데도 불구하고 그 불법을 행할 때 유책하게 행동하는 것이다….".[149]

이 판결은 비결정론(非決定論)을 내용으로 삼고 있으며, 그것도 분명하게 타행위가능성(他行爲可能性)으로서의 자유의지를 내용으로 하고 있다. 그리고 독일 형법은 1969년에 "주연자의 책임이 양형의 기초이다."[150]라고 하

---

149 BGHSt 2, 194, 200. 이 판결의 인기는 그에 대한 많은 인용에서 드러난다. Roxin, ATI, §19Rn.20. Arthur Kaufmann, Das Schuldprinzip, *op.cit.*, p.129. 독일을 넘어서서 한국의 교과서(신동운, 『형법총론』, 법문사, 2008, pp.342-343)에 그대로 인용되는가 하면, 영미계의 학자 Bohlander는 많은 부분을 영역하고 있다. Michael Bohlander, Principles of German Criminal Law, Oxford and Portland, Oregon, 2009, p.20. 판결문 원문. Strafe setzt Schuld voraus. Schuld ist Vorwerfbarkeit. Mit dem Unwerturteil der Schuld wird dem Täter vorgeworfen, daß er sich nicht rechtmäßig verhalten, daß er sich für das Unrecht entschieden hat, obwohl er sich rechtmäßig verhalten, sich für das Recht hätte entscheiden können. Der innere Grund des Schuldvorwurfes liegt darin, daß der Mensch auf freie, verantwortliche, sittliche Selbstbestimmung angelegt und deshalb befähigt ist, sich für das Recht und gegen das Unrecht zu entscheiden, sein Verhalten nach den Normen des rechtlichen Sollens einzurichten und das rechtlich Verbotene zu vermeiden, sobald er die sittliche Reife erlangt hat und solange die Anlage zur freien sittlichen Selbstbestimmung nicht durch die in § 51 StGB genannten krankhaften Vorgänge vorübergehend gelähmt oder auf die Dauer zerstört ist. Voraussetzung dafür, daß der Mensch sich in freier, verantwortlicher, sittlicher Selbstbestimmung für das Recht und gegen das Unrecht entscheidet, ist die Kenntnis von Recht und Unrecht. Wer weiß, daß das, wozu er sich in Freiheit entschließt, Unrecht ist, handelt schuldhaft, wenn er es gleichwohl tut… (英訳) 위 Michael Bohlander 책 p.20. Punishment is premised on guilt. Guilt means blameworthiness, By finding a defendant guilty we blame him for not having acted lawfully, for having chosen to break the law, although he could have acted lawfully, could have chosen to abide by the law. The inner reason for the judgment of guilt lies in the act that man's nature is grounded in the freedom and responsibility of moral self-determination, and that he is therefore capable to decide for the law and against injustice, to model his actions on the norms of the legal commands and to avoid that which is forbidden by law, as soon as he has gained moral maturity and as long as the natural capacity of moral self-determination is not temporarily paralysed or permanently destroyed by the illnesses mentioned in §51 StGB. The pre-condition for a free and responsible human choice for the law, based on moral self-determination, is the knowledge of the law and of the forbidden. He who knows that what he chooses to do in freedom is unlawful, acts blameworthy if he does so despite this insight….

150 StGB, §46.①

여 책임주의를 법문으로 규정하였다. 그러나 정작 책임개념이 무엇인가 하는 문제는 해결되지 않은 상태였다. 위 유명한 판결문과는 달리 벌써 19세기 말 이래로 타행위가능성으로서의 자유의지는 부정되거나 최소한 결코 증명될 수 없다는 것이 학계에서는 명백하게 인정된 상태였다. 19세기 말과 20세기 중반에 진전이 있었다면, 범죄를 저지른 구체적 개인에 대하여 구체적으로 그의 타행위가능성(Andershandelnkönnen)은 결코 증명할 수 없다는 것이었다. 이런 점에서 위 연방재판소의 판결은 그 명성에도 불구하고 학문적으로는 그에 대한 비판이 주된 흐름을 이루었다. 많이 양보하여 추상적인 자유의사를 논외로 하더라도, 구체적인 개인에게 구체적으로 타행위가능성이 있다고 상정하는 것은 옳지 않다.

> "그러나 그 견해(타행위가능성)는 일상적으로 사용되는 윤리로서는 유용하기는 하지만 지지할 수 없다. 그 견해가 의사의 자유라는 증명불능한 전제에 의거하고 있는 것은 아직 감수할 수 있을지도 모른다.⋯ 그렇지만 이론적으로 사고가능한 결의(決意)의 자유를 전제로 했다고 하더라도, 개별 주연자의 행위 시에 있어서 타행위가능성이 과학적으로는 인정할 수 없는 것은 논할 여지가 없으므로, 이 이론은 좌절되지 않을 수 없다. Bockelmann은 '정신적으로 건전한 인간은 자유롭게 행위할 수 있고, 정신병의 본질은 당연히 선택의 자유의 결락(缺落)에 있다' 라는 생각은 '명백한 헛소리(baren Unsinn)'라고 한다."[151]

---

151 Roxin, ATI, §19Rn.21. Aber diese Auffassung ist trotz ihrer alltagstheoretischen Plausibilität nicht haltbar. Man könnte noch hinnehmen, dass sie auf der unbeweisbaren Prämisse der Willensfreiheit beruht⋯ Doch scheitert diese Lehre daran, dass unbestrittenermaßen auch unter der Voraussetzung einer theoretisch denkbaren Entscheidungsfreiheit ein Andershandelnkönnen des individuellen Täters im Tatzeitpunkt wissenschaftlicher Feststellung nicht zugänglich ist. Bockelmann" bezeichnet die Annahme, "dass der geistig gesunde Mensch frei handeln könne und dass das Wesen der Geisteskrankheit eben in der Aufhebung der Wahlfreiheit bestehe", sogar als

갑(甲)이 을을 살해한 사건에 있어서, 갑이 그 사건의 그 시점에 다른 행위를 할 가능성이 있었는가 하는 것은 결코 증명될 수 없다. 이 문제는 일반적으로 자유의지가 있다는 추상적 주장과는 다른 것이다. 영화나 드라마에서 가끔 소재가 되는 이야기로 동일한 하루가 되풀이되는 경우가 있다. 어제 오후에 살인을 한 갑(甲)이 오늘 아침에 일어났더니 어제가 되풀이되고 있고 오전은 아직 살인 전(前)의 시간인 경우를 상상할 수 있다. 이 경우에 영화나 드라마에서는 갑이 다른 선택을 할 수 있다. 그러나 이 경우 사실은 오늘은 어제와 완전히 같은 것이 아니다. 주인공은 어제의 기억(記憶)–살인의 기억과 그 후의 고통스러운 시간의 기억--을 가지고 있다. 그러나 실제 우리가 가정하는 어제가 되풀이된다는 것은, 이 우주의 모든 상황이 되풀이되는 것이며, 그때에 그가 다른 선택을 할 것인지를 우리는 알지 못한다. 온전히 어제가 되풀이된다면 실제로는 단 하나의 요인도 변경되지 않는다는 것을 의미한다. 그렇다면 구체적으로 갑이 특정 살인사건에 있어서는 다른 행위를 선택할 가능성이 있었다는 근거를 찾기 어렵다. 그러나 물론 이것은 상상(想像)일 뿐이고, 어제는 결코 되풀이되지 않는다. 따라서 타행위가능성은 과학적으로 결코 증명될 수 없다. 결국 구체적인 타행위가능성은 결코 증명될 수 없으며 타행위가능성은 구체적인 것만이 있다. 이러한 점에 대하여 긴 논의는 필요하지 않다. 록신 역시 이것이 통설이라고 하면서 타인의 연구들을 인용하는 것으로 설명을 대신한다.

　　"본서에서 주장되고 있는 견해는, 형법이 의사자유에 관한 철학·자연과학

"baren Unsinn".

의 대립에 대한 태도결정을 유의할 수 있다고 하는 것으로, 통설(通說)이라고 볼 수가 있다. Lackner는 팽대한 문헌을 다음과 같이 요약하고 있다. '과학현상에 의하면, 어떤 사정하에서, 어떤 행위를 회피할 수 있는, 어떤 인간의 능력에 대하여, 과학적으로 검증 가능한 명제(命題)를 기술할 수 있는 방법은 존재하지 않고, 필시 결코 존재하지 않을 것이다.' 이것은 '오늘날 이미 진지하게 의심되는 것은 아니다.'"[152]

이러한 상황에 있어서 책임이론은 몇 가지 다른 방향을 취하였다. 첫째, 19세기 말의 사회적 책임론의 연장선에 있다고 할 수 있는 방향이다. 개인적 윤리적 책임의 전제로서의 자유의지론을 부정하고 사회적 관점에서 책임개념을 구성한다. 둘째, 자유의지론에 대하여 회피적 또는 대안적 해석을 구성하면서, 자유의지론 이외의 측면을 종합하는 방향이다. 실정형법에 있어서나 교의학적(教義学的) 책임개념은 자유의지만으로 구성되는 것이 아니다. 어떻게 보면 자유의지론은 순전히 철학적인 추상이나 이념에 불과할지도 모른다. 이 점은 독일체계와 같은 적극적 책임개념을 전혀 논의하지 않고도－면책사유만을 논의함으로써－형법학이 기능하는 영미체계에 의하여 증명된 것이라고 할 수도 있다. 따라서 이 방향의 프리즘은 자유의지론의 대안적 해석에서부터 완전한 배제에까지 넓은 프리즘이라고 할 수 있다. 우리는 이 방향을 실질적 책임개념의 방향이라고 할 수 있다.[153] 셋째, 책임에 관한 논의에서

---

152 Roxin, ATI, §19Rn.39. Die hier vertretene Auffassung, dass das Strafrecht sich im philosophischen und naturwissenschaftlichen Streit um die Willensfreiheit einer Stellungnahme enthalten kann, darf als die herrschende angesehen werden. Lackner resümiert das unübersehbare Schrifttum mit der Feststellung, "dass es nach dem gegenwärtigen Wissensstand keine Methode gibt und wahrscheinlich niemals geben wird, die eine wissenschaftlich nachprüfbare Aussage über die Fähigkeit eines bestimmten Menschen erlaubt, eine bestimmte Handlung in einer bestimmten Situation zu vermeiden." Das werde "heute nicht mehr ernstlich in Frage gestellt".

153 저자의 실질적 책임개념이 반드시 독일에서의 개념과 일치하는 것은 아니다. 많은 경우 실질적 책임개념은 형식적 책임개념의 대개념으로 사용된다. 록신은 '형법에 있어서 책임의 내용적 확정'(Roxin,

자유의지 논의와는 또 다른 근본적인 논의의 차원이 있으니, 그것이 바로 형벌론의 차원이다. 이것은 자유의지론을 배제하는 이론이라고 주장된다. 이것은 책임론에 형벌론을 끌어들이는 것이기도 한데, 그 이유는 책임개념의 기능이 근원적으로 예방적 목적에 있기 때문이다. 이 방향이 기능적 책임개념의 방향이다. 넷째, 자유의지는 물론 책임개념 자체를 폐기하자는 방향이다. 이는 자유의지를 전제로 하는 책임개념이 실제로는 사회적 약자에 대한 억압을 합리화하는 이데올로기에 불과하다는 것이다. 이것은 책임개념을 폐기하는 방향이며 책임 없는 형법을 추구한다.

이 중에서 사회적 책임개념은 이미 19세기 말에 시작된 책임개념의 연장선상에서 논의하였던바, 앙셀의 신사회방위론과 엥기쉬의 성격책임론이 그것이다. 따라서 나머지 방향에 대하여 논의하기로 한다. 이것들은 모두 자유의지를 우회하는 이론이다.

[1232] Gallas

구체적(具体的) 타행위가능성으로서의 자유의지를 증명할 수 없다고 하는 입장은 자유의지에 대한 불가지론(不可知論)의 관점이다. 불가지론을 받아들인다면 그 귀결은 어떠한 주장을 하는데–가령 책임을 근거 지우는데–자유의지를 논거로 동원할 수 없다. 그리하여 책임을 근거 지우는 데 있어서 자유의지론을 회피(回避)하거나 대안적 논거들이 개발되었다.

AT). §19,D제목)이라는 제목에 대해 실질적 책임개념이라는 부제를 쓰고 있으며, 타행위가능성의 책임, 법적 비인의 심정, 자기성격의 보증의무, 일반예방의 필요승인 등 모두를 실질적 책임개념으로 사용하고 있다. 예섹 역시 형식적 책임개념의 대개념(対概念)으로 실질적 책임개념을 사용한다 (Jescheck/Weigend, AT, §38,Ⅲ) 저자는 실질적 책임개념을 책임이론에 대한 접근법의 한 경향을 의미하는 것을 나름으로 포괄한 것으로 위에서 본 바와 같이 사회적 책임개념, 기능적 책임개념 등에 대한 대개념이다.

갈라스(Wilhelm Gallas, 1903-1989)는 아마도 책임에 있어서 자유의지론을 회피하는 대안적 논거를 찾는 데 선구자로 볼 수 있을 것이다. 사실 그가 자유의지론을 회피하기 위하여 논의한 것은 아니었는데, 그의 논의는 후대에 그렇게 사용되었다. 그는 벨첼(Welzel)의 목적적 체계에 있어서 전통적으로 책임요소로 규정되었던 고의 · 과실이 구성요건요소(내지 불법요소)로 이전된 상황에서, 책임에 관한 새로운 논의를 전개했다. 책임판단이나 위법성판단이나 모두 주연자의 행위결의(Handlungsentschluß)가 법적 당위(Sollen)와 모순된다는 부정적 가치평가로서 비인(Mißbilligung)이다. 이 점에서 두 개의 판단은 동일하다. 다만 책임판단이 위법성판단과 차이가 있다면 그것은 주연자가 그 행위결의를 피할 수 있었다는 가능(Können)에 있다. 그런데 행위결의에서 가능의 결여(Mangel dieses Könnens)는 행위결의의 비당위(非當為)와 함께한다. 즉 가능이 없는 경우에는 당위도 없다. 우리는 가능하지 않은 것에 대하여 당위를 요구할 수 없는 것이다. 따라서 행위결의에서 가능의 결여를 가지고 책임판단을 할 수 없다. 결국 책임판단은 행위결의라는 판단의 대상을 잃어버리고, 규범적 연결점(normativen Anknüpfungspunkt)을 상실하고 있다.[154] 갈라스가 제시하는 대답은 당위나 가능의 관점이 아니라, 책임판단은 위법성판단과는 다르게 평가대상을 규정해야 한다는 것이다. 그것이 바로 법적 비

---

154 다음 내용의 요약 내지 해석이다. Wilhelm Gallas, Zum gegenwärtigen Stand der Lehre vom Verbrechen, ZStW 67(1955), pp.44-45. Nach der Auffassung der fHL wird im Schuldurteil wie im Rechtswidrigkeitsurteil mit der Handlung auch der Handlungsentschluß als dem rechtlichen Sollen widersprechend mißbilligt. Das für die Schuld zusätzliche Moment der Mißbilligung liegt erst und allein darin, daß der Täter diesen Entschluß auch hätte vermeiden können. Indessen vermag, da der Begriff des Sollens für Schuld und Rechtswidrigkeit der gleiche ist, ein Mangel dieses Könnens das Nicht-gesollt-sein des Handlungsschlusses nicht auszuschließen. Denn sonst würde mit der Schuld auch die Rechtswidrigkeit entfallen. Es zeigt sich also, wie mir scheint, daß die Schuld, seitdem sie den Handlungsentschluß als ein ihr allein vorbehaltenes Wertungsobjekt verloren hat, damit auch den normativen Anknüpfungspunkt verloren hat, den sie, jedenfalls nach herrschender Lehre, hierin besessen hatte. (참고 fHL=finalen Handlungslehre)

인의 심정(rechtlich mißbilligte Gesinnung)이다. 책임이란 법적 비인(非認)의 심정이고 그러한 심정에 대한 비난가능성이다.

> "내가 보기에는, 책임은 그것의 유일한 남겨진 평가객체(評價客体)로서 행위결의를 잃어버렸기 때문에, 최소한 지배적 견해에 따르면, (책임은) 그것이 가지고 있었던 규범적 연결점(連結点)을 잃어버린 것 같다. 그러한 대상적인 관계 없이, 책임판단은 위법성판단에 대하여 독립적인 법적 당위판단으로서 정당화될 수 없다. 그러나 책임에 대한 규범적 연결의 또 다른 가능성이 여전히 남아 있다. 그것은 우리가 비난가능성과 가능(可能)의 결합을 위한 사실적 토대가 진정 어디에 있는가를 물을 때에 생겨난다. 그것은 법체계가 질서 있고 양심적인 법동료(Rechtsgenosse)에게 요구하는 것에 상반(相反)하는 태도를 법에 대항하여 자유롭게(in Freiheit) 결정한다는 사실에 있다. 그러므로 책임은 법적으로 비인(非認)되는 심정(Gesinnung)이 가동된 것과 관련된 소행의 비난가능성이다."[155]

이 논의는 반가치(反価値)의 관점에서도 설명된다. 불법은 행위불법이나 결과불법과 같은 반가치이다. 그렇다면 책임도 부정적 가치평가로서 반가치

---

155 *ibid.*, p.45. Es zeigt sich also, wie mir scheint, daß die Schuld, seitdem sie den Handlungsentschluß als ein ihr allein vorbehaltenes Wertungsobjekt verloren hat, damit auch den normativen Anknüpfungspunkt verloren hat, den sie, jedenfalls nach herrschender Lehre, hierin besessen hatte. Ohne solchen eigenen gegenständlichen Bezug ist aber das Schuldurteil als ein gegenüber dem Rechtswidrigkeitsurteil selbständiges rechtliches Sollensurteil nicht zu begründen. Es besteht indessen für die Schuld noch eine andere Möglichkeit der normativen Anknüpfung. Sie ergibt sich, wenn man sich fragt, worin eigentlich der sachliche Grund für die Verbindung von Vorwerfbarkeit und Können liegt. Er liegt darin, daß, wer sich in Freiheit gegen das Recht entscheidet, damit eine Haltung bekundet, die der widerspricht, die die Rechtsordnung von dem ordentlichen und gewissenhaften Rechtsgenossen fordert. Schuld ist somit Vorwerfbarkeit der Tat mit Rücksicht auf die darin betätigte rechtlich mißbilligte Gesinnung.

이다. 다만 그것은 행위반가치나 결과반가치가 아닌 또 다른 종류의 반가치이다. 즉, 심정반가치(Gesinnungsunwert)라는 것이다. 이것이 갈라스의 결론이다. 고의범의 경우에는 고의범이 가지는 행위반가치와는 또 다른 심정반가치가 있다는 것이다.

> "목적적 체계에서 우리에게 보여주듯이 불법과 책임의 차이는 단지 행동의 행위반가치와 심정반가치의 차이일 수 있다. 고의로 행해진 소행에는 행위반가치가 그러하듯이 한결같이 심정반가치가 있다. 그것(심정반가치)은 고의 범 행임에도 주연자에게 오직 가능(Können)이 결여되어 있는 경우에만 결락(缺落)한다."[156]

이 논의는 자유의지론을 회피하면서 책임개념을 규정하고 있는 하나의 관점을 설정했다. 즉, 이 논의에서는 책임개념에 관하여 자유의지론을 논의할 필요가 없다. 물론 완전히 자유의지론을 배제하고 있는가 하는 점은 여전히 의문이 있다. 오히려 자유의지의 문제를 더 크게 만들었다고 할 수도 있다. 즉 가능(Können)이 결여된 경우에는 책임만이 아니라 불법도 결락(缺落)한다고 하고 있다. 그렇게 되면 자유의지의 문제가 책임만이 아니라 불법의 문제도 좌우하게 된다.

---

156 *ibid.*, In einem finalen System kann somit, wie uns scheint, der Unterschied zwischen Unrecht und Schuld nur der zwischen Handlungsunwert und Gesinnungsunwert der Tat sein. Dabei ist es so, daß mit dem Handlungsunwert der vorsätzlich begangenen Tat regelmäßig auch der Gesinnungsunwert gegeben ist. Er fehlt nur dann, wenn es dem Täter trotz vorsätzlicher Begehung am Können mangelte.

[1233]

갈라스는 책임의 평가객체가 심정이라고 하면서 평가와 평가객체의 문제로 논점을 이동시키고 있다. 실제로 갈라스의 논의는 예섹, 베셀스 등에 의하여 수정 보완되어 오늘날 독일의 다수설(多數說)이 되었다.[157] 갈라스(Gallas)의 이론에 대하여 예섹(Jescheck)과 록신(Roxin)은 아래와 같이 해석한다.

"책임판단의 대상이 되는 것은, 위법한 소행이지만, 고려되는 것은 그 안에 현실화된 법적으로 부인되는 심정(心情)이다. 법적 심정은 법질서가 실제로 확증되기 위해서는 필수불가결한 시민의 속성이다. 법적 심정은 윤리적 심정과 동의가 아니다. 왜냐하면, 법적 심정에 있어서 문제가 되는 것은 법규범에 의한 윤리적 구속이 아니라, 그 효력의 변식(弁識)이기 때문이다. 책임이란 구성요건에 해당하는 위법행위로 표현된 법적 심정의 비난할 만한 결함(缺陷)이다."[158]

"갈라스(Gallas)가 근거화한 이론에 의하면, 책임은 '그 행위에 나타난, 법적 비난을 받아야 하는 심정에 관한 행위의 비난가능성'이다. 따라서 불법과 책임과의 차이는 '행위무가치와 심정무가치와의 차이'이다. 책임영역에서는 '사회윤리적 가치기준에 따른 일반화적 고찰에 의해' 무가치판단이 구체적 행위에 현실화된 '법의 요구에 대한 행위자의 모든 태도'에 대하여 하달된다. 이것

---

157 *supra*[1217] *infra*[1236-1237].
158 Jescheck/Weigend, AT, *op.cit.*, §39,II,1. Gegenstand des Schuldurteils ist die rechtswidrige Tat mit Rücksicht auf die in ihr aktualisierte, rechtlich mißbilligte Gesinnung. Rechtsgesinnung ist eine für die praktische Bewährung der Sozialordnung unentbehrliche Eigenschaft der Bürger". Sie ist nicht gleichbedeutend mit sittlicher Gesinnung, da es insoweit nicht auf die ethische Bindung durch die Rechtsnormen ankommt, sondern auf die Einsicht in ihre Geltung. Schuld ist ein tadelnswerter Mangel an Rechtsgesinnung, der in einer tatbestandsmäßigen und rechtswidrigen Handlung Ausdruck gefunden hat.

에 따르는 것은 특히 '법적으로 하자가 있는 심정(Jescheck/Weigend)', 및 '행위자가 법적으로 책망해야 하는 심정, 하자 있는 태도(Wessels/Beulke)'이다."[159]

갈라스의 이 기발하고 독창적인 아이디어는 타당한 것일까? 갈라스가 옳다면-단일한 평가객체를 발견하였다면-그것은 참으로 의의가 크다. 그것은 책임이라는 개념을 유일한 사실(事實)로 환원(還元)하여 이해할 수 있다는 것이기 때문이다.[160] 그러나 이러한 환원은 타당하게 보이지 않는다. 도대체 심정(心情)이란 무엇인가에 대하여 직접적 정의는 없다. 우선 갈라스의 심정은 고의범이고 책임능력이 있는 경우에 주연자가 가지는 심리상태이고, 정신병자가 살인한 경우에는 없는 심리상태이다. 과연 정신장해자의 심리상태는 비난할 만한 심정이 없는 것일까? (자유의지를 논외로 하면) 오히려 더 많은 것이 아닐까? 태연히 살인을 저지르거나 살인을 즐기는 그 심정이야말로 비난해야 하지 않을까? 만일 자유롭지 않기 때문에 비난할 수 없다면 그것은 다시 자유의지론의 논거에 주로 의존하게 되고, 심리상태(심정)는 의미를 상실하게 되는 것이다. 갈라스에 대한 록신(Roxin)의 비판은 그의 논리적 예리함이 여기에서도 드러나고 있다. 록신은 오히려 심정이 타행위가능성과 동일하다고 보고 있다.

"이 견해에 대해서는, 그것은 비난가능성의 형식적인 성격을 조금도 초월

---

159 Roxin, ATI, §19Rn.23. Nach einer von Gallas begründeten Lehre ist Schuld „Vorwerfbarkeit der Tat mit Rücksicht auf die darin betätigte rechtlich missbilligte Gesinnung". Der Unterschied zwischen Unrecht und Schuld ist danach der Unterschied zwischen Handlungsunwert und Gesinnungsunwert der Tat". Im Bereich der Schuld wird „bei einer generalisierenden, an sozialethischen Wertmaβstäben orientierten Betrachtung" ein Unwerturteil über die in der konkreten Tat aktualisierte „Gesamteinstellung des Täters zu den Anforderungen des Rechts" gefüllt. Dem folgen vor allem Jescheck/Weigend (rechtlich fehlerhafte Gesinnung) und Wessels/Beulke (rechtlich tadelnswerte Gesinnung, fehlerhafte Einstellung des Täters)

160 가치론은 사실에의 환원이 하나의 해결이라는 것에 관하여는 제2권에서 논의한다.

하고 있지 않다고 해야 한다. 왜냐하면, 그 견해는 어떤 이유에 의해 행위자의 심정이 법적으로 비난되는지에 대한 평가기준을 나타내고 있지 않기 때문이다. 입법자가 비난하고, 그 가벌성을 긍정할 때에는 결국 법적으로 비난되는 심정이 존재하게 되어 버릴 것이다. 갈라스(Gallas)는 다른 곳에서는, 심정무가치는 행위무가치와 함께 존재하는 것이 통례이며, 그것이 결여되는 것은 '고의의 실행임에도 불구하고 행위자에게 능력이 결여되는 경우뿐'이라고 명백하게 말하고 있다. 여기에서 그 내용적 요소는 드러나고 있는데, 그것은 타행위가능성(他行爲可能性)과 동일하며, 이것에 대한 반대와 똑같은 것에 직면하게 되고, 이 점을 별개로 하더라도, 책임의 긍정·부정은 많은 경우에 있어서 심정의 하자 또는 무하자(無瑕疵)에서는, 거의 설명할 수 없다는 것이다. 왜냐하면, 인식 없는 과실에 있어서는 행위자의 심정은 의식적인 태도를 전제로 하고는 있지만, 조금도 반가치적인 것에 맞추어져 있지 않은 것에 대하여, 성적살인자는 매우 저열한 심정이 존재하는 것이 명백함에도 불구하고, 억제능력의 결여를 연유로, 형법 20조에 따라 불처벌로 하지 않으면 안 되기 때문이다."[161]

---

[161] Roxin, ATI, §19Rn.24. Gegen diese Auffassung ist einzuwenden, dass sie über den formalen Charakter der Vorwerfbarkeit nicht wesentlich hinauskommt. Denn sie gibt kein Kriterium dafür an, warum die Gesinnung des Täters rechtlich missbilligt wird. Eine rechtlich missbilligte Gesinnung wird angenommen, sobald der Gesetzgeber einen Vorwurf erhebt und die Strafbarkeit bejaht. Wenn freilich Gallas an einer Stelle bemerkt, der Gesinnungsunwert sei mit dem Handlungsunwert regelmäßig gegeben und fehle „nur dann, wenn es dem Täter trotz vorsätzlicher Begehung am Können mangelte", so gibt er zwar ein inhaltliches Merkmal an, aber es ist mit dem Andershandelnkönnen identisch und den dagegen zu erhebenden Einwanden ausgesetzt. Abgesehen davon lassen sich Bejahung und Verneinung von Schuld in manchen Fällen auch kaum mit der Fehlerhaftigkeit oder Einwandfreiheit der Gesinnung erklären. Denn bei der unbewussten Fahrlässigkeit ist die Gesinnung des Täters, die doch wohl eine bewusste Einstellung voraussetzt, auf nichts Wertwidriges gerichtet; umgekehrt kann ein Sexualmörder eine äußerst niedrige Gesinnung an den Tag legen, auch wenn er wegen mangelnden Hemmungsvermögens nach § 20 freigesprochen werden muss.

[1234] Schmidhäuser

슈미트호이저(Eberhard Schmidhäuser,1920-2002)는 갈라스 이론의 결함을 넘
어서는 사유(思惟)를 제시하고 있다. 그것은 사실과 가치평가를 종합하는 추
상적 상태를 관념적으로 설정한다. 가치론적으로 규정하는 것이다. 그리하
여 그의 책임개념은 가치론적 책임개념(axiologischer Schuldbegriff)이라고 불린
다.[162]

그는 우리가 사회적으로 존재하는 것은 정신적으로 사회적 가치상태와 접
촉(接觸)하고 있다고 상정하였다. 이러한 가치에 대한 정신적 접촉(geistigen
Kontakt)이라는 관념은 가치와 사실을 교묘하게 결합하여 사실화(事実化)하고
있다. 책임은 이러한 가치에 대하여 정신적으로 접촉하고 있는 자가 침해된
가치를 진지(眞摯)하게 받아들이지 않은 것이다. 즉 정신적으로 접촉하고 있
는 가치에 대하여 진지한 수용(Ernstnehmen)이 없는 것이 책임이다. 이런 점
에서 불법이 법익침해의 의지행태인 데 대하여 책임은 법익침해의 정신적
행태(geistiges Verhalten)[163]이다. 책임은 사회생활의 가치표상(Wertvorstellung)
에 있어서의 주연자의 정신적 참여가 부정적인 것, 가치부정적 정신행태이
다. 다소 난해하게 표현되지만, 사례로 생각하면 간단하다. 갑이 을을 살해하
였다고 하자. 갑이 사회생활에 참여하는 것은 생명가치(법익)를 존중하라는
가치에 대하여 정신적으로 접촉하고 있는 것이다. 그런데 그러한 사회의 가
치존중의 요구를 진지하게 수용하지 않고 사람을 살해한 정신적 행태, 그것
이 책임이다.

---

162 Schmidhäuser/Alwart, AT-Studienbuch, Tübingen, 1982, 7/6.
163 Schmidhäuser 교과서 6장 I. 2. b)의 제목이기도 하다(p.154). b)Die Schuld als
   rechtsgutsverletzendes geistiges Verhalten

"책임에 있어서는 공동체 생활의 가치표상에 대한 주연자의 정신적 참여 (geistigen Teilhabe)를 묻는바, 그것은 불법소행이 금지와 명령을 진지한 수용을 하지 않음(Nichternstnehmen)에 기인하는 것인지를 보여주는 것이다."[164]

이렇게 가치접촉에서 진지하게 수용하지 않음이 책임이므로 그것은 자유의지론과는 무관하다. 자유의지의 존부를 묻는 것이 아니라 가치접촉 상태에서 진지한 수용의 정신적 행태를 가졌는가를 묻는 것이다.

"책임은 다음을 의미한다고 할 수 있다. 주연자가 법에서 침해된 가치를 정신적으로 진지하게 받아들이지 않았음을 알 수 있다. 주연자는 그 상황에서 침해된 가치를 정신적으로 진지하게 받아들일 수 있었다. 우리는 주연자가 자신의 불법과 관련하여 가치에 대해 정신적으로 접촉했는지 여부를 묻는다. 우리는 이 접촉이 일반적인 행위의 자유의지와 관련하여 다른 행동으로 끌어낼 수 있었는지 여부를 묻지 않는다."[165]

"우리는 행위 시 주연자가 침해된 가치와 정신적인 접촉을 하고 있다는 사실과 이러한 의미에서 정신적으로 가치과오(価値過誤)를 저질렀다는 것을 규명한 것으로 만족하여야 한다. 이것은 결정론과 비결정론이 추구하는 자유와 필연의 비밀에 관한 모든 질문의 바깥에 있는바, 그 대답은 거부되지만, 도덕

---

164 Schmidhäuser, AT, 6/18. …wird in der Schuld nach der geistigen Teilhabe des Täters an den Wertvorstellungen des Gemeinschaftslebens gefragt, damit sich zeige, inwieweit seine unrechte Tat auf dem Nichternstnehmen dieser Verbote und Gebote beruht.
165 Schmidhäuser, AT, 6/24. So zeigt sich, daß Schuld nur heißen kann: der Täter habe in dieser Tat den verletzten wert geistig nicht ernst genommen, nicht aber: der Täter habe in dieser Situation den verletzten Wert geistig ernst nehmen können. Wir fragen nur, ob der Täter in Beziehung auf seine unrechte Tat geistigen Kontakt mit dem Wert hatte; danach, ob ihn dieser Kontakt zu einem anderen Verhalten hätte führen können, fragen wir nicht,- jedenfalls nicht im Sinne der Frage nach der allgemeinen Willensfreiheit.

제2장 책임이란 무엇인가? I | **171**

적 법적 답책(答責)은 그것에 의존하지 않는다."[166]

　슈미트호이저가 말하는 것은 사실과 가치를 종합하는 고도한 추상(抽象)
의 차원이다. 사회에는 정신적인 실재로서 어떠한 사회적 차원의 가치표상
(Wertvorstellung)이 있는데, 이것은 슈미트호이저가 말하는 법익(法益)에 대한
준수요구(遵守要求)를 본질적 내용으로 한다고 볼 수 있다. 주연자는 그러한
가치표상에 접촉하고 있는데도 이를 수용하지 않고 또한 진지하게 받아들이
지 않고 침해하는 정신적 행태를 보였다는 것이다. 이것이 법익침해의 정신
적 행태로서의 책임으로 해석한 것이다.

　슈미트호이저에게 책임은 정신적 가치표상에 대하여 접촉하고 진지(眞摯)
한 것이 핵심이며, 접촉(接觸) 그 자체를 의미하므로 의지의 자유는 책임개념
과는 무관하다. 이것은 갈라스(Gallas)의 심정(心情)과 통한다. 록신은 이것을
심정으로 이해하고[167] 실제 슈미트호이저도 이 정신석 행태를 심징이라고
한다.

　　"윤리학에서 정신적 행태는 특히 칸트가 심정(Gesinnung)이라고 부른 이
　　래로, 오직 선한 심정으로 행해진 경우에만 도덕적으로(법적으로) 선한 행위
　　가 된다. 이것은 지속적인 정신적 가치태도를 의미하는 것이 아니라, 개인적
　　인 행동과 관련된 정신적 행태를 의미한다. 책임은 개별적인 소행의 심정이
　　다.(누군가가 선을 위해 선을 행한다는 것, 즉 선의 객관적·정신적 이데아에 참여하는

---

166 Schmidhäuser/Alwart, AT-Studienbuch, op.cit., 7/13. Wir müssen uns damit begnügen, den geistigen Kontakt des Täters mit dem verletzten Wert für die Tatzeit und in diesem Sinne die geistige Wertverfehlung festzustellen. Alles darüber hinausgehende Fragen betrifft das Geheimnis von Freiheit und Notwendigkeit, das Indeterminismus und Determinismus seit je zu enthüllen suchen; hier ist uns die Antwort versagt, aber moralisch-rechtliche Verantwortung hängt davon nicht ab.
167　Roxin, Ein "neues Bild" des Strafrechtssystems,, op.cit., p.379.

것의 현실화에 있다.)"[168]

[1235]

슈미트호이저의 심정에 대한 이해는 가치와 밀접하게 연관된 추상이다. 여기에서 가치도 접촉도 추상(抽象)이 구상화(具象化)한다. 정신이상인 살인 자는 사회의 존중요구(법익)에 대한 침해를 그의 '의지행태'에 의하여 저질 렀다는 점에서 불법이 성립한다. 그러나 그는 인간생명의 가치를 정신적으 로 충분하게 파악하지 못하고 있고, 진지한 접촉이 없다는 점에서 책임이 없 다.[169] 말하자면 진지한 접촉을 위해서는 책임능력이라는 정신적 능력이 요 구된다고 할 수 있다.

슈미트호이저 체계의 이러한 책임개념의 중대한 결과는 고의가 책임의 요 소로 규정된다. 이것은 언뜻 보면 고전적 체계로의 회귀로 보인다. 실제로 객 관적 구성요건요소의 인식으로서의 고의가 책임구성요건요소라는 점에서 고전적 체계로의 회귀이다. 이것은 명백히 벨첼의 체계와 구별된다. 동시에 슈미트호이저 체계에서 불법과 책임의 구별이 여기에서 구체적으로 드러난 다. 불법은 법익침해의 의지행태(Willensverhalten)이다. 이에 대하여 책임은 법익침해의 정신적 행태(geistige Verhalten)이다. 의지(Wille)와 정신(Geist)의 차 이는 무엇인가? 록신(Roxin)은 서평에서 이를 보험금을 노린 방화사건–방화 때문에 사람이 죽은 사건–의 사례에 대해서, 이를 고의적이지만 의지적이지

---

168 Schmidhäuser, AT, 6/23. Geistiges verhalten als "Gesinnung". Geistiges Verhalten wird in der Ethik, vor allem seit Kant, als Gesinnung bezeichnet: moralisch ist eine gute (legale) Tat erst, wenn sie in guter Gesinnung getan wird. Damit ist nicht eine beständige geistige werthaltung gemeint, sondern durchaus ein auf das einzelne Tun bezogenes geistiges verhalten (: daβ jemand das Gute um des Guten willen tut, also in Realisierung seiner Teilhabe an der objektiv-geistigen Idee des Guten): die Schuld ist Einzeltatgesinnung.

169 Roxin, Ein "neues Bild" des Strafrechtssystems, *op.cit.*, p.379.

않은 살인의 사례로 해설하고 있다.[170] 이 해설은 충분하지는 않은 것으로 보인다. 목적(目的)은 불법에 속하고, 인식(認識)은 책임에 속한다고 해석될 수 있기 때문이다.

> "주연자는 쏘고 싶었고 쏘았다, 그는 운전하고 싶었고 운전했으며, 어머니는 가족에게 버섯요리를 해 주고 싶었고 그렇게 했다. 이 각각이 작위범의 불법구성요건에 있어서 행위이다."[171]

> "작위-결과범으로서 과실의 경우에도 의지행(gewolltes Tun)으로서 행위는 불법구성요건의 핵심이다. 어머니가 음식으로 가족에게 유독한 버섯요리를 제공하고, 그 결과 가족구성원이 질병에 걸리면 신체침해의 불법구성요건에 있어서 다음과 같은 행위가 주어지는 것이다: 그것이 관련된 사람들의 건강에 객관적으로 위험함에도 불구하고, 어머니는 의지에 의해 가족에게 음식을 제공한다. 어머니가 이 위험을 인식할 수 있었는지 여부는 책임의 질문으로서 과실개념에 속한다."[172]

의지행태와 정신적 행태의 구별에 의하여 고의·과실을 불법과 책임으로

---

170 *ibid.*, p.381. "… Es liegt hier also nach Schmidhäuser eine vorsätzliche, aber keine willentliche Tötung vor." cf. Schmidhäuser, AT, 6/26.

171 Schmidhäuser, AT, 8/20. Beispiele: Der Täter wollte so schießen und schoß, er wollte so Auto fahren und fuhr, die Mutter wollte ihrer Familie dieses Pilzgericht vorsetzen und tat dies auch: dies jeweils kann die Handlung im Unrechtstatbestand der Begehungsdelikte sein.

172 Schmidhäuser, AT, 8/27. Auch beim fahrlässigen Begehungs-Erfolgs-Delikt ist die Handlung als gewolltes Tun der Kern des Unhtstatbestandes. Wenn die Mutter ihrer Familie giftige Pilze als Mahlzeit vorsetzt und die Mitglieder der Familie infolge dieses Essens erkranken, so ist im Unrechtstatbestand der Körperverletzung hier die folgende Handlung gegeben: Die Mutter setzt das Essen gewollt der Familie vor, obwohl es für die Gesundheit der Beteiligten objektiv gefährlich ist. Ob die Mutter diese Gefährlichkeit erkennen konnte, gehört als Schuldfrage zum Begriff der Fahrlässigkeit.

정교하게 분할하는 슈미트호이저의 이러한 분할은 오늘날 거부되었다. 갈라스에 기초하는 오늘날의 다수설에서는 고의·과실은 불법에 속하고 심정만이 책임에 속한다.

슈미트호이저의 책임이론의 난점은 과도한 추상화와 구상화에 있다. 논리적으로 그리고 관념적으로는 분명히 갈라스의 결함은 극복되었다. 그러나 문제는 그러한 극복이 난해한 추상을 이해한 사람에게만 수용될 수 있다는 것이다. 일반 사람들은 물론 학자들도 흔히 이해하려고 노력하기보다는 거부하는 것이 쉽다는 것을 안다. 슈미트호이저를 이해한 사람에게도 난점은 있다. 과연 불법과 책임이 의지행태와 정신적 행태로 구분되는 것이고, 책임의 범주가 정신적 행태인가? 이것 역시 크게는 심리적 책임개념의 범주 안에 있다.

나아가 슈미트호이저의 가치론적 책임개념이 성공적으로 자유의지론을 우회하였는지에 대해서도 의문이 있다. 인간이 사회적으로 가치접촉 상태에 있다는 것에는 자유의지를 필요로 하지 않는다. 그러나 사회적으로 접촉하고 있는 가치에 대해 진지한 수용(Ernstnehmen)에도 자유의지가 필요하지 않은가 하는 의문이 제기될 수 있다. 살인자 갑의 구체적 살인사건에 있어서 생명가치를 진지하게 수용할 수 있었는가 하는 가능(Können)의 질문을 회피할 수 없는 것으로 보인다. 이렇게 되면 모든 문제는 원점으로 되돌아가 버린다.

[1236] 일반적 타행위가능성

갈라스나 슈미트호이저의 접근법은 자유의지론을 우회하는 것이었다. 즉 자유의지론의 문제가 책임 문제로 제기되지 않는 길을 찾는 것이었다. 이와는 달리 자유의지론의 문제에 관해 문제 그 자체를 정교하게 분할하여 규정하는 관점이 제기되었다.

개인의 실제 상황에서 구체적 타행위가능성은 증명할 수 없다. 그러나 인간에게는 일반적으로 규범적 동기화가능성(Motivierbarkeit durch Norm)이 있다는 명제를 제시할 수 있다. 타행위가능성과 규범적 동기화가능성은 분명히 다른 개념이다. 살인자 갑(甲)에게 살인사건 당시에 타행위가능성이 있었다는 것은 증명될 수 없다. 그러나 살인자 갑(甲)도 인간으로서 살인하지 말라는 규범에 따라 자기행동에 있어서 동기화가능성이 있다는 것은 누구나 받아들일 수 있다.[173] 우리는 일반적으로 말하여 도덕 내지 규범에 따라 행동할 수 있는 능력이 있다고 할 수 있다. 인간은 '반드시' 규범에 따라 행동한다는 것에는 아무도 동의하지 않겠지만, 그러나 인간은 규범에 따라 행동할 수 있는 '능력(能力)이 있다'고 하면 누구나 동의할 수 있다. 이것은 책임무능력자, 가령 정신병자와 비교하여 정상적인 사람은 적법행위에의 동기화가능성이 있는 사람이라고 말하면 구체적 내용을 가진 명제로서 용이하게 받아들일 수 있다. 아르민 카우프만(Armin Kaufmann)은 이렇게 쓰고 있다.

> "적법행위로 나아갈 법의무에 따라 의사결정을 할 수 있는 능력은 현대 책임론을 기초하는 일반적인 공통분모이다. 규범적합적 동기화능력(Fähigkeit zur normgemäßen Motivation)은 책임판단을 작동하기 위해 고의 또는 과실 위법행위에 추가되어야 한다."[174]

이것은 자유의지론에 대해 대단히 유력한 대안적 논거가 될 수 있었다. 이

---

173 물론 여기에도 논리적 트릭이 있다고 비판할 수 있다. 살인자 갑이 구체적인 그 살인사건에 즈음하여 바로 그 순간에 살인금지의 규범에 따른 동기화가능성이 있었는가 하는 질문으로 바꾸면, 그것은 구체적 타행위가능성과 같은 질문이 되고 증명할 수 없는 질문이 되고 만다.

174 Armin Kaufmann, Schuldfähigkeit und Verbotsirrtum, FS für Eberhard Schmidt, 1961, p.320. Die Fähigkeit, sich von der Rechtspflicht zum rechtsgemäßen Handeln bestimmen zu lassen, ist der Generalnenner, der der modernen Schuldlehre zugrunde liegt". Die Fähigkeit zur normgemäßen Motivation ist das, was zur vorsätzlichen oder fahrlässigen rechtswidrigen Tat hinzutreten muß, um das Schuldurteil auszulösen.

러한 관점은 철학에서의 비결정론자는 자유의지론을 어느 정도 지지하는 것이기 때문에 당연히 환영하는 주장이다. 그런데 중요한 점은 결정론자도 이 명제를 받아들일 수 있다는 것이다. 즉, 결정론자의 관점에서는 규범도 인과요소(因果要素)로서 인간의 의사에 영향을 줄 수 있다는 의미로 해석되기 때문이다. 규범이 다만 하나의 인과요소가 되고, 그리고 그것이 의사결정을 하는 데 인과적으로 작용한다면, 그것은 규범이라는 인과요소가 인과적으로 작용하는 인과적 결정론의 세계에 있다는 것이 된다. 그리하여 카우프만의 말대로 규범적합적 동기화능력은 많은 학자들에게 책임론의 공통분모가 되었다.

오늘날 독일에서의 다수설에 이르는 길은 여기에 또 하나의 관점이 추가되었다. 그것은 '일반적(一般的)' 타행위가능성의 이론이다. 성격책임론이 시간적(時間的)으로 장기간에 걸친 성격을 상정함으로써 책임의 근거를 구한 것이라면, 일반적 타행위가능성은 공간적(空間的)으로 사회에서의 추상화되고 일반화된 개인을 상정한다. 특정한 사건에서 특정한 개인 갑(甲)이 살인을 한 경우에 그가 살인의 시점에 과연 타행위가능성이 있었는가는 증명불가능하다. 그러나 우리가 추상적으로 일반적(一般的) 인간을 상정하거나, 사회에 있어서 어떤 평균적(平均的)인 개인을 상정한다면, 그에게 있어서 갑의 사건의 시점에 그가 있었다면 어떠했을까 하는 질문을 할 수 있다. 그리고 우리는 그러한 평균인이나 표준인은 살인하지 않을 수 있었으며, 따라서 일반적 타행위가능성이 있다고 말할 수 있다. 타행위가능성의 가능(可能, Können)의 주체를 '경험적으로 주어진 평균인의 가능(可能)' 또는 '대부분의 인간의 능력'으로 생각하면 우리는 직관적으로 타행위가능성이 있다고 할 수 있다.[175] 또는 상식적으로 생각하면 갑(甲)의 살인사건에 있어서 우리가 1,000명의 서로 다른 사람들을

---

175 Mangakis, Über das Verhältnis von Strafrechtsschuld und Willensfreiheit, ZStW 75(1963), Lenckner, Strafe, Schuld und Schuldfahigkeit, in: Handbuch der forensischen Psychiatrie, Goppinger/Witter(Hrsg.), Bd.1, 1972.

대입(代入)하여 생각한다면 그중에는 역시 살인을 저지르는 사람도 있을 것이지만, 살인을 저지르지 않을 사람도 다수가 있을 것이라는 점을 분명하게 말할 수 있다. 그렇다면 특정한 사건의 특정한 개인 갑(甲)의 타행위가능성이 아니라 일반적 타행위가능성은 있다고 논증된 것이라고 할 수도 있다.

[1237]

이러한 일반적 타행위가능성의 개념에 대하여 예상될 수 있는 여러 가지 비판에 대하여 또 하나의 보완적인 논거를 상정할 수 있는데, 그것은 책임판단에 있어서 판단 그 자체는 사실의 문제가 아니라 규범적(規範的) 문제라는 것이다. 책임이 비난가능성이라고 할 때, 비난은 누가 누구를 비난하는가에 관한 사실(事實)을 조사하는 것이 아니라 비난척도(非難尺度)를 규범적으로 확립하는 문제라는 것이다. 우리가 살인사건을 저지른 갑(甲)의 행위를 비난할 때, 그 비난척도를 규범적으로 '일반적 타행위가능성'으로 삼는다는 것이다. 갑이 실제 그 사건에서 타행위가능성이 있었는지는 증명할 수 없다. 그러나 갑의 행위는 '일반적 타행위가능성'이 있으므로 비난가능성이 있다고 말할 수는 있다. 갑의 타행위가능성은 알 수 없으나 평균인 을(乙)을 상정하면 타행위가능성이 있으므로 비난가능성이 있으며, 따라서 책임이 있다는 것이다. 이러한 일반적 타행위가능성은 오늘날 독일체계에서 다수설을 이루고 있다. 예셱은 독일의 통설(通說)을 이렇게 설명한다.

"이에 대해서, 통설(通說)은 개인으로서의 인간의 자유에 의한 책임비난의 기초설정은 증명 불가능하다고 생각한다. 그 대신, 통설은 사회적으로 비교의 책임판단만이 가능하다는 것에 가담한다. 이 책임판단에서 필요한 것은 만약에 '일반인('평균인', '표준적인 인격')'이 주연자의 입장에 있었다면 다른 행위를 하였겠는가 아닌가라고 하는 것이며…."[176]

"책임판단의 기준이 되는 것은 법질서가 전제로 삼고 있는 평균적인 가능
만이다.   법질서는 예를 들어 책임무능력(20조)을 확정적으로 윤곽 지어진 정
신병리학적인 예외 사정에 연결시키므로 다른 모든 정신장애의 사안에 대해
서는 책임능력을 긍정함으로써 평균적인 가능을 전제로 하고 있다. 물론 일
반적인 가능은 통계적인 평균의 의미에 있어서가 아니라, 법공동체에 의해
통상적인 사정하에서 기대되는 가능으로서 이해되어야 한다. 따라서 재판관
은 '어떤 자'가 소여(所与)의 사정 아래 다른 행위를 할 수 있었는지 아닌지를
묻지 말아야 한다. 이 경우에 눈을 돌려야 하는 것은 인간 일반(주연자라는 유
일한 예외를 동반하는 인류)이 아니라, '법적으로 보호된 가치와 결합된 표준적
인 인간'이며, 연령, 성별, 직업, 신체적 특징, 정신적 능력 및 생활 경험에 의
하면 주연자와 동일하다고 생각할 수 있는 인간이다. 따라서, 평균인의 일반
적인 가능(可能)이 주연자의 개인적인 가능의 기준으로 여겨지는 것이 아니
라, 경험적으로 얻은 같은 사안에 관한 지견(知見)으로부터 구체적인 사안에
있어서의 자기제어를 위한 능력이 추론된다."[177]

---

176 Jescheck/Weigend, AT, §37,I.2.a). Von der h.L. wird dagegen die Begründung des
Schuldvorwurfs durch die Freiheit des Menschen als individueller Person fur unbeweisbar ghalten.
Man nimmt statt dessen an, daß nur ein sozialvergleichendes Schuldurteil möglich sei, bei dem
danach gefragt wird, ob "man" (ein "Durchschnittsmensch", eine "maßgerechte Personlichkeit")
anstelle des Täters in der Lage gewesen wäre, anders zu handeln.

177 Jescheck/Weigend, AT, §39.III.2. Maßstab für das Schuldurteil kann demgemäß nur ein
durchschnittliches Können" sein, wie es die Rechtsordnung voraussetzt, indem sie z.B. die
Schuldunfähigkeit (§20) an fest umschriebene psychopathologische Ausnahmezustände knupft
und damit in allen anderen Fällen seelischer Beeinträchtigung die Schuldfähigkeit bejaht. Das
generelle Können ist freilich nicht im Sinne eines statistischen Durchschnitts, sondern als das von
der Rechtsgemeinschaft unter normalen Umständen erwartete Können zu verstehen. Der Richter
muß also danach fragen, ob "man" unter den gegebenen Umständen hätte anders handeln
können. Abzustellen ist dabei nicht auf den Menschen schlechthin ("das Menschengeschlecht mit
alleiniger Ausnahme des Täters"), sondern auf einen "maßgerechten, mit den rechtlich geschützten

이러한 논의는 두 가지 점에서 난점이 있다. 책임능력의 문제, 정신장해의 감별의 문제와 책임의 근거 문제는 다른 문제이다. 따라서 정신장해로 판정하는 근거가 책임의 일반적 근거가 되는 것은 아니다. 왜냐하면 정신장해가 아닌 경우에도 책임이 성립하지 않거나 면책되는 경우가 있기 때문이다. 다음으로 범죄를 저지르는 사람은 모두 예외적인 사람이다. 범죄자를 예외자로 규정한다면 평균인이나 일반인의 기준은 완전히 무의미한 기준이다. 원한에 가득 차서 살인을 한 사람의 책임을 평가할 때 원한이 없는 사람을 기준으로 한다면 아무런 의미가 없다. 원한이 없는 일반인이지만 그가 원한을 가졌다고 가정하고 평가하는 것은 무의미하다. 유사(類似)한 원한을 가진 다른 사람을 기준으로 하여 평가하는 것도 무의미하다. 왜냐하면 유사한 원한은 결국 다른 원한이기 때문이다. 또한 유사한 원한을 가진 두 사람이 한 사람은 그 때문에 인생이 나락(奈落)에 떨어졌고 다른 사람은 운 좋게도 잘 살고 있다면, 잘 사는 사람을 기준으로 하여 나락에 떨어진 사람을 평가하는 것도 의미가 없다. 이렇게 되면 결국 무한한 원인의 문제로 퇴행(退行)하게 되고 다시금 증명불가로 귀결되는 것이다.

[1238] 예방적 책임개념, 실질적 책임개념(Jakobs)

갈라스나 슈미트호이저가 자유의지론을 우회하는 길을 찾았다면, 자유의지론을 정면에서 무시하는 길에서 책임개념을 구한 것이 야콥스(Günther Jakobs, 1937-)이다. 야콥스의 책임론에는 사유(思惟)의 혁신(革新)이 있다. 그

Werten verbundenen Menschen", der nach Lebensalter, Geschlecht, Beruf, körperlichen Eigenschaften, geistigen Fähigkeiten und Lebenserfahrung dem Täter gleich zu denken ist. Damit wird nicht das generelle Können des Durchschnittsmenschen zum Maßstab des individuellen Könnens des Täters gemacht, sondern es wird aus der empirisch gesicherten Erfahrung mit gleichliegenden Fällen auf die Fähigkeit zur Selbststeuerung im konkreten Fall geschlossen.

것은 책임과 형벌의 관계에 관한 것인데, 이제까지 책임이 형벌의 근거(根拠)였다면, 야콥스는 정반대로 형벌이 책임의 근거라는 것이다. 이 사유의 전복(顚覆)은 대단하다. 근대 이후의 사유, 그리고 사실은 지금 현재에도 여전히 우리를 지배하는 사유는, 책임이 있으므로 형벌을 부과한다는 것이다. 책임에 근거한다는 것은 책임개념이 형벌과는 독립하여 그리고 독자적으로 규정된다는 것을 전제한다. 책임이 독립변수이고 형벌이 종속변수이다. 이 독립변수로서의 책임에 관련되는 것이 자유의지론의 문제였다. 이에 대하여 야콥스는 기존의 사유와는 정반대로 형벌에 근거하여 책임이 규정된다. 이렇게 볼 때, 책임개념의 근거는 형벌이기 때문에 따로 근거를 찾을 필요가 없다. 다만 책임의 근거가 형벌이라고 할 때, 이 관계는 사실의 관계가 아니라 목적론적 관계이다. 형벌을 부과하는 목적이 책임의 내용을 규정한다. 그리고 형벌부과의 목적은 사람들의 규범에 대한 신뢰(信賴)를 충실하게 한다는 것이다. 살인자가 처형되어야 하는 이유는 살인금지라는 규범에 대한 일반인의 신뢰가 유지되어야 하기 때문이다. 이러한 목적을 위하여 살인자(범죄자)에게 국가가 부과(賦課)하는 것이 책임이다. 이렇게 되면 책임개념은 규범안정화(Normstabilisierung)를 위한 범죄자의 부담(負擔)이라고 할 수 있다. 부담이라는 표현은 범죄자의 관점이고, 국가의 입장에서는 규범안정화 필요의 부과(Zuschreibung)이다. 이상이 야콥스 논지의 간명한 요약이다. 야콥스 스스로는 규범안정화에 기능한다는 점에서 자신의 책임개념을 기능적 책임개념(funktionale Schuldbegriff)이라고 한다.

이러한 야콥스의 책임론은 그 사유에서의 혁신성에 비교하면, 또는 그 때문인지 모르나, 일반적인 호응을 얻지는 못하고 있다. 독일에서도 소수설에 그치고 있고, 일본에서는 거의 모든 교과서에서 언급조차 되지 않고 있다.[178]

---

178 거의 유일하게 기능적 책임론을 언급하고 있는 교과서는 伊藤 涉, 小林憲太郎, 鎭目征樹, 成瀨幸典

이에 대하여 한국에서는 거의 모든 교과서가 책임이론에서 기능적 책임개념을 언급하고 있다.[179] 그렇지만 한국에서 이를 자신의 학설로 지지하는 학자는 없다. 이에 비해 야콥스의 책임개념은 남아메리카에서 많이 수용되고 있다고 한다.

한편 야콥스 책임개념의 이론사적 위상이나 그것을 보는 관점에 대해서도 다를 수 있다. 일반적으로는 이론적 내용의 흐름이나 시간적으로도 록신(Roxin)이 야콥스보다 앞선다. 록신을 앞세우면 책임개념에 목적론적(目的論的) 관점을 도입하고 그것을 위하여 예방적 책임개념으로 전환해야 한다는 주장을 먼저 논의하게 된다. 이렇게 보면 '형벌목적과 연계된 책임이론'[180] 또는 '형벌근거책임'[181] 개념을 상정하고, 록신이 중도적 입장이고, 야콥스는 급진적인 입장이라고 규정된다. 그런데 우리의 관점은 이제까지의 책임개념이 자유의지론을 중심으로 한 것인 데 대하여 야콥스의 책임개념은 이를 완전히 이탈하였다는 점이 중요하다. 이러한 점에서 야콥스의 책임개념은 그 전형(典型)이 된다. 그리고 록신의 책임개념은 일종의 절충주의가 된다. 이렇게 이해할 때, 야콥스의 책임개념에 대한 간략한 요약은 그 전형의 핵심을 파악한다는 뜻에서 중요한 의미가 있다. 야콥스 책임론에 대한 록신의 요약을 보자.

, 安田拓人, アクチュアル 刑法総論, 弘文堂, 2005, p. 222에서 '적극적 일반예방론과의 관계'라는 제목으로 한페이지가 모자라게 논의하고 있다.

179 저자가 보기에 이것은 한국의 형법 교과서를 거의 30년 이상 지배해 온 이재상 교과서의 영향으로 보인다. 그 근거로는 책임의 장에서 대부분이 '책임의 근거'와 '책임의 본질'로 나누고 기능적 책임론을 책임의 본질의 장에 배치하여 설명한다. 책임개념에 있어서 책임의 근거와 책임의 본질이 따로 있다는 사유 자체가 책임에 대한 하나의 프레임(frame)이다.

180 한정환은 책임의 내용에 범죄예방의 필요성을 도입해야 한다는 주장을 한 Noll(FS für Helmuth Mayer, 1966 p.219ff)에서 출발하여 이를 발전시킨 Roxin, 그리고 그에서 더 나아간 Jakobs로 설명한다. 한정환, 『형법총론 I』, 한국학술정보, 2010, p.403f.

181 김일수는 형벌근거책임이라는 개념으로 책임개념을, 보수적 입장에서 본 책임과 예방, 진보적 입장에서 본 책임과 예방, 중도적 입장에서 본 책임과 예방으로 구분하여 설명한다. 진보적 입장에 Jakobs가 있고, 중도적 입장에 Roxin이 있다. 김일수, 『한국 형법II』, 박영사, 1997, p27ff.

"시스템론의 개념(Luhmann)에 의존하여 야콥스는 책임을 일반예방적 부과(賦課,Zuschreibung)라고 이해하는 '기능적 책임개념'을 전개했다. 야콥스에 의하면, '책임은 합목적적으로 정하는' 것이며, '그 목적만이 책임개념에 내용을 부여한다'. 그는 이 목적을 일반예방에서 구하는데, '일반예방을 위하(威嚇)가 아니라, 법충실의 훈련(Einübung in Rechtstreue)의 의미로' 이해한다. '책임을 규제하는 목적'은 '범죄적 행위에 의해 교란된 질서에 대한 신뢰를 안정화하는 것'이다. 즉 책임의 승인과 그것에 결부된 처벌에 의해 '규범의 정당성에 대한 신뢰의 정당성'이 확증(確証)되지 않으면 안 된다. 범죄행위는 법공동체의 기대(期待)를 실망하게 하는 것으로, '그 실망이 아니라 그 실망하게 한 행동이 잘못이라고 판정되는 것에 의해, 실망이 보전되는 것', 즉 책임으로 간주되어 처벌된다. '이 갈등이 다른 방법으로 처리되는 기회가 있는 경우에 비로소, 면책(免責)이 문제가 된다'. 그 예로서 그는 다음과 같이 말한다. '예를 들면 의료(醫療)가 충동범(Triebtäter)의 처방을 마련한 후에나, 비로소 그의 면책(免責)이 논의될 수 있다'."[182]

야콥스 자신도 적극적 일반예방의 필요에 의한 부과(賦課)가 책임이라고

---

182 Roxin, ATI, §19Rn.33. Im Anschluss an systemtheoretische Konzeptionen (Luhmann) hat Jakobs einen "funktionalen Schuldbegriff" entwickelt, der die Schuld als eine generalpräventive Zuschreibung versteht. Für Jakobs ist die "Schuld zweckbestimmt": "Nur der Zweck gibt dem Schuldbegriff Inhalt." Diesen Zweck sicht er in der Generalprävention, und zwar versteht er ,Generalpräveition nicht im Sinne von Abschreckung, sondern von Einübung in Rechtstreue". Der "die Schuld leitend bestimmende Zweck" ist "die Stabilisierung des durch das deliktische Verhalten gestörten Ordnungsvertrauens"; durch die Zuschreibung von Schuld und die daran geknüpfte Bestrafung soll die "Richtigkeit des Vertrauens in die Richtigkeit einer Norm" bestätigt werden. Die Straftat enttäuscht die Erwartungen der Rechtsgemeinschaft, und diese "Enttäuschung wird kompensiert, indem nicht sie, sondern das enttäuschende Verhalten als Fehler gedeutet", d.h. als schuldhaft angesehen und bestraft wird. "Erst bei gegebener Chance anderweitiger Verarbeitung des Konflikts wird Exkulpation diskutabel." Als Beispiel führt er an: "So konnte etwa die Exkulpation von Triebtätern erst diskutabel werden, nachdem es der Medizin gelungen war, Rezepte zu deren Behandlung vorzulegen."

말하고 있으나, 그가 말하는 적극적 일반예방은 사실은 일반예방과는 다른 것이다. 원래 형벌이론은 응보, 특별예방, 일반예방으로 전통적으로 논의되어 왔다. 이 중에서 일반예방은 범죄자를 처벌하여 잠재적 범죄자를 위하(威嚇)함으로써 범죄에의 동기를 억제하는 기능을 말하는 것이었다. 그런데 야콥스는 이런 전통적 일반예방을 소극적(消極的) 일반예방이라고 규정하고, 자신은 형벌의 효과에 대하여 적극적(積極的) 일반예방에 주목한다. 그것은 잠재적 범죄자가 아니라 일반 시민이 범죄자가 처벌받는 것을 보면서 형벌 법규범에 대한 신뢰를 되찾고, 그리하여 규범이 다시 안정화되는 효과라는 것이다. 적극적 일반예방은 그 대상이 일반 시민이며 그 내용이 규범에의 신뢰라는 점에서, 대상이 잠재적 범죄자이고 내용의 위하에 의한 억지인 소극적 일반예방과는 다르다. 살인자를 처형하는 것에 의하여 잠재적으로 살인 동기를 가진 사람들이 범행에로 나아가는 것을 스스로 억지하는 효과가 소극적 일반예방이라면, 일반 시민들이 살인금지의 법규범이 옳고, 그래서 지켜질 것이라는 신뢰를 확인하는 것이 적극적 일반예방이다. 아마 자신이 살해당할 위험이 여전히 낮다는 안전(安全)에의 신뢰도 적극적 일반예방의 효과라고 할 수도 있을 것이다. 이렇게 보면 보면 예방이라기보다는 규범안정화라는 표현이 더 적절해 보인다.

[1239] Luhmann

야콥스의 적극적 일반예방의 근거는 무엇인가? 그것은 루만(Niklas Luhmann, 1927-1998)의 사회학이다. 그것은 좀 더 난해한 용어들을 이해해야 한다. 루만에게 사회란 커뮤니케이션(Kommunikation)에 의한 의미(意味)의 자기생산이다. 인간은 이러한 사회적 의미장(意味場)을 형성하는 커뮤니케이션 속에서 의미를 생산하고 기대(期待)를 조정하는 하나의 의미로서 나타난다.

살인도 의미의 생산이고 형벌도 의미의 커뮤니케이션이고, 살인사건과 형벌 집행을 보면서 자신의 기대를 재조정하는 것도 의미의 자기생산이다. 체계와 구조는 이러한 의미 재생산의 장에서 스스로 항상성(恒常性)을 유지하는 사건의 장(場)이다. 구조는 항상적(恒常的)으로 유지되어야 하는데, 그것은 기대(期待)에 의하여 규정된다.

> "구조는 항상적이어야 하지만 위반(違反)에 취약하다. … 그 위반이 명백하고 체험의 대상으로서 현실 모습에 확실하게 구축될 수밖에 없는 경우에도, 그 좌절된 기대를 변경하여 현실에 적응하거나, 이를 고정하고 좌절된 현실에 대처하며 계속 살아갈 수 있는 선택지가 존재한다. 이러한 선택지 중에서 어떠한 입장이 지배하는가에 따라 우리는 인지적 기대(kognitive Erwartung) 또는 규범적 기대(normative Erwartung)를 말할 수 있다."[183]

인지적 기대와 규범적 기대에 대한 설명으로 루만은 회사에 여비서가 채용되었을 때, 여비서가 젊고 예쁘고 금발이었으면 하는 기대는 인지적(認知的) 기대라고 한다. 막상 여비서가 젊지만 흑발이고 예쁘지도 않는 경우에는 기대를 접고 적응해야 한다. 그런데 여비서에게 업무적으로 일정한 서비스를 기대하는 것은 규범적(規範的) 기대로서, 이 기대가 위반된 경우에도 우리가 잘못 기대하였다는 느낌을 가지지 않는다.[184] 그리하여 "규범은 반사실적(反

---

183 Luhmann, Rechtssoziologie, Lowohlt, Hamburg, 1972. p.42. 이하 번역은 강희원 역, 『법사회학』, 한길사, 2015를 인용한다. 때로 수정 부분이 있다. Diese Angewiesenheit auf Strukturen, die Bestand haben müssen und doch enttäuschungsanfällig sind,… Selbst wenn Enttäuschungen sichtbar werden und als Gegenstand der Erfahrung in das Wirklichkeitsbild eingebaut werden müssen, gibt es noch die Alternative, die enttäuschten Erwartungen zu ändern und der enttäuschenden Wirklichkeit anzupassen oder sie festzuhalten und im Protest gegen die enttäuschende Wirklichkeit weiterzuleben. Je nachdem, welche Einstellung dominiert, kann man von kognitiven oder von normativen Erwartungen sprechen.
184 ibid., pp.42-43.

事実的)으로 안정화된 행동기대이다. 여기에서 규범의 효력이 사실적인 준수 또는 부준수(不遵守)와 무관한 것으로 경험되며, 제도화된 한에서 그 효력의 무조건성을 의미한다."[185]

　가령 살인금지의 규범은 살인사건이 일어나 실제 사회 현실에서는 살인금지가 파괴되는 경우에도 우리는 살인금지의 규범적 기대를 변경하지 않아야한다. 그것은 채용한 여비서가 업무적으로 일정한 서비스를 제공하지 못한다고 하더라도, 그에 대한 기대를 변경하는 것이 아니라, 여비서를 훈련하거나 다른 여비서를 채용함으로써 기대를 유지하는 것과 같은 것이다. 살인사건이 일어난 경우 살인금지의 규범적 기대가 잘못된 것이 아니라, 살인자가 잘못 행동하였거나 특이하게 행동한 것이다. "즉 잘못 기대한 것은 기대자(期待者)가 아니라 행위자가 잘못 행동하거나 특이하게 행동하였다는 것이며, 기대자의 착오(錯誤)가 설명되어야 할 것이 아니라 행위자의 행동이 검증(檢証)의 주제가 된다."[186] 그리하여 살인사건이라는 현실의 사실을 넘어, 반사실적(kontrafaktisch)으로 안정화될 때에만 살인금지의 규범은 규범으로서 의미를 가지는 것이다. 이처럼 규범은 반사실적으로 안정화된 행동기대이다. 야콥스는 루만의 이론을 받아들여 규범과 형벌 그리고 책임귀속의 의미를 설명한다.

　　"사람들은 다음과 같이 반사실적으로 종전의 기대를 고수할 수 있다. 기대의 실추는 그때의 실망이 아니라 그를 실망시키는 행위를 잘못으로 논박함으

---

185 *ibid.*, p.43. Normen sind demnach kontrafaktisch stabilisierte Verhaltenserwartungen. Ihr Sinn impliziert Unbedingtheit der Geltung insofern, als die Geltung als unabhängig von der faktischen Erfüllung oder Nichterfüllung der Norm erlebt und so auch institutionalisiert wird.
186 Luhmann, Rechtssoziologie, *op.cit.*, p.55. Nicht der Erwartende hatte falsch erwartet, sondern der Handelnde hatte falsch oder doch ungewöhnlich gehandelt;nicht ein Irrtum bleibt zu erklären, sondern das Verhalten wird zum Thema der Prüfung.

로써 보상된다. 나타난 사실들은 규범적 기대에 부합하지 않았으며 그것들은 그만큼 더 나쁘고 잘못된 것으로 밝혀진다. 즉 그 사실들은 그러한 현실에도 불구하고 사람들이 지향해야만 할 소여(Gegebenheit)에 속하지 않으며, 오히려 그것들은 오직 주연자와만 관련지어 그와 불가분의 것으로 정의 내림으로써 현실의 영역으로부터 추방시킨다. 법학적 용어로는 그것들은 범죄자에게 귀속(歸屬)된다."[187]

이렇게 규범적 기대를 충족시키고 규범안정화의 기능을 하는 것은 형벌이고 책임이다. 이것이 적극적 일반예방이며 이에 대하여 소극적 일반예방—종래의 일반예방—은 부차적인 의미밖에 없다.

"그러한 행위 선택의 반가치성(反価値性)은 그 행위를 경험해 볼 만한 선택에서 배제시킬 정도로 자명하게 드러날 수 있다. 이것은 위하(威嚇)가 아니라 법충실에의 훈련이라는 의미에서 일반예방이다. 물론 이때의 형벌에 다음과 같은 희망, 즉 범죄자 또는 범죄적 경향을 지닌 다른 자들이 (동시에) 위하되기 때문에, 이들의 규범적합적(規範適合的) 행위에 대한 기대가 장래에는 거의 실추되지 않으리라는 희망도 결부시킬 수 있다. 하지만 이 점은 유책한 것으로서의 귀속을 통한 실망해소처리(Enttäuschungsverarbeitung)의 속성이 아니라 기껏해야--물론 바람직하다는 점에는 의심의 여지가 없는--덤(Beigabe)일 뿐이

187 Jakobs, Schuld und Prävention, Strafrechts wissenschaftliche Beiträge, Mohr Siebeck, Tübingen, 2017. p.647. 이하 번역은 조상제 역, '책임과 예방', 『책임형법론』, 홍문사, 1995를 인용한다. 때로 수정 부분이 있다. Die dritte Version ist (straf-)rechtlich zentral: Man kann an der Erwartung "kontrafaktisch" festhalten. Die Enttäuschung wird kompensiert, indem nicht sie, sondern das enttauschende Verhalten als Fehler thematisiert wird. Die Tatsachen haben nicht der normativen Erwartung entsprochen; um so schlimmer für die Tatsachen, sie werden für falsch erklärt, d.h., sie gehören, obwohl Tatsachen, nicht zu den Gegebenheiten, an denen man sich zu orientieren hat, werden vielmehr aus diesem Bereich herausgeschnitten, indem sie nur in ihrer Beziehung zum Täter definiert werden; juristisch: sie werden dem Täter zugerechnet.

다."[188]

　루만의 프레임에서 보면 형벌은 육체적 물질적 차원이 아니라 그 의미(意味)와 커뮤니케이션이 중요하다. 그리하여 야콥스에게서도 형벌은 물질적 차원이 중요한 것이 아니며 그것은 의미수준(Ebene der Bedeutung)에 있어서의 사건(事件)이다. "규범위반은 그 외부적(外部的)인 결과로 인한 형법관련 갈등이 아니다. 형법은 외부의 결과를 치료할 수 없기 때문이다."[189] "외부행동의 결과가 아닌 의미수준에서의 규범위반 및 형벌의 국소화에 따르면, 형벌의 임무는 법익침해의 회피가 아니라, 규범적 타당성의 확인이며, 타당성은 승인(Anerkennung)과 동일시되어야 한다."[190] 그리하여 "형벌은 적극적으로 정의되어야 한다. 그것은 관할책무자(管轄責務者, Zuständigen)를 희생하여 규범효력을 실증한다."[191] 이것이 야콥스의 형벌론이고 동시에 책임론이기도 하다.

---

188 *ibid.*, ⋯ die Unwertigkeit der Alternative kann so selbstverständlich werden, daβ diese als erlebbare Alternative verdrängt wird. Dies ist Generalprävention nicht im Sinne von Abschrekkung, sondern von Einübung in Rechtstreue. I Freilich können sich an die Strafe auch Hoffnungen der Art knüpfen, daβ die Erwartung normkonformen Verhaltens des Täters oder anderer tatgeneiger Personen in Zukunft seltener enttäuscht werden wird, weil diese Personen abgeschreckt werden, nur ist dies kein Spezifikum der Enttäuschungsverarbeitung uber Zurechnung als schuldhaft, sondern allenfalls- zweifellos erwünschte - Beigabe.

189 Jakobs, AT, §1/9. Ein Normbruch ist nicht seiner äuβerlichen Folgen wegen ein strafrechtlich relevanter Konflikt; denn das Strafrecht kann die äuβerlichen Folgen nicht heilen.

190 Jakobs, AT, §1/11, Entsprechend der Lokalisierung von Normbruch und Strafe auf der Ebene der Bedeutung, nicht der äuβeren Verhaltensfolgen, darf als Aufgabe der Strafe nicht die Vermeidung von Güterverletzungen angesehen werden. Aufgabe ist vielmehr die Bestätigung der Normgeltung, wobei Geltung mit Anerkennung gleichzusetzen ist

191 Jakobs, AT, §1/3. Strafe muβ positiv definiert werden: Sie ist Demonstration von Normgeltung auf Kosten eines Zuständigen.

야콥스의 형벌에 관한 규범안정화 이론은 이제까지 일반적인 형벌론의 존재론적 차원과는 다른 의미론적 차원에 있어서 의의(意義)가 있다. 그러나 형벌론이 직접적으로 책임이론을 규정하는 것은 아니다. 위와 같은 형벌론을 인정하더라도 책임에 대해서는 다르게 규정할 수 있다. 이런 점에서 야콥스의 책임이론은 순전히 루만이론의 수용만이 아니라 여기에 고전적인 헤겔이론이 결합되어 있다. 그것은 인격, 규범, 법질서, 범죄 등에 관하여 헤겔에 의한 루만의 재해석에서 이루어진다.

가장 먼저 전제되는 개념이 인격(Person)이다. 사회를 구성하는 인간은 인격으로 규정된다. 인격이란 집단과의 관계에 있으며 집단에 대한 당위(當爲)와 스스로의 자유로운 공간--자유역(freiraum)--을 가지고 있다. 말하자면 인격은 외부적으로는 의무를 수행하는 자이며, 내부적으로는 자율적 존재로서 스스로를 관할(管轄)하고 스스로에 대한 책무(責務)를 지닌다. 그러나 사회는 이러한 인격들의 단순한 관계만으로 이루어지는 것이 아니며 가령 계약이나 공인(公認)만으로 구성될 수 없다. 사회는 이러한 인격들의 관계와는 독립한 독자적인 규범(Norm)에 의하여 결합됨으로써 공식화되고 실재성을 가지게 된다. 여기에 인격-규범-사회의 관계가 있다. 규범은 인격들의 행태에 대한 표준적인 해석양식으로 작용한다. 사회는 의미론적인 커뮤니케이션에 의하여 재생산되는 양식으로 유지된다. 다음이 야콥스가 보는 인간과 사회에 관한 25개의 테제(These) 중의 몇 개다. 이것은 야콥스가 사회를 보는 기본적인 관점이다.

"4. 인격이란 집단을 위해 마땅히 과업을 수행하는 자인바, 인격은 당위와 자유역(自由域)의 도식(Schema)에 의하여 규정된다. 6. 단지 몇몇 개체들의 상관적인 작역(作役, Leistung)만으로는, 특히 계약이나 공인만으로는 당위와 자유역(의무와 유의성) 양식이 기초화될 수 없다. 오히려 개별적인 유의성(Willkür)과는 독자적으로 서로를 결합시켜 주는 틀(프레임)이 필요하다. 자의와는 무관하게 서로를 결합시켜 주는 범주가 필요하다. 이러한 프레임, 즉 집단의 존립은 규범(規範)으로 공식화된다. 7. 인격들의 질서가 비로소 사회를 기초화하며, 사회는 규범적 세계로 이해된다. 10. 인격들을 근거 지우는 규범들이 커뮤니케이션을 주도하는 경우에, 즉 규범들이 행태에 대한 표준적인 해석양식을 제공하는 경우에 사회는 현실적(現実的)으로 존재한다."[192]

이러한 인격, 자유역(自由域), 규범, 사회, 커뮤니케이션의 개념에 의하여 책임개념이 규정된다. 사회를 구성하는 데 있어 인격은 규범에 따라 스스로를 동기화(動機化)해야 한다. 그것은 자유역을 가진 인격으로서 스스로의 자유공간에서 자신의 의사를 조종하여 규범준수를 지향하는 동기화를 해야 할 의무가 있다. 왜냐하면, 인격(人格)이기 때문이다. 그리하여 적법동기화를 하는 관할책무(管轄責務)가 인격 자체에 있다. 불법에 대한 인격의 관할책무가 책임이다. 여기에 관할책무(Zuständigkeit)라는 개념이 있다. 관할(管轄)이란 어떤 주체가 지배하는 영역이며, 동시에 그 영역을 자신이 지배한다는 것이기도 하다. 인격의 차원에서 보면 스스로의 의사를 규범을 지향하여 동기화

---

192 Jakobs, Norm, Person, Gesellschaft, 3.Aufl., Duncker & Humblot, Berlin, 2011, pp.132-133. 4. Person ist, wer für eine Gruppe eine Aufgabe erfüllen soll ; eine Person wird durch das Schema von Sollen und Freiraum definiert. 6. Allein durch eine wechselbezügliche Leistung mehrerer Individuen, insbesondere durch einen Vertrag oder durch Anerkennung, kann das Schema von Sollen und Freiraum (Pflicht und Willkür) nicht begründet werden; es bedarf vielmehr eines Rahmens, der unabhängig von individueller Willkür verbindet. Dieser Rahmen, der Bestand der Gruppe, wird als Norm formuliert. 7. Erst die Ordnung der Personen begründet eine Gesellschaft, diese verstanden als normative Welt.10. Gesellschaft ist wirklich, wenn Personen begründende Normen die Kommunikation leiten, was heißt, wenn sie das maßgebliche Inteqpretationsmuster für, Verhalten liefern.

하는 것은, 자신이 자신을 지배하는 것이고 그 영역이며 관할이다. 자기 자신에 대해 제1차적 관할권(管轄權)은 자기 자신에게 있다. 자율(自律)이란 바로이 자기관할(自己管轄)에 있어서 누구도 개입할 수 없고 강제할 수 없다는 것을 말한다. 그런데 이러한 관할에는 의무가 따른다. 누구도 개입할 수 없기에 그 의무도 스스로 부담해야 한다. 적법을 지향하여 올바르게 동기화해야 할의무, 자신의 자율이 야기한 것에 대한 부담(負担), 이것이 관할에 따른 책무(責務)이다. 불법에 관한 인격의 관할책무, 이것이 책임이다. 이러한 의미에서 Zuständigkeit를 관할책무(管轄責務)로 번역하기로 한다. 야콥스는 책임에 관한 직접적인 정의를 다음과 같이 하고 있다.

"만약 위법한 소행이 지배적 적법동기화의 결함을 나타낼 뿐만 아니라--그러므로 그것은 위법하다.--주연자가 그 결함에 대하여 관할책무(管轄責務)가있는 경우에, 그 주연자는 위법행위에 대하여 책임이 있다. 그 결함이 이해를떨어뜨려 일반적 규범충실에 접촉하지 않고, 관련 규범에 따라 자신을 동기화할 준비가 결여되어 있는 때에, 이 관할책무(Zuständigkeit)가 주어진다. 위법행태에 있어서의 지배적 적법동기화의 결여에 대한 관할책무가 책임이다. 책임은 법충실의 결여에 뒤따르는 것이고 혹은 간단히 말해 법불충실(法不充実)을 지칭한다. 그것은 답책적 불충실을 의미하는 것이고, 법충실 역시 규범적으로 규정되는 개념이다."[193]

---

193 Jakobs, AT, §17/1. Der Täter einer rechtswidrigen Tat hat Schuld, wenn die rechtswidrige Handlung nicht nur einen Mangel an dominanter rechtlicher Motivation indiziert - deshalb ist sie rechtswidrig -, sondern wenn der Täter für den Mangel zuständig ist. Diese Zuständigkeit ist gegeben, wenn es an der Bereitschaft fehlt, sich nach der betroffenen Norm zu motivieren und dieses Manko nicht so verständlich gemacht werden kann, daß es das allgemeine Normvertrauen nicht tangiert. *Diese Zuständigkeit für einen Mangel an dominanter rechtlicher Motivation bei einem rechtswidrigen Verhalten ist die Schuld.* Schuld wird nachfolgend auch als mangelnde Rechtstreue oder kurz: Rechtsuntreue bezeichnet. Damit ist eine zu verantwortende Untreue gemeint ; Rechtstreue ist also ein normativ bestimmter Begriff.

[1241]

야콥스의 책임개념은 인격(人格)이 전제된다. 법질서나 그에 대한 침해로
서 범죄행위도 마찬가지로 인격적이다. "범죄행위는 결코 비인격적 과정으
로 이해될 수 없다. 신체상해를 예로서 설명한다면, 그것은 개(犬)가 물어뜯
은 것과 같은 교란(攪亂)이 아니라 인격을 통한 교란, 즉 그 행위의 커뮤니케
이션상의 중요성으로 인한 교란을 의미한다."¹⁹⁴ 그리하여 형벌도 책임도 주
연자가 인격이라는 이유로 부과된다. 형벌과 책임의 적격(適格)은 인격이다.
인격이 아닌 경우, 인격으로 취급할 수 없는 경우에는 형벌이나 책임을 부과
할 수 없다. "정신병자의 경우와 같이 커뮤니케이션의 적격이 없는 자라면 형
벌 대신 치료(治療)가 등장하게 될 것이다. 치료와 같은 그러한 타의(他意)에
의한 삶의 형성은 바로 인격의 완전성에 대한 부정(否定)이 포함되어 있는 것
이다."¹⁹⁵ 그리하여 책임과 형벌은 헤겔의 주장처럼 범죄자를 이성인(理性人)
으로 존중하는 것이고, 개를 몽둥이로 위협하는 것과는 다른 것이다.

　책임과 인격과의 관계는 규범적(規範的)이다. 형벌의 목적이 책임의 목적
이므로 책임은 앞에서 본 대로 규범안정화라는 목적에 의하여 규정된다. 따
라서 책임은 국가에 의하여 부과된다. 국가가 그 내용을 정하여 책임을 부과
하기 이전에 책임이라는 실재가 존재하는 것은 아니다. 국가에 의한 책임부
과 이전에 이미 어디엔가 존재하고 있던 책임이 있다고 생각하는 것은 존재

---

194 Jakobs, Das Schuldprinzip, (Jakobs의 한국에서의 강연) 『형사법연구』, 제5호, 1993. p.199.
　(Strafrechts wissenschaftliche Beiträge, Mohr Siebeck, Tübingen, 2017. p.688.) Nun darf schon
　die Tat nicht als unpersönlicher Vorgang verstanden werden. Eine Körperverletzung ist, beispielhaft
　gesprochen, nicht eine Störung wie der Biß eines Hundes, sondern eine Störung durch eine
　Person, also gerade wegen der kommunikativen Bedeutung ihres Verhaltens.
195 ibid., p.689. Wäre er in kompetent, wie es etwa der Geisteskranke ist, träte an die Stelle der Strafe
　eine Behandlung ; diese, eine fremdfinale Lebensgestaltung, enthielte gerade die Leugnung voller
　Personalität.

론적인 오해이다. 책임은 의미(意味)의 커뮤니케이션이라는 차원에서 국가에 의하여 부과됨으로써 비로소 생겨나는 것이다. 그러므로 책임은 사회체계에 적합성(適合性)을 가져야 하기 때문에 기능적으로 구성된다. "책임의 개념은 기능적으로 구성되어야(bilden) 한다. 즉, 특정 체제(体制)의 사회를 위하여 (형벌목적의 요구에 따라) 특정의 통제원리에 따라, 통제작역(Regelungsleistung)을 제공하는 개념이다. 여기에서 발전시킨 개념에 따르면 형벌목적은 적극적 일반예방의 유형이다."[196]

따라서 책임은 인격(人格)이라는 전제 이외에 그 주체의 성격이나 정체성에 관하여 어떠한 내용을 가지는 것이 아니다. 책임은 일정한 주체에게 귀속(歸屬)되는 것이며 그 내용이 귀속주체에 의하여 채워지는 것은 아니다. 이것은 귀속주체의 성격 등에 인과적으로 연관되는 그 무엇이 책임의 내용이 되는 것은 아니라는 것이다. 그 내용과 한계를 채우는 것은 규범안정화에서 연유하는 것이며 이것은 인과성이 아니라 목적성(目的性)에 의하여 규정된다.

"책임개념은 일정한 주체에게 귀속(歸屬)된다는 점을 최소한의 내용으로 내포하고 있다. 그럼으로써 단순히 인과성의 탐문만을 문제삼지 않는다는 점은 확정할 수 있다. 그러나 무엇이 인과적 관련의 대상이며, 또 무엇이 규범적 관련의 대상인가에 대한 답을 책임개념이 말해 주지는 않는다. 책임개념은 형식적인 개념이다. 따라서 귀속되는 주체의 본성이 어떠해야 하는가에 대하여 결코 정해 주지 않는다. 즉 어떤 것은 주체에게서 그의 잘못된 소여(所与)로 부각될 수 있는 것인가라는 점을 책임개념이 정해 주지는 못한다. 오직 목

---

196 Jakobs, AT, 17/22. Der Schuldbegriff ist deshalb *funktional* zu bilden, d.h. als *Begriff, der eine Regelungsleistung nach einer bestimmten Regelungsmaxime (nach den Erfordernissen des Strafzwecks) für eine Gesellschaft bestimmter Verfassung erbringt.* Der Strafzweck ist nach der hier entwickelten Konzeption positiv generalpräventiver Art ;

적만이 책임개념에 내용을 부여한다."[197]

　규범안정화와 적극적 일반예방의 목적을 위하여 부과되는 책임은, 따라서
기존의 면책사유에 대해서도 다른 근거를 가진다. 심신장애의 경우 자유의
지나 비난가능성 때문이 아니라, 일반 시민들이 "질병이라는 해명으로 만족"
하며, "기대에 대한 실망이 불가능한 영역"이기 때문에 "규범은 구출된다". 심
신상실자에게 피해를 당하는 것은 "자연적 불운(natürliches Unglück)"이다.[198]
이에 대해 상습범 누범 등은 다르다. 범죄성향이 강한 자를 관대하게 처벌하
는 것은 명백히 규범적 기대를 교란한다. 따라서 책임은 감소하지 않는다. 면
책적 긴급피난, 과잉방위 등의 경우는 일반예방적 필요성이 없으므로 면책으
로 설정된다. 이러한 경우는 예방이 무의미하므로 질서에 대한 신뢰를 안정
시킬 필요가 없기 때문이다.[199]

　[1242]

　기능적 책임이론에서 자유의지론은 우회(迂回)하는 대상이 아니며, 책임과
자유의지는 무관(無關)하다. 책임은 두 가지 근거에서 규정되는바, 하나는 규
범안정화를 위하여 국가에 의해 부과(賦課)된다는 것이고, 다른 하나는 책임
의 주체가 인격(人格)으로 규정된다는 것이다. 책임이라는 것은 존재론적으

---

197 Jakobs, Schuld und Prävention(1976), Strafrechts wissenschaftliche Beiträge, *op.cit.*, p650. Der
　　Schuldbegriff hat als Mindestinhalt, daβ einem Subjekt zugerechnet wird; damit steht fest, daβ es
　　nicht nur um Ermittlung von Kausalität geht. Was Ber kausal und was normativ angegangen wird,
　　sagt der Schuldbegriff nicht; er ist ein formaler Begriff und bestimmt nicht einmal, wie das Subjekt,
　　dem zugerechnet wird, sich konstituiert, was also als nun einmal so beschaffen hinzunehmen ist
　　und was sich vom Subjekt als möglicherweise dessen (Fehl-)Leistung abhebt. Nur der Zweck gibt
　　dem Schuldbegriff Inhalt.
198 Jakobs, Schuld und Prävention(1976), Strafrechts wissenschaftliche Beiträge, *op.cit.*, p.653.
199 *ibid.*, p.650, 654.

로 사전에 실재하는 그 무엇이 아니라 국가가 인격에 부과하여 규정함으로써 사회적으로 생성되는 것이다. 책임부과의 조건에 자유의지가 전제되는 것은 아니다.

야콥스가 이러한 결론에 이르는 이유는 인간사회에서의 규범의 성격 때문이라고 말한다. 자연법칙은 그 스스로 진리성이 명백하며 그것에 따르는 것이 유리하다는 것을 스스로 증명한다. 가령 우리가 자연법칙을 위반하여 둘에 셋을 더하면 일곱이 된다고 믿는다고 하여 누구도 우리에게 책임을 부과할 필요는 없다. 마찬가지로 돌로 빵을 만들 수 있다고 믿고 빵을 만들기 위해 돌덩이를 모으는 사람에 대하여 우리는 책임을 물을 필요가 없다. 왜냐하면, 자연법칙은 스스로 그 진리성이 명백하여 따로 이를 입증할 필요가 없고 그것을 준수하지 않는 자는 스스로 손해를 보게 된다. 스스로 손해를 보기 때문에 굳이 그에게 책임을 부담하게 하여 손해를 부과할 필요가 없다. 그러나 사회의 규범은 그렇지 않다. 규범의 타당성은 자명(自明)한 것이 아니며 규범을 준수한다고 하여 자동적으로 손해를 보는 것은 아니다. 오히려 모든 사람이 규범을 지킬 때 혼자 규범을 지키지 않으면 이익(利益)을 본다. 그리하여 규범의 타당성을 확인하고 그것을 준수하는 것이 가치 있다는 것을 개개인의 규범 수범자에게 부과하는 방식이 바로 사회를 조직(組織)하는 방식이다. 이러한 방식 이외에 사회를 조직하는 방식을 우리는 알지 못하고 있으며 가능하지도 않은 것이다. 여기에 개개인의 관할책무(管轄責務) 즉 자기관리의 자유가 도출된다.

"인간은 그가 규범침해로 나아갈지라도 그 자신은 아무 탈 없이 잘 지낼 수 있다. 다시 말하면 사회적 규범 특히 법규범을 준수하는 것이 낫다는 점에 관해 개인적 가치선호(価値選好)는 자연법칙을 따르는 것에 대한 개인의 가치선호와는 달리 스스로 증명되지 않는다. 사회적 규범은 이와 같이 순수한 의미의 취약점(脆弱点), 즉 그에 따르는 것이 개인적으로 낫다는 것을 증명해주지 못한다는 취약점을 지닌다. 이러한 취약점을 보충하기 위하여 사회적 규범은 자신의 요구를 준수할 개인적인 이유를 찾아낼 것을 규범의 수범자에게 스스로의 임무(任務)로 부과시킨다."[200]

여기서 자유의지와 책임에 관한 중대한 하나의 관문의식(観問意識)이 드러난다. 야콥스의 주장이 틀렸다고 말하기는 어렵다. 야콥스는 사회를 조직(組織)하는 관점에 서 있다. 그리고 그러한 관점에서 볼 때 자유의지의 문제는 어디에서나 자리할 곳이 없다. 그런데 우리가 자유의지론을 무시한다면 그것은 타행위가능성이 없는 인간에게 사회적 필요에 의하여 형벌을 부과하는 것을 정당화하는 것이 된다. 야콥스는 노골적으로 규범안정화를 위하여 개인을 희생(犧牲)하는 것이 책임이라고 한다. 이것은 인간의 존엄, 인권, 그리고 근대문명에 대한 노골적인 부정이 아닌가? 이에 대해서 야콥스는 오히려 반박한다. 자신은 현실(現実)을 서술(敍述)하고 있을 뿐이다.

"여기서 제시하고 있는 바의 구상에 대하여 지속적으로 제기되고 있는 반론(反論)들, 즉 책임을 그렇게 이해하면 처벌받는 시민이 도구(道具)로 전락하게 된다는 비난들은 여기에서의 주장이 공동체사회의 기능을 위한 조건들을 서술(Deskription)하는데 그친다는 점을 전적으로 오해한 데서 비롯된 것이라고 할 수 있다. 서술(敍述)이란 도구화시킴을 뜻할 수는 없으며, 기껏해야 이

---

200 Jakobs, Schuld und Prävention, Strafrechts wissenschaftliche Beiträge, *op.cit.*, p.682. Man mag auch angenehm durchkommen, wenn man diese Normen bricht, mit anderen Worten, die individuelle Vorzugswürdigkeit der Befolgung von sozialen Normen, insbesondere Rechtsnormen, ist, anders als die individuelle Vorzugswürdigkeit insbesondere der Beachtung der Regeln der außeren Welt, nicht beweisbar. Soziale Normen leiden an einer genuinen Schwäche, eben an der Unbeweisbarkeit ihrer individuellen Vorzugswürdigkeit. Zum Ausgleich dieser Schwäche wird es zur Aufgabe des Normunterworfenen erklårt, selbst für Normbefolgungsgründe zu sorgen ;

미 전부터 존속하고 있는 도구화가 서술을 통해 공개되어 나타날 뿐이다. 물론 서술은 환상(desillusion)을 깨뜨릴 수는 있다."[201]

여기에서 드러나는 문제는 만약 야콥스가 옳다면 우리는 환상 속에 살고 있다는 것이 된다. 우리의 현실은 야콥스가 서술하고 있는 대로 형벌과 책임은 사회조직을 위하여 국가가 부과하고 있으며, 조직화 대안이 없는 상태에서 개인의 희생(犧牲)은 어쩔 수 없다. 이에 대하여 근대 이래 자유주의 문명 속에서 우리는 개인을 희생해 왔다고 생각하지 않는다. 오히려 자유주의 문명은 개인의 인권을 존중하는 가장 문명화된 사회를 이룩했다고 믿고 있다. 야콥스는 그것이 환상(幻想)이라고 말한다. 야콥스를 반대하는 사람들은 이 환상을 깨닫지 못하였기 때문에 자신들이 환상 속에 살고 있다고 믿고 싶지 않은 사람들일지도 모른다.

우리가 관문(觀問)을 직시한다면 우리는 여기에서 인간사회에 대한 대단히 심각한 문제에 직면하고 있다는 것이 드러난다. 야콥스에 대한 비판자들의 주장은 야콥스가 인간을 도구로 규정하고 있다는 것이다. 실제로 야콥스는 규범신뢰를 위하여 형벌을 받는 자들을 희생하는 것이 현실이고 그것을 받아들여야 한다고 솔직하게 인정한다. 자신이 그렇게 하는 이유는 그것 이외에는 인간이 사회를 조직하는 다른 대안이 없기 때문이라고 한다. 여기서 야콥스의 책임이론이 자유의지의 문제를 무시한다고 하지만 사실은 회피하지 못하고 있다는 것이 드러난다. 만약 자유의지가 있다고 가정한다면 야콥스에 대한 비난은 잘못된 것이다. 자유의지가 있는 자가 규범을 위반하여 이익

---

201 *ibid.*, p.691. Wenn gegen das hier vorgetragene Konzept immer wieder vorgebracht wird, bei einem solchen Verständnis von Schuld werde der zu bestrafende Bürger instrumentalisiert, so wird dabei wohl verkannt, daß es überhaupt nur um die Deskription der Funktionsbedingungen von Gesellschaft geht: Deskription instrumentalisiert nicht, sondern legt allenfalls längst vorhandene Instrumentalisierungen offen. Freilich kann Deskription desillusionieren,.....

을 보려고 하기 때문에 처벌하는 것은 정의이고 결코 인간을 결코 도구로 삼는 것이 아니다. 동시에 야콥스를 비난하는 사람들은 위선자(僞善者)의 혐의를 피할 수 없다. 왜냐하면 오직 자유의지가 있다고 가정하는 경우에만 야콥스를 비난하는 사람들도 정당화될 수 있기 때문이다. 말하자면 스스로에게는 자유의지를 가정하고 야콥스에 대해서는 자유의지를 부정하는 잣대를 들이대고 있는 것이다. 결국 누구도 자유의지의 문제에서 자유롭지 못하다.

[1243] Noll, Roxin

록신(Claus Roxin, 1931-)의 책임이론은 전통적 이론과 야콥스(Jakobs)의 이론에 비추어 본다면 절충주의(折衷主義)의 관점이다. 즉, 전통적 책임개념과 예방적 필요성을 종합하려고 한다. 그러나 록신의 예방적 책임개념은 야콥스나 루만(Luhmann)의 프레임에 의존하는 것은 아니다. 록신의 앞에서 길을 연 학자는 노올(Peter Noll)인데, 그는 1966년 그의 한 논문[202]에서 나중에 록신이 이어받은 핵심적인 두 가지 아이디어를 제시했다. 하나는 의사자유론을 우회하는 책임개념의 내용으로서 규범적 응답가능성(normativer Anstrechbarkeit)의 개념이고, 다른 하나는 '일반예방의 수단'으로서의 책임개념이다. 록신 자신 노올의 논문을 인용하고 있는바, "형법상 책임이 의미하는 것은 규범적 응답가능성에도 불구하고 형법규범에 반하는 결의를 했다는 것과 다름없다."는 것이며, 그리고 형법이 책임사상을 필요로 하는 것은 '일반예방의 수단'이기 때문이다.[203] 노올의 관점은 과거와는 다른 혁신적

---

202 Noll, Schuld und Prävention unter dem Gesichtspunkt der Rationalisierung des Strafrechts, Festschrift für H. Mayer, 1966,
203 Roxin, Zur jüngsten Diskussion über Schuld, Prävention und Verantwortlichkeit im Strafrecht, Festschrift für Paul Bockelmann zum 70 Geburtstag, 1978, p.281. "Strafrechtliche Schuld bedeutet nichts anderes als Entscheidung gegen die strafrechtliche Norm trotz normativer Anstrechbarkeit"

인 개안(開眼)이 있는데, 그것은 전통적 책임과 예방의 관계에 관한 것이다. 과거에는 책임은 과거(過去)를 향한 것이었고, 예방은 미래(未來)를 향한 것이었기 때문에 서로 완전히 무관한 개념이었다. 노올은 규범적 응답가능성의 개념을 통하여 이 둘을 연결하면서, 동시에 책임사상은 예방의 수단이라고 그 관계를 규정하였다. 과거의 책임개념이 순전히 과거의 범죄에 대한 것일 뿐이고, 형벌이 그러한 책임을 상쇄(相殺)하고 청산(淸算)하는 책임응보(Schuldvergeltung)라고 한다면, 현행 형법은 그러한 관점에 입각하고 있지 않다는 것이다. 이것은 형법 자체에 관한 이론이기도 하다. 현재의 형법은 책임응보이론(責任応報理論)을 따르지 않고 있으며, 그런 의미에서 책임형법이 아니며, 형법은 일반예방에 기여하고 있고 바로 그 때문에 책임개념을 필요로 하고 있다는 것이다. 노올에 의하면 책임이란 '규범적 응답가능성'이 있음에도 불구하고 형법규범에 위반하는 결정을 하는 것이라고 한다. 한편 일반예방은 형법규범으로부터 나오는 예방작용으로서 '규범적 예방'이다. 책임은 일반적으로 주연자가 규범에 응답하여 형벌위하(刑罰威嚇)에 의한 동기설정이 가능한 것을 전제로 한다. 그렇다면 책임능력이 있는 자만이 규범에 응답할 수 있고, 형벌을 통하여 동기설정을 할 수 있고 예방효과가 가능하다. 따라서 책임이 규정되는 것은 바로 예방에 근거한다는 것이며, 책임이라는 가벌성 요건은 예방이라는 목적에 의하여 설정되었다.

"책임원칙이란 결과원칙(結果原則)과는 반대로… 일반예방 목적을 고려한 형법상 제재의 선택적이며 보다 목적적인 적용을 의미한다. 이 책임원칙에 따르면 주연자가 회피할 수 있었던 행위만이 처벌받게 된다. 왜냐하면, 그렇지 않은 경우에는 금지규범이 예방적 작용을 전혀 발휘할 수가 없기 때문이

; das Strafrech bedürfe des Schuldgedankens als eine "Mittels der Generalprävention".

다.… 책임은… 일반적으로 주연자가 규범적으로 적응할 수 있으며, 동기화
할 수 있다는 사실을 전제(前提)로 하고 있다. 이와 같은 책임전제(責任前提)가
흠결되어 있다면 주연자를 처벌하는 것은 정당하지 않을 뿐만 아니라 예방적
목적으로부터 볼 때도 의미가 없다. 책임무능력자란 일반적으로 혹은 주어진
상황 속에서 자신의 내적 사유로 인해 규범적으로 동기화할 수 없는 사람을
말한다. 그리고 귀속능력의 법적 정의도 이에 일치한다."[204]

　노올의 책임개념에 대한 아이디어는 탁월(卓越)하다. 일반적으로 책임은
과거의 범죄에 관한 회고적인 시좌(視座)만을 가지고 있는 것으로 생각한다.
그러나 과거의 범죄 그 자체와 책임은 다른 것이며, 책임개념이 반드시 과거
의 범죄만 향하고 있는 것은 아니라고 할 수 있다. 책임개념의 시좌가 과거
와 동시에 미래를 향하고도 있다는 것을 발견한 것이 노올의 공로(功勞)라고
할 수 있다. 가령 과거에 범죄를 저지른 자가 책임무능력자라서 책임이 없다
고 하자. 이 경우 과거의 범죄와 책임은 서로 다른 것이 된다. 책임은 과거의
범죄만이 아니라, 미래를 향하여 그 자신과 일반인들이 규범적 응답가능성
을 통한 예방효과가 있을 것을 또 하나의 조건으로 하여 설정된다. 범죄자가
규범적 응답가능성이 없다면 그를 처벌하는 것(책임을 묻는 것)은 부당할 뿐만
아니라 예방효과가 없어 아무런 의미가 없다. 이제까지 정신장해자에 대하

---

204 Noll, Schuld und Prävention unter dem Gesichtspunkt der Rationalisierung des Strafrechts, *op.cit.*,
　　p.225. "Das *Schuldprinzip* bedeutet gegenüber dem Erfolgsprinzip… eine selektive und gezieltere
　　Anwendung der strafrechtlichen Sanktionen im Hinblick auf den Zweck der Generalprävention.
　　Nach ihm sollen nur solche Handlungen bestraft werden, die der Täter hätte vermeiden können,
　　da im gegenteiligen Fall die Verbotsnorm eine präventive Wirkung gar nicht entfalten konnte…
　　Schuld setzt… allgemein voraus, daß der Täter normativ ansprechbar, motivierbar ist. Fehlt diese
　　Schuldvoraussetzung, ist es nicht nur ungerecht, sondern auch vom präventiven Zweck her
　　gesehen sinnlos, den Täter zu bestrafen. *Schuldunfähig* sind Personen, die generell oder in der
　　gegebenen Situation aus in ihnen selbst liegenden Gründen normativ nicht motivierbar sind. Dem
　　entspricht auch die gesetzliche Definition der Zurechnungsfähigkeit."

여 처벌을 하지 않는 것은 그에게 책임능력이 없어 그를 처벌하는 것이 가혹하기 때문이라고 무의식적으로 가정하고 있었던 셈이다. 노올은 그렇지 않고 정신장해자를 처벌하지 않는 것은 그를 처벌하는 것이 예방효과가 없기 때문이라고 해석한 것이다. 이것은 탁월한 통찰이라고 할 수 있다.[205]

[1244]

록신은 노올의 관점을 이어받으면서, 여기에 더하여 책임이론의 내용적 관점을 변혁하고 있다. 이 새로운 관점은 실질적 책임개념(materielle Schuldbegriff)이라고 요약할 수 있다. 그는 이제까지의 모든 학자가 논의했던 것은 사실은 철학적인 책임이념(Schuldidee)이라고 비판한다. 책임에 관한 철학적 추상적 이념이 아니라 형법상의 책임과 면책에 관한 법문들을 일관되게 해석할 수 있는 실질적 책임개념을 찾아야 한다는 것이다. 이러한 실질적 책임개념은 단일한 실질(実質)을 가지고 있지 않으며, 규범적 의미의 타행위가능성–규범적 응답가능성(応答可能性)–에 의하여 규정되는 책임과 이와는 다른 예방적 요구에 의한 책임의 상호제한에 의하여 규정된다. 전통적 책임개념과 예방적 요구의 상위개념으로서 그는 답책성(Verantwortlichkeit)[206]이라는 새로운 용어를 채택하였다. 결국 록신의 책임이론은 예방적 요구와 규범

---

205 물론 이러한 해석은 완전하지 않다. 범죄자 갑이 규범적 응답가능성이 없다면 그 자신(갑)에 관한 특별예방적 효과가 없다. 다른 한편 범죄자 갑을 제외한 정신병자 일반인(즉 규범적 응답가능성이 없는 일반인)에게도 일반예방적 효과가 없다. 그런데 규범적 응답가능성이 있는 일반인에게도 갑의 처벌이 적극적 그리고 소극적 일반예방 효과가 없는가? 이러한 문제에 대하여 우리는 재론할 것이다. *infra* [ ]

206 Verantwotlichkeit에는 답책성(答責性)이라는 번역과 벌책성(罰責性)이라는 두 개의 번역이 있다. 형벌을 통한 예방의 요구를 반영한다는 의미에서 벌책성이라는 용어는 의미가 있다. 저자는 영미체계에서의 여러 가지 용어(가령 answerability, accountability)들과 연관하여 답책성이라는 용어를 채택한다. 또한 답책한다는 이미지는 범죄자가 사회 · 국가에 대하여 부담(대답)한다는 의미가 있고, 벌책이라는 용어는 사회 · 국가가 범죄자에게 부과한다는 이미지가 있다.

적 응답가능성(책임)의 상호제한으로 규정되는 답책성이론이다. 록신 자신의
요약은 다음과 같다.

"답책성은 불법에 부가되지 않으면 안 되는 2개의 사항에 의존한다. 즉 주
연자의 책임과, 법률로부터 간취되는 형법적 위하(威嚇)의 예방상의 필요성
이다. 주연자가 구체적 상황하에서 규범의 요구실현에 도달가능하며, 동시에
적법한 대안적 행위에 심리적으로 접근할 수 있는 충분한 자기조종의 능력을
갖추고 있었음에도 불구하고, 형법상의 불법을 실현했을 때에, 주연자는 유
책적(schuldhaft)으로 행위한 것이다. 일반적으로 이와 같은 유책적 행위는 예
방의 근거에서도 형법적 위하가 필요하다. 입법자는 어떤 행위를 구성요건에
포함시킬 때에는 그 행위가 위법이고 유책적이라면, 통상 형벌적 수단으로
저지되지 않으면 안 되는 것을 전제로 하고 있기 때문이다. 즉 그러한 경우 예
방적 처벌의 필요성은 특별한 근거화가 필요하지 않고, 책임의 존재에 의해
형법상의 답책성이 즉시 존재하게 된다. 그러나 모든 경우에 그러한 것은 아
니다."[207]

록신은 답책성을 책임의 상위개념으로 사용하지만, 이해의 편의를 위해 예

---

207 Roxin, ATI, §19Rn.3. Die Verantwortlichkeit hängt von zwei Gegebenheiten ab, die zum Unrecht
hinzukommen müssen: der Schuld des Täters und der aus dem Gesetz zu entnehmenden
präventiven Notwendigkeit strafrechtlicher Ahndung. Der Täter handelt schuldhaft, wenn er
strafrechtliches Unrecht verwirklicht, obwohl er in der konkreten Situation von der Appellwirkung
der Norm (noch) erreicht werden konnte und eine hinreichende Fähigkeit zur Selbststeuerung
besaß, so dass eine rechtmäßige Verhaltensalternative ihm psychisch zugänglich war. Ein in dieser
Weise schuldhaftes Handeln bedarf im Regelfall auch aus präventiven Gründen strafrechtlicher
Ahndung; denn wenn der Gesetzgeber ein Verhalten in einen Tatbestand aufnimmt, geht er
davon aus, dass es beim Vorliegen von Rechtswidrigkeit und Schuld normalerweise mit den
Mitteln der Strafe bekämpft werden muss. Die präventive Bestrafungsnotwendigkeit bedarf dann
also keiner besonderen Begründung, so dass mit dem Vorliegen von Schuld die strafrechtliche
Verantwortlichkeit ohne weiteres gegeben ist. Doch ist dies nicht in allen Fällen so.

방적 프레임에 입각한 책임개념을 답책성이라고 하자. 이렇게 구분하면 책임이라는 개념은 규범적 응답가능성(応答可能性)에 기초한 것이 된다. 록신이 여러 논문에서 드는 사례는 면책적 긴급피난의 예외조항의 해석이다. 독일 형법 제35조의 예외조항의 경우 일본·한국 등에도 입법화된 것으로, 소방관, 경찰관, 군인 등과 같이 위험을 처리해야 하는 특별한 법률관계에 있는 자는, 일반인들이 피난할 수 있는 경우에도 위험을 감수해야 한다.[208] 가령 어떤 사람이 불이 나 가족의 생명이 위험에 처한 상황에서도 혼자 살려고 도주한 경우, 도덕적으로 비난하겠지만 자식에 대한 유기치사죄는 성립하지 않는다. 그렇지만 완전히 동일한 상황에서 불을 끄려고 출동한 소방관이 도주한다면 그는 유기치사죄 내지 직무유기죄가 성립할 것이다. 이 문제에 대해 록신은 일반 사람이나 소방관 모두 타행위가능성(규범적 응답가능성)이 있다고 말한다. 따라서 책임이 성립한다. 만일 타행위가능성이 없으므로 책임이 성

---

208 독일 형법과 일본/한국 형법의 다른 점은 일본/한국 형법은 정당화 긴급피난만 규정하고 있다는 것이며, 예외조항에 있어서도 독일에는 스스로 위험을 초래한 경우를 규정하고 있으나 일본/한국에는 특별한 법률관계에 있는 경우만을 규정하고 있다.
StGB, §35. 제35조 [면책적 긴급피난] ① 생명, 신체 또는 자유에 대한 달리 피할 수 없는 현재의 위험 속에서 자기, 친족 또는 기타 이와 밀접한 관계에 있는 자의 위험을 피하기 위하여 위법행위를 한 자는 책임 없이 행위한 것이다. 정황에 비추어, 특히 주연자가 스스로 위험을 초래하였거나 또는 특별한 법률관계에 속해 있기 때문에 위험을 감수할 것이 주연자에게 기대될 때에는 적용되지 아니한다. 다만, 주연자가 특별한 법률관계를 고려하더라도 위험을 감수할 수 없었던 경우에는 제49조 제1항에 의해 형이 감경될 수 있다. § 35 Entschuldigender Notstand (1) Wer in einer gegenwärtigen, nicht anders abwendbaren Gefahr für Leben, Leib oder Freiheit eine rechtswidrige Tat begeht, um die Gefahr von sich, einem Angehörigenoder einer anderen ihm nahestehenden Person abzuwenden, handelt ohne Schuld. Diesgilt nicht, soweit dem Täter nach den Umständen, namentlich weil er die Gefahrselbst verursacht hat oder weil er in einem besonderen Rechtsverhältnis stand, zugemutet werden konnte, die Gefahr hinzunehmen;··· ○ 일본 형법 제37조(긴급피난) ① 자기 또는 타인의 생명, 신체, 자유 또는 재산에 대한 현재의 위난을 피하기 위하여 부득이 행한 행위는, 이로 인하여 발생한 피해가 피하려고 한 피해의 정도를 초과하지 아니한 경우에 한하여 벌하지 아니한다. 단, 그 정도를 초과한 행위는 정상에 따라 그 형을 감경 또는 면제할 수 있다. ② 전항의 규정은 업무상 특별한 의무가 있는 자에게는 이를 적용하지 아니한다. ○ 한국 형법 제22조(긴급피난) ① 자기 또는 타인의 법익에 대한 현재의 위난을 피하기 위한 행위는 상당한 이유가 있는 때에는 벌하지 아니한다. ② 위난을 피하지 못할 책임이 있는 자에 대하여는 전항의 규정을 적용하지 아니한다.

립하지 않는다고 한다면, 소방관 등에 관한 법조항은 명백하게 책임주의를 위반한 법조문이 되기 때문이다. 그리하여 일반인에게 죄가 성립하지 않는 이유는 책임(규범적 응답가능성)이 없기 때문이 아니라, 예방의 필요성이 없기 때문이라는 것이다. 그 이유는 일반적인 경우 주연자는 정상적인 사람이고 그러한 상황이 희유(希有)하기 때문에 형벌의 위하를 통하여 특별예방이 필요하지 않고 일반인들을 대상으로 한 일반예방도 필요하지 않기 때문이다. 그렇지만 소방관의 경우 도주하면 안 되고, 소방관의 화재현장 출동의 상황은 일상적이기 때문에 형벌을 통한 일반예방이 필요하다. 독일 형법 제35조에 관한 설명은 록신이 애용하는 설명 사례이다.

"예를 들면 우리 형법(35조)은 신체 또는 자유에 대한 위난(危難)에서 자기 친족 또는 기타의 자신과 밀접한 관계에 있는 자를 회피하기 위해서 어떤 불법구성요건을 실현한 주연자의 책임을 부인하고 있다. 내 생각에는 그러한 사례에서도 주연자의 책임은 긍정되어야 한다. 왜냐하면, 규범의 요청에 응할 수 있는 사람이라면, 그렇다고 생각하면, 관계없는 자에게 해가 가는 것을 피하기 위해서, 자기 또는 자신과 밀접한 관계에 있는 자에 대한 위난을 감수하고 방치하는 것도 가능하기 때문이다. 그런데도 입법자는 어떤 자가 혹은 그러한 상황에서 규범에 따라 적법한 행동으로 의사결정을 하지 않은 경우에도 그 행위에 대해 그 사람에게 책임을 묻는 것을 삼가고 있다. 입법자가 왜 책임을 묻는 것을 꺼리는가 하면, 그 처벌이 예방적으로 필요하지 않기 때문이다. 주연자는 사회에 적응하고 있고 또한 긴급상황은 드물어서 반복의 위험이 없으므로 특별예방의 관점에서 볼 때 제재는 불필요하다. 일반예방의 견지에서도, 제재는 요구되지 않는다. 왜냐하면, 주연자의 행동은, 그 상황이 예외적(例外的)이기 때문에 일반 국민의 눈에도 통상적인 경우에 규범의 타당성을 해치는 것으로 보이지 않기 때문이다. 그러나 사회의 안전을 위해서, 일정한 그룹의 사람들에 대해서는 위험을 감수할 것을 요구하지 않을 수 없는 경우, 예를 들어 경찰관, 병사, 소방관, 구조원 등에 있어서는 일반예방의 관점에서 전혀 다른 판단이 내려진다."209

[1245]

록신의 책임이론은 세 가지 측면으로 나누어 볼 수 있다. 첫째, 그가 말하는 예방적 책임개념에서 예방은 전통적 개념이며, 야콥스와 같은 적극적 일반예방·규범안정화와 같은 개념이 아니다. 그는 의미(意味)커뮤니케이션의 관점에 있으나 반드시 루만의 사회학 이론을 기반으로 한다고 할 수는 없다. 실제에 있어서 특별예방과 일반예방의 필요성이 없다는 것은, 주로 사건의 성격상 그러한 유례의 사건이 희유(希有)한 일이어서 형벌위하에 의한 예방의 필요가 없다는 것이다. 또는 상황이 특수하여 위법행위를 했으나 그 주연자는 건전한 준법정신을 가진 사람이어서 재사회화가 필요하지 않은 경우이다. 둘째, 앞에서 보는 바와 같이 그가 말하는 타행위가능성은 규범적 응답

---

209 Roxin, Zur Problematik des Schuldstrafrechts, ZStW 96 (1984), p.655. Wenn z.B. unser Strafgesetzbuch (§35) den Täter entschuldigt, der einen Unrechtstatbestand verwirklicht, um eine Gefahr für Leben, Leib oder Freiheit von sich, einem Angehörigen oder sonst einer nahestehenden Person abzuwenden, dann meine ich, daß eine Schuld des Täters auch in solchen Fällen noch zu bejahen ist. Denn ein normativ ansprechbarer Mensch kann, wenn es sein muß, zur Vermeidung einer Schädigung Unschuldiger auch Gefahren ertragen, die ihn oder ihm nahestehende Personen treffen. Trotzdem verzichtet der Gesetzgeber, wenn jemand in einer solchen Situation durch die Norm nicht zu rechtmäßigem Verhalten motiviert wird, darauf, den Täter für sein Verhalten verantwortlich zu machen. Er leistet diesen Verzicht, weil eine Bestrafung präventiv nicht erforderlich ist. Der Täter ist sozial eingeordnet, und wegen der Seltenheit von Notstandssituationen besteht keine Wiederholungsgefahr, so daß unter spezialpräventivem Aspekt eine Sanktion überflüssig ist. Sie ist auch generalpräventiv nicht geboten, weil das Verhalten des Täters wegen des Ausnahmecharakters der Situation die prinzipielle Normgeltung in den Augen der Öffentlichkeit nicht beeinträchtigt. Ganz anders fällt das generalpräventive Urteil aus, wo die gesellschaftliche Sicherheit von bestimmten Personengruppen das Ertragen von Gefahren verlangt, z.B. bei Polizisten, Soldaten, Feuerwehrleuten und Rettungsmannschaften.

가능성이 있다는 의미이다. 규범적 응답가능성의 개념은 노올에서 유래하는 자유의지론의 우회이론이다. 그런데 규범적 응답가능성의 실제 현실적인 내용은 록신에 이르러서는 상당히 과격(過激)하다. 앞의 불이난 긴급피난의 상황에서도 규범적 응답가능성이 있다는 것이 그 내용이다. 이것을 더 밀고 나가면 자식의 생명을 인질(人質)로 위협해도(면책적 긴급피난 사례), 꿈쩍하지 않고 법을 준수할 수 있는 적법한 행위가능성이 있다는 것이 된다. 책임은 있지만 면책되는 이유는 예방의 필요성이 없기 때문이다. 셋째, 그의 책임이론에서 예방적 요구와 책임과의 관계는 상호제한적(相互制限的)이다. 말하자면 어떤 사건에서 예방의 필요보다 책임(규범적 응답가능성)이 작다면 형벌의 귀속은 책임에 의해 규정되고, 책임은 있으나 예방의 필요가 없다면 그것은 예방의 필요에 의하여 규정된다. 또는 책임은 다만 필요조건일 뿐 충분조건은 아니라고 한다.[210] 그러나 앞에서 본 것처럼 우리가 생각할 수 있는 대부분의 사건에서 규범적 응답가능성이 있기 때문에, 결과적으로 종합적 답책성은 일반적으로 예방의 필요성에 의하여 규정되게 된다.

록신의 책임이론에서 가장 중요한 전환은 책임에 관한 논의를 이념(理念)의 빛이 아니라, 현실의 실정법(実定法)에서 규정되고 있는 책임관련 사항들에서의 공통성에서 찾아야 한다는 것이다. 이것은 중대한 전환으로서, 구체적으로는 책임의 성립사유나 면책사유를 통합적으로 해석하는 원리를 찾아내는 것이 책임론의 과제가 된다.

    "책임을 둘러싼 끊임없는 논란의 중심이 되어 온 것은, 실제로는, 주로, 아헨바흐가 카우프만을 따라서 '책임이념 (Schuldidee)'이라고 이름 붙인 것, 즉 의지의 자유인지 결정론인지, 행위책임인지 성격책임인지, 속죄, 응보, 인간

---

210 Roxin, ATI, §19Rn.9.

의 존엄과 같은 법률을 초월한 문제였다. 놀랍게도, 책임이라는 형법 교의학상(教義学上)의 개념에 관한 문제, 따라서 불법으로 연결하는 범죄 범주의 기능과 실체에 관한 문제는 오랫동안 아무도 돌아보지 않았다.… 아헨바흐가 그 대규모 이론사적 연구의 성과로서 확인한 것은 '책임개념의 기초가 되는 이념을 둘러싼 견해의 원리적 차이는 책임의 표지(Merkmal)를 규정하는 것에 아무런 관계가 없다.'는 것이다."[211]

그가 도달한 결론은 책임근거사유나 책임조각사유에 대한 해석은 형벌목적에 의하여 규정되는 예방의 요청에서 간취(看取)되어야 한다는 것이다. 입법자가 개개인의 그 행위에 대해 형법상의 관점하에서 답책(答責)하게 할 때, 이를 책임이 아닌 답책성(Verantwortlichkeit)이라는 용어를 사용하고 싶다고 한다.[212] 책임만으로는 형사부책(刑事負責)에 있어 필요조건일 뿐 충분조건은 아니므로, 불법과 비교되는 범죄 범주(範疇)를 답책성으로 표현하는 것이 학문상 적절하다는 것이다.[213]

---

211 Roxin, Zur jüngsten Diskussion über Schuld, Prävention und Verantwortlichkeit im Strafrecht, op.cit., pp.279-280. Aber dieses nie unterbrochene Gespräch hat sich doch überwiegend um das gedreht, was Achenbach im Anschluß an Arthur Kaufmann die "Schuldidee" nennt: um die metajuristischen Probleme von Willensfreiheit oder Determinismus, Tat- oder Charakterschuld, Sühne, Vergeltung und Menschenwürde. Die Frage nach dem strafrechtsdogmatischen Begriff von Schuld, also nach der Funktion ynd dem Inhalt der an das Unrecht sich anschließenden Deliktkategorie, ist dton lange Zeit merkwürdig unberührt geblieben;....... Achenbach hat als Ergebnis seiner weit ausgreifenden dogmenhistorischen Untersuchungen feststellen können, "daß die Bestimmung der Merkmale des Schuldbegriffs von den prinzipiellen Meinungsverschiedenheiten über die zugrundeliegende Idee weitgehend unabhängig ist."
212 Roxin, "Schuld" und "Verantwortlichkeit" als strafrechtliche Systemkategorien. Grundfragen der gesamten Strafrechtswissenschaft; Festschrift für Heinrich Henkel zum 70. Geburtstag. p.182.
213 Roxin, Zur jüngsten Diskussion über Schuld, Prävention und Verantwortlichkeit im Strafrecht, op.cit., p.284.

[1246]

이러한 관점과 체계의 전환이 타당한가? 책임능력이 없는 자, 가령 심신상실자의 범죄행위에 대해 책임이 없다는 이유로 무죄를 선고하는 것이 형법이론의 결론이고 동시에 모든 법률가가 알고 있는 입법이고 실무이기도 하다. 그런데 그 논거가 무엇인가? 당장 '책임능력'이라는 기표(記標, 단어) 자체가 인간의 어떤 능력이라는 관념이다. 그런데 그것이 예방의 필요가 논거라고 한다면, 즉 예방의 이유로 처벌하지 않는 것이라고 한다면, 책임능력이라는 말 자체도 적절한 것이 아니다. 영미체계에서는 이 경우 능력의 개념이 아니라 책임 계열 개념의 하나로서 유책성(responsibility)이라는 기표를 사용한다. 어쨌든 정신분열자의 살인행위에 대해 무죄를 선고하는 이유가, 그에게 자유의지나 타행위가능성이 없어 책임이 없기 때문인가, 예방의 필요성이 없기 때문인가? 록신은 그 이유가 예방의 필요성이 없기 때문이라고 한다.

"슈트라텐베르트가 정당하게도 지적하고 있는 것이지만, 형법 위원회에서 형법 20조[214]의 조문에 관한 심의에서 중심적인 역할을 한 것은 형법의 일반예방적인 감명력(感銘力, Eindruckskraft)을 해치는 일 없이 어느 정도 책임무능력을 인정하고 면책할 수 있느냐가 문제였다. 이어 '어떤 범위에서 주연자에 그 규범위반에 대한 책임을 귀속시킬 수 있느냐는 것이 법질서의 유지를 위하여—즉 예방상 무엇이 요구될까 하는 것에 따라서 결정되는 것은 분명하다.'

---

214 독일 형법 제20조 [정신장애로 인한 책임무능력] 범행 당시 병적인 정신장애, 심한 의식장애 또는 정신박약, 기타 중한 정신이상으로 인해 행위의 불법을 인식하거나 또는 그 인식에 따라 행위하는 능력이 결여된 자는 책임 없이 행위한 것이다. StGB.§20 [Schuldunfähigkeit wegen seelischer Störungen] Ohne Schuld handelt, wer bei Begehung der Tat wegen einer krankhaften seelischen Störung, wegen einer tiefgreifenden Bewußtseinsstörung oder wegen Schwachsinns odereiner schweren anderen seelischen Abartigkeit unfähig ist, das Unrecht der Tateinzusehen oder nach dieser Einsicht zu handeln.

고 그는 지적했다. 또 형법 20조에 의해서 요구되는 판단에 있어서 의지의 자유를 전제로 개별적인 부응가능성(Dafür-Könnens)의 인정이 문제가 안 된다는 것은 요즘은 거의 진지하게 다투어지지 않는다. 보켈만은 '정신적으로 건전한 인간은 자유롭게 행동할 수 있고, 또 정신병의 본질은 바로 선택 자유의 배제에 있다.'는 전제를 '완전한 넌센스'라고 하고 있다. 오히려 책임은, 그 한계 사례에 있어서는 규범적인, 즉 형사정책적인 기준에 따라 판단된다.”[215]

이 글은 대단히 단정적으로 표현되고 있는 것처럼 느껴지지만, 실제로 록신 자신이 주장하는 것은 '개별적인(individuellen)' 타행위가능성을 부정하는 것이지, 책임무능력의 경우 면책(또는 책임불성립)의 근거가 예방적 필요성이 없다는 것에 대한 직접적 논증은 아니다. 이 글이 말하는 것은 '개별적' 구체적 타행위가능성은 문제되지 않는다는 것이다. 위 단정적인 표현들은 모두 이 점에 관한 것이다. 록신이 예방적 필요성을 연결시키는 논거는 '일반적' 타행위가능성을 기준으로 하여 사회적으로 책임을 규정하는 것은 바로 규범적 형사정책적 그리하여 예방적 고려에 의하여 답책성을 규정하는 것이라고 말

---

215 Roxin, Zur jüngsten Diskussion über Schuld, Prävention und Verantwortlichkeit im Strafrecht, *op. cit.*, p.291. Stratenwerth weist mit Recht darauf hin, daß bei den Beratungen der Strafrechtskommission über die Fassung des heutigen §20 StGB die Frage beherrschend gewesen sei, wie weit man mit der Exkulpation gehen könne, ohne die generalpräventive Eindruckskraft des Strafrechts zu gefährden: "In welchem Umfang dem Täter ein Normbruch zur Schuld zuzurechnen ist, das wurde offenbar (auch) danach entschieden, was zur Erhaltung der Rechtsordnung- und das heißt: präventiv - als erforderlich erschien." Daß es bei der nach § 20StGB notwendigen Prüfung nicht auf die Feststellung eines die Willensfreiheit voraussetzenden, individuellen Dafür-Könnens ankommt, wird heute kaum noch ernsthaft bestritten. Bockelmann bezeichnet die Voraussetzung, "daß der geistig gesunde Mensch frei handeln könne und daß das Wesen der Geisteskrankheit eben in der Aufhebung der Wahlfreiheit bestehe", sogar als, "baren Unsinn". Die Schuld wird vielmehr in den Grenzfällen nach normativen, und das heißt: kriminalpolitischen Maßstäben ermittelt: "Das Zurückbleiben hinter dem Maß an Rechtsgesinnung und Willenskraft..., das von dem durchschnittlichen Staatsbürger erwartet wird, das ist es, was an dem Täter getadelt wird und seine Schuld ausmacht", ...

한다. 여기에 록신의 답책성 주장의 본질적 성격이 있다. 즉 예섹(록신 역시 위 인용문에 뒤이어 예섹을 인용한다)은 '일반적' 타행위가능성에 근거하여 규범적 책임개념을 주장한다. 이에 대해 록신은 '일반적' 타행위가능성을 예방적 필요성의 논거로 사용하고 있다. 록신 자신 명백한 정신병의 경우는 타행위가능성이 없는 경우라고 인정하고 있다. "법적으로 가장 단순한 상태에 있는 것은, 전통적으로 형법교의학에서 전적으로 생각되어 온 사례, 예를 들어, 명백한 정신병의 경우와 같이 타행위가능성이 없는 것이 자유의지를 원리상 긍정하는 입장에서도 일의적으로 인정할 수 있으며, 그 결과 그곳에서는 형법상의 예방의 필요성과 답책성이 사실상 책임 결여라는 이유로 탈락되는 사례이다."[216] 그뿐 아니라 록신은 그가 말하는 규범적 응답가능성의 정의를 책임능력에서 찾고 있다. 즉, 예방의 필요성 내지 답책성과는 구별되는 또 하나의 근거인 전통적 책임개념의 기준을 책임능력에 관련된 정신의학에서 찾고 있다. 규범적 응답가능성은 경험과학적 인정의 문제라는 것이다.

결국 책임능력의 문제에 있어서 그 면책(또는 책임불성립)의 근거가 규범적 응답가능성(책임) 때문인가, 아니면 예방의 필요성(답책성) 때문인가에 대한 결론이 명백한 것은 아니다. 록신은 책임무능력자(가령 정신병자)에 대하여 평균인을 기준으로 하는 사회적 행동기대에 부응하느냐의 기준에 의해야 한다는 이유로 이것이 일반예방의 문제로 본다. 다른 한편 책임무능력이라는 것은 결국 행형이라는 방법으로의 처치에 적합하지 않은 인간, 그리하여 특별예방을 적용하는 것으로서 처벌의 필요성이 결여되었다는 관점에서 특별예

---

216 *ibid.*, p.293. aa) Rechtlich am einfachsten liegen die herkömmlicherweise in der Strafrechtsdogmatik allein beachteten Fälle, in denen, wie z.B. bei manifestem Irresein, ein Nichtandershandelnkönnen auch von einem die Willensfreiheit prinzipiell bejahenden Standpunkt aus eindeutig feststellbar ist, so daß hier in der Tat das strafrechtliche Präventionsbedürfnis und damit die Verantwortlichkeit allein wegen des Mangels an Schuld entfällt.

방의 문제로 본다.[217] 그런데 문제는 그 어느 경우에 있어서도 일반적 타행위 가능성 내지 규범적 응답가능성의 문제가 예방의 전제가 되어 있다. 결국 책임능력의 문제는 그것이 타행위가능성(규범적 응답가능성)의 문제인지 예방의 필요성의 문제인지 명확하지 않다. "분명히 말해 두어야 할 것은 책임능력의 경우에는 예방적인 관점이 형법상의 답책성의 다른 요건의 경우보다도 복잡한 양식으로 고려된다. 왜냐하면, 기타 요건의 경우에는 책임 요소와 예방 요소가 명확하게 구별될 수 있기 때문이다."[218]

[1247]

록신은 노올(Noll)에게서 이어받은 자유의지론의 우회이론으로서 규범적 응답가능성(應答可能性)의 개념을 발전시키고 있다. 록신 자신은 자유의지의 문제에 대하여 불가지론자(不可知論者)라고 한다.[219] 그런데도 그는 불가지론 자만이 아니라, 결정론자이든 비결정론자이든 모두 다 승인할 수 있는 타행 위가능성의 개념이 가능하다고 하며, 그것이 규범적 응답가능성이라고 한다. 그가 말하는 규범적 응답가능성(normative Ansprechbarkeit)은 구체적으로 보면 두 가지 논거를 가지고 있다. 하나는 심리학적 논거이며 다른 하나는 헌법적 논거이다. 책임능력이 있는 사람들이 규범적 응답가능성을 가지고 있다는 것은 심리학이나 정신병리학과 같은 경험과학에 의하여 일반적으로 인정되는 능력이다. 다른 한편 근대사회의 모든 사람을 자유인으로 취급해야 한

217 Roxin, Zur jüngsten Diskussion über Schuld, Prävention und Verantwortlichkeit im Strafrecht, op.cit., p.292.
218 ibid., p.292. Eher läßt sich sagen, daß bei der Schuldfähigkeit der präventive Gesichtspunkt in komplexerer Weise zur Geltung kommt als bei den übrigen Voraussetzungen strafrechtlicher Verantwortlichkeit. Denn bei diesen lassen sich Schuld- und Präventionselemente deutlich trennen:
219 Roxin, ATI, §19.Rn37.

다는 것은 헌법적 원칙이며, 그것은 모든 사람을 평등하게 취급해야 하는 것과 마찬가지로 형법이 받아들여야 하는 규범적 설정(normative Setzung)이다.

책임능력 내지 타행위가능성은 어떠한 경우에도 순수한 존재적 질(rein ontische Qualität)이라고 할 수 없으며, 그렇다고 그것이 야콥스가 말하는 순수한 국가사회적인 부과(Zuschreibung) 또는 콜라우쉬(Eduard Kohlrausch)가 말하는 허구(Fiktion)는 아니다.

> "이보다 오히려 심리학이나 정신병리학이 언제나 그 판단기준들을 더욱 발전시키고 있는데, 그 기준들로써 자기조종능력의 제한을 경험적으로 확정할 수 있고, 또 그 정한 정도에 따라 제한의 비중을 구분할 수 있는 것으로 보아야 할 것이다. 그러므로 경험과학적으로 확정할 수 있는 것은 (개개의 사안에 있어서의 난점들에도 불구하고) 주연자가 구체적인 상황 속에서 아직도 자기의 행동을 조종할 능력이 있었는가, 따라서 규범적으로 응답할 수 있었는가의 여부이다. 만약 이와 같은 규범적 응답가능성(Ansprechbarkeit)이 존재한다면 우리는 범죄자의 정신 면에서 원칙적으로 주어진 행위를 하지 않은 경우에는 의사자유의 의미에서 이를 인정하지 않고서도 범죄자가 규범에 적합하게 행동할 능력을 갖고 있으며 그러므로 책임을 져야 한다는 점을 인정할 수 있다. 이러한 견해에서 책임능력은 하나의 혼합된 경험적 · 규범적 개념이다."[220]

---

220 Roxin, Was bleibt von der Schuld im Strafrecht übig? 김일수, 『형사정책과 형법체계』, 박영사, 1996, p.259. 이하 번역은 김일수 번역을 인용한다. Vielmehr ist es so, daβ "Psychologie und Psychiatrie immer mehr Beurteilungskriterien entwickeln, mit denen die Einschränkungen der Fähigkeit zur Selbststeuerung empirisch nachgezeichnet und in ihrem Schweregrad gewichtet werden können." Erfahrungswissenschaftlich festellbar ist (unbeschadet aller Schwierigkeiten im Einzelfall) demnach, ob der Täter in einer konkreten Situation noch zur Steuerung seines Verhaltens fähig und somit normativ ansprechbar war, ob ihm "Entscheidungsmöglichkeiten zu normorientiertem Verhalten" psychisch noch änglich waren. Ist diese "normative Ansprechbarkeit" gegeben, so nehmen wir an, ohne dies im Sinne der Willensfreiheit beweisen zu können, da β der Täter auch die Fähigkeit hat, sich normgemäß zu verhalten und sich schuldig macht, wenn er

"나의 테제는 다음과 같다: 행위의 자유라는 것은 어떠한 증명도 필요로 하지 않는다. 왜냐하면, 형법에 있어서 행동의 자유라는 것은 순수의 사실로서 의미를 갖는 것이 아니라 하나의 규범적인 설정(normative Setzung)으로서 의미를 지니고 있기 때문에, 우리의 헌법은 인간의 존엄과 인격의 자유로운 발전의 원칙을 기초로 두고 있지만, 그 일로 인해 결정론과 비결정론 사이의 논쟁에 개입하려는 것이 아니다–게다가 그러한 것은 불가능한 것일 것이다–. 그렇지 않고, 헌법은 입법·행정·사법권에 대해 다음과 같은 명령을 부과하고 있다. 즉, 국민을, 자유롭고, 책임을 추궁당할 수 있는 사람으로 취급하라는 명령이다. 따라서, 인간의 의사결정의 자유를 긍정하는 것은 사실이 그렇다는 주장이 아니라, 법적 규제원칙(Regelungsprinzip)이다. 의지의 자유를 둘러싼 논쟁은 형법상 의미가 없다. 이 주장이 좀처럼 올바르게 이해되지 않는 것을 나는 종종 겪어 왔다. 그러나 법에 있어서의 인간의 자유에 대해서도, 예를 들어 평등에 대해서와 완전히 같은 것이다. 법질서는 모든 인간의 평등을 전제로 하고 있지만, 그것은 모든 인간이 사실상 똑같다는 터무니없는 소리를 하는 것은 아니다. 그렇지 않고 법은 인간이 법 앞에서는 동일한 취급을 받아야 한다는 것을 명하는 것에 불과하다."[221]

---

keine der ihm psychisch prinzipiell zugänglichen Verhaltensalternativen ergreift. Die Schuldfähigkeit ist bei einer solchen Auffassung ein gemischt empirisch-normativer Begriff.

221 Roxin, Zur Problematik des Schuldstrafrechts, *op.cit.*, pp.650-651. Meine These ist: Diese Handlungsfreiheit bedarf keines Beweises, weil ihre Rolle im Strafrecht nicht die eines realen Faktums, sondern einer normativen Setzung ist. Wenn unsere Verfassung von den Grundsätzen der Menschenwürde und der freien Entfaltung der Persönlichkeit ausgeht, dann greift sie damit nicht in den Streit zwischen Determinismus und Indeterminismus ein - wozu sie auch gar nicht in der Lage wäre -, sondern sie erteilt der Legislative, der Exekutive und der rechtsprechenden Gewalt den Befehl: Ihr sollt den Bürger als freien, verantwortungsfähigen Menschen behandeln! Es geht also bei der Annahme menschlicher Entscheidungsfreiheit nicht um eine Seinsaussage, sondern um ein rechtliches Regelungsprinzip. Ich habe oft Mühe, mit dieser Behauptung, die den Streit um die Willensfreiheit für das Strafrecht gegenstandslos macht, das rechte Verständnis zu finden. Und doch steht es mit der Freiheit des Menschen im Recht nicht anders als z. B. mit der Gleichheit. Wenn die Rechtsordnung von der Gleichheit aller Menschen ausgeht, stellt sie nicht den

[1248]

이 두 가지 논거가 논리적으로 어떻게 연결되어 있는지는 명확하지 않다. 록신의 설명은 대체로 경험과학적인 인정으로도 충분하지 않은 것을 헌법원칙으로 보충할 수 있다는 것으로 해석할 수 있다. 이 해석은 경험과학적 근거에 의하여 일반적인 타행위가능성을 인정하고, 헌법원칙에 의하여 규범적 설정으로 '구체적(具體的)' 타행위가능성을 인정할 수 있다는 것으로 다시 해석할 수 있다.

"왜냐하면, 그와 같은 인정은 주연자가 실제로 다른 행위를 행할 수 있었다는 것이 아니라–그것은 틀림없이 우리들이 알 수 없는 것이다.–단지 완전한 제어능력(制御能力)을 갖고 규범적 응답가능성이 있는 때에는, 주연자는 자유로 취급된다(als frei behandelt)는 것에 불과하기 때문이다."[222]

사실 이 문장은 '자유로 취급된다'는 의미가 '구체적' 타행위가능성이 있다는 의미인지는 명확하지 않다. 어쨌든 그는 규범적 응답가능성에 근거하여 타행위가능성으로서의 책임개념을 인정할 수 있다고 한다. 이렇게 규정되는 규범적 응답가능성에 의하여 규정되는 책임개념과 예방의 필요성은 상호제한(wechselseitiger Beschränkung)의 관계에 있다. 예방 필요성이 있는 경우에도 책임한계가 그것을 제한하고, 반대로 책임형벌(Schuldstrafe)에 대해서도 예방 필요성의 한도가 그것을 제한한다. "그것은 책임과 예방이 상호제한(相好制

---

unsinnigen Satz auf, daβ die Menschen tatsächlich alle gleich seien, sondern sie ordnet an, daβ die Menschen vor dem Gesetz eine gleiche Behandlung erfahren sollen.

222 Roxin, ATI, §19Rn.37. Denn sie besagt nicht, dass der Täter tatsächlich anders handelte-was wir eben nicht wissen können -, sondern nur, dass er bei intakter Steuerungsfähigkeit und damit gegebener normativer Ansprechbarkeit *als frei behandelt* wird.

限)의 관계로 구성되어 있다. 즉, 책임은 국가에 있어서의 예방 필요성에 대해 한계를 마련하고, 한편 예방 필요성도 책임형벌을 한계 짓는 것이다."[223]

그러나 면책적 긴급피난의 경우에서 보듯이 록신은 타행위가능성의 범위를 대단히 넓게 보고 있기 때문에 책임은 일반적으로 광범위하게 인정된다. 그리하여 거의 대부분의 경우 책임형벌은 예방 필요성이 제한하는 경우로 설명된다. 즉 모든 면책사유가 책임은 인정되나 예방 필요성이 없는 경우이다. 반대로 예방 필요성은 크지만 책임이 인정될 수 없거나 적기 때문에 책임에 의하여 제한되는 경우로 록신이 드는 것은 고의범과 과실범의 비교이다. 즉 고의범에 비하여 과실범이 자주 발생하므로 그 예방 필요성은 크지만 책임이 작기 때문에 처벌이 제한된다. "고의행위를 과실행위보다 무겁게 처벌하는 것이 예방적 관점으로는 결코 분명하게 근거 지울 수 없다. 언제나 부주의하게 행위하는 자가 고의행위의 주연자보다 더 위험한 것일 수 있다. 그리고 수많은 교통사고 사망을 생각해 볼 때 우리는 과실행위에 대한 위하(威嚇)를 고의범행에 대한 범죄투쟁과 적어도 동일한 정도로 중요하게 간주할 수 있다."[224]

록신의 책임이론에는 형법학자들이 일반적으로 선뜻 납득하기 어려운 몇 가지 주장이 있다. 그 하나는 면책적 긴급피난(독일 형법 35조)에서 추론하는 타행위가능성에 관한 그의 해석이다. 면책적 긴급피난의 상황에서도 규범적 응답가능성이 있다는 그의 주장은, 바로 타행위가능성이 없다고 인정되기 때

223 Roxin, Zur Problematik des Schuldstrafrechts, *op.cit.*, pp.654-655. Sie besteht vor allem darin, daβ Schuld und Prävention in ein Verhältnis wechselseitiger Beschränkung zueinander treten: Die Schuld setzt den staatlichen Präventionsbedürfnissen eine Grenze, aber die Präventionsbedürfnisse ihrerseits begrenzen auch die Schuldstrafe.

224 Roxin, Was bleibt von der Schuld im Strafrecht übig? *op.cit.*, p.252. Nicht einmal die härtere Bestrafung der vorsätzlichen gegenüber der fahrlässigen Tat ist eindeutig präventiv begründbar: Der immer wieder sorgfaltswidrig Handelnde kann gefährlicher sein als der Täter einer Vorsatztat; und wenn man an die Tausende von Verkehrstoten denkt, kann man die Abschreckung vor fahrlässigen Handlungen für mindestens so wichtig halten wie die Bekämpfung von Vorsatztaten.

문에 면책한다는 형법학자들의 상식적인 이해와 배치된다. 록신에 의하면 면책적 긴급피난의 원조로 취급되는 '카르네아데스의 널빤지' 사례에서도 책임을 인정해야 한다는 것이 된다. 또 하나의 선뜻 납득되지 않는 주장은 고의범과 과실범의 사례에 대한 예방 필요성의 해석이다. 과실범죄가 자주 일어나므로 예방의 필요성이 크다는 것이 무엇을 의미하는지 애매해지고, 이것은 예방개념 자체를 애매하게 만든다. 살인사건은 거의 일어나지 않고 교통사고는 빈번하게 일어나는 사회를 상정해 보자. 이 경우 살인사건은 희유하기 때문에 예방 필요성이 없으므로 벌금형에 처하고, 교통사고는 빈번하게 일어나므로 교통사망사건의 운전자를 사형에 처해야 하는가? 록신 자신도 위의 설명을 이러한 뜻으로서 말한 것은 아니다. 그러나 중요한 것은 고의범과 과실범에 있어서의 예방 필요성과 면책적 긴급피난에 있어서의 예방 필요성이 같은 내용을 가지고 있는가 하는 것이다. 나아가 예방적 책임개념에 대한 가장 중요한 비판은 예방개념이 인간을 도구화한다는 것이다. 이에 대해서 야콥스나 록신은 모두 반비판을 하고 있지만 바로 이 문제 때문에 예방적 책임개념이 다수설이 되지 못하였다고 할 수 있다.

[1249] 언어학적(言語学的) 책임개념, 담론적(談論的) 책임개념(Schünemann)

다수설이나 예방적 책임개념이 모두 자유의지론을 우회하거나 무시하려고 한다. 그런데 쉬네만(Bernd Schünemann, 1944-현재)은 자유의지의 문제에 정면으로 부딪쳐 존재론적으로 해결할 수 있다고 말한다. 쉬네만은 록신의 이원적인 책임이론을 받아들이고 있으나, 자유의지의 문제에 대해서는 훨씬 더 적극적이다. 자유의지의 문제에 대해 이를 존재론적으로 논증할 수 있다고 주장한다.

그는 1982년의 글에서 당시 책임형법(責任刑法)이 예방형법(予防刑法)에 의하여 폐지되어야 하는가 하는 심각한 의문이 제기되고 있지만, 책임형법은 결코 포기될 수 없는 것이라고 말한다. "이미 1960년대 형법 개혁에 관한 토론에서 책임응보(責任応報)의 이념에 정향(定向)된 형벌론은 순수 예방형법의 지지자들이 점점 늘어나고 있음에 따라 격렬한 저항에 부딪혔으며, 그리고 최근에는 책임원칙을 형법체계에서 추방하여 철저하게 폐지해야 하지 않는지 심각한 의문이 제기되고 있다."[225] 그렇지만 책임형법은 결코 폐지될 수 없는 것이며, 책임형법 없이 형벌은 정당화될 수 없다. "사회적 책임론이 주장하는 바에 따라서 책임을 존재론적 근거가 없는 것, 그 자체로 부여되는 것이라고 이해해 보자. 이렇게 되면 책임은 완전히 공허한 개념이 되어 버린다. 이 책임개념은 형벌의 정당화 문제에 대하여 아무런 대답을 제시하지 못하며 오히려 순환논법에 의하여 문제를 오리무중에 빠지게 할 뿐이다."[226] 그리하여 쉬네만 자신은 의지의 자유가 있다는 입장을 취하며 이를 존재론적으로 입증할 수 있다고 주장한다.

쉬네만의 논의는 크게 두 개의 다른 학문적 성과를 바탕으로 하고 있다. 하나는 '사회적 실재(social reality)' 개념을 중심으로 하는 버거/루크만(Berger/Luckmann)의 지식사회학이다. 다른 하나는 사피르-워프(Sapir-Whorf) 가설 등을 기반으로 하는 언어학이다. 의지의 자유는 존재론적으로 볼 때, 언어로서 구성되는 사회적 실재(social reality)라는 것이다. '의지의 자유'가 어떤 존재(存在)

---

225 Bernd Schünemann, Die Funktion des Schuldprinzips im Präventionsstrafrecht, Grundfragen des modernen Strafrechtssystems(1984), Walter de Gruyter, 2011, pp.155-156. Bereits in der Strafrechtsreformdiskussion der *Sechziger Jahre* trafen die an der Idee der *Schuldvergeltung* orientierten Straftheorien dann aber auf den erbitterten Widerstand der immer zahlreicher werdenden Anhänger eines *reinen Präventionsstrafrechts*, und in den letzten Jahren ist es sogar ernsthaft fraglich geworden, ob das Schuldprinzip nicht auch aus dem Strafrechts *system* verbannt und damit *restlos abgeschafft werden* sollte.

226 Schünemann, 신동운 역, 「독일에 있어서 책임론의 새로운 전개」, 서울대학교 『법학』, 43권1호, 2002, p.466. 이 글은 2001.9.17. 서울대 법과대학에서 쉬네만의 강연문을 번역한 것인바, 『법학』지는 원문을 싣고 있지 않으며 저자는 다른 데서도 원문을 구하지 못했다.

라고 가정해도 그것이 길바닥에 있는 돌멩이(石)와 같은 그런 존재는 아니다. 즉 시공간을 차지하는 사물(事物)과 같은 존재는 아니라는 것이다. 의지의 자유는 사회에 있어서 현실적으로 그리고 항상적으로 야기되는 인간의 행위양식이라고 할 수 있다. 그리고 그러한 행위양식은 항상 언어(言語)를 함축하고 있다. 의지의 자유는 하나의 사회와 문화를 형성하는 언어구조에 각인(刻印)되어 있는 사회적 실재라는 것이다. 이러한 논의는 타당하다고 할 수 있고, 그렇다면 자유의지는 존재론적으로 증명된 것이며 결코 우회이론이 아니다. 그리고 이러한 증명을 전제로 하면 정면으로 자유의지에 기반을 둔 책임형법으로 형벌을 정당화할 수 있다. 자유의지를 부정하는 것은 전혀 다른 사회문화를 가정하는 것이며, 그것은 언어에서 주어(主語)와 술어(述語)의 구분이 없는 그러한 종족의 사회문화를 상정하는 것과 같다는 것이 그의 주장이다.

우리는 쉬네만의 논의에 앞서 그가 의지하고 있는 버거/루크만의 '실재(実在)의 사회적 구성'에서 연관될 수 있는 부분을 논의할 필요가 있다. 그들은 사회적 실재를 이렇게 정의하고 있다.

"이 책의 목적을 위해서는 '실재(reality)'를 우리가 우리 자신의 의지로부터 독립적으로 존재한다고 인정하는 현상(phenomena)에 부속되는 질(質, quality) (우리는 '그것들을 사라지기를 원할' 수 없다)로 정의하고, '지식(知識)'을 현상이 실재하며 특정한 특성들을 지니고 있다는 확신(確信)으로 정의하는 것으로 충분할 것이다. 이 용어들이 평범한 사람과 철학자 모두에게 관련성을 가지는 것은 바로 이러한 (의심할 여지 없이 단순한) 의미에서이다."[227]

---

227 Peter Berger/Thomas Luckmann, The Social Construction of Reality(1966), Penguin Books, 1991, p.13. It will be enough, for our purposes, to define 'reality' as a quality appertaining to phenomena that we recognize as having a being independent of our own volition (we cannot 'wish them away'), and to define 'knowledge' as the certainty that phenomena are real and that they possess specific characteristics. It is in this (admittedly simplistic) sense that the terms have relevance both

이렇게 사회적 실재(social reality)를 정의하면, 의지의 자유가 있느냐의 문제는, 의지의 자유는 사회적 실재인가 하는 문제가 된다. 의지의 자유가 사회적 실재인가 하는 질문은 우리가 일상적으로 부딪치는 사회적 현상에 항상적으로 나타나는 특질로서, 그것은 인간 그리고 의식과 독립되어 있는 어떤 사물이 아니라 사회 구성원이 사회적 활동 과정에서 함께 사회적으로 구성(social construction)하는 것에 의하여 나타난다. 그것은 우리가 구성하기 전에는 존재하지 않는다. 그런데 우리가 그러한 사회적 실재를 구성할 때 핵심적 요소는, 버거/루크만에 의하면 우리의 지식(Knowledge)이고, 쉬네만에 의하면 언어(言語)이다. 이렇게 사회적 실재는 주관적으로 파악되는 의미(意味)들에 의하여 사회적으로 구성되는데, 의지의 자유는 바로 이렇게 구성된 사회적 실재의 한 부분으로서 형법에 앞서 이미 존재(즉 先在)하고 있다.

> "형법의 입장에서 볼 때 의사자유는 언어로써 구성되는 사회적 실재(實在)의 한 부분으로서 선재(先在)하고 있다. 형법은 이 사회적 실재와 관련을 맺을 수 있다. 그뿐만 아니라 형법은 이 사회적 실재의 구조로부터 벗어날 수도 없다. 의사자유란 결코 단순한 의제(擬制)가 아니다. 의사자유는 사회적 실재의 일부로서 사회적 실재가 현실적(現實的)인 것만큼이나 현실적이다. 그리고 의사자유는 존재론적 관점에서 볼 때 인간의 의식이 발전함에 따라서 생성된 진화의 소산이라고 말할 수 있다.… 사회 구성원들이 가지고 있는 실재에 관한 관념, 즉 현실에 대한 파악은 그 자체로서 사회적 실재의 구성인자가 된다. 이러한 의미에서 개개인이 주관적으로 느끼는 자유의 체험은 사회적 현실의 한 부분을 이루게 된다. 왜냐하면, 개개인의 주관적인 자유체험은 사회 구성원 상호 간의 교섭을 통하여 지속적으로 재생산되고 다른 사람에게 적용되기

---

to the man in the street and to the philosopher.

때문이다. 이 경우 주관적 자유체험이 재생산되고 타인에게 적용된다는 말은 이 주관적 자유체험이 자신의 행동을 다른 사람에게 설명할 때 이용되고 다른 사람의 행동을 해석할 때 그 전제로 설정된다는 뜻이다."[228]

[1250]

쉬네만은 자유의지의 사회적 실재성의 근거를 언어학(言語学)에서 찾는다. 그가 주로 의지하고 있는 것은 훔볼트(Alexander von Humboldt), 사피르(Edward Sapir), 워프(Benjamin Lee Whorf)의 이론이다. 사피르-워프 가설(Sapir-Whorf hypothesis)로 널리 알려진 이들의 언어이론은 언어구조가 사람들의 인지와 경험의 범주화 등을 결정한다는 것이다. 언어가 사유에 영향을 미친다는 추상적인 수준의 논의는 언어론적 전회(転回)의 일반적인 상식이지만 중요한 것은 이론적 구체성이다. 사피르-워프 가설의 의미는 구체적으로 언어의 어휘적(語彙的)·문법적(文法的) 구조에 의하여 인간의 사유가 규정된다는 것이다.[229] 그렇다면 자유의지에 관하여는 어떻게 말할 수 있는가? 쉬네만은

---

228 Schünemann, 신동운 역, 독일에 있어서 책임론의 새로운 전개, *op. cit.*, pp.467-468.
229 워프(Benjamin Lee Whorf, 1897-1941)는 화재예방기사에서 언어학 교수가 되었다. 그는 언어학자로서 사피르의 연구를 이어받았으며, 일반적으로는 사피르-워프 가설로 널리 알려져 있다. 어휘구조와 문법구조가 세계이해와 인지를 좌우한다는 것이다. '우리는 모국어가 그어 놓은 선을 따라 자연세계를 분단한다(We dissect nature along lines laid down by our native language.)', 누구도 절대적으로 공평하다고 할 정도로 자연을 자유롭게 기술할 수는 없지만, 스스로 가장 자유롭다고 생각할 때에도 특정한 해석양식에 제약을 받는다.(No individual is free to describe nature with absolute impartiality, but is constrained by certain modes of interpretation even when he thinks himself most free) 이런 그의 발언은 사피르-워프 가설의 성격을 보여준다. 그의 주장의 중요한 점은 그가 제기하는 관문의식(観問意識)이다. 그는 화재예방기사로서 사람들이 빈(empty) 가스통이 더 위험하다는 것을 아는 경우에도 사람들이 가득 찬(full) 가스통보다 빈(empty) 가스통을 더 함부로 다루고 심지어 담배도 빈 가스통 근처에서 핀다는 사실에 깊은 인상을 받은 것으로 알려져 있다. 그의 이론에 관한 대중적인 예는 에스키모인들이 눈의 종류에 대해 수십 가지의 단어가 있는 데 대해 영어는 단 하나의 단어 snow밖에 없다는 사실을 지적하며 눈에 대한 인지나 사유가 에스키모인과 미국인이 다르다고 주장했다. 나중에 에스키모인의 눈에 대한 단어가 그렇게 많은 것이 아니라는 사실이 밝혀졌으나 그가 제기한 관문의식은 여전히 남아 있다. 가령 동양 한자문화권에는 근대 이전의 2,500년의 역사에

문장의 주어(主語)와 술어의 구조, 능동태(能動態)와 수동태의 문법형태 등의 언어적 특성에 주의한다. 언어에 있어서 주어와 술어 그리고 목적어의 구조를 하고 있어 주체가 행위(술어)를 통하여 대상에 작용하는 그러한 언어구조를 가지고 있다는 것 자체가 사회적 실재로서 자유의지를 형성한다는 것이다. 자유의지의 사회적 실재는 이러한 언어구조와 그에 의한 사유와 행위양식 그리고 그에 의하여 형성되는 문화에 있다. 이것은 주어 술어 없이 사회적제 현상도 필연적인 자연과정으로 기술(記述)하는 것과 동일하게 자연필연성(自然必然性)으로 기술하고 사유하는 민족(民族)과는 다르다.

"워프(Whorf)는 표준평균유럽어(SAE)의 주어-술어 구조를 누트카(Nootka) 인디언의 문장유형과 비교하고 있는바, 그것에는 (호피 인디언의 특정 동사와 같이)

서 자유(free)라는 단어나 개념은 없었다. 自由라는 단어는 근대 개화기의 일본의 번역어이고 그 의미는 '스스로에게서 연유한다'는 의미이다. 그렇다면 동양 한자문화권의 2,500년의 역사에서 사람들은 자유에 관한 이념, 개념, 의식, 행위가 없었을까? 헤로도토스를 읽으면 2,500년 전에 페르시아 전쟁에서 그리스인들이 다리우스 1세 앞에서 자유가 아니면 죽음을 달라고 외치는 장면은 감동적이다. 한자문화권의 역사에 그러한 장면은 없다. 정반대로 자유라는 단어를 없애면 인간의 자유의식이 없어지는 것일까? 이것이 조지 오웰의 소설 『1984년』의 언어프레임이다. 물론 소쉬르 이후 프랑스의 구조주의, 그리고 언어론적 전회 이후의 철학, 인지언어학의 발전은 언어와 사유에 관한 많은 이론들이 제시되었다. 그런데도 사피르-워프의 가설이 제기하는 관문의식은 여전히 해결되었다고 하기 어렵다. 저자는 한국인으로서 직접 느끼는 사례를 들 수 있다. 에스키모 언어가 아니라 바로 한국어가 형용사에서는 엄청난 어휘를 가지고 있다. 가령 영어의 red에 해당하는 한국어를 조사한다면 아마도 60여 개를 제시할 수 있을 것이다. 지금 당장 나 자신이 제시할 수 있는 영어 red에 해당하는 단어를 열거해 보면 다음과 같다. 적(赤), 홍(紅), 단(丹), 붉다, 빨갛다, 발갛다, 벌겋다, 새빨갛다, 뻘겋다, 시뻘겋다, 검붉다, 발그레하다, 발그무레하다, 발그스레하다, 발그스름하다, 빨그스레하다, 빨그스름하다, 뻘그스레하다, 뻘그스름하다, 뻘그죽죽하다, 벌그레하다, 벌그스레하다, 벌그스름하다, 벌그죽죽하다, 불그데데하다, 불그레하다, 불그름하다, 불그무레하다, 불그스레하다, 불그스름하다, 불그죽죽하다, 불긋하다, 불긋불긋하다, 울긋불긋하다, 불그죽죽하다.… 그런데 나는 영미인들과 red에 대하여 다른 인지구조를 가지고 있을까? 한국인은 영미인에 비하여 형용사적 인지에 민감할까? 분명히 말할 수 있는 것은 이 단어들의 이미지(image)가 서로 다르고 그것을 느낀다는 것이다. 또 하나 한국인이 위 단어에 대하여 느끼는 바를 영어로 전하려면 긴 문장이 필요할 것이다. 그리고 영미인도 그런 느낌을 느낄 수 있다는 것을 알게 될 것이다. 그렇다면 차이는 한국인은 일상에서 짧은 단어로 색깔의 섬세한 느낌-매우 추상적이지만-을 느끼고 커뮤니케이션할 수 있다는 것이다. 이것이 인지구조나 사유구조의 차이인가는 정의의 문제로 보인다. 그렇지만 이러한 측면이 있다는 것을 부인할 수는 없는 것으로 보인다.

주어와 술어의 구분이 없으므로, 워프에 따르면 이러한 언어는 유럽어보다 행위적 수행자가 없는 자연과정을 기술하는 데 더 적합하다. 윈투(Wintu)언어의 예를 사용하여, 워프는 이 언어의 동사가 두 개의 연관 형태를 가지고 있다는 것을 알아냈는바, 한편으로는 자유로운 주연자로서의 주체를 지시하는 것이고, 다른 한편으로는 자유행위의 개인이 없는 존재-상태(Seins-Zustand)에 관한 형태가 그것이다. 이 두 번째 범주의 동사 계통에 한 접미사가 첨가되면, 그 의미는 자연필연성(Naturnotwendigkeit)을 나타내는 것이고, 개인은 도움받을 수 없는 불가피적(unvermeidbar)인 미래를 언급한다. 워프에 의하면, 이 문법은 윈투민족의 형이상학에 상응하는데, 윈투는 그들이 선택하고 결정할 수 있는 단지 작은 영역을 가지고 있을 뿐이고, 반면에 자연필연성의 세계는 훨씬 크다. 마지막으로 호이저(Hoijer)는 유럽어의 '주연자-행위' 문장형태는 나바호(Navaho) 언어에는 낯설다는 점을 밝혀냈는데, 왜냐하면, 그들은 행위를 주체에서 유출되는 것으로서가 아니라, 객체에 내재(內在)하는 것으로 파악하기 때문이다."[230]

---

230 Schünemann, Die Funktion des Schuldprinzips im Präventionsstrafrecht, op.cit., p165. Schon *Whorf* hat der Subjekt-Prädikat-Struktur der SAE-Sprachen den Satztypus der Nootka-Indianer gegenübergestellt, bei dem es (ebenso wie bei gewissen Verben der Hopi-Indianer) keine Teilung in Subjekt und Prädikat gibt, weshalb sich diese Sprachen nach *Whorf* besser als der SAE-Typus zu einer Beschreibung von Naturvorgängen ohne handelndes Täterwesen eignen würden. *Lee* hat am Beispiel der Wintu-Sprache herausgearbeitet, daß die Verben dieser Sprache zwei verwandte Formen haben, die einmal das Subjekt als frei handelndes und zum anderen einen Seins-Zustand anzeigen, bei dem kein frei handelndes Individuum mitgedacht ist. Dem Verbalstamm der zweiten Kategorie wird ein Suffix beigefügt, dessen Bedeutung diejenige der Naturnotwendigkeit zu sein scheint und das auf eine unvermeidbare Zukunft bezugnimmt, gegenüber der das Individuum hilflos ist. Diese Grammatik korrespondiert nach *Lee* mit der Metaphysik des Wintu-Volkes, wonach der Wintu nur einen kleinen Bereich besitzt, in welchem er wählen und Entscheidungen treffen kann, während die Welt der Naturnotwendigkeit viel größer ist. Schließlich hat *Hoijer* festgestellt, daß der Navaho-Sprache das Satzmuster "Handelnder-Handlung" aus den SAE-Sprachen fremd ist, weil von den Navahos die Handlung nicht als von einem Subjekt ausgehend, sondern als einem Objekt inhärent aufgefaßt wird.

어느 사회의 언어적 특성, 특히 그 문법구조는 일정한 세계관을 나타내고 있다. 유럽어의 경우 그 문법형식으로부터 세계관의 기본 이해로 파악되는 자유의지의 의미를 추출해 낼 수 있다. 이 언어의 구조적 특성은 스스로 결정하는 주체가 뚜렷하게 부각되는 세계관이며, 언어구조가 커뮤니케이션을 지배하고 있는 한 사람들은 이 세계관-주체의 자유의지-으로부터 결코 벗어날 수 없다. 그것은 인디언 부족의 세계관, 즉 인간도 넓은 의미의 자연의 필연성 속에 포함된다는 생각과는 다른 것이다. 쉬네만은 이 점이야말로 자유의지의 존재론적 증명의 핵심이며 그것으로 충분하다고 본다.

> "나는 이상에서 발견한 바로부터 법과 의사자유의 관계에 관한 결정적인 추론을 도출해 낼 수 있다고 확신한다. 법은 분명히 문화의 소산이다. 그래서 법은 사회적으로 구성된 실재(實在)의 한 부분이다. 이 법은 반드시 어느 사회 내에 구축되어 있는 사회적 교섭관계의 기본조건들을 전제로 하면서 그 위에 자리잡고 있다. 여기에서 언어구조는 다시금 가장 심층적이며 가장 변경하기 어려운 기본토대가 되고 있다. 이러한 이유로 해서 법 자체를 형성하는 언어구조가 아무런 변동 없이 그대로 유지되고 있음에도 불구하고 법을 이 구조로부터 분리시킬 수 있다고 주장한다면 그것은 어리석은 생각이 될 것이다."[231]

말하자면 유럽문화에 대하여 자유의지를 부정하는 사람들은 자신들의 주장이 무엇을 의미하는지 모르고 있는 셈이다. 그들이 주장하는 바는 유럽에

---

231 Schünemann, 신동운 역, 『독일에 있어서 책임론의 새로운 전개』, op. cit., p.470.

나바호족이나 윈투족에 가능한 법문화를 적용하려는 것인데, 그것은 불가능하다는 것이다. 왜냐하면, 그것은 유럽어를 나바호어나 윈투어로 바꾸고, 그 커뮤니케이션양식을 그렇게 바꾸고, 그리하여 서양문화 자체를 폐기하는 것이기 때문이다.

> "자유의지는 단순한 생물적 · 물리적 사실이 아니라 소위 실재의 사회적 재구성의 일부이고, 최소한 서양문화의 특별한 기초 층위에 속하기 때문에, 서양문화를 통째로 해체하는 경우에만 그 포기를 상정할 수 있다."[232]

나아가 자유의지를 인정하지 않는다면 일반예방도 불가능하다는 것을 인식해야 한다. 왜냐하면, 자유의지가 없다면 법에 의한 경고를 해도 아무런 효력이 없기 때문이다. 형법으로 살인죄와 그 처벌을 경고한다고 해도 자유의지가 없는 인간은 그 경고에 의하여 행동할 수가 없다. 살인자의 처형도 마찬가지로 자유의지가 없는 인간에게 아무런 위협이 되지 않는다. 결정론자에 대하여 이들은 개개의 주연자가 구체적인 상황에서 달리 행동할 수 있었는가 하는 점은 명확하게 확정할 수 없다고 주장한다. "경고적 예방(Androhungspravention)이란 형벌을 경고함으로써 주연자로 하여금 법에 충실한 행위로 나아가도록 하려는 구상을 말한다. 그런데 만일 이들이 주장한 바대로 타행위가능성을 확정할 수 없다면 경고적 일반예방이라는 구상은 아주 무의미한 것이 되어 버릴 것이다."[233] 가장 중요한 것은, 책임주의만이 예방

---

232 Schünemann, Die Funktion des Schuldprinzips im Präventionsstrafrecht, *op.cit.*, p.163. Denn die Willensfreiheit ist kein schlichtes bio-physikalisches Faktum, sondern ein Teil der sog. *gesellschaftlichen Rekonstruktion der Wirklichkeit* und gehört sogar, wie ich glaube, zu einer besonders elementaren Schicht mindestens der abendländischen Kultur, deren Preisgabe nur in dem Falle der Auflösung dieser Kultur insgesamt denkbar wäre.
233 Schünemann, 신동운 역, 『독일에 있어서 책임론의 새로운 전개』, *op.cit.*, p.471.

주의적 국가권력을 억지(抑止)할 수 있다는 것이다. "책임주의만이 주연자가 회피할 수 없었고 그에 따라 그 주연자에 대하여 개인적 비난을 가할 수 없는 경우에도 국가가 효과적인 예방적 법익보호를 위하여 그 주연자를 처벌하는 일을 막을 수 있다."[234]

[1252]

쉬네만은 자유의지를 존재론적으로 증명한 것일까? 우리가 이 질문을 제기하면 당장 드러나는 하나의 중대한 사실은 놀랍게도 자유의지가 아직 정의(定義)되어 있지 않다는 것이다. 쉬네만이 말하는 실재의 사회적 구성으로서의 자유의지는 분명하게 그의 말대로 존재론적으로 증명되었다고 할 수 있다. 왜냐하면, 그가 증명한 것이 바로 그가 정의한 것이기 때문이다. 그의 증명에는 그 증명에 정합적인 자유의지의 정의가 포함되어 있다. 따라서 그가 정의하는 자유의지는 분명하게 증명되었다고 할 수 있다. 이것은 버거/루크만이 사회학자로서 겸손하게 인정하는 자유의지의 정의와도 연관된다. 그것은 다음과 같다.

"예를 들자면, 일반인은 그가 '의지의 자유'를 가지고 있고 따라서 자신의 행위에 대해 '책임이 있다'고 믿는 동시에, 어린아이나 정신이상자에게는 '자유'나 '책임'이 있다는 것을 부인할 것이다. 철학자는 어떠한 방법으로든지 이러한 개념들의 존재론적, 인식론적 지위에 대해 탐구할 것이다. 인간은 자유로

---

234 Schünemann, Die Funktion des Schuldprinzips im Präventionsstrafrecht, op.cit., pp.175-176. Auf der anderen Seite kann auch nur das Schuldprinzip dagegen schützen, daß der Staat im Interesse eines wirksamen präventiven Rechtsgüterschutzes auch solche Taten bestraft, die der Täter nicht vermeiden konnte und deretwegen man ihm deshalb keinen persönlichen Vorwurf machen kann.

제2장 책임이란 무엇인가? I | **225**

운가? 책임이란 무엇인가? 책임의 한계는 어디까지인가? 인간은 이러한 것들을 어떻게 알 수 있는가? 등등. 말할 필요도 없이, 사회학자(社会学者)는 이러한 물음들에 해답을 제시할 수 있는 위치에 있지 않다. 그러나 사회학자가 할 수 있고 해야 하는 일은, '자유'라는 개념이 어떻게 한 사회에서는 당연하다고 받아들여지는데 다른 사회에서는 그렇지 않게 되는지, 자유의 '실재'가 어떻게 한 사회에서는 유지되는데, 보다 더 흥미롭게도 다른 사회에서는 개인이나 전체 사회에서 상실될 수 있는지를 묻는 것이다."[235]

이 관점에서 보면, 자유의지는 우리의 주관적 의식 속에 존재한다. 버거/루크만은 이러한 '주관적 실재(subjective reality)'로서의 자유의지가 어떻게 제도화되는지 등의 문제를 다룰 수 있고 그것이 사회학적 접근법이다. 이러한 자유의지는 언어의 층위를 동원할 필요도 없이 우리의 의식에 대한 논의로서도 이를 인정할 수 있다. 물론 쉬네만이 말하는 자유의지는 버거/루크만이 말하는 자유의지보다 더 깊은 층위에 있다. 왜냐하면, 쉬네만의 자유의지는 자유주의 사회와 전체주의 사회에 따라 인정되기도 하고 상실되기도 하는 자유의지가 아니기 때문이다. 쉬네만이 말하는 자유의지는 유럽문명에는 실재하고 나바호 종족 사회에서는 사회적 실재가 아닌 그런 자유의지이다. 그런데 우리가 이제까지 논의해 왔던 형법의 책임이론과 관련된 자유의지는

---

235 Peter Berger/Thomas Luckmann, The Social Construction of Reality, *op.cit.*, pp.14-15. For example, the man in the street may believe that he possesses freedom of the will' and that he is therefore 'responsible' for his actions, at the same time denying this 'freedom' and this 'responsibility' to infants and lunatics. The philosopher, by whatever methods, will inquire into the ontological and epistemological status of these conceptions. *Is man free? What is responsibility? Where are the limits of responsibility? How can one know these things?* And so on. Needless to say, the sociologist is in no position to supply answers to these questions. What he can and must do, however, is to ask how it is that the notion of 'freedom' has come to be taken for granted in one society and not in another, how its 'reality' is maintained in the one society and how, even more interestingly, this 'reality' may once again be lost to an mdividual or to an entire collectivity

이것과는 다른 것이다. 형법적 책임이론에서 제기된 자유의지의 문제는 '구체적' 타행위가능성의 문제이다. 즉 갑(甲)이 살인했을 때, 그 시점 당시에 갑에게 타행위가능성이 있었는가 하는 것이다. 쉬네만은 이러한 '구체적' 타행위가능성을 존재론적으로 증명한 것은 아니다. 쉬네만이 증명한 자유의지는 언어의 층위에 있다고 주장한다. 그리하여 우리는 그의 책임개념을 언어학적 책임개념이라고 이름 붙이기로 한다. 이 언어적 층위의 타행위가능성이 예셱 등 주류에서 말하는 '일반적' 타행위가능성과 어떻게 다른가 하는 문제가 제기된다. 분명한 것은 '구체적' 타행위가능성으로서 자유의지론을 주제로 삼는다면, 쉬네만의 이론 역시 자유의지론의 우회이론이라고 할 수밖에 없다. 여기서 다시 제기되는 문제는 '구체적' 타행위가능성이 아니라 언어학적 층위의 타행위가능성으로 충분한 것이 아니냐 하는 문제이다. 이 문제는 논의되지 않았다.

다시 원래의 논점으로 되돌아가면, 쉬네만 논의에서 드러나는 것은 '구체적' 타행위가능성은 언어의 문제가 아니라는 것이다. 우리는 주관적으로 자유롭다는 '의식(意識)'을 가질 수 있다. 그러나 모든 사람이 자유롭다는 '의식'을 가지고 있으므로 사람은 자유의지를 가졌다고 말할 수는 없다. 인간은 스스로 자유롭다는 의식을 가지고 있으므로 '구체적' 타행위가능성이 있다고 말할 수는 없다. 문제는 우리는 '의식(意識)'이 무엇인지 모르기 때문이다. 이것은 자유의지의 문제가 의식의 문제로부터 독립되어 있지 않다는 것을 말한다. 이러한 점에서 쉬네만의 논의는 자유의지의 문제를 한 차원 더 심원(深遠)하게 하였다고 평가할 수 있다. 이 점이야말로 쉬네만의 공로이다.

또 성과라고 할 수 있는 것은, 쉬네만이 자유의지의 정의(定義)의 문제를 새로이 제기하였다는 것이다. 그의 논의는 언어의 층위에서 자유의지를 정의했다고 할 수 있다. 그런데 앞에서 보았듯이 버거/루크만은 자유의지를 인지(認知, knowledge) 내지 개념의 차원에서 보고 있다. 유사하게도 킨트호이저는 사회적 커뮤니케이션의 차원 내지 담론(談論)의 차원에서 책임개념을 규정하고 있다.

[1253] Kindhäuser

킨트호이저(Urs Kindhäuser, 1949-현재)는 형법적 책임개념을 자유의지론에 정초하지 않고 민주주의 정치체제(政治体制)에서 그 근거를 찾으려고 한다. 다만 그것은 정치이론이 아니라 언어학과 독일철학에 기초를 두는 것으로 그는 자신의 책임개념을 '담론적 책임개념(Diskursiver Schuldbegriff)'이라고 이름붙이고 있다. 그의 책임개념은 자유의지론을 우회하는 것이 아니라, 책임의 근거를 다른 차원에서 구하고 있기 때문에 자유의지론에 근거할 필요가 없다고 주장한다. 그는 앞에서 논의한 독일연방대법원의 판결(BGHSt 2, 194)[236]에 대하여 책임의 근거를 자유의지론에 두고 있다는 점에서 비판한다. "인간은 인간으로서 자유롭고, 책임질 수 있는 윤리적 자기결정의 존재이기 때문에 불법이 아니라 법의 방향으로 판단할 수 있다고 연방대법원은 말하고 있다. 이 명제가 잘못된 것임을 주장하려는 것은 결코 아니다. 오히려 의심스러운 것은 형법상의 책임의 근거를 이러한 명제 위에 두고 있다는 점이다. 왜냐하면, 이 명제는 고래로 철학이나 인간학에서만 논란이 많았던 것이 아니라, 최근의 뇌(腦) 연구에 의해서도 근본적으로 의문시되고 있기 때문이다."[237] 뇌과학에 의하여 자유의지론이 근본적으로 의문시되고 있으므로 책

---

236 *supra* [1230]

237 Kindhäuser, Strafrechtliche Schuld im demokratischen Rechtsstaat, (Festschrift für Winfried Hassemer, 2010, ff.761-774), Biomedical Law & Ethics 7, Ewha Womans University, 2013, pp.103-104. 이하 번역은 장영민·손미숙 역, 「민주법치국가에서의 형법상 책임」, 『비교형사법 연구』17권 3호를 인용한다. 때로 수정 부분이 있다. Der Mensch sei als Mensch auf freie, verantwortliche, sittliche Selbstbestimmung angelegt und daher in der Lage, sich für das Recht und gegen das Unrecht zu entscheiden. Es sei nun keineswegs behauptet, dass diese These

임개념은 자유의지론과 무관하게 정립해야 한다는 것이다.

그의 주장의 배경이 되는 관점들은 세 가지로 나누어 말할 수 있다. 첫째, 언어학적 차원에서 논의되는 것으로 책임과 관련하여 논의되는 자유의 개념은 결정론/비결정론에서 말하는 자유의 개념과는 아무런 관계가 없다. 둘째, 책임과 관련되는 자유의 개념은 소극적으로 규정되는 자유의 개념이다. 세째, 하버마스(Habermas)의 커뮤니케이션이론에서 시사받은 것으로 볼 수 있는 것으로, 민주사회에 있어서 규범(規範)에 관한 담론이론적 관점이다.

첫째, 일상적 커뮤니케이션(Kommunikation)에서 책임의 귀속은 모든 인과적 결정으로부터의 자유를 전제로 하는 것이 아니다. 결정론자라면 A가 B에게 선물을 했을 때, A는 인과적으로 결정되어 있는 행위를 하였기 때문에 고맙다고 말할 필요가 없다고 말해야 한다. 그러나 커뮤니케이션(疏通)의 차원에서 이것은 옳지 않다. 당연히 B는 A에게 감사할 것이다. 이것은 반대로 기대와 달리 서운하게 행동하여 이를 비난하는 때도 마찬가지이다. "책임귀속으로서의 감사는 선물한 사람의 뇌(腦) 속에서 일어난 인과적(因果的)으로 설명 가능한 과정과는 무관하다."[238] A는 아내인 B에게 그날이 결혼기념일이어서 장미꽃을 선물하였다고 하자. 이 경우 선물의 원인이나 이유는 충분하고 인과적으로 설명이 가능하다. 또 B가 아내이고 그날이 결혼기념일이었기 때문이다. 그 외 그가 잘 아는 꽃집이 있었고… 등 물리적 인과관계에 대하여 완전한 설명이 가능하다. 그렇다고 하여 A의 행위가 인과적으로 결정되어 있는 것이므로 감사할 필요가 없다는 것은 타당하지 않다. 감사나 비난은 그것에 원인이나 이유가 인과적으로 존재하는가 않는가 하는 것과는 완전히 무

---

falsch sei. Fragwurdig ist es vielmehr, die strafrechtliche Schuld auf eine solche These zu stützen. Denn diese These ist nicht nur seit jeher in hohem Maβe philosophisch und anthropologisch umstritten, sondern wird auch von der neueren Hirnforschung grundsätzlich in Zweifel gezogen.

238 ibid., p.107. Dank als Schreibung von Verantwortung für eine positiv bewertete Leistung hat keinerlei Bezug zu beliebigen kausal erklärbaren Prozessen im Gehirn des Schenkenden.

관하게 규정된다. 이것은 아래의 강간당한 여자의 사례에서도 마찬가지인데, 즉 피해자가 강간당한 사건이 인과적으로 규정될 수 있는가의 문제가 아니라는 것이다. 반대로 비결정론자는 인간의 결정은 인과적으로 설명할 수 없다고 주장한다. 그런데 이 경우도 마찬가지이다. "인간의 결정을 인과적으로 설명하기는 불가능하다-이런 의미의 자유는 사회적 책임귀속의 맥락에서의 자유의 의미와는 아무런 관계가 없다."[239] 우리가 책임귀속의 문제를 사회적 커뮤니케이션의 프레임으로 규정한다면, 어떤 행위에 대한 감사나 비난, 그리고 책임귀속이 그 행위에 대한 인과적 설명이 가능한가 아닌가의 문제와는 아무런 관계가 없다는 사실을 인정해야 한다.

[1254]

둘째, 킨트호이저는 아프리카에서 한 여자가 강간을 당했는데 혼외임신의 죄목으로 돌에 맞아 죽는 사형선고를 받은 사례를 들면서, 책임과 자유의 개념을 논의한다. 이 여자에 대하여 책임을 묻는 것이 타당하지 않은 이유는, 그녀에게 혼외임신(강간)의 사건에 대하여 이를 자유롭게 결정할 수 있는 가능성이 없었기 때문이다. "강간이라는 의미에서의 부자유는, 피해자가 몸이 묶여 자신을 방어할 가능성이 차단되거나 피해자에게 중대한 해악을 가하겠다는 위협이 있다는 것을 의미한다. 이 점에서 강요로 인하여 제거된 자유란 육체적 혹은 심리적 형태의 특별한 강제의 부존재(不存在)를 의미한다."[240] 여

---

239 *ibid.*, p.109. Nur diese Freiheit - im Sinne einer kausalen Nichterklärbarkeit menschlicher Entscheidungen - hat mit der Bedeutung von Freiheit im Kontext sozialer Verantwortungszuschreibung nichts zu tun.
240 *ibid.*, pp.106-107. Unfreiheit im Sinne einer Vergewaltigung bedeutet etwa, dass dem Opfer durch Fesselung die Möglichkeit der Gegenwehr genommen oder dass ihm eine schwerwiegende Übelszufügung angedroht wurde. Insoweit bedeutet Freiheit, die durch Nötigung ausgeschlossen wird, Abwesenheit von besonderen Zwängen physischer oder psychischer Art.

기서 드러나는 것은 법적 책임귀속에서 문제가 되는 것이 '부자유가 아닌 것' 으로서의 자유라는 것이다. 즉, 자유의 의미는 자유가 적극적으로(positive) 무 엇인가의 문제가 아니라, 소극적(negative)으로 '부자유(不自由)하지 않은 것' 이 자유라는 것이다. 이것은 킨트호이저가 행위개념을 회피가능성으로 정의 한 것을 연상시킨다.[241] 그리하여 책임의 귀속과 연관되는 자유, 책임의 전제 로서 상정되는 자유는 강제의 부존재이다. 킨트호이저는 언어에서 부정적 의미가 적극적으로 사용되는 경우가 있다는 언어관(言語觀)에 관하여 오스틴 (Austin)의 설명을 각주로 달아 설명하고 있다. 말하자면 자유란 부자유하지 않은 것이다.

"(겉으로 보기에는) 부정적인 단어가 (긍정적 의미의) 이상한 사태를 나타내는 경우가 자주 있고, 반면 긍정적인 단어가 단지 이상한 사태를 상정하는 것을 거부하는 데 사용된다."[242]

"일상 언어에서 자유라는 개념의 의미는 '부자유', '자유롭지 않게', '강요에 의하여', '강제로' 등의 부정적 표현에 있다. 반대로 이에 맞는 긍정적 표현의 사용은 부정적 사용을 위한 요건들을 기대했지만 이 요건들은 존재하지 않는 다는 것을 분명히 한다."[243]

---

241 제3권에서 논의한다.

242 Treffend Austin, Gesammelte philosophische Aufsatze, Stuttgart 1979, p. 251, Kindhäuser, Strafrechtliche Schuld im demokratischen Rechtsstaat, op.cit., p.108, note.8. Es kommt oft genug vor, dass das (scheinbar) "negative" Wort die (positive) Anomalie kennzeichnet, während das "positive" Wort ⋯ nur dazu dient, die Unterstellung der Anomalie abzuweisen.

243 Kindhäuser, Strafrechtliche Schuld im demokratischen Rechtsstaat, op.cit., p.109. In der Umgangssprache liegt die Bedeutung des Freiheitsbegriffs in der Verwendung der negativen Ausdrücke "unfrei", "unfreiwillig", "genötigt", "gezwungen" usw. Die Verwendung der entsprechenden positiven Ausdrücke soll dagegen verdeutlichen, dass die Voraussetzungen für die negative Verwendung nicht gegeben sind,....

이상의 다소 어려운 언어학적 논의는 형법상 면책사유의 사례로 보면 쉽게 이해할 수 있다. 형법상의 책임의 문제는 책임이 어떻게 성립하는가의 문제가 아니라 주로 책임이 어떤 사유로 면책되는가의 문제이다. 가령 강요당한 행위는 책임이 없다. 그 경우 주연자가 부자유하기 때문이다. 따라서 책임귀속과 관련된 자유는 면책사유가 없는 상태이다. 여기에서 우리는 이제까지 책임의 이론사에서 상정된 것과 정반대의 논증을 만난다. 우리는 이제까지 자유가 없기 때문에 면책된다고 상정해 왔다. 킨트호이저는 정반대로 면책사유들이 없다면 자유로운 것이라고 말한다. 자유를 근거로 면책사유를 규정하는 것이 아니라 반대로 면책사유를 통해 자유(부자유)를 규정하고 있다. 또는 면책사유의 공통적 본질을 상정하고 그것을 부자유라고 규정하고, 부자유가 아닌 것이 자유라고 정의하고 있다. 물론 순전히 자유의 정의(定意)만을 내용으로 하고 있는 것은 아니다. 적어도 이러한 정의에 부합하지 않는 자유는 책임개념과 무관하다는 것이다.

　킨트호이저는 책임개념에서 전제로 하고 있는 자유는 소극적(消極的) 의미를 가지며, 부자유가 아닌 것, 단순화하면 강제(强制)가 없는 것이라고 하였다. 이것은 순전히 정의만으로 끝나는 것은 아니다. 이런 개념의 자유가 아닌 다른 의미의 자유는 책임개념과는 무관하다. 가령, '인간의 결정을 인과적으로 설명하기는 불가능하다.' 라는 의미에서의 자유는 책임개념과는 무관하다. 또는 '뇌(腦) 속에서 일어난 인과적(因果的)으로 설명 가능한 과정'에 포함되지 않는 자유도 책임개념과는 무관하다. 종합적으로 말하면 전통적으로 논쟁되어 온 결정론자와 비결정론자들이 상정하고 있는 의지의 자유는 형법상 책임개념과는 무관하다. 그런데 이러한 킨트호이저의 논의가 책임개념을 근거하거나 정당화하는 것은 아니다. 그러면 무엇이 책임을 근거 짓는가? 킨트호이저에게 이 질문은 책임의 정당화(正当化)의 문제이다.

[1255] *Habermas*

킨트호이저의 책임개념과 그 정당화와 관련하여, 하버마스(Jürgen Harbermas, 1929-)의 프레임에서 출발하는 것이 도움이 된다. 하버마스의 이론 프레임에서는 어떤 명제의 진리성(또는 정당성)은 우리 개인의 이성(理性)의 빛에 비추어 판단되는 것이 아니다. 인간의 이성이라는 것은 이제 진부(陳腐)한 것이 되었다. 의미 있는 것은 커뮤니케이션 이성(kommuikative Vernunft)이고, 우리는 커뮤니케이션(Kommunikation)과 커뮤니케이션 이성(疏通理性)에서 출발해야 한다.

커뮤니케이션 행위는 그 자체가 타당성 요구(Geltungsanspruch)를 포함하고 있다. 가령 수족관에 놀러 간 갑(甲)이 '저 멋있는 돌고래를 좀 봐!'라고 말했다고 하자. 이에 을(乙)이 '와! 저 돌고래는 다른 고기와는 비교가 안 되는 어마어마하게 큰 고기네!'라고 대답했다고 하자. 두 사람의 대화는 커뮤니케이션 행위(疏通行為)이다. 이 커뮤니케이션 행위에서 갑은 자신이 가리키는 것이 돌고래라는 것에 대한 타당성 요구(妥當性要求)를 전제하고 있다. 을은 갑의 타당성 요구를 수용하면서 그 크기가 엄청나다고 말하고 있다. 그런데 같이 있던 병(丙)이 을의 말을 듣고, '아니야! 돌고래는 고기가 아니라 포유류야!'라고 말했다고 하자. 병의 주장은 을과의 커뮤니케이션에 있어서의 타당성 요구를 주제화(主題化)하고 있다. 그것은 을의 타당성 요구를 거절하고 새로운 타당성 요구를 제시한 것이며, 커뮤니케이션은 타당성 요구를 내용으로 하는 토론(討論)의 성격을 띠게 된다. 이와 같이 타당성 요구를 내용으로 하는 토론적 성격의 커뮤니케이션이 담론(Diskurs)이다.

이렇게 개념을 설정하면 이제 커뮤니케이션에서 타당성 요구 자체의 내용과 그 내용의 체계에 개념의 초점을 맞출 수 있으며 그것을 담론(談論)으로 재규정할 수 있다. 그것은 어떤 점에서는 흐름(flow) 속에 있는 에토스(ethos)이다. 이렇게 내용을 중심으로 하는 담론(談論)의 개념은 단순히 대화나 토론을 넘어, 모든 발화(또는 문제의 제기)의 타당성 요구가 문제가 될 때, 소통적 이성을 기반으로 하여 상호이해(Verständigung)에 이르는 관계과정이라고 할 수 있다. 타당성 요구나 담론 그리고 상호이해의 개념이 대단히 넓은 범위를 가지는 것은 커뮤니케이션이나 커뮤니케이션 행위의 개념과 마찬가지이다. 담론과 담론원리는 민주주의와 같은 국가사회적인 과정과 절차에 대해서도 적용될 수 있다. 그것은 사회 구성원의 타당성 요구에 대한 상호이해와 합의의 문제이기 때문이다. "상호이해의 과정은 타당성 요구에 대한 상호주관적 인정에 근거하는 합의를 목표로 한다."[244] 이러한 합의에 이른 결론이 진리이거나 정당성이다.

> "법률은 국민의 상호주관적 인정을 필요로 하는바, 옳은 것으로 정당화되어야 한다. 이와 함께 문화에는 왜 당시의 정치질서가 인정을 받을 자격이 있는지에 대한 근거를 제공해야 하는 과제가 주어진다."[245]

이러한 정당화를 형성하는 상호이해형태(Verständigungsform)에 대하여 하버마스는 이를 4가지로 나누고 있다. 의례적 행위 영역, 종교적 해석체계가 작용하는 행위 영역, 커뮤니케이션에 의한 세속적 행위 영역, 목적적 활동이 사용되는 세속적 행위 영역이 그것이다. 가령 신정국가(神政国家)에서 법률의 정

---

244 Harbermas, Theorie des komunikativen Handelns, Bd.1. 3. Aufl., 1984. Suhrkamp, p.196. 이하 번역은 장춘익 역, 『의사소통행위이론』, 나남, 2016을 인용한다. 때로 수정 부분이 있다. Verständigungsprozesse zielen auf einen Konsens, der auf der intersubjektiven Anerkennung von Geltungsansprühen brucht.

245 Harbermas, Theorie des komunikativen Handelns, Bd.2. 3. Aufl., 1984. Suhrkamp, pp.279-280. Deshalb bedürfen Gesetze der intersubjektiven Anerkennung der Staatsbürger, sie müssen als rechtens legitimiert werden. Damit wächst der Kultur die Aufgabe zu, zu begränden, warum die jeweils bestehende polotische Ordnung Anerkennung verdient.

당성은 그 종교적 해석체계에 의하여 규정된다. 신정국가의 국민들은 법률에 대하여 그렇게 상호이해한다. 계몽시대의 법은 이성법이었고, 칸트에 의하면 법은 도덕-실천이성-에 종속된다. 그러나 민주주의 사회에서는 다르다.

> "시민들에 의한 자율적 입법이라는 이념은 법의 수범자(Adressat)로서 법에 종속되는 사람들이 동시에 법의 저작자(Autor)로 이해되어야 한다고 요구한다."[246]

> "담론원리는 법적 제도는 법적 제도화의 경로를 통해서 비로소 민주주의 원리라는 형식을 취하게 되고, 이 민주주의 원리는 다시 입법과정에 정당성을 산출할 수 있는 힘을 부여한다. 핵심 사상은 민주주의 원리가 담론원리와 법형식의 상호침투로부터 생겨난다는 사상이다."[247]

하버마스는 담론원리에 의하여 민주주의를 규정하는 귀결에 이르고 있다. 말하자면 민주주의의 원리는 담론원리라는 것이다.

[1256]

킨트호이저는 도구이성(instrumentelle Vernunft)과 커뮤니케이션 이성(疏通理

---

246 Habermas, Faktiziät und Geltung, 5. Aufl., Suhrkamp. 1997. p.153. 이하 번역은 한상진 · 박영도 역, 『사실성과 타당성』, 나남, 2010을 인용한다. 때로 수정 부분이 있다. Die Idee der Selbstgesetzgebung von Bürgern fordert nämlich, daß sich diejenigen, die als Adressaten dem Recht unterworfen sind, zugleich als Autoren des Rechts verstehen können.

247 ibid., p.154. Das Diskursprinzip soll erst auf dem Wege der rechtsförmigen Institutionalisierunge Gestalt eines Demokratieprinzips annehmen, welches dann seinerseits dem Prozeß der Rechtsetzung legitimitätserzeugende Kraft verleiht. Der entscheidende Gedanke ist, daß sich das Demokratieprinzip der Verschränkung von Diskursprinzip und Rechtsform verdankt.

性)의 관점에서 규범(規範)을 규정한다. 규범(規範)이란 상반되는 이익의 조정으로서 그에 따라 일반적인 행위의 자유가 제한된다. 가령 사기금지(詐欺禁止)의 규범은 재산의 보호를 위해 거래 상대방에게 허위의 정보를 제공하는 것을 금지함으로써 행위의 자유를 제한한다. 이러한 규범은 모든 사람이 자유의 제한을 지키면 하나의 사회질서–경제거래에 있어서의 질서–가 된다. 모든 사람이 규범을 지키면 그 규칙(rule)에 따라서 조정되는 이익을 얻을 수 있다. 그런데 모든 사람이 규범을 지키고 오직 자신만이 규범을 어긴다면 그 사람은 두 배의 이익을 얻을 수 있다. 모든 사람이 정직하게 거래를 할 때, 오직 자신만이 사기(詐欺)를 치면 그는 두 배나 유리한 위치에 있게 된다. 물론 금액에 있어서는 수백 배의 이익도 얻을 수도 있다. 도구이성(道具理性)은 사기를 치는 것은 당연히 두 배로 유리한 위치에 서게 된다는 것을 아는 것이며, 따라서 그렇게 행동하는 것이 이성적(理性的)이다. 즉 도구이성은 규범의 정당성도 규범이 지켜지는 것도 보장하지 않는다. 칸트 시대에는 실천이성이 규범의 정당성과 그 현실성을 보장하는 것이었다. 법에 대한 도덕의 우위가 그것이었다. 하버마스는 이성에 대하여 "이제 더 이상 그것은 법과 도덕에 대한 규범적 이론의 안내서를 직접 제공하지 않는다. 오히려 그것은 법적 형식에 따라 행사되는 민주적 지배가 뿌리내리고 있는, 의견을 형성하고 결정을 준비하는 담론(談論)의 망(網)을 재구성하기 위한 실마리를 제공한다."[248] 킨트호이저도 규범을 어기는 것이 도구이성이라고 한다. 규범을 어기면 "두 배의 이익을 얻을 수 있는 가능성이 생긴다. 자기의 자유를 포기하지 않고서 자신의 거래 상대방을 속이면서도, 자기는 기망당하지 않고 거래 상대방에게

---

248 *ibid.*, p.19. Es dient nicht mehr unmittelbar der Anleitung zu einer normativen Theorie des Rechts und der Moral. Einen Leitfaden bietet es vielmehr fürdie Rekonstruktion jenes Geflects meinungsbildender und entscheidungsvorbereitender Diskurs, in das die rechtsförmig ausgeübte demokratische Herrschaft eingebetetter ist.

(기망할) 자유의 포기를 요구하는 경우가 그렇다. 이렇게 다른 대부분의 사람들이 준수하는 규범을 어기는 것은 충분히 (도구적) 합리성을 갖는다."[249]

우리는 살인죄의 이미지에 사로잡혀 있다. 살인죄가 나쁘다는 것은 모든 사람의 상식이고 따라서 죄(罪)는 도덕적으로 나쁜 것이다. 살인죄가 나쁘다는 것은 누구나 아는 것으로 그것을 아는 것이 바로 실천이성(実践理性)이다. 그리하여 이 세상은 옳은 것과 나쁜 것이 있으며 인간은 그것을 알 수 있는 실천이성을 구비하고 있다. 법은 이렇게 도덕의 기반 위에 있다. 이것이 근대적 프레임이다. 그러나 도구이성의 관점은 그것이 아니다. 정반대로 사기(詐欺)를 치지 않는 것은 손해이고, 사기를 치는 것이 도구이성에 부합하는 것으로, 오히려 그것이 합리적이다.

"범죄를 행하는 것이 합리적 행동이라고 했던 것은 도구적 합리성을 의미한다. 가령 누군가가 비싼 시계를 원하지만 돈은 쓰고 싶지 않아서 타인의 시계를 절취한다. 이 경우 주연자는 시계를 사는 데 필요한 돈을 버는 수고를 절약하고, 나아가 대부분의 사람들이 절도금지에 대한 명령을 지켜서 물건을 절취하지 않는다는 상황을 이용한다. 이러한 전제하에서 주연자는 철저한 비용-이득 계산에 따라 현명하게 행위한 것이다."[250]

249 Kindhäuser, Strafrechtliche Schuld im demokratischen Rechtsstaat, op.cit., p.113. Wenn dies so ist, besteht jedoch die Möglichkeit, doppelt zu gewinnen. Man leistet keinen Freiheitsverzicht, belügt also seinen Geschäftspartner, ohne selbst belogen zu werden, beansprucht also den Freiheitsverzicht des Geschäftspartners. Es ist also durchaus (instrumentell) rational, eine Norm, die die meisten anderen befolgen, zu brechen.

250 ibid., pp.116-117. Wurde das Begehen einer Straftat als rationales Verhalten bezeichnet, so ist damit eine instrumentelle Rationalität gemeint. Etwa: Jemand wünscht sich eine teure Uhr, will hierfür aber kein Geld ausgeben und nimmt deshalb einem anderen dessen Uhr weg. In diesem Fall hat der Täter sich die Arbeit erspart, um das Geld für die Uhr zu verdienen, und nutzt außerdem den Umstand aus, dass die meisten anderen das Diebstahlverbot beachten und ihm seine Sachen nicht entwenden. Unter diesen Voraussetzungen hat der Täter nach einem reinen Kosten-Nutzen-Kalkül klug gehandelt.

그리하여 규범은 그 자체로서 정당성을 가지는 것이 아니다. 모든 사람은 규범을 그 자체로 정당하다고 인식하지 않는다. 실천이성과 도덕적 판단을 근거로 법규범이 정당하다고 인식한다는 것은 근대적 환상(幻想)이며 타당하지 않다는 것이 밝혀졌다. 법규범의 정당성은 다르게 설정되어야 한다. 과거의 신정시대(神政時代)에 그것은 종교적 교의체계(敎義體系)에 의하여 정당화되었었다. 그러나 현대에 있어서는 "외적으로 법률의 형식을 취하는 규범은 종교적 동기 또는 도덕적 동기에 의하여 그 의무를 지울 수 있는 것이 아니다."[251] 책임비난은 오로지 법적인 비난이다. 그러므로 그것은 종교적으로 또는 도덕적 근거에서 비난하는 문제가 아닌 것이다. "형벌은 순수한 강제이며, 개인적인 부준수(不遵守)에 대해서 스스로 납득할 수 있는 비난의 표현이 아니다."[252] 또한 형법규범은 보편적으로 승인된 이성의 표현이 아니다. 근친상간(近親相姦) 사건에 관한 독일연방헌법재판소의 판결에서 하세머(Hassemer) 재판관의 소수의견이 가지는 의미가 그것이다. "근친상간금지를 어떻게 보든 간에 이 구체적 사건과 관련하여 볼 때 어쨌든 이 법률이 보편적으로 승인된 이성의 표현이며 그렇기 때문에 모든 이성적 존재에 의해서 강제로 준수되어야 한다고 말할 수는 없을 것이다. 이 점에서 주연자의 실질적 책임이란 이성적 존재로서 행위를 통해서 스스로를 타락(墮落)시켰다는 것에 대한 비난이 될 수는 없는 것이다."[253] 중요한 점은 근대적 사유와 달리 법은 이성을

---

251 *ibid*., 115. Insbesondere zu einer religiösen oder moralischen Motivation darf das auf äußere Gesetzesförmigkeit angelegte Recht nicht verpflichten.

252 *ibid*., 115. ···für den ist Strafe nackter Zwang und nicht Ausdruck eines für ihn nachvollziehbaren Vorwurfs personalen Versagens.

253 *ibid*., 119. Unabhängig davon, wie man zu dem Inzestverbot steht, wird man jedenfalls nicht sagen können, dass dieses Gesetz mit Blick auf den konkreten Fall Ausdruck allgemein anerkannter Vernunft und deshalb von jedem Vernünftigen zwingend zu befolgen sei. Insoweit kann die materiale Schuld des Täters auch nicht den Vorwurf zum Gegenstand haben, er hatte sich selbst als Vernünftiger durch die Tat korrumpiert.

근거로 그 정당성을 규정할 수 없다.[254] 따라서 형법적 책임도 이성의 타락에 대한 비난이라고 할 수 없다. 책임에 대해 실천이성이 아닌 다른 근거를 구해야 한다.

[1257]

그러면 형법상 책임은 어떻게 규정되는가? 킨트호이저는 그것을 민주주의 국가사회에 있어서 규범의 정당성(正當性)과 그러한 정당한 규범에의 위반(違反)에서 찾는다. 아마도 하버마스는 담론원리(談論原理)의 적용이라고 할 것이다. 우선 형법규범은 그 내용적(內容的) 정당성 때문에 규범의 준수를 요구하는 것이 아니다. 민주사회에서 개인(법인격)은 한편으로는 규범의 수범자(受範者)이고 다른 한편으로는 규범의 저작자(著作者)이다. "민주적으로 구성된 사회에서 법인격은 두 역할, 즉 한편으로는 잠재적인 수범자, 다른 한편으로는 규범제정에 대한 잠재적인 공동관여자로서의 역할에 의하여 정의된다."[255] 그리하여 민주사회에서의 규범은 저작자인 모든 사회 구성원의 상호

---

254 BVerfGE 120, 224, (참고) 이 사건의 사안 내용은 어릴 때 부모의 이혼 등으로 헤어진 남매가 성장하여 다시 어머니 아래에서 같이 살면서 성관계하여 여러 명의 아이를 출산한 사안이었다. 그들은 남매라는 것을 알게 된 이후에도 그 관계를 여전히 고집하였다. 이 사건에 관한 헌법소원이 제기되어 근친상간죄의 위헌 여부기 문제되었다. 다수의견은 합헌으로 판결하였지만 Hassmer 대법관은 소수의견으로 반대하였다. 그의 논거는 비례의 원칙(Grundsatz der Verhältnismäßigkeit)에 반한다는 것이었다. 킨트호이저가 문제삼는 것은 근친상간의 위헌 여부와는 상관없이 적어도 근친상간금지의 규범이 이성 내지 합리성을 표현하는 것은 아니라는 것이다. 한국에는 근친상간죄가 없다. 한국은 유교국가의 전통이 있어 아마도 독일보다도 더 근친상간에 대해 혐오한다고 할 수 있다. 오히려 그렇기 때문에 근친상간을 범죄로 규정할 필요는 없는지도 모른다. 킨트호이저가 말하는 것처럼 근친상간죄의 존부(存否) 여부가 어느 국가가 더 이성적이라고 말할 수 있는 것은 아니다. 일본 형법에도 근친상간죄는 없다.

255 Kindhäuser, Strafrechtliche Schuld im demokratischen Rechtsstaat, *op. cit.*, p.120. Die Rechtsperson ist also in einer demokratisch verfassten Gesellschaft durch zwei Rollen definiert: durch die des potenziellen Normadressaten auf der einen Seite und die des potenziell Mitbeteiligten an der Normsetzung auf der anderen Seite.

이해와 합의에 의하여 정당성을 가지게 되는 것이며, 책임은 그러한 정당성을 합의된 절차와 방식에 의하지 않고 위반한 것에 대한 비난이다. 말하자면 규범에 대한 반대도 커뮤니케이션적 절차와 방식에 의하여 제기해야 한다. "민주적으로 구성된 다원주의적 사회에서의 규범은 절차에 맞게 성립됨으로써 일반적인 구속력을 요구하는 이익의 조정이다. 규범은 모든 시민이 참여할 수 있는 상호이해작업(相互理解作業)의 산물이다."[256] 규범의 설정이 그러하듯이 규범의 개정이나 폐지도 그 커뮤니케이션적 절차와 방식에 따라야 한다. 그렇게 하지 않고 임의로 규범을 위반한 것에 대한 책임도 바로 민주사회 구성원(법인격체)의 규범의 수범자와 저작자라는 이중의 지위로부터 발생한다. "규범제정에 참여할 권리를 부여받은 데 대응하는 쌍무적(双務的) 의무는, 규범과 그 근거를 자신은 거부한다는 것을 이러한 유효한 권리의 테두리 내에서 관철해야 할 의무이다."[257]

킨트호이저의 책임개념에 관한 논의 자체는 단순하게 말할 수 있다. 즉 그것은 민주사회에서 국민은 규범의 저작자이자 수범자라는 이중의 지위에 있다. 그러므로 이렇게 상호이해에 의하여 창조한 규범을 반대하는 것—개정하거나 폐지하는 것—도 커뮤니케이션적 절차와 방법에 따라야 한다. 그러한 타당한 절차와 방식에 의하지 않고 위반하는 것에 대한 비난이 책임이다. 오히려 킨트호이저의 책임이론에서 어려운 것은 규범 그 자체가 정당성을 가지지 않는다는 것이다. 정당성이나 위반에 대한 책임 역시 커뮤니케이션과 담론원리(談論原理)에 의하여 규정된다. 그렇기 때문에 책임은 민주주의 사회에

---

256 *ibid.*, p.120. Normen sind in einer pluralistischen, demokratisch verfassten Gesellschaft Interessenkoordinationen, die aufgrund ihres verfahrensgemäßen Zustandekommens, allgemeine Verbindlichkeit beanspruchen. Sie sind das Ergebnis einer Verständigungsleistung, an der alle Bürger teilhaben können.

257 *ibid.*, p.122. Synallagma der Berechtigung, an der Normsetzung beteiligt zu sein, ist die Verpflichtung, seine Ablehnung der für die Norm sprechenden Grunde auch nur im Rahmen dieser Berechtigung geltend zu machen.

서만 의미를 가진다. 그의 책임개념은 담론적 책임개념이다. 그는 교과서에서 담론적 책임개념을 이렇게 요약하고 있다.

"이른바 담론적 책임개념은 규범의 정당성과 책임 사이의 이러한 내적 연관을 확립하려고 시도한다. 그것은 주연자를 법 예속의 수범자로서 뿐만 아니라--법치국가적 민주주의에 있어서--그가 훼손하는 규범의 저작자로도 이해한다. 민주적으로 구성된 사회에서 규범은 그들의 이익을 (가능한 한) 공정하게 균형화하는 자율적 개인들의 법형식적 상호이해(Verständigung)의 표현이다. 규범의 저작자로서의 역할에 있어서, 주연자는 다른 사람과 상호이해하기로 결정하였으며, 법적 규범으로부터의 이탈도 오직 상호이해('담론적, diskursiv')의 방식을 통해서만 허용될 수 있다. 민주적으로 구성된 사회에서, 모든 사람은 규범을 변화시키기 위해 작업할 수도 있으나, 그것은 상호이해의 과정에 참여하여, 타인의 권리에 대한 충성된 존중과 커뮤니케이션의 방식에 의해서만 그렇게 할 수 있다. 주연자가 (귀속능력이 있는데도) 규범을 파괴하면, 그것은 구성원들의 상호이해에 기반을 둔 규범을 부정한다. 따라서, 실질적 책임은 이익의 적법한 타협에 관한 상호이해에 있어서, 타인의 참여에 대하여, 범행에서 드러나는 충성(Loyalität)의 결여이다. 또한 이 접근법에 따르면 민주사회의 형법에 있어서의 책임은 신권정치나 독재국가의 형법에서의 책임과는 다르다."[258]

258 Kindhäuser, StGB, 6.Aufl., Vor§§19-21, Rn.10. Kindhäuser, AT, 6. Aufl., §21Rn.9. Diese innere Verbindung zwischen Schuld und Legitimität der Norm versucht der sog. diskursive Schuldbegriff herzustellen. Er versteht den Täter nicht nur als dem Recht unterworfenen Adressaten, sondern auch - in einer rechtsstaatlichen Demokratie - als Autor der Norm, die er bricht. In einer demokratisch verfassten Gesellschaft sind Normen Ausdruck der rechtsförmigen Verständigung autonomer Personen über einen (möglichst) gerechten Ausgleich ihrer Interessen. In seiner Rolle als Normautor ist der Täter auf die Verständigung mit anderen festgelegt, darf also nur im Wege der Verständigung ("diskursiv") von legalen Normen abweichen. Jeder darf in einer demokratisch verfassten Gesellschaft darauf hinwirken, dass Normen geändert werden, aber eben nur

[1258]

킨트호이저는 분명히 중대한 문제를 제기하고 있고 또한 대답하고 있다. 그의 주장은 전통적 범죄–가령 살인이나 절도–에 대해서는 불필요한 수사 (修辞)처럼 느껴질 수도 있다. 가령 그의 주장에 의하면 도둑질을 하고 싶은 자는 절도정당(竊盜政黨)을 조직하여 형법에서 절도죄를 삭제(削除)하는 방식 으로 규범에 반대하지 않고–이것이 담론원리에 의한 정당성의 창출이다–개 인적인 방식으로 절도행위를 한 인적 과오(personale Verfehlung)[259]에서 드러 나는 상호이해에 대한 충성(忠誠)의 결여가 책임이다. 그러나 중요한 것은 규 범의 정당성을 도덕에서 구하지 않는다면, 우리는 그 정당성을 다른 근거에 서 구해야 한다. 이렇게 볼 때 규범의 정당성과 책임은 내적(內的) 연관(聯関) 을 가지고 있다. 이것은 우리가 절도죄가 아니라 자동차 과속(過速)운전의 죄 를 내용으로 생각하면 더 쉽게 이해할 수 있다. 시내에서 시속 60킬로미터를 초과하면 안 된다는 규범의 정당성은 상호이해에 의한 합의에 있다. 시민은 규범의 수범자이자 저작자로서 제한속도를 70킬로미터로 상향조정하는 담 론을 형성하고 규범화할 수 있다. 개인은 시내의 교통상황을 볼 때 교통전문 가로서 시속 70킬로미터가 오히려 교통사고를 전혀 늘리지 않고 물류와 사 람의 유통에 더욱 합리적이라고 판단하였고, 실제로 그것이 타당할 수도 있 다. 그런데도 그가 시속 70킬로미터로 달리는 것은 개인적 과오이며, 이처럼

---

kommunikativ unter loyaler Beachtung des Rechts der anderen, am Prozess der Verständigung beteiligt zu sein. Bricht der Täter (in zurechnungsfähiger Weise) die Norm, so *negiert er die der Norm zugrunde liegende Verständigung* der Beteiligten. Demnach ist materielle Schuld ein sich in der Straftat zeigender Mangel an Loyalität gegenüber der Teilhabe anderer an der Verständigung über einen gerechten Ausgleich von Interessen. Ferner ist nach diesem Ansatz Schuld im Strafrecht einer demokratisch verfassten Gesellschaft etwas anderes als Schuld im Strafrecht eines Gottesstaates oder einer Diktatur.

259 Kindhäuser, Strafrechtliche Schuld im demokratischen Rechtsstaat, *op.cit.*, p.119.

담론원리에 의하지 않고 드러낸 충성의 결여가 책임이다.

그러나 킨트호이저의 책임이론에는 몇 가지 결함이 있다. 우선 자유의지 론이 책임이론과 전혀 무관하다는 주장의 한계이다. 그것은 면책사유에 대한 논의라는 제한된 범위에 있어서만 제한적으로 타당하다. 그러나 독일체계에서 오랫동안 소극적 의미가 아니라 적극적 의미의 책임개념에 대해서 논의해 온 것은 면책사유 자체가 적극적 책임개념에 그 타당성을 의존하고 있기 때문이다. 만약 인간에게 자유의지가 없다면 그래서 적극적 의미의 책임개념이 성립하지 않는다면, 그것을 전제로 하는 면책사유 자체가 성립하지 않는다. 킨트호이저는 적극적 의미의 자유라는 것 자체가 존재하지 않으며 자유는 소극적 의미로서 부자유의 결여로 이해한다. 즉 자유는 승인된 부자유의 요건–결국, 면책사유이다–이 존재하지 않는 것을 의미한다. 그럼으로써 오히려 논리가 역전(逆轉)되어 있고 결론이 전제되어 있다. 즉 면책사유가 부자유를 규정하고 부자유가 자유개념을 규정하고 있다. 이렇게 되면 면책사유에 대해서는 아무것도 논의하지 않은 것이 된다. 면책사유를 떠나서 부자유 자체는 규정되지 않은 셈이다. 이렇게 되면 면책사유도, 부자유도, 자유도 아무것도 논의하지 않은 것이 된다. 여기에서 빠져나올 수 있는 유일한 출구는 부자유(不自由) 자체를 독자적으로 논구(論究)하는 것이다. 그러나 그러한 논의는 보이지 않는다.

다음으로 그의 담론적 책임개념은 앞에서와 달리 부자유나 면책사유에 의존하지 않고 그것과 독립하거나 오히려 그것에 선행(先行)하여 규정된다. 이것은 앞에서 그가 자유와 책임을 논의할 때와는 반대되는 태도이다. 그리하여 그의 담론적 책임개념이 타당하다고 하더라도 그것은 추상적 철학으로 끝나는 인상을 준다. 철학은 모든 것을 설명하지만 구체적으로는 아무것도 설명하지 못한다. 하버마스는 자신이 철학자라는 이유로 이 문제를 회피할지도 모른다. 그러나 킨트호이저에 대해서는 담론적 책임개념으로서 면책사유를 설명할 수 있는가의 문제가 제기된다. 이 모든 것에 대한 대답은 민주적으로 그러한 법이 제정되었다는 것뿐이다. 왜 책임능력이 그렇게 규정되었는가, 왜 면책적 긴급피난 상황에서는 면책되는가, 법률의 착오의 경우에 왜 면책되는가 등에 대한 유일한 대답은 상호이해로서의 민주적으로 제정된 실정법이 그러하다는 것뿐이다. 이것은 자유의지나 책임에 관한 관문의식을 사실상 회피하는 것이다. 이것은 사실 킨트호이저의 한계가 아니라 하버마스의 한계라고 해야 할 것이다. 그의 마지막 대답이 바로 커뮤니케이션 이성이고 담론원리이고 민주주의이기 때문이다.

[1259] 책임형법의 부정(否定)(Jakobs, Roxin, Ellscheid/Hassemer)

책임원칙 그리고 책임형법은 독일체계의 위대한 유산이다. 그 위대한 유산이라고 할 때 책임원칙의 이미지는 다분히 윤리적 책임개념에 가깝다. 그런 점에서 이념적으로는 카우프만(Arthur Kaufmann)의 주장이 의의(意義)가 있다. 그 내용은 인간은 자유롭기 때문에 책임을 져야 하고, 책임져야 하므로 처벌받아야 한다는 것이다. 범죄자가 처벌받는 이유는 자유로운데도 불구하고, 즉, 범죄가 아닌 다른 행위를 선택할 수 있었는데도 불구하고 범죄를 선택했기 때문에 책임이 있고 처벌받는다. 그리고 바로 이 사실이야말로 동물과 다른 인간성—사회를 형성하는 인격—이다. 자유롭지 못한 행위도 유책할 수 있다고 주장하는 자는 고래를 물고기라고 부르는 자와 같다고 카우프만은 말한다. 그리고 역시 그가 말한 것처럼 '책임원리는 절대적(絶對的)으로 정당하다'.[260] 여기서 말하는 자유는 당연하게도 구체적인 타행위가능성이다.

그런데 이러한 책임형법은 이제 파산하였다고 말하는 것이 지적(知的)으로

---

260 *supra* [1211]

정직하다. 또 그것이 당연하다고 할 수 있는 것이, 사실 이것이 바로 500년이나 낡은 근대 초기(近代初期)의 정신이기 때문이다. 야콥스(Jakobs)의 이론은 책임개념을 사용하고 있으므로 책임형법이라 말하고 그렇게 받아들여지고 있다. 그러나 사실 이것은 간판사기(Etikettenschwindel)이다. 예방의 필요성은 명백하게 타행위가능성과는 다른 것이다. 그렇다면 두 개념은 명백하게 다른 개념이다. 그런데도 두 개념이 마치 같은 것으로 받아들이게 한다. 그럼으로써 마치 야콥스의 형법이론도 책임형법이론처럼 생각하게 만드는 것이다. 이러한 간판사기(看板詐欺)를 걷어치우고 보면 야콥스의 이론에서 책임형법은 실질적으로 부정되고 있다. 즉, 야콥스의 범죄론에서 이미 책임형법은 파산하고 있는 것이다.

이것은 록신(Roxin)에 있어서도 마찬가지이다. 록신은 좀 더 정직하게 예방필요성을 답책성이라는 이름으로 하여 책임과는 다른 기표(단어)를 설정하였다. 그는 한 논문에서는 힘주어 책임원리의 역사적 공헌과 가치를 설파하고 있다.[261] 그렇지만 실제 그의 이론에서 책임개념은 간판일 뿐 실제로는 존재하지 않는다. 책임과 답책성은 상호제한적인데 실질적으로는 거의 모든 경우에 책임은 답책성에 의하여 규정된다. 그런데 그 답책성이 바로 예방 필요성이다. 그렇게 하기 위해 그는 타행위가능성을 이중으로 비틀었다. 하나는 면책적 긴급피난의 상황에서도 타행위가능성이 있다고 한다. 그렇다면 사실 모든 상황에서 책임이 성립한다는 이야기이다. 자신의 목숨을 내어 놓아야할 때에도 법을 지키기 위하여 스스로 죽어 줄 수 있다는 것이 규범적 응답가능성이다. 이를 근거로 한 책임개념을 책임원칙이라고 하는 것은 타당하게 보이지 않는다. 록신의 화려한 수사를 뚫고 들어가 보면 그의 이론에서 일반적인 책임개념은 존재하지 않는 것이다.

---

261 Roxin, Was bleibt von der Schuld im Strafrecht übig? *op. cit.*,

그러면 다수설을 비롯하여 고전적인 책임개념--타행위가능성--을 전제로 하여 책임형법을 지키고 있는 학자들은 어떠한가? 그중에서 위 카우프만은 그야말로 열렬한 책임주의의 옹호자이다. 그렇게까지는 아니라고 하더라도 다수의 학자, 그리고 일본·한국의 학자를 포함한 법률가들은 모두 책임형법을 믿고 있다. 그러나 그들은 야콥스나 록신이 그런 길을 가지 않을 수밖에 없었던 이유, 그 딜레마에 대하여 아무런 해결책을 가지고 있지 않다. 그리고 그들이 스스로 해결책이라고 믿는 이론은 사실 취약하다. 야콥스나 록신이 다수설이나 기타 여러 논거에 대하여 이해가 모자라 그 길을 간 것은 아니기 때문이다.

그리하여 노골적으로 책임형법을 부정하는 이론들이 등장하기 시작했다. 이들은 간판사기(看板詐欺)를 걷어치우고, 노골적으로 책임개념과 책임형법을 부정한다. 엘샤이트(Günther Ellscheid)와 하세머(Winfried Hassemer)의 논문 「비난없는 형벌」은 대표적인 것 중의 하나이다. 책임형법을 부정하는 근거로 여러 가지가 가능하다. 그중 가장 단순한 것은 그 '책임'이라는 것이 과연 존재하는지에 관하여 지난 100년을 찾았지만 찾지 못했다는 것이다. "형벌의 원인과 전제가 되는 책임이 과연 존재하는 것인지는 아직 밝혀지지 않고 있다."[262]

우리는 이 문제에 대하여 이제까지 많은 논의를 해 왔다. 결국 책임의 문제는 의사자유의 문제이고, 의자자유의 문제는 구체적 타행위가능성(他行爲可能性)의 문제이다. 그러나 구체적(具体的) 타행위가능성의 문제는 해결되지 않았고 해결될 수 없다고 한다. 그렇다면 남는 것은 두 가지 길이다. 하나는 적절한 우회이론(迂迴理論)을 개발하는 것이다. 우리는 많은 우회이론들을 살

---

262 Ellscheid/Hassemer, Strafe ohne Vorwurf, 배종대 역, 『비난없는 형벌, 책임형법론』, 홍문사, 1995, p.120.

퍼보았다. 그중의 하나를 택하든지 자기 자신의 새로운 우회이론을 개발할 수 있다. 그러나 그 어떠한 우회이론을 개발하더라도 이제까지 개발된 우회이론보다 나은 것을 기대하는 것은 가능해 보이지 않는다. 어쨌든 우회이론을 포기한 경우는 물론 적당한 우회이론에 의지하는 때도, 실제로는 범죄가 사실은 구체적 타당성이 없는 것이 아닌가 하는 의구심(疑懼心)에서 결코 벗어나지 못한다.

통설처럼 평균인(平均人)을 상정하여 일반적인 타행위가능성이 있다고 상정하더라도, 범죄자들은 결코 평균인이 아니라는 점을 인식해야 한다. 범죄자는 일반적으로 평균인이 되지 못하는 사람이라면 평균인이라는 가정은 무의미하다. 가사, 평균인에게 타행위가능성이 있다고 가정하더라도, 그 자체가 평균인의 수준에 미치지 못하는 자는 타행위가능성이 없다는 것을 함축하는 것이다. 이것은 비극적이다. 그와 같은 법익, 그와 같은 사정, 학력 등등 여러 가지 동일한 조건을 갖춘 가정적 동일인이라고 해도[263] 마찬가지이다. 완전히 동일한 상황에 처한 쌍둥이를 가정하더라도 결론은 마찬가지이다. 왜냐하면, 이미 일어난 사건을 전제로 하는 과거회귀적(過去回歸的) 평가와 일어나지 않은 사건에 대한 사전적(事前的) 평가는 전혀 다른 것이다. 나아가 사실과 가치의 차이만큼이나 범주가 다르다. 그리하여 결국 평균인 등의 우회이론은 "범죄자의 개인적인 행위가능성이 아니라, 어떤 의무의 객관적 위반이나 다른 사람의 요구로부터 나오는 책임을 말한다." 이런 점에서 다수설의 예섹이 말하는 "책임척도로 제기하는 '평균적 가능(可能)'도 이 명제와 비슷하다. 다만 이 이론은 범죄자에 대한 비난도 배제되는 결과를 간과하고 있다."[264]

---

263 *supra* [1237]. Jescheck/Weigend, AT, §39.III.2.
264 Ellscheid/Hassemer, Strafe ohne Vorwurf,(배종대 역) *op. cit.*, p.137. 및 같은 페이지 각주 24)

결국, 평균인에게 타행위가능성이 있다고 논의하는 것은 근거가 없는 것이다. 그것은 죄를 짓지 않은 학자나 법률가들이 자기의 경우를 상상하여 추론하는 것에 불과하다고 할 수 있다. 물론 엘샤이트나 하세머가 이런 식으로 논의한 것은 아니다. 그렇지만 결론은 마찬가지이다. 우회이론을 추론의 근거로 사용할 수 없다. 우리가 역사상 가장 진보한 사회라고 믿고 있는 이 사회(근대사회)는, 사실은 대단히 잔인(殘忍)한 문명(文明)일지도 모른다. 왜냐하면, 우리 사회의 많은 사람에게 전혀 타행위가능성이 없는 경우인데도 우리는 그들을 비난하며 잔인한 형벌을 가하고 있는지도 모르기 때문이다. 우리는 과거의 형벌을 보면서 잔인하고 야만적(野蠻的)이라고 해 왔다. 그러나 그 당시에 형벌을 받지 않는 사람들은 그렇게 생각하지 않았다. 심지어 형벌을 받는 사람들도 잔인하다고 생각하지 않았을 것이다. 왜냐하면, 다른 문명을 본 적이 없는 그들로서는 스스로가 자신들에 대한 형벌이 당연하다는 사고 방식과 가치관을 형성하고 있었을 것이기 때문이다. 지금의 우리도 마찬가지인지도 모른다.

[1260]

엘샤이트/하세머는 기존의 책임형법의 또 다른 난점을 제시한다. 그것은 자유로운 의사결정가능성이 있다고 가정하더라도 우리 형법이 그에 근거하고 있지 못하다는 것이다. 달리 말하면 우리의 형법은 우리가 믿어 왔듯이 그러한 책임형법이 아니라는 것이다.

"보통 의제(擬制)되는 자유로운 의사결정가능성은 오로지 실정법이 허용하는 조각사유(阻却事由)의 한계 내에서만 배제된다. 예컨대 가족의 갈등상황, 급박한 경제적 파탄이 가져온 진퇴양난의 갈등이 있다고 치자. 이 상황에 비록 이해할 수 있고 책임(타행위가능성)의 사실상 배제가 가능한 불가피한 행위로 이르렀다고 하더라도, 이것이 책임배제요소로 검토되지 않는다." "책임원칙이 아무리 굽힐 수 없는 원칙으로 주장되더라도 실제로 인정되는 데는 일정한 한계가 있다. 그러므로 책임원칙의 불가피성은 단지 하나의 허구(虛構)에 불과하다.… 비난가능성은 몇 개의 이질적 면책사유가 모여 만든 집합명칭(集合名稱)에 지나지 않는다.… 이러한 집합명칭으로부터 비난가능성의 일상 언어적 · 형법철학적 의미를 포착해서는 안 된다는 결론이 나온다."[265]

이것은 이제까지 거의 지적되지 않았던 논의이다. 실제로 실무(實務)에서는 어떠한 법조인도 자유의지가 있는가에 대하여 고민하지 않는다. 통설처럼 타행위가능성을 평균적으로 정의하고 그에 의하여 형법을 해석한다고 하더라도 그것은 일종의 은폐(隱蔽)라는 것이다. 가령 어떤 홈리스(the homeless)가 3일을 굶었기 때문에 빵을 훔쳤다고 하자. 이 경우 기존의 추상적 타행위가능성의 개념에서 보면 타행위가능성이 없다고 해야 한다. 그 외에도 기존의 면책사유와 같은 정도(程度)로 또는 같은 수준(水準)으로 타행위가능성이 없는 경우를 상당히 많이 상정할 수 있다. 그런데 그러한 경우들은 형법상 면책사유를 형성하지 않고 있다. 이러한 상태 역시 앞의 추론과 마찬가지로 잔인하고 야만적(野蠻的)인 문명이라는 혐의(嫌疑)에서 자유롭지 못하다는 것을 의미한다. 엘샤이트와 하세머는 물론 이러한 야만적인 문명론의 결론에까지 나아간 것은 아니다. 어쨌든 그들은 책임원칙이 형법상에 몇 개의 면책사유에 대한 집합명칭에 지나지 않는다고 한다. 그리하여 책임원칙이 오히려 정반대로 야만적인 사회에서 형벌을 정당화하는 기능을 할 뿐이라는 아도르노(Admo)의 주장을 각주로 인용하고 있다.

---

265 Ellscheid/Hassemer, Strafe ohne Vorwurf,(배종대 역) *op.cit.*, pp.131-132.

"개인의 지적 자유는 찬양된다. 그렇게 함으로써 개인에게 경험적으로 아무런 제한없이 책임을 지울 수 있다. 그리고 이것은 형이상학적으로 정당화된 형벌이라는 전망을 가지고 더욱 쉽게 개인을 통제할 수 있다."[266]

책임형법이란 면책사유 이외의 행위나 범죄에 대하여 인간은 자유롭다는 근거없는 주장을 정당화시키고, 그리하여 그들을 형벌로 통제하는 장치가 되고 있다는 것이다. 이렇게 되면 현재의 독일체계 내지 다수설은 실증법으로서의 형법이 실제로 규정하고 있지 않은 책임개념을 마치 그러한 것으로 상정하고 허구적 책임비난을 정당화함으로써 오히려 개인을 억압(抑壓)하고 통제하는 장치로 작동하는 것이 된다. 하세머의 주장은 형법이나 재판 그리고 형벌의 의미가 어떤 의미로서든지--우회이론을 포함하여--타행위가능성 그리고 자유를 전제로 하는 책임형법이 아니라는 것을 인정해야 한다.

"형법전 역시 피의자가 행위를 할 때 그의 의지가 자유로웠는지에 대한 증명을 요구하지 않는다. 행위자의 의사능력(意思能力)에 문제가 없었다는 사실만으로 충분하다고 보고 있다.… 따라서 형사사법과 형법학 역시 겸손한 태도를 지녀야 하며, 유죄판결을 받은 자에게 마치 그가 달리 행위할 수 있었고 따라서 개인적으로 비난받아 마땅하다는 사실을 증명이라고 하는 것처럼 자만해서는 안 된다. 형사사법과 형법학은 결코 그와 같은 일을 담당할 수 없다. 이들 역시 한 사람이 달리 행위할 가능성이 있었는지를 알 턱이 없기 때문이다."[267]

---

266 Ellscheid/Hassemer, Strafe ohne Vorwurf,(배종대 역) *op,cit,*, p.133. 각주 20).

267 Hassmer, Warum Strafe sein muss, Ullstein, Berlin, 2009. pp.228-229. 이하 번역은 배종대 · 윤재왕 역, 『범죄와 형벌』, 나남, 2011을 인용한다. 때로 수정 부분이 있다. Auch das Strafgesetz verlangt keinen Nachweis, dass der Beschuldigte bei seiner Tat in seinem Willen frei war,..Es lässt genügen, dass er frei von Willensmängeln war. … Dann aber sollten auch die Strafrichter und ihre

그리하여 엘샤이트/하세머는 비난 없는 형벌(Strafe ohne Vowurf)이 불가피하다고 한다. 달리 말하면 우리는 범죄자에 대하여 비난할 수 없는데도 그들은 처벌받는 것이다. 이것은 결국 책임형법에 대한 파산선고이다. 그렇지만 이를 인정하고 책임형법의 대안을 찾는 것이 옳다는 것이다. 그들이 제시하는 책임원리의 대안은 비례성원칙(比例性原則)이다. "비례성원칙은 공법(公法)의 모든 영역에서 순전히 목적합리적인 국가의 행위를 가치합리적으로 제한하는 기능을 한다. 비례성원칙은 특히 목적달성을 위해 투입한 수단의 평가를 요구한다."[268] 책임형법의 파산과 그 대안에 대한 이러한 제안은 혁명적이라고 해야 할 것이다. 이 혁명성은 책임형법에 대한 해체적(解体的) 의미에서는 확실히 그러하다. 그러나 적극적 의미에 있어서, 비례성원칙의 구체적 내용이 무엇인가 하는 점을 규정하기 전에는 아무것도 말할 수 없다. 비례성원칙은 목적가치와 그에 대한 수단, 그리고 그에 있어서 비례성이 무엇인가에 대한 구체적 내용을 필요로 한다. 가령 침해되는 법익의 크기와 형벌의 크기가 비례해야 한다면 그것은 과거의 복수형법이 될 것이다. 그리하여 "범죄자의 기본권보장과 일반인의 법익보호 사이의 실제적 조화"와 같은 개념만으로도 여전히 충분하지 못하다. 그리하여 책임원리의 대안으로서 비례성원칙은 처음부터 다시 시작하는 것이나 다름없다. 그렇지만 그것은 책임형법과는 전혀 다른 시야(視野)를 열어 주는 것만은 확실하다. 가령 엘샤이트/하세머은 다음과 같은 제안은 의미 있다.

"그러면 형벌제한기준으로 비례성원칙을 채용하는 형법은 어떤 방향으로

Wissenschaften bescheiden sein und nicht so tun, als hätte man dem Verurteilten nachgewiesen, er habe anders handeln können, und als verdiene er einen persönlichen Vorwurf. Das können sie nämlich nicht verantworten, weil sie es gar nicht wissen.

268 Ellscheid/Hassemer, Strafe ohne Vorwurf,(배종대 역) op.cit., p.143.

변화될까? 아마도 법익침해에 대한 국가의 제재는 원칙적으로 단일제재(單一制裁)가 될 수밖에 없을 것이다. 형사제재의 이원주의(二元主義)는 책임비난과 함께 이루어지기 때문이다. 그리고 단일제재에서 '형벌'과 '보안처분' 가운데 어떤 개념을 사용할 것인지 아니면 아예 새로운 개념을 도입할 것인지의 문제는 보류해 둘 수 있다. 다만 윤리적 색채가 강한 Schuld라는 말 대신에 그냥 Haftung라는 말을 사용하는 것이 나을 것이다. 법익보호원칙에서 나오는 모든 제재를 비례성원칙에 따라 전개 · 해석 그리고 구체화하더라도 (이른바 일원주의) 통일된 제재를 요구하는 것은 아니다. 구체적인 제재의 내용은 사회심리학과 정신병리학의 발전내용에 따라서 범죄자의 고유한 속성에 맞추어야 할 필요가 있다."[269]

[1261] Baurmann

바우와만(Michael Baurmann, 1952-현재)은 1980년에 「책임 없는 교의학(Schuldlose Dogmatik)」이라는 상당히 긴 논문을 발표하며 책임형법의 부정(否定)에 참여했다. 그는 교의학(敎義学, Dogmatik)에 관한 이론에서 출발하고 있는데, 결론적으로 책임개념은 그 '의미론적 불명확성semantische Unbestimmtheit' 때문에 교의학적 개념으로서 자격이 없다는 것이다. 이념(理念)은 심원한 감동을 주지만 정작 구체적 사건의 판단에 아무런 지침이 되지 못한다. 책임원칙도 마찬가지로 이념적 감동일 뿐 구체적 사건의 지침에 도움이 될 수 있는 의미론적 명확성이 없다. 단순하게 생각하면, 가령 정신병자의 책임능력의 문제에 관하여 우리에게 대답을 줄 수 있는 결정적인 기준은 결국 정신의학자의 의견이고, 그들은 책임의 철학에 아무런 감동도 느끼지

---

269 *ibid.*, p.144, 149.

않는 전문가이기도 하다. 바우와만(Baumann)은 책임개념은 경험적으로 해석 가능한 의미론적 내용을 담고 있지 않다고 한다. 또한 책임원칙으로 실제적 결론이 도출되는 것이 아니라, 실질적으로는 예방목적에 희생되고 있다. 실제로는 예방목적을 적용하면서 이를 책임원칙으로 합리화한다는 것이다.

> "나는 형이상학적 개념인 책임으로부터 결코 경험적 현상에 관련된 사용(使用)을 위한 어떠한 의미규율(意味規律)도 끄집어낼 수 없다는 '책임개념의 의미론적 불명확성'이란 테제를 주장하고자 한다. 즉, 책임이론의 맥락개념들–특히 '자유의사', '자유로운 행위'. '타행위가능성', '부응가능성', 등–의 경험적 해석에서 적용 영역이 너무나 크기 때문에, 책임원칙은 국가의 간섭가능성을 효율적으로 제한할 수 없다. 그와 같은 개입가능성이 사실상 제한되는 한에서 그 제한은 책임원칙과는 다른 원칙에 의거할 수 있다."[270]

바우와만이 제시하는 책임원칙에 대한 대안도 비례성원칙(Verhältnismä βigkeitsgrundsatz)이다. 엄밀하게 말하면 책임원칙도 비례성원칙(比例性原則)의 한 종류라고 할 수 있는 것이기 때문이다. 따라서 책임원칙의 대안이 되기 위해서는 책임개념이 대상으로 하는 영역을 전제로 하여 구체화한 비

---

270 Michael Baurmann, Schuldlose Dogmatik? in: Klaus Lüderssen und Fritz Sack (Hrsg.), Seminar: Abweichendes Verhalten IV. Kriminalpolitik und Strafrecht, Frankfurt am Main 1980, p.216. 이하 번역은 이상돈 역, 책임없는 도그마틱, 『책임형법론』, 홍문사, 1995를 인용한다. 때로 수정 부분이 있다. Demgegenüber möchte ich die *These der semantischen Unbestimmtheit des Schuldbegriffs* vertreten, dem als metaphysischem Begriff nahezu keine Bedeutungsregeln für einen auf empirische Phänomene bezogenen Gebrauch zu entnehmen sind. Der Spielraum bei der empirischen Interpretation der mit einer Schuldtheorie zusammenhängenden Begriffe - insbesondere: "freier Wille", "Freie Handlung", "Andershandelnkönnen" oder "Dafürkönnen" - ist so groß, daß das Schuldprinzip nicht zu einer effektiven Begrenzung staatlicher Interventionsmöglichkeiten führen kann. Insoweit solche Interventionsmöglichkeiten tatsächlich eingeschränkt werden, ist die Begrenzung auf andere Prinzipien als das Schuldprinzip zurückzuführen.

례성원칙이지 않으면 안 된다. "비례성원칙이란 책임원칙에 대한 어떠한 대안도 아니며, 오히려 책임원칙은 오늘날 그것을 옹호하는 사람들에 의해 바로 비례성원칙이라는 관점에서 정당화되고 있기 때문이다. 그러므로 여기서 중요한 것은 책임원칙 대신에 비례성원칙을 실현할 수 있는 다른 기준을 제시하는 것이라 할 수 있다."271 일반적인 의미에서의 비례성원칙은 헌법 분야에서 그리고 독일법체계에서 발전해 온 원칙으로 헌법재판의 논증에서 중요한 역할을 한다. 비례성원칙은 합법성의 원칙, 적합성의 원칙, 필요성의 원칙, 과잉금지의 원칙 등 추상적인 몇 개의 원칙을 조합하여 어떤 사안을 평가하는 일종의 논증도구(論證道具)라고 할 수 있다. 이렇게 보면 책임원칙은 비례성원칙의 관점에서 보면 형벌이 책임에 비례해야 한다는 원칙이다. 그렇다면 책임원칙은 오히려 가장 명확한 의미를 가진 비례성원칙이라고 할 수 있다. 따라서 책임원칙을 비례성원칙으로 대체한다고 말하는 것은 어떠한 내용을 말하는 것도 아니다. 근원적으로 책임개념을 대체하여 비례성원칙을 적용할 수 있는 논증체계를 제시해야 한다.

[1262]

바우와만은 책임을 대체하여 형벌이 비례적이어야 하는 것은 행위의 사회적 유해성(Sozialschädlichkeit)이라고 말한다. "형법적 수단투입의 비례성의 기준은 행위자의 책임이 아니라 그의 행위의 사회적 유해성이다."272 그러나 이

---

271 ibid., p.211. Denn der Grundsatz der Verhältnismäßigkeit ist keine Alternative zum Schuldprinzip, sondern das Schuldprinzip wird von seinen zeitgenössischen Befürwortern gerade *unter Voraussetzung* des Verhältnismäßigkeitsgrundsatzes legitimiert. Es kommt also darauf an, anstelle der Schuld ein *anderes Kriterium* anzugeben, das diesen Grundsatz *verwirklichen* kann.
272 ibid., p.241. Das Kriterium für die Verhältnismäßigkeit des strafrechtlichen Mitteleinsatzes ist nicht die Schuld des Täters, sondern die Sozialschädlichkeit seiner Handlung.

것은 오해의 소지가 있다. 사회적 유해성은 형법적 관점에서는 일반적으로 불법(Unrecht)의 맥락(脈絡)에 있는 개념이다. 그리고 책임은 사회적 유해성에도 불구하고 행위가 아니라 행위자의 사유(가령 책임무능력)를 근거로 처벌을 제한하는 문제에 관한 것이다. 결국 그가 말하는 사회적 유해성은 이러한 불법의 맥락에 있지 않다고 해석하지 않을 수 없다. 사회적 유해성에 기반한 형법적 비례성원칙의 내용에 대해 그는 좀 더 구체적으로 논의하고 있다. 우선 그는 야콥스나 록신과 달리 일반예방적 고려는 개개의 사건에 있어서는 논외(論外)라고 한다.

> "형사법적(kriminalrechtlich) 처분(處分)의 목표는 수범자의 행위계획(行爲計畵)에 영향을 줌으로써 법익을 보호한다. 이와 같은 일반예방적인 영향에 관해 형사법적 처분(Maβnahme)을 법익을 침해하거나 위태화하는 행위와 연결함으로써 달성된다.… 이와 같은 일반예방적 작용은 형사법적 처분의 '해악적 성격'을 강조함으로써 비로소 나타나는 것이 아니라, '모든' 형사법적 처분의 필연적인–개인의 자유권에 제한에 존재하는–해악적 성격에 의하여 이미 달성되어 있다. 그러므로 형사법적 처분의 종류와 정도는 오직 특별예방적 목적에 초점을 맞춰질 수 있다.(이 점은 형법의 일반예방적 작용에 대한 확실한 경험적 인식이 존재하지 않을 때에도 역시 타당하다. 그러나 이와 같은 사실은 단지 수범자에게 유리하게만 해석될 수가 있다.)."[273]

---

273 *ibid.*, pp.242-243. Das Ziel kriminalrechtlicher Maβnahmen ist der Rechtsgüterschutz durch eine Einfluβnahme auf die Handlungspläne der Normadressaten. Generalpräventiv wird diese Einfluβnahme durch eine Anknüpfung kriminalrechtlicher Maβnahmen an Handlungen erreicht, die ein Rechtsgut verletzen oder gefährden··· Eine solche generalpräventive Wirkung tritt nicht erst durch eine Betonung des 'Übelscharakters' kriminalrechtlieher Maβnahmen ein, sondern wird schon durch den notwendigen übelscharakter *jeder* kriminalrechtlicher Maβnahme - der in der Einschränkung persönlicher Freiheitsrechte besteht - erzielt. Die Art und das Maβ einer kriminalrechtlichen Maβnahme kann deshalb allein an spezialpräventiven Zwecken ausgerichtet werden. (Das gilt gerade auch unter Bedingungen, unter denen gesicherte empirische

바우와만의 이러한 통찰은 빛나는 것이다. 야콥스나 록신은 일반예방적인 고려(考慮)에 의하여 형벌을 근거화하려고 한다. 그러나 바우와만은 개개의 사안에 있어서 일반예방적인 고려는 필요하지 않다고 한다. 형벌을 포함한 '모든(jeder)' 형사법적 처분 그 자체가 가지고 있는 필연적인 해악적 성격(Übelscharakters)에 의하여 '이미' 달성되어 있다는 것이다. 이것은 참으로 중대한 논점이다. 그리고 이것이 옳다면 야콥스나 록신의 주장은 한꺼번에 근거를 상실한다. 그러나 바우와만은 자신의 주장이 야콥스나 록신의 주장과 배치된다는 점에 대하여 언급하지 않고 있다. 어쨌든 일반예방적 목적은 형사법적 처분 자체가 행해진다는 것으로 충분하고 더 이상 논의할 필요가 없다. 그렇다면 이 점은 책임원칙을 비례성원칙으로 대체하는 경우에서도 더 이상 논의할 필요가 없게 된다.

다음으로 "형사법적 처분의 비례성은 그 처분을 행위의 사회적 유해성이란 기준에 의해 제한함으로써 보장된다."[274] 이 점이 그의 비례성원칙의 가장 일반적이고 중심이 되는 부분이다. 그런데 사회적 유해성은 앞에서 논의한 바대로 현 독일체계에서 불법의 맥락에 있으며 책임과는 무관하다. 그렇지만 적극적으로 형벌의 크기를 정할 때 그것이 불법의 크기에 비례해야 한다는 것은 당연한 것이다. 오히려 불법을 제쳐 놓고 책임만으로 형벌을 논의할 수 있는 것은 아니다.

끝으로, 형사법적 처분의 비례성원칙을 적용하는 데 "행위자관계적 기준은 규범적 적응가능성이라는 특별예방적 관점하에 있다." 이것은 "특별예방적으로 최적의 처분을 선택하는 것이 문제된다." 이 점 역시 중대한 변혁을 내

Erkenntnisse über die generalpräventive Wirkung des Strafrechts nicht vorliegen. Diese Tatsache kann aber nur zugunsten der Normadressaten ausgelegt werden.)

274 Baurmann, Schuldlose Dogmatik? *op.cit.*, p.243. Die Verhältnismäßigkeit kriminalrechtlicher Maßnahmen wird durch ihre Begrenzung nach dem Kriterium der Sozialschädlichkeit der Tat gewährleistet.

포한다. 형벌은 "범죄자의 규범적 적응가능성을 현실화하는 최적수단인 경우에만 정당화된다" 얼마나 무거운 범죄를 저질렀는가 하는 것이 문제가 아니라 그의 범행과는 완전히 무관하게 행위자로서 인간으로서 처분의 영향 내지 성취가 초점이 된다. 대담하게도 그는 자유박탈은 거의 정당화될 수 없다고 주장한다. "이와 같은 의미의 순수한 형벌은 오직 벌금형뿐일 것이다. 해악부과의 목적을 가진 자유박탈은 신체침해와 마찬가지로 거의 정당화할 수가 없다." 이것은 책임능력의 판단에 대해서도 본질적인 변화를 요구한다고 한다. "책임능력의 기준은 그것이 형벌능력(Straffähigkeit)이나 형벌을 통한 동기화가능성과 일치하지 않고, 또한 규범적 적응가능성이라는 일반적 속성과도 일치하지 않기 때문에 더 이상 사용할 수 없다."[275]

　바우워만의 위와 같은 주장은 가히 혁명적(革命的)이다. 그는 책임능력의 개념도 범죄행위의 맥락에 있는 것이 아니라 형벌을 받을 수 있는 능력–형벌능력–또는 형벌을 통한 동기화가능성의 관점에 서 있다. 형벌은 벌금형이 정당하며 자유박탈은 정당화할 수 없다고 한다. 우리는 이러한 제안에 대해 직관적(直觀的)으로 그 현실성에 의문을 가진다. 물론 이러한 직관적 의문은 논리적 쟁점으로 이론화되어야 한다. 당장 제기되는 문제는 징역형(자유형)을 완전히 배제하고 벌금형만으로 처음에 바우워만이 가정한 일반예방의 효과가 보장될 것인가 하는 문제가 제기된다. 다음으로 책임능력을 대체한다는 형벌을 통한 동기화가능성의 개념도 사실은 책임개념을 함축하고 있다. 형

275　*ibid,*, pp.244-245. ⋯entsprechen die täterbezogenen Kriterien unter dem spezialpräventiven Gesichtspunkt der normativen Ansprechbarkeit⋯ handelt es sich im zweiten Schritt um die Auswahl der spezialpräventiv optimalen Maβnahme. ⋯Sie sind nur gerechtfertigt, wenn sie das optimale Mittel sind, die normative Ansprechbarkeit eines Täters zu aktualisieren. ⋯Reine Strafen in diesem Sinn können nur Geldstrafen sein. Freiheitsentzug mit dem Zweck der übelszufügung ist genausowenig legitim wie eine Körperverletzung ⋯ Erstens sind die geltenden Kriterien für strafrechtliche Zurechnungsfähigkeit weitgehend unbrauchbar, denn sie sind weder deckungsgleich mit Straffähigkeit oder Motivierbarkeit durch Strafe noch mit der generellen Eigenschaft der normativen Ansprechbarkeit;

벌에 의한 동기화로 조정하거나, 나아가 자동적으로 보장된다는 일반예방효과–행위계획에 대한 영향–도 모두 사실은 타행위가능성에 근거한 자유의지를 전제로 한다. 바우워만은 책임개념을 폐기했다고 하지만 결코 완전히 폐기된 것이 아니며 여전히 전제로 삼고 있다.

[1263] 불법·책임체계의 폐지(廢止)(Perron, Walter, Sinn)

서기 2000년대에 들어서면서, 그리고 벨링의 『범죄론』이 출판된 후 꼭 100년에 해당하는 2006년과 2007년에 그 기간의 의미만큼이나 상징적 혁명성을 가진 두 권의 책이 출판되었다. 모두 교수자격논문을 출판한 것으로 하나는 2006년에 출판된 발터(Tonio Walter, 1971-현재)의 『형법의 핵심(Der Kern des Strafrechts)』이다. 다른 하나는 2007년에 출판된 진(Arndt Sinn, 1971-현재)의 『제3행태에 근거한 처벌배제(Straffreistellung aufgrund von Drittverhalten)』이다. 이들의 책이 그 시간적 상징만큼이나 큰 의의가 있는지를 평가하기에는 아직 이르다. 그렇지만 두 책이 제기하고 있는 관문의식(觀問意識)만큼은 결코 무시할 수 없이 중대하다. 두 책은 모두 독일체계의 중심을 이루는 '불법과 책임의 체계'를 폐기하고 있다. 이것은 이제까지 100년에 걸친 벨링의 독일체계 자체를 폐기하는 것과 같다는 점에서 실로 중대하다. 이들은 이전까지의 독일체계가 불법과 책임이 분리된 체계로 되어 있는 것에 대하여, 불법과 책임은 통합되어야 한다고 주장한다. 이를 각 분리설(分離說), 통합설(統合說)이라고 하자. 불법과 책임의 통합설은 불법과 책임은 분리될 수 없으며, 책임없으면 불법 없다(Kein Unrecht ohne Schuld)[276]라고 주장한다. 이것은 달리 말하면 불법과 책임이 개념적으로 분리될 수 없거나, 또는 책임개념이 불법개

---

276 Tonio Walter, Der Kern des Strafrechts, Mohr Siebeck, 2006, p.116.

념에 내포된다는 것을 의미한다. 이러한 주장은 독일체계의 본질이라고 할 수 있는 불법과 책임의 체계를 폐기하는 것이고, 그것은 독일체계의 한 부분의 수정이 아니라 독일체계 전체를 폐기하는 것을 의미한다.

비록 발터(Walter)는 자신의 체계를 벨첼(Welzel)과 연관하여 '탈목적주의 범죄모델(Das postfinalistische Verbrechensmodell)'[277]이라고 부르지만, 실제 그가 시도하고 있는 것은 진(Sinn)과 마찬가지로 독일체계 자체를 위협한다. 왜냐하면, 범죄란 '구성요건에 해당하고 위법하고 유책한 행위이다(벨링의 테제).'에서 '위법하고 유책한'이라는 구절이 없어지는 것이다. 여기에 구성요건 자체가 불법구성요건이라는 것을 상기한다면, 구성요건도 범죄체계에서 독자적인 체계범주라고 할 수 없다. 이렇게 되면 독일체계는 아무것도 남지 않는다. 우리가 영미체계를 부책성(Liability)의 일원체계라고 해석한다면, 독일체계는 영미체계와 사실상 아무런 차이가 없게 된다. 이렇게 되면 포이어바흐 이후 200년 간, 벨링 이후 100년간 쌓아 온 독일체계는 사실상 폐기되는 것이다.

우리가 진(Sinn)이나 발터의 주장을 받아들이지 않는다고 해도 그들이 제기한 문제를 무시할 수 없다. 즉 불법과 책임이 과연 구별되는 다른 체계범주인가 하는 문제이다. 일반적으로 우리는 불법과 책임의 개념이 당연히 그리고 명백하게 구별되는 것으로 간주하고 있다. 그런데 진과 발터는 그러한 우리의 신념이 오류라고 주장한다. 그들의 주장은 결코 가볍게 넘겨 버릴 수 없는 유력한 근거를 가지고 있다. 한편 영미체계는 아예 불법과 책임의 '적극적(積極的)' 체계범주 자체를 인정하지 않고 있다. 영미의 법학자들이나 발터나 진이 턱도 없는 주장을 하는 것일 수는 없다. 그렇다면 독일체계의 모든 법학자들은 이제까지 돌아보지 않았던 이 문제를 다시 꺼내어 새로운 대답을 내놓지 않으면 안 된다. 그렇지 않다면 독일체계는 그것을 믿는 사람들만의 알레

---

277 *ibid.*, p.80.

고리(allegory)에 불과하게 될 것이다.

발터(Walter)와 진(Sinn)의 문제제기는 그 이전에 페론(Walter Perron, 1956-현재)에 의하여 과거에 사라진 논점이 다시 제기된 것이었다. 페론은 불법과 책임의 구별에 관한 이론사(理論史)를 간단히 개관하고 결론적으로 현재 불법과 책임의 구별은 양적(量的)인 것에 지나지 않는다고 논평했다. 핵심적인 논점은 위법성이 행위에 관한 것이고 책임은 행위자(行爲者)에 관한 것이라는 구별이 정확한 구별이 아니라는 것이다. 책임도 행위자로부터 분리되어 있다는 것이다. 이렇게 되면 불법과 책임 모두 행위와 규범의 관계에 초점을 두게 된다.

> "책임은 의사의 자유를 전제로 한다. 그러나 의사의 자유는 일반적으로, 소행(所行) 시(時)의 개개의 행위자에 대해서도 경험적으로 증명할 수 없다. 그러므로 많은 논자들은 책임비난을 다음 대목에서 근거로 삼는다. 즉, 성인(成人)의 자유라는 관념은 사회생활의 현실(現実)이고, 일반적 경험상 극복할 수 없는 요인이 그 의사형성에 영향을 미친 것이 아닌 한 행위자에게 답책성을 귀속시킬 수 있다는 것이다. 그러나 그에 따라서 책임판단은 구체적인 행위자로부터 분리(分離)된다. 위법성과 책임은 행위자 인격과의 관계에 관해서는 이제 질적(質的)으로 다르지 않으며, 객관화의 정도를 통해 양적(量的)으로 다를 뿐이다."[278]

---

278 Walter Perron, Rechtfertigung und Entschuldigung in deutschen und spanischen Recht, Nomos Verlagsgesellschaft, 1988, pp.60-61. Die Schuld setzt damit die Willensfreiheit voraus. Diese ist aber weder allgemein noch beim individuellen Täter zur Tatzeit empirisch nachweisbar. Die meisten Autoren begründen den Schuldvorwurf deshalb damit, daß der Gedanke der Freiheit des erwachsenen Menschen eine Realität des sozialen Lebens sei und dem Täter Verantwortlichkeit zugeschrieben werden dürfe, es sei denn auf seine Willensbildung haben Faktoren eingewirkt, die er nach der allgemeinen Erfahrung nicht überwinden konnte. Damit wird das Schuldurteil aber ebenfalls vom konkreten Täter gelöst. Rechtswidrigkeit und Schuld sind hinsichtlich ihres Verhältnisses zur Täterperson nicht mehr qualitativ verschieden, sondern nur noch quantitativ

"오늘날 지배적인 '인적(人的)' 불법론은 벨첼(Welzel)의 목적적 행위론에 따라 의사에 의해 조종된 인간의 태도만을 위법성 판단의 적격 대상으로 보고, 그 귀결로서 책임에는 의사형성의 평가만이 남는다고 한다. 하지만, 이러한 위법성 사고방식의 기초에 행위와 규범이 어떤 양태의 모순관계가 있는지는 오늘날까지 충분히 밝혀지지 않았다. 판례는 소행(所行) 평가 시에 위법성과 책임을 구별한다는 원칙적인 결정을 수용하고 있으나, 다양한 구상에 대하여 명확한 입장을 제시하지 못하고 있다."[279]

[1264]

진(Sinn)과 발터가 주장하는 문제와 제시하는 답은 간명하게 요약할 수 있다. 물론 이 간명한 요약을 단순하게 평가할 수는 없다. 문제는 이러하다. 심신상실자 S가 피해자 V를 살해하였다면, 그것을 형법적으로 어떻게 평가해야 하는가? 우리의 상식은 불법하지만 책임이 없다는 것이다. 재판상의 판결은 무죄이다. 물론 보안처분으로 치료감호를 받을 수도 있다. 그러나 우리는 보안처분은 논외로 생각해야 한다. 그렇다면 결국 심신상실자의 살인에 대하여 결론은 무죄이고 다만 그 이유가 책임이 없다는 것이다. 진과 발터는 심신상실자의 살인에 대해 불법(不法)이 인정되지 않기 때문에 무죄라고 주장한다. 이때 불법의 개념에는 책임개념이 내포(內包)되어 있다. 즉 불법이란

---

durch den Grad der Objektivierung.

279 *ibid.*, pp.79-80. Die heute vorherrschende personale Unrechtslehre erachtet dagegen im Anschluß an Welzels finale Handlungslehre erst das willensgesteuerte menschliche Verhalten als tauglichen Gegenstand des Rechtswidrigkeitsurteils, so daß der Schuld allein die Bewertung der Willensbildung bleibt. Welche Art von Widerspruchsbeziehung zwischen Handlung und Norm dieser Rechtswidrigkeitskonzeption zugrunde liegt, ist bis jetzt allerdings noch nicht zufriedenstellend geklärt worden. Die Rechtsprechung hat die grundsätzliche Entscheidung der Wissenschaft, bei der Tatbewertung zwischen Rechtswidrigkeit und Schuld zu trennen, übernommen; zu den unterschiedlichen Konzeptionen bezieht sie jedoch keine klare Stellung.

법적 의무–살인금지–의 위반이다. 그런데 심신상실자에게 살인금지와 같은 법적 의무를 부과할 수 있는가? 법은 불가능(不可能)을 요구할 수 없다. 불가능한 의무는 법적 의무가 될 수 없다. 따라서 심신상실자의 살인행위는 불법이라고 할 수 없다. 우리는 불법의 개념 자체에 회피가능성이 있음에도 살인을 하였다는 의미(이제까지 책임개념)를 내포시켜야 한다. 그렇지 않으면 그것은 자연재해(自然災害)에 불법을 인정하는 것과 아무런 차이가 없다.

"그렇다면 불법은 무엇인가? 법에 대한 위반이다. 법은, 그것을 위반할 수 있는 한, 하나의 의무이다. 불법은 의무위반이다. 그러므로 불법은 행태(行態)를 전제로 하고, 그것들을 야기하거나 벗어나게 하지 못했기 때문에 초래된 상태의 전후에 발생한다.··· 이를 위해서 말하자면 주연자는, 적정한 주의로 행위할 때, 다르게 행위할 수 있어야 한다(불가능에 의무 없다, impossibilium nulla obligatio)."[280]

이제까지 이와 같은 주장에 대한 가장 단순한 대답은 규범을 평가규범(評價規範)과 의사결정규범으로 나누는 것이었다. 즉 심신상실자(정신병자)S의 피해자 V에 대한 살인이라는 사건을 두고, 평가규범은 피해자 V의 죽음이나 그에 대한 S의 살해행위를 객관적으로 평가한다. 그랬을 때 설사 S가 정신병자(심신상실자)라고 할지라도 그의 살해행위나 피해자의 죽음이라는 결과에 대해서 불법으로 평가할 수 있다. 그러나 이러한 주장은 두 가지 결함이 있다. 실제로는 독일체계의 이론사에서 이것은 규범(規範)의 문제로 또 다른 이론

---

280 Tonio Walter, Der Kern des Strafrechts, op.cit., p.83. Was also ist Unrecht? Ein Verstoß gegen das Recht. Das Recht ist, sofern man dagegen verstoßen kann, eine Pflicht. Unrecht ist ein Pflichtverstoß. Unrecht setzt also ein Verhalten voraus und kommt als solches vor oder nach den Zuständen, weil es sie herbeiführt oder ihnen nicht abhilft··· Dazu muß es dem Handelnden nämlich möglich sein, sich anders: sorgfaltsgerecht zu verhalten (impossibilium nulla obligatio)".

사의 한 장을 형성하고 있다. 불법과 책임을 구별하기 위한 규범개념은 여러 가지로 변형되어 왔다. 그리고 현재까지 선명한 결론에 이르고 있지 못하다. 그렇지만 이 규범이란 무엇인가 하는 문제와 불법과 책임의 구별문제는 벨첼 이후 행위불법과 결과불법의 논쟁에 의하여 무대 뒤로 물러나고 그리하여 이제까지 잊혀진 논제(論題)였다.[281]

발터(Walter)가 제기하는 문제는 이제까지 독일체계에서는 당연하게 여겨져 왔던 문제를 제기하는 것으로, 막상 우리가 제기된 문제에 직면하면 그 대답이 궁하다는 사실을 발견한다. 그리고 사실은 이 문제가 당연한 것이 아니라 벨첼(Welzel) 이전에는 치열하게 논쟁되었던 문제이다. 벨첼이 범죄론 체계를 개편하고 불법에 관하여 행위불법과 결과불법의 문제를 제기하면서 불법과 책임 그리고 규범의 문제는 어느새 잊혀진 문제가 되었던 것이다. 이제 그 문제를 다시 제기하면 과연 책임을 배제한 불법개념이 가능한가 하는 문제이다.

이 문제는 금지착오(禁止錯誤)의 문제에 이르면 더욱 심각하다. 어떤 사람이 그러한 법이 있는지 전혀 알지 못했고, 그러한 법률의 부지를 회피할 수 없었다고 하자. 이 경우 현재 독일체계의 결론은 벨첼의 주장 이후로 불법이지만 책임이 없다고 결론짓는다. 그러나 과연 전혀 그러한 법이 있다는 것을 알지 못하고 자신은 결코 법에 위반되는 행위를 한다고 생각하지 않았던 사람에 대하여 불법이라고 평가하는 것이 과연 타당한가? 적어도 그가 불법이라고 평가하려면 적법하게 행동할 수 있는 가능성, 그것을 위한 인식(認識)이 있었어야 하는 것이 아닌가? 우리가 어떤 사람의 행위에 대해 이를 불법(不法)이라고 규정하기 위해서는, 최소한 '그가 다르게 행위할 수 있었어야 한다.' 이렇게 되면 책임의 전제로 논의해 온 타행위가능성이 갑자기 불법의 요

---

281 우리는 이 논제에 대하여 제3권에서 재론할 것이다.

건이 된다. 발터는 여기에 두 가지 조건이 있다고 한다.

"그것은 두 가지 조건이 있다. 첫째, 주연자는 외부적으로 대안행태(代案行態)를 할 수 있어야 한다. 즉 제3의 모든 외부 사실과 내부 사실에 관해서이다. 운전자에게 피해자를 피해야 한다고 말하고 싶다면 시간과 공간이 있어야 한다. 대안행태는 주연자의 내부에서도 가능해야 한다. 이것은 누군가가 '차마 그것을 하지 못한다'는 느낌을 의미하지 않는다. 오히려 주연자는 자신이 부적절하게 행동하고 있다는 사실을 알고 있어야 한다. 그렇지 않으면, 적법한 행태는 기껏해야 우연의 일치로 생각할 수 있지만, 법충실한 의지형성의 성과(Leistung)는 아니다. 책임과 책임 없음을 구별하는 것은 의지형성의 법충실성(규범적합성)이다. 하지만 누군가에게 우연(偶然)을 요구하는 것은 불가능한 것과 마찬가지로 무의미(無意味)하다. 따라서, 의무위반은 최소한 주연자가 주의를 기울이지 않는 가능성을 염두에 두어야 한다. 또한 주연자는 자신의 통찰력을 따를 수 있는 능력이 있어야 한다(조종능력). 그러므로 불법은 다르게 행동해야 하는 의식과 실제로 그 의식대로 행동하는 능력을 요구한다. 이것이 자연(自然), 불운(不運), 비극(悲劇)과의 차이이다."[282]

---

[282] ibid., p.84. Das bedingt zweierlei. Zum einen muß dem Handelnden das Alternativverhalten äußerlich möglich sein, das heißt hinsichtlich aller äußere Tatsachen und innerer Tatsachen Dritter. Wenn man dem Autofahrer sagen will er hätte dem Opfer ausweichen sollen, dann muß er hierfür Zeit und Raum gehabt haben. Das Alternativverhalten muß dem Handelnden aber auch innerlich möglich sein. Das meint nicht Befindlichkeiten der Art, daß jemand etwas "nicht übers Herz gebracht" habe. Sondern *der Handelnde muß eine Ahnung davon haben, daß er sorgfaltswidrig agiert. Denn andernfalls ist pflichtgemäßes Verhalten höchstens als Zufall denkbar, doch nicht als Leistung rechtstreuer Willensbildung*, und es soll doch gerade die Rechtstreue (Normgemäßheit) der Willensbildung sein, die Schuld und Unschuld unterscheidet. Von jemandem Zufall zu verlangen ist aber ebenso sinnlos, wie Unmögliches zu verlangen. Folglich erfordert ein Pflichtverstoß, daß dem Handelnden zumindest die Möglichkeit vor Augen stehe, er mißachte ein Sorgfaltserfordernis." Zudem muß der Handelnde die Fähigkeit haben, seiner Einsicht zu folgen (Steuerungsfähigkeit). Also verlangt Unrecht das Bewußtsein, anders handeln zu sollen, und die Fähigkeit, tatsächlich diesem Bewußtsein gemäß zu handeln. Das ist der Unterschied zu Natur,

현재의 독일체계에 익숙한 법률가는 막연하지만 위와 같은 논리에 저항한다. 가장 단순한 선입관은 산사태(山沙汰)로 사람이 죽은 사건과 정신병자가 사람을 찔러 죽인 사건은 직관적(直觀的)으로 다르게 보인다는 것이다. 전자는 자연재해이므로 불법이라고 할 수 없으나 후자는 어쨌든 사람이 사람을 행위로 죽인 것이므로 일응 불법이라고 규정하고 다만 책임을 면하게 해 주는 것이 타당하게 보인다. 그러나 이 직관은 반드시 옳은 것은 아니다. 즉 산사태는 그 인과과정에 아예 사람이 개입하지 않고 자연이 사람들의 죽음을 야기한다. 이에 대해서는 우리는 운전자가 주의의무를 완전히 지켰으나 교통사고가 나 사람을 사망케 한 경우를 상정할 수 있다. 이 경우 사람이 사망하였음에도 불법이 없다. 그러나 여기에는 분명히 그 인과연쇄에 사람과 사람의 행위가 개입(介入)하고 있다. 즉, 사람과 사람의 행위가 개입하는데도 자연재해와 동일하게 취급하는 것으로 그것을 우리는 불운(不運) 내지 비극이라고 부른다.* 따라서 불법의 기준은 사람의 행위가 개입했느냐의 여부가 아니다.

마지막으로 동원할 수 있는 기준이 벨첼이 주장하는 행위불법(行爲不法)이다. 무과실(無過失)의 교통사고에는 행위불법도 결과불법도 없다. 이에 대하여 정신병자의 살인행위에는 행위불법과 결과불법이 있다. 그러나 추론은 결론을 전제하는 오류이다. 행위불법의 개념 자체가 고의·과실에 의하여 규정되고 있는 것이다. 즉 고의·과실이 있으면 행위불법이 있고 고의·과실이 없다면 행위불법도 없다. 그런데 고의·과실이 있다면 통설에 의하면 책임도 성립한다. 헌법상(憲法上) 책임원칙은 고의·과실이 있어야 한다는 원칙이라는 것을 상기할 필요가 있다. 따라서 고의·과실의 이중적 기능

Mißgeschick und Tragik.

을 인정하는 독일의 통설(通說)이나 헌법원칙에 의하더라도 고의 · 과실의 행위불법은 동시에 책임이 이미 성립하고 있는 경우이다. 따라서 행위불법 · 결과불법 개념으로 불법과 책임개념의 구별을 증명할 수 없다. 정확히 그 반대이다. 불법과 책임개념의 구별을 전제로 하기 때문에 행위불법 · 결과불법 개념이 성립한다.

진(Sinn)과 발터는 여기에서 더 나아간다. 고의 · 과실만이 아니라 책임능력도 있어야 불법이 성립할 수 있다. '다르게 행동할 수 없는 자'의 고의 · 과실은 무의미하다. 사람에게 불가능을 요구하는 것이고 따라서 타행위가능성이 없는 경우에는 법적 의무가 성립할 수 없다. 그리고 법적 의무가 성립하지 않는 경우에는 불법은 없다. 그런데 타행위가능성은 이제까지 독일체계에서 책임의 개념이었다. 그렇다면 결국 불법은 책임을 내포하고, 불법과 법의 경계선은 타행위가능성이 된다.

"(책임 없이 불법은 없다) 우리는 1장 3b)에 명시된 내용을 바탕으로 한다. 그 사유과정을 다시 한번 요약하면, 불법은 수범자(규범수취인)가 다르게 행동할 수 있다는 것을 조건으로 한다. 이것은 수범자가 행태적 대안 (Verhaltensalternative)을 가져야 한다는 것만을 전제하는 것이 아니다. 그는 또한 그 대안을 알아야 한다(付隨認識으로 충분하다). 그리고 그는 모든 대안에 관하여 알아야 하는 것이 아니라, 법적으로 요구되는 대안을 알아야 한다. 그렇지 않으면 그 결정은 그의 법충실에 의존하지 않을 것이다; 오히려 그것은–법의 관점에서 보면–하나의 우연이며, 법은 우연을 의무로 높일 수 없다. 법이 요구하는 대안에 대한 인식은, 그 대안을 무시한다면, 불법의식을 제공한다. 조종능력과 함께 이것이 책임이다. 따라서 불법은 책임 없이 생겨나지 않는다. 그렇기 때문에 귀속무능력자는 불법을 저지를 수 없다. 정신병자의 외화

(外化)는 마치 태양과 비(雨)처럼 법(즉 불법 아님)을 의미한다."[283]

진(Sinn)은 불법과 책임의 분화, 책임 없는 불법의 개념 등에 관한 자세한
이론사를 검토하고 있다. 여기에는 형사적 불법과 민사적 불법을 구별할 것
인가 통일적으로 볼 것인가의 문제가 얽혀 있다. 그의 이론사적 연구의 결론
은 발터와 마찬가지로 불법과 책임의 구별은 근거 없다는 것이다. 형사불법
은 책임 없이 생각할 수 없다는 것이다.

"불법은 반응필요성(Reaktionsbedürftigkeit)에 의하여 구별될 수 있다. 민사적
불법의 경우 교란된 법적상태의 원상회복으로 충분하지만, 형사불법의 경우
에 있어 의지가 직접적 반응대상이다. 그러므로 핼쉬너의 개념에서, 민사불
법과는 대조적으로, 형사불법은 책임 없이 생각할 수 없다. 오직 유책적 소행
(所行)만이 민법과 형법에서 의미를 가질 수 있다. 따라서 일반적으로 책임 없
는 행위(行爲)만이 아니라, 책임 없는 불법도 범죄개념에서 배제된다. '범죄는
유책적 행위이다.'"[284]

---

283 *ibid.*, p.116. (Kein Unrecht ohne Schuld). Wir knüpfen an das an, was im 3. Kapitel unter 1
b ausgeführt ist. Jenen Gedankengang ein weiteres Mal in Kürze: Unrecht bedingt, daβ der
Normadressat anders handeln kann. Dies setzt nicht nur voraus, daβ der Normadressat eine
Verhaltensalternative hat. Er muβ von der Alternative auch wissen (Eventualwissen reicht). Und
er muβ davon nicht als irgendeiner Alternative wissen, sondern als rechtlich gewollter Alternative.
Denn sonst hinge die Entscheidung nicht an seiner Rechtstreue; vielmehr wäre sie dann - aus
der Sicht des Rechts- Zufall, und einen Zufall kann das Recht nicht zur Pflicht erheben. Das
Wissen um eine rechtlich gewollte Alternative gibt dem Normadressaten, wenn er diese Alternative
vernachlässigt, Unrechtsbewuβtsein. Zusammen mit der Steuerungsfähigkeit ist das die Schuld.
Also kommt Unrecht nicht aus ohne Schuld. Deswegen kann auch ein Unzurechnungsfähiger kein
Unrecht tun: Die Äuβerungen eines Geisteskranken bedeuten dem Recht so viel wie Sonne und
Regen.
284 Arndt Sinn, Straffreistellung aufgrund von Drittverhalten, Mohr Siebeck, 2007. p.252. (Hälschner,
GS28, 402, 407.) Das Unrecht kann sich also in der Reaktionsbedürftigkeit unterscheiden.
Während beim Zivilrecht die Wiederherstellung des gestörten Rechtszustands genügen kann,
wird beim Strafrecht unmittelbar auf den Willen reagiert. Strafunrecht ohne Schuld ist also im

앞에서 말한 대로 불법과 책임의 통합설은 불법개념 자체의 문제만으로 끝나는 것이 아니다. 더욱 심각한 문제는 그들의 주장이 옳다면 그것은 바로 독일체계 전체의 파산(坡山)과 영미체계의 승리를 의미한다. 왜냐하면, 불법과 책임이 통일된다면 그것은 적극적으로는 범죄체계가 사실상 1개의 체계범주, 일원적(一元的) 범죄체계가 되고, 나머지는 이에 대한 예외(例外)들의 집합에 불과하게 된다. 그런데 일원적 체계범주와 예외들의 집합이 바로 영미체계이다. 놀라운 것은 범죄론의 체계에 대하여 거의 200년간의 치열한 학문적 연구를 축적한 독일체계의 결과가 사실상 실무(実務)에 의하여 규정되었던 영미체계로 귀결된다는 것이다. 영미체계는 학문적으로 체계를 연구해 왔던 결과가 아닌데도 이러한 결과가 된다는 것은 실로 아이러니(irony)이다.

진(Sinn)과 발터는 자신들의 대안체계가 새로운 독일체계라고 주장할 수도 있을 것이다. 그러나 일원적 체계범주와 예외들의 집합만으로는 그것을 체계라고 할 수 있을까? 진(Sinn)은 아예 자신의 범죄론은 체계가 아니라 논증유형(Argumentationstypen)의 집합이라고 한다.[285] 설사 이들의 주장을 받아들이지 않는다고 해도, 한 가지 사실은 명백하게 되었다. 그것은 이들이 제기한 문제가 해결되지 않는 한, 독일체계는 사실상 해체(解体)된다는 것이다.

Gegensatz zum Zivilunrecht in Hälschners Konzeption nicht denkbar. Nur die schuldhafte Tat hat für das Zivil- und das Strafunrecht Bedeutung. Vom Verbrechensbegriff wird demzufolge nicht nur das schuldlose Handeln überhaupt, sondern auch das schuldlose Unrecht ausgeschlossen. "Das Verbrechen ist schuldhafte Handlung." 진(Sinn) 자신에 의한 영어 번역을 첨부한다. Arndt Sinn, The Development and the Present State of Criminal in Germany, Revista De Estudos Criminais 43, 2011, p.41. Wrongdoing can thus be distinguished by the necessity of reaction. Whereas restoration of the lawful order suffices in the case of civil wrongs, the will is the subject of direct reaction in the case of criminal ones. In Hälschners conception, criminal wrong is thus, in contrast to civil wróng, unthinkable without blame. Only a culpable act can have significance in the civil and criminal law. He thus excludes from the definition of offence not only blameless conduct in its entirety but also blameless wrongdoing, "An offence is culpable conduct".

285 ibid., p.308. Arndt Sinn의 독특한 범죄체계에 대해서는 제3권에서 상론한다.

제3장

책임이란무엇인가? Ⅱ
—영미체계, 책임과 면책성

[1301] 책임 계열 개념과 부책성(Liability) 개념(H.L.A. Hart)

영미체계(英美体系)에서는 현재에 이르기까지 독일체계와 같은 불법과 책임의 구분이 없다. 독일체계의 관점에서는 이러한 미분화에 대해 영미체계의 후진성(後進性)을 의미하는 것으로 간주하는 것은 공공연한 비밀이라고 할 수 있다. 그러나 20세기 후반 21세기 초반에 제기된 위와 같은 불법과 책임의 구분 폐지, 책임형법의 파산이라는 문제가 제기된 학문적 지형에서는 오히려 정반대로 영미체계가 우수하다는 평가가 대두할 수 있게 되었다. 적어도 영미체계가 후진적이라는 평가는 근거를 잃어버렸다고 해야 한다.

그렇다면 영미체계에서는 책임(Schuld)에 관한 논의가 없는가? 독일체계의 관점에서는 그렇다고 해야 한다. 적어도 영미체계에서는 책임의 성립사유와 배제사유・면책사유 등의 개념적 배경을 이루고, 이것들을 포괄하는 단일의 체계범주로서 책임개념과 이론은 분명히 존재하지 않는다. 당장 전통적 독일체계에서 Schuld라는 개념으로 번역할 수 있는 영어개념조차 마땅하지 않다. 그러나 이것은 영미체계에서 책임 계열(責任系列)의 개념이 없다는 것은 아니다. 오히려 너무 많은 책임 계열의 개념들이 있는데, 그것들을 전부 포괄하는 책임이론을 상정한다면 그 추상성을 형법상의 책임개념이라고 할 수 있는지도 문제이다. 미국 모범형법(Model Penal Code)을 전제로 하여 책임 계열 전체를 포괄하는 최상위의 책임개념을 상정한다면 그것은 Liability라고 할 수 있는데, 그것은 책임(責任)보다는 부책성(負責性)으로 번역하는 것이 적절해 보인다.[1] 왜냐하면, Liability는 독일체계의 책임(Schuld)과 불법(Unrecht)의 개념을 모두 포괄하는 의미라고 해야 하기 때문이다. 한편 영미체계에서는 이렇게 체계범주로서 책임개념이 없고, 체계범주의 기능을 하는 것은 면책성(excuse)이라고 할 수 있다. 이것은 독일체계에서의 면책사유에 해당한다고 할 수 있지만 정확한 것은 아니다. 왜냐하면 독일체계에서 책임성립사유와 면책사유를 어떻게 구분하느냐에 따라 달라지기 때문이다. 영미체계에서는 책임이론이 아니라 면책성(免責性)이론이 형법적 이론이다. 이 점은 전통적 독일체계에서는 면책성의 이론이 없다는 점에서 대조적이다. 독일체계의 관점에서 보면 당장 책임개념이 설정되지 않았는데 면책성 개념이 가능한가 하고 묻는다면 그것은 번역의 문제이기도 하고 체계의 문제이기도 하다. 영미체계의 면책성은 책임개념에 대한 대개념(對概念)이 아니라 항변(defense) 개념의 종개념(種概念)이다. 즉 면책성(excuse)은 책임의 반대개념이 아니라 항변(抗辯)의 한 종류라는 것이다.

영미체계의 책임이론과 관련해서는 세 가지 결론을 먼저 제시하는 것이 논의를 간명(簡明)하게 할 수 있다. 첫째, 독일체계의 책임(Schuld)에 상응하는 체계범주는 존재하지 않는다. 둘째, 책임이론의 포괄은 범죄론 전체로서 부책성(Liability)이라고 할 수 있다. 셋째, 영미체계에서는 책임이론이 아니라 면책성이론이 존재한다. 이제 이 결론들에 대하여 좀 더 자세히 논의하기로 한다. 하트(H. L. A. Hart, 1907-1992)는 영미체계에 있어서 책임 계열의 개념에 관

---

1 독일체계의 불법과 책임의 개념을 포괄하는 개념으로서 Liability는 그러한 의미로서 번역한다면 죄책성(罪責性)이라는 기표(단어)를 상정할 수도 있다. 그러나 우리는 Liability를 부책성(負責性)으로 번역한다. 책임 계열의 단어는 영어와 독일어 상호간의 번역도 어렵지만, 이를 한자문화권에서 번역하는 것은 더욱 어렵다. 우리는 Liability를 부책성(負責性), Responsibility를 유책성(有責性), Culpability를 가책성(可責性), Guilt를 죄책 내지 죄책성(罪責性), Accountability, answerability를 답책성(答責性)으로 번역한다. 물론 이 번역은 미국 모범형법(MPC)을 배경으로 하는 번역이다. 이들 모든 단어에 기표에 대하여 가장 넓은 의미를 부여할 때에는 위 번역어에도 불구하고 단순히 '책임'이라는 기표를 부여하기로 한다. 번역 단어 선택의 이유는 제3권에서 상론한다.

한 논의에 좋은 설명을 제공한다. 하트는 어리둥절할 정도로 많은 책임개념들에 대하여 이를 정리하려는 시도를 하였다. 그는 간결하게 다음과 같은 예로서 책임(Responsibility)[2]이라는 단어의 사용례를 제시한다.

"배의 선장으로서 X는 승객과 승무원의 '안전을 책임지고' 있었다. 그러나 마지막 항해에서 그는 매일 밤 만취하여 배와 모든 것을 '상실한 데 대해 책임이 있다.' 그가 미쳤다는 소문이 있었지만 의사들은 그가 그 자신의 '행동에 책임이 있다.'고 인정했다. 그는 항해 내내 '무책임하게' 행동했으며, 그의 이력의 다양한 사건은 그가 '책임성 있는 사람'이 아니라는 것 보여주었다. 이례적인 겨울 '폭풍이 배의 손실에 대해 책임이 있다.'고, 그는 계속 주장했다. 그러나 그에 대한 법적 소송에서 그에게 '과실행위에 의한 형사책임'이 인정되었고, 별도의 민사소송에서 생명과 재산의 '손실에 대해 법적 책임'을 졌다. 그는 여전히 살아 있으며 많은 여성과 어린이의 '죽음에 대한 도덕적 책임'이 있다."[3]

위 문맥(文脈)에서 영어에서는 성립하고 커뮤니케이션이 되지만, 한국어에서는 커뮤니케이션이 되지 않는 두 개의 경우가 있다. 하나는 선장에게 책임

---

2 하트의 논의에 있어서는 Responsibility를 '책임'으로 번역하기로 한다. 실제 현실의 일반적 사용에 있어서는 Responsibility가 가장 일반적인 '책임' 용어이다. 그렇지만 법적 책임에 있어서는 오히려 Liability가 가장 넓은 개념이다.

3 Hart, Punishment and Responsibility, second edition, Oxford University Press, 2007, p.211. As captain of the ship, X was responsible for thc safety of his passengers and crew. But on his last voyage he got drunk every night and was responsible for the loss of the ship with all aboard. It was rumoured that he was insane, but the doctors considered that he was responsible for his actions. Throughout the voyage he behaved quite irresponsibly, and various incidents in his career showed that he was not a responsible person. He always maintained that the exceptional winter storms were responsible for the loss of the ship, but in the legal proccedings brought against him he was found criminally responsible for his negligent conduct, and in separate civil proceedings he was held legally responsible for the loss of life and property. He is still alive and he is morally responsible for the deaths of many women and children.

이 있다는 의미가 그의 정신이 '책임질 수 있는 정신적 능력'이 있다는 의미로 사용될 때이다. 영어의 responsible은 가능(可能, -ible)의 의미를 함축하지만 한국어(그리고 한자어)에서는 그렇지 않다. 또한 '배의 손실은 겨울 폭풍의 책임(storms were responsible for)'이라는 말은 한국어(한자어) 문맥에서는 적정하게 보이지는 않는다. 한국어에서는 자연적 인과관계에 대해서는 책임이라는 단어를 별로 사용하지 않는다(때문이라고는 말하지만, 이는 인과적 의미이다). 어쨌든 하트는 위 문장을 예로 사용하여 영어의 책임개념을 다음과 같이 분류하여 정리하고자 시도한다.

 1) 역할-책임, 2) 인과적 책임, 3) 부책성-책임, 4) 능력-책임의 개념이 그것이다.[4] 위 예에서 선장이라는 지위(역할)에서 승객들의 안전을 책임진다는 것은 역할-책임의 개념이다. 인과적 책임은 배의 난파, 인명의 피해와 같은 결과에 대하여 겨울 폭풍이나 선장의 태만과 같은 것에 원인이 있는 이유로 책임을 물을 때 적용되는 개념이다. 부책성-책임개념에서 하트는 부책성을 법적 책임개념의 의미로 사용하고 있으며 형사책임 민사책임 등의 개념이 부책성-책임개념이다. 그리고 능력-책임개념은 주연자(선장)에게 책임을 부과할 수 있는 정신적 능력이 있는가 하는 물음에 대한 것으로, 앞에서 선장이 정신장해가 아니며 책임이 있다는 의사들의 판단과 같은 것이다.

[1302]

 우리들의 관심은 하트가 법적 책임으로 규정하는 부책성-책임(liability-responsibility)개념이다. 그는 이러한 부책성(負責性)-책임개념에 대하여 3가지

---

4 *ibid.*, p.212. (a) Role-responsibility (b) Causal responsibility (c) liability-responsibility (d) Capacity-responsibility.

조건을 제시하고 있다.

"형사책임이라는 제목의 책이나 논문에는 부책성의 조건을 결정하는 실
질적(substantive) 형법 전체가 포함되어 있지는 않지만, 정신적 이상, 미성숙,
mens rea, 엄격(嚴格) 및 대위적 부책성(vicarious liability), 인과관계, 그 외 부책
성에 충분한 행위와 해악(害惡) 간 연관의 일반적 형태와 같은 논제의 특별한
범위와 관련된다. 이들은 일반적으로 책임의 '규준(規準)'으로 생각하고 말해
지는 전문적 논제이다. 그것들은 세 가지 부류(部類)로 나눌 수 있다. (i) 정신
적 또는 심리적 조건; (ii) 행위와 해악 사이의 인과적 또는 다른 형태의 연관;
(iii) 한 사람이 다른 사람의 처벌에 부책적(負責的)이게 하거나 타인의 행동에
대한 지불(pay for)에 부책적이게 하는 인적 관계. 이 세 가지 부류는 각각 별
도의 토론을 필요로 한다."[5]

그런데 중요한 것은 (i)정신적 심리적 조건에는 독일체계의 책임능력의 개
념만이 아니라 고의·과실을 포괄하는 mens rea 전반(全般)을 포함한다. "영
국법과 영국법 저술가들은 일반적인 능력과 특정 행동에 수반되는 인식 또
는 의도(意圖) 사이의 이러한 대조를 단호하게 구분하지 않는다. mens rea 표
현은 종종 법률에 의한 부책성에 필요한 모든 다양한 심리적(心理的) 조건을
다루기 위해 사용되기 때문에, 고의(故意)가 없거나, 어떤 일반적 사건 또는

---

5 *ibid.*, p.217. Similarly, a book or article entitled Criminal responsibility would not be expected to
contain the whole of the substantive criminal law determining the conditions of liability, but only to
be concerned with a specialized range of topics such as mental abnormality, immaturity, mens
rea, strict and vicarious liability, proximate cause, or other general forms of connexion between
acts and harm sufficient for liability. These are the specialized topics which are, in general, thought
and spoken of as 'criteria' of responsibility. They may be divided into three classes; (i) mental or
psychological conditions; (ii) causal or other forms of connexion between act and harm; (iii) personal
relationships rendering one man liable to be punished or to pay for the acts of another. Each of
these three classes requires some separate discussion.

특정한 경우에 대한 착오(錯誤)로 인해 처벌에서 면책되는 사람과 함께, 미성숙 또는 정신장해 등으로 형사 책임을 지지 않는 사람은, 필요한 mens rea를 가지고 있지 않다고 한다."[6]

다른 한편 하트는 앞의 인과적 책임개념의 설명과 일관되게 부책성-책임의 개념에서도 (ii)인과적 연관을 부책성-책임 개념의 한 부류로 규정하고 있다. 독일체계에서는 인과관계 내지 객관적 귀속은 구성요건해당성의 문제이다. 그런데 영미체계에 있어서는 인과관계가 부책성-책임의 문제라는 것이다. 사실 이것은 민사법 분야의 불법행위법에서는 당연한 것이기도 하다. "법적 부책성-책임에 대한 질문은 위에서 구별되는 두 가지 유형 중 어느 하나에 해당하는 심리적 조건에 국한되지 않는다. 또한 그러한 질문들은 (형법보다 불법행위법에서 더 빈번하게) 어떤 형태의 행위와 어떤 해로운 결과 사이의 연관성(connexion)이 그를 부책(負責)하기에 법적으로 충분한지 여부에 관한 것이다."[7] 이것은 부책성(liability)의 개념이 불법과 책임을 포함한다는 것, 그리고 부책성 이론이 독일체계와는 달리 영미체계가 일원적(一元的) 체계라는 것을

---

6 *ibid.*, p.219. English law and English legal writers do not mark quite so firmly this contrast between general capacity and the knowledge or intention accompanying a particular action; for the expression mens rea is now often used to cover all the variety of psychological conditions required for liability by the law, so that both the person who is excused from punishment because of lack of intention or some ordinary accident or mistake on a particular occasion and the person held not to be criminally responsible on account of immaturity or insanity are said not to have the requisite mens rea. 한편 하트는 대륙법이 고의·과실과 귀속무능력(책임능력)을 엄격하게 구분한다고 하면서 비교한다. *ibid.*, p.218. Continental codes usually make a firm distinction between these two main types of psychological conditions: questions concerning general capacity are described as matters of responsibility or 'imputability', whereas questions concerning the presence or absence of knowledge or intention on particular occasions are not described as matters of 'imputability', but are referred to the topic of 'fault'. (schuld, faute, dolo, &c.).

7 *ibid.*, p.220. Questions of legal liability-responsibility are not limited in their scope to psychological conditions of either of the two sorts distinguished above. Such questions are also (though more frequently in the law of tort than in the criminal law) concerned with the issue whether some form of connexion between a person's act and some harmful outcome is sufficient according to law to make him liable ;

보여주는 것이다. 하트는 여기에서 더 나아가 (iii)인적(人的) 관계에 의하여 책임이 확장될 수 있다고 하며, 대위책임(代位責任, vicarious responsibility)의 경우를 들고 있다. 여관 주인은 그가 직접 행위하지 않았다고 하더라도 종업원의 법에 위반한 주류판매에 대하여 대위(代位)하여 처벌에 부책된다. 그리하여 하트가 도출하는 책임 즉 부책성(負責性) 이론의 결론은 다음과 같다.

> "우리가 사람을 구체화된 마음과 의지로 생각한다면, 우리는 형벌과 부책성의 조건에 관한 두 가지 질문을 구별할 수 있다. 첫 번째 질문은 다음과 같다. 어떤 일반적인 유형의 외부 행위(actus reus) 또는 어떤 종류의 해악이 부책성에 요구되는가? 두 번째 질문은 개인의 구현된 마음이나 의지가 그를 처벌에 부책(負責)할 수 있게, 그러한 행위 또는 그러한 해악에 얼마나 밀접하게 연결되어 있는지에 관한 것이다."[8]

이러한 하트의 결론은 단순화하여 요약하면 부책성-책임의 조건은 actus reus와 mens rea이다. 그런데 이것은 영미체계에 있어서 바로 범죄의 개념이기도 하다. 즉 부책성 이론과 일원적 범죄체계가 같은 귀결에 이르는 것이다. 실제 미국 모범형법에서도 바로 이러한 부책성(liability)의 일원적 체계를 배경으로 하고 있다고 해석할 수 있다. 결국 여기에서 부책성이란 결국 독일체계의 관점에서는 불법과 책임의 통합된 것이다. 그렇다면 독일체계에는 없는 불법과 책임의 통합개념이 영미체계에 있는 셈이다.

---

8 *ibid.*, p.221. If we conceive of a person as an embodied mind and will, we may draw a distinction between two questions concerning the conditions of liability and punishment. The first question is what general types of outer conduct (actus reus) or what sorts of harm are required for liability? The second question is how closely connected with such conduct or such harm must the embodied mind or will of an individual person be to render him liable to punishment?

[1303] George P. Fletcher

부책성(Liability)의 개념은 독일체계에서는 가늠하기 쉽지 않은 영미체계의 독특한 개념이고, 그것도 범죄체계와 연관되는 중대한 개념이라고 할 수 있다. 우리가 독일체계의 구성요건개념이나 불법개념, 그리고 불법개념과 구분되는 책임개념을 논외로 하고 범죄론을 논의한다고 생각해 보자. 그러면 범죄는 무엇인가? 우선 범죄론은 어떠한 주연자(agent)에게 형벌을 귀속(attribute)시키는 것을 정당화하는 이론이라고 할 수 있다. 이렇게 범죄를 규정할 때, 범죄를 저지른 자에게 형벌이 귀속한다는 식으로, 먼저 범죄개념을 정의해 놓고 시작할 수 없다. 범죄의 정의는 전제가 아니라 결론이기 때문이다. 독일체계가 보여주는 바와 같이 범죄가 정의되었다면 그것은 이미 범죄론이 완결된 것이다. 따라서 우리는 범죄개념의 정의 없이 어떠한 경우에 형벌이 귀속되는 것이 정당한가 하고 물어야 한다. 이렇게 물었을 때, 어떤 주연자가 형벌을 받을 만한 부책성(Liability)이 있는 경우라고 대답할 수 있다. 이렇게 부책성(負責性)의 개념을 상정하면, 부책성의 개념과 그것의 귀속 조건들에 관한 논의가 범죄론이 된다.

다른 한편 어떤 사건이 범죄라는 성격을 가졌을 때, 그 성격을 범죄성(Criminality)이라고 한다면 범죄성(犯罪性)과 부책성은 상응(相應)하는 의미가 된다. 왜냐하면, 범죄성의 사건을 저지른 주연자에 대한 형벌을 부책(負責)해야 할 것이기 때문이다. 나아가 부책성은 귀속(attribution, Zurechnung)의 개념과도 상응한다. 왜냐하면, 형벌귀속의 요건들이 바로 부책성의 개념이기 때문이다. 형벌귀속(刑罰歸屬)과 형벌부책(刑罰負責)은 같은 말이 된다. 그런데 이러한 범죄성 내지 부책성을 형성하는 형벌귀속의 요건들의 관점에서 범죄를 바라볼 때 당장 시야에 들어오는 것은 각각의 범죄들이 서로 간에 대단히 상이하다는 것이다. 어떤 범죄는 눈에 보이는 해악으로서 심각한 결과가 있는 데 대하여 결과가 없는 범죄도 있다. 어떤 범죄는 행위를 기준으로 명시적으로 규정할 수 있는 데 대하여 다른 범죄에서는 행위는 눈에 띄지 않거나 아예 없는 경우도 있고 그 주연자의 의사(意思)가 결정적으로 중요한 것으로 보인다. 이렇게 생각할 때, 우리는 각각의 범죄가 서로 간에 상당히 다른 성격을 가지고 있다는 것을 발견한다. 가령 절도죄와 살인죄 그리고 사기죄, 내란죄 등은 서로 간에 성격이 상당히 다르다. 그리하여 범죄성 내지 부책성을 논의하면서 각 범죄들 상호 간의 차이는 사상하고 공통된 요소들만을 범죄요소로 규정할 수도 있지만, 각 범죄 간의 차이를 인정하고 이를 유형화(類型化)하는 것도 하나의 방법이다.

플래처(George P. Fletcher)는 영미체계의 긴 발전 과정에 있어서 이를 세 종류의 범죄성의 유형(Pattern of Criminality)으로 나누어 분석한다. 그의 훌륭한 저서 『형법의 재검토(Rethinking Criminal Law)』는 절도죄 계열과 살인죄 계열에 대한 각론적 분석에 책 전체 분량의 반(半)을 할애(割愛)하고, 그 뒤에 비로소 범죄 전체에 대한 일반론(형법총론)을 논의한다. 각론적 분석은 바로 범죄성의 유형(類型)에 의한 분석으로, 그는 범죄를 세 가지 유형의 부책성(Three Patterns of Liability)이라고 부른다. 우리는 살인죄가 마치 모든 범죄의 전형(典型)인 것처럼 형법적 각 논제(論題)에 대한 살인죄 사례를 예거(例擧)한다. 플래처는 살인죄는 부책성의 세 유형 중에서 세 번째 유형에 속한다고 하면서, 이를 해악적(害惡的) 결과의 부책성 유형(The Pattern of harmful consequences)이라고 규정한다. 이에 대하여 제1, 제2의 다른 부책성의 유형으로 명시적 부책성의 유형(The pattern of manifest liability), 주관적 부책성의 유형(The pattern of subjective liability)이 있다. 그는 이 세 가지 부책성 유형은 모든 범죄를 포괄하는 단일한 범죄적 본질의 서로 다른 양상이 결코 아니라고 한다. 또한 이 세 가지 유형이 모든 범죄를 포괄한다고 말하지도 않는다.

"각각의 유형은 범죄행위(行為), 범의(犯意) 및 해악(害惡)의 세 가지 중요한 사실 중 하나에 결부된다. 그러나 이 세 가지 유형이 같은 현상에 대한 다른 관점이라고 생각하면 오해이다. 이 책의 주장은 이것들이 범죄행위의 다른 종(種)이며, '행동'과 '범의'와 같은 용어가 명목상 겹쳤음에도 불구하고, 그들이 무엇인지에 대하여 결정적인 차이를 발견해야 한다.… 유해한 결과의 유형은 인간의 행동과는 개념적으로 독립적인 유해한 사건(event)을 가정한다. 부책성(liability)은 유책한(responsible) 사람에 대한 이 해악의 객관적 귀속과 그것을 가져오거나 막지 못한 가책성(culpability)의 결정에 기초한다. 과실과 무모(無謀)함은 가책성(可責性)을 가늠하는 근거로서 의도(고의)를 보완한다.… 적어도 세 가지 유형의 부책성이 있다는 것은 형법을 관념의 다중심체(多中心體, polycentric body)로 파악해야 한다는 것이다. 모든 범죄를 설명하는 단 하나의 사고방식은 없다. 이 세 가지 유형조차도 주요 범죄의 그것보다 더 많은 부분을 차지하지는 않는다."[9]

우리는 위 인용에서 플래처가 liability, responsibility(responaible), culpability를 다르게 사용하고 있는 것을 발견한다. 우리는 그것을 각각 부책성, 유책성, 가책성이라고 번역했다. 즉 부책성(liability)은 불법과 책임을 포괄하는 범

---

9 Fletcher, Rethinking Criminal Law, *op. cit.*, §5.3.3. pp.388-389. Thus each of the patterns attaches to one of three prominent facts of crime-act, intent and harm. Yet it would be a mistake to think that these three patterns are different perspectives on the same phenomenon. The argument of this book is that these are different species of criminal conduct and despite the nominal overlap of terms like "act" and "intent," the critical differences must be seen for what they are··· The pattern of harmful consequences assumes a harmful event that is conceptually independent of human action. Liability is based on the objective attribution of this harm to a responsible person and the determination of culpability in bringing it about or failing to prevent it. Negligence and recklessness supplement intention as a basis for gauging culpability··· The implication of there being at least three patterns of liability is that the criminal law must be grasped as a polycentric body of ideas. There is no single mode of thinking that accounts for all crimes. Not even the three patterns account for more than many of the major offenses.

죄성의 개념이며, responsible(有責的)은 '책임능력이 있는'의 개념으로서 미성년자나 정신병자가 아니라는 의미이고, culpability(可責性)의 개념은 고의 · 과실이 있다는 의미이다. 이러한 세 개의 차별화된 의미는 앞에서 말한 바와 같이 미국 모범형법에 그대로 반영되어 있다.

[1304]

플래처는 독일체계에서 행위불법과 결과불법에 관한 논쟁에 대해서도 위 부책성 유형의 개념을 적용하여 전혀 다르게 평가한다. 행위불법을 강조하거나 행위불법 일원론에 대해서는 앞에서 말한 명시적(明示的) 부책성의 유형으로서 모든 범죄를 해석하려고 하는 잘못된 시도이며, 결과불법은 유해한 결과의 유형으로서 모든 범죄를 해석하려는 잘못된 시도라는 것이다. 아래 글에서 플래처가 객관이론이라고 하는 것은 독일체계에서 결과불법을 지칭하고 인적 이론은 행위불법 내지 인적불법을 지칭한다고 할 수 있다.

"불법의 세 이론 사이에서 논쟁을 마치기 전에, 독일 이론가들 사이의 갈등을 해석하기 위한 매개체로서 세 가지 부책성의 유형에 대한 초기 연구의 중요성에 주목해야 한다. 객관이론은 살인의 법, 특히 죽음의 야기는 신성모독(神性冒瀆)의 한 형태라는 오래된 견해에서 가장 강력한 지지를 찾고 있다. 객관이론은 또한 명시적(明示的) 범죄성의 유형에서 발판을 찾는데, 명백하게 해악으로 위협하는 행위는 정당방위의 사적 행동에 의해 정당하게 방위되기 때문이다. 그 관점은 우리가 지적했듯이, 불법의 개념에 대한 하나의 해석을 제공한다. 대조적으로, 인적(人的) 이론은 주관적인 범죄성의 패턴, 특히 절도와 미수(未遂)에 대한 주관적인 이론에서 최상의 지지를 얻는다. 이러한 경우에 명시적 범죄성이 요구되지 않는다면, 행위자의 범의를 고려하지 않고 위법행위를 식별할 수 있는 방법이 없다. 그의 이론을 지키기 위해 벨첼(Welzel)이 절도와 미수(未遂)의 법을 반복적으로 언급하는 것은 우연이 아니다. 독일의 논쟁에서 나에게 보이는 결함(缺陷)은, 하나의 불법이론으로 부책성(負責性)의 모든 유형을 설명해야 한다는 가정이다. 객관주의자들은 살인이 형법 전체의 패러다임이라고 생각했다. 인적 이론은, 미수와 주관적(主観的) 범죄성이 다른 범죄들이 전체를 대표한다고 생각했다. 불법의 오직 하나의 이론만이 형법 전체를 설명한다는 전제를 받아들일 이유가 없다. 인적 불법론은 불능미수의 경우의 불법에 대하여 유일하게 수용 가능한 설명일 수 있지만, 동일한 이론이 살인죄 분석에 이어진다는 것은 받아들일 수 없다. 객관이론은 살인사건에서 그럴듯하지만, 분명히 주관적인 범죄성의 유형을 설명할 수 없다."[10]

플래처의 논의에서 우리는 독일체계와는 전혀 다른 사고방식을 발견한다.

---

10 *ibid.*, §6.6.5. p.481. Before leaving the debate among the three theories of wrongdoing, we should note the importance of our earlier work on the three patterns of liability as a medium for interpreting the conflict among German theorists. The objective theory finds its strongest support in the law of homicide and particularly in the old view that causing death was a form of desecration. The objective theory also finds a foothold in the pattern of manifest criminality, for acts that manifestly threaten harm are properly resisted by private acts of self-defense ; and that perspective, as we noted, provides one interpretation of the concept of wrongdoing. The personal theory, in contrast, finds its best support in the pattern of subjective criminality, particularly the subjective theory of larceny and of attempts. If here is no requirement of manifest criminality in these cases, there is no way of discerning a wrongful act without considering the actors intent. It is no accident that in defending his theory. Welzel refers repeatedly to the law of larceny and attempts. The flaw in the German debate, it seems to me, is the assumption that one theory of wrongdoing must account for all patterns of liability. The objectivists assumed that homicide was the paradigm of the entire criminal law; the personal theorists assumed that attempts and other crimes of subjective criminality were representative of the whole. There is no reason to accept the premise that only one theory of wrongdoing accounts for the entire criminal law. The personal theory may be the only acceptable explanation of wrongdoing in cases of impossible attempts, but it does not follow that the same theory carries over to the analysis of homicide. The objective theory is plausible in homicide, but it obviously cannot account for crimes in the pattern of subjective criminality.

그것은 범죄 그리고 불법을 세 가지 유형으로 나누고 있으며, 범죄는 다중심체(多中心体)로서 단일한 본질의 범죄와 단일한 성격의 불법으로 규정될 수 없다는 것이다. 결과적으로 부책성은 범죄의 다른 이름일 뿐이다. 그렇지만 그러한 이름으로서 부책성(負責性)의 일원적 범죄체계이다. 이 체계는 불법과 책임이 통합되어 있다는 점에서 Sinn과 Walter에 비교될 수 있다. 물론 세 부내용은 전혀 다르다. 영미체계에서는 아예 독일식의 불법과 책임개념이 없으므로 부책성의 개념은 오히려 범죄성(criminality)이라고 하는 것이 타당할 것이다. 범죄성 내지 부책성은 그 귀속에 있어서 세 가지 유형으로 규정된다. 명시적 부책성, 주관적 부책성, 해악적 부책성의 유형이 그것이다. 이렇게 보면 독일체계는 범죄들을 종단(從斷)한다고 한다면 플래처의 체계는 범죄들을 횡단(橫斷)한다.

이러한 전체성으로서의 부책성(또는 죄책성)을 배제하는 사유를 상정할 수 있다. 미국 모범형법에서 부책성의 배제사유는 크게 3가지로 나누어지는데, 첫째가 정당화사유(Article 3)가 있고, 독일식의 책임능력에 관한 유책성(responsibility, Article 3)이 있고, 그 외 잔여(殘余)의 부책성 배제사유로서 고의·과실을 의미하는 가책성(Culpability)과 나머지 배제사유(Intoxication, Duress, Miliary Order, Consent, De Minimis Infractions, Entrapment)는 부책성의 일반이론(Article 2)에서 함께 다루고 있다

[1305] 면책성(免責性)의 이론(excuse defense)

영미체계에서는 책임개념이 없지만 면책항변(excuse defense)의 개념이 있다. 책임개념이 없으므로 excuse를 면책(免責)으로 번역하는 것은 적절하지 않다. 변명의 항변, 변소(辯訴)의 항변, 용서(容恕)의 항변 등이 더 적절할지도 모른다. 그러나 내용상으로 면책의 의미와 유사하다고 할 수 있고, 이미 굳어

진 번역으로 보이므로 새로운 번역어를 찾지 않는다. 그렇지만 중요한 차이는 책임개념을 전제로 한 책임조각사유가 아니라 '독립적'인 사유라는 것이다. 독일체계에서는 책임개념에 대해 많은 논의가 있었지만, 면책사유는 독립적 논제가 아니었다. 면책사유는 그 이름도 통일되어 있지 않고(책임조각사유, 책임배제사유, 면책사유 등) 또 책임성립사유와의 구별이 반드시 명확한 것도 일치되어 있는 것도 아니다. 가령 고의·과실만 책임성립사유이고, 위법성인식이나 책임능력은 책임성립요소가 아니라 그 결여(欠如)가 면책사유인지, 아니면 고의·과실과 구별되는 심정반가치와 위법성인식과 책임능력이 책임성립요소이고 나머지가 책임조각사유인지… 등이 반드시 명확한 것은 아니다. 그렇지만 그 이름이 어떠하든 독일체계에서 면책사유는 모두 책임이론에 흡수된다. 이에 대하여 영미체계의 형법 교과서는 책임개념(Schuld의 의미)에 대해서는 전혀 논의가 없고, 대신 면책사유 즉 excuse에 대한 독자적인 이론이 논의된다. 이에 대하여 일반적으로 4개의 면책사유이론(excuse이론)이 있다.

첫째, 억지이론(deterrence theory)이다. 이것은 독일체계의 예방이론과 같은 차원에 있다. 차이가 있다면 독일체계에서 예방이론은 비교적 최근의 이론이고 책임의 근거에 관한 의론이라고 한다면, 영미체계의 억지이론(抑止理論)은 공리주의(功利主義)에서 기원하는 오래된 이론이고 소극적으로 면책의 근거에 관한 이론이다. 즉 고전적 공리주의자인 벤담(Jeremy Bentham, 1748-1832)은 정신장해의 경우와 같이 형벌을 부책(負責)하더라도 그 행위를 방지할 수 없는 경우에는, 형벌이 아무런 예방효과가 없기 때문에 면책해야 한다고 말한다. 단순화하여 말하면 예방효과가 없는 자의 행위가 면책된다. 이처럼 영미체계에서 오래된 주장이 독일체계에서는 최근에 야콥스와 록신에 의하여 주장되고 있는 셈이다.

둘째, 인과이론(causation theory)이다. 인과이론은 단순하게 말하면, 주연자의 통제 밖의 요인(factors outside of control)에 의하여 행위가 야기된 경우에는 비난할 수 없으며 면책해야 한다는 것이다. 정신장해의 경우나 강제(Duress)에 의하여 행위가 야기된 경우, 그 행위는 주연자가 통제할 수 없는 요인에 의한 것이므로 면책해야 한다.

셋째, 성격이론(character theory)이다. 범죄는 통상적으로 나쁜 행위라고 할 수 있고, 그 나쁜 행위는 나쁜 성격을 시사(示唆)한다. 따라서 나쁜 행위(범죄)가 있었다고 해도 나쁜 성격이 추론되지 않을 때에는 면책되어야 한다는 것이다. 은행 강도를 한 자는 탐욕(貪慾)에 눈이 어두워 타인이나 사회를 고려하지 않는 자이다. 그런데 자식을 죽인다는 협박 때문에 은행 강도에 참여한 자의 경우에는 은행 강도가 나쁜 성격, 탐욕이 추론되는 것은 아니다. 따라서 면책되어야 한다는 것이다. 이것은 도덕적 직관(直觀)–범죄를 범하는 자는 '나쁜(bad)' 자이다–에 적합하고, 나쁜 자의 나쁜 행위에 대한 형벌로서 응보형(応報刑) 이론과 잘 부합한다.

넷째, 공정 기회의 이론(fair opportunity theory)이다. 이 이론은, "법에 따라 행위를 조정할 능력과 공정한 기회가 없다면, 그런 사람에게 형벌이 적용되어서는 안 된다."[11]라는 것이다. 이 이론은 자유선택의 이론('free choice' theory) 인간성 이론(personhood theory), 규범적 임의성의 이론(normative voluntariness theory) 등 다른 여러 이름이 있다. 이 이론은 교과서적으로 다음과 같이 요약할 수 있다.

"범죄행위의 시점에서 행위자가 (1) 자기의 행위에 관계있는 사실들을 이해하고, (2) 자기의 행위가 사회의 도덕관을 침해한다고 인식하고, 그리고 (3) 자

---

11 H.L.A. Hart, Punishment and Responsibility, second edition, Oxford University Press, 2007, p.181.
   …that unless a man has the capacity and a fair opportunity or chance to adjust his behaviour to the law its penalties ought not to be applied to him.

기의 행위를 법의 명령에 따르게 하기 위한, 실질적인 능력(substantial capacity)과 공정한 기회(機会)를 갖고 있었다면, '자유로운 선택'이 존재하게 된다. 이상의 점의 어느 하나라도 실질적 능력이 결여된 자는 기본적으로 무언가 중대한 정신적 장해를 앓고 있어, 스스로를 도덕적 주연자(agent)로 만드는 인간성(personhood)의 기본적 속성(属性)이 결여된 것이기 때문에, 처벌할 만한 가치가 없다. 그것 이외에도 공정한 기회가 주어지지 않은 상황(no-fair-opportunity prong)에서 '자유로운 선택'이 결여된 자는, 무언가 외부적 요인 때문에 그 특정 경우에 그자의 위법행위를 비난하는 것이 불공정하다고 평가되기 때문에, 역시 처벌한 만한 가치가 없다."[12]

[1306]

인과이론이나 성격이론에 대해서는 많은 검토가 필요하지 않다. 성격이론에 대해서는 독일체계에서도 이미 많이 논의되었다. 영미체계의 성격이론은 오히려 좀 더 고전적(古典的)인 것으로 보인다. 인과이론은 영미체계의 독특한 이론으로 보이나 이것 역시 고전적인 사유(思惟)로 보인다. 문제는 인간의 행위에 대하여 그 행위가 그의 통제에 속했는가, 그가 통제할 수 없는 원인에 의하여 야기되었는가 하는 질문은 여전히 명확하게 확정하기 어렵다는 것

---

12 Joshua Dressler, Understanding Criminal Law, 4th ed. LexisNexis, 2006, §17.03.[E], pp.229-230. According to this account, "free choice" exists if, at the time of the wrongful conduct, the actor has the substantial capacity and fair opportunity to: (1) understand the facts relating to her conduct; (2) appreciate that her conduct violates society's mores; and (3) conform her conduct to the dictates of the law. A person lacking the substantial capacity in any of these regards essentially suffers from some serious internal disability and, therefore, does not deserve to be punished because she lacks the basic attributes of personhood that qualify her as a moral agent. Alternatively, a person who lacks "free choice" under the no-fair-opportunity prong does not deserve punishment because some external factor is acting upon her on this particular occasion such that it is unjust to blame her for her wrongful conduct.

이다. 인과적 이론이라고 하여 그 기준을 인과관계가 있는가 없는가의 문제로 바꿀 수는 없다. 만일 그것이 가능하다면 면책성이론 내지 책임이론이 인과관계이론이 될 것이다. 그리하여 독일체계의 이론사에서는 책임이론을 인과관계이론으로 해소하려는 노력은 보이지 않는다. 미국에서는 한때 정신장해 여부를 판단하는 데 있어서 소산 테스트(product test)라는 기준이 있었다. 그것은 어떤 범죄행위가 정신병의 소산(所産)인가 여부에 의하여 책임무능력 여부를 결정하자는 이론이었다. 말하자면 그 행위가 정신병의 소산이라면 그것은 주연자의 통제 밖에 있는 것으로 면책해야 한다는 것이다. 그러나 이 기준은 결국 정신과 의사 등이 법정에서 자신의 의견으로는 그 행위가 정신병의 소산으로 본다는 증언으로 모든 것이 좌우되고, 배심원은 기껏해야 정신과 의사의 견해가 다른 경우에 누가 신뢰할 만한지를 판단하는 것 이외는 아무것도 하는 것이 없게 되었다.

이와 관련하여 보통 앨리스 사례(Alice case)가 제시된다. 그녀는 자신이 좋아하는 유부남 밥(Bob)이 그의 부인 카라(Carla)가 죽으면 자신과 결혼할 것이라는 정신질환적인 망상(delusion)을 품고 있었다. 이러한 망상에 의해 앨리스가 카라를 살해하였을 경우, 위 소산 테스트에 의하면 그녀는 면책되어야 한다. 그 행위는 망상의 소산이기 때문이다. 그러나 이것은 지지(支持)될 수 없는 결론이다. 그리하여 미국에서는 한때 이 테스트가 주목받았으나 이내 포기되었고, 그 이후 이 테스트를 적용하는 법역(法域, jurisdiction)은 없게 되었다.[13] 앨리스는 위 망상(妄想)을 제외하면, 범죄행위의 사실과 의미(意味)의 인식, 그것이 도덕적으로 악(惡)이고 법적으로 금지되고 있었다는 것을 알고 있었고, 밥(Bob)의 부인이 되는 야망을 포기할 수도 있었다. 그렇지만 앨리스는 실제로 망상형 정신분열과 유사한 기전(機全)을 가지고 있었다. 물론 망상

---

13 Joshua Dressler, Understanding Criminal Law, *op.cit.*, §25.04.[C][4], pp.380-381.

형 정신분열도 그 유형이 다양하다.

그리하여 인과이론은 결국 자유의지론과 같은 귀결, 즉 인간의 모든 행위는 그의 선택이므로 책임을 져야 한다는 결론과, 반대로 모든 결과는 인과적이며 인간의 통제 밖에서 결정된다는 결정론의 문제로 되돌아 오게 된다.

제4장

누가 손가락을
구부리는가?
─자유의지와 신경과학(neuroscience)의 시야

[1401] 리벳의 실험(Libet's Experiment)

 이제까지의 책임에 관한 이론은 자유의지가 그 전제로 상정되어 있었다. 또는 자유의지를 우회하는 이론이었다. 독일체계에서 형법상 자유의지 논쟁은 구체적으로 타행위가능성(他行爲可能性)이 있는가 하는 문제였다. 어떤 주연자가 살인행위를 하였을 때, 그가 과연 살인행위를 하지 않고 다른 적법한 행위를 할 수 있었는가 하는 것이다. 오랫동안 이 질문의 대답은 당연히 '그렇다.'는 것이었다. "적법을 택할 수 있었음에도 불법을 선택하였다는 점에 대하여 비난하는 것"[1]이라는 독일연방대법원 판결문은 이러한 상식을 대표하는 것이다.

 그러나 18세기 후반에 이르러 모든 법률가들에게 그리고 철학자들에게도 타행위가능성은 증명될 수 없다는 것이 받아들여졌다. 이미 살인사건이 일어나 버린 사후적(事後的) 관점에서, 과연 그 주연자가 살인행위를 하지 않을 수 있었다고 증명할 수는 없다는 것이었다. 시간은 불가역(不可逆)이다. 따라서 타행위가능성은 결코 실험할 수 없는 것이다. 우리가 가상적 사고실험(思考實驗)을 한다면 타행위가능성은 '없다'고 하는 것이 논리적으로 타당하다. 드라마에서 시간여행은 미래의 기억(記憶)을 가지고 간다.[2] 사고실험에서는

---

1 *supra* [1230]
2 영화나 TV에서 과거에로의 시간여행은 항상 주인공이 미래의 시점에 있어서의 의식(기억)을 그대로 가진 채 과거로 돌아간다. 즉 살인자의 경우 어느 시점에서 살인을 한 다음 살인하였다는 의식(기억)을 가진 채 과거의 시점으로 돌아간다. 그리하여 과거의 시점에서 자신이 살해한(그 시점에서는 미래의 피살자) 사람을 만나면서 '내가 얼마 후에 이 사람을 살해하게 되지.'라고 생각한다. 이처럼 미래의

미래의 기억을 가지고 가는 것은 과거로 되돌아가는 것이 아니다. 또한 살인사건 직전으로 되돌아간다는 것은 이 우주에서의 모든 상황(거시세계)이, 가시세계(행동세계), 미시세계(腦世界)의 모든 상황이, 과거의 그 시점(과거의 살인사건 직전 상황)과 완전히 동일한 상태로 된다는 것이다. 그렇다면 당연히 과거의 행동(즉 살인)을 그대로 되풀이하게 될 것이다. 이렇게 전과 다른 어떠한 새로운 원인이나 이유나 의식이 없는데도 이번에는 살인하지 않았다면, 그것은 자유의지로 설명할 수밖에 없게 된다.

그렇지만 형법학자나 철학자 등 누구도 진지(眞摯)하게 범인에게 타행위가능성이 없었다고 믿는 사람은 거의 없다고 할 수 있다. 그런데 가장 엄밀하게 이 문제에 대하여 반론을 제기했던 학자는 앞에서 보았듯이 페리(Enrico Ferri) 였다.[3] 이 놀라운 젊은 천재의 통찰은 대단한 것이었다. 어쨌든 이탈리아 세 사람의 학자 이후로 아무도 진지하게 구체적 타행위가능성이 있다고 말하지 않게 되었다. 그렇지만 마음속으로는 정반대로 상식과 직관에 의지하여 누구나 자유의지가 있다고 생각하고 있는 것도 사실이다. 왜냐하면 그것이 우리의 느낌이기 때문이다. 그 느낌이란 다음과 같은 것이다. 자, 여기에 나의 손가락이 있다. '이제 나는 손가락을 구부리겠다(I will ~).'라고 생각한다. 이것이 나의 의지(意志, will)이다. 그리고 뒤이어서 나는 손가락을 구부리고, 구부려지는 손가락을 내가 본다. 이 단순하고 명백한 사실과 직관은 우리에게 자유의지가 있다는 것을 상식만이 아니라 느낌(feeling)으로 확증(確證)하게 한다. 그리하여 책임에 관하여 자유의지의 우회이론을 제기하는 학자들은 결론(結論)을 정해 놓고 그 논거를 찾아내는 것이었다. 즉 어떻게든 자유의지

정신(의식, 기억)을 가지고 과거로 돌아가는 것은 하나의 세계(미시세계, 뇌세계)에서는 과거로 돌아간 것이 아니다. 살인의 경험이 있고 그것을 기억하는 사람의 타행위가능성과 동일한 사람이 하나의 시점(살인 직전의 시점)에서의 타행위가능성은 전혀 다른 것이다.
3 *supra* [1219-1220]

와 책임의 논거가 되는 이유를 찾는 것이었다.

이러한 상황에서 형법과는 학문 분야를 달리하는 신경생리학(神經生理學) 분야에서 중대한 실험이 제시되었다. 이 실험은 그 실험자 리벳(Benjamin Libet, 1916-2007)의 이름을 붙여 보통 리벳의 실험(Libet's Experiment)이라고 불린다. 이 실험의 결과는 신경과학(neuroscience)이라는 새로운 시야에서 자유의지의 문제를 새롭게 논의할 수 있게 하였다. 리벳의 실험은 철학은 물론 사회인문학 분야의 거의 모든 주제에서 논의의 차원을 바꾸어 놓고 있다. 나아가 이제 철학 그리고 사회인문학은 추상개념의 맥락에서만 논의할 수 없게 되었으며 신경과학에 대한 이해는 필수적이게 되었다.

[1402]

리벳의 실험 그 자체는 단순하다. 그것은 피험자(실험대상자)가 단순히 팔목을 구부리는 동작을 할 때, 그 의도(意図)와 동작(動作)의 타이밍(timing)을 측정한 것이다. 물론 우리는 먼저 팔을 구부리겠다고 마음먹고(의도), 그다음 순간에 팔을 구부리는 동작(動作)을 한다. 그런데 사람이 팔목을 구부릴 때에, 그 동작 이전(以前)에 우리 대뇌(大腦)의 피질(cortex)에 전기적(電氣的) 변화가 일어나는데 그것을 준비전위(readiness potential, RP)라고 한다. 리벳의 실험은 팔을 구부리는 동작에 있어서, 우리의 의도, 준비전위(準備電位), 그리고 동작의 타이밍(時機性)을 측정한다. 놀라운 결과는 대뇌피질의 준비전위(RP)가 우리의 의도보다 앞선다는 것이다. 즉, 우리가 팔을 구부리는 동작을 할 때, 뇌피질(腦皮質)에서 손목을 구부린다는 결정이 이루어지고, 그 이후에 우리가 손목을 구부린다는 의도(意図)를 가진다(自覚한다)는 것이다. 뇌피질에 준비전위(RP)가 먼저 나타난 것은, 우리의 의도가 사실은 그 이전에 비의식적(非意識的)으로 시작된다는 것을 의미한다. 중요한 점은 '나의 손가락을 구부리겠다.'라는 생각(의도)은 사실(事實)과 다르다는 것이다. 즉 '~하겠다(의지)' 고 하였지만 그것(~하겠다는 의지)이 손가락을 구부린 것이 아니다. 그 느낌(의 도의 느낌)도 사실이 아니다. 우리는 손목을 구부린다고 자유의지를 형성하고, 그것에 의하여 팔을 구부리는 것으로 안다. 그러나 진실은 비의식적 뇌피 질에서 손목을 구부린다는 신경과정(神經過程)이 이미 진행되고, 이어서 우리 는 그것을 의식으로 자각(awareness)할 뿐이라는 것이다. 시간 ms(millisecond) 는 1/1000초를 나타내는 단위이다. 그러면 리벳의 실험과 그 의미를 다음과 같이 두 문장으로 요약할 수 있다.

"피험자(被驗者)들은 RP가 시작되고 350~400ms 후(後, after)에, 그러나 동작 행동의 200ms 전(前)에, 자신의 행동의도를 자각(aware)한다. 그러므로 임의 적(volitional) 과정은 무의식적(unconsciously)[4]으로 시작된다."[5]

이 실험결과가 의미하는 바는 이제까지 상식적으로 상정하고 있던 인간의 자유의지를 부정(否定)하는 것이다. 우리 스스로는 자신이 손목을 구부린다 고 의식하지만, 실제로는 이미 그 전에 비의식적(非意識的)으로 손목을 구부 린다는 결정이 이루어졌고, 우리는 약 0.4초 후에 그 결정을 알게(awareness) 되었을 뿐이다. 그런데도 우리는 비의식적 결정을 알게 되었다고 생각하지 않고, 우리 스스로 팔을 '구부리겠다'는 '의사결정을 했다'고 생각한다. 이것

---

4   unconsciously를 일반적 번역례에 따라 '무의식적으로'라고 번역한다. 리벳 역시 그러한 뜻으로 사용 하였을 것이다. 그러나 무의식적으로라는 말은 프로이트 류의 '심리학적 무의식'을 연상시킨다. 정확 하게는 우리의 의식(意識)은 내관세계(內觀世界)에서 느껴진다. 그런데 신경과정(神經過程)은 미시세 계라고 할 수 있는 뇌세계에서 진행된다. 따라서 '무의식적으로'라는 표현은 미시세계에서 일어난 일 을 내관세계에서 일어난 일로 오해할 소지가 있다. 그래서 저자는 앞에서 비의식적(非意識的)으로 라 고 표현하였다.

5   Benjamin Libet, Do We Have Free Will? Journal of Consciousness Studies, 6, No. 8-9, 1999, p.47. Human subjects became aware of intention to act 350-400 ms after RP starts, but 200 ms, before the motor act. The volitional process is therefore initiated unconsciously.

은 인간이 자유의지라는 환상(illusion)을 가지고 있다는 것을 의미한다.

이 결론은 우리가 이제까지 오랫동안 책임논의만이 아니라 사회인문학 전반에 걸쳐 세 가지 놀라운 전복(顚覆)을 가져온다. 첫째, 이제까지 타행위가능성은 어떠한 증명도 가능하지 않다고 믿어 왔다. 그러나 리벳의 실험이 의미하는 것은 '타행위가능성이 없다'는 것을 증명하는 것이다. 왜냐하면, 살인자의 의사결정은 이미 비의식적(非意識的)으로 이루어졌던 것으로, 의식에 있어서는 어떠한 타행위가능성도 없다는 것이 되기 때문이다.[6] 둘째, 이제까지의 책임이론은 사실상 논파(論破)되었다고 해야 한다. 이제까지 책임이론은 타행위가능성 내지 자유의지를 전제로 해 왔고, 이것은 우회이론도 사실상 마찬가지이기 때문이다. 결국 이제까지 제시된 책임개념들은 성립하기 어렵게 된다. 셋째, 무엇보다도 본질적인 충격으로서, 사회인문학이 전제로 하는 인간상(人間像) 그 자체가 전복된다. 근대 이후 사회인문학, 인류의 대부분의 사상의 기조는 '자유로운 인간'으로서의 인간상이다. 그런데 이 실험이 의미하는 바는 '스스로 자유롭다는 환상(幻想)을 가진, 실제로는 자유롭지 않은, 인간'이 올바른 인간상이라는 것이다. 말하자면 자유의 인간에서 '환상의 인간'이 된다.

위와 같은 결론들은 무엇보다도 우리의 상식에 반한다. 상식적으로 생각할 때 위와 같은 주장은 도저히 성립할 것 같지 않다. 나아가 이러한 결론은 우리의 직관(直觀)에 반한다. 우리는 사유나 판단에 앞서 직관적으로 자유롭다고 인식한다. 또한 이러한 결론은 우리의 느낌(feeling)에 반(反)한다. 우리는 실제로 자유롭다고 느낀다. 우리는 의도(意図)를 느끼고 그 의도에 따라 행동을 일으킨다. 설사 우리가 자유롭지 않다고 이성적으로 받아들인다고 해도, 그렇다고 하여 우리의 이 자유로운 느낌이 변하는 것은 아니다. 오히려

---

6 이에 관하여 뒤에서 재론할 것이다. *infra* [1717]

이 직접적(直接的)인 느낌에 비하면 자유롭지 않다는 생각이야말로 가공적인 환상이라고 해야 하지 않을까?

[1403]

리벳의 실험은 40명의 피험자들이 편안한 자세에서 자신이 임의로 손목을 움직이겠다는 의사결정을 하고, 그 순간에 시계를 보아 그 의사결정의 시점(時点)을 알면서, 그에 따라 손목을 까딱하고 움직이고, 바로 자신이 의사결정을 한 시점을 보고(報告)하는 것이었다. 이러한 실험은 세 개의 시점(時点)을 측정하는 것이었다. 첫째, 피험자가 손목을 까딱하여 동작하는 시간. 둘째, 피험자의 뇌피질에 준비전위(RP)가 출현하는 시간. 셋째, 피험자가 손목을 까딱하고 구부리기로 마음먹은(의도) 시간. 실제 손목을 까딱하고 움직이는 동작 시간은 그 손목에 연결된 시간측정장치에 의하여 측정된다. 그러한 의사결정과 손목을 움직이는 동작과정에서 나타나는 뇌피질의 준비전위(RP)는 두피(頭皮)에 표면전극(surface electrode)을 붙여서 측정한다. 그리고 피험자가 손목을 구부리기로 스스로 의사결정한 시간은 피험자가 그 순간 눈앞에 장치된 커다란 시계를 보고 시간을 인식하고, 동작 후에 시험자에게 보고한다(이 보고된 시간을 '리벳의 W'라고 하자). 이것이 리벳의 실험 방법이었다.

리벳의 실험 이전에 코른후버(H.H. Kornhuber)와 디케(L. Deecke)의 실험이 있었다. 코른후버-디케의 실험이 가능하게 된 것은 뇌전도(EEG, electroencephalography)라 불리는 전기생리학적 측정법이 발명되었기 때문이다. 뇌전도(腦電図)는 뇌의 신경세포에서 발생하는 전류에 의한 전기적 신호를 두피(頭皮)의 해당 지점에 붙여 놓은 표면전극(表面電極)을 통해 기록한다.[7]

---

7   뇌전도(腦電図, EEG)는 대뇌피질 신경세포 활동을 측정할 수 있게 한다. 대뇌피질에서는 수많은 신경

코른후버와 디케는 손목이나 손가락을 까딱하고 움직이는 시간과 그 운동을 일으키는 뇌피질의 준비전위(RP)가 출현하는 시점을 성공적을 측정하였다. 그 결과는 실제 손목을 까딱하고 움직이는 시점보다 약 800ms이전에 뇌 준비전위(RP)가 출현한다는 것이었다. 이 실험은 우리가 금방 이해할 수 있는 것이다. 손목을 까딱하고 움직이기 이전에 뇌에서 그 동작을 위한 신경과정이 진행된다는 것은 당연하지만, 그 시간 차이가 0.8초 전으로 측정되었다는 점이 의미 있다.

"이 질문에 대한 실험적인 조사의 가능성은 코른후버와 디케(1965)의 발견에 의해 열렸다. 그들은 뇌 활동에서 기록 가능한 전기적 변화(electrical change)가 규칙적이고 구체적으로 임의적 행동보다 선행(先行)한다는 것을 발견했다. 임의적 행동에 앞서 음전기(陰電氣)가 천천히 증가하면서 선행되었는데, 이는 주로 머리의 꼭지. 두정부(頭頂部, vertex)에 현저하게 넓게 위치하는 두피(頭皮)의 영역에 기록되고 있었다. 전기적 변화는 어떤 대상이 명백히 임의적 행동보다 약 800ms 이상의 이전(以前)부터 시작되었다. 그리하여 그것은 준비전위(readness potential, RP) 또는 독일어로 Bereitschaftspotential이라고 불렀다."[8]

세포 집단의 활동이 일어난다. 이 신경세포 집단의 전기적 활동은 피질표면(皮質表面) 또는 두피표면(頭皮表面)에 전극(電極)을 설치하여 기계장치로 기록할 수 있다. 이 중에 두피에 전극을 부착하여 뇌의 자발적 전기적 활동을 기록하는 기법을 뇌전도(EEG)라고 한다. 뇌전도는 전극 밑에 있는 신경세포 활동에 의하여 생기는 세포외 전류의 총합을 기록한 것이 된다. 뇌전도에 주로 기여하는 것은 시냅스 전류(synaptic current)이다. 대뇌피질(cerebral cortex)은 총 6개의 층(layer)으로 되어 있는데 뇌전도는 이 중 표면에 가까운 측의 전류가 측정된 것이다. 뇌전도는 뇌파(brain wave)와는 다른 것이다. 뇌파는 뇌의 신경신호들이 만들어 내는 파동 형태로 주파수와 진폭에 따라 알파파 베타파 등으로 나눈다.

8　Benjamin Libet, Mind time: the temporal factor in consciousness, Harvard University Press, Cambridge, Massachusetts, 2004. p.124. The possibility of an experimental investigation of this question was opened by a discovery made by Kornhuber and Deecke (1965). They found that a recordable electrical change in brain activity regularly and specifically preceded a voluntary act. A voluntary act was preceded by a slow rise in electrical negativity, recordable at an area of the scalp

이 방법에 따라 실제 동작시간과 뇌에서 출현하는 준비전위의 측정은 이미 코른후버와 디케에 의한 실험을 재현하면 되는 것으로 문제될 것이 없었다. 또한 실제 동작보다 준비전위가 0.8초(800ms) 앞선다는 것은 이미 일반적으로 받아들여지고 있었다. 중요한 문제는 피험자들이 손가락을 구부리기로 의사결정한 시간을 측정하는 문제였다.[9] 가령 의사결정을 한 그 순간(瞬間)에 손가락으로 버튼을 누른다는 것은 의사결정시간과 그것이 근육운동명령으로 전환되어 손가락을 움직이는 시간이 추가되기 때문에 의미 없는 방법이다. 피험자가 시계를 쳐다보면서 스스로 손가락을 구부리기로 의사결정을 하고 그 순간 시계가 가리키는 시점을 안다고 해도, 기존의 시계는 초침의 간격이 너무 짧기 때문에, 실험에 필요한 작은 단위의 시간(1/000단위의 시간)을 인식할 수 있는 것이 아니었다.

리벳이 창조성(創造性)을 발휘한 것은 바로 이 사소하게 보이지만 결정적인 문제였다. 리벳이 생각해 낸 시계는 광점(光点)이 회전하는 커다란 둥근 시계였는데, 광점(빛의 반점)이 전체를 한 바퀴 도는 데 2.56초가 걸리는 시계였다. 시계표시는 보통시계처럼 60등분으로 본다면 광점이 한 단위를 이동하는 데 걸리는 시간은 약 43ms가 되었다. 이 시계는 음극선 오실로스코프(cathode ray oscilloscope, CRO)[10]로 앞으로 CRO 또는 오실로스코프 시계라고 부르기로 한다.

<hr />

located predominantly at the vertex, the top of the head. The electrical change started about 800 msec or more *before* a subject performed an apparently voluntary act. It was therefore called the *readiness potential* (RP) or, in German, the Bereitschaftspotential. 코른후버와 디케의 논문은, H. H. Kornhuber, L. Deecke: Hirnpotential änderungen beim Menschen vor und nach Willkürbewegungen, dargestellt mit Magnetbandspeicherung und Rückwärtsanalyse. In: Pflügers Arch, 281, 1964,

9 실험방법으로서 손목(wrist)을 까딱하고 굽히는 동작, 손가락을 구부리는 동작, 손가락으로 버튼을 누르는 동작 등이 채택된다. 따라서 손목이나 손가락을 구부린다거나 손가락으로 버튼을 누른다는 표현을 혼용하기로 한다.

10 대단히 큰 원을 보통시계처럼 콘 12등분(중간에 작은 나눔을 하여 작게는 24등분)하고 다만 숫자표시가 5, 10, 15…60까지 표시되어 있다. 시계바늘 대신 점(点)이 이동한다. 점이 전체를 한바퀴 도는데 2.56초 걸리므로 피험자는 점의 위치를 기억하면 된다.

"코른후버와 디케는 뇌의 준비전위(RP)와 관련하여 언제 행동하고자 하는 의식적 의지(意志)가 나타나는지에 대한 질문을 고려하지 않았다. 그러나 RP가 임의적인 행동보다 앞선 긴 시간은 직관적으로 뇌 활동의 시작과 임의적인 행동을 수행하려는 의식적 의지의 출현 시간 사이에 불일치(不一致)가 있을 수 있다는 것을 나에게 암시했다. 의도된 행동에 대한 공개 토론에서, 신경과학자이자 노벨상 수상자인 존 에클레스 경은 RP가 임의적인 행동보다 800ms 먼저 시작하는 것은, RP의 초기 시작 전(前)부터 관련된 의식적 의도(意図)가 나타난다는 것을 의미해야 한다고 말했다. 그러나 당시에는 실험적으로 이 문제를 테스트할 방법이 없었다. 의식적 의도의 출현(appearance of conscious intention) 시간에 대한 유효한 측정을 달성하는 것은 불가능해 보였다. 의식적 의지는 외부 관찰에 직접 접근할 수 없는 주관적 현상이다. 그 주관적 사건을 겪고 있는 인간 주체의 보고(報告)가 필요하다. 피험자가 자신의 의식적 의도를 나타내기 위해 버튼을 누르거나 '지금'이라고 말하면 손목 구부림에 임의적인 행동이 더 추가된다. 샌프란시스코로 돌아왔을 때, 우리는 그러한 기술을 고안했다. 음극선 오실로스코프는 표면의 바깥쪽 가장자리 근처에서 빛의 반점(spot of light)이 회전하도록 배치되었다. 오실로스코프 튜브 표면의 바깥쪽 가장자리는 원 주위에 평소처럼 60초 단위로 시계로 표시되었다. 광점의 움직임은 일반적인 시계 초침의 움직임을 모사(模写)하도록 설계되었다. 그러나 우리의 광점은 2.56초 만에 원을 완전히 도는 것으로 일반 60초보다 약 25배 빠르다. 따라서 표시된 각 초의 간격은 약 43ms에 해당한다. 이 더 빠른 '시계'는 수백 밀리초의 시간 차이를 나타낼 수 있다."[11]

---

11 *ibid.*, pp.124-125. Kornhuber and Deecke did not consider the question of when the conscious will

이러한 장치를 동원하여 리벳의 실험은 위 세 가지 시점을 측정하기 위해 다음과 같이 실행되었다.

"(1)(자기시동自己始動의 임의행위) 피험자는 오실로스코프 시계(CRO)가 완전히 회전할 때까지 기다렸다가 그 후 언제든지 그렇게 하고 싶을 때에 손가락 내지 손목을 신속하고 급격하게 구부리도록 요청받았다.⋯ 언제 행동할 것인지에 대해서는 사전계획이나 전념(專念) 없이 언제라도, 즉 각 행동을 수행할 시기를 결정할 때 '자발적(spontaneous)'으로 시도하라고 하였다.⋯ (2)(이벤트 시간에 대한 피험자의 보고) 피험자가 사건을 자각(自覺)한 시점에서 회전 CRO 지점의 '시간위치'는 추후 보고를 위해 피험자에 의해 관찰되었다. 이벤트가 발생한 후 몇 초 내에, 피험자는 다른 사건과 함께 일반적인 시계시간의 공간

---

to act appeared, in relation to the brain's preparation (the RP). But the long time by which the RP precedes the voluntary act suggested to me, intuitively, that there might be a discrepancy between the *onset of brain* activity and the time of appearance of the *conscious* intention to perform the voluntary act. In a public discussion of willed actions, the neuroscientist and Nobel laureate Sir John Eccles stated his belief that an RP starting 800 msec before a voluntary act must mean that the associated conscious intention appears even before that early beginning of the RP⋯ But, at the time, I saw no way to test the issue experimentally. It seemed impossible to achieve a valid measurement of the time of appearance of conscious intention. Conscious will is a subjective phenomenon, not directly accessible to external observations. It requires a report by the human subject who is experiencing that subjective event. Having the subject press a button or say "now" to indicate his conscious intention would add further voluntary acts to the wrist flexion being studied ⋯ Upon returning to San Francisco, we devised such a technique (Libet et al., 1983). A cathode ray oscilloscope was arranged to have its spot of light revolve near the outer edge of its face. The outer edge of the oscilloscope tube face was marked in clock seconds, sixty as usual, around the circle. The movement of the light spot was designed to simulate the sweep of the second hand of a usual clock. But our light spot completed the circle in 2.56 sec, about twenty-five times faster than the normal 60 sec (see Fig. 4.1). Each marked clock second therefore corresponded to about 43 msec of the spot's motion. This faster "clock" could then reveal time differences in hundreds of milliseconds. 위와 같은 장치에 의한 시간측정의 정확성을 평가하기 위해 다른 실험이 보조적으로 행해졌다. 즉 40명의 피험자들에게 피부에 약한 자극을 보내고 그 자극을 실제로 보낸 시간이 기록되고 피험자들이 위 시계(CRO)로 측정한 자극을 느낀 시간이라고 보고한 시간을 비교하였는바, 실제 전달된 자극시간과 50ms의 차이를 보여주었다. 이것은 원래 실험에서 자각시간에 50ms의 편차기 있을 수 있다는 것을 시사한다.(*ibid*, p.125)

이미지를 상기하는 것과 같이 타이밍에 대한 보고를 요청받았다."[12]

실험의 결론은 이미 앞에서 우리가 요약한 것과 같다. 피험자들이 의도를 가졌다고 보고한 시간을 'W'라고 하자(리벳의 W).

"뇌 활동의 시작은 행동에의 의식적 의도를 가졌다고 보고된 시간보다 최소한 수백 밀리초가 분명히 선행(先行)했다.… 각 RP에서 주요한 음극성 이동(negative shift)에 의한 시작(onset)은 대응하는 평균 W값 이전으로 평균 약 350ms, 및 최소 약150ms만큼 선행(先行)하였다.… 자발적이고 자유로운 임의행동의 대뇌의 시동(始動)은 무의식적으로 개시된다. 즉, 그것은, 행동에 대한 '결정(decision)'이 이미 대뇌적으로 시동되었다는 것에 대한 어떠한 (적어도 상기할 수 있는) 주관적 자각(自覺)도 있기 이전(before)이라고, 결론지을 수 있다."[13]

---

12 (libet et al.,1983a), Libet B, Gleason CA, Wright EW, Pearl DK., Time of conscious intention to act in relation to onset of cerebral activity (readiness-potential). The unconscious initiation of a freely voluntary act. Brain. 1983. pp.625-626. (1) *Self-initiated voluntary acts*. The subject was asked to wait for one complete revolution of the CRO spot and then, at any time thereafter when he felt like doing so, to perform the quick, abrupt flexion of the fingers and/or the wrist of his right hand *(see* Libet *et.al.,* 1982) …For this, the subject was instructed 'to let the urge to act appear on its own at any time without any preplanning or concentration on when to act', that is, to try to be 'spontaneous' in deciding when to perform each act; …(2)… *Subjects' reports of the time of an event*. The 'clock position' of the revolving CRO spot at the time of the subject's awareness of an event was observed by the subject for later recall. Within a few seconds after the event, the subject was asked for his report of that timing, as in recalling a spatial image of ordinary clock time in conjunction with another event.

13 *ibid.*, (Libet et al.,1983a) p.623. The onset of cerebral activity clearly preceded by at least several hundred milliseconds the reported time of conscious intention to act … onset of the main negative shift in each RP preceded the corresponding mean W value by an average of about 350ms, and by a minimum of about 150ms… It is concluded that cerebral initiation of a spontaneous, freely voluntary act can begin unconsciously, that is, before there is any (at least recallable) subjective awareness that a 'decision' to act has already been initiated cerebrally.

일반적으로 리벳의 실험에서 뇌에서의 준비전위는 그것에 대한 의도보다 약 350ms 선행한다는 것이 결론이다. 이 결론은 상세하게는 준비전위(RP)가 실험에서는 3가지 유형으로 관찰될 수 있다는 점에서 좀 더 복잡하다. 그것은 RPI, RPII, RPIII 또는 Type I RP 등으로 표시되기도 하는데 위 350ms는 유형 RPII를 기준으로 하는 것이다. RPI은 W보다 평균 1,025ms를 앞서 나타난다.[14]

---

14 코른후버와 디케의 실험에 대하여 리벳의 실험은 피험자들이 운동의도시간을 보고한다는 점에서 차이가 있으며, 이것이 준비전위에 미치는 영향의 문제가 있다. 또한 피험자들이 직접 운동하는 것이 아니라 그 준비계획이 미치는 영향의 문제도 있었다. 그리하여 리벳의 실험에서 준비전위(RP)는 세 개로 측정되었으며 그중 RPII의 시간을 기준으로 하였고 그 뒤 일반적으로 이것을 RP로 표시하였다. *ibid.*, (Libet et al.,1983a) (p.634) 유형 RPI의 초기에 느리지만 점진적인 램프와 같은 상승은 이러한 시작시간이 RP90% 영역보다 RPMN에 대해 더욱 음극성이다. 반면에, II 형과 III 형 RP에서는 메인(MN) 이동 이전에도 확실히 차별되는 정도의 음극성이 존재한다. The initially slower but progressive ramp-like rise of type I RPs accounts for these onset times being more negative for RPMN than for RP90% area. On the other hand, in types II and III RPs some definitely distinguishable negativity is often present even before the main (MN) shift. (p.635) 모든 피험자들은 이러한 인식과 제1형 RP와 관련된 행동에서 때때로 발생하는 '사전 계획' 경험을 쉽게 구분할 수 있다고 보고했다. '사전 계획(pre-planning)'에 대한 인식은 유형 II (또는 III) RP와 관련하여 연속적으로 전혀 없었으며, 여기에서 40개의 자체 시작 운동은 모두 '자발적'이었다. 따라서, 표 2A-C에 요약된 바와 같이, 타입 II (및 III) RP 시리즈의 값을 타입 I RP 시리즈의 값과 별도로 고려하는 것이 유용하다.All subjects reported that they could distinguish readily between this awareness and any experience of 'pre-planning' that sometimes occurred in acts associated with type I RPs (Libet et al., 1982). Awarenesses of 'preplanning' were completely absent in series associated with type II (or III) RPs, in which all 40 self-initiated movements were 'spontaneous' in origin. (pp.635-636) II 형 RP를 사용하는 이러한 계열의 경우에도 RP의 시작은 평균 W보다 약 350ms 앞에 온다. 유형 I RP와 함께 초기 MN 이동 (평균 약 -1025ms)은 내생적이거나 외부적 단서에 의한 보다 일반적인 준비 또는 의도를 반영하는 것으로 보인다. 즉 행동할 시기를 선택할 자유와 반드시 관련이 있는 것은 아니다. 그러나 '사전 계획'에 대한 실제 경험은 제1형 RP와 연속하여 소수의 자체 시작 행동에 대해서만 보고되었다. 결과적으로, 평균 -800ms 정도의 I형 RP의 시작과 W 사이의 훨씬 더 큰 차이는 또한 의식 의도가 발생하기 전에 일반적으로 이루어지는 사전 뇌 준비를 반영할 수 있다. 유형 III RP를 갖는 적은 수의 계열의 경우에만 MN 이동의 개시 (평균-270ms)가 채택될 때 RP 개시와 W의 차가 -100ms보다 덜 음극성의 차이를 나타내었다. 그러나 MN 이동이 아닌 RP 영역의 90% (평균-517ms)의 시작이 RP의 시작 기준으로 간주될 경우 이러한 III 형 RP의 경우에도 W보다 300ms 이상의 평균으로 선행한다(표 2c). Even for such series, with type II RPs, onset of RP preceded W by about 350ms on the average. In series with type I RPs the earlier MN shift (average onset about−1025ms) appears to reflect a more general preparation or intention to act that can be either endogenous or cued externally; it is not necessarily associated with freedom of choosing when to act (Libet et al., 1982). However, actual experiences of 'preplanning' were reported for only a minority of self-initiated acts in series with type I RPs. Consequently, the much larger differences between onset of type I RP and W, on the average as

[1405] 리벳 이후의 실험들(Gazzaniga)

리벳의 실험은 그 전후의 여러 실험을 통하여 재확인되고 발전되어 오늘날 신경과학에서 정설로 인정되고 있다. 리벳 실험의 의미에 대하여 가자니가 (Michael S. Gazzaniga)는 대단히 단순한 사례로 우리에게 설명한다. 그는 한 걸음 더 나아가 의식이라는 것 자체가 사후(事後)의 경험이라고 말한다. 가자니가의 간단한 설명은 우리가 손으로 코를 만지는 동작의 인지(認知)에 관한 것이다.

우리는 손으로 코를 만진다. 이때 우리는 손과 코에서 일어나는 감각을 동시에 의식한다. 그러나 실제로는 코와 손은 두뇌로부터 상당한 거리의 차이가 있다. 즉 코에 손이 닿는 (코쪽의) 감각이, 손에 코가 닿는 (손쪽의) 감각보다 훨씬 빨리 두뇌에 전달된다. 그 시간의 차이는 수백 밀리초가 된다. 그런데도 우리는 동시에 그것을 느낀다. 이것은 우리의 두뇌에서 손과 코에 대한 감각이 발생한 후(後)에, 즉 한참이 지난 후에 두뇌에서의 두 개의 사건을 동시에 종합적으로 의식(意識)한다는 것을 의미한다.

"뇌는 온갖 것으로부터 정보를 모아 매 순간 결정을 내린다. 정보를 수집하고 연산(演算)을 한 후 결정을 내린다. 그런 후에 당신은 의식적 경험을 느끼는 것이다(get the sensation). 간단한 실험을 통해 의식은 사후적 경험(post hoc experience)이란 사실을 쉽게 확인할 수 있다. 코를 만져 보면 손과 코에 동시

---

much as−800ms, may also reflect advance cerebral preparation that is generally accomplished before conscious intentionality arises. Only in the case of a small number of series with type III RPs was the difference between RP-onset and W less negative than−100ms, when onset of MN shift (average−270ms) is adopted. But if start of 90 per cent of RP area (average−517ms) rather than MN shift is taken as the criterion for onset of RP, even these type III RP's precede W by an average of more than 300ms (Table 2c).

에 감각이 올 것이다. 하지만 코에서 뇌의 처리 영역으로 감각을 전달하는 신경은 8센티미터에 불과한 반면 손에서 나오는 신경은 1미터나 된다. 신경 자극이 이동하는 속도는 똑같다. 코와 손에서 출발한 감각이 뇌에 전달되는 데에는 수백 밀리초(0.240-0.500초)의 차이가 있다. 하지만 당신은 이 시차를 의식하지 못한다. 감각기관에서 정보를 얻고 연산을 하여 두 곳이 동시에 닿는 것처럼 판단을 내리는 것이다. 실은 두 자극 사이에는 시차(時差)가 있는데도 말이다. 그런 다음 당신은 의식적으로 이를 느끼게 된다. 의식하는 데는 시간이 걸린다. 의식(意識)이 찾아오는 것은 일이 다 끝난 다음이다(it arrives after the work is done)."[15]

우리는 의식적으로 무엇을 의도하는 것이 아니라 우리의 경험을 사후적으로 의도한 것으로 느끼는 것이다. 사후-경험(post hoc experience)이라고 한 것도 그러한 의미이다.[16]

---

15 Michael S. Gazzaniga, Who's in Charge?-Free Will and the Science of the Brain-HarperCollins Books, 2011, pp.127-128. 이하 번역문은 박인균 역, 『뇌로부터의 자유』, 추수밭, 2016을 인용한다. 수정한 경우도 있다. It gathers information from all sorts of sources to make decisions from moment to moment. Information is gathered, computed, a decision is made, and then you get the sensation of conscious experience. Now you can actually do a little experiment for yourself that demonstrates that consciousness is a post hoc experience. Touch your nose with your finger and you will feel the sensation on your nose and your finger simultaneously. However, the neuron that carries the sensation from your nose to the processing area in the brain is only about three inches long, while the neuron from your hand is about three and a half feet long, and the nerve impulses travel at the same velocity. There is a difference of a few hundred (250-500) milliseconds in the amount of time that it takes for the two sensations to reach the brain gathered from the sensory input and computed, a decision is made that both have been touched simultaneously even though the brain did not you are not conscious of this time differential. The information receive the impulses simultaneously, and only after that do you get the sensation of conscious experience. Consciousness takes time, but it arrives after the work is done!

16 post hoc experience란 말은 원래 라틴어에서 온 것으로 그리스 로마인들이 발견한 논리적 오류의 하나이다. 이것은 post hoc, ergo propter hoc(=after this, therefore because of this)의 의미이다. 시간적으로 선행한다고 하여 반드시 원인(인과관계)이 되는 것은 아니라는 것이다. 시간적 선행이 모두 원인이라고 생각하는 것은 오류라는 것이다.

리벳의 실험 이전에 위에서 말한 바와 같이 코른후버와 디케의 실험이 있었다. 비록 공식적으로 확인되지는 않았지만 그 성격에 있어서는 훨씬 더 극적인 실험도 있었다. 1960년대 초 영국의 신경외과 의사였던 월터(William Grey Walter)는 자신의 환자 중에 뇌 속에 전극을 심어 치료를 받던 간질환자들을 동원하여 하나의 실험을 했다. 환자에게 환등기 슬라이드를 보여주면서 그것을 지켜보던 환자에게 임의로 버튼(button)을 눌러 다음 슬라이드를 넘기라는 실험을 했다. 실험의 핵심은 그 버튼이 가짜라는 점이었다. 버튼은 환등기 기계와는 아무런 연결이 없는 가짜였고 환자는 그것을 몰랐다. 실제 환등기 슬라이드를 넘기도록 연결된 것은 환자의 뇌 운동피질에 심은 전극에서 나오는 신호였다. 실제 실험에서 놀라운 일이 일어났다. 환자들이 임의의 순간에 버튼을 눌러 환등기 슬라이드를 넘기려고 하는데, 미처 버튼을 누르기도 전에 환등기 슬라이드가 다음 화면으로 넘어갔던 것이다. 환자들은 번번이 자신들이 다음 화면을 보려고 버튼을 누르려고 하는 순간 이미 다음 화면으로 넘어가는 경험을 계속했다.

"환자들은 실험결과에 무척 놀랐다. 환등기가 마치 자신의 결정을 예상하고 있기라도 한 듯 저절로 넘어갔기 때문이다. 그들은 단추를 막 누르려고 할 때, 하지만 누르기로 채 마음먹기도 전에 환등기가 미리 슬라이드를 넘기는 것 같았다고 말했다. 그들은 단추를 누르면서 자기가 슬라이드를 두 번 넘기지는 않을까 하는 걱정이 들었다고 했다."[17]

---

17 Daniel C. Dennett, Consciousness Explained, Penguin Books (e-book), 1993, PartⅡ.6.5.24%. p.126-. 이하 번역은 유지화 역, 『의식의 수수께끼를 풀다』, 옥당, 2019를 인용한다. 때로 수정 부분이 있다. …but in fact they were startled by the effect, because it seemed to them as if the slide projector was, anticipating their decisions. They reported that just as they were "about to" push the button, but before they had actually decided to do so, the projector would advance the slide — and they would find themselves pressing the button with the worry that it was going to advance the slide twice!

이 실험은 공식적으로 발표된 것이 아니었다. 그것은 간질환자의 치료과정에서 행해진 것이라고 해도 두뇌에 직접 전극을 심는 방법은 중요한 윤리적(倫理的) 문제가 제기될 수 있는 것이었다.[18] 앞의 코른후버와 디케, 그리고 리벳의 실험은 단순히 머리 두피의 표면에 전극을 접속시켜 뇌전도(EEG)를 측정하는 방법이었다. 그러나 치료의 과정이라고 해도 환자의 두뇌 내(內)에 전극을 접속하는 것은 환자의 두뇌를 직접 자극할 수 있고 따라서 위험한 것이었다. 그리하여 이 실험은 데넷(Daniel C. Dennett)을 통하여 알려지게 되었다.

[1406] Desmurget 등 연구진

Walter와 같이 환자의 두뇌에 전극을 직접 접속하여 자극하는 실험이 리벳의 실험 이후에 행해졌다. Desmurget 등 연구진은 깨어 있는 뇌수술환자 7명에 대하여 뇌부위 각 영역에 직접 전기자극(DES, direct electrical stimulation)을 하는 방법으로 실험을 수행했다. 뇌 부위를 직접 전기자극하는 것이기 때문에 시간적 차이가 연구주제가 아니라, 사람이 '의식적 의도'를 언제 어떻게 느끼는가 하는 것이 실험과제였다.

환자들은 DES로 전두(前頭), 두정(頭頂), 측두(側頭) 부위에서 57개의 위치가 자극되었다. "중추 종양을 가진 3명의 환자에 대해, BA39 및 BA40[19]에서 9개의 반응성 부위가 발견되었다. 이러한 부위를 자극하자, 순수한 의도, 즉, 명백한 움직임이 발생하지 않고 또는 관련된 근육에 근전도(筋電圖, EMG)[20] 활

---

18 Daniel C. Dennett, Freedom Evolves, Penguin Books (e-book), 2004, Chapter 8, footnote2. 99% p.364. 데넷은 월터가 실험의 윤리적 문제에 관한 이유로 발표하지 않았을 것으로 추정한다.

19 BA39, BA40…뇌의 각 영역을 나누어 표시하는 뇌의 지도(地図)에서 39번 영역, 40번 영역을 말한다. 이것은 BA는 브로드만 영역(Brodmann area)을 의미하는데 독일 신경학자 브로드만(Korbinian Brodmann)이 대뇌 피질의 전 영역을 기능적으로 나누어 52개의 영역으로 구분하였다.

20 EMG=electromyography, 근전도(筋電圖). …근육(筋肉)에서 발생하는 전기적 신호를 측정하고 기술하는 기술이다. 근육이 있는 곳의 피부에 전극을 붙여 그 부위에서 발생하는 전류를 측정하는 것이다.

동이 기록되지 않았는데도, 움직이고자 하는 욕구(desire)를 느꼈다." 중요한 것은 두정(頭頂)의 여러 위치를 자극했을 때 운동 의도와 관련한 보고를 했다는 것이다. 가령 움직일 의지(a will to move)를 느꼈다든가, '입술을 핥고 싶다' '입을 움직여 하고 싶은 대화를 나누고 싶다' 와 같이 느꼈다는 것이다. "실험자의 암시가 없었는데도 세 명의 환자 모두가 자발적으로 '의지(will)' '욕구(desire)' '원하고 있다(wanting to)' 는 등의 용어를 사용하였다."[21] 이에 대하여 전두(前頭) 피질에서의 전기자극은 두정부와는 전혀 달랐다. 환자들은 움직임이 유발되었는데도 그것에 대한 의도(意図)나 자각(自覚)을 느끼지 않았다. 즉 의도한다고 생각하지 않는 움직임이 유발된 것이다.

"전두 피질에서의 전기적 자극은 위의 설명과 크게 대조되었다. 4명의 중추 환자의 경우, 전운동 피질(premoter cortex)의 배측 부분에서 10개의 반응 부위가 발견되었다. 이러한 부위는 의식적인 의도와 인식이 결여된(devoid of) 다양한 사지 각 부분과 입의 움직임을 유발했다. 환자는 움직이려는 욕구를 표현하지 않았으며 운동 반응을 일으킨다는 사실을 결코 인식하지 못했다. 예를 들어, 자극 동안 환자는 왼쪽 손목, 손가락 및 팔꿈치의 굽힘(flexion)뿐만 아니라 팔뚝의 회전을 포함하는 큰 다관절(多関節) 운동을 나타냈다. 그러나

앞의 코른후버-디케 실험이나 리벳의 실험에서도 손가락이나 손목의 움직임 시간을 측정하는 것도 근전도검사기(electmyograph)로 측정한 것이다.

21 Desmurget, M., Reilly, K.T., Richard, N., Szathmari, A., Mottolese, C., and Sirigu, A. Movement intention after parietal cortex stimulation in humans. Science 324, 2009, pp.811-812. For the three patients with postcentral tumors, nine responsive sites were found in BAs 39 and 40 (Fig. 1). Stimulation of all these sites produced a pure intention, that is, a felt desire to move without any overt movement being produced or EMG activity recorded in the concerned muscles⋯ For example, patient PP3 reported after low-intensity stimulation of one site "I felt a desire to lick my lips" and at a higher intensity (8 mA, 4 s; site a in Fig. 1), "I moved my mouth, I talked, what did I say?" ⋯ Without prompting by the examiner, all three patients spontaneously used terms such as "will," "desire," and "wanting to," which convey the voluntary character of the movement intention and its attribution to an internal source, that is, located within the self (movies S2 and S3).

그는 자발적으로 이것에 대해 언급하지 않았으며, 운동을 느꼈는지 물었을 때 부정적인 반응을 보였다."[22]

Desmurget 등 연구진의 전체적인 요약은 아래와 같다.

"우리는 깨어 있는 뇌수술을 받는 7명의 환자에서 전기자극을 사용했다. 우하(右下) 두정(頭頂) 부위에의 자극은 반대쪽 손, 팔 또는 발을 움직이고자 하는 욕구와 강한 의도를 촉발했고, 반면 좌하 두정 부위에의 자극은 입술을 움직이고 말하려고 하는 의도를 불러일으켰다. 두정부(parietal) 영역에 자극 강도가 증가했을 때, 비록 근전도 활동은 탐지되지 않았지만, 참가자들은 실제로 이러한 움직임을 수행했다고 생각했다. 전운동(premotor) 부위의 자극은 입을 열게 하고 반대쪽 수족의 움직임을 유발했다. 그러나 환자들은 자신들이 움직였다는 것을 단호히 부인했다. 따라서 의식적 의도와 운동 자각은 운동 실행 전(before movement execution)의 증가된 두정부 활동으로부터 발생한다."[23]

---

22 *ibid.*, p.812. Electrical stimulation in the frontal cortex contrasted sharply with the above descriptions (Fig. 3). For the four precentral patients, 10 responsive sites were found in the dorsal part of the premotor cortex (BA 6; Fig. 1). These sites triggered movements of various limb segments and the mouth (fig. S2C) devoid of conscious intention and awareness. Patients never expressed the desire to move and never became aware that they produced a motor response. For example, during stimulation patient PM1 exhibited a large multijoint movement involving flexion of the left wrist, fingers, and elbow, as well as a rotation of the forearm (8 mA, 4 s; site 7 in Fig. 1). He did not spontaneously comment on this, and when asked whether he had felt a movement he responded negatively.

23 *ibid.*, p.811. We used electrical stimulation in seven patients undergoing awake brain surgery. Stimulating the right inferior parietal regions triggered a strong intention and desire to move the contralateral hand, arm, or foot, whereas stimulating the left inferior parietal region provoked the intention to move the lips and to talk. When stimulation intensity was increased in parietal areas, participants believed they had really performed these movements, although no electromyographic activity was detected. Stimulation of the premotor region triggered overt mouth and contralateral limb movements. Yet, patients firmly denied that they had moved. Conscious intention and motor

Desmurget 등 연구진의 최종적인 결론은 의도(intention)가 두정부 피질의 활동으로부터 발생한다는 것이다. 이것은 우리의 의도가 운동을 야기한다는 상식과 다르며, 나아가 의도한다는 것이 사실은 움직임에 대한 어떤 관념 (觀念)이라는 것을 의미한다. 운동하겠다'는 의도는 일종의 환상(幻想)인데, 이 환상은 동작(운동) 그 자체로부터 발생하는 것이 아니라 동작에 관한 예상 (予想)으로부터 발생한다. 이렇게 볼 때에만 근육수축이 없고 실제 운동이 일어나지 않았는데도 자신이 의도한 동작을 실제로 수행했다는 보고를 설명할 수 있다.

　　　"흥미롭게도, 자극 강도를 증가시키면 동작 의도는 일종의 환상적(illusory)인 동작의 자각(自覺)으로 대체되었다. 어떠한 근육 수축도 없었던 환자가 그 전에 자신이 의도한 동작을 실제로 수행했다고 보고했다. 이 현상의 본질은 여기서 공식적으로 설명될 수 없지만, 운동을 실행하는 동안 활성화되는 피질 네트워크 내의 한정된 하위 영역의 활성화로부터 운동 의도가 발생한다고 가정될 수 있다.… 우리가 동작을 만들 때 자각하는 신호는 동작 그 자체에서 발생하는 것이 아니라, 오히려 행동에 앞서 우리가 동작에 관하여 하는 예상 (predictions)으로부터 발생한다고 가정하는 것, 이것이야말로 환자가 경험하는 환상적(illusory) 운동자각의 기초(basis)를 형성할 수 있다."[24]

---

awareness thus arise from increased parietal activity before movement execution.

24 ibid., p.813. Interestingly, when the stimulation intensity was increased, motor intentions were replaced by a form of illusory movement awareness. In the absence of any muscle contraction, the patients reported that they had actually performed the movement they previously intended to do. Although the nature of this phenomenon cannot be formally elucidated here, it may be hypothesized that motor intention arises from the activation of a limited subregion within the cortical network activated during movement execution. …It could form the basis of the illusory movement awareness experienced by our patients, assuming that the signal we are aware of when making a movement does not emerge from the movement itself but rather from the predictions we make about the movement in advance of action.

[1407] Fried 등 연구진

리벳의 실험 이후 28년이 지난 2011년에 이루어진 실험으로 전극(電極)을 직접 주입한 실험이 있다. Fried 등 연구진은 발작성 발병의 부위를 국소화하기 위해 전극이 깊이 주입된(implanted with depth electrodes) 난치성 간질(intractable epilepsy) 환자 12명을 연구했다. 이들은 28년 전인 1983년 리벳의 실험방법을 원용하였는데, 오실로스코프 시계를 운동자각 시간의 보고용으로 그대로 채용하였다. 물론 리벳의 두피 EEG 방식은 직접 전극이 두뇌에 주입되어 반응을 관찰하는 것으로 대체(代替)되었다. Fried 등 연구진의 실험목표는 뇌의 특정 부위에서의 뉴런발화(發火) 패턴(neuronal firing patterns)을 관찰함으로써 의도를 가졌다고 보고한 시간(리벳의 W)을 예측하는 것이었다. 머릿속에 전극이 주입된 환자피험자들은 중앙에 고정된 시계를 보면서 키보드에 오른손 또는 왼손 손가락을 사용하여 자신들이 원하는 시간에 버튼을 누르도록 했다. 그리고 그들이 그러한 결정을 한 순간에 본 시간(W)을 보고하도록 했다.

연구의 핵심은 리벳에 있어서 EEG에 의하여 측정된 준비전위(RP)로는 탐지할 수 없었던 뉴런들의 발화율(firing rates)을 탐지할 수 있었다. 결과는 뉴런의 반응이 W보다 수백 밀리초(ms), 경우에 따라서는 몇 초전부터 시작되었다는 것이다. 대부분의 경우 2,000ms(2초) 이전부터 뉴런들의 발화(發火)가 탐지되었다. 특히 연구진은 보조운동영역(SMA)에서의 뉴런발화 패턴으로 의도의 보고된 시간을 예측할 수 있다고 말한다. SMA에서의 뉴런발화의 변화가 운동의도를 반영하는 첫 번째 사건이 아닐 수도 있다는 것을 이들도 인정한다. 그렇지만 이들은 SMA가 운동의도의 자각에 이르는 데 있어서 인과적 역할(causal role leading to awareness)을 한다는 것을 지지하는 증거라고 생각한다. 연구진의 요약은 다음과 같다.

"인간의 뇌에서 신경회로에 의해 자기시동(自己始動)의 행동이 어떻게 인코 딩되는지 이해하는 것은 여전히 어려운 일이다. 12명의 피험자가 자기시동 의 손가락 움직임을 수행하는 동안 1019개의 뉴런의 활동을 기록했다. 우리 는 피험자들이 동작하기로 결정하기 전에 1500ms 이상의 시간 동안 점진적 인 뉴런의 동원(recruitment)을 보고한다. 피험자들이 보고한 결정 시간이 다가 옴에 따라, 특히 보조 운동 영역(SMA)에서 뉴런발화 속도의 점진적인 증가 또 는 감소를 관찰했다. SMA 신경 256개의 개체수는 단일 시험에서 피험자들의 인식 이전에 80% 이상의 정확도로 700ms보다 빨리 임박한 운동결정을 예측 (豫測)하기에 충분하다. 그리고 우리는 이 임의적인 결정의 실제 시점을 수백 ms의 정밀도로 예측한다. 우리는 하나의 연산모델을 적용하는데, 뉴런 집합 체 내부에서 생성된 발화율이 어떤 임계치(threshold)를 초과하는 변동이 생기 면 (운동)의지(volition)가 출현하는 모형이다."[25]

[1408] Haggard와 Eimer

리벳의 실험은 재확인되고 확장되는 많은 실험으로 이어졌다. 그 모든 실 험들을 여기서 논의할 필요는 없다. 그러한 실험들은 신경과학(neuroscience),

25 Itzhak Fried, Roy Mukamel, and Gabriel Kreiman, Internally Generated Preactivation of Single Neurons in Human Medial Frontal Cortex Predicts Volition Neuron. 69(3). 2011. p.548. Understanding how self-initiated behavior is encoded by neuronal circuits in the human brain remains elusive. We recorded the activity of 1019 neurons while twelve subjects performed self-initiated finger movement. We report progressive neuronal recruitment over 1500 ms before subjects report making the decision to move. We observed progressive increase or decrease in neuronal firing rate, particularly in the supplementary motor area (SMA), as the reported time of decision was approached. A population of 256 SMA neurons is sufficient to predict in single trials the impending decision to move with accuracy greater than 80% already 700 ms prior to subjects' awareness. Furthermore, we predict, with a precision of a few hundred ms, the actual time point of this voluntary decision to move. We implement a computational model whereby volition emerges once a change in internally generated firing rate of neuronal assemblies crosses a threshold.

인지신경과학등의 학문적 내용을 구성하고 있다. 여기서는 중요하게 연관된
다고 생각하는 몇 개의 실험만을 논의하기로 한다.

1999년에 해거드와 에이머(Patrick Haggard & Martin Eimer)[26]는 리벳의 실험
방법을 그대로 재현하되 실험의 조건을 변경하였다. 리벳의 실험에서는 한
손의 손목이나 손가락을 임의로 굽히는 동작을 시행하였다. 리벳의 실험은
동작을 하되 그 동작시점만을 피험자가 선택하는 것이었다. 이에 대하여 헤
거드와 에이머의 실험은 오른손으로 버튼을 누를 것인지 왼손으로 버튼을
누를 것인지에 대하여 피험자에게 선택권이 있었다. 우리 몸의 오른손의 동
작은 두뇌의 좌반구와 연관되어 있다. 따라서 각 손의 동작을 야기하는 뇌전
도(EEG)의 출현은 그것과 반대편의 뇌에 나타날 것이었다. 이것을 편재화(偏
在化) 준비전위(Laterlized RP, LRP)라고 부른다. 그들의 실험결과는 고정적인
동작을 하는 것이 아니라 왼쪽 또는 오른쪽의 어느 하나를 선택하는 동작에
있어서, LRP와 W사이에 의미 있는 시간적 차이가 있다는 것이었다. 이런 점
에서 리벳의 실험이 의미하는바, 결정은 비의식적으로 이루어지고 다만 의식
에서 자각될 뿐이라는 점은 선택적인 행동에서도 확인되었다.

의도를 자각하는 것은 행동을 시작하겠다는 일반적(一般的)인 의도보다,
'구체적'으로 어느 쪽(오른손 또는 왼손)의 행위를 '선택'할 것이냐와 관련이 있
다고 해석하였다. 말하자면 우리가 의도를 자각한다는 것은 시간적 의미보
다는, 어떤 행동이 선택되었는가 하는 '선택적 의미'로서 자각된다. 이러한 실
험의 계기는 (LRP가 아닌) RP와 W판단이 공변(共變, covary)하지 않았기 때문
이었다. 이 문제는 해거드와 리벳의 논문에서 아래와 같이 해석되었다.

---

26 P. Haggard & Martin Eimer, On the relation between brain potentials and the awareness of voluntary
    movements, Experimental Brain Research volume 126, p.128-133, (1999).

"간단히 말해서, 우리는 RP 시작은 W 판단과 공변(共變)하지 않는다는 것을 발견했다. 즉, 조기(early) W 판단이 있는 동작시도 시험(trial)이 늦은(late) W 판단이 있는 시도보다 실제로 더 늦게 RP 시작이 나타났다. 그러나 LRP의 시작은 W 판단과 일치했다. 즉, 조기의 W 판단이 있는 시도는 늦은 W 판단이 있는 시도보다 LRP가 더 일찍 개시되었다. 결과의 패턴은 표와 같다. 이러한 데이터로부터 우리는 RP가 의식적 의도의 원인이 될 수는 없지만, LRP는 의식적 의도의 가능한 원인이 될 수 있다고 결론지었다."…"의도에 대한 의식적 자각은 '특정한' 행동의 선택(choice)이나 선발(selection)과 연계되어 있으며, 동작 과정의 가장 이른 시동(始動)과 연계된 것이 아니라는 결론이다."[27]

[1409] Lau 등 연구진

이제까지의 실험에서는 뇌전도(EEG)를 측정하는 것이 그 방법이었다. 그런데 방법론적 차원에 있어서 획기적 변화를 가져온 것은 20세기 의학 분야에서 이루어진 가장 중요한 발명의 하나로 인정되는 자기공명영상(MRI, Magnetic Resonance Image)의 출현이다. 오늘날 병원에서 병의 진단을 위해 자주 촬영되는 MRI는 신경과학에 적용될 때 심지어 마음을 읽는 도구가 될 수 있는가 하는 문제에까지 이르고 있다. 뇌영상(腦映像)은 구조적 영상(structural image)과 기능적 영상(functional image)으로 구분된다. 구조적 영상은 뇌의 서

---

27 Patrick Haggard & Benjamin Libet, Conscious Intention and Brain Activity, Journal of Consciousness Studies, 8, No. 11, 2001, p.51, 47. (p.51) Briefly, we found RP onset did not covary with W judgements: trials with early W judgements in fact showed later RP onsets than trials with late judgements. LRP onset, however, did covary with W judgement: trials with earlier W judgements had earlier LRP onsets than trials with later W judgements. The pattern of results is shown in Table 1. From these data we concluded that the RP could not be the cause of conscious intention, but the LRP could be a possible cause of conscious intention. (p.49). …concluding that conscious awareness of intention is linked to the choice or selection of a specific action, and not to the earliest initiation of action processes. (표 생략)

로 다른 종류의 조직들의 공간적 배열을 보여준다. 이에 대해 기능적 영상은 인지처리 등과 관련된 일시적인 생리적 변화를 측정하며, 일반적인 방법인 fMRI(functional MRI)는 뇌의 혈류(血流)의 변화를 촬영한다.[28]

　　기능적 자기공명영상(fMRI)의 기법을 리벳의 실험에 발전적으로 적용한 것으로 먼저 들 수 있는 것은 Lau 등 연구진의 실험이다. 그들은 리벳의 실험방법을 그대로 사용하였다. 다만 실험의 관문의식을 달리 설정하고 실험방법으로 fMRI를 도입하였다. 우선 그들의 관문의식은 의도(意図) 그 자체에 대한 주의(主意)와 관련되는 뇌의 메커니즘을 식별(識別)하는 것이었다. 이러한 관문의식을 설정하는 이유는 의도에 대한 주의(attention to intention)가 행동에 대한 의식적 제어(制御)를 가능하게 하는 기제(mechanism)에 연계될 수 있다고 보았기 때문이다. 그리하여 그들은 두 가지 조건으로 구별하여 실험하였다. 의도조건(intention condition)의 피험자에게는 직접 동작을 하지 않고 움직이려는 충동에 주의를 기울이고 그것을 느낀 시점을 보고해 달라고 요청하였다. 운동조건(movement condition)의 피험자에게는 의도에 주의를 기울일 필요가 없이 실제 버튼을 눌렀을 때를 보고받았다.

　　"실험의 절반(의도 조건)에서는 피험자들에게 운동 전 의도에 유의해 달라는 요청을 했다. 약간 가변적인 지연 기간이 지난 후, 그들에게 처음 '움직이

---

28 뇌는 우리 몸이 받아들인 산소의 20%나 되는 많은 산소를 소비하는데 평소에 산소를 저장해 두지 않는다. 따라서 뇌가 필요로 하는 산소와 에너지의 대부분은 국소혈류(局所血流)로부터 공급받는다. 뇌 세포들은 활동이 증가하면 이에 따른 산소 수요를 충족하기 위하여 그쪽으로 혈류공급을 증가시킨다. 양성자방출단층촬영(positron emission tomography, PET)은 특정 뇌영역의 혈류변화를 직접 측정한다. 그 방법은 혈류에 주입하는 방사성추적물질(traxer)을 이용한다. 이 물질이 주입되어 불안정한 방사성 상태에서 안정상태로 돌아가면서 입자(양성자)가 방출되는데 그것을 탐지하여 영상을 획득한다. 한편 기능적 자기공명영상(fMRI) 촬영은 방사성 추적물질을 사용하지 않는다. fMRI의 자기공명신호는 혈중 탈산화헤모글로빈의 양에 민감하다. 뉴런들이 산소를 소비할 때 산화헤모글로빈을 탈산화헤모글로빈으로 전환시키는데, 그 농도를 측정한다. 이러한 이유로 이 기술을 BOLD(blood oxygen-level-dependent 혈중 산화수준 의존성)라고 말하고, BOLD신호를 측정한다고 말한다.

고 싶은 충동을 느꼈다'는 시점에 커서를 빨간 점이 있는 곳으로 이동시켜 그들의 의도를 보고하도록 요구했다. 제어조건(운동조건)에서는, 그들의 의도에 주의를 기울일 필요가 없이, 대신 실제로 버튼을 눌렀을 때의 보고를 요구했다."[29]

리벳의 실험은 뇌의 활동, 의도, 행동 사이의 인과관계를 조사하는 것이었다면, 이들은 의도적 행동에 관여하는 뇌의 부위들이나 과정을 조사하는 것이 실험목적이었다. 그들이 "가정(假定)한 것은 마음의 표상(representation)에 대한 주의(主意)가 관련된 뇌영역의 활동을 증강시킨다는 것이었다."[30] 리벳의 실험에서 RP가 발생한 것으로 측정된 영역은 보조운동영역(SMA, supplementary motor area)이었다. Lau 등 연구진은 운동에 관한 마음의 표상에 의하여 활성화되는 영역은 다를 것으로 기대했다. 리벳의 실험과 마찬가지로 피험자들은 손가락을 구부리는 시험을 하였다. 다만 차이는 피험자들에게 리벳의 시계를 보고, 움직일 의도를 느낀 시간 그리고 실제로 움직임을 한 시간을 구분하여 보고하도록 요구하였다. 중요한 것은 그들이 처음 움직이고 싶은 '충동을 느낀('felt the urge' to move)' 시점에 그들 의도의 타이밍을 보고하도록 요구한 것이다.[31]

---

29 Hakwan C. Lau, Robert D. Rogers, Patrick Haggard, Richard E. Passingham, Attention to Intention, SCIENCE, VOL 303, 2004, p.1208, In half of the trials (the intention condition), they were asked to pay attention to their intention before the movement. After a variable delay period, they were required to report the timing of their intentions by moving a cursor to where the red dot was when they first "felt the urge" to move. In the control condition (the movement condition), they were not required to attend to their intention and were asked instead to report when they had actually pressed the button.

30 ibid, The assumption is that attention to a mental representation enhances the activity in the relevant brain area.

31 ibid., ···they were required to report the timing of their intentions by moving a cursor to where the red dot was when they first "felt the urge" to move.

실험결과는 직접 운동에 관한 실험과 비교할 때, 뇌신경이 활성화하는 영역이 다르다는 것이었다. 보조운동영역이나 전대상피질운동영역이 아니라, 전보조운동영역(per-SMA), 그리고 오른쪽 배측전전두피질(背側前前頭皮質), 왼쪽 두정내뇌구(頭頂內腦溝)가 각각 활성화되었다.[32]

전보조운동영역(pre-SMA)은 리벳의 실험에서 RP가 활성화된 보조운동영역(SMA)의 옆에 있는 뇌피질의 한 영역이고, 배측전전두피질(DPFC, dorsal prefrontal cortex)은 피질의 앞머리(전두) 부분의 등쪽을 향한 부분이다. 두정내뇌구(IPS, intraparietal sulcus)는 머리꼭대기의 가운데에 홈이 파인 부분이다. Lau 등 연구진은 실험결과에 대해 이렇게 결론짓고 있다.

"정확한 메커니즘은 분명하지 않지만, 우리의 실험은 참가자들이 의도에 주의를 기울일(attend to intention) 때, pre-SMA의 활동이 강화된다는 것을 보여준다. 의도에 대한 효과적인 편집과 평가는 우리가 의도에 대해 의식(意識)할 때에만 가능하다는 것이 제안되었다.··· 만약 pre-SMA의 활동의 강도가 의도에 대한 자각과 관련이 있다면, 우리의 결과는 의도에 대한 주의(attention to intention)가 행동에 대한 효과적인 의식적 제어(conscious control)를 가능하게 하는 하나의 기제(機制)라는 것을 시사한다."[33]

---

32 *ibid.*, p.1209. When the intention condition was compared with the movement condition, we found activations in the pre-SMA (coordinates 2, 4, 54; P 0.040), right DPFC (coordinates 36, 36, 28; P 0.006), and left IPS (coordinates −22, −54, 60; P 0.041), but not in the CMAr. ···CMAr=前帶狀皮質運動領域(the rostral cingulate motor area)

33 *ibid.*, p.1210. Although the exact mechanism is unclear, our experiment demonstrates that when participants attend to intention, there is enhanced activity in the pre-SMA. It has been suggested that the effective editing and evaluation of intentions are only possible when we are conscious of the intentions.··· Taken together, if the intensity of activity in the pre-SMA correlates with the awareness of intention, our results suggest that attention to intention may be one mechanism by which effective conscious control of actions becomes possible.

[1410] Haynes 등 연구진

Haynes 등 연구진은 리벳의 시험 등에서 뇌에서의 선행활동이 정말 운동에 대한 의도를 나타내는 것인지, 그것이 아니고 단순히 준비활동이나 그 외 다른 반응인지 여부가 불확실하다는 문제를 확인하려고 하였다. "이러한 선행활동이 피험자의 현재 의도를 부호화(encode)하는지는 여전히 불확실하다. 그 대신에, 활동의 증가된 수준은 운동반응 준비, 잠재적 선택을 염두에 두고, 이전 반응의 기억을 추적하거나, 새로운 작업 세트를 확립하는 것과 관련된 일반적인 프로세스를 반영할 수 있다."[34] 이것이 그들 실험의 관문의식이었다.

이 과제를 위한 실험에서 Haynes 등 연구진은 리벳과는 다른 실험방법을 개발했다. 그들은 피험자들에게 스크린(screen)을 보여주는 방식을 택했다. 즉 피험자들에게 화면을 보여주면서 먼저 마음속으로 덧셈이나 뺄셈 중 하나를 선택하고 이어서 제시되는 숫자들에 대하여 덧셈 또는 뺄셈의 결과로서 정답이 표시된 버튼을 누르도록 하는 것이었다. 다음이 그들의 실험도와 그에 관한 설명이다. 아래 그림에서 첫 화면에서 피험자들은 마음속에 덧셈 또는 뺄셈을 선택하고 이어서 다음 화면에서 주어진 두 개의 숫자를 보고 만약 앞에서 덧셈을 선택했다면 두 숫자 56과 33을 덧셈한다. 이어서 제시된 화면에서 덧셈한 정답 89를 나타내는 버튼을 누르는 것이다(즉 아래와 같은 스크린이 천천히 지나가는데 피험자는 자기 마음 속으로만 덧셈 뺄셈을 정해서 정답 스크

---

34 John-Dylan Haynes, Katsuyuki Sakai, Geraint Rees, Sam Gilbert, Chris Frith,and Richard E. Passingham, Reading Hidden Intentions in the Human Brain, Current Biology, 17(4). 2007. p.323. However, it has remained unclear whether this prefrontal activity encodes a subject's current intention [3]. Instead, increased levels of activity could reflect preparation of motor responses [4, 5], holding in mind a set of potential choices [6], tracking the memory of previous responses [7], or general processes related to establishing a new task set.

린에 정답을 찾아 버튼을 누르는 것이다).

선택	56 33	65　89 23　18

"지연 의도 과제--각 시험의 시작 부분에서 피험자들에게 두 가지 가능한 과제, 즉 덧셈이나 뺄셈 중 하나를 자유롭고 은밀하게 선택하도록 지시하는 '선택(select)'이라는 단어가 제시되었다. 피험자들이 그들의 의도를 은밀하게 유지하는 얼마간 지연(delay)이 있은 후에, 두 개의 숫자가 제시되었고 피험자들은 두 숫자에 대해 선택된 과제(덧셈 또는 뺄셈)를 수행하도록 요구되었다. 그런 다음 두 개의 정답(덧셈 또는 뺄셈용)과 두 개의 오답을 보여주는 응답 화면이 나타났다. 피험자들은 자신이 수행한 작업에 대해 어떤 답이 정확한지 표시하기 위해 버튼을 눌렀다. 버튼을 누름으로써 이전 지연기간 동안 피험자의 숨긴 의도를 파악할 수 있었다."[35]

　이 실험에서 피험자들이 덧셈 또는 뺄셈을 선택하고, 다음에 숫자가 제시되기 전까지 지연기간(delay period)까지의 시기에 그들의 의도가 전전두피질에서 인코딩(부호화)되는 것을 확인할 수 있었다.

　　"우리는 피험자가 현재 은밀하게 덧셈 또는 뺄셈 작업을 수행하려고 의도하는 것을 실제로 예보하는 여러 영역을 발견했다. 71%의 가장 높은 해독 정확도는 내측 전전두피질에서 달성되었다.… 흥미롭게도, 피험자가 은밀하게 결정을 형성했지만 여전히 과제를 실행하기 위해 대기하고 있는 동안, 전내측 전전두피질(anterior-medial prefrontal cortex)의 영역만이 지연기간(delay period) 동안 전반적인 활동 증가를 보였다"[36]

35　ibid., (Haynes et al.). p.324. Delayed Intention Task--At the beginning of each trial, the word "select" was presented that instructed the subjects to freely and covertly choose one of two possible tasks, addition or subtraction. After a delay during which subjects covertly maintained their intention, two numbers were presented and subjects were then required to perform the selected task (addition or subtraction) on the two numbers. A response screen then appeared showing two correct answers (for either addition or subtraction) and two incorrect answers. Subjects pressed a button to indicate which answer was correct for the task they had performed. From the button press, it was possible to determine the covert intention of the subject during the previous delay period.

36　ibid., p.324. We found that indeed several regions predicted whether the subject was currently

"요약하자면, 우리는 내측 및 외측 전전두피질의 영역이 자유롭게 선택한 의도에 대한 국소화된 작업-특정 표상을 포함하고 있다는 것을 입증했다.⋯ 우리의 새로운 발견은 다음과 같은 점을 처음으로 보여줌으로써 결정적 문제를 해결하는바, 즉, 피험자의 의도(意図)를 부호화하는 영역에 요구되는 것으로서, 피험자에 의하여 현재 준비되는 과제에 특정화된(specific to a task) 정보가 전전두피질에 부호화된다."[37]

Haynes 등 연구진의 실험에서 그들의 목적과 결론은 위와 같이 전전두피질의 활성화가 구체적인 과제의 의도가 인코딩(부호화)된 것이라는 점을 입증하는 것이었다. 즉 의도와 무관한 단순한 준비활동이나 보조활동이 아니라는 것이었다. 다른 한편 이 실험은 외부로부터의 자극이나 외부에 대한 운동(동작)을 위한 의도가 아니라, 순수하게 내재적인 의도나 의사결정(덧셈 또는 뺄셈)도 예측할 수 있다고 해석된다. 아래 Knutson 등 연구진의 실험도 같은 취지이다.[38]

---

covertly intending to perform the addition or subtraction task (Figure 2). The highest decoding accuracy of 71% was achieved in medial prefrontal cortex (T[7] = 4.62, p = 0.001, see Figure 2, "MPFCa").⋯Interestingly, only a region of anterior-medial prefrontal cortex showed an overall increase of activity during the delay period while subjects had covertly formed a decision but were still waiting to execute the task (Figure S2).

37 ibid., p.324. To summarize, we have demonstrated that regions of both medial and lateral prefrontal cortex contain localizable task-specific representations of freely chosen intentions.⋯Our new findings resolve this crucial question by showing for the first time that prefrontal cortex encodes information that is specific to a task currently being prepared by a subject, as would be required for regions encoding a subject's intentions.

38 Jamie Ward, The Student's Guide to Cognitive Neuroscience, 4th edition, Routledge, 2020, pp.113-114. Patterns of activity in the prefrontal cortex can be used to predict (even before the person made their response) which of two tasks will be performed — in this study the decision was whether to add or subtract digits(Haynes et al., 2007) Brain activity when shown a series of goods predicts, above chance, subsequent purchasing decisions(Knutson et al., 2007)

[1411] Knutson 등 연구진

Haynes 등 연구진의 실험을 위와 같이 내면적 결정의 인코딩(부호화)과 그 해석의 문제로 본다면, 외부 자극이나 의미적(意味的) 입력과 연관하여 이루어지는 의사결정 예측의 문제도 제기된다. 이러한 관점에서의 연구의 하나로 Knutson 등 연구진에 의하여 이루어진 실험이 있다. 그들은 일련의 물품들을 보여주었을 때, 그 물품들의 인지에 대한 뇌 활성화의 패턴에 의하여 어떠한 의사결정을 예측할 수 있는가에 대한 실험을 하였다. 그들은 피험자들에게 각 라벨이 부착된 여러 가지 상품을 4초 동안 보여주고, 이어서 제품의 가격을 4초 동안 보여주었으며, 이어서 4초 안에 각 상품의 구매 여부에 대하여 예와 아니오의 버튼을 선택하도록 했다. 그 결과는 이렇게 외부적으로 입력되는 물품과 그 의미들에 기초하여 구별되는 신경회로의 활성화에 의하여 그다음에 이루어지는 제품 구매의 의사결정을 우연 수준보다 높게 예측할 수 있다는 것을 보여주었다.

"제품 선호도는 측핵(側核, nucleus accumbens, NAcc)을 활성화하는 반면, 과도한 가격(價格)은 뇌섬엽(腦島葉, insula)을 활성화시키면서 중정 전전두피질(MPFC, mesial prefrontal cortex)을 비활성화하여, 제품 구매 결정 이전에 구별되는 회로가 손해와 이익을 예상한다는 신경영상증거와 부합한다. 이러한 각 영역의 활성화는 자기 보고 변수를 넘어서 그 위에 후속 구매를 즉시 독립적으로 예측했다. 이러한 발견은 예측 영향과 연관된 고유의 신경회로의 활성화가 소비자의 구매 결정에 선행하고 지원한다는 것을 시사한다."[39]

39 Knutson, B., Rick, S., Wimmer, G. E., Prelec, D., & Loewenstein, G. Neural predictors of purchases. Neuron, 53(1), 2007, p. 147. Consistent with neuroimaging evidence suggesting that distinct circuits anticipate gain and loss, product preference activated the nucleus accumbens (NAcc), while

"이 연구는 뇌 활성화의 특정한 패턴이 구매(購買)를 예측(豫測)할 수 있다는 기초적 증거를 제공한다."[40]

특이한 점 하나는 반드시 신경의 활성화가 구매와 같은 적극적인 결정을 야기하는 것은 아니라는 것이다. 즉 MPFC는 오히려 비활성화하는 것이 구매 결정에 연결되었다. 이 실험은 기업의 상품구매전략의 관점에서가 아니라 의사결정의 관점에서 보면 여러 가지로 해석될 수 있다. 하나는 우리가 심사숙고한다는 것도 사실은 두뇌의 비의식적 뉴런 활성화에 불과하다는 것을 의미할 수도 있다. 피험자들의 구매 결정은 제품에 대한 인식이나 가격의 의미(意味)에 관하여 많은 의미론적 요소들에 의하여 규정되는 것이 아니라, 연관된 신경회로의 초기(初期)의 즉각적 활성화에 의하여 좌우되었다. 물론 피험자들은 4초 안에 구매 여부를 결정해야 한다는 제한 조건이 있다. 그렇지 않고 일주일 후에 구매 여부를 결정하도록 하였다면 어떤 결정이 나왔을지, 초기의 제품에 대한 신경 활성화와 어떤 상관성이 있을지에 대한 실험은 없다. 그동안 구매 결정에 있어서 다른 요소들이 의사결정에 개입할 수 있을지도 모른다. 그렇지만 두 가지 점은 변함이 없다. 제품이나 가격이라는 의미의 개입이나 그 후에 있을 제3의 요소적 의미의 개입이 있다고 하더라도 그 모든 것은 구매에 관한 의사결정과 함께 사전적이고 비의식적으로 작동한다.

---

excessive prices activated the insula and deactivated the mesial prefrontal cortex (MPFC) prior to the purchase decision. Activity from each of these regions independently predicted immediately subsequent purchases above and beyond self-report variables. These findings suggest that activation of distinct neural circuits related to anticipatory affect precedes and supports consumers' purchasing decisions.

40 ibid., p.153. In summary, this study provides initial evidence that specific patterns of brain activation predict purchasing.

[1412] Soon 등 연구진

Soon 등 연구진은 fMRI의 방법으로 그때까지 리벳의 실험에 대한 비판적 (批判的)인 논의들에 관련하여 새로운 실험을 시도하였다. 그들이 관심을 둔 비판은 다음 세 가지였다. 첫째, 준비전위는 보조운동영역(SMA)에서 생성되는데 그것은 운동계획의 후기단계(後期段階)에서의 정보만을 제공한다. 그것은 이전(以前)의 보다 높은 수준에서의 계획단계(計畵段階)가 관여할 수 있는지 여부가 불확실하다. 둘째, 준비전위의 시작과 결정 사이의 시간간격은 단지 수백 밀리초에 불과한데, 그 짧은 지연(遲延)은 뇌활동과 의도의 상대적 타이밍에 대해 잘못 판단될 수 있다. 셋째, 준비전위가 특정한 행동의 결정에 선행하는 뇌활동인지, 아니면 단순히 일반적인 행동에 관련된 불특정 (unspecific)의 예비활성화에 불과한 것인지 의문을 불식(不息)할 수 없다.

그리하여 Soon 등 연구진은 fMRI를 이용하여 뇌의 어느 영역이 의식적 의도를 미리 결정하는지, 그리고 그 뇌 영역들이 운동결정을 형성하기 시작하는 시간을 직접적으로 조사하려고 하였다. 그들은 시간측정에 있어서도 리벳의 오실로스코프 시계 방식과는 다른 방법을 시도하였는데, 그것은 앞의 Haynes 등 연구진의 실험처럼 문자(letter)가 표시된 스크린(sereen)을 일정한 시간 간격(500ms)으로 보여주는 것이었다. 즉, 피험자는 화면을 보고 있는데 "문자(자음)는 중간에 간격 없이 500ms 동안 한 번에 하나씩 제시되었다."[41] 피험자들은 화면에 갱신(update)되는 문자를 보면서, 어떤 시점에서 그들의 검지손가락으로 왼쪽 또는 오른쪽 버튼을 자유롭게 누른다. 이것은 운동시

---

41 Chun Siong Soon, Marcel Brass, Hans-Jochen Heinze & John-Dylan Haynes, NATURE NEUROSCIENCE, VOLUME 11, 2008, Unconscious determinants of free decisions in the human brain,---Supplementary Information, p.15. At the beginning of each trial period, consonants were presented in the middle of the screen, one at a time for 500 ms without gap, and subjects were asked to passively observe this letter stream

간만이 아니라 두 개의 버튼 중 하나를 선택하는 의사결정이 포함된다. 한편 피험자들은 자신들이 운동결정을 한 시간을 보고해야 하는데, 그 방법은 자신들의 운동결정이 의식적으로 내려졌을 때 제시된 문자를 기억하여, 응답매핑(response mapping) 화면에서 그 문자를 표시하는 버튼을 누르는 것이다. 말하자면 피험자들은 두 번 버튼을 누르는데, 첫 번째는 오른쪽 왼쪽 버튼을 선택하여 누르는 행동 버튼이고, 두 번째는 자신들이 운동결정을 한 시점에 보여진 문자를 알려 주는 시간보고(時間報告) 버튼이다. 그동안 연구진은 fMRI에 의해 피험자들의 뇌에 대한 뇌신경영상을 얻었다. Soon 등 연구진은 fMRI 뇌신경영상에 의한 실험내용에 대해 이렇게 말하고 있다.

"예상대로, 두 개의 뇌 영역은 실행 단계에서 피험자의 운동결정 결과를 일차운동피질(primary motor cortex)과 보조운동영역(SMA)에 부호화(encoding)했다. 다음으로, 우리는 이 연구의 핵심 문제를 다루었는데, 어떤 뇌 영역이 사전에 피험자들의 운동결정을 부호화했는지 여부이다. 참으로(indeed), 우리는 의식적 결정에 앞서서 피험자가 왼쪽 또는 오른쪽의 어느 쪽 반응을 선택하려고 하는지에 관해 높은 정확도를 가지고 부호화된 두 개의 뇌 영역을 발견했다. 첫 번째 영역은 전두극피질(前頭極皮質), BA10에 있었다. 이 뇌 영역으로부터의 fMRI 신호의 예측정보는 피험자의 운동 결정 7초 전에 이미 존재했다. BOLD[42] 반응의 완만성(緩慢性)을 고려하면, 예보신경정보는 의식적 운동결정보다 최대 10초 선행한다. 두 번째 예보 영역은 설전부(楔前部)에서 후대상회피질(後帶狀回皮質)로 뻗은 두정피질(頭頂皮質)에 위치하고 있었다. (운동)준비기간 동안 전두극(前頭極)과 설전부(楔前部)/후대상회(後帶狀回)에 있어서

---

42 *supra* [1409]

의 두드러진 전체적인 신호 증가는 없었다."[43]

이런 실험은 처음에 단순했던 리벳의 실험과는 달리 운동결정과 행동이 뇌의 여러 영역이 네트워크를 이루어 관여하는 과정이라는 것을 보여준다. 여기에는 뇌피질의 많은 영역들이 표기되는바, 우리는 뇌의 구조의 여러 부분의 명칭과 위치를 살펴볼 필요가 있다.

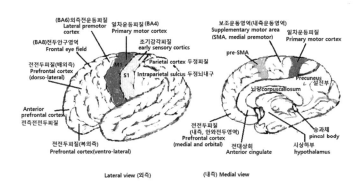

〈그림〉 뇌의 각 부위

---

43 Soon et al., 2008. *op.cit.*, p.544. As expected, two brain regions encoded the outcome of the subject's motor decision during the execution phase: primary motor cortex and SMA (Fig. 2). Next, we addressed the key question of this study, whether any brain region encoded the subject's motor decision ahead of time. Indeed, we found that two brain regions encoded with high accuracy whether the subject was about to choose the left or right response prior to the conscious decision (threshold P ⫤ 0.05, family-wise error—corrected for multiple spatial and temporal comparisons; Fig. 2, see Supplementary Figs. 5 and 6 online for full details). The first region was in frontopolar cortex, BA10. The predictive information in the fMRI signals from this brain region was already present 7 s before the subject's motor decision. Taking into account the sluggishness of BOLD responses, the predictive neural information will have preceded the conscious motor decision by up to 10 s. There was a second predictive region located in parietal cortex stretching from the precuneus into posterior cingulate cortex. Notably, there was no overall signal increase in the frontopolar and precuneus/posterior cingulate during the preparation period

Soon 등 연구진의 기능적 자기공명영상(fMRI)의 해독(decoding)에 의하면 임의적 운동의 가장 초기에 예보정보(predictive information)는 전두극(前頭極) 피질 및 두정(頭頂) 피질의 특정 영역에서 부호화된다. 뒤에 Haggard가 정리한 것으로 임의적 운동결정이 형성되어 근육으로 운동명령이 전달되는 경로를 도식화하면 다음과 같다. 전두극피질과 두정피질→전두피질(frontal cortex)→전보조운동영역(pre-MSA)→보조운동영역(SMA)→1차운동피질(primary motor cortex, M1)→편재화(Lateration, 손의 특정)→척수(spinal cord)→근육(Muscle).[44] 이러한 관점에서 보면 리벳의 실험은 이러한 경로 중 보조운동영역(SMA)에서의 뇌전도(EEG)를 RP로 측정한 셈이 된다. 한편 Soon 등 연구진은 이러한 임의적 운동의 의사결정과 운동의 경로 중 최초의 뇌 영역에 도달한 셈이 된다. 운동결정의 최초의 무의식적 선구체(先驅体, precursor)는 전두극피질(frontopolar cortex)에서 기원한다.

> "정보의 시간적 배열은 정보 흐름의 임시적 인과모델을 시사하는바, 운동결정의 최초의 무의식적 선구체는 전두극피질에서 기원하며, 그것들은 설전부(precuneus)에서 결정 관련 정보의 형성에 영향을 미치고, 후에는 보조운동영역(SMA)에서 최대 몇 초까지 무의식으로 남아 있다."[45]

이렇게 임의적 운동결정의 무의식적 선구체가 전두극피질에까지 소급하면 당연하게도 운동의도의 자각에 이르는 시간적 간격도 그만큼 커지게 된

---

44 Patrick Haggard,, "Human volition: towards a neuroscience of will", op.cit., p.937.
45 Soon et al., 2008. op.cit., p.545. The temporal ordering of information suggests a tentative causal model of information flow, where the earliest unconscious precursors of the motor decision originated in frontopolar cortex, from where they influenced the buildup of decision-related information in the precuneus and later in SMA, where it remained unconscious for up to a few seconds.

다. Soon 등 연구진은 그 시점이 운동결정의 자각(awareness)보다 무려 약 10초 이전으로 판단한다. 이것은 약 500ms 앞서는 RP에 비교한다면 무려 20배로 그 시간이 늘어난 것이다. 나아가 Soon 등 연구진은 이 준비가 결코 일반적 불특정의 준비가 아니라고 한다. 왜냐하면, 실험에서 피험자들은 단순한 운동이 아니라 왼손 또는 오른손을 임의로 선택하는 의사결정을 하였기 때문이다.

[1413]

Soon 등 연구진은 단순한 운동선택이 아닌 관념적 추상적 의사결정에 관하여 실험하였다. 즉 이전의 단순한 동작 결정보다 더 높은 수준의 추상적 유형의 의사결정에도 준비과정이 발생하는지 여부에 대한 실험이었다. 이 실험은 과거의 동작에 관한 의사결정을 하고 이어 동작을 하는 것과는 달리 동작이 필요없는 순수하게 추상적인 의사결정을 하였을 때에도 fMRI상에 예보정보가 나타나는지를 실험하는 것이었다. 추상적 의사결정의 내용은 피험자가 덧셈을 할 것인지 뺄셈을 할 것인지를 추상적으로 결정하는바, 이것은 행동이 필요하지 않은 순수한 추상적 의사결정이다. 이러한 덧셈 뺄셈 중 하나를 선택할 때 그 순간 제시된 장면 프레임의 문자를 기억한다. 그다음에 피험자는 제시되는 두 개의 장면 프레임에서 숫자를 먼저 선택한 대로 덧셈하거나 뺄셈하여 그 답을 응답화면의 단추를 눌러 답한다. 마지막으로 피험자는 제시된 문자들 중에서 자신이 덧셈 혹은 뺄셈을 결정했을 때 보았던 문자가 제시된 응답화면의 단추를 눌러 자신의 의사결정시간을 보고하는 것이었다. (실험방법에서 스크린 구성방식은 [1410]과 유사하다).

(실험도) "자발적인 추상적 의도의 시작과 내용 측정. 매초마다 연속적인 일

런의 자극 프레임이 새로워지면서 실험이 시작되었는데, 각각 중앙 고정 지점, 그 아래 문자, 그 위에 한 자리 숫자, 그리고 각 코너에 한 자리씩 있는 네 자리 숫자의 응답옵션으로 구성되어 있다. 참가자들이 덧셈이나 뺄셈을 하고 싶은 자발적인 충동을 느낀 즉시, 그들은 먼저 화면의 글자를 주목했다(결정 시간에 관련되는 프레임 0). 그런 다음 선택한 산술과제는 다음 두 자극 프레임 (프레임 1과 2)에서 고정 중심 위에 제시된 숫자에 대해 수행되었다. 프레임 1과 2의 숫자에 대한 응답옵션은 다음 자극 프레임의 네 모서리에 무작위로 제시되었다(프레임 3). 참가자들은 해당 4개의 버튼 중 하나를 눌러 선택한 과제에 대한 정답을 선택했고, 이에 따라 추상적인 결정의 내용이 공개되었다. 응답이 주어진 후, 네 가지 문자 옵션이 제시되었고, 이 중에서 참가자는 프레임 0에 제시된 문자를 선택했고, 이것은 의식적인 결정의 시간을 보여준다."[46]

이 실험의 결과로서 중요한 몇 가지 결론을 다음과 같이 요약할 수 있다. 가장 중요한 결론으로서 첫째, 추상적 의사결정은 의사결정의 자각(自覺)보다 4초 전에 신경활동이 해독될 수 있었으며, 그 영역은 운동영역과는 다른

46 Chun Siong Soon, Anna Hanxi He, Stefan Bodeb and John-Dylan Haynes, Predicting free choices for abstract intentions, Proc. Natl. Acad. Sci.(PNAS), vol.110, 2013. p.6218. Fig.1. Measuring the onset and content of spontaneous abstract intentions. A trial began with a continuous series of stimulus frames refreshed every second, each consisting of a central fixation point, a letter below it, a single-digit number above it, and four single-digit response options, one in each corner. Immediately when participants felt the spontaneous urge to perform either adding or subtracting, they first noted the letter on the screen (frame 0 relative to time of decision). The chosen arithmetic task was then performed on the numbers presented above the central fixation in the next two stimulus frames (frames 1 and 2). The response options for the numbers in frames 1 and 2 were randomly presented in the four corners of the subsequent stimulus frame (frame 3): the correct addition answer, the correct subtraction answer, and two incorrect response options. Participants selected the correct answer for the chosen task by pressing one of four corresponding buttons, thereby revealing the content of their abstract decision. After the response was given, four letter options were presented from which participants selected the letter presented at frame 0, thereby revealing the time of conscious decision.

전전두피질과 두정피질에서 나타났다. 이것은 두 가지 점에서 중요하다. 하나는 운동결정과 추상적 의사결정이 뇌의 영역에서나 기능적으로 완전히 분리되어 있다는 것이다. 그리고 다른 하나는 운동결정과 마찬가지로 추상적 의사결정도 피험자가 의식적으로 그 결정을 자각하기 이전에 이루어진다는 것이다. 위 실험에서는 덧셈을 하겠다는 의사결정이 피험자가 스스로 그러한 결정을 하였다고 보고한 시간보다 4초까지 이전에 전전두(前前頭)피질과 두정(頭頂)피질에 부호화되었다.

> "여기서 우리는 숫자를 더하거나 빼는 자유 결정의 귀결(outcome)은 참가자가 의식적으로 선택을 하였다고 보고하기 4초 전에 이미 내측 전전두피질과 두정피질의 신경활동으로부터 해독(decode)될 수 있다는 것을 보여준다.⋯우리의 결과는 자유 선택의 무의식적인 준비가 운동 준비에만 국한되지 않는다는 것을 보여준다. 그 대신에, 추상화의 여러 척도에서 결정은 앞선 뇌활동의 역동(dynamics)에서 진화(進化)한다."[47]

여기에서 전전두피질과 두정피질이라는 것은 구체적으로 내측(medial) 전두극피질 과 설전부(procuneus)/후대상회(posterior cingulate)를 의미한다.

둘째, 앞에서 말한 것처럼 운동영역과 추상적 결정의 영역이 구분되어 있다. 즉 덧셈 혹은 뺄셈을 하겠다는 의사결정과 덧셈 또는 뺄셈을 실제로 하는 과정은 뇌의 다른 영역에서 분리되어 처리된다.

---

47 *ibid.*, p.6217. Here, we show that the outcome of a free decision to either add or subtract numbers can already be decoded from neural activity in medial prefrontal and parietal cortex 4 s before the participant reports they are consciously making their choice.⋯ Our results suggest that unconscious preparation of free choices is not restricted to motor preparation. Instead, decisions at multiple scales of abstraction evolve from the dynamics of preceding brain activity.

"중요한 것은 이러한 운동영역이 추상적인 의도를 부호화하지 않았다는 점이다. 이전의 연구에서 보조운동영역(SMA)은 또한 전두극피질과 두정피질보다 늦었지만 운동의도에 대한 선택적 예보정보를 가지고 있었다. 그러나 여기에서는 결정 전이나 후 언제나 SMA의 활동 패턴에서 추상적인 의도를 해독할 수 없었다. 그 대신에, 여기서 추상적 결정을 부호화한 피질영역은 언제나 운동반응을 인코딩하지 않았는데, 이것은 정신적 연산 준비와 운동 처리 사이의 해리(분리)에 대한 추가 증거를 제공한다."[48]

[1414]

셋째로, 신경영상(neuroimaging)에서 활성화되는 부분으로서 오히려 가장 넓은 영역을 차지하는 부분이 있으니, 그것은 기본모드네트워크(DMN, default mode network)이다. DMN은 가령 인간의 뇌시스템을 컴퓨터로 상정한다면 컴퓨터에서 말하는 기본모드(default mode)와 유사한 것이다. 컴퓨터에서 기본모드는 사용자가 임의의 새로운 값을 부여하지 않는 상태의 초기값들에 의하여 규정되는 체계라고 할 수 있다. 뇌에서도 이러한 상태가 있으며 오히려 이 DMN 내지 기본모드 활동이 뇌 전체가 사용하는 에너지의 60-80%를 사용한다. 이에 비해 의도적인 작업을 하거나 외부로부터 자극이 투입되어 그에 대해 반응하는 데 사용되는 에너지는 오히려 상대적으로 적다.[49] Soon 등 연구

---

48 *ibid.*, p.6219. Importantly, these motor regions did not encode the abstract intention (Figs. S2 and S3). In our previous study, SMA also had choice-predictive information for motor intentions, albeit later than the parietal and frontopolar cortex. However, it was not possible here to decode the abstract intention from activity patterns in SMA at any time before or after the decision (Fig. S2). In return, the cortical regions that encoded the abstract decisions here did not encode the motor response at any time (Fig. S3), providing further evidence for a dissociation between preparation of mental calculation and motor processing.

49 뇌 기본기능모드(default mode of function)는 원론적으로 아무런 자극이나 작업이 없는 휴식상태라고 할 수 있다. 이러한 상태에서도 뇌는 끊임없이 작동되는바 그에 소용되는 에너지가 전체 에너지

의 60-80%라는 것이다. 그렇다면 뇌는 그 자체가 이미 예측기능과 추론기능을 계속적으로 작동시키고 있다는 것을 의미한다. 이렇게 기본기능모드로 작동하는 상태에서 외부 자극이 주어지면 다른 모든 것이 준비된 상태에서 용이하고 신속하게 처리되며, 추론이나 의사결정도 마찬가지로 기본모드에 의해 모든 것이 준비된 상태에서 비중이 작은 투입값으로 즉각적으로 용이하게 처리될 수 있다. "뇌기능의 기본모드의 개념은 제어상태가 수동시각고정이거나 눈을 감고 휴식상태일 때 기능적 신경영상데이터에서 활동 감소의 모습을 설명하기 위한 집중적인 필요에서 비롯되었다.⋯ 가장 중요한 것은 이 연구가 뇌 행동 관계를 평가할 때 내재성의 기능적 활동의 중요성에 대한 관심을 불러일으켰다.(Marcus E. Raichle and Abraham Z. Snyder, A default mode of brain function: A brief history of an evolving idea, NeuroImage 37, 2007, p.1083. The concept of a default mode of brain function arose out of a focused need to explain the appearance of activity decreases in functional neuroimaging data when the control state was passive visual fixation or eyes closed resting.⋯ Most critically, this work has called attention to the importance of intrinsic functional activity in assessing brain behavior relationships.) "내재적 뇌활동—활동 감소 분석을 통해 뇌에 기본기능모드가 있다는 관점에 도달한 후, 우리는 환경의 순간적 요구를 조작하는 실험에 의해 밝혀진 것보다 뇌기능에 훨씬 더 많은 가능성이 있다고 주장하기 시작했다. 두 가지 정보 본문이 특히 설득력이 있다. 첫째는 내재된 활동의 비용인바, 그것은 유발된 활동의 비용을 훨씬 능가한다. 사용된 접근 방식에 따라 뇌의 막대한 에너지 예산의 60~80%가 뉴런 간의 커뮤니케이션, 정의에 의한 기능적 활동을 지원하는 데 사용되는 것으로 추정된다. 환경의 순간적 요구와 관련된 추가 에너지 부담은 총 에너지 예산의 0.5% 내지 1.0%에 불과할 수 있다."(ibid, p.1087, Intrinsic brain activity---Having arrived at the view that the brain has a default mode of function through our analysis of activity decreases, we began to take seriously claims that there was likely much more to brain function than that revealed by experiments manipulating momentary demands of the environment. Two bodies of information have been especially persuasive. First is the cost of intrinsic activity, which far exceeds that of evoked activity (for a review of this literature see Raichle and Mintun, 2006). It should suffice here to remind readers that, depending on the approach used, it is estimated that 60% to 80% of the brain's enormous energy budget is used to support communication among neurons, functional activity by definition. The additional energy burden associated with momentary demands of the environment may be as little as 0.5% to 1.0% of the total energy budget.) "이 내재적 (기본) 활동의 가능한 기능 중 하나는 자극에 대한 반응의 촉진이다. 뉴런은 지속적으로 흥분성 및 억제성 입력을 받는다. 이러한 자극의 "균형"은 상관된 입력에 대한 뉴런의 반응성 (또는 이득)을 결정하고, 그렇게 함으로써 뇌의 통신 경로를 잠재적으로 조각(彫刻)한다.⋯ 따라서, "균형"은 뇌기능의 필수요소이지만 비용이 많이 드는 요소로 간주될 수 있다. 좀 더 확장된 견해는 내재적 활동이 환경적 요구를 해석하고, 반응하고 심지어 예측하기 위한 정보의 유지 보수를 인스턴스화instantiate한다는 점이다. 이러한 점에서, 뇌는 미래에 대한 예측을 생성하기 위해 설계된 베이지안 추론 엔진으로 작동한다는 이론적 신경과학의 관점에서 유용한 개념적 프레임워크가 된다. 출생 시 일련의 '사전'예측으로 시작하여 두뇌는 환경과 인간의 경우에 대해 본질적으로 '최고의 예측'(베이지안 어법 '우선성')을 나타내는 세계적 경험에 의해 조각된다. 미래에 대해 예측한다. 이것은 수년 전 David Ingvar가 기억에 남는 에세이 『미래의 기억』(1985)에서 발표한 주제이다." (ibid, Among the possible functions of this intrinsic (default) activity is facilitation of responses to stimuli. Neurons continuously receive both excitatory and inhibitory inputs. The "balance" of these stimuli determines the responsiveness (or gain) of neurons to correlated inputs and, in so doing, potentially sculpts communication pathways in the brain. ⋯ Thus, "balance" might be viewed as a necessary enabling, but costly, element of brain function.A more expanded view is that intrinsic activity instantiates the maintenance of information for interpreting, responding to and even predicting environmental demands In this regard, a useful conceptual framework from theoretical neuroscience posits that the brain operates as a Bayesian inference engine designed

진은 선택예보 영역과 DMN(기본모드네트워크) 간의 공간적 기능적 관계를 평가하기 위해 연계분석을 수행하였다. 그들의 결론은 중첩이 있으며 또한 활동도 기본모드 활동과 예보정보가 비슷한 시간에 최고점을 이르는 관계에 있다고 해석하였다. 그렇지만 "자유결정 이전의 기간에도 DMN활동이 높은지에 대해서는 의문스럽다."[50]고 보았다. 확인되는 것은 다음의 사항이다.

> "추상적 의도 과제에서, 내측 전전두피질에서 DMN과 부분 중첩이 있었다. 이전에 발표된 운동 과제의 경우, 내측 두정피질에서 DMN과 부분 중첩이 있었다. 성공적인 패턴 분류는 뇌 부위가 규모에 있어서 양적(또는 음적) 변화를 보이는지에 따라 달라지지 않는다는 것을 반복적으로 보여주었다. 또한 기본모드 활동과 초기 예보정보의 시간 과정을 직접 비교한 결과, 기본모드 활동과 예보정보가 대략 비슷한 시간에 최고점에 이른다는 것을 알게 되었다. 주된 차이 점은 기본모드 활동이 더 일찍 상승하기 시작하고 더 오래 지속된다는 것이었다. DMN과 선택-예보정보(choice-predictive information)의 비교 가능한 피크 시간은 흥미로운데, 두정 신호와 전전두 신호는 이미 다음 선택의 귀결에 관한 정보를 가지고 있는 반면에, DMN은 과제 외적인 행위를 보여준다는 것을 의미하기 때문이다."[51]

---

to generate predictions about the future (Olshausen, 2003; Kersten et al., 2004; Knill and Pouget, 2004). Beginning with a set of 'advance' predictions at birth, the brain is then sculpted by worldly experience to represent intrinsically a "best guess" ("priors" in Bayesian parlance) about the environment and, in the case of humans at least, to make predictions about the future. This is a theme presciently enunciated many years ago by the late David Ingvar in his memorable essay 『Memory of the Future』 (Ingvar, 1985).

50 Chun Siong Soon, Anna Hanxi He, Stefan Bodeb and John-Dylan Haynes, Predicting free choices for abstract intentions, *op.cit.*, p.6219. This raises the question of whether DMN activity is also high in the period preceding the free decision.

51 *ibid.*, In the abstract intention task, there was a partial overlap with DMN in anterior medial prefrontal cortex. For the previously published motor task, there was a partial overlap with DMN in medial parietal cortex. Please note that it has been repeatedly shown that successful pattern classification

그렇지만 신경영상(neuroimaging)에서 DMN영역과 제어영역이 겹치는 부분, 그리고 운동결정과 추상결정에서 DMN영역의 작동범위 등은 인상적이다.

우리의 뇌가 평상시에 기본적으로 활성화되어 있다는 것이다. 그리고 특정한 과제가 주어졌을 때는 그 이전부터 이 기본모드가 이 과제를 예측하여 작동하고 있다고 상정할 수 있다. 위 겹치는 부분이 그것에 대한 하나의 근거가 된다. 물론 광범한 영역에서 보여주는 DMN의 활성화가 구체적으로 어떻게 운동과제나 추상의도과제와 연관되는가는 연구되어야 할 문제이다."[52]

[1415] Petersen 등 연구진

원래 리벳의 실험은 손가락을 구부리는 것과 같은 운동(동작)을 내용으로 하는 것이었다. 그러나 우리는 자유의지에 관련하여 논제가 되는 문제가 오

---

does not depend on whether a brain region shows a net positive (or negative) change in magnitude. We also directly compared the time courses of default mode activity and early predictive information and found that the default mode activity and the predictive information peak roughly around the same time (Fig. 3B). The main difference was that the default mode activity began to rise earlier and lasted longer. The comparable peak time of DMN and choice-predictive information is interesting because it means that the DMN exhibits off-task-like behavior, whereas parietal and prefrontal signals already have information about the outcome of the next choice.

52 Jamie Ward, The Student's Guide to Cognitive Neuroscience, *op.cit.*, p.104. (이하 번역문은 『인지신경과학 입문』, 이동훈 김학진 이도준 조수현 역, 시그마프레스, 2017을 인용하거나 수정하였다) There are several reasons why a region may be active and not all of them are theoretically interesting. Importantly, it need not imply that the particular region is essential for the task. Alternative accounts include: an increase in signal could reflect the strategy that the participants happen to adopt, it could reflect use of some general mechanism (e.g., increased attention) that is not specific to the task or it could reflect the fact that a region is receiving input but is not responding to the input (i.e., inhibition). 한 영역이 활성화되는 이유는 여러 가지이며 그중에는 이론적으로 그다지 중요하지 않은 이유들도 포함된다. 특정 영역이 활성화되었다는 것은 그 영역이 해당 과제의 수행에 필수적임을 의미하지는 않는다는 것을 이해하는 것이 중요하다. 대안적 설명으로 활성화 수준의 증가는 피험자의 인지적 전략 혹은 해당 과제에만 국한되지 않는 다른 일반적인 기제(예: 주의집중의 증가) 혹은 해당 뇌 영역이 정보를 받았으나 그에 반응하지 않는 상태(즉 억제 inhibition)를 반영할 수도 있다.

직 운동에만 관련한 것은 아니라는 것을 생각할 필요가 있다. 앞에서의 실험은 덧셈 또는 뺄셈과 같은 외부 자극이나 입력과 상관없는 순전히 내재적 의사결정에 관해서도 행하여졌다. 또한 소비자로서 상품을 구매하는 것과 같은 구매결정에 관해서도 실험이 있었다. 그러나 우리가 브루투스(Marcus J. Brutus)가 시저(Julius Caesar)를 살해(殺害)하기로 결심한 의사결정과 그것이 자유의지인가 하는 점에 관한 논점을 설정한다면 이러한 실험들의 결과를 과연 얼마나 유의미하게 적용할 수 있는가 하는 문제에 이르게 된다. 브루투스는 아마도 참으로 오랫동안 숙고했을 것이다. 사실 이러한 의사결정에 있어서는 칼로 찌르는 운동(동작)에 대한 의사결정은 유의미한 문제가 아니다. 또한 내부적으로 덧셈을 할 것인가 뺄셈을 할 것인가에 관한 단순한 내재적 의사결정과도 차별적으로 생각하는 것이 타당하게 보인다. 이를 위해서는 인간의 인지(認知), 의미(意味) 등에 관한 신경과학적 연구도 필요하지 않을 수 없다. 이에 관한 몇 가지 실험적 연구들을 보기로 한다.

Petersen 등 연구진은 의미론적 기억이 뇌의 어느 영역에 저장되는지에 대하여 실험하였다. 그것은 의도적 요구를 수행하는 과제와 연계되는 것으로서 일반적으로 의도는 의미론적 내용을 가지기 때문이다. 그것은 4가지 수준에서 실험되었는데, 단어를 보는 것, 단어를 읽는 것, 단어에 관련되어 응답하는 것과 같은 것이었다.

"핵심 패러다임은 4가지 수준의 작업을 채택했다. 모든 과제 동안 피험자는 컬러 텔레비전 모니터에 표시된 작은 십자선에 고정되었다. 가장 간단한 과제는 다른 자극이나 제시된 행동이 없는 상태로 고정하는 것이었다('고정점 조건'). 두 번째 과제는 시각적으로 (십자선 아래) 또는 청각적으로 '수동적 단어 상태'로 표현된 단어의 수동적 주시(observation)였다. 세 번째 과제는 제시된 각 단어 ('반복-명사 조건')를 큰 소리(aloud)로 말하는 것이었다. 네 번째 과제는 제시된 각 단어(명사)에 대한 응답으로 의미적(意味的)으로 연관되는 적절한 동사(動詞)를 소리 내어 말하는 것이었다('생성 동사 조건'). 예를 들면 명사 '케이크(cake)'가 제시되었을 때, 피험자는 '먹다(eat)' 또는 '굽다(bake)' 또는 '자르다(cut)' 등을 말하는 것이다."[53]

이렇게 하는 동안 피험자들의 뇌 상태는 PET(양성자방출단층촬영)[54]로 촬영되었다. 단순히 단어를 주시하는 것은 단어가 입력(入力)되는 것으로 단어입력에 의하여 자극되는 뇌 영역이 있을 것이다. 그리고 단어를 소리내어 말하는 것은 일종의 출력(出力)으로서, 발화출력(發話出力) 중에 활성화되는 영역이 있을 것이다. 단어를 말하는 발화출력 중에 활성화되는 영역은 그것이 운동이기 때문에 앞에서 많이 보았던 1차운동영역(primary motor area)과 전운동영역(premotor area)이 있었다. 중요한 것은 제3, 4과제이다. '케이크(cake)'라는 단어(명사)를 보고 그것과 연관되는 동사로서 먹다, 굽다, 자르다 등등의 단어(동사)를 산출(産出)하는 것은 피험자가 의미기억(semantic memory)[55]에 의존한다고 상정할 수 있다. 즉 피험자는 자신의 의미기억에서 연관되는 단어(의미)

53 Petersen S.E, Fox P.T, Posner M.I, Mintun M, Raichle M.E. Positron Emission Tomographic Studies of the Processing of Sinlge Words, Journal of Cognitive Neuroscience, 1989, p.167. The core paradigm employed four levels of task. During all tasks subjects fixated on a small crosshair presented on a color television monitor. The simplest task was fixation alone, with no other stimulus presented or behavior required ("fixation-point condition" The second task was passive observation of word presented either visually (beneath the crosshair) or auditorily "passive-words condition"). The third task was to speak aloud each presented word ("repeat-nouns condition"). The fourth task was to speak aloud a semantically appropriate verb in response to each presented word (a noun) ("generate-verbs condition). For example. when presented with the noun "cake" the subject might respond by saying "eat" (or "bake" or "cut").

54 supra [1409]. 양성자방출단층촬영(positron emission tomography, PET)은 특정 뇌 영역의 혈류(血流) 변화를 직접 측정한다. 그 방법은 혈류에 주입하는 방사성추적물질(traxer)을 이용한다.

55 Jamie Ward, The Student's Guide to Cognitive Neuroscience, op.cit., p.108. 사람, 장소, 사물과 단어의 의미에 대한 지식을 포함하는 세상에 관한 개념적 지식Conceptually based knowledge about the world, including knowledge of people, places, the meaning of objects and words.

를 끄집어낸다고 생각할 수 있다. 이때에 활성화되는 뇌의 영역이 어디인가 하는 것이 이 실험의 한 주제라고 할 수 있다.

세 번째와 네 번째 과제를 비교한 결과 의미기억에 관련된 영역으로서 좌하측 전두회(左下側前頭回, left inferior frontal gyrus)영역이 활성화되는 것으로 판단되었다. 그러나 이것은 뇌손상환자(의미기억상실형 치매, semantic demantia)들의 연구에 의하여 전통적으로 의미기억에 기여하는 영역으로 인정되고 있는 좌전측 측두엽(left anterior temporal lobe)은 이 실험에서는 부각되지 않았다. 이러한 차이는 좌하측 전두회를 손상받은 환자의 연구에 의하여 그들도 의미기억에 장애를 가지고 있다는 것이 확인되고, 반대로 위 실험에서 명사단어를 큰 소리로 말하기에서도 의미기억의 저장소가 관여하기 때문에 의미기억의 저장소가 3번째 과제와 4번째 과제의 차이가 될 수 없다는 연구에 의하여 보완되었다고 할 수 있다.[56] 언어적 능력에 대한 전통적인 연구는 우리의 뇌에서 언어능력을 담당하는 것은 브로카(Broca) 영역과 베르니케(Wernicke) 영역이라는 것이었다. 이것은 브로카 실어증(失語症)이 남의 말을 이해하지만 발화(發火)를 하지 못하고, 반대로 베르니케 실어증은 발화는 유창하게 할 수 있으나 이해를 하지 못한다는 연구에서 나왔다. 그러나 이러한 구분은 완전하지 않으며 브로카 실어증도 이해에 문제가 있으며, 베르니케 실어증도 발화에 조어(造語)를 하는 경향과 같이 문제가 있다는 연구가 제출되고 있다.[57]

56 ibid., pp.108-109.
57 Jamie Ward, The Student's Guide to Cognitive Neuroscience, op.cit., p.417-418.

[1416] Shibata 등 연구진

Shibata 등 연구진은 피험자들에게 문자적(文字的) 문장, 은유적(隱喩的) 문장, 변칙적(変則的) 문장 등 세 종류의 문장을 제시하고 뇌 활성화 영역에 관한 fMRI를 연구하였다. 그들은 짧은 단문의 일본어 문장을 제시하고 의미를 이해하면 버튼을 누르는 방식으로 실험하였다.

> "자료는 21개의 문자적 문장(예; 돌고래는 동물이다.), 21개의 은유적 문장(예; 교육은 계단이다.), 21개의 변칙 문장(예: 가위는 개다.)로 구성되어 있었다.…각 자극(刺戟) 문장은 후면 영사화면(映寫画面)의 중앙에 표시되었다. 참가자들은 헤드코일에 장착된 거울시스템을 통해 스크린을 편하게 볼 수 있었다. 참가자들은 문장의 내용을 이해하기 위해 각 문장을 주의 깊게 읽고 문장의 의미를 이해하면 오른쪽 검지로 두 개의 버튼 중 하나를 누르고, 그 의미가 문자적이건 혹은 은유적이건 상관없이 문장의 의미를 이해하지 못하면 가운데 손가락으로 누르도록 요구받았다."[58]

결과는 은유적 문장은 좌내측, 좌상측, 좌하측의 각 전두피질(frontal cortex)에서 높은 활성화를 보였다. 이에 대해 문자적 문장의 이해는 설전부(楔前部)

---

58 Shibata, M., Abe, J., Terao, A., & Miyamoto, T. (2007). Neural mechanisms involved in the comprehension of metaphoric and literal sentences: An fMRI study. *Brain Research,* vol. 1166, 2007. pp.97-98. These materials consisted of 21 literal sentences (e.g., "A dolphin is an animal."), 21 novel metaphoric sentences (e.g., "An education is stairs."), and 21 anomalous sentences (e.g., "Scissors are dogs.").… Each stimulus sentence was displayed at the center of a rear projection screen. The participants viewed the screen comfortably through a mirror system mounted at the head coil. The participants were asked to read each sentence carefully to understand the content of the sentences and to press one of two buttons with their right index finger if they understood the meaning of the sentence and with their middle finger if they did not, regardless of whether the meaning was literal or metaphorical.

와 우중상측 전두피질에서 더 높은 활성화를 보여주었다. 연구진은 은유적
문장의 이해는 의미적, 실용적, 추론적 성격이 있기 때문이라고 해석했다.

> "참가자들이 문자적 문장과는 대조적으로 은유적인 문장을 읽을 때, 왼쪽
> 내측 전두피질(MeFC:BA, BA9/10) 왼쪽 상측 전두피질(SFC:BA9), 좌하측 전두피
> 질(IFC:BA45)에서 더 높은 활성화가 보였다. 정반대의 대비(은유 문장과 대조되
> 는 문자적 문장)는 설전부(楔前部, BA7)와 우중(右中)상측 전두피질SFC(BA8/9)에
> 서 더 높은 활성화를 보여주었다. 이 연구 결과는 은유(隱喩)의 이해(理解)는
> 문자 그대로의 이해와는 다른 의미적이고 실용적인 처리라는 특정 신경 메
> 커니즘에 관련되어 있음을 시사한다. 특히, 우리의 결과는 좌하측 전두피질
> (IFC)의 활성화는 의미적 처리를 반영하고, 내측 전두피질(MeFC)의 활성화는
> 의미적 일관성을 확립하기 위한 은유적 해석의 추론 과정을 반영하는 것을
> 시사한다."[59]

우리는 앞에서 동작과 직접 연결되지 않는 의사결정의 문제를 다루었다.
즉 직접 또는 즉시적 운동(동작)과 연결되지 않는 의사결정은 어떻게 이루어
지는가 하는 것이었다. 이에 관한 것으로서 Haynes 등 연구진, Soon 등 연구
진의 실험은 내면적 의사결정에 관한 것이었다. 그것은 피험자가 덧셈 또는
뺄셈을 자신의 마음속으로 선택하는 것이었다. 이 실험에서 두뇌의 신경차

---

59 ibid., p.92. When participants read metaphoric sentences in contrast to literal sentences, higher
activation was seen in the left medial frontal cortex (MeFC:BA, Brodmann's area 9/10), the left
superior frontal cortex (SFC:BA 9), and the left inferior frontal cortex (IFC:BA 45). The opposite
contrast (literal sentences in contrast to metaphoric sentences) gave higher activation in the
precuneus (BA 7) and the right middle and SFC (BA 8/9). These findings suggest that metaphor
comprehension is involved in specific neural mechanisms of semantic and pragmatic processing
which differ from those in literal comprehension. Especially, our results suggest that activation in
the left IFC reflects the semantic processing and that activation in the MeFC reflects the process of
inference for metaphorical interpretation to establish semantic coherence.

원에서의 의사결정은 우리의 의사결정의 의식('덧셈을 하자.'와 같은 것)의 4초 이전에 이루어졌다는 것이 실험결과였다. 즉 우리가 의식적으로 마음속으로 결정을 한다고 해도 그 이전에 비의식적(非意識的)인 결정이 두뇌에서 먼저 이루어진다는 것이다.

이에 대하여 의사결정과 상관없이 우리의 의미론적 이해와 발화에 있어서 뇌의 어느 부분이 관여하는가 하는 실험이 앞의 실험이다. 단일어(single word)를 전제로 그 의미와 의미기억에 관한 실험이 Peterson등 연구진의 실험이었다. 그리고 Shibata 등 연구진의 실험은 문자적 이해와 은유적 이해에 관한 것이었다. 이 실험은 결국 우리의 의미론적 이해와 관련하여 그것이 뇌의 어느 영역을 활성화(活性化)하는가 하는 문제로 규정되었다. 중요한 것은 이 실험들이 우리의 이해(理解)와 사유(思惟)에 관련된다는 것이다. 우리의 사유 중에서 가장 기초적인 것, 하나의 단어의 의미를 이해하고 발화하고, 그 단어에 연관되는 다른 단어를 제시하는 것, 그 자체가 뇌의 어느 영역의 활성화에 의하여 이루어진다는 것이다.

[1417] Haxby 등 연구진

단어나 은유에 의하여 나타나는 뇌신경영상(腦神經映像)은 우리의 인지(認知)나 행동, 그리고 사유(思惟)가 모두 뇌신경영상의 패턴으로 나타나는 것을 보여준다. 리벳이 제기한 문제는 우리 인간의 자유로운 의사결정이 사실은 우리의 의식적 의도 이전(以前)에 뇌 신경체계에서 사전적으로 결정되어 있다는 것이었다. 그런데 리벳의 실험이 자유로운 의사결정에 일반적으로 적용되는 것인가, 아니면 운동 특히 근육운동(motor, 동작)에 한정된 의사결정인가 하는 문제를 제기한다. 분명히 리벳의 실험은 손가락이나 손목을 구부리는 것과 같은 근육운동에 관한 실험이다.

우리는 동작에서 나아가 사유(思惟)에 대해서도 같은 질문을 제기할 수 있다. 우리의 사유도 비의식적 과정에 의하여 좌우되는가? 우리가 의식적(意識的)으로 사유(思惟)하는 것 자체도 비의식적으로 사전에 그 내용이 결정되고 사후에 다만 자각(自覺)할 뿐인가 하는 문제이다. 여기에 이르면 사유에 관한 자유의지, 자유로운 사유의 문제가 된다. 그런데 사유의 자유의지, 자유로운 사유가 사실 자유의지의 문제인가 하는 것 자체가 문제가 된다. 우선 사유(思惟)는 그 내용이 의사결정(意思決定)이라고 할 수 있는가 하는 문제가 제기된다. 의사결정의 경우에는 그것이 내재적이고 추상적인 결정이라도 비의식적 신경과정이 선행(先行)한다는 것이 Haynes 등 연구진, Soon 등 연구진에 의하여 실험되었다. 그렇다면 의사결정이 아닌 사유(思惟)는 어떠한가? 앞의 Peterson 등 연구진과 Shibata 등 연구진의 실험은 그러한 의미와 사유에 관한 것도 뇌피질에 활성화 영역이 있다는 것을 보여주었다.

여기에서 한 걸음 더 나아가 정반대로 뇌의 활성화 패턴(pattern)만을 보고 피험자가 어떤 의미이해나 사유를 하고 있는지를 예측할 수 있는가 하는 문제제기가 가능하다. 이러한 관점에서 하나의 중요한 실험이 Haxby 등 연구진에 의하여 이루어졌다.

Haxby 등 연구진은 피험자에게 무엇을 관찰하였는지 보거나 물어보지 않고, 실험자가 그것을 모르는 상태에서 피험자의 뇌 활성화 패턴만을 보고 그것을 예측하는 실험을 수행했다. 그런데 피험자가 고양이를 생각하고 있는데 뇌 활성화 패턴만을 보고 그가 생각하는 것이 고양이라고 맞추는 것은 당연히 어려운 일이라고 할 것이다.[60] 그들이 실험주제로 삼은 것은 사물들의

---

60 이것은 이론적으로는 뇌 활성화 패턴이 우리의 언어 그리고 표상으로 완벽하게 번역될 수 있느냐 하는 문제가 된다. 여기에는 여러 가지 한계가 있을 것이다. 당장 현재 가장 일반적인 기술이라고 할 수 있는 fMRI영상이 측정할 수 있는 것은 신경세포의 뇌혈류에 있어서 산소농도 내지 탈산화헤모글로빈의 농도이다. 당연하게도 우리의 의미 이해는 뇌혈류의 산소농도로 완전하게 환원될 수 없다. 여기에 fMRI 기술상의 한계가 있다. 다음으로 패턴 해독의 한계가 있다. 어떤 상태에서 뇌에 나타나는 fMRI

범주(範疇, category)의 수준에서 예측하는 것이었다. 또한 그들은 기준이 되는 신경영상 패턴을 얻기 위하여 예비실험을 했는데, 즉 어떤 범주의 사물을 보여주고 그에 의하여 나타나는 신경영상의 패턴을 먼저 얻는 것이었다. 그것은 각 피험자에 대하여 다른 모든 사물들과 구별되는 어떤 기저조건(baseline)을 얻기 위하여 각 범주의 사물들에 대하여 평균적인 뇌반응을 측정하는 실험이다. 그렇게 하여 예비실험에서 얻어진 신경영상 패턴을 자료로 하여, 본 실험에서 피험자들이 무엇을 보았는지 또는 생각했는지를 묻지 않고 모르는 상태에서 신경영상 패턴만을 보고 그것을 예측하는 것이다.

"응답 패턴은 얼굴, 고양이, 5개 범주의 인공물(집, 의자, 가위, 신발, 병)과 제어 넌센스 영상을 보면서 6개 주제의 기능자기공명영상(fMRI)으로 측정했다."[61] 피험자들이 예비연구에서 얻은 평균활동과의 상관관계 분석을 거쳐 각 실험 동안 보았을 가능성이 가장 높은 범주를 예측하였다. 이 절차를 통해 범주 간 쌍별 비교를 한 결과 96%의 정확도로 피험자들이 본 자극의 범주를 예측할 수 있었다. "대상-선택적 복측 측두 피질(ventral temporal cortex)에서의 반응 패턴은 짝별 비교에서 96%의 수준으로 보여지는 범주를 정확하게 식별했다.… 작은 인공 물체(병, 가위, 신발, 의자)의 식별 정확도는 각 범주의 확률보다 현저하게 우수했다."[62]

　 패턴은 반드시 특정한 의미나 사유 내용만을 반영하는 것이 아니라 기본모드네트워크(DMN)의 활성화를 포함한다. 무엇보다도 음성언어에 연관되는 사유를 신경세포의 연결상(連結象)으로, 또는 그 반대로 번역하는 문제가 있을 것이다.

61 James V. Haxby, M. Ida Gobbini, Maura L. Furey, Alumit Ishai, Jennifer L. Schouten, Pietro Pietrini, Distributed and Overlapping Representations of Faces and Objects in Ventral Temporal Cortex, SCIENCE vol. 293, 2001. p.2425. Patterns of response were measured with functional magnetic resonance imaging (fMRI) in six subjects while they viewed pictures of faces, cats, five categories of man-made objects (houses, chairs, scissors, shoes, and bottles), and control, nonsense images (Fig. 2).

62 ibid., p.2425. The pattern of response in object-selective ventral temporal cortex correctly identified the category being viewed in 96% of pairwise comparisons (20). The pattern of response indicated when subjects were viewing faces, houses, and scrambled pictures with no errors (Table 1).

어떤 사물에 대해 생각만 할 때도 그 사물을 실제로 볼 때 사용하는 뇌 영역이 관여하였다. Haxby 등 연구진의 이러한 실험결과는 뇌신경영상이 범주적 수준에 있어서는 충분하게 그 패턴과 범주적 사물을 연관시킬 수 있다는 것을 보여주는 것이다. 이것은 다르게 말하면 우리가 사물을 보고 그것을 인지하고 구분하는 인식의 내용에 관하여 fMRI로 측정되는 우리의 신경영상이 대응한다는 것을 의미한다. 물론 이것은 외계 사물의 인식의 수준에서의 실험이다. 달리 말하면 우리가 어떤 문제에 대하여 고민하고 사유하는 것, 그 사유의 내용에 대하여 그 당시에 찍은 신경영상으로 예측하는 그러한 수준은 물론 아니다. 그렇지만 우리의 인식과 사유가 단어와 범주의 수준에서 뇌신경영상의 패턴이 어떤 형태로든 상응한다는 것을 의미한다.

[1418] Monti 등 연구진

Monti등 연구진은 식물인간 상태(vegetative state)에 놓여 언어적 또는 반응 운동반응을 할 수 없는 환자들을 대상으로 fMRI에 의한 커뮤니케이션(communication)을 시도하였다. 정확하게 말하면 의식장애에 대한 진단(오진비율 40%)과 병상검사를 보완하기 위한 연구였다. 중요하게 보이는 것은 50여 명의 식물인간 상태의 환자 중 1명과는 커뮤니케이션에 성공하였다는 것이다. 일부 환자는 어떤 행동을 하는 것을 상상하라는 연구진의 지시를 따르는 것으로 보아 문장을 이해하는 것으로 보인다. 또한 예(yes)와 아니오(no)의 의사표시를 연구진이 지시하는 것을 상상하는 것으로 할 수 있었다. 연구 결과는 다음과 같다.

Identification accuracy for the small man-made objects (bottles, scissors, shoes, and chairs) was significantly better than chance for each category (21).

"연구에 등록한 54명의 환자 중 5명이 뇌활동을 의도적으로 조절할 수 있었다. 이들 환자 중 3명에서 추가 병상검사에서 약간의 인지(awareness) 징후가 나타났지만 다른 2명의 환자에서는 임상평가를 통해 임의적 행동을 감지할 수 없었다. 한 환자는 fMRI 질문에 예 또는 아니오로 대답하기 위해 이 기술을 사용할 수 있었다. 그러나 침상에서 어떤 형태의 의사(疑似) 커뮤니케이션을 하는 것은 불가능했다."[63]

이미지 과제는 환자들에게 어떠한 상상(想像)을 하도록 요청하는 것이었다. 물론 환자가 지시한 상상을 하는 경우 fMRI에 의하여 환자 뇌의 특정 영역에서 활성화가 일어나고 이것은 정상인의 동일한 상상의 fMRI와 비교하여 해석된다.

"fMRI 스캐너에 있는 동안 모든 환자에게 두 가지 이미지 작업을 수행하도록 요청하였다. 운동 이미지 과제에서, 그들은 테니스 코트에 가만히 서 있는 것을 상상하고 상상의 강사에게 팔을 휘둘러 '공을 치라'고 명령했다. 공간 이미지 과제에서 참가자들은 친숙한 도시의 거리를 걸어다니는 것을 상상하거나, 집에서 방마다 걸어가는 것을 상상하고, 그들이 그곳에 있다면 '보는(see)' 모든 것을 시각화하도록 지시받았다. 첫째, 30초간의 정신적 이미지와 30초간의 휴식을 번갈아 취하도록 지시하는 소위 '로컬라이저 스캐닝(localizer

63 Martin M. Monti, Audrey Vanhaudenhuyse, Martin R. Coleman, Melanie Boly, John D. Pickard, Luaba Tshibanda, Adrian M. Owen, and Steven Laureys, Willful Modulation of Brain Activity in Disorders of Consciousness, *The new england journal of medicine*, vol.362, no.7, 2010, p.579. Of the 54 patients enrolled in the study, 5 were able to willfully modulate their brain activity. In three of these patients, additional bedside testing revealed some sign of awareness, but in the other two patients, no voluntary behavior could be detected by means of clinical assessment. One patient was able to use our technique to answer yes or no to questions during functional MRI; however, it remained impossible to establish any form of communication at the bedside.

scanning)'이 두 차례 실시되었다. 각 스캔에는 5개의 휴면-상상 주기가 포함되었다. 각 이미지 기간의 시작은 '테니스' 또는 '내비게이션'이라는 구어(spoken word)로, 휴식 시간은 '릴랙스'라는 단어로 시작(cue)되었다."[64]

환자와의 커뮤니케이션의 방식은 환자가 지시받은 상상을 하는 것이었다. 가령 "아버지의 이름이 알렉산더인가?" 라는 연구진의 질문에 대해 환자가 예(yes)를 하고 싶으면, '테니스를 치는 것을 상상하라.'는 것이다. 반대로 아니오(no)를 하고 싶다면 '도시를 걸어다니는 것을 상상하라.'는 것이다. 이렇게 하여 위 식물인간 상태의 환자 중 한 사람과는 정확하게 커뮤니케이션(communication)을 성공시킬 수 있었다.

---

64 *ibid.*, p.581. While in the functional MRI scanner, all patients were asked to perform two imagery tasks. In the motor imagery task, they were instructed to imagine standing still on a tennis court and to swing an arm to "hit the ball" back and forth to an imagined instructor. In the spatial imagery task, participants were instructed to imagine navigating the streets of a familiar city or to imagine walking from room to room in their home and to visualize all that they would "see" if they were there. First, two so-called localizer scanning sessions were conducted in which the patients were instructed to alternate 30-second periods of mental imagery with 30-second periods of rest. Each scan included five rest−imagery cycles. The beginning of each imagery period was cued with the spoken word "tennis" or "navigation," and rest periods were cued with the word "relax."

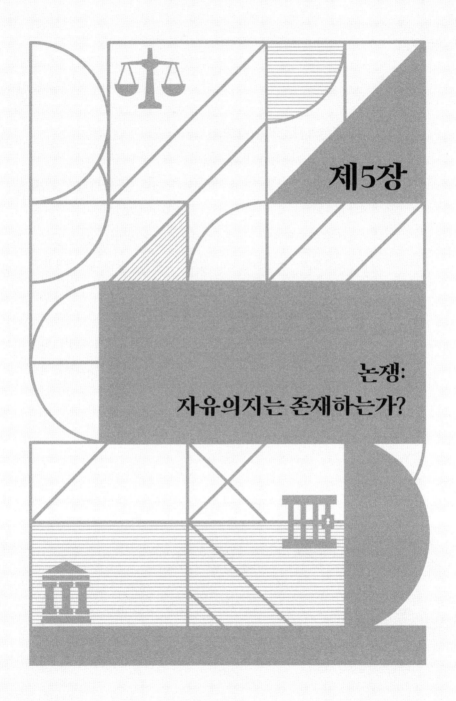

제5장

논쟁:
자유의지는 존재하는가?

[1501] 자유의지론의 관문의식(觀問意識)

　"자유의지가 있다는 것은 무엇을 의미하는가? 이런 질문을 받으면, 사람들은 자신의 자유의지를 갖고 있다고, 널리 믿고 있으며, 또 자유의지는 일반적으로 도덕적 및 법적 책임의 중요한 토대로 간주된다. 그러나 그렇게 널리 퍼져 있고 중요하게 보이는 개념인데도, 그 정의(定義)와 사용에 대해 상당한 혼란이 있다. 철학자와 신학자들은 수천 년 동안 자유의지 문제에 관해 토론해 왔다. 오늘날 신경과학자와 심리학자들도 철학자들과 함께 자유의지에 대한 몇 가지 끊이지 않는 질문에 대한 답을 구하려고 노력하고 있다. 그것은 환상(幻想)인가? 그것은 결정론(決定論)과 양립하지 않는가? 사람들이 그것 없이도 도덕적으로 책임을 질 수 있는가? 그러나 이러한 각 질문에서 '그것'은 무엇인가? '그것'은 자유의지의 통속개념(folk concept)이다."[1]

1　Andrew E. Monroe and Bertram F. Malle, Free Will without Metaphysics, in Surrounding Free Will: Philosophy, Psychology, Neuroscience, Oxford University Press, 2014, p.25. What does it mean to have free will? When asked, people widely believe that they have free will (Baumeister, Crescioni, & Alquist, 2010), and free will is commonly asserted as a critical underpinning for moral and legal responsibility (Greene & Cohen, 2004). But for such a seemingly widespread and important concept, there is remarkable confusion over its definition and use. Philosophers and theologians have debated the question of free will for millennia. Today, neuroscientists and psychologists have joined philosophers in trying to answer some nagging questions about free will: Is it an illusion (Wegner, 2002)? Is it incompatible with determinism (Nichols, 2011)? Can people be morally responsible without it (Greene & Cohen, 2004)? However, what is the "it" in each of these questions? The "it" is the folk concept of free will.

자유의지의 문제가 오래되었다는 것은 이 문제가 고대 신화(古代神話)의 주제를 형성하고 있는 데서 드러난다. 인간이 아직 논문체(論文体)의 사유를 하기 이전, 즉, 이야기(story) 형태의 사유(思惟)를 하던 신화시대에도 자유의지를 주제로 하는 여러 신화들이 있었다. 그것은 아예 이 세계에서 인간의 등장과도 관련되는바, 대표적으로 아담과 이브의 신화가 그것이다. 아담과 이브가 자유의지로 선악과(善惡果)를 따 먹는 선택을 하였다는 이 신화는, 자유의지가 선과 악, 죄, 결혼, 노동, 사회, 심판, 구원 등 인간 문명의 대부분의 관념을 탄생시키고 있다. 한편 오이디푸스 신화는 운명론과 자유의지 문제, 책임과 죄의 문제를 함축한다.

　인간이 그 사상과 사유를 이야기(스토리) 형식의 신화가 아니라 논문 형식의 논제로 삼기 시작한 때에도 당연히 자유의지의 문제는 중요한 주제가 되었다. 우리는 앞에서 아리스토텔레스가 자유의지를 논거로 하여 윤리학과 형법학을 정초하였다는 것을 논의하였다. 즉 그는 에쿠시온(ἑκούσιον)에 대해서만 형법학과 윤리학적 의미를 가진다고 구별하였는바, 이것이 바로 자발적 행위, 자유로운 행위를 의미한다.[2]

　기독교와 그에 기반을 둔 서양문명에 있어서 자유의지의 문제는 종교 교리의 중심적 논제를 이루고 있다. 기독교가 채택한 창세신화만이 아니라, 그 교리의 주제들과 연관해서도 자유의지의 문제는 하느님의 개념과 분리할 수 없는 논점을 형성하고 있다. 인간이 자유의지를 가지고 있다면 그것은 하느님의 전지전능(全知全能)과 모순된다. 카인이 살인을 한 사건을 볼 때, 전능한 하느님은 당연히 카인의 살인을 예상하고 그에게 살인충동을 주지 않았어야 했을 것이다. 그렇지만 그런 경우 살인의 책임 그리고 살인의 죄는 하느님에게 있다고 해야 한다. 이 모순과 그에 대한 해명이 기독교의 중심적 교리 중

2　*supra* [1103]

의 하나이다. 가령 어거스틴(Aurelius Augustinus)에게 있어서는 개념적으로 자유의지에 앞서 의지(意志)가 선행한다. 그리고 자유는 두 가지로서, ~으로부터의 자유(freedom)와 ~을 향한 자유(liberty)가 있다. 하느님에 의하여 인간에게 주어진 것은 신의 평화와 사랑을 지향(指向)하는 자유, 즉 지향의 의지로서의 자유의지이다. 인간의 의지는 아담과 이브의 원죄에 의하여 타락(墮落)하였다. 그리하여 구원받기 위해서는 하느님의 은혜(恩惠)가 필요하게 되었다는 것이다.

종교만이 아니라 도덕, 법, 그리고 정치와 사회도 인간의 자유의지를 전제로 하여 구축되어 있다. 이것은 바로 문명(文明) 그 자체가 인간의 자유의지에서 연원한다는 것을 의미한다. 우리가 지금 자유의지를 논의하는 것은 그것이 형법상 책임의 문제에 관한 논의의 전제이기 때문이다. 그러나 자유의지는 이와 같이 형법적 문제만이 아니라 윤리, 가치, 정치와 사회 전반에 걸친 문제이다. 나아가 그것은 인간상(人間像)과 세계관(世界觀)의 문제에까지 이른다.

서구문명은 그 시초 그리스 문명에서부터 자유의 가치를 전제로 하여 구축되었다. 그리스인들은 페르시아전쟁에서 뚜렷한 이념의 충돌을 보여주는바 그것은 자유를 위한 전쟁이라는 것이었다. 물론 그들의 자유는 인구의 반 이상을 차지하는 노예를 배제한 자유였다. 노예가 생산문제를 해결하고 있었기 때문에 자유개념 그리고 그 가치가 가능했던 것이기도 하다. 근대사회 그리고 현대문명에 있어서도 다시금 자유는 중심가치로 놓여 있다. 오늘날 문명국가의 헌법은 자유의 가치가 그 중심에 있다.

그러나 이에 대해 심각한 비판도 있다. 자유의지와 형벌적 책임은 국가의 허구(虛構)라는 것이다. "개인의 지적 자유는 찬양된다. 그렇게 함으로써 개인에게 경험적으로 아무런 제한 없이 책임을 지울 수 있다. 그리고 이것은 형이상학적으로 정당화된 형벌이라는 전망을 가지고 더욱 쉽게 개인을 통제(統

制)할 수 있다."³ 이것은 자유의지의 이념(理念)이 양날의 칼이라는 것을 보여준다. 그것은 인간의 자유를 보장하라는 요구도 되지만 동시에 실질적으로 사회적으로 전혀 자유롭지 않은 구체적 개인들을 희생시키고 통제하는 명분이기도 하다.

[1502]

자유의지라는 논제(論題)는 근대(近代)에 뿌리를 둔 현대의 정치경제체제에 근본적 문제를 제기한다. 그것은 사회의 기반을 형성하는 개개인의 신념(信念)의 차원이다. "중세 십자군 전사들은 삶의 의미가 신과 천국에서 온다고 믿었고, 현대의 자유주의자들은 인생의 의미가 개인의 자유로운 선택에서 나온다고 믿는다. 하지만 둘 다 망상(妄想)에 지나지 않는다."⁴

물론 자유의지에 관한 새로운 관점이 세상을 바꾸는 것은 아니다. 그러나 그러한 과학적 진전에 입각한 인간의 의식(정신)을 조종하는 기술들이 사회경제에 일반화되면 문제는 달라진다. "세 번째 천년의 초입에 자유주의가 직면하는 위협은 '자유의지를 지닌 개인 따위는 없다.'라는 철학적 개념이 아니라 구체적 기술(技術)들이다. 머지않아 우리는 개인의 자유의지를 전혀 허용하지 않는 엄청나게 유용한 장치들, 도구들, 구조들의 홍수에 직면할 것이다. 민주주의, 자유시장, 인권이 과연 이 홍수 속에서 살아남을 수 있을까?"⁵ 중요한 문제는 자유의지를 전제(前提)로 한 정치경제제도가 현실에서 제기되는 문제를 해결하지 못하고, 새로이 적용되는 사회경제적 기술들이 자유의지를 전제로 하지 않으며, 자유의지의 느낌(feeling)을 조종(操縱)한다는 것이다.

---

3 *supra* [1260]
4 Yuval Noha Harari, 『호모데우스』, 김명주 역, 김영사, 2017, (e-book), 제8장, p.242.
5 *ibid.*,

자유의지라는 논제는 위와 같이 우리의 상식보다 훨씬 복잡하다. 그리고 서구 역사의 오랜 시대에 걸쳐 논쟁해 왔다. 그리하여 그 논쟁의 내용을 검토하려고 자료를 들여다보면 실로 방대(尨大)하다. 그렇지만 자유의지에 관해 아직 합의된 정의(定義)도 없다. 어쩌면 모든 학자들이 각자 코끼리의 다른 다리를 만지고 있는지도 모른다. 우리는 뒤에서 자유의지에 관해 여러 가지 정의들을 설정하고 각각에 대해 검토할 것이다. 그러나 여기에서는 문제를 좁혀 명확한 관문의식을 설정하기로 한다. 첫째, 우리가 자유의지의 문제를 논의하는 것은 형법상 책임개념의 규정이라는 맥락(脈絡)에 연계되어 있다. 그리고 여기에는 자유의지에 관한 명백한 정의가 있다. 그것은 바로 타행위가능성(他行爲可能性)이다. 살인범이 범행의 순간에 다른 적법한 행위를 할 가능성이 있었느냐 하는 것이다. 사실 자유의지에 관하여 이와 같이 명백하게 정의된 개념은 없다.

둘째, 우리가 자유의지에 관하여 다시 논쟁하는 이유는 리벳의 실험이라는 새로운 계기(契機)가 생겼기 때문이다. 이제 여러 신경과학적(神経科学的) 실험과 과학을 동원한 논의가 가능해졌다. 자유의지에 관한 논쟁은 이제 더 이상 형이상학(形而上学)이 아니다. 여기에서 자유의지에 관한 논쟁은 새로운 구체적 논점을 제시한다. 손가락을 구부리는 의도(意図)를 의식(意識)하기 전에, 뇌의 신경세계(神経世界)에서 그에 관한 결정이 이루어졌는가? 만약 그렇다면 그것은 도대체 무엇을 의미하는가? 이것은 이제까지 자유의지론에서는 전혀 상상하지 못했던 새로운 시야(視野)이다. 우리는 이제 신의 섭리와 인간 자유의 모순과 같은 방식으로 논의하지 않아도 되는 것이다.

셋째, 위 두 번째의 관문의식에 대한 논의는 위 첫 번째의 논점을 해결하는 방향으로 확장될 수 있고, 나아가 앞에서 논의한 자유의지와 인식론, 자유의지와 정치사회 그리고 문명에 관한 문제로 확장될 수 있다. 우리는 최소한 2천여 년 만에 자유의지에 관한 논의를 과학적 기반 위에서 할 수 있게 된 것이다.

[1503] 써얼(Searle)의 논제(論題)

우리는 좀 더 논점(論点)을 명확하게 규정하는 것에서부터 출발하기로 한다. 관문(観問)이 무엇인가 하는 점에서 써얼(John R. Searle, 1932-현재)의 관문의식(観問意識)이 좋은 출발점이 될 수 있다. 그는 문제의 성격에 대하여 이렇게 말한다.

> "철학에서 전통적인 자유의지 문제가 이처럼 오랫동안 지속되고 있는 것은 나에게는 하나의 스캔들(scandal)로 보인다. 자유의지에 관한 수세기 동안의 문헌들에도 불구하고 그다지 큰 진전을 이룬 것 같지 않다.… 해결이 불가능해 보이는 문제에는 으레 특정한 형태의 논리가 그 안에서 발견되곤 한다. (그러한 문제에 대해서) 절대로 포기 못 할 것 같은 믿음을 한편에 갖고 있으면서, 다른 한편으로는, 앞엣것과 모순되면서도 같은 정도의 호소력을 지닌 것으로 보이는 또 다른 믿음을 갖고 있다는 것이다."[6]

위와 같이 그동안의 철학사에서 자유의지의 문제에 관해 평가하면서, 써얼(Searle)은 문제를 간단하게 정의하는 데 성공한 것으로 보인다. 그것은 우리

---

6 John R. Searle, Freedom and Neurobiology -Reflections on Free Will, Language, and Political Power, Columbia University Press New York, 2007, pp.37-38. 이하 번역은 강신욱 역, 『신경생물학과 인간의 자유』, 궁리, 2010을 인용한다. 때로 수정 부분이 있다. The persistence of the traditional free will problem in philosophy seems to me something of a scandal. After all these centuries of writing about free will, it does not seem to me that we have made very much progress… Typically, when we encounter one of these problems that seems insoluble it has a certain logical form. On the one hand we have a belief or a set of beliefs that we feel we really cannot give up, but on the other hand, we have another belief or set of beliefs that is inconsistent with the first set, and seems just as compelling as the first set.

가 '손목을 구부린다'고 의도하여 팔을 구부리는 경험을 자유의지의 문제로 보는 것이다. 여기에서 논점은 우리가 모두 자유의지로 팔을 구부렸다고 생각하고, 설사 그것이 사실이 아니라고 명백히 밝혀졌다고 하더라도, 여전히 이 믿음을 버릴 수 없다는 것이다.[7] 그렇지만 다른 한편으로는 이 세상에 아무런 원인(原因)도 없이, 그리고 필요충분한 조건 없이 어떤 일–팔을 구부림–이 일어날 수 있다는 것도 그만큼 믿기 어렵다. 그런데 써얼이 문제를 규정하는 특별한 점은 의식(consciousness)을 문제설정에 개입시키고 있다는 것이다. 다음이 써얼이 자유의지의 문제를 규정하는 방식이다.

> "자유의지의 문제는 특정 종류의 의식(意識)과 관련된 인과적 사실(causal fact)의 문제이므로, 어떻게 인간의식의 한 상태가 하나의 몸 움직임을 야기(惹起)하는 것일까? 의식적인 노력에 의해 몸을 움직이는 것은 삶에서 가장 흔히 경험하는 것 중의 하나이다. 예를 들어, 이제 나의 의식적 노력을 나의 그 부분, 즉, 의도적(意図的)으로 내 팔을 올리면, 자! 보라!, 팔은 올라간다. 이보다 더 평범한 일이 있을까? 이처럼 싱거운 일이 철학적으로 곤혹스러운 것이 되고 있다는 점은 우리가 뭔가 실수를 저지르고 있음을 시사한다."[8]

---

7 내가 자유의지는 없다고 여러분을 설득하고, 또 리벳의 실험을 들어 이성적으로 그리고 과학적으로 설득하여, 손가락을 구부리는 것이 자유의지에 의하여 이루어진 것이 아니라는 것을 여러분이 납득했다고 하자. 그렇지만 여러분은 돌아서 나가면서, 갈릴레이처럼 "그래도 여전히 지구는 돌고, 여전히 내가 손가락을 구부렸어!" 하고 말할 것이다.

8 *ibid.*, pp.47-48. Because the problem of free will is a problem about the causal facts concerning certain sorts of consciousness, we need to explain how consciousness in general can function causally to move our bodies. How can a state of human consciousness cause a bodily movement? One of the most common experiences in our lives is that of moving our bodies by our conscious efforts. For example, I now intentionally raise my arm, a conscious effort on my part, and lo and behold, the arm goes up. What could be more common? The fact that we find such a banal occurrence philosophically puzzling suggests that we are making a mistake.

자유의지의 문제를 위와 같이 규정하는 것은, 첫째, '의지(意志)'는 의식적(意識的)이라는 것을 함축한다. 이것이 타당하게 보이는 것은, 자유의지라고 하는 것이 어떤 무의식적인 과정의 특징을 말하는 것은 아니기 때문이다. 즉 우리가 '의지'라고 하는 것은 의식적 의지이고, 의식된 의지이며, 의지를 내용으로 하는 의식이다. 둘째, 자유의지는 인과관계의 차원에서 논의된다. 즉 우리의 의식 또는 의식적 의지가 원인이 되고 팔을 구부리는 동작(움직임)이 결과가 되는 그와 같은 인과관계(因果關係)에 관한 문제라는 것이다.[9] 셋째, 그리하여 자유의지는 어떻게 '의식(의지)'이 동작의 '원인'이 될 수 있는가 하는 것이다. 네째, 여기에 또 다른 문제가 제기된다. 즉, 우리가 팔을 구부리는 현상을 자유의지의 발견으로 규정하면, 그것은 사실 '자아(自我)'를 전제하고 있다는 것을 발견한다. 왜냐하면, 자유의지를 실현한다는 의도, 이유, 목적은 '나'라는 주체를 설정하지 않으면 불가능하기 때문이다. 이런 정도에 이르면 우리는 자유의지가 상당히 심각하고 복잡한 내용을 포함한다는 것을 발견한다.

그런데 리벳의 실험에서 시작된 신경과학은 여기에 또 하나의 문제를 덧붙였다. 이것이 다섯째 문제이다. 다섯째, 설사 위의 모든 의문들이 해결된다고 해도, 시간적으로 이미 비의식적(非意識的)으로 손목을 구부린다는 결정이 이루어졌다고 보아야 하기 때문에, 의식에 있어서의 이유나 목적, 의도 등은 팔을 구부리는 동작의 원인이 아니라는 결론이 된다. 그것은 사후(事後)의 해석

---

9 사실 이러한 표현도 문제가 있다. 가령 자유의지라는 것은 원인(原因)이 없는 것이라고 할 수 있다(결정론과 대립되는 것). 이것은 엄밀히 말해 두 가지 측면이 있다. 첫째, 자유의지(의도)의 발생이 원인 없이 발생해야 한다. 둘째, 자유의지가 손가락을 구부렸다고 하더라도 자유의지는 손가락을 구부린 원인(原因)이 아니다. 자유의지가 손가락을 구부리는 원인이라면 자유의지 그 자체가 인과관계 안에 들어가는 것이다. 즉 자유의지는 결론론의 한 요소가 되는 것이다. 이것은 자유의지의 개념과 모순되는 것이다. 우리는 '세상의 것은 원인과 결과가 있다(인과법칙)'라는 당연한 믿음을 가지고 있다. 그런데 또 우리는 인과법칙으로 작동하지 않는 또 다른 믿음, 자유의지의 믿음을 가지고 있는 것이다. 이 두 가지 모순되는 믿음을 똑같이 당연한 것으로 가지고 있는 것이다. 그렇지만 여기에서는 자유의지의 발생은 원인이 없다고 하고, 그 자유의지가 우리의 행동을 야기하는 것을 자유의지의 개념으로 보기로 하자.

일 뿐이지 원인도 이유도 아니라는 것이다. 이 다섯째는 써얼이 직접 제시한 설명은 아니지만 그 자신이 이 문제를 다루고 있다는 점에서 그의 논지의 왜곡은 아니다.

　이쯤 되면 우리는 쉽게 해결할 수 없는 많은 문제들에 부딪치게 되었다는 것을 발견한다. 그러나 우리는 써얼의 덕분으로 출발점에 있어서는 아주 쉬운 관문(觀問)을 설정할 수 있다. 그것은 자유의지란 우리가 스스로 자신의 팔을 구부리는 문제라는 것이다. 우리가 자신의 팔을 구부리면서 내 마음대로 팔을 구부렸다는 것에서, 우리는 자유의지를 경험(経驗)한다. 그런데 이렇게 일상적으로, 아니 지금 당장 눈앞에서 팔을 구부리면서 느끼는 이 자유의지의 경험에 대하여, 일부 철학자들이나 인지과학자들은 그 자유의지의 느낌은 환상(幻想)이라고 주장한다. 진실은 무엇인가? 그것을 환상이라고 주장하는 사람들이 미친 사람들이거나 스스로의 느낌(feeling)에 배반하는 관념(觀念)이나 공허한 이론을 외치는 것인가? 아니면 정반대로 내가 환상에 빠져 있으며, 그것에 미혹(迷惑)되어 있기 때문에 환상을 현실 혹은 실재적인 것으로 착각하고 있는 것일까? 아니면 내가 손가락을 구부렸다는 느낌도 정상이고, 그것을 환상이라고 주장하는 사람들도 정상이지만, 오히려 다만 현실과 세계 전체가 환상인가? 즉 세계 전체가 환상이기 때문에 그 속에서 실재적이라고 느끼는 것과 환상이라고 판단하는 것이 실제적으로는 아무런 차이가 없는 것일까? 바로 이렇게 무한하게 확장될 수 있는 것이 바로 자유의지의 관문이고, 당신과 내가 손가락을 구부리는 문제이다.

[1504] 데카르트 프레임(Descartes' frame)

　자유의지에 관한 써얼의 관문의식(觀問意識)은 의식적 의지가 신체적 동작의 원인(原因)이 될 수 있는가 하는 것이다. 이러한 문제설정에서 즉각 제기되는 것은 바로 정신적인 의식(의지)이 동작의 원인이 될 수 있는가 하는 것이다. 이것은 우리의 경험(經驗)으로 보면 지극히 당연하게 긍정(肯定)할 수 있는 것으로 보인다. 즉, 우리는 손목을 구부린다는 것을 의식(의지)함으로써 손목을 구부린다. 그러나 이 당연하게 보이는 현실의 느낌(feeling)이고 매순간 되풀이하는 경험이지만, 이것이 사실은 당연하지 않다.

여기에는 두 가지 문제점이 있다. 첫째, 관념적 정신적 실재로서 의식(정신)이 어떻게 물질적인 실재로서의 팔을 구부릴 수 있는가 하는 문제이다. 우리는 눈앞의 책상에 있는 책을 우리의 의식(의도)으로 1센티미터도 옮길 수 없다는 것을 안다. 이처럼 정신(의도, 의식)은 일반적으로 물체를 움직일 수 없다. 둘째, 실제적으로 우리가 팔을 구부리는 과정은 해부학을 깊이 배울 필요도 없이 팔뼈에 붙어 있는 근육(筋肉)의 수축(收縮)에 의하여 일어난다. 우리의 의도가 근육의 수축에 작용을 가하지 않으면 안 된다. 근육이 신경신호에 의하여 작동한다면 우리의 의도는 신경신호(神経信号)에 작용해야 한다. 근육에 전달되는 신경신호가 뇌피질(cortex)에서 발생한다면 이번에는 우리의 의도가 뇌피질에 작용해야 한다. 뇌피질의 작동은 신경세포의 발화에 의해서 이루어진다면 다시 우리의 의도가 신경세포를 발화시켜야 한다.… 이렇게 무한소급(無限遡及)이 된다.

이 문제는 흥미롭게도 거의 400여 년 전에 당시의 교양인(敎養人)이었던 보헤미아(Bohemia)의 한 공주가 데카르트(René Descartes, 1596-1650)에게 제기한 문제이다. 데카르트의 철학은 근대철학의 위대한 출발로 인정되고 있는데, 오늘날에는 그의 철학이 보통 사람들의 일반적 상식을 형성하고 있다는 점에서도 중요하다. 데카르트는 물질(物質)과 영혼(靈魂)이라는 두 종류의 실재(実在)가 있다고 주장했다. 물질은 연장성(延長性, extension)을 본질로 하는데, 그것은 '공간(空間)'을 차지하는 성질'이다. 이 세상의 우리가 생각할 수 있는 모든 것에서, 그것이 공간을 차지하고 있다면(부피가 있다면) 그것이 바로 물질이다. 이에 대해 물질이 아닌 것, 즉 공간을 차지하지 않는 다른 종류의 실재가 있는데, 그것이 바로 영혼(정신)이다. 영혼(정신)은 사유(思惟)를 그 본질로 한다. 이것이 존재론에 있어서 근대적 이원론(二元論)이라고 불리어지는 것이다. 여기서 이원적 존재론에 대해서 깊이 논의할 필요는 없을 것이다. 다만 데카르트는 그의 회의적(懷疑的) 방법론을 통하여 영혼(정신)이라는 실재를 먼저 확립했다. 물질은 그 존재를 의심할 수 있다고 하더라도--우리는 꿈 속에서도 물질을 본다--, 현실에서든 꿈에서든 그것을 의심하는 주체(主体)로서 '의심(생각)하는 실재'만은 의심할 수 없다는 것이었다. 이것이 그 유명한 데카르트의 'Cogito, ergo sum(생각한다, 고로 존재한다)'의 명제이다.

일반적으로 데카르트나 위 Cogito를 논의할 때에는 찬사(讚辭)를 하는 것이 관행이다. 그러나 지금 이 시점의 우리의 논제에 있어서는 찬사는 별로 도움이 되지 않는다. 우리는 오히려, 불과 400년이 채 되지 않은, 그 시대의 사고 방식이 실로 원시적(原始的)이라는 점을 지적할 필요가 있다. 다시 말하여, 인류가 그 후 지적(知的)으로 얼마나 눈부신 발전을 하였는가 하는 점을 느낄 필요가 있다. 그런 점에서 오히려 다음과 같은 사실이 도움이 될 수 있다.

> "인간의 경우는 이와(동물) 달리 영혼을 갖고 있으며, 그 영혼은 송과체(松果体) 안에 머물러 있다. 영혼은 여기서 '생기(生氣, vital spirits)'와 접촉하게 되며, 이로 말미암아 영혼과 육체 사이의 상호작용이 일어나게 된다."[10]

오늘날 일반인이라고 할지라도 송과체에 영혼이 앉아 있다고 생각하는 사

---

10 Bertrand Russel, History of Western Philosophy, Simon and Schuster, New York, 1945. p.561. Men are different: they have a soul, which resides in the pineal gland. There the soul comes in contact with the "vital spirits," and through this contact there is interaction between soul and body. (송과체 pineal gland는 뇌의 한 부분)

람은 없다.[11] 우리는 이런 사고방식을 가진 철학자와는 다른 시대에 살고 있다. 그런데 육체와 영혼에 관해서는 일반인이나 학자나 과연 얼마나 데카르트와 다른가 하는 점에 대해서는 성찰할 필요가 있다.

데카르트의 영혼과 육체 이원론은 책이 출판되자마자 의문이 제기되었다. 그 주인공은 바로 보헤미아(Bohemia)의 엘리자베스(Elisabeth) 공주였다. 그녀는 데카르트에 보낸 편지에서 데카르트의 철학에 의문을 제기하였다. 그녀의 질문은 연장성이 없는 영혼이 육체(물질)에 운동(행동)을 일으킬 수 있느냐 하는 것이었다. 물질적인 실재의 운동은 본성적으로 충돌(衝突)을 통하여 작용-반작용에 의하거나 기타 역학적(力學的)으로만 가능한 것이었다. (그녀는 뉴턴의 역학을 알고 있었던 것으로 보인다). 그렇다면 영혼(정신)이 물질의 운동을 야기(惹起)할 수 있는 가능성은 논리적으로 상정하기 어렵다는 것이었다.

"저는 당신에게, 어떻게 인간존재(단지 생각하는 실체)의 영혼이 임의적(voluntary) 행동을 야기하기 위해 육체적 활력(活力)을 결정할 수 있는지에 관해 묻고 싶습니다. 왜냐하면, 움직임의 모든 기제는, 움직이려는 것이 대상을 미는(pushed) 방법에 의해서, 또는 후자의 표면의 특정한 질(qualities)이나 모양(shape)에 의해서, 움직여지는 것의 충격을 통하여 발생하는 것으로 보입니다. 물리적 접촉은 처음의 두 조건을 요구하며, 연장(延長)은 세 번째 조건을

---

11 데카르트는 왜 영혼이 송과체에 앉아 있다고 생각했을까? 데카르트의 생각을 조롱해서는 안 된다. 오히려 그의 그러한 결론은 그 당시로서는 대단히 논리적 결론이었다. 데카르트는 우리가 상상하는 것보다 훨씬 과학적인 사람이었고, 그 당시의 과학적 관점으로서 기계론적(機械論的)인 사고방식을 가지고 있었다. 그는 인간에 대해서도 극단적인 기계론적 생각을 적용했다. 즉 인간을 완전히 기계(機械)로 환원(還元)하는 생각을 밀어붙였다. 그의 놀라운 상상력은 오늘날 우리의 신경시냅스에 관한 관념에까지 이르렀다. 즉 그는 인간의 학습을 뇌의 수많은 연결통로들이 선택적으로 강화되는 것으로 해석했다. 그렇게 하여 그는 학습을 기계론적으로 이해할 수 있었다. 그러나 그는 두 가지를 기계론적으로 환원하는 것이 불가능하다는 결론을 내렸다. 첫째는 인간이 생각하는 것을 말로 보고하는 능력은 기계론적 모델로 환원할 수 없었다. 둘째는 인간의 추론능력이었다. 이것도 기계론으로 환원할 수 없었다. 기계론으로 환원되지 않는 능력의 주체로 영혼을 상정하지 않을 수 없었다.

요구합니다. 당신은 그 하나(연장성)를 영혼의 관념에서 완전히 배제했으며, 그리고 다른 하나(물리적 접촉)는 비물질적인 것과 양립하지 않는 것으로 보입니다."[12]

　　엘리자베스 공주의 질문은 사실 중대한 것이었다. 데카르트가 존재론적 이원론에 입각하면, 연장성이 없는 영혼으로는 결코 물질의 운동을 야기할 수 없다는 치명적 결함이 있었다. 그리고 우리가 다루고 있는 주제, 즉 임의적(즉 자유의지) 운동의 기제(機制)에 대해 묻고 있다. 이에 대한 데카르트의 대답은 여기서 논의할 가치는 없는 것이었다.[13] 어쨌든 데카르트는 비물질적인 영혼이라는 실재가 물질적인 육체의 운동을 야기한다는 것이다.

　　러셀(Russell)의 해석처럼 영혼이 송과체에 앉아서 물질(육체)에 생기를 불어넣어 운동을 야기한다는 것이다. 그런데 이러한 이론은 하나의 대단한 장

---

12 Lisa Shapiro, editor and translator. The Correspondence Between Princess Elisabeth of Bohemia and René Descartes. The Other Voice in Early Modern Europe. Chicago: University of Chicago Press, 2007. p.62. So I ask you please to tell me how the soul of a human being (it being only a thinking substance) can determine the bodily spirits, in order to bring about voluntary actions. For it seems that all determination of movement happens through the impulsion of the thing moved, by the manner in which it is pushed by that which moves it, or else by the particular qualities and shape of the surface of the latter. Physical contact is required for the first two conditions, extension for the third. You entirely exclude the one [extension] from the notion you have of the soul, and the other [physical contact] appears to me incompatible with an immaterial thing.

13 이에 대한 데카르트의 대답은 상당히 권위적(權威的)인 것이었다. 왜냐하면, 영혼의 본질은 사실 두 가지라고 하면서, 사유 이외에 육체와 결합하여 행동할 수 있는 것이 또 하나의 영혼의 본질이라는 것이었다. 그러면서 지금까지 자신의 저술은 물질로부터 영혼을 구별하는 데 초점이 있었기 때문에 이제2의 본질에 대해서는 말하지 않았다는 것이다. 그러나 이것은 사실 대답이 아니다. 왜냐하면, 이렇게 되면 데카르트는 대답할 수 없는 질문이 없게 될 것이다. 가령 제3자가 데카르트에게 왜 영혼은 불사(不死)하느냐고 물으면 데카르트는 영혼은 제3의 본질이 있는데 그것은 불사라고 말하면 될 것이기 때문이다. ibid., (Lisa Shapiro) pp.63-64. For there are two things about the human soul on which all the knowledge we can have of its nature depends: one of which is that it thinks, and the other is that, being united to the body, it can act on and be acted upon by it. I have said almost nothing about the latter, and have concentrated solely on making the first better understood, as my principal aim was to prove the distinction between the soul and the body. Only the first was able to serve this aim, and the other would have been harmful to it.

점(長点)이 있는데, 비물질적인 실재(영혼)가 운동을 야기하는 것이기 때문에 그 영혼의 의도(의지)는 자유의지라고 할 수 있다는 것이다. 왜냐하면, 인과적으로 결정론적인 성격은 바로 물질적 세계에 속한 것이고, 비물질적인 영혼의 세계는 결정론적인 인과법칙에서 벗어난 세계라고 할 수 있기 때문이다. 이처럼 운동의 원인을 비물질적 실재(영혼)의 의지에서 구하고, 영혼(정신)의 의지가 '자유의지'라고 보는 관점을 우리는 데카르트 프레임(Descarets' frame)이라고 부르기로 한다.

[1505]

비물질적인 정신에서 육체적 운동이 연원(緣源)하기 때문에 자유의지라는 이러한 데카르트 프레임은 대부분의 자유의지론자의 생각이라고 할 수 있다. 우리의 일반적 상식도 바로 데카르트 프레임인데, 왜냐하면, 우리가 자유의지를 가지고 있는 것은 바로 정신을 가지고 있기 때문이라고 생각하기 때문이다. 우리 스스로 그냥 생각해 보면 우리는 팔을 구부리면서 그것을 자유의지의 작용이라고 생각하고, 그것이 자유의지인 이유는 나의 정신에서 나온 의도(의지)이기 때문이라고 생각한다. 이것이 바로 데카르트 프레임이다.

이러한 데카르트 프레임은 변형도 가능하다. 송과체에 거주하는 영혼에 대해 이를 아주 작은 인간 혹은 영혼체(靈魂体)로서 호문쿨루스(Homunculus) 라고 할 수도 있다.[14] 오늘날 송과체에 영혼이 거주한다고 믿는 사람은 없고,

---

14 Homunculus는 라틴어로 '작은 사람'을 의미한다. 중세 유럽의 연금술에 관한 책에는 플라스크 안의 작은 사람이 그려져 있는 그림들이 많이 있다. 정액에는 이미 완전한 형태의 작은 사람이 들어 있으며 임신과 출산은 단지 여성의 자궁을 빌려 성장시키는 것으로 생각했다. 그리하여 연금술사들은 여성 대신에 플라스크 속에 정액을 넣어 이것을 사람으로 성장시키려고 하였다. 여기서 나온 사고방식의 하나가 인간의 두뇌 속에 호문쿨루스가 있어서 인간의 사유와 행동을 야기한다고 생각하거나, 이 호문쿨루스가 자아(自我)라는 사고방식도 생겨났다. 영화나 SF 소설 속에 외계인이 지구인의 두뇌 속에 침입하여 인간을 조종하는 상상력도 등장한다(영화 〈맨인블랙, Men in Black〉). 중요한 문제는 이

영혼이라는 단어보다는 정신(精神)이라는 단어가 상식이다. 그리하여 자유의지에 관한 데카르트 프레임에서는 정신에서 의도가 생성되고, 의도가 육체의 운동을 일으킨다. 그 의도는 정신에서 나온 것이기 때문에 물질적(육체적) 제약이나 인과로부터 자유로운 자유의지라는 것이다.

호문쿨루스나 송과체의 영혼은 물론, 비물질적 영혼이 의도를 형성하여 인과에서 벗어난 자유의지로서 신체적 운동을 일으킨다는 이론에 대해서는 비판할 가치가 없다. 비물질적 영혼을 정신이라고 바꾸고, 비물질적 정신이 인과적 제약에서 벗어난 자유의지로 운동을 일으킨다는 주장에 대해서도 마찬가지로 비판할 가치가 없다. 이것은 상식에 호소하는 바가 있지만, 상식의 배경을 이루는 내용이 데카르트가 말하는 물질과 분리독립된 실재로서 일체의 인과적 과정에서 자유로운 그러한 이원론적 실재를 상정한다고 할 수는 없다. 정신이나 마음이라는 개념은 널리 사용되지만, 그 의미는 반드시 데카르트 프레임의 영혼에 한정(限定)되는 것은 아니다.

리벳의 실험 이후로 신경과학적 실험의 한 의미는 바로 이러한 이원론적 영혼적 실재, 비물리적 실재에 자유의지를 근거화하는 것을 부정하는 것이기도 하다. 영혼이나 정신이나 천국을 믿는 것과는 별도로, 그것에서 자유의지의 근거를 구하는 것은 모두 데카르트 프레임으로서 타당하지 않다. Desmurget 등 연구진은 그들의 논문에서 뇌에 관한 이원론의 관점을 간단하게 이렇게 표현했다.

"이원론 철학에 따르면 우리의 뇌는 다른 어떤 비물리적 왕국(nonphysical

것이 일반인의 인간에 대한 하나의 사고방식이라는 것이다. 물론 이것은 논리적으로 오류이다. 왜냐하면, 인간이 호문쿨루스에 의하여 생각하고 움직인다면 다시 호문쿨루스를 움직이는 더 작은 호문쿨루스가 필요하게 되고 이것은 무한소급(無限遡及)이 된다. 반대로 호문쿨르스는 더 이상 호문쿨루스가 필요없다고 한다면, 인간 역시 호문쿨루스가 필요없게 된다.

realm)에서 형성된 의식적 의도(意図)를 받아들이는 장치일 뿐이다."[15]

이것이 데카르트 프레임의 또 다른 표현이다. 여기에는 영혼, 호문쿨루스 대신에 비물리적 왕국이라고 표현하고 있는바, 중요한 것은 이러한 비물리적 왕국이나 영혼에서 의도(의지)가 형성되고, 뇌는 그것을 받아들이기만 한다는 것이 바로 데카르트 프레임이다. 자유의지론에 관한 많은 이론과 사유가 궁극적으로는 데카르트 프레임에 귀결된다. 우리는 데카르트 프레임을 오류(誤謬)라고 규정하기로 한다. 그렇지만 왜 그것이 오류인가에 대해서는 논의하지 않는다. 왜냐하면 그것은 자유의지의 문제를 정신, 유심론, 영혼불멸, 천국 등의 세계관과 관련한 형이상학적 논쟁에 빠져들게 하게 때문이다. 그리하여 우리는 데카르트 프레임을 보헤미아 엘리자베스 공주의 논점에 한정하기로 한다. 이렇게 논점을 한정하면 그것이 오류라는 것은 명백하다. 왜냐하면 우리의 일상적 경험(経験)이 영혼의 염력(念力)으로 보이지는 않기 때문이다.

[1506] 세계의 오류(fallacy of world)[16]

데카르트 프레임과는 다르게 자유의지를 주장하는 사람이나, 자유의지를 부정하는 사람이나 모두다 빠져 있는 하나의 오류(誤謬)가 있다. 그것은 가시세계(可視世界)와 미시세계(微視世界)를 혼동하는 오류이다. 즉 가시세계에 적용해야 할 개념을 미시세계에도 적용하거나, 그 반대의 경우, 또는 가시세계와 미시세계를 하나로 통합된 동일(同一)한 세계로 상정하는 오류이다. 우리

---

15 Desmurget et al., Movement intention after parietal cortex stimulation in humans. *op, cit,*, p.811. According to the dualist philosophy, our encephalon is just the recipient of conscious intentions formed elsewhere in a nonphysical realm.
16 '세계의 오류'에 대해서 제2권에서 재론(再論)할 것이다.

는 이것을 세계의 오류(fallacy of world)라고 부르기로 한다.

가시세계란 우리의 눈앞에 보이는 세계, 우리가 행동하는 세계이다. 이에 대하여 미시세계는 원자(原子)나 분자나 세포(細胞)의 세계와 같이 지극히 작은 실체들의 세계이다. 그런데 우리가 원자세계와 같은 미시세계에 대하여 '하나의 원자가 여기에 있으니까 같은 시간에 저기에는 없다.'와 같은 알리바이(alibi)를 생각한다면 그것은 오해이다. 원자는 가시세계적 관점에서는 같은 시간에 여기에도 있고 저기에도 동시에 있다. 원자는 돌멩이나 당구공과는 다른 것이다. 인간의 뇌피질의 신경세계도 마찬가지로 미시세계이다. 우리의 뇌의 피질(cortex)을 구성하고 있는 수많은 세포들의 세계를 신경세계(神經世界)라고 하자. 이 신경세계는 미시세계이다. 인간의 뇌에는 약 860억 개의 신경세포(neuron)가 존재하며 그것이 연결하는 시냅스(synapse)의 수는 은하 전체에 있는 별의 수보다 3,000배 이상 많다.[17]

이제 자유의지에 있어서 '의지(意志)'라는 것이 어디에 있는가? 우리가 쉽게 생각할 수 있는 결론은 우리의 눈앞에 있는 가시세계, 돌멩이와 국화(菊花)와 같은 사물들의 세계에는 의지라는 것이 없다는 것이다. 의지는 당장 생각할 수 있는 것이, 인간의 심리적(心理的)인 어떤 것의 이름이므로 돌멩이와 같은 사물은 아니고 따라서 가시세계에 있는 것이 아니다. 그렇다고 의지라는 것이 미시세계인 신경세계에 있는 것도 아니다. 왜냐하면 신경세계에는 뉴런이나 시냅스가 있을 뿐이지 의지라는 것이 어떤 하나의 특수한 세포나 세포들의 집합을 형성하고 있는 것이 아니기 때문이다.

그렇다면 의지는 어디에 있는가? 우리가 굳이 말한다면 의지는 우리의 내

---

17 Jamie Ward, The Student's Guide to Cognitive Neuroscience, *op.cit.*, pp.32-33. (1) There are 86 billion neurons in the human brain (Azevedo et al., 2009). (2) Each neuron connects with around 10,000 other neurons. As such, there are over 3,000 times as many synapses in one person's brain than there are stars in our whole galaxy.

관세계(內觀世界)에 있다고 해야 한다. 내관세계란 우리가 의식에 있어서 느끼는 세계이다. 주관세계(主觀世界)는 내관세계의 다른 이름이다. 우리는 마음속으로 3년 전에 연인(戀人)과의 아름다웠던 순간에 대한 기억을 떠올릴 수 있다. 이러한 기억의 회상은 어디에 있는가? 그것도 내관세계에 있다고 해야 한다. 의지라는 것도 있다면 그것은 우리의 이미지 또는 느낌으로서 우리 개개인의 내관세계에 있다고 해야 한다. 그런데 중요한 문제는 이러한 내관세계는, 우리 눈앞의 가시세계나 뇌의 미시세계와는 달리, 실재(實在)하지 않는 세계이다. 우리의 내관세계는 기묘하게도 미시세계(즉 신경세계)를 반영하는 것처럼 보이지만 동시에 시공간적 단위(單位)에 있어서는 가시세계와 같은 스케일(scale)이다. 우리가 내관세계(주관세계)라고 부르는 것은 우리가 의식(意識)하는 세계라는 뜻이다. 어떤 심리적인 무엇에 해당하는 것이 뇌에서 발생했다고 하더라도 우리가 의식하지 못하면 그것은 내관세계에 들어오지 않는다. 그런데 우리의 의식은 시간적 규모(規模)가 가시세계적 단위(單位) 이상만을 느낀다. 신경세계나 미시세계에서는 0.001초(1ms) 동안 발생한 사건도 그 세계에서 일어난 사건이다. 그러나 그렇게 짧은 시간 동안에 일어났다 사라지거나 변화된 사건은 우리의 의식(意識)에 들어오지 않는다. 우리가 그렇게 짧은 시간 동안 일어난 우리 뇌에서의 사건을 모두 의식한다면 우리는 아마 미쳐 버릴 것이다.

　신경세포는 감각세포나 운동세포와는 다른 네트워크를 형성하고 다른 방식으로 작동한다. 신경계는 신경적 흥분을 전기신호의 방식으로 야기시키거나 전달할 뿐이다. 물론 감각세포로부터 입력이 있고 운동세포에로의 출력이 있다. 그것은 어디까지나 내적으로 폐쇄된 신경계와 환경과의 관계일 뿐이다. 그것은 잠수함 내부와 잠수함 외부의 차이와 같은 것이다. 행동(운동)의 결정은 뇌(신경세계)에서 작동적 폐쇄성에 의하여 규정된다. 그렇다면 그 결정양식은 뇌(신경세포체계)의 작동양식에 따라 이루어지는 것이고 당연히 결정성(決定性)을 띤다.[18] 그런데 감각영역(인식영역)과 신경영역을 혼동하고 작동적 폐쇄성을 잊어버리는 것이 오해의 원천이다. 우리가 앞에서 논의한 통속적(通俗的) 심리개념들은 모두 그러한 예이다.[19]

> "우리가 자기도 모르게 한 영역에서 다른 영역으로 옮아가, (두 영역을 동시에 고려하기 때문에) 설정할 수 있는 상관관계를 개체의 (이 경우에는 유기체나 신경계의) 작업에 실제로 관여하는 구성요소로 착각하는 경우에 문제가 발생한다."[20]

우리가 빠지는 자유의지에 관한 혼란은 우리가 신경계에서 출발하여 자기도 모르게 가시계(자기나 타인의 행동을 보고 느끼는 것)에로 옮겨가 둘이 함께 본 것을 바탕으로 신경계와 가시계의 상관관계를 상정하고, 그 상관관계가 우리 자신이나 또는 신경계의 실재적 구성요소로 착각한다. 그것이 세계의 오류이다.

---

18 우리는 결정론이라는 단어 대신 자주 결정성(決定性)이라는 단어를 사용할 것이다. 물론 뇌의 결정양식이 결정론적이 아니라 라스베가스 도박장의 도박기계처럼 무작위성(random)으로 이루어진다고 주장할 수도 있다. 그리고 이러한 주장을 하는 학자도 있다. 경우에 따라서는 양자역학적인 불확실성에 의하여 이루어진다는 주장을 세우기도 한다. 그러나 그것이 자유의지를 입증하는 것이 아님을 알아야 한다. 자유의지란 무작위적 결정이 아니다. 만일 그렇다면 이 세계에서 유일하게 자유의지를 가진 체계가 도박장의 도박기계가 될 것이다. 그러나 도박기계야말로 자유의지를 가졌다고 말하는 사람은 없는 것으로 보인다.
19 마뚜라나와 바렐라가 비판한 것은 표상주의와 유아론(唯我論)에 관한 것이다. 그러나 우리는 이것이 자유의지의 관념에도 그대로 적용된다고 본다.
20 Maturana/Varela, Der Baum der Erkenntinis, Goldmann Verlag, 1987, pp.148-149. Wir kommen erst dann in Schwierigkeiten, wenn wir, ohne es zu merken, von einem Bereich zum anderen überwechseln und dabei verlangen, daβ die Korrelationen, die wir (auf Grund unserer gleichzeitigen Betrachtung beider Bereiche) zwischen ihnen herstellen können, tatsächlich Bestandteile des Operierens der Einheit (in diesem Fall des Organismus und des Nervensystems) sind.

[1507]

뇌의 신경세계(神経世界)에 의지(意志)라는 개념을 사용할 수 있는가. 이것은 신경과학적 실험에서 직접 부딪치는 문제이다. 신경과학자가 피험자들에게 자유의지 또는 임의성 있게 행동하라고 지시하는 문제가 있다. 리벳의 실험에서 리벳 등 연구진은 다음과 같이 피험자들에게 지시했다.

"(자기시동(自己始動)의 임의행위) 피험자는 오실로스코프 시계(CRO)가 완전히 회전할 때까지 기다렸다가 그 후 언제든지 그렇게 하고 싶을 때에 손가락 또는 손목을 신속하고 급격하게 구부리도록 요청받았다. 행동의 '자발성'을 장려하기 위한 추가 지시는 그룹2의 피험자들과 그룹1의 세션의 후반에서 2/3 정도만 주어졌다. 여기에서는, '언제 행동할 것인지에 대한 사전 계획이나 전념(專念) 없이, 언제든지 스스로 행동하고 싶은 충동(衝動)이 나타나도록 하라' 즉, 각 행동을 수행하기로 시기를 결정함에 있어서 '자발적'이 되도록 노력하라는, 지시를 받았다; 이 지침은 자유자재로 변덕스러운 '자발적인' 행동을 이끌어 내기 위해 고안되었다."[21]

리벳의 1985년 논문에서는 임의적(voluntary) 행동을 개념적으로 규정하는

---

21 Libet et al., Time of conscious intention to act in relation to onset of cerebral activity (readiness-potential), *op.cit.*, p.625. (1) *Self-initiated voluntary acts*. The subject was asked to wait for one complete revolution of the CRO spot and then, at any time thereafter when he felt like doing so, to perform the quick, abrupt flexion of the fingers and/or the wrist of his right hand (*see* Libet *etai*, 1982). An additional instruction to encourage 'spontaneity' of the act was given routinely to subjects in Group 2 and only in the latter half to two-thirds of sessions with Group 1. For this, the subject was instructed 'to let the urge to act appear on its own at any time without any preplanning or concentration on when to act', that is, to try to be 'spontaneous' in deciding when to perform each act; this instruction was designed to elicit voluntary acts that were freely capricious in origin. 리벳의 1985년 논문에서는 개념적으로 임의적 행동을 규정하는 부분이 있다.

부분이 있다.

　　"'임의적 행동'과 '의지'라는 용어에 할당된 의미는 상당히 복잡하고 종종 철학적 편견과 관련이 있기 때문에 여기서는 그 사용법을 명확히 하려고 노력할 것이다. 이 실험적 조사와 분석에서 행위는 다음과 같은 경우 임의적이고 피험자의 의지(will)에 따른 것으로 간주된다. (a) 외부 자극이나 신호에 직접 반응하지 않고 내생적(內生的)으로 발생하는 경우, (b) 피험자의 행위의 개시 및 이행을 직접 또는 즉시 통제하는 외부적으로 부과된 제한(制限) 또는 강요(强要)가 없는 경우, 그리고 (c) 가장 중요한 경우로, 자신의 주도권(主導權)에 따라 행동을 수행하고 있으며 원하는 대로 행동을 시작할 수 있는지 또는 자유롭게 시작할 수 있다고 내관적(introspectively)으로 느끼는 경우이다."[22]

　　리벳의 실험은 '임의적' 행동이라는 개념에 관련하여 신경차원(미시세계)에는 적용할 수 없는 심리학적 개념을 적용하고 있는 셈이다.

　　리벳의 실험만이 아니라 신경과학 전반에 걸쳐 신경차원(미시세계)에는 적용할 수 없는 개념을 적용하고 있다는 비판이 있다. 간단히 말하면 두뇌는 인간이라는 전체(全體)의 한 부분(部分)에 불과하다. 전체의 차원에서 성립하는 개념을 부분의 세계에 적용하는 것을 오류(誤謬)라고 하는 것이다. 베넷과 해커(Maxwell R. Bennett & Peter M.S.Hacker)는 이것을 전체-부분의 오류라고 부

---

22 Libet, Unconscious cerebral initiative and the role of conscious will in voluntary action. *Behavioral and Brain Sciences* 8, 1985 p.529. Since the meanings assigned to the terms "voluntary action" and "will" can be quite complicated and are often related to one's philosophical biases, I shall attempt to clarify their usage here. In this experimental investigation and its analysis an act is regarded as voluntary and a function of the subject's will when (a) it arises endogenously, not in direct response to an external stimulus or cue; (b) there are no externally imposed restrictions or compulsions that directly or immediately control subjects' initiation and performance of the act; and (c) most important, subjects feel introspectively that they are performing the act on their own initiative and that they are free to start or not to start the act as they wish.

른다.

"논리적으로 따져서 동물(動物) 전체(whole)에 적용시켜야 하는 동물의 속성(屬性)을 가지고 동물을 구성하는 부분들(parts)에 속한다고 생각하는 신경과학자들의 잘못을 우리는 신경과학에서 전체-부분의 오류(The Mereological Fallacy)라고 부르고자 한다."[23]

그들은 리벳의 실험도 이러한 전체–부분의 오류에 빠져 있다고 비판한다. 다음은 그들이 리벳의 실험에 대해 비판하는 내용이다.

"자발적으로 손을 움직이는 것에 관하여, 사람들은 평소에는 그와 같은 어떤 느낌을 필요로 하지 않고 통상적으로 그런 느낌을 수반하지 않는다 하더라도, 움직이고자 하는 충동을 언제 느끼는지 보고하라고 요구받을 때는, 어쨌든 그와 같은 느낌을 찾아낸다. 보고된 느낌은 그들의 운동을 자발적인 것으로 만드는 것이 아니며, 어떠한 느낌이 없다고 하더라도 그들의 운동을 비자발적으로 만들지 않는다. 느낌이 추정적으로 파악되기 350ms 전에 보조운동영역 피질 속에 있는 신경들이 발화(發火)한다는 사실이 행위자가 움직임을 행하기 이전에 뇌가 '무의식적으로' 움직이기를 '결정(決定)'한다는 것을 보여주는 것은 아니다. 그것은 단지 행위자가 '욕구를 느끼는 것' 혹은 '움직이도록 하는 충동을 느끼는 것'이 일어났다고 보고한 시간 이전(以前)에 근육을 활동

---

23 Maxwell R. Bennett / Peter M.S.Hacker, Philosophical Foundations of Neuroscience, Blackwell Publishing, 2003, p.73. 이하 번역은 이윤상 외 5인 역, 『신경과학의 철학』, 사이언스북스, 2013을 인용한다. 때로 수정 부분이 있다. The neuroscientists' mistake of ascribing to the constituent parts of an animal attributes that logically apply only to the whole animal we shall call the mereological fallacy' in neuroscience.

하게 하는 신경적 과정이 시작되었다는 것만을 보여준다."[24]

[1508]

그리하여 자유의지의 문제에 관하여 베넷과 해커가 주장하는 것은 다음과
같다.

"(1) 우리는 의지함(willing)이라는 이 신비스러운 사건이 어떤 것일지에 대
한 어떤 생각도 가지고 있지 않다. … (2) 우리는 이러한 의지함의 작용들을
어떻게 확인할 수 있는지 알지 못한다. … (3) 확실히 우리는 그러한 내적 작
용들을 확인하지 못했고, 그러한 내적 작용과 그 결과로서 일어나는 신체적
운동 사이의 인과관계도 확정하지 못했다. … (4) 각각의 자발적인 행위 이전
에 거기에 상응하는 하나하나의 의지함의 작용이 있다고 주장하는 것은 확
실히 불합리한 것이라고 할 수 있다. … (5) 일반적으로 다른 사람의 자발적인
행위와 비자발적인 행위를 확인하고 구분하는 것은 그렇게 어렵지 않다. 그
러나 우리는 다른 사람의 운동이 의지함이라는 심적(心的)인 작용에 의해 야
기된 것인지 그렇지 않은지를 찾아냄으로써 그들의 자발적 행위와 비자발적
행위를 구별하지는 않는다."[25]

---

24 *ibid.*, p.230. Equally, when asked to note when they feel an urge to move, they come up with
such a feeling, even though moving one's hand voluntarily does not require and does not normally
involve any such feeling. The feeling reported is not what makes their move ment voluntary, and any
absence of feeling would not make it involuntary. The fact that the neurons in the supplementary
motor cortex fire 350 ms before the feeling is allegedly apprehended does not show that the brain
'unconsciously decided to move before the agent did. It merely shows that the neuronal processes
that activate the muscles began before the time at which the agent reported a "feeling of desire" or
"feeling an urge to move" to have occurred.

25 *ibid.*, pp.226-227 (a) We have no idea what these mythical events of willing might be… (b) We do
not know how to identify these acts of willing… (c) We have certainly not identified such inner acts

이상의 베넷과 해커의 논의는 모든 신경과학을 대상으로 하는 일반론적인 비판이다. 그 초점은 대부분의 심리학적 개념들은 인간이라는 전체(全體)에 해당하는 개념인데, 그것을 뇌의 신경세계에 적용하는 것은 전체–부분의 오류라는 것이다. 이것은 의지(意志)나 자유의지(自由意志)에 대해서도 마찬가지이다. 우리는 '의지(意志)'라는 실재가 있고 그것이 단일한 것으로서 신경세계의 어떤 것으로 환원할 수 있다고 상정하면 그것은 잘못이다. 왜냐하면 우리의 의지라는 개념은 인간 전체에 대하여 성립하는 개념으로서 전혀 다른 차원에서도 사용된다. 가령 '의지가 굳다', '강인한 의지', '한 인간의 의지가 세계를 변혁할 것이다' 등에서 사용되는 의지는 신경세계와는 거의 무관하며, 논쟁이 되는 자유의지와도 무관하다. 그런 점에서 의지라는 것을 먼저 상정하고 그러한 의지의 성격이나 종류의 하나로서 자유의지에 관하여 논의하거나 연구하는 것은 잘못이다. 그러나 베넷과 해커의 주장은 신경과학 전체에 대한 일반론적 비판으로서 그렇다고 하여 신경과학이 무의미해지는 것은 아니다. 신경과학은 불가피(不可避)하게 인간 전체(人間全體)에 해당하는 개념, 심리학적인 개념을 사용한다. 그렇다고 신경과학의 연구가 무효라거나 무용하다거나 오류라고 할 수는 없다.

그리하여 신경과학에 관련하여 전체–부분의 오류라는 개념은 너무나 광범위하고 불확정적인 개념이다. 인간 전체라는 것이 무엇을 의미하는지 명확하지 않다.[26] 자유의지의 문제에 한정하여 세계의 오류라는 좀 더 명확한 의

---

and established a causal relation between them and subsequent bodily movements, on the basis of which we now confidently assert that voluntary acts are acts caused by mental occurrences of willing… (d) It would surely be absurd to suppose that before each voluntary act there is a separate act of willing. Each of the words of the previous sentence was voluntarily and intentionally) written down, and each letter in each word was intentionally inscribed… (e) It is typically easy enough to identify and distinguish the voluntary and involuntary acts of others. But we do not distinguish these by finding out whether their movements were caused by mental acts of willing, which neither we nor they can identify.

26 베넷과 해커의 책은 그 많은 분량에도 불구하고 계속 인간 또는 전체라는 말만 되풀이하고 있을 뿐 그

미를 가진 개념을 사용하는 것이 타당하게 보인다. 앞에서도 말했듯이 세계의 오류는 이 세계를 4개의 세계로 분류하는 명확한 의미를 가지고 있다. 즉 거시세계(巨視世界), 가시세계(可視世界), 미시세계(微視世界) 그리고 내관세계(內觀世界)이다. 신경세계(神経世界)는 미시세계에 속한다. 이렇게 보면 명확하게 말할 수 있는 것은 의지함(willing)이라는 실체를 상정하는 것은 베넷과 해커의 말대로 오류이다. 의지는 내관세계에서도 한정된 의미를 가지지 않으며, 미시세계(신경세계)의 어떤 실체나 현상으로 환원되지 않으며, 신경세계적 현상으로 일의적으로 설명할 수 없는 것이다. 그리하여 '자유의지'는 '의지'의 자유가 아니다. 즉 의지라는 일반적인 실체가 있고 그러한 실체적 의지의 어떤 성격에 관한 것이 아니다. 자유의지는 '인간의 자유'에 관한 것이다. 즉 자유의지의 문제는 자유의 문제이다. 자유의지는 미시세계(신경세계)에서 의지라는 실체를 찾는 것이 아니다.

자유의지의 논점은 내관세계와 미시세계와의 관계(関係)를 해명하는 것이다. 우리가 내관세계에서 심리적으로 의식적으로 느끼는 자유(자유의지)의 느낌을 미시세계(신경세계)와의 관계에서 어떻게 설명하느냐 하는 것이다. 그것이 미시세계(신경세계)와의 관계에 관한 것이라는 점에서 과거의 형이상학적(形而上学的) 논의와는 구별된다. 한편 베넷과 해커의 비판 중에는 적절하지 않은 부분이 있다. 가령 그들은 리벳의 실험에서 의도의 느낌이 350ms 전에 보조운동영역의 피질 속에 신경들이 발화한다는 사실이 뇌가 '무의식적'으로 움직임을 '결정'한다는 것을 보여주지 않는다고 한다. 확실히 '뇌가 결정(決定)한다'고 말하는 것은 세계의 오류이다. '뇌가 결정한다'고 말하는 것은 확실히 의미론적 기술(semantic description)이다. 그러나 중요한 것은 내관세계에서

러한 전체의 관점에 섰을 때 도출되는 귀결이나, 기존의 신경과학에 대하여 선명하게 대조되는 시야(視野)를 제시하지 못하고 있다.

결정과 의도가 생성되는 경우에 있어서, 미시세계(신경세계)에서 무엇이 일어나고 두 세계의 관계가 어떻게 규정되는가 하는 것이다. 이에 대한 대답을 찾는 것이 자유의지 논의 논점이다. 그리하여 베넷과 해커의 주장처럼 리벳의 실험이 "단지 행위자가 '욕구를 느끼는 것' 혹은 '움직이도록 하는 충동을 느끼는 것'이 일어났다고 보고한 시간 이전(以前)에 근육을 활동하게 하는 신경적 과정이 시작되었다는 것만을 보여준다."라고 할 때, 자유의지와 관련하여 우리는 그것을 어떻게 해석해야 할 것인가 하는 것이 자유의지의 논점이라는 것이다. 이것이 단순한 비판과 논제의 해결을 구하는 토론과의 차이이다. 그리고 이 차이에는 전체–부분의 오류보다 세계의 오류라는 개념이 더 타당하게 보인다.

[1509] 쇼펜하우어 테제(Schopenhauer's These)

자유의지의 문제는 의지의 자유에 관한 문제가 아니다. 즉 의지의 문제가 아니라 자유의 문제이다. 이렇게 의지라는 혼란의 개념을 배제하면 자유의지의 문제는 인간존재의 문제가 되고 행동의 문제가 되고 자유의 문제가 된다. 그런데 이렇게 되면 그것은 인간행동의 수많은 동기, 이유, 원인 등이 과연 자유로운가 하는 문제가 된다. 그것들이 자유롭지 않다면 자유의지는 허구이고 그런데도 자유롭다고 느끼는 우리의 인식은 환상이 된다. 이러한 점을 가장 간명하게 시사(示唆)한 사람은 쇼펜하우어로 보인다. 그는 의지(意志)에 대해 이렇게 말했다.

"사람은 자신이 원하는 것을 할 수는 있지만, 그가 원하는 것을 원할 수는 없다."[27]

　우리는 이것을 쇼펜하우어 테제(Schopenhauer's These)라고 부를 것이다. 우리는 맥주를 좋아하여 맥주를 마실 수는 있다. 그러나 우리 자신이 맥주를 좋아하는 것(원하는 것)을 원할 수는 없다. 우리의 선호(選好)는 결코 자유로운 것이 아니며, 반대로 우리가 마음대로 바꿀 수 있다면 그것은 선호라고 할 수 없다. 그런데도 우리가 맥주를 좋아하여 맥주를 마시면서 우리가 자유롭다고 느끼는 것은 환상이다. 이것이 쇼펜하우어 테제의 가장 간명한 해석이다.

　여기에서 일반인의 자유의지에 관한 직관과 자유의지 환상론의 논리가 서로 결별(訣別)하는 지점(地点)을 발견할 수 있다. 일반적으로는 (즉 우리의 직관으로는), 내가 좋아하는 맥주를 마시는 것이야말로 자유의지라고 생각하고 실제로 자유로움을 느낀다. 그러나 자유의지가 환상이라고 주장하는 사람들은, 내가 좋아하는 맥주를 마시는 것은 욕망에 따르는 것으로 전혀 자유의지가 아니라는 것이다. 오히려 그것을 자유의지라고 믿고 있는 사람들이야말로 환상에 빠져 있는 사람들이라고 한다. 소가 풀을 뜯어먹고, 사자가 토끼를 잡아먹는 것은 자유의지라고 할 수 없다. 마찬가지로 우리가 빵을 먹거나 맥주를 마시는 것은 전혀 자유의지가 아니다. 따라서 우리(일반인)는 이제 자유의지가 환상이라고 주장하는 사람들을 이해할 수 있다. 즉 자유의지 환상론자가 주장하는 것은 소가 풀을 뜯어먹는 것이 자유의지가 아닌 것처럼, 우리가 맥주를 마시는 것도 자유의지가 아니라는 것이다. 그런데 문제는 여기에 있는

27　Arthur Schopenhauer, "Der Mensch kann zwar tun, was er will, aber er kann nicht wollen, was er will." 이 문장은 많은 경우 Essays and Aphorisms을 전거로 하나, 유감스럽게도 B.J. Hollingdale 번역의 1970년 출판 Penguin Books에서는 그 번역 문장을 찾을 수 없었다. Markus Gabriel, Ich ist nicht Gehirn,(전대호 역, 열린책, 2018, e-book)의 제5장 각주6은 Schopenhauer 1977, 82로 전거를 표시하고 있는바, 참고문헌에서 1977로 표시된 것은 두 종류이다. Die Welt als Wille und Vorstellung. Zürcher Ausgabe. Werke, 10 Bände, Band 4(Zürich: Diogenes., 1977). Preisschrift über Freiheit des Willens, in: ders.: Die beiden Grundprobleme der Ethik(Zürich: Diogenes. 1977).

것이 아니다. 당신이 자유의지가 환상이라는 것을 이해했다고 하는데, 그렇다면 당신 자신도 일반 사람들(직관)과 다르게, 자유의지가 없다고 진지하게 믿을 수 있는가, 하고 되물었을 때, 당신은 그 정도의 이해로서 자신의 신념(또는 느낌)을 바꿀 수 없다는 것을 발견한다. 당신은 갈릴레이를 흉내 내어 이렇게 말할 것이다. '그래도 지구는 돌고, 나는 자유롭다,'라고 말이다. 또는 이렇게 말할 것이다. 그들(자유의지 환상론자)의 생각을 이해는 할 수 있다. 그러나 그렇다고 이렇게 생생한 나의 느낌(feeling)이 바꾸어지지는 않는다고.

그래서 우리는 자유의지에 관한 논의가 이론적 논쟁과는 다른 또 하나의 차원이 있다는 것을 발견한다. 그것은 만약 자유의지가 환상이라면, 그 환상을 알았는데도 왜 우리는 자유로운 느낌을 가지고 있는가, 하는 또 하나의 다른 논점이 있다는 것이다. 그렇지만 이 논점을 우리는 뒤로 미룬다. 우선하는 논의는 자유의지가 있는가 하는 논점이기 때문이다. 자유의지 환상론에 대한 또 다른 설명은 해리스(Sam Harris)가 제공하고 있다.

"의도(intention) 그 자체가 어디서 나오는지, 또 무엇이 매 순간 그 의도의 성격을 결정하는지는, 주연자가 누구인가 하는 점에서 볼 때 완전히 불가사의(不可思議)하다. 우리가 자유의지가 존재한다고 느끼는 것은, 이 점을 이해하지 못하는 데서 기인한다. 말하자면 의도 자체가 발생하기 전까지 우리는 우리가 무엇을 의도하는지 알 수가 없다. 이것을 이해하면, 사람들이 일반적으로 생각하듯, 우리가 우리 사고와 행동의 주연자(author)가 아니라는 것을 알게 된다."[28]

---

28 Sam Harris, Free will, Free Press, New York, 2012. p.36. But where intentions themselves come from, and what determines their character in every instance, remains perfectly mysterious in subjective terms. Our sense of free will results from a failure to appreciate this: We do not know what we intend to do until the intention itself arises. To understand this is to realize that we are not the authors of our thoughts and actions in the way that people generally suppose.

우리가 쇼펜하우어의 테제와 비견해서 위 해리스의 문장에서 하나의 통찰을 뽑는다면, '의도 자체가 발생하기 전까지 우리는 우리가 무엇을 의도하는지 알 수가 없다.'라는 문장이다. 결코 자유롭게 발생한 것이라고 증명되지 않은, 그러한 의도를 우리는 다만 자각(awareness)할 뿐이다. 그런데 일반인은 그 의도가 자신의 자유로운 의도라고 환상적으로 믿고 있다.

물리학자 아인슈타인(Einstein)은 자유의지가 환상이라는 점에 대하여 좀 다른 어조(語調)로 말하고 있다. 물리학자 막스 플랑크(Max Planck)의 저서의 에필로그에 수록된 세 사람의 대화에 그의 관점이 제시되어 있다. 머피(Myurphy)가, 인과관계와 자유의지의 문제를 다루는 책에 대해 친구 플랑크와 협력해 왔다고 말하자, 아인슈타인은 대뜸 다음과 같이 말한다.

"솔직히 나는 사람들이 인간 의지의 자유를 논할 때 무슨 말을 하는 건지 이해를 못 하겠다. 예를 들어 나는 어떤 일 아니면 다른 일을 하려는 느낌(feeling)을 가지고 있다. 하지만 이게 자유와 무슨 상관인지 전혀 이해하지 못하겠다는 말이다. 나는 파이프 담배를 피우고 싶은 기분을 느끼고 그렇게 한다. 하지만 이것을 자유라는 관념과 어떻게 연결지어야 할지는 도통 모르겠다. 파이프 담배에 불을 붙이고자 하는 행위의 배후(behind)에 무엇이 있을까? 또 다른 의지(willing)의 행동? 쇼펜하우어는 이렇게 말했다. 사람은 자신이 원하는 것을 할 수는 있지만, 그가 원하는 것을 원할 수는 없다."[29]

---

29 Max Planck, Where is Science Going?, W.W.Norton & Company, New York, 1932. p.201. [Murphy]: I have been collaborating with our friend, Planck, on a book which deals principally with the problem of causation and the freedom of the human will. [Einstein]: Honestly I cannot understand what people mean when they talk about the freedom of the human will. I have a feeling, for instance, that I will something or other ; but what relation this has with freedom I cannot understand at all. I feel that I will to light my pipe and I do it; but how can I connect this up with the idea of freedom? What is behind the act of willing to light the pipe? Another act of willing? Schopenhauer once said: Der Mensch kann was er will; er kann aber nicht wollen was er will (Man can do what he wills but he cannot will what he wills).

자유의지의 관념에 익숙한 우리의 선입관은 오히려 정반대로 아인슈타인이 무슨 말을 하고 있는지 도통 이해할 수가 없다. 아인슈타인 역시 쇼펜하우어의 테제를 인용하고 있다. 그렇지만 우리가 아인슈타인의 표현에서 자유의지에 관한 논쟁과 관련한 하나의 표현을 선발한다면, 그것은 다음 문장이다. '파이프 담배에 불을 피우고자 하는 행위의 배후에 무엇이 있을까?'

자유의지가 의도의 원인에 대한 무지에서 연유한다는 것은 스피노자(Brauch De Spinoza, 1632-1677)도 지적한 바 있다.

> "그러므로 자유에 대한 그들의 관념은 단순히 그들의 행동에 대해서도 무지하다는 것이다. 인간의 행동은 의지에 달려있다는 그들의 말은, 단지 그에 상응하는 아무런 관념도 없다는 구절일 뿐이다. 의지가 무엇이고, 그것이 몸을 어떻게 움직이는지, 그들은 아무것도 모른다."[30]

흄(David Hume, 1711-1776)은 의지에 대해 실제로 느껴지는 것이 아니며 다만 내부적으로 애매한 인상(impression)에 불과하다고 했다.[31]

---

30 Benedict de Spinoza, The Ethics, Translated from the Latin by R. H. M. Elwes, p.94. Their idea of freedom, therefore, is simply their ignorance of any cause for their actions. As for their saying that human actions depend on the will, this is a mere phrase without any idea to correspond thereto. What the will is, and how it moves the body, they none of them know;

31 David Hume, A treatise of human nature.(1739), Ed. L. A. Selby-Bigge. Oxford, at the claredon Press. p.708. by will I mean nothing but the internal impression we feel and are conscious of when we knowingly give rise to any new motion of our body or new perceptions of our mind : this impression indefinable, 나에게 있어 의지란, 우리 몸의 새로운 동작을 일으키거나 우리의 마음에 새로운 지각을 불러일으켰을 때, 우리가 인지적으로 느끼고 의식하는 내부적 인상(internal impression) 이외에는 아무것도 아닌 것이며, 이 인상은 정의되지 않는다.

[1510]

자유의지 환상론에 대한 또 다른 유용한 해설은 하라리(Yuval N. Harari)의 설명이다. 그는 이렇게 설명하고 있다.

"인간은 자신의 욕망에 따라 행동한다. 우리가 '자유의지'를 욕망에 따라 행동하는 능력이라는 뜻으로 정의한다면, 맞는 말이다. 인간에게는 자유의지가 있고, 침팬지와 개, 앵무새도 마찬가지이다. 앵무새는 크래커를 먹고 싶으면 먹는다. 하지만 정작 중요한 질문은 앵무새와 사람이 내면의 욕망에 따라 행동할 수 있느냐가 아니다. 중요한 질문은 그들이 애초에 자신의 욕망을 스스로 선택할 수 있느냐이다. 왜 앵무새는 오이가 아니라 크래커를 먹고 싶어할까? 왜 나는 짜증나는 이웃에게 다른 쪽 뺨을 내어 주는 대신 그를 죽이기로 결정할까? 왜 나는 검은색 자동차가 아니라 빨간색 자동차를 사고 싶어 할까? 왜 나는 노동당이 아니라 보수당에 투표하고 싶을까? 이 소망들 가운데 그 어떤 것도 내 선택이 아니다. 내가 특정한 소망을 느끼는 것은 내 뇌에서 일어나는 생화학적 과정들이 그런 느낌을 만들어 내기 때문이다. 그런 과정들은 결정론적이거나 무작위일 뿐 자유의지에 의한 것이 아니다."[32]

하라리의 문장 중에서 하나를 선택한다면 '이 소망들 가운데 어느 것도 내 선택이 아니다'를 들고 싶다. 이렇게 여러사람들의 설명을 인용하는 것은 자유의지 환상론의 설명을 위한 표현 그 자체가 귀중하다고 생각하기 때문이다. 자유의지 환상론을 이해한 사람이 이를 일반인에게 설명할 때 위와 같은 인용 이상의 표현을 구사하기 어렵다. 소(牛)가 풀을 먹는 것이 자유의지가

---

32 Yuval Noha Harari, Homo Deus, *op.cit.*, p.226.(제8장)

아니라고 한다면, 우리가 빵을 먹는 것도 자유의지가 아니다. 그런데 우리는 빵을 선택하면서 자유의지라고 생각한다. 이 모든 인용에 공통되는 것은 역시 쇼펜하우어의 테제이다. 그런데 자유의지에 관한 논쟁을 이해하기 어렵다고 하는 것은 쇼펜하우어, 아인슈타인, 해리스, 그리고 하라리도 모두 충분히 이해했다고 할 수 없다는 것이다. 즉 그들도 여전히 이해하지 못하는 부분이 있다. 그들이 여전히 이해하지 못한 것이 무엇인가 하는 논점 역시 우리가 앞으로 계속해서 논의해야 할 하나의 내용이다. 이보다 진전된 논의를 위해 다음 해리스의 문장과 그에 대한 반격(反擊)을 상정해 볼 필요가 있다.

"자유의지란 단연코 환상이다. 우리의 의지는 간단히 말해서 우리 스스로 만드는 것이 아니다. 사고와 의도는 우리가 의식하지 못하고 의식적으로 통제할 수도 없는 배경원인(background causes)으로부터 발생한다. 우리는 스스로 가지고 있다고 생각하는 바로 그 자유를 가지고 있지 않다."[33]

그렇지만 이에 대해 여전히 이렇게 반격하고 싶은 것이 일반적인 상식이다. 그래 당신은 자유의지가 없다고 주장하고 그와 같은 논리를 믿어도 좋다. 그러나 나는 그러한 복잡한 논리를 초월하여, 좋아하는 맥주를 마시면서 자유의지를 느낀다. 설사 그것이 논리적으로 소나 돼지가 가진 자유의지와 같다고 하더라도, 그것은 나의 관심사가 아니다. 나에게 중요한 것은 매일매일 확인할 수 있는 나의 행동들을 통한 자유의지의 느낌이다. 이러한 느낌이나 생각 혹은 믿음을 환상이라고는 도저히 생각할 수 없다. 내가 맥주를 좋아하는 배경 원인에는 관심이 없다. 굳이 배경 원인을 탐구하거나 탐구할 수 없다고

---

33 Sam Harris, Free will, *op cit.*, p.26. Free will is an illusion. Our wills are simply not of our own making. Thoughts and intentions emerge from background causes of which we are unaware and over which we exert no conscious control. We do not have the freedom we think we have.

하여 이 자유의 느낌은 부정되지 않는다. 논리가 아니라 느낌이기 때문이다.

맥주를 마시면서 자유의지를 느낀다면, 개나 소도 자유의지를 가지고 있다는 것이 될 뿐만 아니라, 담배를 피우면서, 아편을 피우면서, 나아가 강간을 하면서도 자유의지를 느껴야 한다는 것이 된다. 과연 그럴까? 어쨌든 이 반론은 여전히 중요한 논점을 함축하고 있다. 나아가 데카르트 프레임에서 시작된 논점들은 여전히 해결되지 못했다. 그런데 이 논점과는 별개의 새로운 논점이 있다. 이제까지 하나의 주장은 맥주를 마시려는 동기가 결정론적(決定論的)으로 규정되기 때문에 자유의지 환상이라는 것이었다. 이에 대한 반대의 주장은 맥주를 마시기로 내가 선택했다고 느끼는 것은 확실하고 그 느낌이야말로 자유의지라는 것이다.

[1511] 데넷 프레임(Dennett's frame)

맥주를 마실 때에 자유의지를 느낀다는 주장을 떠나서도, 수많은 지사(志士)나 학자들이 자유의지를 구원하기 위해 애써 왔다. 자유의지는 사실 인간 존엄(尊嚴)의 문제라고도 할 수 있으므로–인간이 자유의지가 없는 고깃덩이라는 것은 참을 수 없다–, 이를 이론적으로 구원하려는 학자적 동기는 충분히 이해할 수 있다. 그렇지만 자유의지의 근거를 영혼이나 정신에서 찾는 데카르트 프레임은 아무래도 진부(陳腐)하다.

이론적으로 데카르트 프레임에 의지하지 않고 자유의지를 구원하려고 할 때, 중요해지는 것은 영혼이 아니라 의식(意識)의 문제이다. 리벳의 실험에서도 의식(의도)은 공식적으로 측정되는바, 의사결정을 한 시점(時点, Libet의 W)이 그것이다. 리벳의 실험에서는 이 시점이 준비전위보다 늦다는 것이 핵심이다. 자유의지를 주장하는 사람들은 바로 이 점을 부정한다. 즉 리벳의 실험을 부정한다. 의식적 의지(意志)와 RP 또는 신경과학적 프로세스가 동시적(同

時的)이라는 것이 이 주장의 핵심이다. 의도(자유의지)가 대뇌피질에서 이루어진 의사결정을 뒤늦게 자각(awareness)하는 것이 아니라, 대뇌피질에서의 신경과학적 프로세스 자체가 의식적 의지의 과정이라는 것을 주장할 수 있다. 그리하여 이 프레임의 핵심은 의식적 의도와 신경과정의 동시성(同時性)이다. 이 동시성 프레임은 환상론을 비판하고 자유의지를 주장하는 많은 학자들의 무의식적 (또는 암묵적) 관념이다. 웨그너(Daniel M. Wegner)가 바로 이 점을 지적하고 있다.

> "많은 논평가(論評家)들은 뇌의 어떤 것이 클릭(clicking)을 시작하기 전에 의식(意識)이 일어날 것이라는 것을 상상하기가 어렵다는 데 동의하는 것 같다. 왜냐하면, 그것은 실제로 기계 속의 유령(ghost in the machine)의 경우일 것이기 때문이다. 그러나 몇 가지 비판에서 공통된 주제는, 어쨌든 의식이 적어도 시간적 시작을 뇌 사건과 함께할(share) 수 있다고 하는 잔소리 같은 의심이다. 존 에클레스(John Eccles)가 그랬듯이, 일부 사람들은 임의적 행동으로 이어지는 RP와 의식적 의지(意志)가 적어도 동시적(synchronous)이기를 희망한다. 이런 식으로, 우리는 의식적 의지의 인과적 우선성을 보존하지 못할 수는 있지만, 의식은 여전히 함께 역을 떠나는 뇌 열차(the brain train)의 일부일 수 있다."[34]

---

34 Daniel M. Wegner, The Illusion of Conscious Will, MIT Press, 2017. p.51. Many commentators seem to agree that it is hard to envision conscious will happening well before anything in the brain starts clicking because that would truly be a case of a ghost in the machine. The common theme in several of the critiques, however, is the nagging suspicion that somehow conscious will might at least share its temporal inception with brain events. Some still hope, as did John Eccles, that conscious will and the RP leading to voluntary action would at least be synchronous. That way, although we might not be able to preserve the causal priority of conscious will, the conscious will might still be part of the brain train, all of which leaves the station at once.

앞의 데카르트 프레임이 그러하듯이 이 동시성 프레임도 많은 학자들이 명시적으로 그렇게 주장하지 않은 경우에도 자유의지를 옹호하는 배경의 논리이다. 우리는 이 동시성 프레임을 데닛 프레임(Dennett's frame)이라고 부르기로 한다. 그 이유는 아마도 가장 치열하게 이 논리로써 리벳을 비판한 과학철학자로서 데닛(Daniel C. Dennett)을 들 수 있기 때문이다. 데닛이 주장하는 요점은 '의식(意識)의 결정에는 시간이 걸린다.'는 것이다. 간단히 말하면 리벳이 말하는 350ms의 지연(delay)은 의식이 결정하는 데 소요되는 시간이지, 무의식에서 결정이 이루어진 후의 지연(遲延)이 아니라는 것이다. 이렇게 보면 의식(그리고 의식적 의지)과 두뇌에서 진행되는 신경과정을 동일시할 수 있다. 그것은 웨그너가 말하듯이 의식을 태우고 가는 뇌 열차(the brain train)이다. 신경과정과 의식과정이 동일한 열차를 타고 있다면, 심지어 RP가 그 열차의 앞좌석에 있고 의식이 그 열차의 마지막 좌석에 앉아 있다고 해도 열차(모든 좌석)는 동일한 시각에 출발역을 떠나 동일한 시각에 종착역에 도착한다. 그런데 의식이 실제로는 앞좌석에 앉아서 출발했는데 중간에 자리를 이동하여 뒷좌석에 앉아 있게 되고, 도착역에서는 자신이 앞좌석에 앉아 있었다는 것을 기억하지 못하는지도 모른다. 이러한 생각이 원래 데닛의 생각이라고 할 수 있다.

> "리벳이 발견한 것은 의식이 무의식적 결정보다 불길하게(ominously) 뒤처진다는 것이 아니라, 의식적 의사결정(意思決定)에 시간이 걸린다는 것이다. 당신이 일련의 의식적 결정들을 해야 한다면 각각에 대강 500ms씩 할당하는 편이 낫다."[35]

---

35 Daniel C. Dennett, Freedom Evolves, *op.cit.*, chapter8, 50%(e-book), What Libet discovered was not that consciousness lags ominously behind unconscious decision, but that conscious decision making takes time. If you have to make a series of conscious decisions, you'd better budget half a

이렇게 의식적 의사결정에 시간이 걸린다면 리벳이 발견한 350ms는 의식적 의사결정에 걸리는 시간이 되고, 의식과정과 신경과정은 동시적으로 진행되는 것이 된다. 그는 이에 대한 근거로 처칠랜드(P. M. Churchland)의 실험을 든다. 운동에 관한 의사결정이 아니라 단순하게 감각자극에 의식적으로 반응하는데도 350ms의 시간이 걸린다는 것이다.

> "처칠랜드가 보여주듯이, 불빛이 보이면 신호를 하라는 요청을 받았을 때, 그저 단추를 누르는 행위를 하는데 보통 피험자는 약 350ms가 걸린다. 이것은 사건에 대한 의식적이고 자발적이고 의도적인 반응인데(그렇지 않은가?), 300-350ms 지연 없이 일어난다."[36]

[1512]

우리의 뇌는 의식적 결정이나 의식적 과정에 걸리는 시간을 대단히 유능하게 조절할 수 있다. 위 처칠랜드의 실험에서 피험자들에게 최대한 시간을 늦추어 보라고 했더니 반응시간에 무려 300ms가 추가되었다. 이에 대해 의식적 과정이지만 지극히 빠른 의사결정과 집행도 있다. 가령 "일류 테니스 선수는 약 100ms 내에 서브를 받아칠 방법을 짜낼 수 있다. 비너스 윌리엄스의 서브는 450ms 내에 이쪽 베이스라인에서 저쪽 베이스라인까지 24미터를 날아갈 수 있다(평균시속 125mph)."[37] 그리하여 "의식(意識)은 뇌의 하부체계라기

---

second, roughly, for each one, and if you….

36 *ibid.*, As Churchland showed, just pressing a button when asked to signal when you see a flash of light takes a normal subject about 350 milliseconds. Now these are conscious, voluntary, intentional responses to events (aren't they?), and they happen without any 300 to 500 millisecond delay.

37 *ibid.*, A top tennis player can set up to design a return of service within 100 milliseconds or so. The 78 feet from base line to base line can be traversed by a serve from Venus Williams (averaging 125 mph) in less than 450 milliseconds….

보다는 뇌의 동작양상(mode of action)이라는 생각이 훨씬 더 바람직하다."[38]

이것이 데넷 프레임이다. 즉 의식과정과 신경과정은 동시적이며, 의식이 뇌의 동작양상이므로 사실상 같다는 것이다. 결국 데넷 프레임은 동시성(同時性) 프레임 내지 동작양상(動作樣相) 프레임이다. 데넷에 의하면 리벳을 비롯한 자유의지의 환상론자들이야말로 환상에 빠져 있다는 것이다. 여기에는 의식과 자아의 문제가 전제로 되어 있다. 즉 자유의지의 주체로서의 자아는 호문쿨루스(Homunculus)가 아니다. 자아는 의식 무의식을 포괄하는 전체이다. 그렇다면 의식과정과 신경과정을 구분하여 그 선후를 논하는 것이 무의미한 환상이다.

"당신(You)이 바로 핵심 고리다. 당신은 그 정도로 크다. 당신은 확장 불가능한 점이 아니다. 당신이 하는 것과 당신이라는 존재는, 일어나는 모든 일들을 통합하며, 그것들로부터 분리되어 있지 않다. 일단 당신이 그 관점에서 스스로를 볼 수 있다면, 당신은 정신활동이 무의식적으로 시작되어 나중에야 (당신이 그것이 접근할 수 있기를 열망하며 기다리고 있는 곳) '의식으로 들어온다'는 기존의 압도적인 개념을 던져 버릴 수 있다. 그것은 환상이다. 당신이 그 정신활동(mental activity)에 대해 해야 하는 반응들 중 많은 것들이 더 이전(以前)에 시작되기 때문이다. 시간적으로 그리고 공간적으로 당신의 '손(hands)'은 그렇게 멀리까지 가 닿는다."[39]

---

38 Daniel C. Dennett, Consciousness Explained, *op.cit.*, (e-book), Part Two, 6. Time and Expierence, 20%. The idea that consciousness is a *mode of action* of the brain rather than a *subsystem* of the brain has much to recommend it(see, e.g., Kinsbourne, 1980; Neumann, 1990; Crick and Koch, 1990).

39 Daniel C. Dennett, Freedom Evolves, *op.cit.*, chapter8, (3.Whenever the Spirit moves You) 46%. You are that large. You are not an extensionless point. What you do and what you are incorporates all these things that happen and is not something separate from them. Once you can see yourself from that perspective, you can dismiss the heretofore compelling concept of a mental activity that is unconsciously begun and then only later "enters consciousness" (where you are eagerly waiting to

데넷 프레임은 데넷의 의식(意識)에 관한 철학을 배경으로 하고 있다. 그의 주장은 자유의지의 문제가 의식의 문제로 변경되어 있다. 데카르트 프레임에서 자유의지의 문제가 영혼(정신)의 문제였다면, 데넷 프레임에서는 자유의지의 문제가 의식의 문제로 규정되어 있는 것이다. 그러나 이렇게 자유의지의 문제를 의식의 문제로 규정하면 바로 그것으로 세계의 오류(誤謬)가 된다. 이런 점에서 데넷 프레임은 전형적인 세계의 오류이다.

리벳의 실험은 (데넷이 설명하고 있듯이) 무의식 또는 비의식적(非意識的)으로 시작되는 신경과정(神経過程)이, 일정한 단계에 이르러서야 자각(awareness)되고, 그러한 자각이 바로 의식(意識)이라고 상정한다. 이것은 사실 신경과학자들만의 사유가 아니라 일반적인 사유라고 할 수 있다. 이에 대해 데넷은 오히려 그것이 환상이라고 한다. 진실은 의식적 결정의 과정과 신경과정이 동시적일 뿐만 아니라 동일(同一)한 과정의 양 측면이라는 것이다. 의식은 신경과정(뇌)의 동작양상이기 때문이다. 의식적 자각(리벳의 W)이 RP에 비하여 뒤처지는 것처럼 실험된 것은 두 가지로 비판된다. 하나는 실험 자체가 잘못 설계된 것일 수 있다. 왜냐하면, 처칠랜드의 실험에 의하면 의사결정없이 단순히 의식적 반응을 하는 데도 같은 시간(350ms)이 걸리기 때문이다. 둘째로는 피험자들의 스스로에 대한 의식적 자각(自覚) 자체가 왜곡(歪曲)될 수 있다. 데넷은 의식의 이러한 특이한 성격에 관하여 그의 다중원고모형(multiple drafts model)이라는 그의 의식이론을 논의하고 있다.

---

get access to it). This is an illusion since many of the reactions you have to that mental activity are initiated at the earlier time—your "hands" reach that far, in time and space.

데넷 프레임은 세계의 오류이다. 왜냐하면 의식은 가시세계와 시간단위가 같은 내관세계에 속하고 신경과정(무의식 또는 비의식)은 미시세계에 속하기 때문이다. 의식과 신경과정(무의식)은 동시성(同時性)을 가질 수 없다. 둘은 같은 열차에 탈 수 없다. 신경과정은 미시세계(신경세계)에서의 과정이고, 의식은 우리의 내관세계에서의 심리적(心理的) 사건이기 때문이다. 두 세계는 서로 다르며, 폐쇄적(閉鎖的)으로 작동한다. 즉 각 세계는 작동적 폐쇄성(operationale Geschlossenheit)을 지닌다.[40] 우리의 내관세계는 데넷 자신이 말하는 것처럼 신경세계(미시세계)를 실시간적(實時間的)으로 반영하는 것이 아니다. 그렇게 할 수도 없다. 우리 스스로 의도의 형성 과정에서 뇌의 신경세계에서 일어나는 일은 아무것도 느끼지 못한다. 우리의 내관세계의 시공간적 스케일(scale)과 기본단위는 가시세계(可視世界)와 같다. 그 기본단위 이하는 인지하지 못한다.[41] 따라서 우리의 의도의 형성이 뇌의 신경과정에서 이루어졌다면 일정한 시간단위가 지나서야 그 결과를 알 수 있는 것이다. 그렇다면 신경과정과 의식의 동시성(同時性)은 불가능하다.

다음으로 데넷은 '잠들지 않고 깨어 있다'는 의미에서의 의식과, 자유의지에 연관되는 '의도를 가진다'는 의미의 의식을 혼동하고 있다는 것이다. 사자(獅子)도 잠이 들면 의식이 없고 깨어나면 의식이 있다. 인간도 마찬가지이다. 그러나 의식한다는 것과 의도를 가진다는 것은 다른 것이다. 사자는 의식(意識)은 하지만 의도(意圖)를 가지는 것은 아니다. 간단히 말하여 사자(獅子)는 내관세계(內觀世界)가 없다. 이렇게 보면 의도 그리고 자유의지는 내관세

---

40 작동적 폐쇄성의 용어 설명 참조-작동적 폐쇄성에 대한 자세한 논의는 제2권에서 이루어진다.
41 *infra* [1613]

계를 전제로 하는 것이다. 그것이 사자에게는 자유의지를 논의하지 않고 인간에게만 자유의지를 논의하는 이유이다. 따라서 테니스 선수가 100ms 이내에 상대의 서브를 받아칠 수 있다는 논의는 자유의지를 증명하는 것이 아니라, 오히려 정반대로 자유의지에 대한 반증(反証)이다. 그것은 사자(獅子)가 사슴을 순식간에 잡아채는 것과 같은 것이다. 그런 면에서는 오히려 사자가 훨씬 빠르고 정교하다. 그렇다고 우리는 사자가 자유의지로 그런 행동을 했다고 하지 않는다. 인간의 경우에도 그것은 시스템 1(System 1)에 속하는 자동행동(自動行動)이다.[42]

나아가 불빛이 보이면 신호를 하라는 요청을 받았을 때, 그저 단추를 누르는 행위를 하는데 보통 피험자는 약 350ms가 걸린다는 처칠랜드의 실험을 의식적 의도의 지연이 없다고 해석하는 것도 오해이다. 불빛을 보고 신호를 누르는 동작은 전형적인 자극반응적(刺戟反応的) 행동이다. 즉 그것 역시 사자가 사슴을 발견하고 바로 튀어나가는 행동과 같은 것이다. 우리는 보행자를 뒤늦게 발견하고 그보다도 더 빨리 자동차의 브레이크를 밟아 급정거(急停車)할 수도 있다. 반사행동(反射行動)의 경우이다. 여기에 있어서도 데넷은 의도적 의식과 사자(獅子)의 의식—깨어 있다는 의미의 의식—을 혼동하고 있다. 인간은 동물의 행동양식—자동행동—을 기본 바탕으로 가지고 있다(동물보다 수준이 떨어지지만). 자유의지는 이러한 동물적 동작에 적용되는 것이 아니다.

데넷 프레임은 데카르트 프레임과는 전혀 다른 의미에서 자유의지를 구원(救援)하려고 한다. 리벳의 관점은 무의식적 과정이 시간적으로 먼저 결정되고, 그 뒤에 의식은 이미 이루어진 결정을 자각(自覚)할 뿐인데도, 의식은 그것을 스스로 의도(意図)했다는 환상(幻想)을 가진다는 것이다. 데넷 프레임은 이것을 부인(否認)하는 데에 중대한 의미가 있다. 즉 비의식적(非意識的)으로

---

42 *infra* [1603] [1605]

결정이 이루어진 것이 아니라, 그 과정 역시 의식적으로 결정된 것이며, 따라서 스스로 그것을 의도했다는 자유의지의 느낌은 결코 환상이 아니라는 것이다. 데닛은 리벳의 실험에서의 지연(delay)과 같은 몇백 밀리초의 짧은 시간대에 관한 의식-무의식에 있어서는 극복될 수 있다고 주장한다. "우리는 특별히 몇백 밀리초라는 짧은 시간의 틀로 압축되는 사건에 관심을 두고 있다. 이런 시간 척도(尺度)에서는 일반적인 추정이 들어맞지 않는다."[43]

그러나 이것 역시 오해이고 세계의 오류이다. 데닛은 이 짧은 시간의 차이를 극복하기 위하여 의식(意識)과 자아(自我)의 폭을 확대한다. 의식은 무의식을 포함하고, 자아는 비의식적 과정을 모두 포괄하는 것이라고 개념을 설정하는 것이다. '당신은 그 정도로 크다', '당신이라는 존재는, 일어나는 모든 일을 통합하며…'라고 설명하는 것은 자아의 개념을 확장(擴張)하는 것이다. 그러나 자유의지는 자아 개념을 확장하는 것으로 해결되는 것이 아니다. 자유의지는 결코 개념의 문제가 아니며, 개념의 조작으로 설명되는 문제가 아니다. 두뇌도 자아(自我)에 속한다고 말한다고 해서 두뇌에서 일어나는 모든 일에 자유의지를 갖다 붙일 수 있는 것이 아니다. 그것이 바로 세계의 오류이기 때문이다. 자아라는 의식이나 느낌은 내관세계에 한정(限定)되는 것이다. 설사 자아와 관련되는 현상이 두뇌에 있다고 하더라도 자아의 '느낌' 자체, 자아의 '의식' 자체는 내관세계에 한정된다. 마찬가지로 자유의지라는 것 자체도 내관세계에 한정된다. 내관세계를 넘어 뇌피질에서 신경과정이면 모두 다 자유의지라고 말하는 것은 넌센스(nonsense)이다. "시간적으로 그리고 공간적으로 당신의 '손(hands)'은 그렇게 멀리까지 가 닿는다."라고 말한다고 하여, 내관세계의 의도나 의식을 넘어 자유의지를 확장하여 규정할 수는 없는

---

43 Daniel C. Dennett, Consciousness Explained, *op.cit.*, (6-6 loose ends). But the experiments we looked at are concerned with events that werw constricted by unsusally narrow time frames of a few hundred milliseconds. At this scale, the standard presumption breaks down.

것이다. 그렇기 때문에 존 에클레스도 'RP와 의식적 의지가 적어도 동시적 (synchronous)이기를 희망한 것이지, RP와 상관없이 신경과정의 열차(train)의 제일 뒷좌석에 앉아서 열차 자체를 자유의지라고 말할 수는 없는 것이다.

이렇게 보면 데닛의 기본 주장에는 이중의 오류가 있다. 리벳이 말하는 350ms의 시간차이는 의식적 자각의 지연(遲延)이 아니라 의식이 결정을 하는 데 걸리는 시간이라는 것이 데닛의 기본 주장이다. 이것은 우선 데카르트 프레임이다. 왜냐하면 350ms 이전(以前)에 의식이라는 주체(主体)가 결정을 시작한다는 것을 전제로 하는 것이다. 이 시작의 시점(時点)에서 의식은 신경과정의 뒷받침 없이 독립(独立)하여 신경과정에 의사결정을 명령하는 셈이다. 한편 처음부터 끝까지 신경과정과 의식이 동시적으로 결정 과정을 진행한다고 주장하는 셈인데, 이것은 세계의 오류이다. 왜냐하면 의식이 실시간적(実時間的)으로 신경과정과 함께 하기 때문이다. 그러나 자유의식에 있어서 의식은 내관세계적 인식이다. 내관세계와 신경세계(미시세계)는 세계가 다르고 작동단위(作動單位)가 다르다. 그런데 데닛은 의식세계와 신경세계가 나란히 진행한다고 주장한다. 또는 의식세계가 신경세계를 실시간적으로 반영한다는 것이다. 이것은 전형적인 세계의 오류이다. 이것은 우리 스스로 검증할 수 있다. 우리가 우리의 의식 속을 아무리 섬세하게 느끼려고 한다고 해도 몇 밀리초 내지 몇십 밀리초 단위로 신경과정을 느낄 수 없을 뿐만 아니라, 아예 신경과정 자체를 느낄 수가 없다. 우리가 느끼는 것은 의식적으로 그리고 의미론적(意味論的)으로 의도(意図)를 가진다는 것뿐이다.

[1514] 리벳의 W에 대한 비판적 실험과 해석(解釈)

베넷과 해커, 그리고 데닛 프레임이 공격하는 것은 리벳의 실험에서 시작된 신경과학의 새로운 시야(視野)이다. 그리하여 우리는 신경과학의 새로운 시야가 진정으로 의미하는 바가 무엇인지를 먼저 논의할 필요가 있다. 이 새로운 시야는 한편으로는 너무나 당연하여 사실 논의할 필요가 없는 상식적인 측면이 있는가 하면, 정반대로 이제까지 역사에서 아무도 상상하지 못했던 마법(魔法)같은 환상(幻想)이 있다. 그런데 이것이 많은 학자들에게 혼란을 일으키고 있다.

우선 리벳의 실험을 비롯한 신경과학의 여러 실험은 지극히 당연하여 왈가왈부할 필요가 없는 내용이다. 우리가 데카르트 프레임에 의존하지 않는다면 뇌의 피질에서 신경과정이 먼저 이루어지고, 그 후(後)에–아주 작은 시간 차라고 하더라도 그 뒤에–이를 의식하게 된다는 것은 너무나 당연한 것이다. 왜냐하면, 그렇지 않다면 우리는 영혼 또는 비물리적(非物理的) 왕국에서 의도(意圖)가 형성되었다는 데카르트 프레임에 빠지는 것이기 때문이다. 이것을 믿는 것은 판타지(fantasy)이다. 우리가 어떠한 행동을 하거나 어떠한 생각을 하거나 이 모든 것은 우리 두뇌에서 그것과 연관된 신경과정에 의해 뒷받침되어 생성된 것이다. 갑자기 허공에서 우리 행동에 대한 명령이나 계명(誡命)이 떨어지거나, 허공에서 어떠한 생각이 내려와 우리의 머리속에 주입되는 것은 아니다. 설사 누군가 허공에서 들려오는 계명을 들었다고 하더라도 그 계명을 듣는 것은 두뇌에서의 신경과정을 통해서 인지한다. 이렇게 보면 리벳의 실험은 전혀 놀랄 일이 아니다.

그런데 우리가 이것을 크게 놀랄 일이라고 하고, 반대의 결과가 나왔어야 당연하다고 생각하는 것은 우리가 자신도 모르게 데카르트 프레임에 빠져 있기 때문이다. 데넷 프레임이나 심지어 리벳 자신까지도, 그리고 사실 모든 사람이 리벳의 실험에서 경악(驚愕)했던 이유는 우리 모두가 무의식적으로 데카르트 프레임을 믿고 있었다는 것을 말하는 것이다. 실험의 당사자인 리벳마저 그러하다. 리벳은 그의 최초의 실험에 대한 연구 목적을 이렇게 쓰고 있다.

"자유롭게 자발적인 행동을 하기 전에 놀랍게도(surprisingly) 오랜 시간 동안 준비하는 대뇌 과정의 출현은, 행동에의 의도 또는 자발적 충동의 의식적 인지도 역시 이와 유사한 앞선 타이밍(timing)으로 나타나는지 여부에 대한 문제를 제기한다. 본 연구는 이 질문에 실험적으로 답변하려고 시도한다."[44]

우리가 데카르트 프레임을 부정한다면, 행동하기 전(前)에 뇌에서 신경과정이 진행된다는 것은 전혀 놀라운 일이 아닐 뿐만 아니라, 오히려 당연한 것이다. 정작 놀라야 할 것은 정반대의 경우이다. 대뇌에서 아무런 신경과정의 진행이 없다가 우리가 어떤 의도를 가지자 비로소 꾸물꾸물 대뇌가 움직이기 시작했다면 이것이야말로 깜짝 놀라 뒤로 나자빠질 일이다. 왜냐하면 우리의 의도가 허공(虛空, 또는 비물리적 왕국)에서 형성되었다는 것을 말하는 것이기 때문이다.

즉, 리벳의 실험이 정반대였다면, 즉 팔을 구부리겠다는 의사를 자각(awareness)하는 시점(리벳의 W)이 먼저이고, 그 순간에는 뇌에 아무런 신경과정이 없다가, 그 후에 비로소 RP가 나타났다면, 이것이야말로 깜짝 놀랄 일이라는 것이다. 이 경우는 우리의 두뇌와는 완전히 무관하게 어떤 의식적 의사결정이 나타나고, 그 의사결정을 두뇌가 받아서 비로소 팔을 구부리는 신경과정이 시작한다는 것을 의미한다. 이것이 데카르트 프레임이다. 우리는 정말로 데카르트가 상정했던 송과체에 앉아 있는 호문쿨루스를 찾아내든가, 아니면 허공의 정신에서 뇌로 통하는 의도(意図)의 통로(通路)를 신경과학으로 밝혀내야 할 것이다. 그런데 리벳의 실험은 영혼의 발견이나 호문쿨루스의

---

44 Libet et al., Time of conscious intention to act in relation to onset of cerebral activity (readiness-potential), *op.cit.*, , p.624. The appearance of preparatory cerebral processes at such surprisingly long times before a freely voluntary act raises the question of whether conscious awareness of the voluntary urge or intention to act also appears with such similar advance timings. The present study attempts to answer this question experimentally.

발견과 같은 우주적(宇宙的) 업적이 아니었고, 그저 평범한 사실, 즉 우리가 의사결정을 하려면 두뇌의 신경과정이 '먼저' 작동해야 한다는 사실을 시간적으로 측정한 것일 뿐이다. 이것을 제대로 이해한다면, 오히려 리벳의 실험을 특별한 것이라고 생각하는 그 사람들이 이상하다는 것을 발견한다.

그런데 실제에 있어서는 그렇지 않다. 우리는 손가락을 구부린다고 먼저 생각하고 그 생각이 손가락을 구부린다고 생각하는 데 익숙해 있다. 이것은 단순히 익숙하다는 문제가 아니라 모든 인류에게 예외가 없는 보편적인 느낌이다. 우리가 의도를 먼저 가지고 그 의도의 힘(즉 의지 will)에 의하여 손가락을 구부린다는 것이다. 이것이 자유의지의 느낌이다. 리벳의 실험은 이러한 자유의지의 느낌이 환상(幻想)이라는 것이다. 앞에서의 당연한 논리와 인류의 보편적인 느낌이 대립한다. 그런데 이 당연하고 보편적인 느낌에 기초하여 책임(責任)을 부과함으로써 사회를 구성하는 것이 우리의 문명(文明)이다. 그리하여 이러한 두 가지 관점이 유력한 동력이 되어 리벳의 실험에 대해 많은 비판들이 제기되었다.

리벳의 실험(Libet's Experiment)에 대해서는 여러 가지 실험적 비판이 있다. 즉 리벳의 실험에 대한 비판을 내용으로 하는 많은 실험들이 있으며, 나아가 그 실험들에 대한 많은 해석들이 있다. 다소 놀라운 것은 이 실험들이 한결같이 37년이나 오래된 리벳의 실험을 비판의 대상으로 하고 있다는 것이다. 그 뒤에 거의 반세기에 이르는 신경과학적 발전은 리벳의 실험에 제약되어 있는 것은 아니다. 그렇지만 이 비판들은 대체로 자유의지의 문제를 논점으로 하고 있거나 그렇게 해석된다는 점에서 논의할 필요가 있다.

[1515] Banks & Isham

우선 리벳의 W, 즉 리벳이 오실로스코프 시계에 의하여 측정한 피험자들이 의도를 가졌다고 보고한 시간에 관한 것이다. 이것은 피험자들이 스스로 자신이 가졌던 느낌, 의도, 생각 등의 시점에 리벳이 만든 오실로스코프 시계를 보고 실험이 끝난 후에 보고한 시점(時点)이다. 그런데 사람이 자신의 고차적(高次的) 인지에 관한 경험을 보고할 때 반드시 정확하게 보고하지 않는다는 것이 심리학적인 연구이다. 이것을 내성적 보고(introspective report)라고 할 수 있는데, 그 보고는 진정한 내성(內省)에 근거하지 않으며 선험적, 암묵적, 인과적 이론에 영향받은 자신의 판단을 보고한다는 것이다. Nisbett과 Wilson의 내성적 보고에 관한 이론은, 우리의 내관세계에 있어서의 인지에 대한 보고는, 모든 것을 다 관찰하지 못하고도 정확한 보고가 될 수도 있고, 반대로 관찰한 것들을 잘못 종합하거나 판단함으로써 잘못된 보고가 될 수도 있다는 것이다.[45] 리벳의 W(Libet's W)도 자신이 내면적 심리를 인지한 것에 대한 내성적 보고로서 잘못될 수 있다는 것을 의미한다.

Banks와 Isham은 리벳의 실험을 되풀이했다. 다만 그들의 실험에서 새로

---

45 내성적 보고에 관한 알려진 연구는 Nisbett, R. E. & Wilson, T. D. 「Telling more than we can know: Verbal reports on mental precesses」, Psychological Review 84 (1977), p.231. 피험자는 때때로 (a) 반응에 중요한 영향을 미치는 자극의 존재를 알지 못하고, (b) 반응의 존재를 알지 못하고, (c) 자극이 반응에 영향을 미쳤다는 것을 알지 못한다. 사람들이 인지과정, 즉 반응에 관한 자극의 영향을 매개하는 과정에서의 인지과정에 관해 보고하려고 할 때, 그들은 진정한 내성에 근거하여 그렇게 하지 않는다. 그 대신, 그들의 보고는 선험적, 암묵적, 인과적 이론 또는 특정 자극이 주어진 반응의 그럴듯한 원인인 정도에 대한 판단에 근거한다. 이것은 사람들이 그들의 인지과정을 직접 관찰할 수는 없지만, 때때로 그들에 대해 정확하게 보고할 수 있음을 시사한다. 영향력 있는 자극이 현저하고 이들이 생성하는 반응의 그럴듯한 원인일 경우 정확한 보고가 이루어지며, 자극이 현저하지 않거나 그럴듯한 원인이 아닌 경우에는 정확한 보고가 이루어지지 않는다. Subjects are sometimes (a) unaware of the existence of a stimulus that importantly influenced a response, (b) unaware of the existence of the response, and (c) unaware that the stimulus has affected the response. It is proposed that when people attempt to report on their cognitive processes, that is, on the processes mediating the effects of a stimulus on a response, they do not do so on the basis of any true introspection. Instead, their reports are based on a priori, implicit causal theories, or judgments about the extent to which a particular stimulus is a plausible cause of a given response. This suggests that though people may not be able to observe directly their cognitive processes, they will sometimes be able to report accurately about them. Accurate reports will occur when influential stimuli are salient and are plausible causes of the responses they produce, and will not occur when stimuli are not salient or are not plausible causes.

도입된 내용은 피험자의 단추 누르기가 성공했다는 것을 알리는 의미가 있는 '삑' 소리를 피험자에게 들려준 것이었다. 말하자면 피험자는 단추를 누르고 '삑' 소리를 듣고 그 후에 자신이 언제 누르고 싶었는지 그 시간을 보고하는 것이었다. "실제 행동보다 늦게 동작시간을 의미하는 행위 후(後)의 5-60ms에 기만적(欺瞞的) 피드백('삑' 소리)을 제공하였다. 보고된 결정시간은 피드백의 지연시간에 비례하여 선형적(線型的)으로 더 빨라지는 쪽으로 움직였고, 5ms 지연 이외에는, 모든 근육적 반응의 개시 이후에 왔다." 회귀분석에 의하면 동작시간(버튼을 누른 시간)을 기준으로 하여 삑소리가 더 많이 지연되었을 때, 의사결정은 동작시간에 더 가깝게 이루어졌다고 보고했다. 가령, 동작시간을 기준으로 60ms 후(後)에 삑 소리를 울리면, 피험자는 자신의 의사결정시간을 동작시간 77ms 전(前)이라고 보고했고, 반대로 삑소리를 5ms 후에 울리면, 피험자는 122ms 전이라고 보고하였다. 다르게 보면 보고된 의사결정시간이 삑 소리와 거의 일정한 간격(-127~-137)을 가지고 있었다. 이것은 의사결정하였다고 보고된 시간이 삑 소리에 많은 영향을 받았다는 것을 의미한다. 다음이 그들의 결론이었다.

"우리는 참가자의 결정시간 보고가 반응의 명확한 시간으로부터 많이 추론(推論)되었다고 결론 내린다. 반응 이전(以前)의 가정적 뇌 사건에 대한 지각은 기껏해야 작은 영향을 미칠 수 있다."[46]

---

46 William P. Banks and Eve A. Isham, We Infer Rather Than Perceive the Moment We Decided to Act, Psychological Science 20(1), 2009, pp.17-18. Experiment 1, we presented deceptive feedback (an auditory beep) 5 to 60 ms after the action to signify a movement time later than the actual movement. The reported time of decision moved forward in time linearly with the delay in feedback, and came after the muscular initiation of the response at all but the 5-ms delay. In Experiment 2, participants viewed their hand with and without a 120-ms video delay, and gave a time of decision 44 ms later with than without the delay. We conclude that participants' report of their decision time is largely inferred from the apparent time of response. The perception of a hypothetical brain event prior to the response could have, at most, a small influence.

[1516] Lau 등 연구진

리벳의 W를 의심하게 하는 또 다른 실험으로서 Lau 등 연구진의 실험이 있다. 이것은 리벳의 실험에 경두개자기자극(transcranial magnetic stimulation, TMS)을 사용하여 자극을 가하고 그것이 보고시간 W에 영향을 미치는지를 알아보는 실험이었다. TMS는 자기장을 이용하여 두뇌의 밖에서 두뇌의 뉴런을 자극하는 방법이다.[47] Lau 등 연구진은 리벳의 실험을 재현하면서, 실제 동작(動作)이 시작되자마자 TMS로 전보조운동영역(preSMA)에 자극을 가하였다. 논리적으로는 피험자의 운동의사결정은 과거에 발생하였으므로 그 이후의 자극이 그 시간에 영향을 미칠 수 없다. 그런데 실제로는 TMS가 가해지면 보고시간 W가 앞당겨지는 현상이 관찰되었다. 이것은 의도에 대한 주관적 경험이 이후에 일어난 자극과 반응에 의하여 영향을 받는 것을 의미하며, 말하자면 피험자들이 보고하는 시간은 이후의 경험과 연관하여 소급적(遡及的)으로 규정되었다는 것을 말한다.

> "인지(認知)된 의도의 시작 및 움직임 자체의 인지된 타이밍에 대해 pre-SMA에 비해 TMS에 대한 소급적(retrospective) 효과가 있음을 보여주었다. TMS는 지각된 의도의 시작을 시간에 있어 뒤(backward)로 이동시키고, 지각된 움직임의 타이밍을 시간에 있어 앞(forward)으로 이동시켰다. 작업의 주요 효과, 즉 의도와 움직임에 대한 차이 효과는 약 24msec이다."[48]

---

47 TMS(transcranial magnetic stimulation, 경두개자기자극)는 두뇌의 뉴런을 자극하는 비침습적(非侵襲的, noninvasive) 방법이다. 비침습적이란 인체를 침해하지 않고 고통을 야기하지 않는다는 것으로 가령 X레이 촬영 등도 비침습적 방법이다. TMS는 두뇌 외부에 자기장을 일으켜 그 자기장이 두뇌 속의 뉴런에 전기적 변화를 일으켜 뉴런을 자극하는 장치이다. 이 장치는 우울증, 파킨슨증후군 등의 실경질환이나 정신질환의 치료에 효과가 있어 임상적으로 사용되고 있다.
48 Lau, H. C., Rogers, R. D., & Passingham, R. E., "Manipulating the experienced onset of intention after action execution," Journal of cognitive Neuroscience 19(1), 2007. p.7. Experiment 1 showed

"뇌에서 어떤 메커니즘이 사용되는지에 관계없이, 지각된 의도의 개시는 자발적 행동의 실행 후 200msec에서 TMS에 의해 조작될 수 있는 신경활동에 달려 있음을 시사한다. 이 소급적 효과의 메커니즘은 불분명하다. 하나의 가능성은 중간 전두(前頭)영역에 걸친 TMS가 동작의 실행을 확인하는 피드백 프로세스를 방해할 수 있다."[49]

Lau 등 연구진의 이 실험은 여러 가지 해석을 필요로 하지만, 리벳의 W가 정확하지도 완전하지도 않다는 것을 시사한다는 것은 당연하다. 이런 점에서 Lau 등 연구진의 이 실험은 리벳의 실험에 대한 비판으로 거론될 수 있다.

[1517]

Banks와 Isham의 실험은 그렇다고 그것이 데카르트 프레임은 물론 데넷 프레임을 증명하는 것이 아니라는 점을 인식할 필요가 있다. 나아가 이들의 실험이 리벳의 실험 그 자체를 부정하는 것이 될 수 없다. 중요한 것은 리벳의 W가 교란(攪亂)될 수 있다고 하는 것이 어떤 의미가 있느냐 하는 점이다. 그렇다고 하여 데카르트 프레임처럼 W가 먼저 설정되거나 데넷 프레임처럼 W와 RP가 항상 동시적으로 작동한다고 결론 내릴 수 있느냐 하는 것이다. 그것은 불가능하다. 적극적으로 데카르트 프레임이나 데넷 프레임을 증명하는

---

that there was a retrospective effect for TMS over the pre-SMA on the perceived onset of intention as well as for perceived timing of the movement itself. TMS shifted the perceived onset of intention backward in time and shifted the perceived timing of the movement forward in time. The main effect of task, that is, the differential effect on intention and movement, is about 24 msec.

49 ibid p.9. Regardless of what mechanism is used in the brain, the results suggest that the perceived onset of intention depends on neural activity that can be manipulated by TMS at as late as 200 msec after the execution of a spontaneous action. The mechanism for this retrospective effect is unclear. One possibility is that TMS over the medial frontal area interferes with feedback processes that confirm the execution of the action.

실험은 단 하나도 없다는 것이 중요하다. 이렇게 보면 이들의 실험은 Banks 와 Isham의 내성적 보고에 대한 일반이론에 관한 것이다. 말하자면, 리벳의 실험을 테마로 하는 내성적 보고에 관한 실험이라는 것이다. 우리는 이 실험이 없어도 Nisbett과 Wilson의 내성적 보고의 이론으로 W가 교란될 수 있다고 비판할 수 있는 것이다.

나아가 리벳의 W의 정확성과 의도의 의식이라는 것이 과연 무엇을 말하는가 하는 문제가 새삼스럽게 제기된다. Banks와 Isham의 실험은 어떤 점에서는 이런 문제를 제기하게 된다는 점에서 그 의의를 찾을 수도 있다. 도대체 리벳 등 연구진의 실험이나 Banks와 Isham의 실험에서 피험자들이 단추를 누르고 싶었다는 시점이라는 것이 실제적으로 무슨 의미인가 하는 것이다. 뇌 신경과정에서 단추를 누르기로 결정한 시점을 자각하는 것인가? 이것은 데넷 프레임이다. 그러나 그렇게 생각하는 것은 과학적 근거가 없다. 우리의 두뇌는 신경적(神経的) 기제로 작동한다. 그런에 우리의 내관세계에서 의도를 자각하는 것은 의미론적(意味論的)이다. 따라서 뇌의 신경적 기제가 내관세계에 반영된다고 하여 바로 의미론적인 의도로 번역(飜訳)된다고 볼 수 없다. 그렇게 하기 위해서는 또다시 번역 기제가 뇌에서 작동해야 한다.

나아가 이들의 비판적 실험을 완전히 정반대로도 해석할 수 있다. 즉 자유의지의 인식 그 자체가 완전히 행동으로부터 역(逆)으로 추론된 환상이라는 것이다. 일반적으로 사람들은 단추를 누르겠다는 의도가 일어나고, 그 의식적 의도에 의하여 단추를 누른다고 생각한다. 리벳의 실험은 이것을 부정한다. 그런데 앞의 비판적 실험들은 피험자의 보고(리벳의 W)가 교란될 수 있다는 것을 말한다. 이것은 피험자의 보고가 뇌 신경과정의 번역이 아니라 행동으로부터 추론한 피험자의 창작(創作, 즉 해석)이라고 볼 수 있다. 스스로 자신의 손가락을 움직이는 것을 보고 거꾸로 내가 손가락을 움직였구나 하고 해석(解釈)하는 것이다.

단추를 누르겠다는 의도가 단추를 누르는 자신의 행동에 의하여 역으로 추론된 해석이라는 것이다. 우리는 방에 손님이 들어오는 것을 보고 무의식적으로 일어난다. 그러고는 일어난 자신을 보고는 '나는 손님을 맞이하기 위하여 일어났다.'라고 생각한다. 그가 손님이 들어오는 것을 보고 '아 손님이 왔구나, 저 손님을 일어나서 맞이해야지. 그럼 일어나자!' 하고 일어선 것은 아니었음에도, 누가 물으면 손님을 맞기 위하여 일어났다고 말하고 자신도 그렇게 믿는다. Banks와 Isham의 실험은 리벳의 W의 정확성에 대해 비판의 자료도 될 수 있지만[50] 정반대로 모든 '의도의 인지'가 해석(解釈)이라는 근거가 될 수 있다. 실제로 Banks와 Isham도 오히려 행동에 대한 우리의 일반적인 생각이 잘못이라는 것을 최종 결론으로 삼고 있다. 즉 우리의 의도에 관한 우리의 직관은 너무 단순하며 오히려 우리는 '행동(行動)의 지각(知覚)'으로부터 의도의 순간을 추론한다는 것이다. 이 마지막 문장은 그들의 논문 제목이기도 하다. 즉 우리는 행동의 순간으로부터 의사결정의 순간을 추론한다.

"우리는 의식적 의도가 행동에 아무런 역할을 하지 않는다는 것을 나타내기 위해 조사 결과를 취하지 않지만, 그러나 직관적(直観的)인 의지 모델은 지나치게 단순하다. 즉, 그것은 의도가 의식적으로 생성되고, 행동의 직접적 원인이라고 가정한다. 우리의 결과는 직관적인 모델이 전도(顛倒)되어 있다는 것을 시사하는바, 반응(反応)의 발생은 대부분 무의식적(無意識的)이며, 우리는 행동이 지각된 순간으로부터 의사결정의 순간을 추론(推論)한다."[51]

---

50 정확한 비판을 위해서는 리벳이 삑 소리를 사용한 것이 아니므로, 어떤 사후보고의 조건이 어떤 영향을 미쳤는지를 직접 보여주는 실험을 해야 한다. 따라서 Banks and Isham의 실험은 리벳의 실험에 대한 비판으로서는 내성보고에 대한 일반적 추론 가능성에 관한 Nisbett와 Wilson의 이론과 다른 것이 아니다. 즉 그 실험을 하지 않아도 Nisbett와 Wilson의 이론에 의하여 내성적 보고는 교란될 수 있다는 동일한 주장을 할 수 있다. 그리하여 Banks and Isham의 정확히 말하면 리벳의 실험에 대한 비판적 실험이라기보다는 또 하나의 Nisbett와 Wilson 이론의 실험이다.
51 Banks and Isham, We Infer Rather Than Perceive the Moment We Decided to Act, *op.cit.*, p.20. We

이렇게 보면 Banks와 Isham의 실험과는 상관없이 그들의 결론의 함축이 오히려 대단히 중대한 의미를 가질 수 있다. 그것은 다음의 관문(觀問, 질문)에 대한 대답을 시사하는 것이다.

우리의 의도(意図)는 어디에서 오는가? 데카르트 프레임은 우리의 의도가 정신(영혼)에서 온다고 한다. 데넷 프레임은 우리의 의도가 신경과정의 실시간적 반영이라고 한다. 리벳은 우리의 의도가 이미 진행된 신경과정의 지연된 자각(自覚)이라고 한다. Banks와 Isham은 여기에 또 하나의 견해를 제시한 셈이다. 의도는 그 이후에 이루어진 동작에서 역으로 추론된 해석(解釈)이라는 것이다. 이러한 해석은 중대한 것이다. 그리고 다음의 Lau 등 연구진의 실험에 목적과 해석에도 연관된다.

[1518]

자유의지와 환상론에 관한 한 위 논의는 Lau 등 연구진의 논문에 대해서와 완전히 동일하게 말할 수 있다. 즉 이 논문 역시 자유의지를 증명하는 것이 아니며, 리벳의 실험의 의미를 부정하는 데 그 목적이 있지 않다. 이 실험은 원래 다음과 같은 웨그너(Wegner)의 주장을 검증하는 것이 하나의 목적이었다.

"행동을 실행하기 전에 그것을 일으키는 운동의도를 지각하지만, 후자가 전자를 야기(惹起)한다고 결론내릴 수는 없다."[52]

---

do not take our findings to indicate that conscious intention has no role in behavior, but rather that the intuitive model of volition is overly simplistic—it assumes a causal model by which an intention is consciously generated and is the immediate cause of an action. Our results imply that the intuitive model has it backwards; generation of responses is largely unconscious, and we infer the moment of decision from the perceived moment of action (Eagleman, 2004).

52 Lau et al., "Manipulating the experienced onset of intention after action execution," *op. cit.*, p.1. *Wegner (2002, 2003) has argued that although we perceive our motor intentions to arise before the*

그리고 실험의 결과는 "지각된 의도의 시작은, 최소한 부분적으로는, 행동의 집행 후(後)에 일어나는 신경활동에 달려 있다"[53]라는 것이다. 실험에 대한 연구진의 해석은 우리의 일상적 의도가 환상이라는 강력한 결론을 내릴 수는 없으나, 반대로 의도와 행동에 대한 상식적인 견해 역시 그들의 실험자료에 명확하게 반대된다. 이것은 손목을 구부리겠다고 생각하고 그것에 의하여 손목을 구부린다는 일상의 느낌은 분명히 환상의 측면을 가지고 있다.

"충분한 수의 시행이 주어지면, 실험 후, 행동 개시 직전에 TMS가 전달되는 시행을 식별할 수 있고, 이러한 시행에 대한 분석을 수행할 수 있다. 그러나 이 실험이 실시되기 전에, 단순한 운동 동작을 의식적으로 제어하는 경험이 완전히 환상적이라는 강력한 결론을 내릴 수는 없다. 그런데도 불구하고, 현재의 결과는, 경험된 시작을 포함하는 의도의 경험이 행동 전에 완전히 결정된다는 상식적인 관점에 의심을 던진다. 의도경험의 주요 기능이 의식적인 행동 통제를 위한 것이라고 가정할 때 상식적인 견해는 매력적이지만, 여기에 제시된 자료를 설명할 수 없다. 이 데이터는 지각된 의도의 시작이 적어도 부분적으로는 행동 수행 후 발생하는 신경활동에 의존하며, 이는 원칙적으로 행동 자체에 어떠한 인과적 영향도 미치지 않을 수 있음을 시사한다. 데이터와 부합하는 대안적 견해는 의도경험의 한 기능이 아마도 행동의 주연성(ownership)을 명확히 하는 데 도움이 될 수 있으며(Wegner), 이는 미래 행동을 안내(guide)하는 데 도움이 될 수 있다."[54]

---

execution of actions, we cannot confidently conclude that the former is causing the latter;

53 *ibid.*, We conclude that the perceived onset of intention depends, at least in part, on neural activity that takes place after the execution of action.

54 *ibid.*, p.9. Given sufficient number of trials, one could identify, after the experiment, the trials where TMS are delivered just before action onsets, and perform the analysis on these trials. Before this experiment is conducted, however, one cannot draw the strong conclusion that the experience of having conscious control of a simple motor action is entirely illusory. Nonetheless, the current results

여기에는 새로운 문제제기가 있다. 의도(意圖)가 운동을 야기하고 운동을 통제(統制)하기 위한 것이라는 상식적 견해는 단순하고 이해하기 쉽다. 그러나 Lau 등 연구진의 앞의 실험은 그것에 의문을 던진다. 위 실험은 의도가 부분적으로는 행동 후의 신경활동에 의존하며 그것은 의도가 행동에 인과적 영향을 미치지 않을 수 있다는 것을 말하는 것이다. 그러면 도대체 우리는 왜 의도를 가지는가? 웨그너의 주장–나의 행동이라는 의식, 미래 행동의 가이드(guide)–도 유력한 견해가 될 수 있다는 것이다.

이에 대하여 가자니가(Gazaniga)는 그것이 좌뇌(左腦)의 해석기 모듈(interpreter module)과 관련이 있다고 주장한다.[55] 이것은 웨그너 주장을 지원한다.

[1519] RP에 대한 비판적 실험과 해석

(Pockett/Puddy, Keller/Heckhausen, Schlegel et al., Schurger et al.)

리벳의 W와 마찬가지로 준비전위(RP)에 대해서도 많은 비판이 있었다. 리벳의 실험은 RP가 의도적 움직임과 관련이 있는 뇌활동, 운동의도의 자각 이전에 이미 시작되는 운동의 표지로 해석된다. 리벳 실험의 RP에 대한 비판은 RP가 의식적 의도에 의한 운동의 시작 혹은 운동에 대한 신경결정(neural decision)이라고 할 수 있느냐 하는 것이다.

---

throw doubt on the commonsensical view that the experience of intention, including the experienced onset, is completely determined before an action. The commonsensical view is attractive when we assume that the main function of experience of intention is for the conscious control of action, but it cannot account for the data presented here. The data suggest that the perceived onset of intention depends at least in part on neural activity that takes place after the execution of action, which could not, in principle, have any causal impact on the action itself. An alternative view that is compatible with the data is that one function of the experience of intention might be to help clarify the ownership of actions (Wegner, 2002, 2003), which can help to guide future actions.

55 Gazzaniga, Who's in Charge? op.cit., p.113.

우리는 앞에서 이미 Haggard와 Eimer의 실험을 논의하였다.[56] 그런데 이 실험을 리벳의 RP를 공격하는 데 원용하는 비판이 있다. 이 실험은, RP는 W와 함께 변화하는 관계, 즉 공변(共變, covary)하는 관계를 탐지할 수 없다는 점을 출발점으로 하고 있다. 운동하겠다는 의지의 시간이 아니라 오른손으로 또는 왼손으로 운동하겠다는 선택(選擇)과 연관된 편재화준비전위(LRP)야말로 W와 공변하는 타당한 운동전위라는 것이다. RP는 불명확하며 선택을 의미하는 LRP야말로 운동에의 의사결정의 의미가 있다는 것이다.

역시 우리가 앞에서 논의한 것으로 Lau 등 연구진의 실험이 있다.[57] 이 실험 역시 RP의 비판에 원용된다. 이 실험은 fMRI를 이용한 실험이었는데, 의도조건과 운동조건의 두 가지 조건으로 실험했다. 그리고 의도조건의 실험은 실제 동작을 하는 것이 아니라, 피험자가 자신에게 주의(attention)를 집중하여 움직일 충동을 느낀 시간을 보고하도록 했다. 그리고 자신의 충동이나 의도에 주의를 하는 것만으로도 fMRI에서 뉴런발화(neuron firing)가 탐지되었다. 이 실험은 RP가 운동준비에 관련되는 것이 아니라, 주의(主意)에 연관된다는 논거로서 RP에 대한 비판의 논거가 된다.

Schlegel 등 연구진은 최면(催眠)의 경우에 있어서 RP에 관해 실험을 하였다. 피험자가 최면에 의하여 암시된 동작을 하는 경우 당사자는 의식적 의지의 느낌이 없이 행위한다. 연구진은 최면에 의하여 야기된 비의지적 움직임의 경우에 있어서도 RP를 탐지할 수 있었다. 그들의 결론은 다음과 같다. "RP에 의해 반영된(reflected) 신경과정의 정확한 본질은 불분명하지만, 우리는 그러한 과정이 의식적 의지(意志)에 국한되지 않는다는 결론을 내릴 수 있다."[58]

---

56 *supra* [1408]

57 *supra* [1409]

58 Schlegel, A., Alexander,P., Sinnott-Armstrong,W., Roskies,A., Tse,P.U., Wheatley,T., Hypnotizing Libet: Readiness potentials with non-conscious volition. Conscious Cognition 33, 2015. p.201. While the exact nature of the neural processes reflected by the RP remains unclear, we can

Keller와 Heckhausen는 무의식적 운동과 의식적 운동 두 가지 모두에 대하여 실험하였다. 그 결과로 의식적 운동만이 아니라 무의식적 운동에서도 위치는 달랐지만 500ms이전에 RP를 얻을 수 있었다. 이것은 RP가 반드시 운동에 대한 의도나 의식적 운동의 원인이라고 할 수 없게 한다. 그들은 이 결과에 대해 보조운동영역(SMA)의 활성화와 운동에의 충동이 동시에 발생했다고 주장한다.[59]

Pockett와 Puddy는 자발적 충동에 의한 운동과 의사결정에 의한 운동을 구별하였다. 그리고 자발적 충동의 경우와는 달리 의사결정의 결과로 운동이 시작되는 경우 RP가 자주(often) 발생하지 않는다는 실험결과를 얻었다. 따라서 RP(리벳의 제2형 RP)는 자발적 임의운동에 필요하지도 충분하지도 않다고 주장한다. 결론적으로 의식적 결정에 의한 운동은 전의식적(preconsciously)으로 시작되지 않을 수 있다는 것이다.[60]

Schurger 등 연구진은 리벳의 실험에 대한 대안적 해석을 제시했다. 그들은 실험에서 행동을 촉발하는 것은 운동피질 활성화의 일반적 무작위(無作為) 변동이 어떤 임계치(threshold)를 우연히 넘었을 때 일어난다고 주장했다. 즉, 초기의 점진적인 뇌파의 증가가 무의식적인 의도나 행동의 의사결정을 반영하는 것이 아니라는 것이다.[61] 이것은 어떤 점에서 데닛 프레임의 근거가 될 수 있다. 리벳의 관점에서 RP는 무의식적으로 형성된 운동의 결정이다. 이에 대해 이들은 신경활동이 점진적으로 축적되어 어느 임계점(臨界点)을 넘는

conclude that those processes are not specific to conscious willing.

59 Keller, I., Heckhausen, H., 1990. Readiness potentials preceding spontaneous motor acts: voluntary vs. involuntary control. Electroencephalogr Clinical Neurophysiol 76. 1990.

60 Pockett & Purdy, Are voluntary movements initiated preconsciously? The relationships between readiness potentials, urges and decisions. in: Conscious Will and Responsibility: edited by Walter Sinnott-Armstrong and Lynn Nadel, Oxford University Press, 2011. p.72.

61 Aaron Schurger, Jacobo D. Sitt, and Stanislas Dehaene, An accumulator model for spontaneous neural activity prior to self-initiated movement, in: Proceedings of the National Academy of Sciences 109(42), 2012.

시기에 '지금 운동한다는 신경결정(neural decision to move now)'이 일어난다. 이것은 의식적 결정과의 신경결정의 동시성(同時性)을 시사할 수도 있다.

[1520] Trevena/Miller, Mele, Matsuhashi와 Hallet

아마도 가장 맹렬하게 리벳의 실험을 비판하고 자유의지를 옹호하려고 한 신경과학자로 Trevena와 Miller를 들 수 있다. 그들은 리벳의 실험을 직접 반박하기 위해, 리벳의 실험 자체도 여러 피험자들의 실험에 대한 평균을 내면서 여러 가지 인위적 오염(smearing artifact) 때문에 잘못된 결과가 나왔을 것으로 생각했다. 그리하여 그들은 피험자들의 의사결정시간(W)에 대한 보고에서 가장 빠른 시간이 걸렸던 경우를 조사해 보았지만, 그래도 RP가 먼저 일어난다는 것을 확인하였다. 즉 RP보다 빠른 W를 얻는 데 실패했고, 따라서 결국 그들은 반박하는 데 실패하였다. "RP 발화는 의사결정시간뿐만 아니라 가장 빠른 결정시간보다 선행한다. 이 결과는 소개에서 제기된 Libet 등의 결과에 대한 첫 번째 대안 설명에 대해 반(反)하는 증거를 제공한다."[62]

그렇지만 그들은 다른 설명을 찾아냈다. Haggard와 Eimer의 실험을 재현하면서 RP가 아니라 LRP(편재화운동전위)를 기준으로 보고시간 W와 비교하였다. 그리고 전체 평균은 LRP가 의도시간보다 선행하지만, 전체 중 약 20%가 의도의 시간(W)이 LRP보다 선행한다는 것을 찾아냈다. 그들은 인위적 오염(汚染)을 근거로 전체 평균은 의미없는 것으로 규정하고, 중요한 것은 20%이지만 LRP보다 선행하는 의사결정이라고 주장했다. 말하자면 LRP보다 빠

---

62 J.A.Trevena and J.Miller, Cortical Movement Preparation before and after a Conscious Decision to Move, Consciousness and Cognition 11, (2002), p.185. It appears that RP onset precedes not only mean decision times but even the earliest ones. This finding provides evidence against the first alternative explanation of Libet et al.'s results raised in the Introduction.

른 W를 찾아냈다는 것이다. "움직임이 일어나기 위해 필요한 피질준비는 의식적 움직임 결정 후까지 시작되지 않을 수 있다"[63] Trevena와 Miller는 8년 후에는 운동하기로 결정한 경우와 운동하지 않기로 결정한 경우 모두에 RP가 나타나는 실험결과를 제시했다. 이에 대해 그들은 RP가 운동하겠다는 의지와 관계가 없다는 것이라고 해석한다.[64]

Mele는 여러 실험들에 관하여 논의하면서 RP가 의사결정 그 자체보다는 의사결정을 야기하는 충동(urge that causes a decision)을 반영하는 것이라고 주장한다. 그렇다면 결국 RP가 의사결정(자유의지)에 선행한다는 리벳의 주장은 의미를 잃는다.[65]

RP가 행동의도에 선행하는 표지가 아니라, 운동에 대한 예상(予想), 기대(期待), 주의(主意)를 나타낸다는 주장도 유력하다. 원래 이러한 논문들은 인지신경과학에서 주의(attention)에 관한 연구들이다. 뇌의 망성활성계(RAS: Rectucular activatin system)는 뇌(대뇌피질)로 하여금 정보를 받거나 반응하도록 준비시키는 기능을 한다. 자극이 곧 주어진다는 것을 알려 주거나 반응을 곧 해야 한다는 것을 알려 주는 경고신호를 완서파(slow wave)로 내보내는 것이다. Brunia/Boxtel, Mnatsakanian/Tarkka 등은 예기적(豫期的) 주의(anticipatory attention)의 통제와 운동준비의 통제가 비슷한 방식으로 구성되어 있다고 본다. 그는 어떤 일을 예기(豫期)하거나 혹은 무엇을 하고자 하는 의도(意図)와 관련하여 뇌에 출현하는 예기파(expectancy wave)를 세 가지로 분류하였다.

---

63 ibid., p.165. We conclude that even though activity related to movement anticipation may be present before a conscious decision to move, the cortical preparation necessary for the movement to happen immediately may not start until after the conscious decision to move.

64 Trevena, Judy; Miller, Jeff. "Brain preparation before a voluntary action: Evidence against unconscious movement initiation", Consciousness and Cognition. 19 (1), 2010.

65 Alfred R. Mele, Libet on Free Will: Readiness Potentials, Decisions, and Awareness, in: Conscious Will and Responsibility: edited by Walter Sinnott-Armstrong and Lynn Nadel, Oxford University Press, 2011,

그 하나가 RP이며, 다음이 부수음전위변이(CNV, contingent nagative variation)이고, 다음이 자극선행음전위(SPN, Stimulus Preceding Naegativity)이다.[66] 움직임 자체가 아니라 움직임을 예상하거나 기대하는 상황에서 나타나는 뇌파라는 것이다. 이들의 연구는 주의에 관한 연구였고 리벳을 비판하는 연구는 아니었다. 그러나 리벳 실험의 비판자들은 이들의 연구를 비판의 논거로 사용한다. 즉, RP는 무의식적인 운동의 의사결정이 아니라, 주의(attention)의 차원에서 나타나는 예기적(豫期的) 전기신호로 보아야 한다.

Matsuhashi와 Hallet은 내성보고(內省報告)의 문제를 배제하기 위하여 피험자들로부터 보고를 받지 않고 그 시간을 측정하려고 하였다. 그 방법은 Bank와 Isham처럼 '삑'과 같은 신호음(tone)을 사용하는 것이었다. 그들은 피험자들에게 무작위(疑似亂數)로 신호를 보내고 피험자들은 그에 따라 손가락을 펴거나, 펴려고 하는 행동을 취소하도록 했다. 손가락에는 근전도(筋電図, EMG)가 부착되었고 두피에는 뇌전도(腦電図, EEG)가 부착되어, 각 손가락이 운동하는 시점과 뇌피질 등의 전기적 변화가 측정되었다. 이들은 의도의 시간을 리벳의 W와는 독립적으로 따로 정의하여, 움직이려는 생각의 시작(onset of thought to move)이라 정의하고 시간 T라고 부른다.[67] RP에 대해서도 원래의 BP(Bereitschaftspotential)라고 한다. 그렇게 하여 피험자들의 보고가 아니라 확률론(確率論)으로 계산된 시간 T의 값을 얻었다. 그것은 운동시간에 대해 550ms 이전인 리벳의 RP보다 거의 1초 이전인 약 1.42초 이전에 의식적 의도

66 C.H.M. Brunia, Neural aspects of anticipatory behavior, Acta Psychologica 101 (1999) pp.213-242, Brunia, C. H. M. & van Boxtel, G. J. M., "Anticipatory attention to verbal and non-verbal stimuli is reflected in a modality-specific SPN," Experimental Brain Research 156 (2004), pp.31-239. Mnatsakanian, E. V. & Tarkka, I. M., "Task-specific expectation is revealed in scalp-recorded slow potentials," Brain Topography 15(2) (2002), pp.87-94.

67 Matsuhashi, M. & Hallet, M., "The timing of the conscious intention to move," European Journal of Neurosciences 28, 2008, https://www.ncbi.nlm.nih.gov/pmc/articles/PMC4747633/ T time: Time of thought to act, W time ; Time of will to act by Libet's method,

가 형성되었다. 이들이 측정한 결과는, 운동의도(T)는 운동보다 -1,420ms이고, BP2는 -570ms이다.[68] 그렇다면 실제 운동의 1.42초 전에 의식적 운동의도가 형성되고, 그 후(즉 의도 이후) 운동의 0.57초 전에 뇌두피에서 BP가 관측되고, 그다음에 손가락이 펴지는 실제 운동이 일어난다는 것으로 해석될 수 있다. 이러한 해석은 자유의지의 옹호자들에게는 유력한 근거가 될 수 있다. 의식적 운동의도가 먼저이고 그 후에 BP가 나타나기 때문이다. 이것은 데카르트 프레임이 옳다는 것으로 해석될 수 있다.

[1521] 재검토

리벳 실험에 관한 여러 비판적 실험들은 우선 한 가지 중대한 점에 있어서는 성공적이라고 보아야 한다. 즉, RP는 '지금 운동한다는 신경결정(neural decision to move now)'이 아니라는 것이다. 리벳이 '임의적 과정은 무의식적(unconsciously)으로 시작된다.'라고 했을 때, 우리는 무의식 또는 신경이 운동한다는 '의사결정'을 하고 그 이후에 의식에서 이를 자각한다고 받아들일 수 있다. 실제로 우리는 이제까지 그러한 표현을 많이 사용하였다. 그러나 이것은 사실 세계의 오류(fallacy of world)이다. 즉 우리는 가시세계(可視世界)의 관점에서 미시세계(뉴런의 세계)를 규정하고 있는 것이다. 뉴런은 의사결정을 하지 않으며 발화(發火)할 뿐이다. 그런데 이러한 세계의 오류는 리벳과 리벳

---

68 *ibid.*, The time of intention to move, estimated as T time as in the Figure 1A, was −1.42 ± 0.69 s (mean ± s.d., n=15) relative to movement onset. We estimated the point of no return for self-paced movement, which was −0.13 ± 0.07 s (P time in Figure 1A). The onsets of the early and late components of BP (BP1 and BP2) were −2.17 ± 0.69 s and −0.57 ± 0.20 s. The RT for random interval tone stimuli was 0.17 ± 0.04 s. 도(図) 1a에서와 같이 T 시간으로 추정된 운동의도시간은 운동 개시에 대해 -1.42 ± 0.69 s (평균 ± s.d., n = 15)였다. 우리는 자기 진도 운동에 대한 돌아오지 않는 지점이 -0.13 ± 0.07 s 인 것으로 추정했다 (그림 1A의 P 시간). BP의 초기 및 후기 성분(BP1 및 BP2)의 개시는 -2.17 ± 0.69s 및 -0.57 ± 0.20s였다. 무작위 간격 신호음 자극에 대한 RT는 0.17 ± 0.04s였다.

을 지지하는 사람들만이 아니라 뉴런 실험에 대한 비판적 논의들도 모두 다 이런 세계의 오류에 빠져 있다. 실제 비판에 논거로 사용되는 실험들 대다수는 그러한 논의를 하지 않고 있다. 그런데 그 논문들을 '자유의지에 관한 논의'의 근거로 동원하는 경우 즉시 그 논문들의 해석에 있어서 세계의 오류에 빠지는 것은 이 때문이다.

그러나 그렇다고 하여 이것이 RP가 의도적 운동과 관련이 없다는 것은 아니다. 비판자들은 이를 오해하고 있다. RP가 넓은 범위에 관여되어 있다는 것이지 의도적 운동과 무관하다는 것은 아니라는 것이다. 의식적으로 손목을 구부리겠다고 마음에서 의사결정을 하는 것은 가시세계에 있는 우리 자신의 관념(觀念)이다. 물론 그것은 의도(意図)라고 할 수도 있고 자유의지의 의지(意志)라고도 할 수 있다. 그런데 가시세계(또는 내관세계)에서 그러한 의도를 가졌을 때, 그 순간 미시세계의 신경과정이 그것에 대응(対応)하여 어떤 패턴과 어떤 정도의 발화(発火)를 한다고 상정할 수 있다. 이것은 데카르트 프레임이다. 즉 우리는 내관세계(또는 가시세계)에서 독립적(独立的)으로 어떤 의사결정(의도)을 한다. 그러면 그것이 투입되면서 미시세계(신경세계)가 작동한다는 것이다.

그런데 이러한 관점을 정반대로 적용하여, 신경세계에서 어떤 패턴이나 어느 수준의 신경발화가 일어나면 그것이 바로 의도(意図)를 형성하는 '의사결정'이고, 그 뒤에 우리의 의식에서 그렇게 형성된 의도를 자각한다고 상정하는 것이다. 이것도 세계의 오류이다. 신경의 미세세계는 가시세계(내관세계)의 관념(觀念)과 1:1로 대응하는 세계가 아니다. 동시에 우리의 관념은 미시세계에서 오는 충동만이 아니라 가시세계에서의 다른 사람이나 사물에 대한 관계와 종합하여 형성된다. RP는 두피(頭皮)에서 측정되는 뇌피질의 전기적 변화이지, '관념'이 아니다. RP는 느린 음극성(陰極性)의 뇌파로서 그것은 뇌의 어떤 영역에서의 전기적 변화를 나타내는 것이다.

우리의 의도(관념)는 뇌의 한 부위에 있는 뉴런발화와도 연관성이 있을 수 있지만, 그것과는 상관없는 욕망이나 의무감이나 기타 여러 가지 심리적 충동과도 연관될 수 있다. 따라서 손가락을 구부리는 운동동작이 일어나는 신경적 과정(過程)이 그에 대한 의도보다 먼저라고 말할 수는 있다(이것이 리벳 실험의 해석이다).[69] 그러나 정반대로 가시세계에서 주의(注意)하고 기대(期待)하고 있을 때(즉 아직 운동의도를 가지지 않았을 때), RP가 나타났으므로, RP는 임의성의 신경과정이 아니라고 할 수는 없다. RP가 주의(主意)하고 있을 때에도, 임의과정이 시작되었을 때에도 모두 두피에서 나타나는 전기적 변화-임의적 운동과정의 일부-일 수도 있기 때문이다. 최면 상태에서 암시받은 대로 팔을 구부리는 때에도 RP가 나타난다고 하여, RP가 임의성의 비의식적 신경과정의 증거가 아니라고 할 수는 없는 것이다. 전체를 포괄하여 말하면 위의 각 논문들을 자유의지 옹호를 위하여 리벳 실험에 대한 비판의 논거로 사용하는 즉시 '세계의 오류'에 빠지는 것이다.

동작이 일어나는 인지신경과학의 연구에서 보면, 구체적인 행동에 직접 연결되는 뇌 부위는 1차운동피질(primary motor cortex)이다. 이에 대해 RP가 나타나는 영역은 보조운동영역(SMA)으로서 1차운동피질의 활성화(活性化)를 조절하는 역할을 한다. 따라서 보조운동영역에서 나타나는 전기적 변화(RP)는 기본적으로 1차운동피질을 활성화하거나 그러한 기능(機能)에로 가는 신경과정이다. 이렇게 보면 주의(또는 기대, 예측)하고 있거나, 최면 상태에서 암시 때문에 운동동작을 하는 경우이거나, 무의식적 동작이거나, 의식적 의도에 의한 운동동작을 하는 경우이거나, 모두 보조운동영역이 작용하여 1차운동피질을 활성화해야 한다. 그래야 운동동작이 일어나기 때문이다. 따라서

---

69 시간은 가시세계와 미시세계에서 동등하게 흐르고 따라서 미시세계와 가시세계의 사건을 같은 차원에서 비교할 수 있다. 따라서 미시세계 사건과 가시세계 사건의 시간적 전후를 따지는 것은 세계의 오류가 아니다.

이러한 경우에도 RP가 나타난다는 것은 리벳 실험에 대한 아무런 비판도 될 수 없다. 우리는 뒤에서 운동(運動)을 야기하는 두 가지 신경회로(神経回路)를 보게 될 것이다.[70] 이 회로는 여러 가지 과정을 거치는 것으로 그중에서 RP가 나타나는 지점은 뇌피질에서 마지막 영역의 앞의 영역이다. 즉 RP가 나타나는 보조운동영역(SMA)은 임의적 동작만이 아니라 더 넓은 범위를 포괄하는 것이다.

실제 신경과학자들은 세계의 오류의 문제가 있는 경우를 무의식적으로 직감한다. 왜냐하면, 자신들의 실험을 설계하고 실험결과를 해석할 때 항상적으로 부딪치는 문제이기 때문이다. 물론 그들은 우리가 이름 지은 '세계의 오류'라는 말은 사용하지 않고, 모든 연구가 '전체-부분의 오류'에 빠져 있다는 Bennett/Hacker의 비판에는 반발한다. 그렇지만 그들의 모든 실험과 해석이 이 두 개의 세계의 문제에 항상 걸려 있다는 것은 충분히 알고 있다. 따라서 그들은 자유의지의 문제를 철학적 문제로 돌리고 싶어 한다.

실제로 정작 위에서 거론된 논문들의 저자(著者)들 대부분은 자신들의 실험을 위와 같이 자유의지에 관한 철학적 문제로 해석하고 있지 않다. 위의 논문들을 동원하여 리벳 실험을 비판하는 논자들은 정작 그 논문의 저자들이 아니라 다른 사람들이다.

[1522] Brunia

RP가 주의(注意)나 예기(豫期)와 관련되어 있다고 하여 RP의 의미가 훼손(毁損)되는 것은 아니다. 이 점에 대해 비판자들은 오해하고 있다. 우리 뇌는 기

---

70 *infra* [1651]

본모드시스템(DMN)[71]이 보여주는 바와 같이 항상적으로 활성화되어 있으며 행동에 대비하고 있다. 따라서 의도적 행위에 있어서도 우리 자신은 의식하지 못하지만 우리의 뇌는 항상적으로 활성화되어 있으며 따라서 주의와 예기의 모드가 작동하고 있는 것이다. 그리고 RP가 주의나 예기에 연관된다고 하더라도 그것은 자기 페이스의 운동(self-paced movement)의 주의와 예기에 연관되어 있다는 것이다. Brunia 등의 논의에서는 RP를 자기 페이스 운동 경로에 있어서의 주의와 예기를 관련시키고 있는데, 비판자들은 자기 페이스 운동에 관한 언급을 빼고 주의와 예기만을 원용하여 RP를 비판하고 있는 것이다.

Brunia/Boxtel, Mnatsakanian/Tarkka 등은 주의(attention)와 관련하여 RP, CNV, SPN을 논의한다. 오히려 Brunia의 연구는 RP가 얼마나 깊은 연원(緣源)을 가지고 있는지를 보여준다. 즉 RP는 자기 페이스(self-pace) 운동에 있어서 기저핵(基底核)과 소뇌(小腦)에서 연원하는 두 가지 운동 경로의 필수적인 표지라는 것이다.

"운동준비와 관련된 해부학적 구조에 대한 설명에서 우리는 시상의 운동 핵에 두 개의 주요 입력 채널이 있음을 알았다: 소뇌(cerebellum)와 기저핵(basal ganglia)이 그것이다. 우리는 이제 RP의 출현에 있어서 이러한 경로의 역할을 분석하기로 하는데, 소뇌(小腦)에서 시작하자. Sasaki, Gemba 및 Mizuno(1982)는 치상핵(齒狀核, dentate nucleus)의 병변(病變)이 여러 피질 운동영역에서 RP가 사라지는 것으로 귀결되는 것을 보여주었다. 비슷한 결과가 Shibasaki 등 연구진에 의해서도 발견되었다. 따라서, 치상핵의 병변은 운동준비의 전기생리학적 현시(顯示)를 방해한다. 치상핵을 포함하지 않는 소

---

71 *supra* [1414]

뇌 병변은 RP의 출현을 방해하지 않는 것으로 보이며, 이것은 치상핵을 통한 경로가 필수적이라는 것을 시사한다. 이것은 소뇌의 단위 기록에 적합하다. Strick(1976)는 원숭이에서 팔을 움직이기 전에 VL(腹外側核, ventrolateral nucleus)에서 세포의 발화율이 증가하는 것을 발견했다. Thach(1987)는 MI(1차 운동피질, primary motor cortex) 이전에 치상핵의 준비활동을 보고했는데, 반면에 다른 소뇌 핵은 운동시작 후에만 발화되었는바, 이는 치상핵이 운동준비에 관여하고 다른 핵은 운동실행 제어에 관여한다는 것을 시사한다. 치상핵 병변으로 인해 RP가 전두엽피질에서 사라졌지만, 그것은 MI에서만 영구적으로 그러하였고, 반면 다른 전두엽 부위로 되돌아갔다. 이것은 소뇌-VL-MI 경로가 전중앙피질에서의 RP의 출현에 대한 유일한 필수조건은 아니라는 것을 시사한다. 이것이 유일한 경로일 수는 없는바, 파킨슨병 환자에서도 RP가 덜 발달되는 것으로 보이고, 이는 기저핵을 통한 회로의 기여를 시사하기 때문이다.… 우리는 자기 페이스 운동(self-paced movement)에 선행하는 RP가 소뇌-시상-MI 회로의 통합성에 기초한 것임을 보았다. Deecke와 Kornhuber (1977)는 중간선의 RP가 MI에서의 양자(兩者) 활동의 요약이 아니라 SMA의 기여를 반영한 것이라고 처음 주장했다. 이 뇌 영역은 자극 촉발 운동에서 역할을 하는 것으로 여겨지는 측면 PMC(전운동피질, premotor cortex)와 달리, 자기 페이스 운동에 개입되는 것으로 상정된다.… 요약하면, 이용 가능한 증거는 두 가지 경로가 RP의 출현에 관련되어 있음을 시사한다: 하나는 치상핵(소뇌), VL 및 MI를 통한 것이고, 다른 하나는 조가비핵(putamen, 기저핵), PMC(전운동피질, premotor cortex) 및 SMA를 통한다."[72]

---

72 C.H.M. Brunia, Neural aspects of anticipatory behavior, Acta Psychologica 101 (1999), pp.231-232. In the description of the anatomical structures involved in motor preparation we have seen that there are two major input channels to the motor nuclei of the thalamus: the cerebellum and the basal ganglia (Figs. 3 and 7). We will now analyze the role of these pathways in the emergence of the RP and start with the cerebellum. Sasaki, Gemba and Mizuno (1982) have demonstrated that a

Brunia는 우리의 동작을 자극 촉발 운동(stimulus triggered movement)과 자기 페이스 운동(self-paced movement)으로 나눈다. 그리하여 자기 페이스 운동에서는 소뇌(치상핵)-시상의 복외측핵(VL)-대뇌피질의 1차운동피질(MI)의 경로와, 기저핵(조가비핵)-대뇌피질의 전운동피질(PMC)-대뇌피질의 보조운동영역(SMA)의 경로가 있다. 엄밀히 말하면 자기 페이스 운동과 의도적 운동은 동일하다고 할 수 없다. 여기에는 의도적 운동 내지 자유의지의 운동이 신경과학적 개념으로 가능한가 하는 문제가 있다. Brunia는 의도적 운동이라는 개념을 채택하지 않고 있다. 한편 Brunia는 RP가 이런 운동 경로의 원천에서부터 연관되어 있다고 보고 있다. 그것은 자기 페이스 운동의 출발점이라고 할 수 있는 소뇌의 치상핵에 병변이 있는 환자에게서는 RP가 출현하지 않는다

lesion in the dentate nucleus results in a disappearance of the RP in several cortical motor regions. Comparable results have been found in man by Shibasaki and his coworkers (Shibasaki, Shima & Kuroiwa, 1978; Shibasaki, Barrett, Neshige, Hirata & Tomoda, 1986; Ikeda et al., 1994). Thus lesions in the dentate nucleus hamper the electrophysiological manifestation of motor preparation. Cerebellar lesions, not involving the dentate nucleus, do not seem to hinder the emergence of the RP, suggesting that indeed the pathway via the dentate nucleus is essential. This fits with unit recordings in the cerebellum. Strick (1976) found an increase in the firing rate of cells in the VL preceding arm movements in the monkey. Thach (1987) reported preparatory activity in dentate nucleus prior to that in MI, while other cerebellar nuclei only fired after movement onset, suggesting that the dentate nucleus is involved in motor preparation and the other nuclei in the control of the movement execution. Although a dentate lesion caused the RP to disappear over the frontal cortex, it did so permanently only over MI, while it returned over the other frontal areas (Sasaki & Gemba, 1991). This suggests that the cerebello-VL MI pathway is a conditio sine qua non for the emergence of the RP over the precentral cortex. It cannot be the only pathway, though, since the RP seems to be less developed in Parkinsonian patients too, suggesting a contribution from circuitry via the basal ganglia (Deecke & Kornhuber, 1977; Dick et al., 1989; Jahanshahi et al., 1995; Praamstra, Meyer, Cools, Horstink & Stegeman, 1996)··· We have seen that the RP preceding a self-paced movement is among others based upon the integrity of the cerebello-thalamo-MI circuitry. Deecke and Kornhuber (1977) were the first to argue that the midline RP is not a summation of the bilateral activity in MI, but a reflection of the contribution of the SMA. This brain area was supposed to be involved in self-paced movements, in contrast to the lateral PMC, which was thought to play a role in stimulus triggered movements (Goldberg, 1985)··· In sum, the available evidence suggests that two different pathways are involved in the emergence of the RP: one via the dentate nucleus, the VL and MI, the other via putamen, PMC and SMA.

는 것이 말해 주고 있다. 이런 점에서 RP는 주의·예측·기대에 연관되는 것이며, 이에 대한 포괄적인 인지신경과학의 분야인 주의 시스템의 문제이다. 그것은 아예 운동통제나 운동집행을 벗어난 하나의 독자적 인지신경과학 분야이다. 중요한 것은 우리가 철학적으로 규정되는 의도(意図), 의식적 의사결정(意思決定)이 인지신경과학에서 규정되고 사용될 수 있는 개념으로 적절한가 하는 문제가 있다는 점이다. 의도라는 개념을 사용한다면 그것은 주의 시스템에 포괄되는 하나의 설명적인 용어일 뿐이다. RP나 CNV, SPN에 대하여 의도를 예기(豫期)와 같은 범주에 포함시켜 이를 주의 시스템으로 규정하는 것은 전혀 이상한 일이 아니다. 달리 말하면 RP가 어떤 주의나 예기(豫期)에 관한 표지라고 하는 것이, 의도에 관련된 표지라는 것을 배척하는 것이 아니라 오히려 긍정(肯定)하는 표현이라는 것이다. 이것은 주의체계에 있어서는 당연하다. 즉 망성활성계(RAS)가 행동하기 위하여 준비신호 시 경고신호를 완서파로 내보내는 데에는 주의나 예기나 의도나 아무런 차이가 없기 때문이다.

[1523]

Haggard와 Eimer의 논문은 운동의 신경과정에서 구체적 행동에 좀 더 다가간 LRP를 발견하였다는 것으로, 오히려 자유의지에 관한 한 리벳 실험을 지지한다. LRP가 W에 대하여 선행한다는 점은 변함이 없기 때문이다. "LRP를 기초화하는 과정이 동작의 시동에 대한 우리의 자각(自覚)을 야기한다는 것을 시사한다."[73] "이러한 자료로부터 우리는 RP가 의식적 의도의 원인이 될 수는

---

73 P. Haggard & Martin Eimer, On the relation between brain potentials and the awareness of voluntary movements, Experimental Brain Research volume 126, p.128. ···suggesting that the processes underlying the LRP may cause our awareness of movement initiation.

없지만, LRP는 의식적 의도의 가능한 원인이 될 수 있다고 결론지었다."[74]

Lau 등 연구진도 마찬가지이다. 그들은 실제 행동하는 운동조건(運動條件)과 행동하지 않고 자신의 의도에 주의를 기울이는 의도조건(意圖條件)으로 실험을 했다. 그들은 RP를 측정한 것이 아니라 fMRI로 신경발화의 부위와 패턴을 연구했다. 따라서 그들이 말하는 것은 의도에 주의를 기울였을 때 전보조운동영역(pre-SMA)이 활성화되었다는 것이다. Lau등 연구진은 리벳의 RP에 대하여 전혀 언급하지 않았는데, 그것이 당연한 것은 fMRI에 의한 연구로는 RP가 규정되지 않기 때문이다. 그들은 오히려 의도조건에서 나타난 전보조운동영역의 활성화를 어떻게 해석해야 하느냐에 대하여 가정적으로 이야기하고 있다. "만약 전보조운동영역의 활동의 강도가 의도에 대한 자각과 관련이 있다면"[75] 의식적인 운동의 통제(統制)를 가능하게 하는 하나의 기제가 될 수 있다는 것이다. 운동통제(運動統制)는 인지신경과학의 중요한 한 분야이다. 그러나 그것은 자유의지에 대한 어떠한 함의(含意)도 가지고 있지 않다. 나아가 저자가 보기에는 의도조건에 의한 fMRI상의 활성화는 운동과는 독립된 관념(사유)의 영역에 관한 것으로 보인다. 다시 말하면 Lau 등 연구진도 그 자신들은 그 논문을 자유의지에 대한 어떠한 논거로도 해석하지 않고 있으며, 동시에 리벳 실험에 대한 어떠한 비판적 함의로도 해석하지 않고 있다. 우리는 운동통제와 주의의 기제에 관하여 재론한다.[76]

우리가 무의식적으로 상정하듯이, 의식적으로 의도를 가지고 동작을 하는 경우에만 한정되는 신경과정이나 신경부위가 있다는 편견(偏見)을 버려야 한

---

74 Patrick Haggard & Benjamin Libet, *Conscious Intention and Brain Activity, Journal of Consciousness Studies*, 8, No. 11, 2001, p.51. From these data we concluded that the RP could not be the cause of conscious intention, but the LRP could be a possible cause of conscious intention.

75 Lau et al., 2004. Attention to Intention, *op. cit.*, p.1210. … if the intensity of activity in the pre-SMA correlates with the awareness of intention.

76 *infra* [1525]

다. 즉, 어떤 신경과정이나 부위가 다른 관념(觀念)과 연관되었다는 증거가 있다고 하여 그것이 의식적 의도와 무관하다는 것을 입증하는 것이 아니라는 것이다. 미시적 신경현상은 가시적 관념을 기준으로 분할(分割)되는 것이 아니다. 그렇게 생각하는 것이야말로 세계의 오류이다. 따라서 의지적 의도가 없는 최면(催眠) 암시에 의한 행동이 일어나는 경우에도 RP가 탐지된다는 것은 자유의지에 관한 논의와는 무관하다. 그것은 RP가 의지 없는 의식적 행위와 연관된다는 것을 입증하는 것이지만, 그렇다고 의도적 행위와 무관하다는 것을 입증하는 것이 아니기 때문이다.

따라서 "RP가 의지(意志) 그리고/또는 운동 자체를 유발하는 신경활동의 서명(signature)인지 여부"를 규명하는 것을 관문의식으로 삼고 있는 것은 성공하지 못한 것으로 보인다. 결국 Schulegel 등 연구진도 "RP가 의지적 동작을 가진다는 의식적 느낌 없이도 발생한다."라는 결론으로 한정(限定)하고, 자신들의 연구가 "일반적인 자유의지에 관한 광범위한 결론으로 일반화되어서는 안 된다."라고 하고 있다.[77]

비판적 논문 중에는 더 적극적으로 리벳의 실험을 비판할 뿐만 아니라 자유의지를 직접적으로 뒷받침하는 결론을 주장하는 경우도 있다. Keller와 Heckhausen는 무의식적 운동과 의식적 운동 모두에서 운동의 약 500ms 전에 RP가 나타나는 실험결과를 얻었다. 그들은 이 실험결과를 가지고 리벳의 실험을 재해석한다. 즉 리벳의 실험에서는 피험자들에게 '움직이고 싶다

---

77 Schulegel et al., Hypnotizing Libet: Readiness potentials with non-conscious volition. *op.cit.*, p.201 ···Given that conscious willing must itself be caused by previous neural events, another reasonable question to ask is whether the readiness potential is a signature of neural activity that causes willing and/or movement itself. p.196 ···Specifically, RPs still occur when subjects make self-timed, endogenously-initiated movements due to a post-hypnotic suggestion, without a conscious feeling of having willed those movements. p.202 ···The findings here are restricted to a very special class of actions, so they should not be generalized into broad conclusions about all actions or about free will in general.

(wanting to move)'는 느낌에 주의를 기울이라고 지시하였는데, 이러한 지시는 무의식적으로 시작되는 행동을 의식적으로 인식하게 만들었다는 것이다. 그리하여 무의식적 운동에서 주의단계에 나타나는 RP가 리벳의 실험에 나타났다는 것이다. 그들은 그들의 실험과 리벳 실험의 재해석에 의하여 RP는 의식적 운동과 관련이 없고 의식적 운동이 무의식적 시작을 입증하는 것이 아니라고 주장한다. "무의식적 움직임과 의식적 움직임의 RP의 시작 시간은 거의 같았다. 이는 자발적 운동과 관련된 RP와 동작 전 약 500 msec의 시작이 반드시 의식적 자각 수준에 도달하지는 않는다는 우리의 가설과 일치한다." "우리는 SMA의 활성화와 운동에의 충동(urge)이 동시에 발생했다고 믿는다."[78]

그들의 주장을 의지의 자유와 연결하여 해석하면, RP는 의식적 의지의 운동에서 의도와는 관계가 없는 주의체계의 신경적 표지이다. 그것은 의식적 행동이나 무의식적 행동이나 동일하게 실제 행동의 500ms 전에 나타난다. 그 후에 실제 행동의 약 300-200ms 전에 SMA가 발화한다. 이 SMA의 발화가 의도를 가졌다는 신경과학적 표지이다. 그것은 SMA활성화와 운동에의 충동이 발생하는 것으로 바로 의도(意圖)의 시간(時間)이다. "이 모델에서 움직이고 싶은 충동을 느끼는 시간의 종합은, SMA 활성화가 EMG(근전도) 개시의 300~200msec 전에 발생한다는 결론을 허용한다."[79]

Keller와 Heckhausen의 이러한 주장은 리벳의 실험을 부정하고 자유의지의 가능성을 인정하는 이론적 여지를 제공한다. 그런데 중요한 문제는 그들이 제공하는 자유의지의 가능성이 '데닛 프레임'이다. 이들의 주장은 RP가 의

---

78 Keller/Heckhausen, Readiness potentials preceding spontaneous motor acts: voluntary vs. involuntary control, op.cit., p.358. This agrees with our hypothesis that RPs related to spontaneous motor acts and beginning approximately 500 msec prior to the movement do not necessarily reach a level of conscious awareness. p.351. We believe that the activation of the SMA and the urge to move occurred at the same time.

79 ibid., p.359. Integrating the time of feeling an urge to move in this model permits the conclusion that the activation of the SMA schould arise 300-200msec before EMG onset.

지의 시간에 선행하지만 그것은 구체적 행동이 아닌 주의 시스템이며, 의도의 시간은 의도를 가지는(또는 충동을 자각하는) 시간으로 SMA가 활성화되는 실제 행동의 300-200ms 전이라는 것이다. 그런데 이것은 또다시 데닛 프레임의 난제에 부딪친다. 의도는 어디에서 왔는가 하는 문제이다. 의도가 신경과정에서 왔다면 반드시 그 이전(以前)의 신경과정을 인정하지 않으면 안 된다. 그들의 리벳 실험에 대한 재해석에 따르면 그것은 무의식적 행동의 신경과정이었다고 할 수 있다. 즉 무의식적 과정을 전제로 하여 내면의 과정에 주의를 기울였을 때 발견된 '움직이고자 하는 충동'의 자각이라고 해야 한다. 이렇게 되면 다시금 '임의적 과정은 무의식적으로 시동된다.'는 리벳의 주장으로 되돌아간다. Keller와 Heckhausen의 주장대로 의도의 시간을 RP 이후로 잡더라도 여전히 의도는 무의식적(비의식적) 신경과정의 결과가 되는 것이다. 이 결과는 리벳의 실험보다 자유의지론에서는 더 치명적(致命的)인 문제를 야기한다. 리벳의 실험에서 RP는 동작의 350ms 전이다. 약간의 시간이 있기 때문에 비의식적으로 형성된 결정을 거부(拒否)할 가능성의 문제를 거론할 수 있다(실제 리벳은 그러한 가능성으로 자유의지를 구원하려고 한다).[80] 그러나 이들의 주장대로라면 남은 시간은 더 적다. 따라서 거부의 가능성은 없다고 해야 한다. 이것은 비판적 주장과는 반대로 실제로는 더 심각한 결정론에 귀결된다.

[1524]

Matsuhashi와 Hallet는 자유의지의 옹호론자들의 논거로 원용되지만 정작 실험자들 자신은 전혀 그렇게 해석하지 않고 있다. 그들이 도출한 실험결과는 그들이 정의한 운동의도(T)가 실제 동작보다 1.42초(1,420ms) 앞서고, 이

---

80 *infra* [1525]

에 대해 BP2(RP)는 실제 동작보다 570ms 앞선다. 그렇다면 이것을 단순하게 해석하면 의식적으로 운동의도를 가지고 그 850ms 후에 BP2(RP)가 나타나고, 그리고 다시 570ms 후에 실제 동작이 이루어진다. 나아가 이것은 문제가 있는 피험자의 내성보고에 의존하지 않은 실험결과이기도 하다. 그런데도 Matsuhashi와 Hallet는 자신들의 실험에 대해 의식적 의사결정 후에 뇌 신경과정이 진행되고, 임의행동은 무의식적으로 시작되는 것이 아니라는 식으로 해석하지 않았다.

이러한 태도는 그들에게는 당연했던 것으로 보인다. 우선 운동의도(T)가 1.42초로서 BP2보다 앞서지만, 역시 그들이 측정한 BP1은 −2.17 ± 0.69초로서 이것은 운동의도보다 앞선다. 따라서 그들의 운동의도(T)가 모든 신경과정보다 앞서는 것은 결코 아니다. 다음으로 그들의 운동의도(T)는 리벳의 W와 같지 않다. 그들의 운동의도의 정의는 '움직이려는 생각의 개시(onset of thought to move)' '운동생각의 시간(Time of thought to act)'이다. 그것은 바로 손가락을 구부리는 동작을 하려는 의도와는 다르다. 왜냐하면, 우리 스스로 시험해 보아도, '손가락을 구부리겠다는 생각'을 갖고 바로 손가락을 구부리는 데는 1초보다 훨씬 짧은 시간이 걸린다. 즉, 의도와 손가락 구부리기의 시간 차이가 1.42초가 되려면 우리 스스로 실험해 보아도 생각(의도)한 후에 한참 있다가 손가락을 구부렸다는 것을 알 수 있다. 그들의 T는 시험자들에게 손가락을 구부린다는 생각을 가지고 그 생각을 확인하거나 신호음이 없음을 확인하고 손가락을 구부리는 것으로 받아들였다고 해석된다. 그리하여 Matsuhashi와 Hallet는 T와 W의 차이에 대하여 많은 요인들을 검토하고 있다.

그들의 결론적 검토는 다음과 같다. "이 보고서에서 우리는 '의도(intention)'라는 용어를 당신이 동작을 만들 것이라는 특정한 생각으로 정의하고, '동작생성(movement genesis)'이라는 용어는 동작을 만드는 뇌 과정으로 정의한다." "우리는 동작생성과 의도를 측정할 수 있는 별도의 현상으로 이해하는 것이 가장 좋다고 생각한다. 동작생성은 자각을 넘어선 수준에서 시작되며 시간이 지남에 따라 의도의 지각으로 점차 의식에 접근할 수 있게 된다. 동작생성을 결정하는 것은 어렵다. 최근 fMRI 연구에 따르면 움직이는 때의 결정은 보조운동영역에서 행동의 5초 전으로 거슬러 올라갈 수 있으며, 전두피질 및 내측 두정피질에서는 움직임 10초 전까지 어느 쪽을 움직일 것인지의 결정이 탐지되었다(Soon et al., 2008).[81] 이것은 무의식적인 운동의 발생 과정이 변동하고 실제 운동으로 나오지 않고 종종 사라질 수 있기 때문에, 그의 의도를 인식하기까지 오랜 시간이 걸린다. 우리 연구의 과제는 이전에 언급한 것처럼 미성숙한(premature) '의도'에 관한 것이 아니다. 따라서, 동작생성에 대한 완전한 생리학적 설명은 여전히 결정되어야 할 것으로 남아 있다."[82]

Pockett와 Puddy는 자발적 충동에 의한 운동과 의사결정에 의한 운동을 구별한다. 그가 말하는 의사결정에 의한 운동이라는 것이 반드시 명백한 것은 아니다. 가령 오늘 어떤 의사결정(가령 은행 강도의 결의)을 하고 10일 후에 그 결정에 의한 행동(은행 강도)을 하는 경우가 있을 수 있다. 한편 리벳의 실험처럼 손가락을 구부리는 것도 손가락을 구부린다는 의사결정을 하고 손가락

---

81 *supra* [1412]

82 Matsuhashi and Hallet, The timing of the conscious intention to move, *op.cit.*, ○ In this report, we operationally define the terms "intention" as the specific thought that you will be making the movement, and "movement genesis" as the brain process of making movement." ○ We think it best to understand movement genesis and intention as separate phenomena, both measurable. movement genesis begins at a level beyond awareness and over time gradually becomes accessible to consciousness as the perception of intention. Determining the true onset of movement genesis is difficult. A recent fMRI study reported that the decision of when to move could be traced back to 5 seconds before the action in the supplementary motor area, and the decision of which side to move was detected up to 10 seconds before the movement in the prefrontal and medial parietal cortex (Soon et al., 2008). This is such a long time before one perceives his intention, that it is likely that the unconscious process of movement genesis fluctuates and may even often fade away without coming out as actual movements. The task in our study is not directed to such premature "intention" as mentioned before. Therefore, a complete physiological explanation of movement genesis still remains to be determined."

을 구부린다고 말할 수도 있다. Pockett와 Puddy가 설정한 실험은 피험자에게 숫자를 보여주고 합이 홀수이면 어떤 키를 누르고 짝수이면 인접한 다른 키를 누르도록 한다. 그리고 이들에게 실험을 설명할 때 결정(decision)이라는 단어만을 사용하고 충동(urge)이나 원함(wanting)이라는 단어는 사용하지 않았다. 그들은 이 실험에서 RP가 자주(often) 나타나지 않는다는 결과를 얻었다. 그리고 그들은 이에 대하여 이렇게 해석한다. "방금 설명한 의사결정 실험에서, 필요한 계산(計算)의 수행에 의하여, 운동 직전 기간의 피험자의 주의가 완전히 빼앗기기 때문에, '자발적' 충동의 도착을 예상(予想)하는 데 쓸 여분의 능력이 없다. 이 상황에서는 초기(early) RP 구성이 없었으며 종종 RP가 전혀 없었다."[83]

이들은 법률적 문제에 대해서도 언급하고 있는데, 은행 강도와 같은 것은 사전에 계획되고 총기를 구입하는 등 사전적(事前的)인 행위가 있으며, 그 후에 은행 강도를 한다는 점에서 의사결정에 의한 행위라는 것이다. 결국 법률적 문제는 자발적 충동에 의한 행동과 의사결정에 의한 행동의 구별이 중요하다고 한다.

"그 시작이 자발적인 충동(衝動)의 결과라면 Libet의 결과가 중요할 수 있다. 자발적인 충동에 의한 행동은 전의식적(前意識的)으로 시동될 수 있다. 그러나 명확한 결정(決定)의 결과로 행위가 시동되었다면 Libet의 결과는 전혀 관련이 없을 것이다. 우리의 현재 데이터는 결정적이지 못하지만, 운동에 대한 인

---

83 Pockett and Purdy, Are voluntary movements initiated preconsciously? The relationships between readiness potentials, urges and decisions, *op cit.*, p.87. In the decision trials just described, the subject's attention in the time period immediately before the movement is completely taken up by performing the necessary calculations, so that they have no spare capacity to spend on anticipating the arrival of a "spontaneous" urge. In this situation, there were no early RP components—and often no RPs at all.

과적 뇌활동이 시작된 후에 행동하려는 의식적인 결정이 이루어질 수 없음을 보여준다. 반대로, 의식적 결정은 운동을 시작하는 뇌활동과 거의 동시에 또는 약간 전에 일어날 수 있다. 준비전위의 의미와 주관적 보고의 의심스러운 상태에 대한 모든 경고에도 불구하고, 여기에서의 (의식적 충동과 반대되는) 의식적 결정은 임의적 운동의 직접적 원인으로 간주될 수 있다."[84]

위의 결론, 자발적 충동에 의한 행동과 의식적 의사결정의 행동을 구별하는 것에 대한 법률적 논의가 크게 의미 있는 것은 아니다. 그것보다 고의와 미필적(未必的)고의, 또는 목적고의(Purposely)와 무모고의(Recklessly)의 구별이 중요하고, 자발적 충동은 여기에 포괄되기 때문이다. 중요한 것은 10일 전에 은행 강도 결의(의식적 의사결정)를 하고 그에 의하여 은행 강도를 실행한 경우의 문제이다. 이 경우에는 문제가 두 개로 나뉘어진다. 하나는 10일 전의 은행 강도 결의 그 자체는 자유의지인가 하는 것이다. 그다음에 총을 숨기고 은행에 들어가는 행동,[85] 은행에 있다가 결정적 순간에 총을 꺼내어 은행 강도를 시작하는 동작(動作)은 자유의지인가 하는 것이다.[86] 그리고 이 모든 경우에 리벳의 실험이나 앞의 덧셈 뺄셈 중 어느 것을 선택할 것인가 하는 실험

---

84 *ibid.*, p.88. If that initiation is the result of a spontaneous urge, Libet's results may be important. Acts predicated on spontaneous urges may well be preconsciously initiated. But if the act is intiated as the result of a definite decision, Libet's results may not be relevant at all. Our present data are less than conclusive, but they tend to show that a conscious decision to act may not occur after the start of the brain activity that is causal for the movement. On the contrary, conscious decisions may occur at about the same time as, or slightly before, the brain activity that initiates a movement. Notwithstanding all the caveats about the meaning of the readiness potential and the doubtful status of subjective reports, the implication here is that a conscious decision (as opposed to a conscious urge) might well be considered to be the immediate cause of a voluntary movement.
85 의식적 의사결정과 실행의 동작은 구별되는 것이다. 의식적 의사결정을 하더라도 많은 경우 실천에 나아가지 않을 수 있다. 실천에 나아가는 경우에는 의식적 의사결정을 하였다는 과거의 기억(記憶) 이외의 다른 요소들-가령, 용기, 결단력, 욕망 등-이 개입한다.
86 더 세분하여 나뉘어질 수 있다. 총기를 구입하는 결정과 동작, 목적 은행을 선정하는 의사결정, 목적한 은행에 걸어 들어가는 행동… 많은 행동들로 세분될 수 있다.

이 적용된다고 해야 할 것이다. 문제는 이것을 어떻게 해석할 것인가 하는 것이 논점이지, 적용되지 않는다는 것은 논점이 아니라는 것이다.

[1525] 리벳의 거부권(veto)

자유의지의 부정에 대한 거부감은 대단한 것으로 보인다. 그리하여 자유의지가 환상이라는 점에 대하여 이해를 하면서도 데넷(Dennett)은 결코 자유의지를 부정하는 것같은 이야기를 하지 않았다. 오히려 그는 자유의지가 환상이라는 웨그너의 주장에 대하여 융통성이 없는 가엾은 태도라고 안타까와했다.

> "… '의식적 의지의 환상(2002)'이라는 웨그너의 저작(에 관하여). 나는 의식적 의지에 대한 웨그너의 설명이 여태껏 내가 접한 것 중 최고라고 본다. 나는 거의 모든 사항에서 그의 견해에 동의한다. 그리고 그의 책 제목의 어색함-내 관점에서 볼 때-을 놓고 그와 토론도 했다. 내가 보기에 그는 큐피트가 화살을 쏘지 않는다는 것을 보여준 뒤, 자신의 책에 '낭만적 사랑이라는 환상'이라는 제목을 붙이겠다고 고집하는, 분위기를 깨는데 일가견이 있는 과학자다…. 웨그너는 의식적 의지가 환상이지만, 책임있는 도덕적 행동은 아주 현실적이라고 주장함으로써 나중에 충격을 완화한다. 그리고 그것이 바로 우리 둘의 최종 결론이다…. 하지만 나는 전술(戰術) 측면에서는 견해를 달리한다."[87]

---

87 Daniel C. Dennett, Freedom Evolves, *op.cit.*, p.172/368. …Wegner: The Illusion of Conscious Will (2002). I think Wegner's account of conscious will is the best I have seen. I agree with it in almost every regard. And I've discussed with him the awkwardness- from my point of view-of his title. I see him as the killjoy scientist who shows that Cupid doesn't shoot arrows and then insists on entitling his book The Illusion of Romantic Love… Wegner eventually softens the blow by arguing that conscious will may be an illusion, but responsible, moral action is quite real. And that is the bottom line for both of us… Wegner and I agree on the bottom line; what we disagree on is tactics.

"사람들이 전통적으로 생각했던 것은 아니지만, 자유롭고 의식적인 의지가 마술이 아니라 실재적(real)이라고 주장해야 하는가? (데넷의 노선), 아니면 전통적인 자유의지가 환상이라는 것을 인정해야 한다-그러나 걱정할 필요는 없다 ; 삶에는 여전히 의미가 있고 사람들은 책임을 질 수 있고 책임을 진다고 하는가? (웨그너의 노선). 이 질문에 대한 대답은 여전히 명확하지 않지만, 웨그너는 그가 유발한 적대적(敵對的)인 반응에 놀랐다."[88]

심지어 이 모든 논쟁을 야기한 장본인인 리벳(Libet)조차도 결국은 자유의지를 구원하기 위하여 나섰다. 그리고 그의 관점은 실로 독특하고 창의적이었지만 그러나 자기자신을 부정하는 측면이 있다. 일반적으로 자유의지를 부정하면 인간의 책임의 근거를 부정하는 것이 된다고 생각하는 동시에 인간의 존엄성에 대한 근거를 상실한다고 느끼게 되어 기를 쓰고 자유의지를 긍정할 수 있는 논거를 찾으려고 한다. 자유의지의 문제에 대해 가장 중대한 도전을 제기했다고 스스로 긍지를 가지고 있을 뿐 아니라, 다른 학자들도 모두 그렇게 인정하는 리벳조차도 결국 자유의지를 인정하는 논거를 찾으려고 했던 것을 보면, 자유의지를 완전히 부정하는 것은 불가능한 것으로 보인다. 리벳이 찾아낸 논거는 자유의지를 인정하는 논거가 아니라 자유로운 거부권(veto)이었다. 리벳의 실험에서 동작을 시작하는 비의식적 신경과정이 진행하기 시작하는 것은 동작하기 500ms전이다(이때 RP가 나타난다). 그리고 동작하기 전 150ms 전에 의식적 의도(W)가 나타난다. 리벳이 착안한 것은 의식

---

88 Daniel C. Dennett, Some Observations on the Psychology of Thinking About Free Will, in: Are We Free? - Psychology and Free Will, John Baer, James C. Kaufman, and Roy F. Baumeister, Oxford University Press, 2008, pp.252-253. Should one insist that free, conscious will is *real* without being magic, without being what people traditionally thought it was (my line)? Or should one concede that traditional free will is an illusion-but not to worry: Life still has meaning and people can and should be responsible (Wegner's line)? The answer to this question is still not obvious, but Wegner was surprised and dismayed by some of the hostile reactions he provoked.

적 의도가 자각되고 동작하기까지의 이 150ms의 시간동안 그 동작을 자유의 지로 거부할 수 있다는 것이다. 그런데 실제로 거부할 수 있는 시간은 그보다 적은데 왜냐하면, 동작하기 전 마지막 50ms에는 이미 뇌피질이 척추의 신경 세포를 활성화하는 시간이기 때문이다. 즉 이때에는 뇌신경 세포가 작동하여 버리기 때문에 동작을 멈출 수가 없게 된다. 그렇다면 의도적으로 동작을 멈출 수 있는 시간은 동작 전 150ms에서 50ms 사이의 100ms 동안이다.

말하자면 100ms 동안 우리는 손가락을 구부리려다가 '그만두는' 의식적 결정을 하고 그것을 실행할 수 있다. 그런데 이것은 이미 비의식적 신경과정이 진행되고 있는 동작을 하지 않는 거부권(veto)의 경우에만 가능하다. 이것이 거부권으로서의 자유의지, 동작을 자유롭게 하지 않을 수 있는 의지라는 것이다.[89]

그러나 이 가능성은 리벳이 실험적으로 증명한 것이 아니라 계산상의 가능성으로서 제시한다. 행동을 의식적으로 인지한 이후 그 행동을 중지할 수 있는 가능한 시간은 100ms가 있다. 시간이 있다는 것과 실제로 그 시간에 의식적으로 거부할 수 있다는 것과는 다른 것이다. 다음으로 논리적으로 이 주

---

89 B. Libet, Do We Have Free Will? Journal of Consciousness Studies, 6, (No. 8-9), 1999, pp.51-52
To answer this it must be recognized that conscious will (W) does appear about 150 msec before the muscle is activated, even though it follows onset of the RP. An interval of 150 msec would allow enough time in which the conscious function might affect the final outcome of the volitional process. (Actually, only 100 msec is available for any such effect. The final 50 msec before the muscle is activated is the time for the primary motor cortex to activate the spinal motor nerve cells. 자발적 행위를 수행함에 있어 의식적 의지의 역할이 있는가? (1985년 Libet 참조). 이에 대한 답을 찾기 위해서는 근육이 활성화되기 전에 의식적인 의지(W)가 약 150msec에 나타나는 것을 생각해야 한다. 150msec 간격은 의식 기능이 의지 과정의 최종 결과에 영향을 줄 수 있는 충분한 시간을 허용한다. (실제로 이러한 효과에 100msec만 사용할 수 있다. 근육이 활성화되기 전의 마지막 50msec는 1차 운동 피질이 척추 운동 신경 세포를 활성화하는 시간이다. 의식 기능에 잠재적으로 이용 가능한 것은 의지 과정의 최종 진행을 중단하거나 거부할 수 있기 때문에 실제 근육 활동이 일어나지 않을 수 있다. 의식적인 의지는 의지 과정이 무의식적 뇌 과정에 의해 시작되었음에도 불구하고 의지 과정의 결과에 영향을 줄 수 있다. 의식적인 의지는 프로세스를 차단하거나 거부하여 아무런 행동도 일어나지 않을 수 있다.

장은 그 자체의 결함을 가지고 있다. 만일 신경과정 없이 행동을 중지하겠다는 의도가 나타날 수 있다면, 이것은 처음의 리벳의 실험 자체를 부정한다. 신경과정 없이 거부의 의식적 의도가 나타날 수 있다면, 신경과정 없이 행동하는 의식적 의도도 나타날 수 있어야 한다. 이것은 그야말로 데카르트 프레임이다. 리벳은 행동을 하는 것과 행동을 거부하는 것은 다르며, 행동을 중간에 거부하는 것은 행동의 '통제'에 속하는 것으로 신경과정 없이 나타날 수 있다고 주장한다. 그러나 이것은 '통제(control)'라는 통속적 개념을 동원하는 것으로 규정할 수 있는 문제는 아니다. 더구나 100ms동안 의식적 거부권 의지가 관철된다는 것은 그가 주장하는 time-on이론에도 어긋난다. 그는 의식화의 시간단위를 최소 500ms라고 주장한다.

리벳은 또 아마도 자신의 실험 중에 행동을 중지한 사람이 있었지만 그중지에 대해서는 RP가 관찰되지 않았다고 주장한다.[90] 무엇보다 거부권적 자유의지에 관해서는 후속적인 여러 실험들이 있었지만 그것을 입증하는데 성공하지 못했다. Brass 와 Haggard의 실험에서는 리벳의 주장과는 달리 마지막 순간에 거부권을 행사하는 실험에서 내측 전전두피질(medial prefrontal cortex)의 특정 뇌부위가 더 활발하다는 것이 발견되었다.[91] 그 외 여러 학자들의 실험적 이론적 접근에서도 일반적으로 비판적이었다.[92] 결국 거부권의 자유의지 이론은 거부되었고 사실상 사장되었다. 즉 거부권 이론에 대한 논쟁이나 발전은 없다.

---

90 *ibid.*, p.53. The conscious veto is a control function, different from simply becoming aware of the wish to act. There is no logical imperative in any mind-brain theory, even identity theory, that requires specific neural activity to precede and determine the nature of a conscious control function. 의식적인 거부권은, 단순히 행동하고자 하는바를 인식하게 되는 것과는 다른, 통제기능이다. 어떠한 심리-두뇌이론, 심지어 정체성 이론에 있어서도, 의식적 통제기능의 성질을 그에 선행하여 결정하는, 특정 뉴런활동이 요구된다는, 논리적 명령은 없다.

91 B.Libet, Mind Time, *op.cit.*, p.142.

92 M. Brass, P.Haggard, To do or not to do: the neural signature of self-control, J Neuroscience 27, 2007, pp.9141-9145.

제6장

인간(人間)이란 무엇인가?

―자유의지 논쟁의 의미

장자(莊子)가 지나가는 나그네에게 물었다. "나는
나비의 꿈을 꾸는 사람인가? 사람의 꿈을 꾸는
나비인가?" 나그네가 하늘을 쳐다보며 되물었다.
"내가 여행(旅行)하는가? 여행이 나인가?"

[1601] 자유의지 논의의 관문의식(觀問意識)

고대에 인간은 신(神)의 피조물(被造物)이었다. 근대에 이르러 인간은 정신
과 육체를 가진 이원적(二元的) 존재로서, 이성에 의하여 합리적으로 행동하
는 자유인이었다. 이성적 자유인은 현재 우리의 상식이다. 그런데 자유의지
가 부정된다는 것은, 이성적 자유인이라는 근대적 전제가 무너진다는 것을
말한다. 근대적 인간상(人間像)은 데카르트 프레임에 의존하고 있었다는 사실
이다. 데카르트 프레임이 오류이듯이 근대적 인간상은 오류이다. 자유의지가
부정된다면, 필연적으로 그 의지의 주체로서의 자아(自我)도 부정된다. 부정
되는 것은 자아만이 아니며, 이성(합리성)도 자신의 자리를 상실한다. 이성이
행위를 지도(指導)하지 못한다면, 이성이 무슨 의미가 있겠는가? 이렇게 되면
근본적인 문제가 시대적(時代的) 관문으로 제기된다. 인간이란 무엇인가 하는
문제이다.

그리하여 우리는 자유의지에 대한 논쟁이 궁극적으로는 인간 자체에 대한
논의라는 것을 발견한다. 그것은 사실 구체적으로 인간에 관한 모든 것을 논
의하는 것이다. 가장 먼저 부딪치는 문제는 인간의 행동(行動)이 어떻게 발생

하는가, 하는 문제이다. 이제까지 내가 손가락을 구부린다고 생각하는 것으로 모든 것이 해결되었다. 그런데 내가 손가락을 구부리는 것이 아니라면, 손가락은 어떻게 구부려지는가? 이런 문제가 새삼스럽게 제기된다. 우리가 의식적(意識的)으로 행동을 인도하고 통제하지 않아도 제대로 된 행동을 할 수 있을까? 동작과 행동은 어떻게 일어나는가, 이것이 우리가 제일 먼저 논의하는 문제이다. 여기서 우리는 놀라는 것이 인간의 행위라는 것이 개념적으로는 지극히 단순하다는 것이다. 모든 행동은 결국 '팔다리를 움직이는 것'이 전부이다. 그 이외의 동작(動作)은 없다. 그리고 놀랍게도 인간은 동물과 마찬가지로 자동적(自動的)으로 움직인다는 것이다. 이에 관한 연구로 엉뚱하게도 노벨 경제학상을 받은 카네만(D. Kahneman)의 시스템 1, 시스템 2를 논의한다. 이것은 결국 우리의 인간관을 변화시킨다. 인간은 의식적으로 하나하나 생각하여 움직이는 수동모드가 아니라 의식적 의도와는 상관없이 움직이는 자동모드(auto mode)라는 것이다. 어떻게 그것이 가능한가? 이에 관해 제1절, '동작과 행동은 어떻게 일어나는가'에서 논의한다.

제2절에서는 의식(意識)은 행위에 개입하는가, 하는 관문을 다룬다. 우리는 당연히 의식적 의도에 의하여 행동한다고 생각한다. 그런데 앞에서 본 것처럼 팔다리를 움직이는 문제에 있어서는 인간의 행동은 자동적이다. 인간은 자동모드로 운행되는 무인승용차의 운전석에 앉아 있는 셈이다. 그렇지만 여기에 대해서는 유력한 비판이 가능하다. 우리는 몇 시간, 며칠, 심지어 몇 달에 걸쳐서 생각하고 의사결정을 내리고 행동하는 일이 많다. 그 경우 행동에 의식이 개입한다고 보는 것이 당연하지 않은가? 웨그너(Wegner)와 카루더스(Carruthers)는 이 당연한 사실을 부인(否認)한다. 의사결정(意思決定)이 있다고 하더라도 그것은 행동을 야기하는 인과적(因果的) 원인이 아니라는 것이다. 인간은 그에 관해서 환상(幻想)을 가지고 있다는 것이다. 우리는 자유의지와 환상을 둘러싼 웨그너(Wegner)와 멜리(Mele)의 논쟁을 다룬다.

이 논의의 과정에서 자유의지가 아니라 인간의 행동이 의미론적(意味論的)이라는 점이 중요한 문제로 제기된다. 인간은 동물과 달리 언어와 의미를 사용하는 존재이다. 동시에 인간의 행위도 의미의 측면이 절대적으로 중요한데, 이제까지 자유의지에 관한 논의에서 이러한 점이 간취(看取)되지 못했다. 의미론적 개입(介入)이야말로 인간에게 자유의 가능성을 열어 준다는 것이다. 인간의 행동이 아무리 자동성에 의하여 지배되고, 의식적 의도가 환상(幻想)이라고 해도, 소설가가 쓰는 소설의 스토리(story)는 소설가의 자유에 의하여 규정된다. 이러한 의미론적 개입을 모티브로 하여 제3절에서 자유란 무엇인가를 논의한다. 그리고 자유의지에 관한 철학적 사회심리학적 논쟁을 개관한다. 또한 인지적 자유와 문명적 자유라는 자유의 가능성을 검토한다.

제4절에서는 의도와 자아(自我)–실재인가 환상(幻想)인가 라는 관문을 논의한다. 의식적 의도만이 아니라 인간의 자아까지 환상이라는 의문이 제기된다. 자아가 환상이라는 것은 신경과학에서는 상식(常識)이다. 오히려 중요한 문제는 어떻게 환상이 야기되고 환상이 왜 필요한가 하는 문제이다. 환상의 기제(메카니즘)로 마술(魔術) 지각이론과 가시세계 기준론이 검토된다. 환상론이 인간관을 어떻게 변혁하는지, 환상에 기반하는 문명은 본질적으로 어떠한 성격을 가지는지, 이러한 문제를 검토한다. 이 장의 검토는 한편으로는 새로운 책임개념의 근거이기도 하고, 제2권 철학적 논의의 전제이며 소재(素材)이기도 하다.

제1절 행동은 어떻게 일어나는가?—시스템 1, 시스템 2

[1602] 동작(動作)과 행위(行為)

행동이란 무엇인가? 자유의지가 있다는 것은 인간의 행동(行動)을 대상
으로 한다. 행동을 선택할 수 있고 자유롭게 할 수 있다는 것이 자유의지
의 논점이다. 그런데 정작 행동이란 무엇인가 하고 물을 때 이에 대한 대답
은 대단히 넓은 범위에 걸쳐 있다는 것을 발견한다. 우선 행동에 관련된 단
어만으로도 여러 개가 있다. 영어에는 act, action, behavior, conduct, motor,
movement, motion 등의 단어가 있다. 한국어로는 행위(行為), 행동(行動), 동
작(動作), 움직임, 운동(運動) 등의 단어들이 있다. 이제까지 우리는 motor는
일반적으로 운동으로 번역하였고, movement는 움직임이나 동작으로 번역
하여 왔으며, act나 action은 행동으로 번역하여 왔다.

그런데 우리가 자유의지의 관문에 맞게 행동을 규정하려고 한다면 두 가
지 중요한 행동의 성격을 설명하지 않으면 안 된다. 첫째, 행동은 형식적으로
보면 우리 몸 중에서도 사지(四肢), 즉 두 팔과 두 다리의 동작에 한정된다는
것이다. 이 단순하고도 명백한 사실을 우리는 흔히 간과하기 쉽다. 가령 위
대(偉大)하고 거룩한 인간의 행위가 있다고 하더라도, 실제로 보면 그 행위는
두 팔과 두 다리 중의 어느 것을 움직이는 동작이다. 이것은 그 위대한 행위
를 하기 위하여 뇌의 신경세계에서 은하계별 수의 3,000배 이상의 시냅스가
작동한다고 해도 결국 그 결과는 아주 간단하게 두 개의 팔과 두 개의 다리의
움직임으로 나타난다는 것이다.[1] 네 개의 팔다리 이외에 몸통이 동작을 연출

---

1 그리하여 우리 뇌에는 결과적으로 팔을 어느 정도 잡아당겨 올리는 하나의 특정한 동작을 산출하는
   신경회로가 수십만 회로가 될 수 있다. 즉 수십만의 서로 다른 회로가 동일한 동작을 출력하는 것이
   다. 그렇기 때문에 수많은 신경회로가 고장 난다고 해도 다른 회로가 대체하는 것이 가능하기 때문

할 수도 있겠지만 그것들은 결국 사지에 연계된 것으로 사지 움직임 없이 몸통만 움직여지지는 않는다. 결국 브루투스(Brutus)가 시저(Caesar)를 칼로 찔러 암살한 동작이나 주부가 부엌에서 삶은 돼지의 배를 칼로 가르는 동작이나 다르지 않다.

행위를 동작으로 환원(還元)하면 자유의지에 관한 논의도 단순해진다. 결국 자유의지의 문제는 우리의 네 개의 팔다리를 자유의지로 움직이느냐 그렇지 않느냐 하는 것이다. 이 점은 리벳 실험의 중요성을 증대시킨다. 즉 손가락을 구부리는 너무 단순한 사실에 관한 실험을 가지고 어떻게 그 심오(深奧)한 자유의지 전체에 관해 논단(論斷)할 수 있느냐 하는 의문을 제기할 수 있다. 그러나 행위라는 개념에 포괄되는 모든 것이 이와 같이 네 개의 팔다리의 단순한 동작으로 환원된다는 사실은 리벳의 실험이 그 모든 문제에 대하여 발언(發言)할 수 있다는 것을 말하는 것이다. 이것은 거꾸로 신(神)이나 이성(理性)을 동원하는 화려한 수사(修辭)에 의하여 자유의지를 주장했다고 하더라도 그것이 인간의 네 개의 팔다리를 작동시켰다는 것을 증명하지 못한다면 그 주장은 허구에 불과한 것이다.

둘째, 인간의 행위가 이와 같이 단순한 동작으로 환원(還元)된다고 해도 그러한 단순한 동작에 부여되는 의미(意味)는 그야말로 무한하다. 인간의 행위는 의미론적(意味論的) 성격을 가지고 있다. 그리하여 행위에 관한 기표(단어)도 여러 가지인 것이다. 동작(motion)의 의미와 행위(behavior)의 의미는 다르게 느껴진다. 브루투스가 시저를 칼로 찌른 행위와 주부가 부엌에서 삶은 돼지를 부엌칼로 내려친 행위는 그 동작은 같다고 해도 그 의미는 전혀 다르다. 그리하여 우리가 자유의지를 논의할 때 바로 이러한 의미론적 성격이 반영

에 큰 문제 없이 동일한 동작이 산출될 수 있다. 이것은 축퇴(degneracy)라고 한다. 제2권에서 재론한다. Gerald M. Edelman and Giulio Totoni, *A Universe of Consciousness, - How Matter Becomes Imagination*, Basic Books, 2000, p.81.

되어야 하느냐의 문제가 제기된다. 그렇다고 의미 있는 행위는 자유로운 행위이고 의미 없는 행위는 인과적 행위라는 식으로 논단(論斷)할 수는 없다. 그렇지만 자유의지를 논의할 때 인간의 행위에 관한 분석이 필요하다고 말하는 것이 타당한 것으로 보인다.

　우리의 행위가 동작(사지의 움직임)의 관점에서 보아서는 리벳의 주장이 타당하더라도, 행위의 다른 측면에 대해서는 의미론적 논거(論拠)에 의하여 자유의지에 의한 행위라는 주장이 가능할 수도 있다. 이러한 주장은, 동물의 경우에는 결코 의미론적 행동이 없다는 점에 비추어 보면, 상당히 유력한 가능성이 있는 것으로 보인다. 리벳은 인간의 자유의지를 마지막 150ms에서의 거부권(拒否權)으로 구원하려고 하였지만, 구원(救援)은 다른 곳–의미론적 차원–에 있는지도 모른다.

[1603] 행위의 분류

　인간의 행위를 분류해 보는 것도 의미가 있을 것이다. 인간의 행위를 단순하게 분류해보면 다음과 같이 나눌 수 있다.

　　　제1행위–단순동작(감각운동), 숙련운동(스포츠)
　　　제2행위–언어운동(말하기, 읽기, 쓰기)
　　　제3행위–문화적 숙련행동(운전, 타이핑, 피아노 연주 등 악기연주행위)
　　　제4행위–일반행위(일상행위, 사회문화적 행위)
　　　제5행위–목적적 행위(전문직업행위, 위험관련행위, 숙련을 위한 학습행위, 훈련행위)

　이러한 분류에 따라 각 종류별 행위를 검토해 보면 가장 먼저 눈에 띄는 행위는 숙련행동이다. 이러한 숙련행동은 두 가지로 나눌 수 있는데 우선 스포츠 선수들의 운동 동작이 있고, 피아노 연주와 같은 문화적 숙련동작이 있다. 야구에서 타자(打者)는 지극히 짧은 순간에 공을 판단하여 배트를 휘두르거나 또는 휘두르지 않는다. 이 결정은 200ms의 시간 동안에 이루어진다. 이것은 확실히 리벳의 350ms보다 작다. 그리고 그동안 의식은 깨어 있다. 따라서 야구선수는 RP가 나타나는 것 이전에 의식적으로 선택을 하는 것이고, 따라서 의식적 의지고 자유의지이다. 앞에서 보았듯이 이것이 데닛 프레임의 증거라고 생각하고 데닛이 자유의지의 근거라고 주장했다.[2] 그러나 이것은 오해이다. 그러한 동작이 자유의지의 행위라고 한다면 사자나 호랑이 등 동물의 행동이야말로 더욱 자유의지의 행위라고 해야 할 것이다. 그들이 더욱 빠르고 더욱 섬세하다. 훌륭한 스포츠 선수나 연주자는 자신의 동작을 무의식화할 수 있는 사람이다. 정확하게 말하면 각 동작을 섬세하고 도식화(図式化)하고 프로그램화할 수 있는 사람이다. 스포츠 선수나 연주자의 승패는 여기에 달려 있고 평소에 맹연습을 하는 이유도 여기에 있다. 앞에서 말한 것처럼 데닛의 또 하나의 오해는 깨어 있다는 의미에서의 의식과 의도적 의식을 혼동한 점에 있다. 피아니스트의 빠른 손가락 움직임은 의식적(意識的)으로는 불가능한 것이다.[3] 그들은 무의식화(無意識化)하기 위하여 연습하는 것이다.

> "피아노나 바이올린과 같은 악기의 연주나 노래도 이와 비슷한 무의식적인 행동의 공연 행위로 되어야 한다. 피아니스트들은 종종 양손의 손가락이 시

---

2 *supra* [1513]
3 연주행위에 있어서는 의식적인 통제가 없어야 할 것이지만, 그러나 그 동작 자체에 관념이 내재하고 있다는 점에서 스포츠와는 다르다. 그렇지만 숙련된 행위에 대해서 의식적으로 통제하지 않는다는 점에서는 스포츠 동작과 마찬가지이다. 한국의 피아노 전공의 여대생이 친구들 간에 놀이로 피아노 빨리치기를 하는 데 15초에 482번 건반을 두드리는 것으로 기록되었다. 이것은 1초에 32개의 음표를 치는 것이고, 1개의 음표를 치는 데 (건반을 한 번 누르는 데) 평균 31ms가 걸렸다. (악보는 Rachmanioff Piano Sonata No.2, Op.36 mov 3.) 어쩌면 31ms는 인간이 접근할 수 있는 최소의 미시세계(微視世界)일지도 모른다. 어쨌든 이러한 연주행위를 의식적으로 매 순간 통제한다는 것은 가능하지 않으며, 그렇게 한다면 결코 연주를 할 수 없을 것이다.

각적(視覺的)으로 거의 따라올 수 없을 정도로 빠른 속도로 키를 치는 빠른 음악적 주행을 한다.… 심지어 이러한 감정들조차도 그것에 대한 어떤 인식(認識)이 생겨나기도 전에, 인식(의식)의 생성에 관한 우리의 타임온 원리에 따라, 무의식적으로 일어난다. 악기 연주자들과 가수들은, 공연되는 음악에 대해 '생각'하면, 그들의 표현이 강요되고, 엉망이 된다는 것을 알고 있다."[4]

"야구 타자는 132ft/sec의 시속 90마일의 속도로 투구된 공을 마주하는데, 마지막 순간에 그 볼이 휘어지거나 가라앉는다. 그는 공을 칠 것인지, 공을 만날 수 있는 길로 배트를 휘둘러야 할지 결정해야 한다. 투수가 타자에서 60피트 떨어져 있기 때문에, 공은 총 450ms 만에 타자에게 도달한다. 타자는 공이 날아오는 마지막 겨우 200ms 동안 공의 속도와 궤적을 인식하고 스윙을 결정해야 한다. 그 인식과 결정은 아마도 처음에는 무의식적일 것이다. 위대한 야구 타자들은 아마도 생리학적으로 이러한 과정을 가능한 한 성공적으로 지연시킬 수 있는 사람들일 것이다. 야구 타자가 일단 결정을 내리고 스윙을 시작하면, 그것이 잘못된 선택이었다는 것을 깨닫는다고 해도, 보통 스윙을 멈출 수 없다는 것은 놀라운 일이다. 위대한 운동선수들은, 일반적으로, 그들의 무의식적인 마음이 의식적인 마음으로부터 방해받지 않고 넘겨받도록 내버려 둘 수 있는 사람들이라고 덧붙일 수도 있을 것 같다. 운동선수들은 즉각적인 반응을 '생각'하려고(인지하려고) 노력하면 덜 성공적이라고 말한다. 사실, 나는 이것이 예술, 과학, 수학의 모든 창조적 과정에 진실이라고 일반화시키고

---

4 Benjamin Libet, *Mind Time, The Temporal Factor in Consciousness*, Harvard University Press, 2004. p.109. The playing of a musical instrument, like the piano or violin, or singing must also involve a similar unconscious performance of the actions. Pianists often play rapid musical runs in which the fingers of both hands are hitting the keys in sequences so fast that they can barely be followed visually…Even these feelings arise *unconsciously*, before any awareness of them develops, based on our time-on principle for producing awareness. Instrumentalists and singers know that if they "think" about the music being performed, their expression becomes forced and stilted.

싶다."[5]

우리는 의식(意識)을 두 가지로 구분해야 한다. 하나는 잠들지 않고 깨어 있다는 의미에서 의식이다. 다른 하나는 우리의 관념적 의도(意図)가 그 내용을 형성하는 의식이다. 전자의 의식은 동물에게도 있으나 후자의 의식은 인간에게만 있다. 그리고 자유의지는 후자의 의식을 전제로 하여 규정되는 것이다. 행동할 때 단순히 깨어 있다고 하여 그 행동을 모두 자유의지의 행동이라고 할 수는 없는 것이다.

[1604] 동작의 발생, 행위의 발생

행위나 동작을 그것이 발생하는 계기(契機)에 따라 분류해 볼 수 있다. 자극 반응기제는 일반적으로 동물의 행동기제를 설명하는 개념이다. 그렇지만 인간의 경우에도 적용할 수 있다. 가령 우리는 횡단보도 앞에서 서 있다가 초록신호(보행신호)로 바뀌는 것을 감각하면 자동적으로 발걸음을 떼는 동작(횡단보도를 건너는 행위)을 하게 된다. 주의기제는 이러한 상황에서 주의를 기울이

---

5 *ibid*., pp.110-111. A baseball batter faces a pitched ball at 90 mph (132 ft/sec), with the ball curving or sinking at the last moment. He must decide whether to hit that ball and to swing the bat in a path that can meet the ball (see Fig. 3.3). Because the pitcher is 60 ft from the batter, the ball reaches the batter in a total of 450 msec. The batter has only the last 200 or so msec of the ball's approach to recognize the speed and trajectory of the ball and to make the decision to swing. Both that recognition and decision are presumably initially unconscious. Great baseball hitters are probably those who can successfully delay these processes as much as is physiologically possible. Once the baseball batter has made his decision and begun to swing, it is remarkable that he usually cannot stop his swing if he realizes it was the wrong choice. I might even add that great athletes, in general, are those who can let their unconscious mind take over without interference from the conscious mind. Athletes tell us that if they try "to think" (become aware) of immediate responses, they become less successful. Indeed, I am tempted to generalize that this is true for all creative processes, in art, science, and mathematics.

다가 상황이 요구하는 행동을 하는 것으로 승용차 운전행위가 전형적이다. 우리는 주의기제에 의한 행동통제를 논의할 것이다. 우리가 아침에 일어나면서부터 습관적 행동이 시작된다. 세수를 하고 양치질을 하는 것도 그 하나이다. 이와 같이 행위나 동작이 발생하는 계기에 따라 분류해 보면 아래와 같이 나눌 수 있다. 8과 9는 앞의 분류에 들어가지 않고 남은 잔여 행위를 위한 범주이다.

1. 자극반응 기제(機制)

2. 주의(注意) 기제—주의 · 예상 · 기대의 기제

3. 습관 기제

4. 연상(聯想) 기제—점화(priming)

5. 내적 생리적 충동(배고픔, 목마름 등에 의한 행위)

6. 내적 정서적 충동(희로애락 등 감정에 의한 행위)

7. 사회적 조직적 행위(계약, 투자결정, 계약, 도덕적 행위, 범죄행위)

8. 동기—목적 행위(殘余 행위)

9. 의미적 해석적 기제(殘余 행위)

이러한 행위들 중에서 가장 의식적 의도에 의하여 지배되는 행위를 들라면 뚜렷한 목적을 가지고 행동하는 경우라고 할 수 있다. 가장 극적인 예를 든다면 킬러(Killer)의 살인행위를 들 수 있을 것이다. 그러나 킬러의 살인행위와 같은 목적적 행위는 대체로 동기가 있다. 킬러는 돈(money)을 받고 살인을 해 준다고 단순히 말할 수 있다. 어떤 킬러가 4억 원에는 청부를 거절하고 5억 원에 살인청부를 받아들였다면 그의 행위는 자유의지일까? 명확하게 돈에 의하여 인과적으로 규정되는 결정론적 행위일까? 우리는 이와 관련된 논의는 뒤로 미룰 것이다.

다른 한편 킬러가 1.5킬로미터의 거리에서 조준경이 달린 총을 거치(据置)하고 살인의 순간을 기다렸다가 방아쇠를 당기는 동작은 자유의지일까 결정론적 행위일까? 킬러가 방아쇠에 걸치고 있던 오른손 검지손가락을 조용히 구부릴 때, 킬러는 그것을 의식적인 의도에 의하여 구부리는가? 우리는 '의식적 의도'라는 기표(단어)를 경우에 따라서 달리 쓰고 있다. 실제 킬러는 목표를 섬세하게 조준하고 호흡을 가다듬고 아무것에도 영향을 받지 않고 지극히 고요하게 방아쇠만을 부드럽게 당길 수 있는 그러한 순간을 기다린다. 그것이 어느 순간에 어떠한 느낌으로 오는가 하는 것은 개개의 킬러의 능력과 수준을 반영한다. 이것은 사격선수도 마찬가지이다. 표적이 살아 있는 사람이냐 점수가 표기되어 있는 표적지(標的紙)이냐의 차이가 있을 뿐이다. 킬러나 사격선수는 끊임없이 그러한 순간(瞬間)을 만들고 찾아내기 위하여 훈련한다. 그리하여 킬러가 모든 루틴(routine)을 다 실행하고 호흡(呼吸)을 정지하면서 기다리다가 드디어 그 진실의 순간(MOT, Moment of Truth)[6]이 왔을 때, 조용히 오른손 검지를 당기는 것이다. 높은 실력에 이른 경우일수록 그야말로 운명(運命)이 그 순간을 결정한다. 킬러가 자신의 자유의지를 증명하기 위하여 어느 때고 그야말로 멋대로(arbitrary) 방아쇠를 당기는 것은 결코 아니다. 반대로 킬러가 자신의 자유의지를 증명하기 위하여 이유(理由) 없이 살인을 그만두는 것도 아니다. 킬러가 '지금 나는 살인의 의도로, 격발(擊發)한다는 것을 알고, 내 자유의지로 방아쇠를 당기는 것이다,' 라고 생각하고 방아쇠를 당긴다면, 그는 자기 직업을 폐업(閉業)하고 철학자가 되어야 할 것이다. 유능한 킬러일수록 그 진실의 순간이 결정되는 것은 무의식적(無意識的)인 신경

---

6 원래 The Moment of Truth는 스페인의 투우(鬪牛)에서 나온 말이다. 스페인어로 Moment De La Verdad라고 하는 이 순간은 투우사가 소의 급소를 찌르는 순간을 말한다. MOT의 개념을 경영에 처음 도입한 사람은 리처드 노먼(Richard Norman)과 스칸디나비아 항공(SAS) 사장이었던 얀 칼슨(Jan Carlzon)이다. 1987년 『Moments of Truth』란 책을 펴낸 이후 이 말이 널리 알려졌다.

과정에 의하여 좌우되는 것이다. 다시 말하면 킬러나 사격선수나 모두 스포츠 선수나 연주자와 같은 숙련행위를 한다.

여기서 자유의지가 무엇인가 하는 논점이 다시 제기된다. 자유·의지는 자의적(恣意的)인 행위가 아니다. 킬러가 갑자기 엉뚱한 사람을 살해하거나 아니면 청부받은 살인을 아무런 이유 없이 그만두는 것이 아니라는 것이다. 반대로 모든 동작이 비의식적 신경과정에 의하여 결정된다고 하여도 뇌 신경과정이 아무렇게나 행동하는 것도 아니다. 만일 모든 동작이 비의식적 신경과정에 의하여 시동(始動)된다면, 우리는 지극히 불안(不安)하지 않을까? 우리는 강변(江邊)의 길을 가다가 갑자기 비의식적 신경과정이 작동하여 길옆의 강(江)으로 뛰어내리지는 않을까. 빌딩 옥상에 서 있는데 뇌 신경과정이 작동되어 쏜살같이 달려가 수십 층 높이의 빌딩에서 뛰어내리지는 않을까? 의식적 자유의지가 지배한다면 절대로 그런 일이 일어날 수 없지만, 우리가 전혀 알지 못하는 비의식적 신경과정에 의하여 행동이 시동된다면, 위와 같은 일이 일어나지 않는다고 어떻게 보장하는가?

그러나 우리가 조금만 생각하면 이 질문은 완전히 반대로 이해하고 있다는 것이 드러난다. 원칙적으로 위와 같은 일은 절대로 일어나지 않는다. 왜냐하면, 그러한 신경과정이 절대로 시동되지 않는다는 것이 비의식적 신경과정의 결정성(決定性)이기 때문이다. 그것은 자기보존의 본능을 하나의 기제로 하고 있는 것이 비의식적 신경과정이기 때문이다. 이러한 점에서 오히려 무의식적 신경체계야말로 정말 믿음직하다. 왜냐하면, 무의식적 신경체계는 우리가 의식에서 알고 있는 것(사실은 의식이 아니라 지식으로 알고 있는 것)보다 훨씬 더 강고하고 본능에 의하여 작동하는 부분이기 때문이다. 생명의 위험을 야기하는 행위는 무의식적 신경체계가 결코 시동하지 않는다. 번지점프대 앞에 서 보라. 의식적으로(사실은 논리적으로, 또는 지식으로서) 우리는 뛰어내려도 안전하다는 것을 잘 알고 있다. 그러나 우리는 번지점프대에서 결코 한

발이 앞으로 나가지 않는 것을 발견한다. 무의식적 시동과정이 결코 시작하지 않는 것이다.

우리가 뛰어내릴 수 있는 것은 의식적 결단처럼 보이지만 무의식적 시동과정에서 본능적 두려움의 회로를 경쟁(競爭)에서 이겨 내는 모험(冒險)의 짜릿함을 추구하는 또 다른 신경회로가 승리(勝利)했기 때문이다. 이 점은 투신자살의 경우에도 마찬가지이다. 빌딩 꼭대기나 산의 높은 절벽 앞에 서 보라. 일반적으로는 오금이 저려서 끝부분에 가지도 못한다. 그것은 의식이 아니라 무의식적 신경체계가 그대로 드러나는 것이다. 그런데 오랫동안 우울증으로 고생한 사람이나 더 이상 다른 대안(代案)이 없다는 의미론적 평가가 본능적 신경과정을 압도하는 경우에, 빌딩 꼭대기나 산의 높은 절벽에서 내려다보이는 아래는 '아름다운' 전경으로 보인다. 그 아래는 유혹적이고 아름다운 피안(彼岸)에로의 길로 인지(認知)된다. 그리하여 비의식적 신경과정이 한 발을 앞으로 내딛는 동작을 시동한다. 번지점프와 차이가 있다면, 번지점프는 안전에 대한 확신과 기대되는 모험적 쾌감이 투신자살자의 인지적 변화를 대신하는 것뿐이다.[7]

[1605] 시스템 1, 시스템 2

이제까지 논의는 우리의 행동의 양식에 뚜렷하게 구분되는 두 가지가 있다는 것을 보여준다. 하나는 그 숙련도가 높을수록 무의식적으로 동작이 이루어지는 것이고, 다른 하나는 사업에서의 투자결정과 같이 생각하고 또 생각

---

7 일부 학자는 우리의 신경과정이 작동하는 기제에 난수(亂手)와 같은 무작위(無作為)가 개입하기 때문에 자유의지가 보장된다는 취지의 주장을 하기도 한다. 그러나 이것은 오해를 야기할 수 있다, 그러한 무작위가 개입하는 것이야말로 길을 가다가 갑자기 아무 이유 없이 강에 뛰어들어 죽을 수도 있다는 것을 말하는 것이기 때문이다. 그것이 자유의지가 아니라는 것은 명백하다.

하여 의사결정을 하는 것과 같은 행위이다. 전자의 행위는 동작 그 자체가 중요하지만 후자의 경우에는 동작(動作) 그 자체는 별로 의미가 없다. 가령 어떤 사업을 하는 데 1억 달러를 투자할 것인가를 결정하는 행위를 보자. 이 경우 의사결정에는 생각하고 또 생각해야 하겠지만 정작 의사결정이 이루어졌을 때는 그에 따라 나타나는 행위(즉 동작)는 전화하거나 메일을 보내는 일이될 것이다. 다음은 화재현장에 출동한 소방관의 상황판단과 행동이다. 이 경우는 1억 달러의 투자행위와는 전혀 다르다.

> "심리학자 Gary Klein은 주방에 불이 난 집에 진입한 소방관 팀의 이야기를 들려준다. 호스로 불을 끄기 시작한 직후에 (갑자기 소방대장은 모두 탈출하라고 소리쳤고), 소방관들이 탈출한 직후에 바로 건물의 바닥이 무너져 내렸다. 그제야 소방대장은 불길이 평소와 달리 유난히 조용했고, 귀가 유난히 뜨거웠다는 사실을 깨달았다. 이러한 인상이 합쳐져 그의 말처럼 '위험의 제6감'을 촉발했다. 그는 무엇이 잘못되었다는 관념(觀念)을 가진 것은 아니었지만, 무언가가 잘못되었다는 것은 알았다. 불(火)의 심장(heart)은 주방이 아니라 소방관들이 서 있던 바닥 바로 밑 지하실이었던 것으로 드러났다."[8]

위 사례는 소방대장이 의식적(意識的)으로는 아무것도 알지 못한 상황에 소방관들을 철수시켰는데 알고 보니 지하실 화재로 인한 바닥의 붕괴로 모두

---

8 Daniel Kahneman, *Thinking, Fast and Slow*, Farrar, Straus and Giroux ebook. pp.22-23(Introduction), 번역은 이창신 역, 『생각에 관한 생각』, 김영사, 2011을 각 인용한다. 수정 부분도 있다. The psychologist Gary Klein tells the story of a team of firefighters that entered a house in which the kitchen was on fire. Soon after they started hosing down the kitchen, the floor collapsed almost immediately after the firefighters escaped. Only after the fact did the commander realize that the fire had been unusually quiet and that his ears had been unusually hot. Together, these impressions prompted what he called a "sixth sense of danger." He had no idea what was wrong, but he knew something was wrong. It turned out that the heart of the fire had not been in the kitchen but in the basement beneath where the men had stood.

가 죽을 수도 있은 위험한 상황이었다는 것을 말하고 있다. 중요한 것은 소방대장이 나중에야 '불길이 평소와 달리 유난히 조용했고, 귀가 유난히 뜨거웠다'는 것을 상기하게 되었고, 아마도 그 때문에 위험하다고 직감적으로 감지한 것으로 설명하고 있다. 우리는 불길이 조용하고 귀가 뜨거운 것이 왜 위험한지, 다른 곳에 불길이 타고 있는 것인지 알지 못한다. 즉 그것을 현장에서 인식했다고 해도 지하실의 불을 추론(推論)하지 못한다. 그러나 오랜 경력의 소방관들에게 이것은 아마도 당연한 것이고, 중요한 점은 의식적으로 그것을 인지하지 못했으면서도 위험을 직감(直感)했다는 것이다. 그리고 사실 이러한 판단은 추론에 의한 것이 아니다. 아마도 다른 곳에서의 소방 경험이나 훈련 상황에서의 유사한 느낌에 반응한 것이라고 할 수 있다. 이제까지 철학에서 이러한 판단을 대체로 직관(直觀)이라는 용어로 불러 왔다. 앞에서 말한 추론(推論)이 아니라는 것은 비의식적인 판단이 이루어졌다는 것을 말하는 것이기도 하다. 어쨌든 위 화재 사례 소방관의 이러한 판단, 의사결정, 행동은 우리가 숙고하는 의사결정과는 다르다.

그런데 이와 같은 화재 사례 소방관의 의사결과 행동은 인간의 행위에서 반드시 이례적인 것은 아니다. 전문가들은 직관적(直觀的)인 판단이 일반적이라고까지 말할 수 있다. 바둑 고수는 바둑판을 한 번 보는 것만으로도 그 승패에 대하여 말할 수 있다. 나아가 바둑 고수가 착점을 할 때 가장 먼저 고려하는 제1감(第一感)의 수(착점)는 직관적인 수이다. 그다음에 대안적인 수를 제기하고 각 수들에 대하여 추론적으로 생각하기 시작한다. 스포츠 스타들에게도 이것은 당연하다. 프로테니스선수가 상대방의 서브(serve)를 리시브(receive)하기 위하여 달려 나갈 때, 공이 떨어지는 지점이나 달려 나가는 속도 그리고 리시브 방법에 대하여 의식적으로 추론하는 것은 물론 아니다. 나아가 보통 사람들의 모든 감각적 판단에 대해서도 마찬가지이다. 어떤 사람을 만났을 때 그가 누구이고 나와 어떤 관계에 있고 위험한 사람인지 나를 도와줄 사람인지 등에 대하여 우리는 추론하기 이전에 느낌(feelings)을 갖는다.

어쨌든 이 문제는 신경과학이 대두된 이후에 심리학에서 가장 중요한 논제의 하나가 되었다. 프로이트가 무의식의 논제를 제기함으로써 한때 심리학은 의식과 무의식의 학문이 되었었다. 그러나 신경과학이 대두한 이래로 프로이트의 무의식의 개념은 이제 확실하게 진부(陳腐)한 것이 되었다. 새로이 제기된 이 자동적(自動的)인 심리기제의 위상과 관련하여, 그것이 두 개의 체계로 구분된다는 것은 의심의 여지가 없지만, '무엇'이 두 개로 나누어지는지는 명확하지 않다. 앞 문장의 맥락(脈絡)에서는 '자동적인 심리기제'라고 하여 마치 '심리기제'가 두 개로 나누어지는 것처럼 말했지만, 나누어지는 대상이 심리기제라는 것은 합의된 것이 아니다.

이 전통적인 직관적 체계의 성격을 자동성(automaticity)의 개념으로 규정하기도 하고, 반사적으로 이루어진다고 하여 반사적(reflexive) 체계라고 부르기도 한다. 이 두 체계의 구분과 연구로 학문적으로나 대중적으로 가장 큰 성공을 거둔 학자는 아마도 카네만(Daniel Kahneman)일 것이다. 그는 이에 관한 연구와 그 경제학에의 적용으로 노벨(Nobel) 경제학상을 받았다. 우리는 그의 책에서 인상적인 첫머리를 인용하는데, 그것은 실제로 시스템 1을 이해하는데 대단히 성공적인 설명으로 보이기 때문이다. 우선 아래 얼굴 사진을 보

화난 여자(pixabay.com/)

자! 카네만은 "자동모드(automatic mode)에서 마음을 관찰하려면 아래 이미지를 보라."라고 쓰고 사진을 제시하는 바 평범한 여자의 화난 얼굴이다. (우리는 여자의 화난 얼굴을 보면 바로 다음과 같이 알 수 있다)

> "이 여자의 얼굴을 바라보게 되면, 여러분의 경험은 소위 보통 '본다'라고 말하는 행위와 '직관적 사고'를 이음매 없이(seamlessly) 결합한다. 사진을 보자마자 여자의 머리가 검다고 알아보듯이, 여자가 화났다는 사실도 순식간에 알아챈다. 게다가 지금 본 것이 미래까지 확장된다. 여자는 이제 곧 거친 말을 아마도 크고 불쾌한 음성으로 쏟아놓을 것이라고 감지한다. 힘들이지 않고 저절로 여자의 다음 행동을 예감한다. 여자의 기분을 가늠하거나 다음 행동을 예상하려는 의도는 없었으며, 사진을 보면서 내가 그런 가늠이나 예상을 한다는 느낌도 없었다. 어쩌다 보니 그리되었을 뿐이다. 빠르게 생각하기(fast thinking)의 한 가지 사례."[9]

우리도 위 여자의 얼굴을 보면 저 여자가 몹시 화가 났다는 것을 즉각 알아챈다. 즉 본다는 것과 아는 것이 동시일 뿐만 아니라 사실상 구분 없이(즉 seamlessly)이 하나이다. 그뿐만 아니라 이 여자가 곧 욕설을 해 대거나 삿대질을 할지도 모른다. 누군가가 또는 내가 이 여자를 몹시 화나게 했음에 틀림없다. 빨리 이 자리를 피하는 것이 상책이다. 또는 내가 더 큰 소리로 이 여자를 제압해야 한다. 왜냐하면, 이 여자의 도전을 뿌리쳐야 앞으로가 평화로

---

9   *ibid.*, pp.30-31(1.The Characters of the Story) To observe your mind in automatic mode, glance at the image below⋯Your experience as you look at the woman's face seamlessly combines what we normally call seeing and intuitive thinking. As surely and quickly as you saw that the young woman's hair is dark, you knew she is angry. Furthermore, what you saw extended into the future. You sensed that this woman is about to say some very unkind words, probably in a loud and strident voice. A premonition of what she was have the feel of something you did. It just happened to you. It was an instance of fast thinking.

울 것이기 때문이다. 등등 자신과 그 여자의 관계나 또는 주변의 상황이나 동네나 도시의 상황 등과 관련하여 많은 상상이 순식간에 떠오를 수 있다. 카네만은 이것을 빠르게 생각하기(fast thinking)라고 하지만, 그냥 떠오르는 느낌(feeling)이라고 해도 될 것이다. 느낌은 생각이 아니고, 자동모드는 결코 생각의 한 양식이 아니다.[10] 느낌과 구분하여 생각한다는 것은 다음에서 말하는 시스템 2의 특징이라고 해야 할 것이다.

[1606] 시스템 1, 시스템 2: 사례

시스템 1과 2는 무엇인가를 두 가지로 나누는 것은 명확한데 '무엇을' 두 가지로 나누는지는 명확하지 않다. 카네만은 이것을 생각의 두 가지 양식(two modes of thinking)으로 규정하지만 생각이 무엇인가에 대해서는 거의 논의가 없다. 이것의 이름을 시스템 1, 시스템 2라고 부르는데, 이 이름도 카네만 자신의 것이 아니고 스타노비치(Keith Stanovich)와 웨스트(Richard West)의 분류라고 밝히고 있다.[11] 한편 이에 대하여 반사적 체계(refrexive system)라고 하여 X-system과 반성적 체계(reflective system)라고 하여 C-system이라는 명칭으로 이론화하기도 한다.[12]

이에 대해 이들을 의식(意識)의 양식(mode of consciousness)의 구분으로 규정하는 관점도 있다. 이 경우 하나는 환기적(evocative) 모드, 다른 하나는 심

---

10 Lieberman, M. D., Gaunt, R., Gilbert, D. T., & Trope, Y. (2002). Reflection and reflexion: A social cognitive neuroscience approach to attributional inference. *Advances in Experimental Social Psychology*, 34, pp.6-7.

11 Kahneman, *Thinking, Fast and Slow, op.cit.*, p.32.(1.The Characters of the Story) Psychologists have been intensely interested for several decades in the two modes of thinking evoked by the picture of the angry woman and by the multiplication problem, and have offered many labels for them. I adopt terms originally proposed by the psychologists Keith Stanovich and Richard West, and will refer to two systems in the mind, System 1 and System 2.

12 Lieberman, M. D., Gaunt, R., Gilbert, D. T., & Trope, Y. (2002). *Reflection and reflexion, op.cit.*,

의적(deliberate) 모드라는 취지이다.[13] 어느 경우에서나 반사적 체계(즉, system 1)는 자동성(automaticity)이 중요한 특징으로 규정된다. 제1시스템을 직관(直觀)이라고 하고 제2시스템을 이성(理性)이라고 하는 것은, 너무 고전적이고 근대 초기적 프레임으로서 진부할 뿐만 아니라 타당하다고 할 수도 없다. 그렇다고 이것을 사유체계의 양식으로 보는 것은 자동성의 성격을 가진 시스템 1(반사적 체계)을 사유나 생각으로 규정하는 것으로 타당하게 보이지 않는다. 우리는 행위의 맥락에서 의식(意識)을 두 가지로 구분하는 것으로 하기로 하자. 그렇다고 이에 대해 우리가 의식을 구분하는 것이라고 강력히 말하는 것은 아니다. 오히려 행위(行為)의 맥락(脈絡)에서 구분하는 것을 강조하는 것이 더 좋을 것이다. 그리고 우리는 그냥 시스템 1과 시스템 2라는 말을 그대로 사용하기로 하자. 행위의 맥락에서 시스템 1은 자동성(automaticity)이 그 특징이다. 이에 대하여 시스템 2의 성격은 무엇인가는 통일된 기표(단어)가 없다. 우리는 시스템 2의 성격이 심의성(審議性)이라고 하기로 한다. 이것은 deliberation으로 페리(Enrico Ferri)의 용어이기도[14] 하고 앞의 Dulany의 용어이기도 하다. 추론성(推論性)은 너무 강한 말로 생각되고 천천히 생각하기(slow thinking)는 너무 한가로운 느낌이다.

이 시스템 1과 시스템 2에 대한 구분에 연구는 현대심리학에서 풍부하게 연구되었다. 화재현장에서 직관적인 판단을 내린 소방관이나 화난 여자의 얼굴을 보고 우리에게 즉각적으로 떠오르는 느낌에 대한 논의는 시스템 1에 대한 사례이다. 이 시스템 1과 시스템 2의 일반적 구별에 대해서는 다시 카네

---

13 Dulany, D. E. (1996). Consciousness in the explicit (deliberate) and the implicit (evocative) In J. Cohen & J. Schooler, (Eds.), Scientific approaches to consciousness. (pp.179-212), Dulany, D. E. (1991). Conscious representation and thought systems. In R.S. Wyer & T.K. Srull (Eds.), Advances in social cognition (pp.91-120), Joseph Tzelgov, Automaticity and Processing Without Awareness, PSYCHE: An Interdisciplinary Journal of Research On Consciousness 5 (1999).
14 *supra* [1221]

만의 설명을 인용한다.

〈시스템 1의 사례〉

* 두 가지 대상 중에 하나가 다른 것보다 더 멀리 있다는 사실을 감지한다.

* 갑자기 어떤 소리가 났을 때 소리 난 방향을 알아낸다.

* 다음 문구를 완성한다. '빵과…'

* 끔찍한 사진을 봤을 때 '혐오스러운 표정'을 짓는다.

* 목소리에서 적대감을 감지한다.

* 2+2=?

* 대형 광고판에 적힌 단어를 읽는다.

* 텅 빈 도로에서 차를 운전한다.

* (체스의 달인이라면) 체스에서 좋은 수를 둔다.

* 단순한 문장을 이해한다.

* '온순하고 찬찬하며 아주 꼼꼼한 남자'라는 말에서 어떤 전형적인 직업을 떠올린다.[15]

〈시스템 2의 사례〉

* 달리기에서 출발 신호에 대비한다.

* 서커스에서 광대에 주목한다.

* 북적대고 시끄러운 방에서 특정인의 목소리에 집중한다.

---

15 Kahneman, *Thinking, Fast and Slow, op.cit.*, p.33.(1.The Characters of the Story) * Detect that one object is more distant than another. * Orient to the source of a sudden sound. * Complete the phrase "bread and…" * Make a "disgust face" when shown a horrible picture. * Detect hostility in a voice. * Answer to 2 + 2 = ? *Read words on large billboards. * Drive a car on an empty road. * Find a strong move in chess (if you are a chess master). * Understand simple sentences. * Recognize that a "meek and tidy soul with a passion for detail" resembles an occupational stereotype.

* 백발 여성을 찾아 두리번거린다.

* 깜짝 놀랄 소리의 정체를 알아내기 위해 기억을 더듬는다.

* 평소보다 빠른 걸음으로 계속 걷는다.

* 행동이 사회적으로 적절한지 점검한다.

* 책에서 한 페이지 안에 '다'가 몇 번 나오는지 센다.

* 상대에게 내 전화번호를 말한다.

* 비좁은 공간에 주차한다.(주차장 직원이 아닌 대다수 사람에 대해)

* 세탁기 두 대를 놓고 전반적 가치를 비교한다.

* 세금신고서의 각 항목을 메꾼다.

* 복잡한 논리적 주장의 타당성을 점검한다.[16]

[1607]

시스템 1과 시스템 2의 구분은 신경과학에 의하여 촉발된 것으로 현대심리학의 성과이기도 하다. 시스템 1(반사체계, 자동성체계)과 시스템 2(반성체계, 통제체계)의 관한 본질적 특성에 관하여 가장 축약된 설명으로는 Lieberman 등 연구진의 표현이 적절하게 생각된다. 비록 카네만 등 이전(以前)의 모델에 대한 비판을 포함하지만 우리는 각 모델들의 차이를 중요시하지 않으므로 오히려 각 모델들의 내용을 개관할 수 있다. 이 인용에서 X-시스템은 시스템

---

16 *ibid.*, p.34.(1.The Characters of the Story) * Brace for the starter gun in a race. * Focus attention on the clowns in the circus. * Focus on the voice of a particular person in a crowded and noisy room. * Look for a woman with white hair. * Search memory to identify a surprising sound. * Maintain a faster walking speed than is natural for you. * Monitor the appropriateness of your behavior in a social situation. * Count the occurrences of the letter a in a page of text. * Tell someone your phone number. * Park in a narrow space (for most people except garage attendants). * Compare two washing machines for overall value. * Fill out a tax form. * Check the validity of a complex logical argument.

1에 대응하는 것이고, C-시스템은 시스템 2에 대응하는 것이다.

　　"이중 프로세스 모델(Dual-process models)은 자동성과 통제에 대해 두 가지 가정을 한다. 첫째, 그 이중 모델들은, 자동화된 프로세스와 통제된 프로세스를 유연하게 연속된 심리적 프로세스의 연속체 양쪽 끝을 지칭하며, 각각을 다른 것과 관련하여 정의할 수 있다고 가정한다. 완전히 통제된 프로세스는 노력적이고, 의도적이며, 유연하며, 의식적이고, 완전 자동화된 프로세스는 이러한 앞에서의 속성이 대부분 또는 전부가 결여된 것이다. 둘째, 이중 프로세스 모델은 통제된 프로세스만이 의식적인 주의를 필요로 한다고 가정하며, 따라서 의식적인 주의집중이 다른 정신작용에 의해 방해(침해)를 받으면 오직 통제된 프로세스만이 실패하게 된다. 이것은 인지적 부담에 직면하여 과정적 견고성이 자동제어 연속체에서 그 위치를 정의할 수 있다는 것을 시사한다. 이러한 가정은 카네만(1973), 포스너와 스나이더(1975), 슈나이더와 쉬프린(1977)의 고전적인 인지이론에서 파생된 것으로, 심각하게 시대에 뒤떨어진 것이다(Bargh, 1989). 다음 절에서 우리는 반성적 과정과 반사적 과정 사이의 구분을 제공할 것이며, 이를 통해서 우리는 이중 프로세스 모델의 속성에 대단히 필수적이었던 자동성과 통제의 낡은 개념을 대체하기를 희망한다. 그러기 위해서, X-시스템(reflexive에서의 X)과 C-시스템(reflective에서의 C)이라고 부르는 두 시스템의 현상학적 특징, 인지작용, 신경기질에 대해 설명하겠다. 이러한 시스템은 각각 뇌의 다른 부위에서 실현되며, 각각 다른 종류의 추론 연산을 수행하며, 다른 경험에 관련된다. X-시스템은 병렬처리(parallelprocessing)이며, 서브심볼적(sub-symbolic)이고, 패턴-매칭 시스템(pattern-matching system)으로, 우리 각자가 '바깥 그곳의 세계'로서 경험하는 의식의 지속적 흐름을 만들어 낸다. C-시스템은 직렬 시스템(serial system)으로서, 우리가 의식의 흐름 '에서의 반성'으로 경험하는 의식적 사유(思惟)를 생성하기 위해 기호적 논리

(symbolic logic)를 사용한다. X-시스템이 우리의 지속적인 현실 경험을 생성하는 동안, C-시스템은 X-시스템에 반응한다. X-시스템에 문제가 생기면, C-시스템이 그것을 회복시키려고 한다.[17]

우리가 시스템 1과 시스템 2으로 구분하는 것은 그렇게 규정할 때 소위 인간의 마음이라는 것을 가장 잘 이해할 수 있기 때문이다. 우선 인간의 의식은 그 기반에 있어서는 동물의 의식과 같다. 동물의 의식 같은 것이 시스템 1 의식의 기본적 성격이다. 동물도 깨어 있을 때, 즉 의식이 있을 때 사물을 본다. 잠잘 때는 사물을 보지 못한다. 이 점에서 인간과 동물은 완전히 같다. 이러한 의미에서의 동물도 시스템 1은 가지고 있다. 왜냐하면, 무엇인가를 본다는 것은 무엇인가를 인식한다는 것이고, 무엇인가를 인식한다는 것은 의식

---

17 Lieberman, M. D., Gaunt, R., Gilbert, D. T., & Trope, Y. (2002). *Reflection and reflexion, op.cit.*, p.6. Dual-process models make two assumptions about automaticity and control. First, they assume that automatic and controlled processes represent the endpoints on a smooth continuum of psychological processes, and that each can be defined with reference to the other. Fully controlled processes are effortful, intentional, flexible, and conscious, and fully automatic processes are those that lack most or all of these attributes. Second, dual-process models assume that only controlled processes require conscious attention, and thus, when conscious attention is usurped by other mental operations, only controlled processes fail. This suggests that the robustness of a process in the face of cognitive load can define its location on the automatic-controlled continuum. These assumptions are derived from the classic cognitive theories of Kahneman (1973), Posner and Snyder (1975), and Schneider and Shiffrin (1977), and are severely outdated (Bargh, 1989). In the following section we will offer a distinction between reflexive and reflective processes that we hope will replace the shopworn concepts of automaticity and control that are so integral to dualprocess models of attribution. To do so, we will describe the phenomenological features, cognitive operations, and neural substrates of two systems that we call the X-system (for the X in reflexive) and the C-system (for the C in reflective). These systems are instantiated in different parts of the brain, carry out different kinds of inferential operations, and are associated with different experiences. The X-system is a parallelprocessing, sub-symbolic, pattern-matching system that produces the continuous stream of consciousness that each of us experiences as "the world out there." The C-system is a serial system that uses symbolic logic to produce the conscious thoughts that we experience as " reflections on" the stream of consciousness. While the X-system produces our ongoing experience of reality, the C-system reacts to the X-system. When problems arise in the X-system, the C-system attempts a remedy.

(즉 인식)이 있다는 것이기 때문이다. 우리는 이러한 기본적 의식(시스템 1) 자체가 무엇인지를 알지 못한다. 그러나 동물에게는 시스템 2가 없다(고 과감하게 말하는 것이 이해하기 쉽다). "개에게 의식이 있는지에 대해 두 사람이 논쟁할 때, 지지자는 보통 그 잘못된 용어를 의식의 흐름을 의미하는 데 사용하지만, 반대자는 그것을 반성의식(C-시스템)을 의미하는 데 사용한다. 둘 다 아마도 옳을 것이다."[18] Lieberman 등 연구진은 시스템 1(X-시스템)이 의식의 흐름을 만들어 낸다고 하고 있다.

> "우리의 뇌는 감각을 통해 꾸준한 정보 흐름을 취하며, 과거의 경험과 현재의 목표를 가지고 그 정보를 이해하며, 유연하고 중단 없는 경험(현실인식)의 흐름을 우리에게 주는데, 그것을 우리는 의식의 흐름이라 부른다(Tzelgov, 1997). 우리는 그것을 요구하지도 않고, 통제하지도 않으며, 때로는 그 의식의 흐름은 알아차리지 못하기도 하지만, 꿈도 꾸지 않는 깊은 잠 속에 있지 않는 한, 그 의식의 흐름은 언제나 거기에 있다."[19]

그런데 Lieberman 등 연구진과는 달리, 우리는 개의 시스템 1과 인간의 시스템 1이 완전히 같지는 않다고 말하겠다. 그 이유는 인간의 시스템 1을 형성하는 것에는 언어와 의미가 자동화 기제로 전환된 또 하나의 측면이 있기 때문이다. 어쩌면 이 점이야말로 인간존재의 신비라고 할 수 있는 부분이다. 우

---

18 *ibid.*, p.20. When two people argue about whether dogs are conscious, the proponent is usually using that badly bruised term to mean stream of consciousness while the opponent is using it to mean reflective awareness. Both are probably right.

19 *ibid.*, p.7. Our brains take in a steady stream of information through the senses, use our past experience and our current goals to make sense of that information, and provide us with a smooth and uninterrupted flow of experience that we call the stream of consciousness (Tzelgov, 1997). We do not ask for it, we do not control it, and sometimes we do not even notice it, but unless we are deep in a dreamless sleep, it is always there.

리는 앞에서 시스템 1에서 다음의 사례를 든 것을 본다.

$$2 + 2 = ?$$

우리는 간단히 그 답 4를 안다. 그러면 7×8= ?은 어떤가? 우리는 이 경우도 즉시 답 56을 안다. 이때에 작동하는 의식 양식은 분명히 시스템 1이다. 그러나 이러한 시스템 1은 개나 호랑이에게는 없는 의식이다. 그리하여 앞에서 개와 인간에게 공통된 의식으로 시스템 1이라고 한 것은 정확한 표현이 아니다. 그런데 위와 같은 계산에서 시스템 1은 어떻게 그 답을 아는가? 한때는 시스템 1도 추론적인 것으로 생각되었다. 가령 사물을 보고 그것이 무엇인지를 알아보는 시각적 인식도 추론적(推論的)이라고 생각했다. 말하자면 무의식에서 추론이 일어나는 것이라고 생각했다.[20] 그러나 우리 스스로 위 문제를 가만히 생각해 보면 우리는 그 답을 추론(推論)하고 있지 않다. 우리는 논리적 추론을 통하여 2+2=4, 7×8=56을 즉각 아는 것이 아니다. 우리는 그 답을 암기(暗記)하고 있다. 뒤엣것은 구구단을 통하여 그 답이 자동적으로 56이라는 것을 안다. 그것은 기억(記憶)에 의한 것이다. 2+2=4 역시 마찬가지로 어렸을 때부터 수학적 훈련에 의하여 간단한 덧셈이 암기되고 기억되어 있다.

[1608] 인적(人的) 시스템 1과 통제(統制)

우리는 인간의 의식을 시스템 1과 시스템 2으로 구분할 때 카네만이나 Lieberman 등 연구진과는 약간 다른 관점에 선다. 그것은 우리의 논점이 자

---

20 *ibid.*, p.7. 이 글이 인용한 헬름홀츠 글, Helmholtz, H. V. (1925). *Treatise on psychological optics*. Vol.3. Menasha, pp.26-27.

유의지의 문제이기 때문이다. 따라서 우리는 인간의 의식(意識) 자체에 대해서는 논의할 필요가 없다. 다른 한편 자유의지와 같은 큰 주제에 있어서는 진화론적 관점은 피할 수 없다. 그것을 배제하면 형이상학으로 가기 쉽기 때문이다. 이렇게 될 때 중요한 기준선은 동물과 비교하는 관점이다. 동물과의 공통성 그리고 동물과의 차이가 중요한 기준선이 된다.

이러한 관점에서 보면, 시스템 1은 두 가지로 구분된다. 하나는 동물과 공통적인 시스템 1이고 다른 하나는 동물에는 없지만 인간은 가지고 있는 시스템 1이다. 다른 하나는 물론 시스템 2이고 이것은 동물에게는 없다. 동물의 시스템 1과 인간의 시스템 2를 구분하는 본질적 계기는 언어와 의미이다. 따라서 인간에게 특유한 의식으로서 시스템 2는 의미의식(意味意識)이라고 할 수도 있다. 이에 대하여 시스템 1의 본질적 성격은 자동성(automaticity)이다. 그런데 중요한 것은 언어와 의미의 개입에 의하여 성립하는 의식에 있어서도 자동성을 띠게 된 부분이 있다. 이러한 시스템 1은 동물과 같이 자동성(自動性)이면서도 동물과 달리 의미적 내용을 가진다. 대표적인 것이 2+2=?와 같은 것이다. 그 외에 인간의 가장 혁명적이면서도 근원적인 자동성의 시스템 1은 '말하기와 듣기'이다. 우리가 언어를 사용하는 것은 자동적이다. 이러한 점에서 언어를 사용하는 말하기와 듣기는 인적 시스템 1에 포함된다. 그리고 이것은 동물에게는 없는 시스템 1이다. 즉 의미개입활동이지만 자동화된 의식, 이것이 인간에게 특유한 시스템 1이다. 우리는 이 범주를 시스템 1에서 구분해내어 인적(人的) 시스템 1이라고 부를 수 있다. 시스템 2는 이러한 언어적 자동성(시스템 1)의 기반 위에 성립한다.

이렇게 인적 시스템 1을 구분하면 앞에서 카네만이 시스템 1과 시스템 2로 구분해 놓은 것에 대하여 우리는 다르게 구분해야 한다. 인적 시스템 1에 해당하는 경우가 어떤 경우에는 시스템 1로 분류하고 어떤 경우에는 시스템 2로 분류되어 있기 때문이다. 그것을 구분해 보면 다음은 인적 시스템 1이다.

* 다음 문구를 완성한다. '빵과…'

* 2+2=?

* 대형 광고판에 적힌 단어를 읽는다.

* 텅 빈 도로에서 차를 운전한다.

* (체스의 달인이라면) 체스에서 좋은 수를 둔다.

* 단순한 문장을 이해한다.

* '온순하고 찬찬하며 아주 꼼꼼한 남자'라는 말에서 어떤 전형적인 직업을 떠올린다.

　이상은 카네만의 시스템 1에 속하는 경우들이다. 우리의 분류에서도 시스템 1에 속하지만, 시스템 1의 다른 경우(동물과 공통적이라고 생각될 수 있는 것)와 구별되는 것은 각각의 경우 모두 의미(意味)가 개입한다. 한편 다음의 경우들은 카네만은 시스템 2로 분류했지만 우리의 관점에서는 인적 시스템 1에 속한다.

* 달리기에서 출발 신호에 대비한다.

* 서커스에서 광대에 주목한다.

* 북적대고 시끄러운 방에서 특정인의 목소리에 집중한다.

* 백발 여성을 찾아 두리번거린다.

* 깜짝 놀랄 소리의 정체를 알아내기 위해 기억을 더듬는다.

* 평소보다 빠른 걸음으로 계속 걷는다.

* 상대에게 내 전화번호를 말한다.

* 책에서 한 페이지 안에 '다'가 몇 번 나오는지 센다.

* 비좁은 공간에 주차한다. (주차장 직원이 아닌 대다수 사람에 대해)

위의 인지나 행위들에 대하여 카네만이 시스템 2로 분류하는 이유는 그것에 노력(努力)이 소요되기 때문이다. 실제 카네만이 두 시스템에 대해 다른 이름으로 선택한 것은 자동시스템(automatic system)과 노력시스템(effortful system)이었다. 그리고 두 시스템에 대한 가장 간명한 설명으로 "시스템 1은 저절로 빠르게 작동하며, 노력이 거의 또는 전혀 필요치 않고, 자발적 통제는 없다. 시스템 2는 복잡한 계산과 같이 주의집중을 필요로 하는 정신 활동에 주의력을 배분한다. 시스템 2의 작동은 자주 주연성(agency), 선택, 집중에 관한 주관적 경험과 연관된다."[21] 이처럼 주의와 집중, 노력을 중요한 기준으로 삼고 있다. 그렇다고 시스템 1이 주의와 집중을 필요로 하지 않는다는 것은 아니다. 카네만 자신도 "주의(注意)의 통제는 두 시스템이 공동으로 담당한다. 소리가 난 방향에 주목하는 것은 보통 시스템 1이 작동한 결과이며, 그 결과로 즉시 시스템 2가 자발적 주의를 동원한다."[22]

그런데 우리가 동물과의 비교의 관점에 서면 주의(注意)의 통제는 시스템 1로 분류해야 한다. 사자는 토끼를 잡을 때도 전력을 다한다는 말이 있다. 그만큼 동물도 사냥감을 포착하고 매복하고 습격하고 추적하고 나꿔채는데 많은 주의집중과 노력을 한다. 오히려 많은 면에서 인간보다 월등하다고 해야 한다. 그렇다면 주의를 집중을 하는 것, 그러한 주의의 집중을 비임의적으로 제어하는 것은 동물 그리고 인간에게도 시스템 1에 속한다고 해야 한다. 인간에게 이러한 주의는 동물과 달리 의미성(意味性)이 연관되는 경우가 많다.

---

21 Kahneman, Thinking, *Fast and Slow, op.cit.,* p.42, p.33.(1.The Characters of the Story) System 1 operates automatically and quickly, with little or no effort and no sense of voluntary control. System 2 allocates attention to the effortful mental activities that demand it, including complex computations. The operations of System 2 are often associated with the subjective experience of agency, choice, and concentration..

22 *ibid.,* p.34. The control of attention is shared by the two systems. Orienting to a loud sound is normally an involuntary operation of System 1, which immediately mobilizes the voluntary attention of System 2.

왜냐하면, 인간의 대부분의 활동이 문화적(文化的)이기 때문이다. 똑같이 전력질주(全力疾走)하는 동작을 예비하는 때도, 사자가 기린을 노리는 경우와 인간이 운동회에서 달리기를 준비하는 경우는 다르다. 인간의 경우에는 이것이 운동회라는 것, 출발선에 서 있다는 것, 부정출발하면 안 된다는 것, 자신의 레인을 달려야 한다는 것 등 많은 의미(意味)가 개입되는 질주(疾走)이다. 따라서 주의(注意)에 관련된 경우들은 인적 시스템 1이라고 해야 한다. 자동차 운전이 그 전형적인 예이다. 심리학적인 관점에서는 시스템 2에 속할지 모르나 자유의지와의 관련성, 그리고 동물과 비교할 때 그것은 인적 시스템 1에 속한다.

[1609]

인적 시스템 1의 경우 자동적(自動的)이라고 해도, 전혀 통제(control)가 이루어지지 않는 것은 아니다. 오히려 인적 시스템 1에서는 시스템 2의 경우와는 다른 형식으로 통제가 이루어진다고 할 수 있다. 우리는 그것을 개괄적(概括的) 통제라고 말할 수 있다. 우리가 시스템 1과 시스템 2로 구분하면서도, 시스템 1 중에서 동물과 구별되는 인적 시스템 1을 규정하는 것은 그것에 대해 의식적 통제가 가능하다고 보기 때문이다. 자동차를 운전할 때 주의를 기울이는 정도는 경우에 따라서 다르다. 매일 다니는 익숙한 길과 처음 가는 어려운 길에서 주의를 기울이고 행동을 통제하는 정도가 다른 것이다. 그런데도 우리는 이 전부를 인적 시스템 1에 속한다고 말한다. 그 이유는 생각하는 것이 아니라 주의(注意)하는 것이기 때문이다. 주의(attention)는 본질적으로 사유가 아니라 감각(感覺)과 반응에 의한 통제이기 때문이다. 자극반응체계는 동물의 본질적 성격이고, 섬세한 자극에 예민하게 반응하는 것은 오히려 동물이 우수하다. 인간이 차이가 있다면 의미론적 감각, 감각적 의미에 반응한다는 것이다. 빨간 신호등에 정지하는 것과 같다.

　우선 시스템 1의 전형적인 경우라고 할 수 있는 말하기의 경우를 보자. 말하는 것은 자동적으로 이루어진다. 우리가 어떤 말을 할 때 어떤 단어를 선택하고, 각 단어의 순서를 검토하고, 그 순서가 문법에 맞는지를 점검하고… 그렇게 하여 말을 하는 것이 아니다. 그렇게 한다면 아마도 수다쟁이들은 수다를 떨다가 쓰러질 것이다. 모든 사람은 어떤 단어를 발음하기 위해 입술을 오무릴 것인지, 혀를 입천장에 붙일 것인지 등을 전혀 의식하지 않는다. 그것은 자동적으로 이루어진다. 이런 점에서 리벳은 말하기를 그의 실험을 뒷받침하는 하나의 사례로 보았다.

> "예를 들어, 말의 경우, 이것은 말을 시작하는 과정과 심지어 말할 내용도 연설이 시작되기 전에 무의식적으로 주도되고 준비되었다는 것을 의미한다. 만약 때에 맞추어서 인식이 계속 유지되어야 한다면, 만약 사람이 각 단어를 먼저 의식적으로 인식해야만 한다면 일상적인 대화방식으로 일련의 단어들을 빠르게 말하는 것은 명백히 불가능할 것이다. 말하는 단어가 말하는 사람이 의식적(意識的)으로 하고 싶은 말과 다른 것일 때, 그는 보통 자신이 말하는 것을 들은 후(後)에 그것을 수정한다. 실로 말하기에 앞서 낱말 하나하나를 알아차리려고 하면 말의 흐름이 느리고 머뭇거리게 된다. 부드럽게 흐르는 말투에서 말은 '그들 스스로' 나타나도록 허용되고, 다시 말해 무의식적으로 시작된다. 보도에 따르면, E. M. Forster는 '내가 말하는 것을 보고 알기 전까지는 어떻게 내 생각을 (미리) 알 수 있겠는가?'라고 말했다."[23]

---

23 Benjamin Libet, *Mind time, op.cit.*, p.108. In the case of speech, for example, this means that the process to start speaking, and even the content of what is to be spoken, has been initiated and prepared unconsciously before the speaking begins. If the time-on requirement for awareness holds here, it would be manifestly impossible to rapidly speak a series of words, in the usual fashion, if one first had to become consciously aware of each word. When a spoken word is something

말하기는 사실 인간의 선천적 능력으로서 태어난 지 1년 6개월에서 2년 되는 시점부터 불과 2년 정도의 짧은 기간 동안의 유태성숙(neoteny)과정에서 기적(奇蹟)처럼 체득하는 자동적(自動的) 능력이다. 그런데 유태성숙이 아니라 성년이 된 후에 훈련에 의하여 체득하는 인간의 능력도 있다. 피아노 연주와 같은 악기 연주와 무용의 분야, 야구, 테니스, 골프, 축구 등 스포츠 분야에서의 인간의 자동적 능력이 그것이다. 우리는 이에 관하여 행위를 분류하면서, 숙련운동 그리고 문화적 숙련행동으로 이미 논의하였다. 이들 각 분야의 인간의 동작이야말로 인적 시스템 1의 중요한 사례들이다. 그 동작들은 스포츠와 예술로서 인간이 창조하는 문화 그리고 문명(文明)의 한 양식이다. 그리하여 이러한 행위양식, 행위의 자동성은 사실 일상생활에서 그리고 전문적 능력에서 누구나 다 체험하는 일이다.

한편 시스템 2는 본질적으로 자동성과는 다르며, 행동에 대한 의식적 통제가 일어난다. 시스템 2에서의 통제라는 것은 승용차를 구입하는 의사결정이

---

different from what the speaker would consciously like to have said, he usually corrects that after hearing himself speak. Indeed, if you try to be aware of each word before speaking it, the flow of your speech becomes slow and hesitant. In smoothly flowing speech, words are allowed to appear "on their own," in other words, they are initiated unconsciously. As E. M. Forster reportedly stated, "How can I tell what I think until I see what I say?" Then there is the event recounted by Bertrand Russell after a late night talk with Lady Ottoline. Russell wrote, "I did not know I loved you till I heard myself telling you so-for one instant I thought, 'Good God, what have I said?' and then I knew it was the truth." (These two examples were described in a paper by Sean Spence, 1996.) And, there is the elegant statement by writer E. L. Doctorow, "I love to have my mind flowing through sentences and making discoveries, to trust the gift of writing and see what it will deliver me in to." My daughter Gayla tells me that when she writes poetry, the first line or two just pop into her mind; thereafter, the rest of the poem flows out directly to her writing hand from an unconscious source. (본문에 번역하지 않은 후반부를 번역하면 다음과 같다.) 그리고 버트럴트 러셀이 레이디 오톨린과 늦은 밤 대화를 나눈 후에 다시 언급된 사건이 있다. 러셀은 이렇게 썼다. "나는 내가 너에게 그렇게 말하는 것을 듣기 전까지는 나는 너를 사랑하는지 몰랐다. 한순간 나는 '좋은 하나님, 내가 무슨 말을 했느냐?'라고 생각했다. 그러고 나서 나는 그것이 진실이라는 것을 알았다." (이 두 예는 1996년 숀 스펜스에 의해 논문에 기술되었다.) 그리고, 작가 E. L. Doctorow의 우아한 진술도 있다. "나는 문장들을 통해 내 마음을 흐르게 하고 발견하고, 글쓰기의 재능을 믿고 그것이 나를 어떤 곳으로 인도해 줄지 보는 것을 좋아한다." 내 딸 게일라는 시를 쓸 때 첫 번째 줄이나 두 번째 줄이 마음에 떠오른다, 그 후 나머지 시들은 무의식적인 출처로부터 직접 그녀의 손으로 흘러간다고 내게 말한다.

나 사업가의 투자결정이나 657+384=1041과 같은 계산을 하는 경우이다. 앞에서 카네만이 열거한 시스템 2의 사례 중에서 위의 인적(人的) 시스템 1을 배제하면 남는 것은 다음이다.

* 행동이 사회적으로 적절한지 점검한다.
* 세탁기 두 대를 놓고 전반적 가치를 비교한다.
* 세금신고서의 각 항목을 메꾼다.
* 복잡한 논리적 주장의 타당성을 점검한다.

우리가 자유의지의 관점에서 시스템 2에 해당한다고 하는 사례들은 행동이라기보다는 사유(思惟)라고 하는 것이 타당하게 보인다. 복잡한 논리적 주장의 타당성을 검토하는 경우에 정작 동작이라고 하기에는 그 정체성이 없다. 설사 그에 해당하는 동작(행동)이 있다고 하더라도 그것은 별로 의미가 없다. 그리하여 자유의지의 관점에서 보면 시스템 2에 해당하는 것은 사유(思惟)와 행위(行為)의 관계에 관한 것으로 보인다. 우리는 이 문제에 대하여 뒤에서 논의하기로 한다. 현재 우리의 논의는 시스템 1의 운동(행위)에 대한 의식적 통제(統制)와 그것이 자유의지론에서 가지는 의미에 관한 것이다.

[1610] 사전적(事前的) 통제, 연습통제(鍊習統制)

인적 시스템 1을 포함한 시스템 1의 행위에는 의식적인 통제가 전혀 없는가? 자유의지와 관련하여 이 문제에는 세 가지 논점이 있다. 첫째, 시스템 1의 동작(행위) 그 자체는 자유의지에 의한 행위인가? 둘째, 시스템 1의 동작(행위)에 대한 의식적 통제가 있는가? 셋째, 시스템 1의 동작에 대한 의식적 통제가 있다면 그 의식적 통제행위는 자유의지에 의한 행위인가?

우선 시스템 1의 동작(행위) 그 자체는 자동적 행위이다. 이에 대해서는 자동성(automaticity)이라는 것이 시스템 1의 본질이라는 것을 상기(想起)하는 것으로 충분하다. 그리고 자동성에 의한 행동은 그 자체가 무의식적이다. 따라서 이 행동 그 자체의 작동에 대해서는 자유의지를 논의할 수 없다. 그것은 동물의 행동에 대해서 자유의지를 논의할 수 없는 것과 같다. 물론 우리는 카네만의 분류와는 달리 그의 시스템 2 중에서 일부를 인적 시스템 1로 구분하여 시스템 1로 재분류하였다. 그에 속하는 행위는 운전행위(運轉行爲)가 대표적인 것이다. 이들 인적 시스템 1의 행위들의 특징은 의미론적(意味論的) 개입이 있는 행위이며, 동시에 주의기제(注意機制)에 의한 통제가 이루어지는 것이었다. 주의기제에 의한 통제라는 점에서는 자동성을 가지고 있으며 따라서 본질적으로 시스템 1에 속하는 것이다.[24] 결론적으로 인적 시스템 1을 포함하여 시스템 1에 속하는 동작(행동)에 대해서는 그 자체로 보면 무의식적이고 자유의지에 속하지 않는다. 피아노 건반의 한 음표를 치는 것을 의식적으로 통제하는 사람은 피아노를 완전히 처음 치는 사람이다.

그런데 이러한 자동성의 행위를 위한 사전 연습행동은 의식적 통제를 한다. 피아노를 배우는 학생은 처음에는 '도'의 위치가 어디에 있는지를 알고 그것을 눌러야 한다. 일반적으로 스포츠의 숙련행위나 피아노 연주와 같은 문화적 숙련행위 그 자체는 무의식적이다. 우리는 그 동작을 무의식적으로 훌륭하게 수행하기 위해 연습한다. 연습은 무의식적 수행행위의 정확성을 높이기 위한 것으로 이 점에서 그것은 목적적(目的的)이고 의식적 통제이다. 우리는 이것을 연습통제(鍊習統制)라고 말할 수 있다. 이러한 연습통제는 인간의

---

24 카네만과 우리의 차이는 주의기제에 의한 통제를 시스템 1로 보느냐 시스템 2로 보느냐의 차이이다. 우리는 이 점에 대하여 바로 다음에 이어지는 주의기제에서 논의한다. 우리가 이를 시스템 1에 배정하는 이유는 동물이 오히려 인간보다 더욱 주의기제가 발달해 있다는 점에 근거한다. 동물에게는 주의기제의 발달이 생존을 좌우한다. 호랑이가 다가오는 것을 눈치채지 못하는 토끼는 멸종한다. 동시에 토끼가 도주하려는 것을 눈치채지 못하는 호랑이도 멸종한다.

동작을 전문적으로 하는 모든 직업에서 필수적인 것이고 일반적인 문화현상이다. 심지어 동작이 복잡하지 않더라도 정확성이 높아야 하는 행위는 무의식화(無意識化)한다. 골프에서 퍼팅은 그 전형적인 것이다. 1미터 거리에서 그린의 홀(hole)에 골프공을 퍼터로 쳐서 넣는 행위 자체는 지극히 단순하여 연습할 내용도 없다. 그렇지만 퍼팅의 정확한 동작을 위해서 그 이전의 동작을 의례화(儀禮化)하고 그것을 되풀이함으로써 무의식화하는 것이다. 이것을 골프용어로는 프리샷 루틴(pre-shot routine)이라고 한다. 다음과 같은 것이다.

> "홀로부터 약 5야드 지점에 앉아 그린의 브레이크(break)를 꼼꼼히 확인한 후 다시 시계 방향으로 돌아서 공 쪽으로 다가서며 캐디에게 공을 건네받는다. 공을 오른손에 든 채 볼 마커(marker) 뒤쪽으로 가서 앉아 다시 그린의 브레이크를 확인하고, 공의 라인(line)을 맞추며 공을 놓고 볼 마커를 집어 든다. 공 뒤쪽으로 한 걸음 물러선 그는 이번엔 선 채로 그린 경사를 다시 확인한 후 공으로 다가서서 공 옆쪽에서 연습스윙을 두 번 한다. 공을 향해 다가서서 클럽 페이스(face)를 먼저 정렬하고 양발을 움직여 셋업(set-up)을 한다. 고개를 왼쪽으로 살짝 돌려 홀을 확인하고 공을 응시했다가 다시 마지막으로 고개를 왼쪽으로 돌려 홀을 확인한 후 곧 바로 퍼팅을 한다."

이것이 한 프로골프선수가 18홀 매홀마다 똑같이 되풀이하는 동작이다. 실제 퍼팅을 하는 동작에 대한 표현은 제일 마지막 문장—퍼팅을 한다—뿐이다. 그런데도 그 이전의 연결동작을 정해 놓고 계속 되풀이하는 이유는 그렇게 하여 평생을 되풀이함으로써 정확한 퍼팅 동작을 무의식화하는 것이다. 이것은 연습통제이다. 동시에 이것은 종교적 의례(儀禮)가 심리적 안정을 가져온다는 것을 함축하고 있다.

이러한 점은 말하기에서도 마찬가지이다. 우리가 말을 하는 데 있어서 웅변(雄辯)이나 연설(演說)은 물론이고, 수다를 떨 때도 의식적 통제가 전혀 없다고 하는 것은 타당하다고 할 수 없다. 웅변이나 연설은 연주행위나 스포츠 행위와 같은 숙련행위라고 해야 할 것이다. 말하기에 있어서 행동계획이 어떻게 이루어지는가, 말의 진행과정에서 실시간적으로 이루어지는가 사전에 전체 계획이 이루어지는가에 대하여 신경과학적 실험이 있었다. 결론은 말하기 이전에 전체가 계획된다는 것이었다.

"동작명령(motor command)은 연쇄적 방식으로 생성되어서, 동작을 시작하기 전에 동작 전체에 관한 계획을 미리 세우기보다는 한두 발자국 앞서는 계획만 세워도 가능한가, 아니면 그 동작이 일어나기에 앞서 동작 전체(全體)가 계획되는가? 이에 대한 대답은, 사람은 실제로 어떤 동작을 개시하기에 앞서 동작 순서 전체에 관해 계획을 하는 것으로 보인다. 한 연구에서 연구자들은 참여자에게, 단어들을 줄줄이 유창하게 말하지만, 단 신호를 받은 후에 그렇게 하라고 하였다. 참여자들은 이런 발화 내용을 아주 유창하게 말할 수 있게 잘 훈련되었다. 연구의 결정적인 변인(變因)은 그 개인이 신호를 받은 후에 연쇄적으로 발언을 시작하기까지 걸리는 시간이다. 연구자들은 만일 동작계획이 동작이 행해지는 중에(on-line으로) 연쇄적으로 생기는 것이라면, 발언해야 할 단어 수는 그 사람이 발언을 시작하는 데 걸리는 시간에 영향을 미치지 않으리라 유추하였다. …그러나 만일 전체 발화의 운동계획이 사람이 말을 시작하기 전에 생성되는 것이라면, 말을 시작하는 데 걸리는 시간은 그 발언의 길이와 상관이 있을 것이다. 짧은 발언에는 계획에 시간이 적게 걸리고 그래서 긴 발언보다 빨리 말을 시작하게 될 것이며, 긴 발언에는 말을 시작할 때 계획을 세우는데 더 긴 시간이 걸릴 것이다. 결과는 말을 시작하는 데 걸리는 시간은 그 발언에 포함된 단어의 수에 선형(線形)으로 비례하여 증가하였다. 즉 단어가 증가할 때마다 말을 시작하는 데 걸리는 지연시간이 특정 시간만큼 증가함을 보여준다. 결론적으로 두뇌는 동작이 수행되는 동안에 다음 계획을 세우는 것이 아니라, 움직임이 시작되기 전에 이미 동작 전체에 대한 계획을 생성한다."[25]

이렇게 해석된 Sternberg 등 연구진의 실험은 말하기와 타이핑의 실험이었다. 그리고 말하기와 타이핑에서 대상은 의미론적인 내용이라기보다는 발성적(発声的)인 것이었다.[26]

이상의 논의를 종합하면, 우리는 시스템 1에 속하는 행동에 관해서는 행동

25 Marie T. Banich, Rebecca J. Compton, *Cognitive Neuroscience*, Cambridge University Press, 4th ed., 2018. pp.113-114. (이하 번역문은 『인지신경과학』, 김명선, 강은주, 강인욱, 김현잭 역, 박학사, 2014를 인용하거나 수정하였다). Are motor commands generated in a chain-like manner, allowing movements to be planned only a couple of steps ahead rather than requiring the entire sequence to be planned before an action begins? Or is the entire utterance planned in advance? The answer appears to be that people can indeed plan an entire motor sequence before initiating action. Researchers in one study (i.e., Sternberg et al., 1978) told their participants to produce a fluent stream of words, but only after a signal indicated to do so. The utterances were well practiced so that the participants could produce them fluently. The critical variable in the study was how long it took a person to begin to say the utterance after the signal appeared. The researchers reasoned that if the motor plan were being continually created "on-line," the number of words in an utterance would not influence how long a person took to start the utterance···However, If a motor plan of the entire utterance is created before the person begins to speak, the time to initiate speech would be related to the length of the utterance. Because short utterances would require little time to plan, the person would begin to speak these more quickly than a longer utterance, which would require more time to plan. Results indicated that the time it took to begin speaking increased linearly with the number of words in the utterance. The conclusion is that the brain generates an entire plan of action before movement commences rather than creating the plan as actions are being performed.

26 Sternberg, Monsell, Knoll, & Wright, The latency and duration of rapid movement sequence: : Comparisons of Speech and Typewriting, In G.E.Stelmach (ed), *Information Processing in Motor Control and Learning* 1978, p.135. New York Academic Press. Our present conclusion is that each subprogram controls a stress group, and we shall tentatively assume this in the following sections. The fact that the unit that underlies performance in our experiments appears to be articulatory rather than semantic seems to us to support further the interpretation of the latency effect in terms of a motor program.우리의 현재 결론은 각 하위 프로그램은(스피치에서) 강세그룹을 통제한다는 것이며, 우리는 이것을 다음 절에서도 임시적으로 가정할 것이다. 우리의 실험에서 수행의 기초가 되는 단위가 의미론적이라기보다는 발성적으로 보인다는 사실은 우리에게 어떤 동작프로그램(계획)의 관점에서 준비지연 효과에 대한 해석을 더욱 뒷받침하는 것으로 보인다.

그 자체에 대하여 자유의지를 논의할 필요는 없다. 그것들을 구성하는 동작은 자동적으로 이루어지는 자동행동이다. 동시에 무의식이 주도하는 행동이기도 하다. 그리고 그러한 경우에 더욱 성공적인 수행(performance)이 이루어진다. 이러한 성공적인 수행을 위한 연습통제와 그 기법 그리고 그 결실이 인간사회 문화(文化)의 내용이기도 하다. 그러한 훌륭한 수행은 개인적으로는 성공과 수입의 열쇠가 된다. 타이거 우즈의 성공과 수입은 그가 골프를 잘 치기 때문이며 그가 골프를 잘 치는 이유는 연습통제를 통하여 수행동작의 무의식화 수준을 높였기 때문이다.[27]

이런 점에서, 무의식적인 성공적 수행이 아니라, 그것을 위한 연습통제에 대하여 우리는 어떻게 생각할 것인가 하는 문제가 있다. 연습통제(鍊習統制) 그 자체에 대하여 우리는 그것을 자유의지에 의한 행위라고 말해야 하는 것이 아닌가? 타이거 우즈의 골프스윙은, 그 연습을 포함하여, 포괄적으로 자유의지의 행위라고 말해야 하는 것이 아닌가? 이 점에 대하여 우리는 뒤에서 논의할 것이다. 그것은 시스템 2에 속하는 행위에 대한 자유의지의 문제와 같은 것이라고 할 수 있기 때문이다.

[1611] 동작 스키마(schema), 행동 프로그램

우리는 이제까지 손가락을 구부리거나 손목을 젖히거나 버튼을 누르는 것

---

27 Libet, Mind time, *op.cit.*, p.111. I might even add that great athletes, in general, are those who can let their unconscious mind take over without interference from the conscious mind. Athletes tell us that if they try "to think" (become aware) of immediate responses, they become less successful. Indeed, I am tempted to generalize that this is true for all creative processes, in art, science, and mathematics. "나는 심지어 위대한 운동선수들은, 일반적으로, 그들의 무의식적인 마음이 의식적인 마음으로부터 방해받지 않고 넘겨받도록 내버려 둘 수 있는 사람들이라고 덧붙일 수도 있다. 운동선수들은 우리에게 즉각적인 반응을 '생각'하려고 노력하면(인식하려고) 덜 성공적이라고 말한다. 사실, 나는 이것이 예술, 과학, 수학의 모든 창조적 과정에서 진실이라고 일반화시키고 싶다."

과 같이 단순한 하나의 동작을 염두에 두고 논의하여 왔다. 그러나 실제 우리의 현실에서 행동은 여러 개의 동작들이 일련의 과정을 형성하고 있는 것이 대부분이다. 즉, 여러 동작이 하나의 묶음이 되어 일련의 연쇄(連鎖, sequence)로 일어난다. 가령 컴퓨터 작업을 하는 경우에 우선 컴퓨터가 올려진 책상 앞으로 걸어가는 것에서부터 시작하여, 의자를 꺼내고, 책상 앞에 앉고, 컴퓨터를 켜고, 기다렸다가 책상 위의 키보드에 손을 올리는 방식으로 한 묶음의 동작이 '자동적(自動的)으로' 일어난다. 그와 마찬가지로 골프스윙이나 그 교습에서도 실제 하나하나의 팔 동작에 대하여 수학적(數學的)으로 접근하거나 그렇게 의식하는 일은 거의 없다. 타석에 들어서는 여러 가지의 동작들로 구성된 일관된 스윙 동작 속에 다운스윙과 임팩 그리고 그 이후의 동작이 연결되어 하나의 묶음으로 일어난다. 앞에서 퍼팅의 프리샷 루틴처럼 단순한 동작인 경우에도 정확성을 높이는 방법은 이를 여러 개의 동작의 흐름으로 만들어 의례화(儀禮化)하는 것이다. 수많은 사람의 환호를 받으며 손바닥을 전면을 향하고 양손을 번쩍 들어 흔들고 다시 내려서는 한 손으로 흔드는 등의 동작도 마찬가지이다. 우리는 이렇게 여러 가지 동작의 묶음으로 구성된 행동에 대하여 개별적 동작을 일일이 의식하지 않는다.

이것은 우리의 행동(동작들)이 개개의 의식적 동작이나 그 동작들의 의식적 결합이 아니라, 하나의 프로그램(program), 하나의 스키마(schema)로 이루어진다는 것을 시사한다. 우리의 행동은 사전에 정해진 프로그램(또는 더 작은 규모로서 스키마)에 따라 여러 개의 동작들이 배열되어 자동적으로 진행된다. 우리의 동작 그리고 행동을 프로그램이나 스키마로 보아야 한다는 것은 인지신경과학에서는 확립된 이론의 하나이다. 즉 운동은 의식적(意識的) 개별적으로 통제되는 것이 아니라, 일련의 동작들의 프로그램 또는 스키마(図式)가 근육명령(muscle commands) 속에 저장되어 있고 그 프로그램 전체가 중앙에서 통제된다는 것이다.

"인간이 언제라도 행동할 준비가 된 일련의 저장된 근육명령(筋肉命令)을 가지고 있다는 생각은 아마도 오랫동안 우리와 함께해 왔다. 그러나 움직임이 중앙에서 통제된다는 첫 번째 중요한 문헌은, Lashley가 등(back)에 총상을 입은 환자의 움직임을 기술하는 것에 의하여 제공되었다. 부상 때문에 환자는 하반신에서 모든 감각을 잃었지만, 움직일 수 있는 원심성 신경의 경로를 잃지 않았다. 비록 다리의 움직임을 느낄 수는 없었지만, 그런데도 일반적인 제어 대상과는 달리, 그의 다리를 놀라운 정확도로 위치를 잡을 수 있었다. 이 발견으로 Lashley는, 부상당한 환자가 피드백을 사용하여 자신의 움직임을 이끌 가능성은 거의 없었기 때문에, 그 움직임을 중앙에서 제어하는 장소(position)가 있다고 주장하게 되었다.[28]

운동 프로그램은 "운동시작 전에 구조화되고 주변 피드백에 의해 전체 연쇄(sequence)가 방해받지 않고 수행될 수 있게 해 주는 저장된 명령의 연쇄"라고 할 수 있다. 이에 대해 스키마는 모든 자극과 반응이 분류될 수 있는 원형(prototype)의 이미지가 있다. Schmidt는 운동의 스키마에 대하여 "회상기억(recall memory)을 사용하여 움직임을 생성하고 재인기억(recognition memory)을 사용하여 반응의 정확성을 평가"하는 기제라고 제시한다.[29] 말하자면 동

---

28 Richard A. Schmidt, A Schema Theory of Discrete Motor Skill Learning, *Psychological Review*, 1975, (82-4), p.231. The idea that the human being has a set of stored muscle commands ready for action at any time has probably been with us for a very long-time, but the first important documentation that movement was centrally controlled was provided by Lashley (1917) in describing the movements of a patient with a gunshot wound in the back. Because of the wound, the patient had lost all sensation from his lower limbs, but had not lost the efferent pathways that enabled him to move. Even though he could not feel movement in his leg, he was nevertheless able to position it with surprising accuracy, not unlike a normal control subject. This finding led Lashley to argue for a position in which movement was controlled centrally, since there was little possibility that the wounded patient could have been using feedback to guide his movements.

29 *ibid.*, "structured before the movement begins and allows the entire sequence to be carried uninfluenced by peripheral feedback" *ibid.*, p.225. The theory is based on the notion of the schema

작패턴에 기억(記憶)이 연계되고 있다. 과거의 기억을 떠올려 운동을 생성하고, 과거의 기억에 의하여 현재 상황의 패턴과 관련하여 동작반응의 정확성을 평가하여 작동하는 것이 운동 스키마라는 것이다.

사실 동작 그리고 행동에 있어서 이러한 스키마 내지 프로그램의 관점은 우리가 동물(動物)의 행동을 상정한다면 쉽게 이해될 수 있다. 동물은 그들의 일반적인 행동에서는 인간과는 비교할 수 없을 정도로 섬세하고 정확하다. 우리가 호랑이와 경쟁하며 사슴을 잡는다고 생각한다면 우리의 동작은 호랑이와 비교가 되지 않는다. 그런데도 동물은 언어와 의미(意味)의 도움없이 그러한 동작을 해낸다. 그렇다면 동물과는 다르게 우리의 동작이 언어와 의미, 나아가 의도에 의하여–인과적으로–발생한다고 상정한다는 것은 오히려 이상한 생각이라고 해야 한다. 이것은 인간을 오히려 동물보다 낮게 평가하는 것이다. 즉 동물은 자동모드(auto mode)인데 대하여 인간은 수동모드(manual mode)라고 평가하는 것이다. 그리하여 인간의 동작과 행동을 언어 및 의미와는 독립적으로 상정한다면, 동물과 인간은 모두 그 행동은 자동적인 스키마와 프로그램에 의하여 작동한다는 것은 당연하다고 할 수 있다.

[1612] 자동모드(auto mode)와 수동모드(manual mode)

동물은 자유의지가 없어 자극에 대하여 본능적으로 반응하는 체계인데 대하여 인간은 자신의 자유로운 의지에 의하여 행동한다는 것이 이제까지의 우리의 상식이었다. 그러나 동물은 자극반응체계(刺戟反応体系)라 하고 인간은 자유의지(自由意志)의 체계라고 대비(対比)시키는 것은 옳지 않다. 동물은

---

and uses a recall memory to produce movement and a recognition memory to evaluate response correctness.

자동모드로 작동하는 데 대하여 인간은 수동모드로 작동한다는 것이 되기 때문이다. 오히려 인간은 자동모드를 장착한 체계로서 필요하면 언제든지 수동모드로 전환할 수 있고, 또 자동모드 자체를 수동적으로 변화를 줄 수 있는 그러한 운동모드라고 하는 것이 타당하게 보인다. 이것은 달리 말하면 자극반응체계를 유지하면서 필요하면 자동모드 그 자체를 정지(靜止)시키고 의지에 의한 행동을 하거나, 자동모드 자체를 통제(統制)할 수 있다는 것이 된다. 나아가 특정한 자동모드 자체의 자동적 작동양식을 변화시킬 수 있으며, 더 나아가 아예 새로운 자동모드를 창조할 수도 있다고 한다면 더욱 진화(進化)된 기제라고 할 수 있을 것이다.

이러한 점은 인간의 자동모드라고 할 수 있는 운동 프로그램의 자체의 성격에 반영되어 있는 것으로 보인다. 우선 인간의 자동모드로서 운동 프로그램은 외부적로부터 지각되는 대상들, 특히 시각적으로 지각되는 물체들에 의하여 자극되고 활성화된다는 것이다. 이것은 동물의 자극반응체계와 다르지 않은 자동모드이다. 이것은 대부분의 운동 프로그램이 촉발되는 것도 자극반응기제에 의하여 자동화되어 있다는 것을 의미한다.

> "대부분의 행동은 외부에서 지각되는 대상들, 특히 시각적으로 지각되는 물체들을 향해서 이루어진다. 외부에 있는 다른 물체들은 다른 운동 프로그램과 연결되며 그것들은 각 문화적 용도를 반영한다. 예컨대 젓가락을 사용하는 방식이나 가위를 사용하는 방식이다."[30]

---

30 Jamie Ward, The Student's Guide to Cognitive Neuroscience, *op.cit.*, p.311. Most actions are directed toward externally perceived objects, particularly via vision. Different objects in the environment may also be linked to different motor programs that reflect their cultural usage: for instance, the way that chopsticks are manipulated or scissors are used.

인간이 사물에 의하여 자극반응체계로서 운동 프로그램에 의하여 작동된다는 것은 동물적이라기보다는 자동모드라는 것을 의미한다. 나아가 그 사물이 인공물인 경우에도 운동 프로그램이 새롭게 창조되고 되풀이하여 작동될 수 있다는 것이야말로 중요하다. 왜냐하면 그것이 바로 인간의 문명을 형성하는 원동력이기 때문이다. 자동차와 마찬가지로 핸드폰도 그 사용법이 자동적 운동 프로그램으로 창조되고 항상적으로 활성화될 수 있다는 것이 그것을 보여준다.

다른 한편 인간의 운동 프로그램에서는 특정한 몸 부위를 기준으로 하여 규정되는 것이 아니라, 그 동작 자체의 속성이나 특징이 추상적인 동작방식으로 규정된다. 예를 들면 글쓰기의 운동 프로그램은 손에 의해서만 규정되는 것이 아니라 발에 의해서도 작동할 수 있다.

> "운동 프로그램은 그 동작을 수행하기 위한 실질적 방법(예: 관절과 근육)을 코드화하기보다는, 그 움직임의 일반적 속성(예: 다른 구성부분들의 시간적 순서)을 코드화한다. 보통 인용되는 예로서, 글씨 쓰기는 다른 신체 부위를 사용한다고 해도 바뀌지 않고(예: 발로 글씨 쓰기) 넓이가 변화할 때(예: 칠판에 글을 적거나 노트에 글을 적는 것)도 바뀌지 않는다."[31]

이상의 논의를 종합하여 간명하게 말하면, 인간의 개개의 동작(動作)은 모두 자동적(自動的)이다. 개개의 동작에 대한 우리들의 인식(認識), 즉 우리가 의도적으로 그러한 동작을 야기한다는 인식은 환상이다. 이러한 점에서 리

---

31 *ibid.*, p.310. Motor programs may code general aspects of the movement (e.g., the timing of different components) rather than the actual means of performing the movement (e.g., the joints and muscles). One commonly cited example is the fact that handwriting does not change when different effectors are used (e.g., writing with feet) or when the amplitude is changed (e.g., writing on a blackboard versus a notebook).

벳의 실험이 의미하는 바가 전적으로 타당하다. 리벳의 실험은 개개의 동작이 내용이 되어 있기 때문이다.

우리의 일상에서 대부분의 동작, 행동은 자동적으로 일어나며, 그에 대한 의식이나 의도는 사실 이미 개시된 비의식적(非意識的) 과정을 단지 반영하는 것이다(정확하게는 반영이 아니라 인과적으로 야기되는 것이다). 그런데도 우리는 스스로의 의도에 의해 그렇게 한다고 생각한다. 그것은 환상(幻想)이다. 아침에 잠이 깨는 것을 의도적으로 하지는 않았다고 생각할 것이다. 그러나 잠에서 깨어 뒤척거리다가 이제 일어나야지 하고 몸을 일으켰다고 해도, 사실은 그 이전에 비의식적으로 몸을 일으키는 신경과정이 진행된 것이다. 일상생활을 구성하는 동작들도 모두 그러하다. 회사에 출근하는 타이밍도, 출근하면서 하는 여러 가지 동작들도, 회사에서 부하에게 화를 내는 동작도… 모두 이미 비의식적 과정에서 운동 프로그램이 작동하여 진행되는 것이 의식화, 의미화한 것인데, 우리 스스로는 자신이 의도적으로 그렇게 행동한다는 환상(幻想) 속에 있다. 문제는 오히려 우리는 왜 환상을 의도적으로 생각하느냐 하는 것이다.

제2절 의식(意識)은 행위에 개입(介入)하는가?

[1613] 의식의 느림(delay)과 인지(認知), 감정

인간의 모든 동작, 그 동작의 묶음으로서의 모든 행동은 자동성에 의하여 규정된다. 우리는 상식적으로 각각의 동작이나 그 묶음으로서의 행동이 의식적 의도(意圖)의 지도(guide) 없이는 이루어질 수 없는 것처럼 생각한다. 그러나 동작은 그것들의 묶음에 의한 행동의 스키마 혹은 프로그램에 의하여

자동화되어 있으므로, 원칙적으로 개개의 동작은 모두다 자동적으로 이루어진다. 그렇다면 이들 동작이나 행동이 어떠한 형태의 의식적 의도(意図)의 개입 없이도 이루어질 수 있는가?

인간의 동작이나 (동작의 묶음으로서) 행동이 의식의 지도(guide) 없이도 이루어질 수 있는가? 그렇다! 행동이 의식의 지도 없이 이루어진다는 이 대답은 아무래도 납득하기 어려울 것이다. 그러나 이것을 납득하지 못하는 것은 여러 가지 강고한 선입견(先入見)을 가지고 있기 때문이다. 그중에서 가장 큰 선입견은 데넷 프레임(Dennett's frame)이다. 깨어 있는 상태로서의 의식을 의도적(意図的) 의식과 같은 것으로 혼동하는 것이다. '비너스 윌리엄스의 서브는 이쪽 베이스라인에서 저쪽 베이스라인까지 24미터를 450ms 내에 날아갈 수 있다.' 이것을 받아 내리려면 의식적으로 100 ms 단위의 동작을 해야 한다. 그런데 테니스선수는 그것을 해낸다. 이것이 데넷 프레임의 근거였다. 그러나 이것은 오해이다. 만약 테니스선수가 동작을 의도적으로 통제하려고 하였다면 공을 받지 못할 것이다. 즉, 동작프로그램은 자동적(自動的)이다. 그리고 이러한 자동성은 카네만이 분류한 시스템 1의 모든 행동을 규정한다. 여기에 더하여 그의 시스템 2의 행동들 중에서, 우리가 인적(人的) 시스템 1로 재분류한 행동들, 주의기제(注意機制)에 의하여 작동하는 행동들도 모두 이런 의미에서 자동적이다. 즉 의식이 깨어 있지만 의도적 의식이 행동에 개입하는 것은 아니다.

의식은 행동을 인도(guide)하는 것이 임무가 아니다. 그렇게 하기에는 의식은 너무 느리다. 의식(意識)의 본래의 임무는 내관세계(內觀世界)의 이미지와 표상(表象)을 해석(解釈)하고 사회적 커뮤니케이션을 매개하는 것이다. 의식이 느리다는 것은 의식과 그것이 위치하는 내관세계(內觀世界)의 시간적 기본단위(scale)가 다르다는 것이다. 뇌의 신경세계를 미시세계라고 한다면 내관세계는 가시세계의 시공간이라고 해야 한다. 의식(意識)과 무의식의 시간단위가 다르다는 것은 일반적으로 인정되는 사실이다. 리벳(Libet)은 수치적으로 계산하여 어떤 자극이 의식화되려면 0.5초(500ms) 이상 자극이 지속(持續)되어야 한다고 주장한다. 이것은 의식의 시간단위가 0.5초라는 것을 말하는 것이다. 이것은 자극만이 아니라 모든 무의식활동도 0.5초를 넘어야만 의식적으로 인지된다. Libet은 이것에 타임-온(time-on) 이론이라는 이름을 붙이고 있다.

"의식과 무의식의 정신기능은 전자에게는 자각(awareness)이 있는데 후자에는 자각이 없다는 것이 가장 중요하게 다르다. 뇌가 감각신호에 대한 자각을 '생성(produce)'하는 데는 상당한 시간(약 0.5초)이 걸리는 데 반하여, 무의식적인 기능은 훨씬 짧은 시간(100msec 정도)에서 가능하다는 것을 발견하였다. 자각을 생성할 만큼 오래 지속되지 않은 비교적 짧은 활동 기간 동안 뇌는 무엇을 하고 있었는가? 침묵하기는커녕, 뇌는 마침내 자각을 생성할 정도가 될 때까지, (그 감각신호의) 복제를 계속하여 기록 가능한 뉴런의 반응을 보였다.… 타임-온(time-on) 이론은 두 가지 간단한 구성요소를 가지고 있다. (1) 의식적인 감각 경험(즉, 의식과 함께)을 생성하기 위해서는 적절한 뇌 활동이 최소 약 500ms(그 사건이 임계값에 가까울 때까지) 진행되어야 한다. 즉, 즉 타임-온 활동 가동시간이나 지속시간은 약 0.5초이다. 우리는 이미 이 특징을 실험적으로 확립한 상태였다. (2) 우리는 이와 같은 뇌의 활동이 인식에 필요한 활동보다 기간이 짧을 때, 그런데도 불구하고 의식 없이, 무의식적인 정신적 기능을 생산하는 데 관여할 수 있다고 제안했다. 그런 다음 적절한 뇌 활동의 지속(持續, 즉 time-on)을 단순히 증가(연장)시킴으로써 무의식의 기능이 의식적인 기능으로 바뀔 수 있다. 우리는 아마도 타임-온이 무의식과 의식 사이의 전환의 유일한 요인이 아닐 것이라는 점은 깨달았지만, 그것이 (전환을) 통제하는 요인으로 보았다."[32]

　의식이 리벳(Libet)의 주장대로 0.5초 이상의 시간단위에서만 성립할 수 있다고 한다면, 그리고 의식이 자유의지로 행동을 야기한다면, 그 행동은 0.5초 단위 이상으로만 발생할 수 있다. 0.5초는 행동의 지속시간이 아니다. 그것은 행동의 단위시간이다. 만일에 행동을 야기하는 자극이 0.5초 이하만 지속되는 자극인 경우에는 그 자극은 행동을 야기할 수 없을 뿐만 아니라 그 자극 자체가 의식적으로 아예 지각도 되지 않는다. 0.5초라면 보통 남자라도 약 4미터를 달리는 시간이다. 즉, 행동이 의식에 의하여 인도된다면 달리기 행동이라는 것은 불가능하다. 왜냐하면, 어떠한 달리기이든 최초의 몇 미터 달리기로부터 시작되기 때문이다. 이러한 점에서 의식은 행동을 인도(guide) 하는 것이 아니라 행동을 해석(解釈)한다. 그리하여 우리가 인식한 행동–자유의지의 행동–은 '의식적' 의도가 '야기(惹起)한' 것이 아니라, 의식이 '내가 야기하였다(내가 손가락을 구부렸다)'라고 '해석한' 것이다.

---

32 Benjamin Libet, Mind time, op.cit., pp.101-102. Conscious and unconscious mental functions differ most importantly in the presence of awareness for the former and the absence of awareness in the latter. We found that the brain requires substantial time (about 0.5 sec) to "produce" awareness of a sensory signal, while unconscious functions appear to require much less time (100 msec or so). What was the brain doing during the shorter periods of activations that did not last long enough to produce awareness? Far from being silent, the brain exhibited recordable neuronal responses that resembled those that went on to finally become adequate for awareness···The time-on theory has two simple components: (1) To produce a conscious sensory experience (in other words, with awareness), appropriate brain activities must proceed for a minimum duration of about 500 msec (when the event is near threshold). That is, the time-on or duration of the activities is about 0.5 sec. We had already established this feature experimentally. (2) We proposed that when these same brain activities have durations shorter than those required for awareness, they could nevertheless be involved in producing an unconscious mental function, without awareness. An unconscious function might then be transformed into a conscious one simply by increasing the duration (time-on) of the appropriate brain activities. We realized that time-on was probably not the only factor in the transition between unconscious and conscious, but we saw it as a controlling factor.

[1614] 자각(自覺) 이전의 반응

이처럼 의식(意識)은 느리다. 그것은 행동을 인도하기에는 너무 느린 것이다. 이것은 달리 말하면 행동에 직결되는 인지는 의식되기 이전에 행동화할 수도 있다는 것을 의미한다. 동물만이 아니라 인간도 기본모드(fundamental mode)가 자극반응체계라면, 자극의 인지와 처리는 의식의 시간단위보다 더 짧게 이루어져야 한다. 인지과학자들은 실제로 그러하다고 본다. 반응에 있어서도 일반적 반응과 의식적 반응이 구별된다는 것이다.

"의식적 지연(conscious delay)의 또 다른 예시는 사람들이 반응시간을 점차적으로(gradually) 늦출 수 없다는 사실의 발견이다. Jensen(1979)은 사람들에게 반응시간을 조금씩 늘리려고 일부러 시도해 보라고 했지만 그렇게 할 수 없다는 것을 발견했다. 오히려 반응시간이 일반적인 최소값 (연구에서 약 250ms)에서 훨씬 높은 값으로 증가했으며, 최소 500에서 1000ms였다. 자극을 의식(意識)하고 반응할 때까지 반응속도를 늦출 수 없으며, 그렇게 하는 데는 추가적(追加的)인 시간이 많이 걸린다. 이러한 불연속성(不連續性)은 (일반적) 반응과 의식적인 반응이 서로 대단히 다른 두 가지라는 것을 시사한다. 첫 번째는 전형적으로 두 번째보다 훨씬 빠르다."[33]

"우리는 그것을 자각(自覺)하기 전에 자극에 반응하기 시작할 수 있다. 실제

---

33 Daniel M. Wegner, The Illusion of Conscious Will, *op.cit.*, p.53. Another illustration of the conscious delay is the finding that people can't gradually slow down their reaction times. Jensen (1979) asked people to try deliberately to lengthen their reaction time little by little and found that they could not do so. Rather, their reaction times jumped from the usual minimum values (in his study, about 250 milliseconds) to much higher values, which at a minimum were 500 to 1000 milliseconds. One cannot slow down one's reaction until one becomes conscious of the stimulus *and of having reacted*, and this takes lots of extra time. This discontinuity suggests that a response and a *conscious* response are two very different things, the first one typically far speedier than the second.

로, 목표자극에 대한 노출을 짧게 잘라 버리면 (목표자극을 바로 뒤따르는 어떤 가림자극(masking stimulus)에 의해 그것의 시각 이미지를 지워서), 목표를 자각하지 않고도 목표에 대한 인지반응을 가질 수 있다. 예를 들어, 일련의 각 문자열(文字列)이 단어인지 아닌지를 판단하게 하고, 가림자극을 바로 뒤따르게 하여 어떤 단어를 더 짧게 노출시켜 주면, 더 짧은 시간 동안에 더 빨리 단어로 정확하게 판단할 가능성이 높다."[34]

이것은 인간의 자극반응기제의 일반적인 방식이 오히려 비의식적인 인지와 반응이라는 것을 말하는 것이다. 일반적인 반응은 앞에서 리벳이 말한 의식의 최저(最低) 시간단위인 500ms의 반밖에 되지 않는 250ms 단위에서 이루어진다. 반면에 이러한 반응을 일부러 늦추면 의식적인 인지와 반응이 되는데 그 시간은 2배에서 4배까지(500-1000ms) 증대한다는 것이다. 250ms의 시간은 시속 60킬로미터로 달리는 자동차가 4미터 전진하는 시간이다. 이에 대해 의식적 반응은 8미터 내지 16미터 전진하는 시간이 된다. 이것은 바로 우리가 보행자를 발견했다고 미처 인식(즉 의식)하기도 전에 브레이크를 밟아 자동차를 정지시키는 그러한 경험이 가능한 이유이다.

의식은 감각적 지각의 경우에만 그런 것이 아니다. 감정적 반응에 있어서도 의식적 감정적 반응 이전에 감정의 생성과 반응이 일어난다는 것이다. 실제 이러한 현상--의식하기 전에 행동하는 것--은 어쩌면 동물 이상의 모든 생물에게 필수적인 것이라고 할 수 있다. 왜냐하면, 생존을 좌우하는 적이 나타

---

34 *ibid*., p.54. That is, we may begin to react to a stimulus before we are aware of it. In fact, if our exposure to a target stimulus is cut short (by a masking stimulus that immediately follows the target and wipes out our visual image of it), we may have a cognitive response to the target without ever becoming aware of the target. People who are judging whether each of a series of letter strings is a word or not, for instance, are likely to judge a string correctly as a word more quickly if they have just been exposed to a related word at a very brief duration, followed by a masking stimulus (Marcel 1983).

났다는 것을 의식적으로 인지하고 의식적으로 대책을 세우는 것은 이미 늦기 때문이다. 그리하여 인지나 감정 모두 의식보다 먼저 자극반응이 이루어진다는 것은 오히려 당연하다고 할 수 있다.

"우리는 의식적으로 보기 전에도 모든 것에 대해 빠른 감정적 반응을 보일 수 있다. 우리는 예를 들어, 우리를 향해 다가오는 적에 대해 멀리서도 전율(戰慄)할 수 있으며, 좋아하는 대상을 보면 멀리서도 가슴이 떨리게 되는데, 이것은 우리의 시야에 들어왔지만 아직 알기 전에 일어날 수 있다."[35]

"정감(affect)은 대부분의 현대 이론에서 인지(認知) 이후(postcognitive)의 것, 즉 상당한 인지적 작용이 이루어진 후(後)에만 발생하는 것으로 간주된다. 그러나 일부 임상 현상뿐만 아니라, 선호(選好), 태도, 인상형성 및 의사결정에 대한 많은 실험 결과에 따르면, 정감적(情感的) 판단이 그것의 토대로 가정되는 지각 및 인지작용과는 상당히 독립적이고 시기적으로 선행(先行)될 수 있음을 시사한다. 자극에 대한 정감적 반응은 종종 유기체(생물체)의 바로 그 첫 번째 반응이며, 하위 유기체의 경우는 그것이 지배적인 반응이다. 정감적 반응은 광범위한 지각적 인지적 인코딩(부호화) 없이 일어날 수 있고, 인지적 판단보다 더 강한 확신으로 만들어지며, 더 빨리 만들어질 수 있다."[36]

---

35 *ibid.*, We may develop a quick emotional reaction to just about everything we see, even before we consciously see it (Bargh et al. 1996; Zajonc 1980). We will shrink from the enemy we see coming toward us from a distance, for instance, or get a little shiver when we see our favorite love object, and this can happen before we even know what we have seen.

36 R. B. Zajonc, Feeling and thinking: Preferences need no inferences. American Psychologist (35-2),1980. p.151 Affect is considered by most contemporary theories to be postcognitive, that is, to occur only after considerable cognitive operations have been accomplished. Yet a number of experimental results on preferences, attitudes, impression formation, and decision making, as well as some clinical phenomena, suggest that affective judgments may be fairly independent of, and precede in time, the sorts of perceptual and cognitive operations commonly assumed to be the

이러한 사례와 연구들이 말하는 것은, 우리의 행동이 의식(그리고 의식적 의도)에 의하여 발생하는 것도 아니고, 의식에 의하여 인도되는 것도 아니라는 것이다. 그것은 자동적이다. 그리고 그것이 가능한 것은 인지나 정감이 의식적 인지나 의식적 정감에 이르기 전에 이미 반응을 생산한다는 것이다. 그리고 이것은 당연한 것이다. 동물의 가장 중요한 행동은 생존 여부를 좌우하는 포식자로부터의 도피나 먹이의 포획에 관련되는 것이고, 여기에서 즉각적인 반응은 필수적인 것이기 때문이다. 이러한 동물의 행동양식은 인간에게도 기본모드로 적용되는 것이다. 이에 대해 의식적 의도에 의한 행동은 이중적으로 느린 것이다. 첫째는 단순한 의식적 반응도 위와 같이 지체된다. 그런데 다시 의도에 의한 행동은 더욱 지연되는 것이다.

[1615] Daniel Wegner(효용행동(UB), 빙의(憑依)의 진실)

인간의 행동이 의식적 의도(意図)를 필요로 하지 않는다는 또 하나의 논거는 특정한 사람들에게 일어나는 병리적(病理的) 현상들이다. 이 병리적 현상들은 모두, 우리가 일상적으로 알고 있는 의식적 의도가 없는데도, 행위가 일어나고 진행되며 행위 자체가 완성되는 데에 아무런 문제가 없다. 이러한 사례들은 인간의 행위가—동물에는 일반적이지만—의식적 의도를 필수요소로 하지 않는다는 것을 증명하는 것이라고 할 수 있다. 이것은 뒤집어 말하면 의식적 의도가 개입된다고 생각되는 행위에 있어서도, 사실은 그렇지 않고 그 의도는 다만 환상적 해석일 뿐이라는 결론이 된다. 웨그너(Wegner)는 이것을

---

basis of these affective judgments. Affective reactions to stimuli are often the very first reactions of the organism, and for lower organisms they are the dominant reactions. Affective reactions can occur without extensive perceptual and cognitive encoding, are made with greater confidence than cognitive judgments, and can be made sooner.

중요한 논거로 설정하고 그의 저서의 상당 부분을 이에 대한 연구로 채우고 있다.

가령 자동기술(自動記述, Automatic Writing) 현상이 있다. 어떤 사람이 글로 표현하려는 의사(意思)와 내용이 없는데도 손이 자동적으로 움직여 글을 쓰는 현상이다. 그들은 이렇게 말한다.

> "내 손은 내가 전혀 모르는 어떤 힘과 지성(知性)에 의해 내가 모르는 주제에 관한 글을 쓰는 데 자주 사용되었는데, 그 주제에 관해서 나는 거의 또는 전혀 흥미를 느끼지 않았다." "나는 내 펜이 육체적이든 정신적이든 나 자신의 힘을 넘어서는 어떤 힘으로부터 움직이는 것을 발견했고, 그것이 영혼이라고 믿었다."[37]

일반적으로는 어떤 주제나 내용에 대한 글을 쓰는 행위는 의식적 의도나 생각 없이는 결코 상상할 수 없는 것이다. 그리고 이 점이야말로 인간의 행위는 의식적이고, 그리하여 자유의지에 의하여 추동되고 인도된다는 증거라고 할 수도 있다. 그런데 자동기술은 글을 쓰는 동작 자체는 물론 그 글의 내용에 있어서도 의식적으로 의도가 준비되지 않아도 이루어질 수 있다는 것을 의미한다. 웨그너는 병리적 사례들을 연구하는데, 여기서 병리적이라고 하는 이유는 우리가 일상적으로는 의식적 의도에 의하여 행위가 인도된다고 상정한 것들이 모두 의식적 의도 없이 이루어지기 때문이다. 이 점이 중요한 것은 행위가 의식적 의도 없이도 이루어질 수 있다는 것을 증명하는 것이고,

---

37 Daniel M. Wegner, The Illusion of Conscious Will, *op.cit.*, p.96. Mattison (1855, 63) quotes one such individual: "My hand was frequently used, by some power and intelligence entirely foreign to my own, to write upon subjects of which I was uninformed, and in which I felt little or no interest." Another said: "I found my pen moved from some power beyond my own, either physical or mental, and [believed] it to be the spirits."

동시에 의식적 의도가 실제로는 행위의 원인이 아니라는 것을 의미하는 것이기 때문이다.

웨그너가 검토하고 연구하는 특이현상이나 병리적 사례들은 다음과 같다.

○ 자동기술(Automatic Writing)

○ 위자보드(Ouija Board)[38] 셰브룰진자(Chevreul Pendulum)[39] 다우징(Dowsing)[40]

○ 효용행동(utilization behavior, UB)

○ 해리성 인격(Dissociative Personality)

○ 채널링(channeling)

○ 빙의(憑依)와 트랜스(Possession and Trance)

○ 최면 (Hypnosis)

이 중에서 효용행동(UB)은 환자가 어떤 물건을 보면 바로 그 물건의 용도에 관한 행동을 한다. 남의 집에 가거나 병원에 갔는데 그곳에 사과와 칼이 있는 것을 보고 주인의 허락도 없이 바로 칼로 사과를 깎아 먹는 행동을 한다. 그는 자신이 왜 그렇게 하는지 이유를 대답하지 못하고 그 행동을 통제하지 못한다.

"검사를 받는 동안 환자 CU는 데스크의 모서리에 사과와 칼이 있는 것을 발견했다. 그는 껍질을 벗겨 사과를 먹었다. 검사관은 왜 사과를 먹고 있는지

---

38 1890년대에 등장한 것으로 알파벳과 예스노우가 쓰여진 위자보드를 여러 사람이 둘러싸고 질문을 하거나 귀신과의 대화를 시도하는 도구.
39 휴대용 진자로 그 흔들림으로 여러 가지 해석을 한다.
40 Y자형 나뭇가지 등과 같은 기구로 아래 끝을 잡고 그 자동 움직임이 지하의 물이나 보물을 가리킨다고 한다.

물었다. 그는 이렇게 대답했다.

'음… 그곳에 있었습니다.'

'당신은 배고픕니까?'

'아니요. 뭐 조금(글쎄요 한입).'

'방금 식사를 끝내지 않았습니까?'

'예.'

'이 사과는 당신 것인가요?'

'아니요.'

'그러면 누구의 사과입니까?'

'당신 것이라고 생각합니다.'

'그렇다면 왜 그것을 먹었나요?'

'여기 있기 때문에.' "[41]

효용행동과 모방행동(imitation behavior, IB)에 관한 한 연구는 그 특징을 몇 가지로 제시한다.

"IB와 UB에서 환자는 외부환경에 비정상적으로 의존한다.… IB, UB의 첫째 내용(figure)은 어떤 행동을 취하도록 하는 데 필연적으로 유혹당하거나 자극당하는 것으로 이해되어야 한다. 둘째는 요청 없이도 환자가 행동하도록 유도하는 어떠한 외부의 자극으로 이끌리는 환자의 경향을 말한다. 셋째 내

---

41 Patrick Haggard,, Human volition: towards a neuroscience of will, *op.cit.*, p.943. While being tested, patient CU spotted an apple and a knife left on purpose on a corner of the testing desk. He peeled the apple and ate it. The examiner asked why he was eating the apple. He replied: "Well … it was there," "Are you hungry?" "No, well a bit." "Have you not just finished eating?" "Yes," "Is this apple yours?" "No," "And whose apple is it?" "Yours, I think," "So why are you eating it?" "Because it is here."

용은, '지적 통제력 상실'로서 IB 나 UB를 생성하지 않았지만, 목적 없는 제스처를 억제하고, 우스꽝스럽거나 사회적으로 용납되지 않는 행동을 흉내내는 환자의 자기반성의 결여를 반영한 것을 말한다.··· 전두병변(前頭病變)으로부터 완전히 치료된 환자의 반응은 놀라운 것으로 요약될 수 있다. 그들은 자신의 IB와 UB, 그리고 자신의 생각을 통제(統制)할 수 없었다는 사실을 떠올리며 당황해했다."[42]

[1616] 통제(統制)와 경쟁조율(contention scheduling)

웨그너의 사례들이 보여주는 것은 한 가지이다. 우리가 행동 그 자체를 생성하고 완결할 때 의식적 인도(引導)나 지도(指導)는 필요하지 않다는 것이다. 자동기술(自動記述) 현상은 의식적 의도나 기록할 내용이 의도적으로 준비되지 않더라도 글쓰기 행동을 할 수 있다는 것을 증명한다. 위자보드, 세브룰진자, 다우징은 어떤 기구(器具)와 연관하여 자동행동(自動行動)이 일어나는 것을 보여주는 현상들이다. 효용행동(效用行動, UB)에서는 어떤 물건을 보고 그와 관련된 행동이 자동적으로 발생한다. 이렇게 행동을 하는데 있어서 의식적 주도(主導)나 관여를 필요로 하지 않다고 보면 해리성(解離性) 인격, 채널

---

42 Lhermitte F, Pillon B, Serdaru M: Human autonomy and the frontal lobes. Part I: Imitation and utilization behavior: a neuropsychological study of 75 patients. Ann Neurol 19, 1986, p.332. In IB and UB, patients are abnormally dependent on the environment··· The first feature should be understood as necessarily solicited or stimulated in undertaking an action. The second represents a tendency for the patient to be attracted by any stimuli from the outside world that would drive him or her to act without being asked. A third feature, the "loss of intellectual control," produced neither IB nor UB but reflected the patients' lack of self-criticism in restraining purposeless gestures and imitating ridiculous or socially unacceptable acts··· The reactions of patients totally cured of their frontal lesion can be summarized as one of surprise. They were perplexed when recalling their IB and UB, and the fact that they had no controlling thoughts of their own. This last feature is undoubtedly due to apathy, disinterestedness, and indifference, as measured by the behavioral scale.

링, 빙의(憑依), 트랜스, 최면(催眠) 등의 병리적 현상이 대단히 선명(鮮明)하게 설명된다. 즉 그러한 병리적 현상에서 의식적 의도적 관여 없이 행동이 만들어질 수 있다는 것은 당연한 것이며 설명이 필요하지 않다는 것이 된다.

우리는 자아(自我)가 주도하는 의식적 의도(意圖)에 의하여 행동한다고 상정해 왔다. 그런데 해리성 인격이나 채널링, 빙의, 트랜스, 최면 등의 경우에 그러한 자아와 그것의 의식적 의도가 없는데도 행위가 형성되고 완성된다. 이것은 자아와 의식이 행동을 주도(主導)한다고 생각한다면 설명할 수 없는 불가능한 현상이다. 그리하여 이것을 설명하기 위하여 가령 빙의는 귀신들렸다고 하여, 귀신(鬼神)이 들어가 자아를 대신하고 있다고 설명해 왔다. 그런데 우리가 자아와 의식적 의도가 행동에 필수적 요소가 아니라면, 빙의를 설명하는 데 귀신을 필요로 하지 않게 된다.

효용행동에 대한 설명은 전보조운동영역(pre-SMA)의 기능과 연관된다. 전보조운동영역(前補助運動領域)은 행동을 일으키는 기능을 하는 것이 아니라, 행동을 억제(抑制)하는 기능을 한다. 이 영역의 병변(病變)은 행동을 일으키지 못하는 것이 아니라 행동을 억제하지 못한다. 이것이 효용행동(UB)이다.

　

"전극을 통해 전보조운동영역을 직접 자극하면 의식적인 '움직이려는 충동' 느낌이, 더 높은 전류에서는 해당 팔다리의 움직임이 생성된다. 그러나 많은 신경학적 연구에 따르면 전보조운동영역의 주요 기능은 행동을 일으키는 것이 아니라 행동을 억제하는 것이다. 이 영역의 병변은 환경 트리거(trigger)에 따라 자동으로 행동을 실행할 수 있다. 예를 들어, 환자가 컵을 보면, 원치 않더라도 컵에 손을 뻗어 마시려고 시도한다."[43]

---

43 Patrick Haggard,, "Human volition: towards a neuroscience of will", op.cit., p.943. Direct stimulation of the preSMA through electrodes (red circle in part a of the figure) produces both a feeling of a conscious 'urge to move' and, at higher current, movement of the corresponding limb. However,

이것은, 행동은 일으키는 것이 아니라, 자극반응체계에 의하여 자동적으로 일어나고 오히려 그러한 행동을 억제하는 데 보조운동영역이 기능한다는 것을 말한다. 이것은 우리의 일반적인 상식과는 반대이다.

이처럼 행동이 야기되고 수행되는 데 의식적 관여가 필수적으로 요구되는 것이 아니라는 것, 행동 자체는 비의식적으로 자동적으로 야기되고 수행된다는 것이 이제는 일반적으로 인정되고 있다. 우리는 앞에서 행동이 단위동작의 차원에서가 아니라 스키마나 프로그램의 차원에서 이루어진다는 것을 보았다. 그런데 그러한 동작 스키마나 프로그램은 어떻게 촉발(trigger)되는가? 이에 대하여 여러 가지 스키마의 경쟁(競爭)에 의하여 그것이 야기된다는 것이 일반적으로 받아들여지는 이론이다. 우리가 일반적으로 행동을 의식적으로 통제(統制)한다고 생각하는 것도 사실은 뇌의 신경세계에서 경쟁하는 스키마 중에서 마지막에 하나가 우세해지는 것이다.

"통제(統制)라는 것은 어떤 통제기가 존재한다기보다는 다수의 경쟁하는 편향들(compting biases)의 귀결(歸結)이다. 의사결정(意思決定)은 외부환경적 요인(상향적 과정)과 개인의 동기나 목표 등과 관련된 요인들(하향적 과정) 간의 상호작용으로부터 일어난다."[44]

"경쟁조율(contention scheduling)은 다양한 경쟁적인 스키마 중에서 한 가지

---

many neurological studies suggest that the main function of the preSMA is to inhibit actions rather than cause them. Lesions in this area can produce automatic execution of actions in response to environmental triggers. For example, when the patient sees a cup, they will reach for it and attempt to drink even if they do not wish to (for another example, see figure, part b).

44 Jamie Ward, The Student's Guide to Cognitive Neuroscience, op.cit., p.508. Control may be an outcome of multiple competing biases rather than the presence of a controller. Decisions may arise out of an interaction of environmental influences (bottom-up processes) and influences related to the motivation and goals of the person (top-down processes).

특별한 스키마를 선택하는 기제를 말하는데 그것은 일종의 '동작주의(motor attention)'라고 여겨진다. 스키마 사이의 경쟁을 상정한 것이 이 모형의 핵심이다. 주변 환경에 있는 물체들에 의해 스키마들이 활성화될 수 있고(예: 망치는 그것과 관련된 특정 스키마를 활성화시킨다), 두정엽의 다른 감각운동 과정에 대응하기도 한다. 스키마들은 또한 사람의 필요에 관한 정보(情報)를 표상하는 주의감독시스템(SAS, supervisory attention system)으로부터 하향적으로 활성화될 수도 있다. 만약 활성화의 두 가지 원인들이 합쳐진다면, 가장 적절한 (즉 현재 욕구needs를 만족시키며 현재 환경의 실재적 대상에 일치하는) 스키마가 가장 높이 활성화될 것이다. 이러한 스키마는 경쟁조율기제를 통해 선택되어 특정 행위로 변환될 것이다. 이렇게 되면 스키마의 활성화 수준에 의해 직접적으로 행위를 결정하게 되므로, 의사결정력을 지닌 특별한 존재(즉 호문쿨루스)가 필요하지 않게 된다."[45]

[1617] 자동성(automatism)과 임의성(voluntariness)

웨그너의 논의에 위와 같이 교과서적인 인지신경과학의 논의를 종합해보면 자아와 같은 주체의 의식적 의도가 행위를 인도한다는 것은 우리의 오해

---

45 *ibid*., p.322. Contention scheduling is the mechanism that selects one particular schema to be enacted from a host of competing schemas, which could be considered a form of "motor attention." The idea of competition between schemas is the key part of this model. Schemas can be activated by objects in the environment (e.g., a hammer will activate its own particular schema), and may correspond to different sensorimotor processes in the parietal lobes (see later). Schemas also receive biasing top-down activation from the SAS system that represents information about the needs of the person. If these two sources of activation are combined, then the most appropriate schema (i.e., that satisfies the current needs and is consistent with the environmental reality) should have the highest activation. This schema will then be selected by the contention-scheduling mechanism and translated into a specific action. As such, there is no need for a special entity with decision-making powers (i.e., a homunculus) as the decision to act is directly determined by the activation levels of schemas.

라는 것이 드러난다. 웨그너의 주장처럼 빙의(憑依)는 귀신(鬼神)이나 기타 심리적 실체(実体)가 자아를 대신하는 것도 아니다. 나아가 행동의 이러한 자동성은 병리현상이나 특이현상의 설명에 한정되는 것도 아니다. 그것은 인간의 행위 전반에 관련되는 것이다. 즉 우리의 행위에 대하여 호문쿨루스가 필요하지 않다는 것은 우리의 행위에 자아(自我)도 필요하지 않고, 의도(意図)도 의식(意識)도 필요하지 않다는 것이 된다.

이렇게 되면 우리의 직관(直観)이나 상식은 전복(顛覆)된다. 상식에 반하는 주장이 오히려 상식적으로 타당하다고 해야 한다. 동물이 바로 그러하기 때문이다. 자아나 의도 없이도 동물은 오히려 인간보다 더 강력하고 더 섬세한 행동을 할 수 있다. 동물의 진화적 성취를 간직하고 있는 인간의 경우도 그러한 바탕을 가지고 있다는 것이 상식적으로 당연한 것이다. 우리는 여기서 판단의 기로(岐路)에 선다. 인간행위의 본질적 성격은 자동성(自動性)인가 의식적 의도성(意図性)인가? 웨그너는 이렇게 쓰고 있다.

"불행하게도, 그것은 둘 중의 하나가 되어야 한다. 자동성(automatism)이 일상생활에서 의식적 행위 인과성의 일반적 배경에 비추어 이상현상(異常現象)이거나, 아니면 우리는 모든 것을 완전히 급진적으로 돌려서, 의지(意志)의 분별에 의해서 일어나는 행위가 아무래도 이상현상이고, 더 기본적이고 근원적 체계에 속하는 하나의 부가물(附加物)이라고 생각하기 시작해야 한다. 지금 사람들은 오랜 기간 자동성을 예외적인 것으로 취급해 왔고 그것들을 단순한 기이한 상태로 격하시켜 왔다. 그리고 동시에 의식적 의지는 순전한 진실의 수준으로 격상시켜 왔다. 명백하게 보였던 정신적 인과관계 이론은 지금이 반전(反転)의 시기일지도 모른다. 만약 우리가 가정을 완전히 바꾸고, 임의성(voluntariness)이야말로 설명되어야 하는 것이라는 접근법을 취한다면, 우리에게 즉시 어떤 빛이 보이기 시작한다."[46]

　"의식적인 의지가 환상이라면, 어떻든 자동성이 '실상(real thing)'이며, 일
단 환상이 벗겨지고 나면 남게 되는 마음의 근본적인 기제(機制)라는 것을 뜻
한다. 의식적인 의지가 원칙이고 자동성이 예외라기보다는, 오히려 그 반대
가 참(true)이다. 즉, 자동성이 원칙이고, 의식적 의지의 환상(illusion)이 예외
다."[47]

　간단히 말하면 자동성이 실상이고 의식적 의지는 환상이다. 임의성은 설
명되어야 할 예외이다. 이것은 이제까지 자유의지에 관한 모든 논의만이 아
니라 우리의 인간관(人間觀) 자체의 전복(顚覆)을 의미한다. 나아가 이제까지
의 철학의 전복을 의미한다. 근대철학은 의식(意識)의 철학이었다. 자아(自
我), 주체(主體)의 철학이 그러하고, 이성(理性)의 철학이 그러하다. 우리의 상
식이 그러할 뿐만 아니라, —그리하여 의심은 물론 생각의 주제조차 되지 않
는—우리 생각의 무의식적인 전제이다. 그러나 모든 것이 환상임이 논리적으
로 인정된다고 해도, 우리 모두는 여전히 환상을 실제처럼 느끼고 있다는 점

46　Daniel M. Wegner, The Illusion of Conscious Will, *op.cit.*, p.135. And, unfortunately, it has to be one
　way or the other. Either the automatisms are oddities against the general backdrop of conscious
　behavior causation in everyday life, or we must turn everything around quite radically and begin to
　think that behavior that occurs with a sense of will is somehow the odd case, an add-on to a more
　basic underlying system. Now, people have been treating automatisms as exceptions for many
　years and relegating them to the status of mere oddity. And at the same time, conscious will has
　been elevated to the status of mere truism. The theory of apparent mental causation suggests it
　may be time for a reversal. If we transpose the assumptions completely and take the approach that
　voluntariness is what must be explained, we immediately begin to see some light.
47　*ibid.*, This means that if conscious will is illusory, automatisms are somehow the "real thing,"
　fundamental mechanisms of mind that are left over once the illusion has been stripped away.
　Rather than conscious will being the rule and automatism the exception, the opposite may be true:
　Automatism is the rule, and the illusion of conscious will is the exception.

에서 여기에는 또 다른 진실이 숨어 있다고 보아야 한다. 우리는 그것을 다시 찾아야 한다.

[1618] Alfred Mele(웨그너에 대한 비판)

멜리(A. Mele)는 위 웨그너의 주장을 비판한다. 그는 웨그너의 논거와 주장을 간략하게 요약하고 자신의 비판을 간결하게 제시하고 있다.

> "웨그너의 자동성 주장(automaticity argument)을 간결하게 요약하면 다음과 같다.
>
> 1. 어떤 인간의 행동들은 부분적으로조차 의식적인 의도에 의해서 야기되지 않는다. (그리고 의식적인 의도에 대한 신경 상관자(neural correlates)[48]에 대해서도 같다; 어떤 행동도 그것들에 의해 야기되지 않는다.)
> 2. 인간의 모든 행동은 기본적으로 같은 방식으로 야기(惹起)된다.
> 3. 따라서 인간의 어떤 행동도 부분적으로조차(even partly) 의식적 의도(의식적 의도의 神經相關者에도 해당)에 의해서 야기되지 않는다. (1과 2로부터)
> 4. 의식적 의도(혹은 신경 상관자)가 상응하는 행동의 원인 중의 하나가 되는 경우가 때때로 생기지 않는다면 사람들에게 자유의지가 없다.
> 5. 그러므로 사람은 자유의지를 가지지 않는다. (3과 4로부터)

---

48 신경 상관자(neural correlates, 神經 相關者)는 가령 우리가 어떠한 '의도'를 가졌을 때, 그 '의도'에 대응(對応)하는 우리 두뇌의 어떤 신경적 존재를 가리키는 말로 사용한다. 그것은 '의도'를 야기하는 신경세포의 발화일 수도 있고, 의식적으로 '의도'를 가졌을 때 특정 영역의 신경세포의 관계일 수도 있다. 그러나 실제로는 전혀 그렇지 않을 수도 있다. 즉 '의도'와 연결된 신경세포나, 신경세포의 발화나, 신경세포의 패턴이나 체계가 전혀 없을 수도 있다. 우리가 '의도'를 말할 때에 그러한 신경세포의 대응이 있다고 상정하고 그것을 가리키는 말로서 신경 상관자라는 기표(記標, 단어)를 사용한다.

이 주장은 설득력이 없다. 첫째, 왜 모든 행동이 동일한 방식으로 야기되어야 하는가? 내가 숨긴 물건의 방향으로 나도 모르게 손을 움직이는 것과, 내가 처음 방문하는 도시에서 중요한 회의에 제시간에 참석하기 위해 의도적으로(intentionally) 오전 8시에 호텔 방을 나서서, 내가 생각하고 있는 거리 쪽으로는 움직이는 것 사이에는 큰 차이가 있다. 우선 나의 손동작은 의식적인 계획(計劃)을 포함하지는 않았지만, 언제 떠날 것인가에 대한 나의 결정(決定)은 회의장으로 가는 가장 좋은 경로와 그곳에 도착하는 데 얼마나 걸릴 것인가에 대한 정보를 의식적으로 모으는 것이 선행된다."[49]

웨그너의 주장에 대한 멜리의 요약은 부족한 점이 있지만 기본적으로는 타당하게 보인다. 그리고 이에 대한 멜리의 비판도 선명하다. 우리가 이 논쟁을 비평한다면, 멜리는 분명 대단히 중요한 논점을 제기하고 있는 것은 확실하다. 그러나 멜리의 논점은 직관적으로는 쉽게 이해되지만 막상 엄밀하게 설명하려고 하면 그 논점(論点)을 명확하게 규정하기 쉽지 않다. 그만큼 멜리의 비판은 통속적(folk)이라고 할 수 있으며, 그런 점에서 멜리의 웨그너 이해는 충분한 것으로 보이지 않는다.

---

49 Alfred R. Mele, FREE-Why Science Hasn't Disproved Free Will, Oxford University Press, 2014, pp.49-50. Wegner's automaticity argument in a nutshell. 1. Some human actions aren't caused even partly by conscious intentions (and the same goes for the neural correlates of conscious intentions; some actions aren't caused by them either). 2. All human actions are caused in basically the same way. 3. So no human actions are caused even partly by conscious intentions (and the same goes for the neural correlates of conscious intentions). (from 1 and 2) 4. People don't have free will unless their conscious intentions (or their neural correlates) are sometimes among the causes of corresponding actions. 5. So people don't have free will. (from 3 and 4) This argument is unpersuasive. First, why do all actions have to be caused in the same way? There's a big difference between unknowingly moving my hand in the direction of an object I hid or toward the street I'm thinking about and intentionally leaving my hotel room by 8:00 a.m. in order to show up on time for an important meeting in a city I'm visiting for the first time. For one thing, although my hand movements involved no conscious planning, my decision about when to leave was preceded by conscious information gathering about the best route to the meeting and how long it would take to get there.

우선 위 비판에서 드러나는 멜리의 관점과 논점(論点)을 몇 가지로 나눌 수 있다. 첫째, 멜리는 위 요약에서 계속 괄호를 동원하여 우리의 의식적 의도의 신경 상관자(neural correlates)를 되풀이 거론하고 있다. 이것은 의식적 의도는 행동의 원인이라고 할 수 없는 경우에도, 그것의 신경 상관자는 행동의 원인이 된다는 주장이다. 둘째, 어떤 행동이 의식적 의도에 의해서만 야기된 것이 아니라고 해도, 행동의 많은 원인 중에서 의식적 의도가 하나의 원인이 될 수 있다는 것이다. '부분적으로조차(even partly)', '원인 중의 하나' 등의 용어가 그것을 말하고 있다. 즉 의식적 의도가 행동의 여러 가지 원인 중의 하나라면 자유의지가 있다는 주장이다. 셋째, 행위는 한 종류만이 아니라는 것이다. 따라서 의식적 의도와 상관없는 동작들이나 행동들도 있지만, 반대로 분명히 의식적 의도(또는 그 신경 상관자)가 원인이 되는 행동도 있다는 것이다.

이런 멜리의 주장은 통속심리학적으로는 의미가 있는 것으로 보이고, 직관적(直觀的)으로는 타당하게 느껴지지만, 조금만 엄밀하게 검토하면 많은 결함을 안고 있다. 우선 신경 상관자의 문제가 있다. 그것은 우선 데닛 프레임을 주장하는 것인지 명확하지 않다. 즉 신경 상관자의 발화나 작동과 우리의 의식적 의도가 동시적(同時的)으로 동행(同行)한다는 것인데, 우리는 의식적 의도의 신경 상관자가 일의적(一義的)으로 규정되지 않는다는 것을 알아야 한다. 의식적 의도는 신경 상관자에 의해서만 연기(緣起, 생성)하는 것이 아니라, 우리가 행동하는 가시세계(可視世界)와 종합되어 발생한다.[50] 그리하여 의식적 의도의 신경 상관자를 상정하는 것 자체가 세계의 오류(誤謬)이다. 그리고 멜리의 논점에서는 신경 상관자를 논의할 이유가 없다. 멜리의 관점에서

---

50 신경세계에서 어떠한 경우들에 있어서 그것에 대응하여 의식적 의도가 발생한다고 생각하는 것이 상식적이다. 문제는 그렇지 않다는 것이다. 의도는 신경세계만을 반영하여 발생하는 것이 아니다. 그것은 가시세계도 같이 반영하여 발생하는 것이다. 우리는 이 점을 환상과 관련하여 앞으로 계속 논의할 것이다. 그리고 이 주장은 근원적으로는 철학적인 문제이다. 그것은 인식론에 있어서 중대한 논점을 야기하는 것이다. 따라서 제2권에서도 재론한다.

는 의식적 의도의 원인성이 인정되면 당연히 그것의 신경 상관자의 원인성도 인정되고, 반대도 성립하는 것이기 때문에 이를 따로 논의할 하등의 이유가 없다. 문제는 둘 다 의미 없다는 것이다. 바로 이런 점에서 멜리는 웨그너의 주장을 충분히 이해하지 못하고 있는 것으로 보인다.

둘째, 행동의 여러 가지 원인 중의 하나가 외식적 의도라면 그것은 자유의지에 의한 행동이라고 보아야 한다는 주장이다. 멜리의 이 주장도 의미없는 주장이다. 행동에 여러 가지 원인이 있다는 주장은 그 자체가 결정론적인 주장이다. 왜냐하면 원인(原因)이란 인과성(因果性)을 전제로 하는 개념이기 때문이다.[51] 그것이 물리적 원인이 아니라 심리학적인 원인을 구별해야 한다고 하면 또 다른 문제가 발생한다.[52] 그러나 웨그너가 주장하는 것은 이런 문제가 아니다. 웨그너의 주장은 의식적 의지가 행동의 원인(原因)이 아니라는 것이다. 그것이 행동의 여러 가지 원인 중의 하나인가 아닌가 등의 문제가 아니다. 따라서 '부분적으로 조차', '원인 중의 하나' 등의 표현이 나오는 것은 멜리가 오해하고 있다는 증거이다.

인간이 상황의 압력을 받아 순전히 그 상황적 요인만을 따르는 의사결정(意思決定)을 한다고 해도, 그것은 의식적 의도에 의한 행동이고, 따라서 자유의지에 의한 행동이다. 그리고 웨그너는 이 점을 부인하고 있다. 의식적 의도는 환상이라는 것이다. 여러 가지 상황을 고려한 의도, 여러 가지 상황적 압력이나 다른 원인들과 함께 놓여 있든 없든 상관없이, 그 의도도 환상이라는

---

51 멜리와는 달리 웨그너는 원인이라는 말을 쓸 수 있을 뿐만 아니라 쓰게 된다. 왜냐하면 결정론의 입장에 서면 원인이라는 말은 당연한 것이다. 이와 달리 자유의지론의 관점에 서면 원칙적으로 원인이라는 말은 타당하지 않게 된다. 왜냐하면 의도가 원인이라고 주장해도 결국 인과론이 되기 때문이다. 더구나 그 의도의 본질이 신경 상관자라면 결국 그것은 결정론이 된다.

52 심리학자들은 이 문제를 회피한다. 심리학적인 원인이 과학적 인과성의 원인이 아니라면 심리학은 과학이 아니게 된다. 반대로 심리학은 과학이고 행동은 인과적으로 결정되고 그 원인들을 연구하는 것이라고 하면 인간의 자유의지를 부정하는 것이 된다. 심리학자들은 대체로 전자의 입장을 묵시적으로 보유한다.

것이다. 우리가 지금까지 논의해 온 것은 리벳의 실험이 제기한 쟁점을 논의해 온 것이다. 의식적 의도가 행동을 야기하는 원인이 아니라는 것이 논점이다. 따라서 인간의 의도에 상황이 많이 반영되었는가 아닌가 등은 전혀 논점이 아니다. 피험자들이 '리벳의 요구에 따라' 손가락을 구부리는 의사결정을 하였는가 아닌가는 전혀 논점이 아니다. 이것은 웨그너도 마찬가지이다. 이런 점에서 멜리의 주장은 웨그너의 비판에 있어서는 오해에 기초하고 있다. 달리 말하면 웨그너 주장의 이해가 충분하지 않다.

[1619] 웨그너 옹호

셋째, 행위는 한 종류만이 아니라는 것이 멜리의 주된 논지(論旨)로 보인다. 실제 통속적으로도 그리고 직관적으로도 그렇게 보인다. 인간은 동물처럼 자동성에 의하여 행동하는 경우도 있지만, 여기에 더하여 계획적으로 의도적으로 행동하는 경우도 당연히 있는 것처럼 보인다. 이렇게 보면 동물성(자동성)과 임의성(자유의지)이 인간에게 나란히 병립하는 것으로 보인다. 멜리도 이런 관점에 서 있다. 멜리는 이렇게 주장한다. '하지만 나는 인간의 모든 행동이 기본적으로 같은 방식으로 야기되어야 한다는 것을 받아들이지 않는다.'[53]

당연하게도 멜리의 주장처럼 행위는 한 종류만이 아니다. 또한 통속적으로 보아서 어떤 행동은 자동적인 것으로 보이고 어떤 행동은 계획적이고 의도적인 것으로 보인다. 우리는 이미 앞에서 행위를 여러 가지로 분류하였고 그러한 분류는 동작의 발생기제에 의해서도 분류하였다. 또한 이미 카네만

---

53 Alfred R. Mele, FREE-Why Science Hasn't Disproved Free, *op.cit.*, p.45. But I'm unwilling to accept that all actions are caused in basically the same way.

을 비롯한 많은 심리학자들의 의식이나 생각의 분류를 그대로 행위로 전용할 수 있다. 즉 대표적인 것이 시스템 1과 시스템 2에 관한 논의이다. 행위를 이렇게 여러 가지로 분류할 수 있는 것은 당연하고 타당하다.

그러나 웨그너가 행위에는 여러 종류가 있다는 것을 부인한다고 생각하는 것은 멜리의 오해이다. 웨그너가 인간의 행동이 기본적으로 같은 방식으로 야기(惹起)된다고 주장하였다는 것도 멜리의 오해이다. 웨그너는 결코 행동(행위)이 한 종류라고도 하지 않았고 하나의 방식으로 야기된다고도 하지 않았다. 웨그너가 심리학적으로 증명하고 있는 것은 의식적 의지(意志)가 없어도 인간의 행동이 아무런 문제 없이 성립한다는 것이다. 인간이 행동을 하는데 의식적 의지의 인도(引導)나 지도(指導)는 필요하지 않다는 것이다. 최면(催眠) 중에 최면술사로부터 최면에서 깨어나면 이러이러한 행동을 하라고 암시를 받은 사람은, 최면이 깨어난 후에 자신의 의지와 상관없이 또는 자신의 의지에 반하여 그 행동을 하게 된다. 그 행동이 상당히 복잡하고 어려운 행동도 마찬가지이다.

웨그너가 여러 가지 정신병리학적 현상들에 대하여 자세하게 분석을 가하고 있는 것은 모두 다 의식적 의지가 없는데도 행위들이 아무런 문제 없이 성립하고 있다는 것이다. 나아가 이처럼 의식적 의지의 인도(guide) 없이도 행위가 성립할 수 있고, 심지어 더욱 복잡하고 더욱 섬세하고 더욱 어려운 행동일수록 의식적 의지의 관여가 없어야 한다는 것이다. 그것에는 두 가지 논거가 있는데 바로 동물의 행동과 인간의 숙련행동(熟練行動)이다. 동물은 더 빨리 달리고 더 강력하게 먹이를 포획한다. 인간의 피아노 연주나 테니스 경기 등의 몰입된 동작은 의식적 의지의 인도(guide) 없이 행해지는 것이며, 중간에 의식적 의지가 개입하면 거의 그 행동의 수행(遂行)을 망치게 된다. 나아가 의식 자체가 느리고 시간단위가 크기 때문에 행동을 인도하기 위하여 진화한 것이 아니다. 의식은 표상을 처리하여 사유하기 위한 것이지 행동을 인도하기 위한 것이 아니다.

따라서 웨그너가 인간의 모든 행동은 한 가지 방식으로 이루어진다고 주장했다는 멜리의 주장은 오해이다. 웨그너가 예를 든 사례들은 인간의 행동방식의 예가 아니라, 의식의 인도 없이 행동이 성립할 수 있는가의 예이다. 그리고 그 대답은 '예(yes)'일 뿐만이 아니라, 오히려 '당연하다(No, doubt!)'는 것이다. 그리고 웨그너의 다음 질문은 그렇다면 도대체 의식적 의지는 왜 생겨났는가, 하는 문제이다. 위와 같이 의식적 의지가 행동과 무관하고 행동의 원인이 아니라면, 결국 환상(幻想)이라는 결론이 된다. 이것은 놀라운 결론인데, 왜 그런 환상이 있는가 하는 문제에 웨그너는 대답하려고 하는 것이다.

[1620] 진정한 쟁점

멜리의 주장은 상식에 부합하는 주장이기 때문에 그만큼 호소력(呼訴力)이 있다. 동시에 중대한 논점을 제기하고 있는 것은 틀림없다. 나아가 멜리 자신은 웨그너와는 달리 자유의지에 대하여 겸손(謙遜)한 주장을 한다고 말한다. 그것은 인간의 모든 행동이 자유의지에 의한 행동이라고 주장하는 것이 아니라, 인간의 행동 중에는 자유의지에 의한 행동이 분명히 있다는 것이다. 즉 의식적 의도를 원인(原因)으로 하는 행동이 있다는 것이다.

멜리가 의식적 의도에 의하여 야기된 행동으로 예거한 사례는 평범한 우리 일상의 한 행동이다. 그가 그러한 행동으로 우리의 직관에 호소한 사례는 '처음 온 도시에서 회의시간에 맞추어 회의장에 가는 행위'이다. 여기에는 회의장으로 가는 경로와 도착하는 데 걸리는 시간에 관한 정보를 사전에 모으는 것이 필요하다. 그 시간에 맞추어 내가 처음 방문하는 도시에서 중요한 회의에 제시간에 참석하기 위해 일부러 시간을 맞추어 오전 8시에 호텔 방을 나선다. 그리고 지도에서 본 것으로 내가 생각하고 있는 거리가 있는 방향으로

움직인다. 이런 행동은 내가 숨겨 놓은 물건이 있는 쪽으로 무의식적(無意識
的)으로 손을 뻗는 행동과는 분명 차이가 있다는 것이다. 이러한 행위는 우리
주변에, 그리고 나와 당신의 생애(生涯)에 걸쳐서 차고 넘치는 사례들이다.
그만큼 멜리의 사례는 직관적이고 쉽게 수긍할 수 있다. 그리고 이렇게 차고
넘치는 사례들로 멜리가 증명하려고 하는 명제는 지극히 겸손하다. 그는 야
심차게 인간 행동 전반을 설명하는 것이 아니라 인간의 자유의지에 의하여
야기되는 행위가 있다는 것이다.

> "웨그너는 그가 자유의지가 필요한 것으로 여기는 일은 절대 일어나지 않
> 을 것이라고 말한다. 그리고 나(멜리)는 이 필요한 일이 가끔 일어난다고 말
> 하고 있는데, 의식적인 의도(또는 그들의 신경적 상관자)가 때로는 상응하는 행
> 동의 원인 중 하나라는 것이다. 의식적인 의도가 결코 인간의 행동의 원인에
> 포함되지 않는다는 웨그너의 주장은 매우 대담(大膽)하다. 그것은 모든 인간
> 이 행하는 개개의 행동들에 관한 것이다.… 의식적인 의도(혹은 그들의 신경 상
> 관자)가 어떤 인간의 행동의 원인 중 하나라는 나의 주장은 훨씬 덜 대담하다
> (much less bold). 그리고 나는 의식적인 실행 의도에 대한 직접적이고 강력한
> 증거를 가지고 그것을 뒷받침해 왔다. 생각해 보라. 우리 중 누가 더 확고한
> 근거 위에 있는가?"[54]

---

54 Alfred R. Mele, FREE-Why Science Hasn't Disproved Free, *op. cit.*, p.51. Wegner says that
something he regards as necessary for free will never happens. And I'm saying that this necessary
thing sometimes does happen-that conscious intentions (or their neural correlates) sometimes are
among the causes of corresponding actions. Wegner's claim that conscious intentions are never
among the causes of human actions is a very bold one. It's about every single action that any
human being has ever performed… My claim that conscious intentions (or their neural correlates)
are among the causes of some human actions is much less bold. And I have backed it up with
directly relevant, powerful evidence about conscious implementation intentions. Think about it:
which of us is on firmer ground here?

멜리가 자유의지를 증명하기 위하여 든 또 다른 사례가 있다.

"한 실험에서, 참가자들은 다음 달 중에 유방(乳房) 자발검사(self-examination) 를 하고 싶어 하는 여성이었다. 그 여자들은 두 그룹으로 나뉘었다. 그들이 지시받은 일에는 단 한 가지 차이가 있을 뿐이었다. 한 그룹은 다음 달에 검사를 할 장소와 시간에 대해 실험 중에 결정하도록 요청받았고, 다른 그룹은 그렇지 않았다. 첫 번째 그룹은 실험이 끝나기 전에 결정한 것을 적고 노트를 제출했다. 분명히 그들이 적고 있는 것을 의식하고 있었다. 그들은 의식적인 실행의도가 있었다. 결과는 인상적이었다. 실행의도 지시를 받은 여성은 모두다음 달에 유방검사를 마쳤으며, 한 명을 제외한 모든 여성은 기본적으로 미리 결정한 시간과 장소에서 검사를 했다. 그러나 다른 그룹의 여성들은 53퍼센트만이 다음 달에 유방검사를 실시했다."[55]

멜리는 이와 유사한 사례를 두 개를 더 들고 있는데, 하나는 두 그룹으로 나누어 한 그룹에는 다음 주에 운동할 시간 장소를 정할 것을 요구하고, 다른 그룹은 그렇게 하지 않는 것이다. 물론 시간 장소를 약속한 그룹에서 운동 참가자가 훨씬 많았다. 또 다른 사례는 마약중독자의 두 그룹에 대하여 이력

---

55 Alfred R. Mele, FREE-Why Science Hasn't Disproved Free Will, *op.cit.*, p.45. In one experiment, the participants were women who wanted to do a breast self-examination during the next month. The women were divided into two groups. There was only one difference in what they were instructed to do. One group was asked to decide during the experiment on a place and time to do the examination the next month, and the other group wasn't. The first group wrote down what they decided before the experiment ended and turned the note in. Obviously, they were conscious of what they were writing down. They had *conscious* implementation intentions. The results were impressive. All of the women given the implementation intention instruction did complete a breast exam the next month, and all but one of them did it at basically the time and place they decided on in advance. But only 53 percent of the women from the other group performed a breast exam the following month.

서를 쓸 시간 장소를 정한 그룹이고 다른 그룹은 그렇게 하지 않은 것이다. Mele는 이 세 가지 사례에 대하여 '의식적 의도'가 원인이 되어 행위를 야기한 것을 증명하는 것이라고 주장한다. "이 현저한 차이에 비추어 볼 때, 실행의 도(implementation intentions)가 중요한 인과적 작용(causal work)을 했다는 것을 부정하기는 어렵다."[56]

그런데 이러한 멜리의 주장은 그 직관적(直觀的) 호소력에도 불구하고, 도대체 관문(觀問) 혹은 논점(論点)이 무엇인지 잡히지 않는다. 웨그너나 그 외 자유의지 부정론자들이 이러한 사실을 모르고 있는 것은 결코 아니다. 위와 같은 평범한 사실을 모르고 또 경험하지도 않고 자유의지를 부정하는 논의를 하고 있는 것은 결코 아니기 때문이다.

멜리의 주장은 리벳의 실험에 대하여 이렇게 비판하는 셈이다. 그 피험자는 리벳의 제안을 받아들여 손가락을 구부리는 실험에 참가하기로 하는 의사결정으로 참가하였다. 그리고 정해진 시간에 실험하는 연구실에 도착하였다. 어떤 요령에 따라 손가락을 구부려야 하는지를 설명듣고 그렇게 하려는 실행의도를 가지고 손가락을 구부렸다. 그러므로 그 모든 행위는 자신의 실행의도에 의한 자유의지의 행위이다. 이것이 멜리의 주장이라고 할 수 있다. 이런 항의를 들은 리벳은 어이없어할 것이다. 리벳이 최선을 다하여 친절하게 설명한다면 이렇게 말할지도 모른다. '그렇습니다. 그렇지만 그 실행의도를 가지고 행동했다는 그 각각의 행동 모두에 대하여 약 350ms 전에 RP가 나타났다는 것이지요. 참가하기로 결심을 하기 350ms 전에 RP가 나타나고(운동 결정은 7초 전에 디코딩할 수 있고)[57], 연구실로 출발하는 행동의 350ms 전에 RP가 나타났으며, 손가락을 구부리려는 실행의도를 자각하기 350 ms 전에 RP

56 *ibid.*, p.47. In light of this remarkable difference, it's difficult to deny that the implementation intentions did important causal work.
57 Soon et al., 2008, *supra* [1412]

가 나타났다는 것이지요.' 이런 리벳의 설명을 들은 멜리도 어이없어 할 것이다. 각각의 동작을 하기 전에 RP가 나타났다고 해도 연구에 참여하기로 의사결정을 하였기 때문에, 연구실로 온 것이고, 연구실에 왔기 때문에 손가락을 구부린 것은 사실이지요.

이 논쟁은 서로 간에 초점이 전혀 다르기 때문에 자신의 주장을 하게 될 뿐 어느 쪽도 상대방의 주장을 이해하려고 하지 않게 된다. 리벳은 어떠한 의사결정을 하고 어떠한 행동을 하든지 그 이전에 뇌의 신경과정이 선행하는 것이고, 멜리가 말하는 실행의도라는 것은 이미 결정이 이루어져 행동화하는 것에 대한 뒤늦은 자각이라는 것을 멜리가 제대로 이해하지 못했다고 말할 것이다. 이것은 처음 온 도시에서 회의시간에 맞추어 올바른 거리로 출발하는 행동이나, 유방의 자기검사를 서면으로 약속하고 정해진 날짜에 출석하는 행동이나 모두 마찬가지라는 것이다. 멜리가 말하는 실행의도라는 것은 웨그너의 말처럼 실상(實相)을 반영하지 않는 환상이라는 것이다. 이에 대해 멜리는 승복하지 않고 실제로 어떤 실행의도를 인식하거나 확인한 것 그 자체가 행동의 선택에 영향을 미치고 있는 것은 사실이라고 주장할 것이다. 즉 그것이 신경과정의 결과라고 하더라도 특정한 실행의도를 인식하는 것 자체가 있는 것과 없었던 것이 결과에 차이가 있다면 그 실행의도가 결과의 한 원인이라고 해야 한다는 것이다.

[1621]

이상의 논의는 웨그너(그리고 리벳)와 멜리의 논쟁의 진정한 쟁점이 무엇인가 하는 문제를 제기한다. 우리는 먼저 논쟁하는 쟁점 그 자체 대한 이해, 즉 관문의식을 재규정해야 하는 상황이다. 명백한 것은 웨그너(그리고 리벳)와 멜리가 서로 주제로 삼고 있지 않지만, 사실은 두 사람의 자유의지의 개념이 서로 다르다. 그런데 개념논쟁(자유의지란 무엇인가)에 들어가면 다시 진정(眞定)한 자유의지가 무엇인가 하는 식으로 논쟁이 다른 데로 흐르게 된다(가령 규범적, 기치론적 논쟁). 우리는 논쟁이 흐름에서 벗어나지 않고, 웨그너, 리벳, 그리고 멜리가 모두 놓치고 있는 진정한 쟁점을 규정할 수 있다고 본다.

그 진정한 쟁점은 세 가지이다. 첫째, 의사결정이 행동에 미치는 영향에 관련되는 자유의지에 관한 것이다. 둘째, 의사결정 그 자체에 있어서의 자유의지의 문제이다. 셋째, 의사결정보다 더 넓게 인간의 사유(思惟)와 자유의지의 관계에 관한 것이다.

이러한 쟁점은 위의 논의에서 한 걸음 더 진전된 논의임이 분명하다. 우리는 동작(動作) 차원에서는 자유의지를 논의할 여지가 없다는 것을 확인하였다. 인간의 모든 행동 또는 행위에 대해서 그것이 어떠한 종류의 행위인가에 상관없이 사지(四肢)의 개개의 움직임으로서 동작의 차원으로 내려가면 그 차원에서는 전적(全的)으로 리벳의 실험이 그대로 타당하다. 또한 개별적 동작—사지(四肢)의 움직임—그 자체는 350ms 전에 신경세계에서 결정되며 인간이 느끼는 몸의 움직임에 대한 의도(意図)는 웨그너가 말하는 바와 같이 환상(幻想)이다. 리벳은 환상이라는 표현이 아니라 뒤늦은 자각(awareness)이라고 말했으나 사실상 같은 말이다. 왜냐하면 의도(손가락을 구부리겠다)라고 느끼지만 실제로는 손가락 구부리기의 신경과정이 이미 진행되고 있다는 것을 뒤늦게 알게 된 것(자각)에 불과하기 때문이다. 그러나 인간의 행위는 위와 같이 동작으로 환원되지 않는다. 그럼에도 단순한 동작 차원만이 아니라 카네만이 말하는 시스템 1 그리고 우리가 인적 시스템 1이라고 이름 붙인 것, 주의기제에 의한 행동 등에 대해서도 위에서 말한 것이 모두 그대로 적용된다.

그러나 인간의 행위에는 위와 같은 종류와는 분명히 다른 범주가 있다. 그것이 바로 의사결정에 따라 시간을 두고 그 실행으로 이루어지는 행위에 관한 것이다. 이 경우 개개의 동작에서는 리벳의 실험이 그대로 성립한다고 하더라도 자유의지의 문제는 분명히 다른 측면이 있다. 그것은 의사결정이 행위를 야기하였다면, 의사결정 그 자체와 행위(동작) 그 자체는 모두 리벳의 실험대로 신경과정이 선행한다고 하더라도 두 개(의사결정과 행위)의 관계에 대하여 자유의지의 문제가 제기된다는 것이다.[58] 동시에 의사결정 그 자체에 관한 자유의지도 논의해야 한다. 의사결정을 사유(思惟)라고 한다면, 그것은 사유에 있어서의 자유의지의 문제이다(사유에 대해서는 자유의지가 이상하다면 사유에 있어서의 자유의 문제가 된다).

우리는 앞에서 카네만(Kahneman)의 시스템 2에서 네 가지 정도의 행위사례(카네만의 용어로는 느린 생각, slow thinking)를 논의하지 않고 남겨 두었다. 카네만이 든 것 중에서 우리가 남겨 둔 4가지 사례는 다음과 같은 것들이다.

* 행동이 사회적으로 적절한지 점검한다.
* 세탁기 두 대를 놓고 전반적 가치를 비교한다.
* 세금신고서의 각 항목을 메꾼다.
* 복잡한 논리적 주장의 타당성을 점검한다.[59]

그런데 위 4가지 사례는 그 본질적 내용이 행위라기보다는 사유라고 해야 한다. 이 네 가지 사례를 구성하는 구체적인 동작은 거의 의미가 없다. 복잡한 논리적 주장의 타당성을 검토하면서 '머리를 뒤로 젖히며 눈을 감는 행동'이 나왔으며 그 행동 350ms 전에 RP가 나타났다고 해도, 이러한 행동은 복잡한 논리적 주장의 타당성을 검토하는 것 자체와는 거의 관계가 없다는 것이다.

---

58 이것은 자유의지의 개념의 문제가 동시에 제기된다. 리벳의 실험은 하나의 동작에 관한 것이었다. 그러나 이것은 사유(의사결정)와 행위의 관계 문제이다.
59 *supra* [1606] [1609]

이렇게 보면 앞에서 멜리가 주장하고 싶었던 것도 바로 이 점이라고 할 수 있다. 처음 온 도시에서 회의시간에 맞추어 회의장에 가는 '행위(行為)'라고 하지만, 실제로는 동작보다 사유의 의사결정이 더 중요하다. 의사결정을 위하여 정보를 모으고 그 정보와 지도를 보고 어떻게 갈지를 생각(思惟)하는 것이 더 중요하다. 이렇게 콘텐츠와 의사결정이 이루어지면 그에 따라 동작하는 것, 길에 걸어나오고 오른쪽 모퉁이로 돌고, 택시를 불러 세우고 등의 동작은 중요하지 않다. 유방의 자발검사도 자발검사를 할 장소와 시간에 대하여 알려 달라고 요청받은 것, 그에 따라 의사결정을 하는 것도 마찬가지이다. 중요한 것은 그러한 의사결정과 실제 행동과의 관계가 중요하지 그날 행동하는 동작은 논점이 아닌 것이다.

[1622] 의사결정과 이성(理性)

이렇게 되면 인간의 의사결정은 자유로운가, 나아가 인간의 사유는 자유로운가 하는 문제가 제기된다. 나아가 도대체 인간의 사유가 자유롭다는 것이 무엇인가 하는 논점도 새롭게 제기된다. 여기에도 리벳의 실험이 의미있는가? 우리는 앞에서 순 등 연구진(Soon et al., 2013)의 실험을 보았다. 덧셈 또는 뺄셈 중 어느 것을 선택하는 자신의 의사결정을 하였다고 보고한 시점보다 4초 전에, 뇌의 두정피질(頭頂皮質) 등의 신경활동으로부터 그것을 해독(decode)할 수 있었다.[60] 이것은 의사결정에 있어서도 뇌의 신경과정이 선행(先行)한다는 것을 보여준다. 이것은 동작의 선행보다 무려 12배나 이른 시간이다. 우리가 데카르트 프레임에 의존하지 않는다면 이 실험결과도 당연한 것이라고 해야 한다. 이러한 실험결과를 어떻게 해석할 것인가, 손가락을 구

---

60 *supra* [1412]

부리는 동작의 경우와 같이 해석할 것인가, 이러한 문제에는 보완하여 논의해야 할 중대한 논점이 있다. 그것은 의사결정의 성질과 의사결정 자체의 합리성에 관한 이성의 문제이다.

의사결정과 자유의지와 연관하여, 인간의 자유의지를 이성(理性)과 연계시켜 규정하는 이론이 있다. 즉 인간이 합리적(合理的) 결정을 할 수 있다는 것이 바로 자유의지라는 것이다. 이것은 자유의지의 정의(定義)와도 연계되는 것이지만, 단순히 자기의 느낌으로 스스로 의사결정을 하였다든가, 의사결정 이전에 신경과정이 선행했다든가 하는 것과는 또 다른 문제이다. 신경과정이 선행했다고 하더라도 의사결정의 내용이 합리적이라면 자유의지에 의한 의사결정으로 본다는 것이다. 이것은 다분히 자유의지의 논점을 개념정의의 문제로 변경시킨 것이기도 하다.

Searle이 제시하는 자유의지론은 욕망(慾望), 강박관념이나 중독(中毒)에 사로잡힌 사람들의 의사결정과는 구별되는 것이 자유의지라는 것이다. 이것은 합리적인 행동을 의미하는데, 특정한 동기화(動機化)나 욕구에 의한 의사결정과는 다르다. 이 차이의 전통적인 명칭이 '의지의 자유'라는 것이다. 결국 모든 합리적인 활동은 자유의지를 전제로 하는데, 합리성은 다양한 선택들 중에서 선택권이 있는 경우에만 실현될 수 있기 때문이다.[61] Searle의 주장에 동의하여 Baumeister도 같은 주장을 한다.

> "인간의 행동에는 내적 이유(理由)와 외적 이유가 있으며 종종 행동의 갈등과정에는 다수의 이유들이 있다. 문화화된 인간의 자아(自我)는 이 간극 (gap)[62] 안에 살고 있으며, 이성(理性)과 행동을 연결시키는 역할을 담당한다.

---

61 J. R. Searle, Rationality in action. Cambridge, MA: MIT Press, 2001.
62 간극(間隙)이라는 개념은 원래 설명적 간극(explanatory gap)의 개념으로 제기되었다. 레바인(J. Levine)은 경험의 고유한 현상적 특징과 뇌의 물리적 성질 사이에 존재하는 차이(差異)를 드러내기

내부적 또는 외부적 원인(原因)이 전혀 없는 완전히 임의적(任意的)인 선택이 이루어질 수 있다는 극단적인 의미에서 보면 자유의지를 필요로 하지 않는다. 자연이 행동의 법칙적 결정성을 줄여 주고 그 결과로 자아가 때때로 이성적 사고(또는 다른 지침)를 사용하여 경쟁적인 이유들 중에서 선택하고 그 최선의 이유에 의해 행동이 인도되도록 할 수 있다는 것, 이것이 자유의지라는 것이다."[63]

자유의지란 여러 가지 선택지 중에서 합리적(合理的) 선택을 할 수 있는 인간의 능력 혹은 가능성이다. 그러나 이성에 대한 이러한 설명에 과학적(科學的)인 의문이 제기되었다. 그것은 우선 이성이 독자적으로 실재하느냐 하는 것이다. 앞의 주장은 이성이 감정이나 중독이나 본능적 충동과 같은 것으로부터 독립되어 독자적으로 실재하고 기능(機能)하는 능력이라는 것을 전제로 하고 있다. 왜냐하면, 바로 그러한 비합리적 의사결정-가령 충동적이거나 중독되어 있거나 감정적인 의사결정-과 구별되는 특정한 유형의 의사결정을 할 수 있는 기능적 능력이 이성이라고 말하는 것이기 때문이다. 그러나 이성의 이러한 실재성과 독자성에 대하여 오늘의 인지신경과학은 의문을 제기한다. 이성이란 통속적(通俗的) 개념, 즉 세계의 오류에 불과할지도 모른다. 이것은 중대한 문제이다. 이성 그리고 합리성은 서구문명에서 수백년에 걸쳐

위해 이 용어를 사용한다. Levine, J. 1983. Materialism and qualia: The Explanatory Gap, *Pacific Philosophical Quarterly*, 64, pp. 354-361.

63 Roy F. Baumeister, The cultural animal: Human nature, meaning, and social life. New York: Oxford University Press. 2005. p.45. There are inner and external reasons for acting, often multiple reasons for conflicting courses of action. The culturalized human self lives within this gap and is the agent responsible for linking reasons to action. This doesn't require free will in the extreme sense that a totally arbitrary choice can be made that is utterly free of internal or external causes. It does entail that nature has reduced the lawful determinacy of behavior, so that the self can sometimes use rational thought (or perhaps other guidelines) to choose among competing reasons and let action be guided by the best reason.

믿어져 왔고, 오늘날에는 거의 전 세계적 믿음을 가지고 있는, 현대문명의 토대가 되는 개념이다. 그런데 이성(理性) 역시 환상(幻想)일지도 모른다는 것이다. 우리는 합리적 의사결정이나 자유의지를 논의하기 이전에 이성이라는 것 그 자체가 과연 실재하는 것인가 하는 문제에 부딪히고 있다.

　이성(理性)에 대한 의문의 제기는 이성적 능력에 있어서는 온전한 사람이 전혀 의사결정을 하지 못하거나 바보 같은 의사결정을 하는 사례가 나타나면서 제기되었다. 그 사례 자체도 기괴할 정도로 센세이셔널(sensational)한 사건으로 등장하였다. 그것이 바로 유명한 피니어스 게이지(Phineas Gage)의 사례이다. 이 사례는 신경심리학의 문헌들에서 가장 유명한 사례 중의 하나이다.

[1623] 피니어스 게이지(Phineas Gage) 사례

　1848년 여름, 당시 게이지(Gage)는 미국의 한 철도회사에서 일하는 25세의 청년이었다. 그는 철로 확장 공사의 감독으로 인부들을 지휘하고 있었다. 그는 회사의 상사들로부터 가장 유능하고 믿을 만하다고 인정받은 젊은이였다. 어느 날 그는 인부들을 감독하여 바위에 구멍을 내고 화약을 넣어 폭파시키는 작업을 하고 있었다. 그러나 작업이 잘못되어 제대로 준비되기도 전에 바위 바깥에서 엄청난 폭발이 일어났고 폭발충전물을 밀어넣던 쇠막대가 하늘을 날아 게이지의 머리를 관통(貫通)해 버렸다. 게이지의 머리를 관통한 쇠막대기는 30미터 이상 날아가 떨어졌다.

　"쇠막대는 게이지의 왼쪽 뺨으로 들어가 두개골 저변을 관통하고, 뇌 앞부분을 지나 빠른 속도로 머리 위쪽으로 빠져나갔다"[64] 정말 놀라운 일은 그 자

---

64 Antonio R. Damasio, Descartes' Error- Emotion, Reason, and the Human Brain, Penguin Books,

리에서 즉사(卽死)했을 것 같은 게이지가 멀쩡했을 뿐만 아니라 말을 하고 의사를 기다렸다고 한다. "기록을 살펴보면 게이지는 일시적으로 쓰러졌으나, 다시 일어나 출근부에 도장을 찍고, 호텔로 가서 의사를 기다렸다고 한다. 그는 앉아서 30분 동안 의사를 기다린 후, 의사가 오자 다음과 같이 인사를 했다고 한다. '의사선생, 여기 당신을 위한 충분한 일거리가 있어!'"[65]

　게이지의 머리를 관통한 쇠막대의 모습을 그 뒤에 재구성한 그림은 다음과 같다.

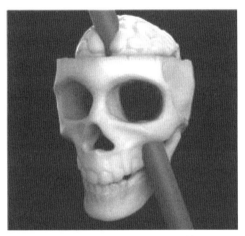

〈그림〉 피니어스 게이지 부상 모형[66]

　　2005, (ebook), p.20/356. 이하 번역문은 김린 역, 『데카르트의 오류』, M, 2019를 인용한다. 수정한 부분도 있다. The iron enters Gage's left cheek, pierces the base of the skull, traverses the front of his brain, and exits at high speed through the top of the head.

65　Jamie Ward, The Student's Guide to Cognitive Neuroscience, op.cit., p.510. The contemporary account noted that Gage was momentarily knocked over but that he then walked over to an ox-cart, made an entry in his time book and went back to his hotel to wait for a doctor. He sat and waited half an hour for the doctor and greeted him with, "Doctor, here is business enough for you!" (Macmillan, 1986).

66　designed by HyenChan S.

쇠막대가 뇌를 관통하였는데도 살아난 것은 물론 의식이 있었고, 걷고 말할 수도 있었다는 것만으로도 충분히 놀라운 일이어서 당시 신문에 대서특필되었다. 그런데 신경심리학의 관점에서 중요한 사례로 제기된 것은 그의 인격변화(人格变化)였다.

"그는 왼쪽 눈의 시력을 잃었으나 오른쪽 눈의 시력은 온전했다. 그는 팔을 보기 좋게 흔들며 안정적으로 걸을 수 있었으며, 언어나 대화에 눈에 띌만한 어려움은 없었다."[67] 그런데 치료에서 회복된 후 그의 성격이나 태도, 그리하여 그의 인격이라고 할 수 있는 것은 완전히 달라졌다. 간단히 말하여 게이지는 더 이상 게이지가 아니었다.

"그의 지적 능력과 동물적 성향 사이에 균형이나 조화는 깨져 버렸다. 그는 변덕스럽고 불손하고 (예전에 그의 기호가 아니던) 가장 천박하고 불경스러운 것에 탐닉하고 동료들에 대한 어떤 관용도 없이 무례하고 가장 심한 욕설을 하기도 하고, 자신의 욕구에 반하는 어떠한 제지나 충고에도 참지 못하고, 때로는 집요한 고집을 보이고, 더욱이 변덕스럽고 우유부단하기까지 하며, 장차 행해질 일에 대한 계획을 많이 세우기는 하지만 그것들을 정리하기도 전에 버리고 마는 식으로 지적 능력과 성향에서 어린아이와 같이 되었으며, 건장한 몸을 지닌 동물적 욕구를 가진 사람이 되었다."[68]

---

67 Antonio R. Damasio, Descartes' Error, *op.cit.*, p.24. He had lost vision in his left eye, but his vision was perfect in the right. He walked firmly, used his hands with dexterity, and had no noticeable difficulty with speech or language.

68 John M. Harlow, Recovery from the passage of an iron bar through the head, Massachusetts Medical Society, v.2 n.3 (1868). Reprinted by David Clapp & Son, 1869. pp.13-14. The equilibrium or balance, so to speak, between his intellectual faculties and animal propensities, seems to have been destroyed. He is fitful, irreverent, indulging at times in the grossest profanity (which was not previously his custom), manifesting but little deference for his fellows, impatient of restraint or advice when it conflicts with his desires, at times pertinaciously obstinate, yet capricious and vacillating,

피니어스 게이지의 사례는 이성적 능력과 감정의 기능에 관한 문제라고 할 수 있다. 게이지는 원래 수준이 높은 것은 아니었으나, 사고와 치료 후에도 그의 지적 능력이 과거에 비하여 손상된 것은 아니었다. 그의 언어능력이나 운동능력에도 별다른 변화가 없었다. 그런데도 치료 후의 삶에서 그의 인격이나 태도에 커다란 변화가 일어난 것은 감정(感情) 기능의 문제였고, 감정 또는 정서가 의사결정이나 인격적 태도에 커다란 영향을 미친다는 것을 보여주는 것이었다. 합리적인 의사결정과 감정적 의사결정이 구분되어 있는 것이 아니며, 의사결정이나 인격은 감정 또는 정서가 결정적으로 기능(機能)한다는 것을 보여주는 것이었다. 이런 점에 대한 본격적인 연구는 다마지오 (Antonia Damasio)에 의하여 개척되었다. 그는 우선 게이지가 사고로 손상받은 뇌 부위가 어디인가를 확정하는 것부터 시작했다. "게이지의 모의적 구성체가 확인하는 것처럼, 좌우 전전두피질이 손상을 입었는데, 그것이 합리적 의사결정과 감정처리를 하는 데 결함을 초래하였다."[69]

[1624] 엘리엇과 아노게이지

다마지오는 게이지에 대한 연구에 이어서 게이지와 유사한 장애를 보이는 다른 환자들을 연구하게 되었다. 그 사례들은 비록 뇌에 손상을 입었지만 이성적(理性的) 측면에서는 아무런 문제가 없는 사람이 의사결정을 전혀 하지 못하는 것들이었다. 이것은 합리적 의사결정이 과연 무엇인가 하는 문제를

devising many plans of future operation, which are no sooner arranged than they are abandoned in turn for others appearing more feasible. A child in his intellectual capacity and manifestations, he has the animal passions of a strong man.

69 Damasio, H., Grabowski, T., Frank, R., Galaburda, A. M., & Damasio, A. R. The return of Phineas Gage: Clues about the brain from the skull of a famous patient. Science(264), 1994. p.1102. The damage involved both left and right prefrontal cortices in a pattern that, as confirmed by Gage's modern counterparts, causes a defect in rational decision making and the processing of emotion.

제기한다.

다마지오가 연구한 한 사례는 그가 엘리엇(Elliot)이라고 부르는 환자이다. "엘리엇은 좋은 남편이자 아버지였고, 기업에서 일하고 있었으며, 동생들과 동료들의 모범이었다. 그는 개인적으로나 전문적으로, 그리고 사회적으로 남들이 탐낼 만한 위치에 있었다."[70] 그러했던 그가 뇌에 종양이 생겼고 병원에 입원한 그는 유능한 외과팀의 수술로 종양이 제거되었는데, 종양에 의해 손상을 받은 전두엽(前頭葉) 조직도 함께 제거되었다. 수술에서 회복된 엘리엇의 똑똑함과 운동능력, 그리고 언어사용능력은 아무런 이상이 없었으나 다른 면에서 엘리엇은 더 이상 엘리엇이 아니었다.

"일터에 가면 그는 시간을 올바르게 관리할 수 없었다. 그는 일정을 제대로 수행할 수 없었다. 하던 일을 중단시키고 다른 활동을 요청하면, 그는 하던 일을 계속하려 하거나, 마치 자신의 주된 목표를 잃어버린 사람처럼 보였다. 또는 맡은 일을 중단해 버리고는 어떤 특정한 순간에 자신을 더욱 사로잡은 무언가에 관심을 돌려 버리곤 했다. 어떤 손님이 의뢰한 서류를 읽고 분류하는 일을 할 때도 그랬다. 엘리엇은 그 문서를 읽고, 그것의 중요성을 충분히 이해했으며, 그 내용의 유사점과 상이점에 따라 문서를 가려서 분류하는 방법을 확실히 알고 있었다. 문제는 그가 분류(分類)하는 일에서 돌연히 다른 일로 주의(注意)를 바꾸고는, 문서 중 하나를 세심(細心)히 읽으면서 온종일을 투자하는 것이었다. 그렇지 않으면 그는 적용해야 하는 분류의 원칙을 놓고 오후 내내 씨름을 하며 보내기도 했다. 그 원칙이 날짜가 되어야 하는지, 문서의 크기가 되어야 하는지, 혹은 이 경우 또는 저 경우의 적합성이 되어야 하는지. 엘

---

70 *ibid.*, pp.52/356. Elliot had been a good husband and father, had a job with a business firm, and had been a role model for younger siblings and colleagues. He had attained an enviable personal, professional, and social status.

리엇이 중단한 일의 어떤 단계는 실제로 지나치게 자세하여 그것이 오히려 전체적인 목표를 흐려 놓은 예도 있었다."[71]

다마지오가 연구한 또 다른 환자는 복내측 전전두부 뇌손상(ventromedial prefrontal damage)을 입은 환자였다. 다마지오는 그에게 이름을 붙이지 않았지만 우리는 그의 이름을 만들어 아노게이지(Anogage)라고 하기로 하자. 우리가 그에게 이름을 붙이는 이유는 아래의 사례가 대단히 의미 있기 때문에 그를 또 다른 게이지(another Gage)로 보고 싶기 때문이다. 아노게이지는 감정적인 측면은 크게 손상을 입었으나 이성적인 측면은 완전하였다. 어떤 점에서 보면 아노게이지는 실로 어려운 상황에서도 냉정함을 유지할 수 있었다. 가령 빙판 위에서 운전할 때 차가 미끄러지면 놀라서 급브레이크를 밟는 것이 일반적인 경향이다. 그런데 아노게이지는 전혀 당황하지 않고 냉정하게 브레이크에서 발을 뗄 수 있는 사람이었다. 그런데 합리성에 있어서는 완전한 아노게이지가 극히 간단한 의사결정도 할 수 없다는 것이 드러났다. 다마지오는 이렇게 쓰고 있다.

"나는 이 환자가 언제 다시 연구실을 방문할 것인지에 관해 이야기하고 있

---

71 *ibid.*, pp.53-54/356. Once at work he was unable to manage his time properly; he could not be trusted with a schedule. When the job called for interrupting an activity and turning to another, he might persist nonetheless, seemingly losing sight of his main goal. Or he might interrupt the activity he had engaged, to turn to something he found more captivating at that particular moment. Imagine a task involving reading and classifying documents of a given client. Elliot would read and fully understand the significance of the material, and he certainly knew how to sort out the documents according sudden, to turn from the sorting task he had initiated to reading one of those papers, carefully and intelligently, and to spend an entire day doing so. Or he might spend a whole afternoon deliberating on which principle of categorization should be applied: Should it be date, size of document, pertinence to the case, or another? The flow of work was stopped. One might say that the particular step of the task at which Elliot balked was actually being carried out too well, and at the expense of the overall purpose.

었다. 나는 두 가지 대안적(代案的) 날짜를 제시했는데, 다음 달에 속한 그 두 날짜 사이에는 며칠의 간격이 있었다. 그 환자는 자신의 약속 수첩을 펼쳐서 달력을 살펴보기 시작했다. 잇따라 일어난 그의 행동은 주목할 만한 것이었고, 몇몇 연구원에 의하여 관찰되었다. 반시간(半時間) 대부분을 그 환자는 두 날짜에 대해 각각의 좋은 점과 상반되는 이유들을 열거했다. 그는 선약(先約), 다른 약속과의 근접성, 기상조건 등과 같이 사람이 날짜를 놓고 합리적(合理的)으로 고려할 수 있는 실제적인 모든 것을 열거했다. 빙판 위를 운전할 때와 마찬가지로 고요하게 그 사건을 다시 계산하며, 그는 이제 피곤한 비용-이득 분석, 즉 선택할 수 있는 것과 가능한 결과를 끊임없이 살피고 별 소득도 없는 비교를 늘어놓았다. 우리는 그의 말을 들어주느라 굉장한 노력을 해야 했다. 책상을 치거나 그만하라고 말할 수도 없었다. 결국 우리는 최종적으로 그에게 두 날짜 중 두 번째 날에 오라고 조용히 이야기했다. 그의 반응은 변함없이 조용했고 신속했다. 그는 단지 '예, 그게 좋겠군요.'라고 말할 뿐이었다. 그는 약속수첩을 다시 주머니에 넣고 자리를 떴다."[72]

피니어스 게이지, 엘리엇, 아노게이지의 사례들이 말하는 바는 한 가지이

---

72 Antonio R. Damasio, Descartes' Error- Emotion, Reason, and the Human Brain, Penguin Books, 2005, (ebook), pp.224/356. I was discussing with the same patient when his next visit to the laboratory should take place. I suggested two alternative dates, both in the coming month and just a few days apart from each other. The patient pulled out his appointment book and began consulting the calendar. The behavior that ensued, which was witnessed by several investigators, was remarkable. For the better part of a half-hour, the patient enumerated reasons for and against each of the two dates: previous engagements, proximity to other engagements, possible meteorological conditions, virtually anything that one could reasonably think about concerning a simple date. Just as calmly as he had driven over the ice, and recounted that episode, he was now walking us through a tiresome cost-benefit analysis, an endless outlining and fruitless comparison of options and possible consequences. It took enormous discipline to listen to all of this without pounding on the table and telling him to stop, but we finally did tell him, quietly, that he should come on the second of the alternative dates. His response was equally calm and prompt. He simply said: "That's fine." Back the appointment book went into his pocket, and then he was off.

다. 이성적으로는 별다른 결함이 없는 사람이 전혀 결정을 내리지 못한다는 것이다. 그런데 이에 대한 해석은 이제까지의 철학적 인간상(人間像)을 전복한다. 즉 인간을 이성과 감정으로 해석하는 것이 과연 타당한가 하는 문제이다. 우리는 당장 이성과 감정이라는 개념이 통속철학적 개념 또는 통속심리학적 개념이라는 것을 발견한다. 왜냐하면, 이성과 감정이라는 개념은 우리가 외부에서 즉 가시세계에서 인간들이 행동하는 것을 보면서 그것을 자료로 하여 규정한 개념이기 때문이다. 또한 자기 스스로의 주관적 생각이나 느낌들에 기초하여 주관적으로 규정한 개념이다. 달리 말하면 이성이나 감정이라는 개념은 우리 몸의 내부에서 이성이나 감정에 해당하는 실체(実体)를 발견하고 그것들의 작동을 관찰하여 규정한 개념이 아니다.

[1625] 감정의 역할

통속적 그리고 상식적 관점에서는, 의사결정을 할 때 이성적(합리적) 의사결정을 하는 경우가 있고, 반대로 감정적 의사결정을 하는 경우가 있다고 상정(想定)해 왔다. 이때 이성적인 의사결정은 감정에 휘둘리지 않고 오로지 이성에 인도받아 의사결정을 하는 것을 의미하였다. 그리고 그러한 합리적 의사결정이 올바르고 또한 자유의지에 의한 의사결정이라는 것이었다. 감정이나 충동에 의한 의사결정은 비합리적이고 동시에 자유롭지 않은 의사결정으로 평가되어 왔다. 이것은 자유의지에 대한 올바른 정의(定義)로 생각되었다. 즉 자유의지란 그야말로 마음대로(자의적으로) 하는 의사결정이 아니라 합리적이고 그리하여 윤리적인 의사결정을 말하는 것이었다.

프란시스코 고야(Francisco de Goya)의 동판화(銅版画) '이성이 잠들면 괴물이 깨어난다'[73]는 이성과 감정에 대한 서구의, 그리고 우리의 일반적 의식을 보여준다. 우리가 잘못된 감정적 결정을 하는 것은 이성이 기능하지 않기 때문이라는 것이다. 그리고 이 세계의 부정적인 측면들은 이성이 깨어나지 못하고 감정이 지배하기 때문이라는 것이었다. 근대 서구문명의 기조를 나타내는 것은 바로 이성의 빛을 깨우고 따르는 계몽주의(啓蒙主義)였다.

그러나 다마지오의 연구가 보여주는 것을 간결하게 요약하면, 이성은 의사결정의 능력이 아니라는 것이다. 이성적으로는 아무런 결함이 없는데도 의사결정을 하지 못한다는 것은 이성 자체(즉 그의 신경 상관자)는 의사결정 능력을 가지지 못하기 때문이다. 관점을 바꾸어 상식적으로 생각하면 이것은 당연한 결론이다. 의사결정은 평가와 판단이다. 그런데 감정(感情)이야말로 그 자체가 항상 평가와 판단을 내포하고 있다. 좋거나 즐거운 것은 긍정적이고 적극적인 평가와 판단이다. 공포를 느낀다는 것은 위험하다는 부정적인 평가와 판단이다. 우리가 감정(affect), 정서(emotion) 등을 모두 포괄하는 넓은 개념을 느낌(feeling)이라고 한다면, 모든 느낌은 항상 평가와 판단을 내포한다. 따라서 의사결정을 한다는 것은 언제나 감정이나 느낌이 작동하는 것이다. 이성적(합리적) 의사결정이라는 것은 사실은 항상성(homeostasis)의 느낌 상태에서의 결정이라는 것을 의미하는 것이지, 이성 자체가 의사결정을 하는 것은 아니라는 것이다. 바로 이러한 점을 앞에서 아노게이지(Anogage)의 사례가 극적으로 보여주고 있다. 두 개의 날짜 중에 어떠한 날짜가 '좋은가'의

---

73 고야(Francisco de Goya, 1746-1828)는 스페인 화가로 나폴레옹이 스페인을 침략했을 때를 살았다. 46세경에 청력을 상실했다. 그는 인간의 광기, 탐욕, 잔혹을 그렸다고 할 수 있다. '아들을 잡아먹는 사투르누스(Saturn Devouring His Son)'가 그의 작품이다. 이성이 잠들면 괴물이 깨어난다(El sueño de la razón produce monstruos)는 한국에서의 일반적 해석이다. 그러나 스페인어의 sueño는 영어의 sleep와 dream 두 가지 의미를 가지고 있어 The Sleep(Dream) of Reason Produces Monsters으로 번역하는바, Dream으로 번역하면 이성(의 꿈)이 괴물을 생산한다는 의미가 될 수도 있다. 이렇게 되면 이상주의의 광기가 잔혹함을 생산한다는 뜻이 될 것이다. 그가 그린 전쟁의 참혹함은 인간이 얼마나 잔인할 수 있는지를 보여준다.

평가판단에 있어서 이성이 할 수 있는 모든 것을 그 환자는 보여주었다. 그것은 논리적으로 관련되는 여러 사정을 연관시키그 그 결과를 예상하는 것과 같은 것이다. 그런데도 아노게이지는 의사결정을 하지 못했다.

이성이 제공하는 모든 사실들에 대하여 평가하고 판단하는 것은 감정이나 느낌이 하는 기능(機能)이다. 야구에서 타자가 날아오는 공을 보고 내가 치기에 좋다고 느끼는 것은 느낌(feeling)이다. 날아오는 공에 대한 사실적인 요소들, 그리고 자신의 타격스타일에 대한 평가판단이 종합되어 느낌으로 느껴지는 것이다. 이러한 복잡한 요소들에 대한 평가판단이 200ms의 찰나(刹那)에 느낌으로 나타난다는 것은 경이적(驚異的)이다. 물론 이때의 느낌은 사실 의식적인 인지라기보다는 무의식적인 직감(直感)이라고 하는 것이 타당할 것이다. 그것은 느려터진 이성(理性)으로서는 꿈도 꿀 수 없는 것이다. 즉, 500ms 이상의 시간대에 있는 의식적 이성이 해낼 수 있는 것이 아니다. 이 점에서는 가자니가(Gazaniga)가 다마지오의 연구를 잘 요약하고 있다.

"다마지오의 주장에 따르면, 사람은 결정을 내리기 전에, 어떤 선택사항이 제시되면, 감정으로 반응한다. 만약 그것이 부정적인 감정이라면 이성적인 분석을 시작하기 전에 그 선택지(option)는 고려대상에서 제외한다. 결정을 내리는 데는 감정이 중요한 역할을 하기 때문에, 이성적이기만 한 뇌는 완전한 뇌라고 할 수 없다는 게 다마지오의 주장이다. 이러한 발견으로 의사결정 과정에서 감정이 기여하는 정도가 대대적으로 재평가되었다. 이성적인 의견을 아무리 많이 내놓을 수 있어도 결정을 내릴 때는 감정이 필요하며, 이 결정에는 도덕적 딜레마에 빠진 상황에서 내리는 결정도 포함된다."[74]

74 Michael S. Gazzaniga, Human - The Science Behind What Makes Us Unique, HarperCollins e-book, 2008, pp.138/468. 번역문은 박인균 역, 『왜 인간인가?』, 추수밭, 2012를 인용한다. 수정한 경우도 있다. He proposed that before we make a decision, when an option presents itself, an

[1626] 의미론적 의사결정

이성은 추론적(推論的) 능력이다. 달리 말하면 이성은 감정과 대비되는 의사결정 양식이 아니라는 것이다. 우리는 끊임없이 결정을 내린다. 아침에 눈을 뜨자마자 지금 일어날까 조금 더 잘까 하는 것 중에서 결정을 한다. 아침 운동을 나갈까, 오늘은 빼먹을까? 회사에 출근하는 방법을 결정하고, 회사에서도 업무와 관련하여 많은 결정을 한다. 이렇게 일상적으로 되풀이되는 결정이 있는가 하면 일생에서 한두 번만 하게 되는 일생일대의 결정을 하기도 한다. 이 남자와 결혼할 것인가, 하는 결정도 그런 것이다. 어떤 경우에는 야구 타자가 이 공을 칠 것인가 말 것인가와 같은 찰나적(刹那的)인 결정이 있는가 하면, 어떤 경우는 며칠을 두고 고민하는 결정도 있다. 어떤 여자와 수년에 걸쳐 사귀면서 결혼을 결심하고 프로포즈를 하는 결정은 1년 또는 수년에 걸친 결정일 수도 있다. 모두 의사결정이라고 하지만 이 의사결정들은 서로 대단히 다르다. 야구 타자가 공을 칠 것인가 말 것인가 하는 결정은 거의 시간적 간격 없이 바로 행동으로 이어진다. 다른 어떤 결정은 순전히 머릿속에서 관념적(觀念的)으로 이루어지고 그 의사결정이 추동하는 행동은 며칠 뒤 또는 몇 달 뒤에 나타날 수도 있다. 그리고 그에 따른 행동도 성격이 대단히 다른 많은 행동들의 결합일 수도 있다.

브루투스(Brutus)가 시저(Caesar)를 살해하기로 결심하였을 때, 그는 이어서 참으로 많은 시간을 들여서 어떠한 사람들을 동지(同志)로 선택할 것인지를

---

emotional response is evoked. If it is a negative emotion, the option is eliminated from consideration before rational analysis begins. Damasio proposed that emotions play a major role in decision making, and that the fully rational brain is not a complete brain. These findings have contributed to a grand reevaluation of the contributions of emotions to the decision-making process. It turns out that no matter how many rational ideas a person is able to come up with, emotion is necessary to make the decision, and that includes deciding on moral dilemmas.

다시 의사결정을 해야 했을 것이다. 몇몇 사람들을 선택하는 의사결정을 했다고 하더라도 동지로 선택한 그 사람에게 어떤 방식으로 접근하여 어떠한 내용으로 설득할 것인지를 결정해야 했을 것이다. 이렇게 되면 정작 행동(동작)은 그냥 칼로 시저를 찌르는 단순한 동작에 불과하고, 수많은 관념적(觀念的) 의사결정들이 압도적으로 큰 비중을 차지하게 된다.

이러한 의사결정 중에서 생활세계에서의 일반적이고 일상적인 결정은 사실 자동적(自動的)으로 이루어진다. 이것은 당연한 것이 결정이 자동화되지 않으면 인간은 살아남을 수 없기 때문이다. 수많은 결정이 비의식적으로 즉 전의식적(前意識的)으로 이루어진다. 이것은 동물과 마찬가지이다. 이렇게 보면 우리는 의사결정에 대해서도 자동적(自動的) 의사결정과 의미론적(意味論的) 의사결정으로 구분해야 할 것으로 보인다. 자동적 의사결정에는 의식적 자동성과 비의식적 자동성이 있다.

"자동적 과정에는 두 가지 유형이 있다. 운전은 의도적인(직장까지 운전해 가려는 의도) 과정이자 목표 지향적인(제시간에 직장에 도착하겠다는 목표) 과정의 한 예인데, 오랜 시간을 학습하여 자동적 과정이 되는 것이다. 피아노 연주나 자전거 타기도 그렇다. 두 번째 유형은 지각(知覺)한 사건의 전의식적(前意識的) 처리과정이다. 쉽게 말해 눈, 코, 입, 귀, 피부를 통해 자극(刺戟)이 들어오면 우리의 의식(意識)이 자극을 받았다는 것을 깨닫기 전에 뇌에서 이 자극을 처리한다. 이 과정은 별다른 (의식적) 노력을 기울이지 않아도 무의식중에 저절로 발생한다.… 이 자동처리 과정을 살펴보면 '다가가야 하나, 피해야 하나?'라는 진화론적으로 중요한 물음에 답할 수 있다. 이것은 감정적 점화(affective priming)라고 불리며, 행동에 영향을 준다."[75]

---

75 *ibid*., pp.139/468. There are two types of automatic processes. Driving is an example of intentional

이러한 자동적 의사결정과 대단히 비교될 수 있는 의사결정이 앞에서 본 브루투스(Brutus)의 의사결정과 같은 것이다. 우리는 이러한 의사결정에 대하여 의미론적(意味論的) 의사결정이라는 이름을 붙였다. 우리는 이러한 의미론적 의사결정은 그것이 행동을 야기한다는 것보다는, 행위 그 자체가 의미로서—시저(Caesar)의 암살이 가지는 의미—의사결정에 작용한다. 어떤 점에서는 의사결정 자체는 행동과는 직접적인 관계가 없다고 할 수도 있다. 왜냐하면, 시저의 살해의 의사결정은 그다음에 누구와 같이하며 누구를 행동책으로 할 것인지, 칼로 살해할 것인지, 사고사로 위장할 것인지 등에 관한 의사결정을 다시 해야 하기 때문이다. 그렇다면 정작 추상적으로 시저를 살해하겠다는 브루투스의 결심은 행동이 아니라 사유(思惟)라고 해야 할 것이다. 이 사유가 일반적인 사유와는 다른 점은 그것이 가져올 동작(動作)의 의미에 대한 여러 가지 평가와 판단이 필수적으로 내포될 수밖에 없다는 것이다.

바로 이런 점에서, 이와 같은 관념적인 의사결정에는 많은 개념적 표상들과 사실에 관한 추론, 결과에 대한 평가 또는 판단 등에 관하여, 많은 의식적(意識的) 처리를 필요로 한다. 인간의 의사결정이 동물의 행동양식(동작결정)과 다른 점이 있다면 바로 이러한 관념적 사유적 성격을 포함하고 따라서 뇌에서도 이에 관한 처리기제(處理機制)가 체계로서 작동해야 한다는 것이다. 이런 점에서 이를 처리하는 뇌의 신경체계는 종합적 기능들이 포괄되어야 한다. 그것이 의사결정으로 이루어지기 위해서는, 앞의 다마지오의 사례들과 같이 '알기는 하지만 느끼지는 못하는' 것으로는 되지 않는다. '이성에 있

(you have the intention of driving to work) and goal-directed (get to work on time) processes that have been learned over time until they become automatic; so is playing the piano or riding a bicycle. The second type is preconscious processing of perceptual events: You perceive a stimulus by seeing, hearing, smelling, or touching, and your brain processes it before your conscious mind is aware that you have perceived it. This takes place effortlessly and without intention or awareness··· Your automatic processing is helping you to answer the evolutionarily significant question, "Should I approach or avoid?" This is called affective priming, and it affects your behavior.

는 무정(無情)함이 선택에 있어 가치부여를 막아서도' 안 된다.[76] 그렇지만 동시에 이러한 의사결정에는 많은 개념과 추론이 동원되어야 한다. 이것이 동물의 행동결정과 다른 점이다. 동물은 환경이 주는 물질적 메세지에 반응한다. 이에 대해 인간은 의미화(意味化)한 관념들의 체계와 추론에 의하여 행동을 결정한다.

[1627] 의사결정과 느낌

동물과 비교할 때 인간의 뇌는 두 개의 세계에 접속(接續)되어 있다. 하나는 자연의 세계이고 다른 하나는 의미(意味)의 세계이다. 시저(Caesar)를 살해하는 의사결정에서 그중대성은 의미의 세계에서만이 규정될 수 있다. 그리고 이것이 이성이 제공하는 사실적 의미, 의미적 사실이다.

> "첫째, 사회적 환경에 놓여 있는 전형적인 개인적 문제에 관해 결정하는 것은, 그것이 복잡하고 또한 결과가 불확실하기 때문에, 광범위한 앎(knowing)과 그 앎을 토대로 작동하는 추론전략(reasoning strategies)을 요구한다. 그 광범위한 앎은 외부세계에 있는 대상, 사람, 상황 등에 관한 사실을 포함한다. 그러나 개인적 사회적 결정이 생존에 필수적이기 때문에, 그 앎은 생물체 단위 전체의 조절(調節)에 관계하는 사실과 기제(機制)를 포함한다. 추론전략은 목적과 행동의 선택사항, 장래 결과에 대한 예상, 목적을 이행하기 위한 계획 등의 주위를 다양한 시간에 걸쳐 맴돈다.
> 둘째, 감정과 느낌의 과정은 생물학적 조절을 위한 신경기제의 일부이며,

---

76 Antonio R. Damasio, Descartes' Error, *op. cit.*, p.64/356. to know but not to feel, p.71/356. I began to think that the cold-bloodedness of Elliot's reasoning prevented him from assigning different values to different options, and made his decision-making landscape hopelessly flat.

그 중심은 항상성(恒常性) 조절, 동기, 본능 등으로 구성되어 있다.…

넷째, 앎(knowing)은 여러 개의 평행한 체계 속의 사이트(부위)에서, 분산되고 구획된 형태로만 상기(想起)될 수 있기 때문에, 추론전략이 작동하기 위해서는 장기간에 걸쳐(매우 적게는 몇 초 내에) 광범위하고 나란한 진열 형태로 활발히 유지되는 무수한 사실의 표상(表象)이 필요하다. 다른 말로 하면, 우리가 생각하는 이미지들(특정한 대상, 행위에 대한 이미지, 관련된 스키마(schema), 그리고 스키마를 언어 형태로 번역(translate)하는 것을 도와주는 단어)은 주의를 기울임으로써 '초점이 맞춰져야' 할 뿐만 아니라, 상위체계의 작업기억(working memory)에 의해 '마음에서 활동적으로 유지되어야' 한다."[77]

다마지오(Damasio)는 추론전략(reasoning strategies)이라고 표현하고 있는 바, 우리는 이것이 인간이 동물과는 다른 진화적 형태를 가지고 있기 때문이라고 이해할 수 있다. 그러나 그렇다고 인간이 동물과 완전히 다른 것은 아니다. 인간도 '기본적(基本的)으로'는 느낌에 의하여 행동하기 때문에 동물처럼 자동적(自動的)으로 행동한다. 물론 동물이 느낌을 가지고 있는가에 대하

---

77 *ibid.*, pp.104-105/356. First, reaching a decision about the typical personal problem posed in a social environment, which is complex and whose outcome is uncertain, requires both broad-based knowledge and reasoning strategies to operate over such knowledge. The broad knowledge includes facts about objects, persons, and situations in the external world. But because personal and social decisions are inextricable from survival, the knowledge also includes facts and mechanisms concerning the regulation of the organism as a whole. The reasoning strategies revolve around goals, options for action, predictions of future out-come, and plans for implementation of goals at varied time scales. Second, the processes of emotion and feeling are part and parcel of the neural machinery for biological regulation, whose core is constituted by homeostatic controls, drives, and instincts… Fourth, since knowledge can be retrieved only in distributed, parcellated manner, from sites in many parallel systems, the operation of reasoning strategies requires that the representation of myriad facts be held active in a broad parallel display for an extended period of time (in the very least for several seconds). In other words, the images over which we reason (images of specific objects, actions, and relational schemas; of words which help translate the latter into language form) not only must be "in focus"-something achieved by attention-but also must be "held active in mind"-something achieved by high-order working memory.

여 부정적일 수 있으나, 우리는 동물이 순간적으로 위험을 감지하고 도주하는 것에 대하여 위험을 '느꼈다'고 해석할 수 있다.[78] 특히 사회를 형성하여 생존하는 침팬지, 우랑우탄, 고릴라 등 유인원의 사회생활에서는 이러한 '느낌'이 요구되는 것으로 보인다. 이러한 느낌에 의하여 이루어지는 행동은 자동적(自動的)이라고 할 수 있다. 이렇게 되면 인간의 모든 의사결정도 결국 동물과 같은 기제를 가졌다고 할 수 있다. 다만 차이(差異)가 있다면 인간의 의미론적(意味論的) 차원이 뇌의 신경사건으로 전환하여 느낌화한다는 것이 차이가 있을 뿐이다.

도로에서 빨간 신호등을 보고 멈추어 서는 의사결정을 한다. 이 경우 빨간 신호등은 멈추라는 의미를 담고 있다. 그리고 인간의 뇌는 '멈추시오'라는 의미를 처리하고 그것을 의사결정에 반영한다. 이러한 의미론적 과정은 동물에게는 없는 것이다. 그렇지만 이러한 의미론적 차원도 뇌의 미시세계로 환원되어 신경과정으로 처리되어야 한다. 우리가 뇌의 관점에서 본다면 그것은 처음부터, 즉 빨간 신호등을 보고 멈추라는 의미라는 것을 인지(認知)하는 것 자체가 신경과정이다. 실재(實在)하는 것은 외계의 존재성(存在性)으로서 빨간 신호등과 내적 뇌피질의 영역에서 그것을 처리하는 신경적 사건이 있을 뿐이다. 그중간의 우리의 내관세계(內觀世界)에서 '멈추시오'라고 인지하는 의미는 존재론적으로는 실재하지 않는 환상이다. 그리하여 의미가 세계에 작용하는 방식은 내관세계의 표상과 느낌으로서 두 세계(가시세계와 미시적 신경세계)를 매개(媒介)하는 것이다.

인간은 동물과는 달리 의미처리(意味處理) 신경기제(神經機制)를 가지고 있다. 그리고 인간이 세계에 대하여 의미론적으로 인지하는 모든 것은 이 의미

---

78 의미론적 기술일 수 있으나 행동주의적 관점에서는 같다고 할 수 있다. 그러나 로렌츠(Konrad Zacharias Lorenz, 1903-1989)에 의하면 조류도 감정적으로는 인간과 본질적으로 다르지 않다는 것이 그의 연구결과이다.

처리 신경기제에 의하여 신경사건(神經事件)으로 전환된다. 의미처리의 신경기제에 있어서 이유(理由)는 원인(原因)으로 전환된다. 즉, 빨간 신호등의 '멈추시오'라는 의미가 뇌피질의 신경사건(어떤 신경세포들의 발화패턴)으로 전환되고, 그것이 신경신호로 전환되어 우리 발의 근육에 전달되어, 근육이 수축하여 뼈를 당김으로써 걸어가던 발걸음을 멈추게 하는 원인이 된다. 말하자면 이유가 원인으로 전환한다.[79] 따라서 인간이 이유(의미론적 근거)에 의하여 행동한다는 것은 의미론적 차원에서 말하는 통속적(通俗的)인 말이지 실재하는 세계의 그 무엇을 지시(指示)하는 것은 아니다.

의사결정이 의미나 이성에 의하여 이루어지는 것이 아니라 감정, 정서, 느낌에 의하여 이루어진다는 것은 중요하다. 이성이란 다만 의미의 세계에서 추론할 수 있는 능력을 의미할 뿐이다. 그것이 직접 행동을 결정하는 것은 아니다. 추론과 이성이 행동을 좌우하기 위해서는 감정, 정서, 느낌을 일으키는 신경적 존재로 번역(飜譯)되어야 한다. 이런 점에서 모든 의사결정은 느낌이 규정한다고 일반화할 수 있다. 모든 의미론적 이유들이 신경적 사건으로 번역되어 내관세계의 느낌으로 전환하기 때문이다. 원래 느낌을 일으키는 기준은 항상성(homeostasis)이다. 느낌(feeling)이란 "살아 있는 생물의 몸 안에서 항상성(恒常性)의 순간적인 상태에 대한 주관적 경험"[80]이다. 우리는 느낌을 감정, 정서를 포함하여 더 넓은 개념으로 상정한다. 이렇게 느낌을 규정함으로써 '의사결정은 느낌에 의하여 이루어진다.'라고 명제화할 수 있다. 의사결

---

79 물론 단순하게 지금 현재의 하나의 이유가 지금 현재의 하나의 원인으로 전환되는 것은 아니다. 그곳이 인구 1만 정도의 소도시로서 일상적으로 교통신호를 엄격하게 지키는 것이 불필요하고 차가 전혀 없는 데도 신호등을 지키고 서 있을 필요가 없어 사람들이 상황을 판단하여 길을 건너는 것이 관례가 되어 있는 곳도 있다. 그러한 경우 의미처리 신경기제는, 현재의 차량의 존재와 배치상황, 과거의 상황, 현재의 관례, 다른 사람들의 행동, 다른 사람들의 평가, 교통규칙 사범의 단속 현황 등 대단히 많은 의미들을 처리하여 빨간 신호등에도 불구하고 발걸음을 멈추는 신경신호를 생성하지 않을 수도 있다.

80 Antonio R. Damasio, The strange order of things- life, feeling, and the making of cultures. Pantheon Books, New York, 2018, (e-book), p.35/324. But feelings-the subjective experiences of the momentary state of homeostasis within a living body-did not emerge when life did.

정이 느낌에 의하여 이루어진다면 그것은 자유의지인가? 이것이 새롭게 제기되는 관문이다.

[1628] Carruthers—의사결정의 간접성과 해석성(解釈性)

의사결정이 행위의 정체성(正体性)에서 중요한 의미를 가지는 그러한 행위에 있어서, 또 하나의 문제는 의사결정이 행위(실천)의 원인(原因)이 아니라는 것이다. 의사결정이 '의식적 의지(意志)'라면 그것이 행위(실천)의 원인이어야 한다. 왜냐하면, 의식적 '의지'란 실천행동(実践行動)의 원인이 될 수 있는 정신적 힘으로 상정되기 때문이다. 그런데 그러한 경우에도 의식적 의지란 없다는 것은 의사결정과 실천행동 사이에 중요한 하나의 고리가 있기 때문이다. 시저(Caesar)의 살해사건에 있어서 당시 여러 원로원 의원이 마음속으로 비장(悲壮)하게 공화정을 지키기 위해 시저를 살해하기로 의사결정을 하였다고 상정할 수 있다. 그런데도 정작 그것을 실천에 옮기기 위해서는 의사결정이외에 가령 '용기(勇氣)'가 필요했다. 그런데 실제 의사결정을 실천에 옮길 수 있는 '용기'를 낼 수 있었던 사람은 오직 한 사람 브루투스였다고 할 수 있다.[81]

이렇게 되면 정작 행위(실천)의 '원인'은 비장한 의사결정이 아니라 '용기'이다. 이렇게 되면 (그렇게 오래도록 잠 못 이루며 고심했던) 의사결정은 행위(실천)의 원인이라고 할 수 없다. 이것은 반대의 경우에도 마찬가지이다. 브루투스가 시저를 살해한 사건의 원인은 브루투스의 의사결정이 아니라 그의 용기라고 해야 한다. 우리의 이러한 설명은 상식적 이해를 위한 것이다.[82] 사실 이

---

81 우리는 역사적 사실을 고증하는 것이 아니다. 설명에 있어 예를 들기 위하여 단지 개연성 있는 상황을 상정하는 것이다.

82 우리의 설명은 상식적 이해를 위한 것이다. 따라서 시저 살해의 원인은 브루투스의 용기도 있지만 동

문제는 자유의지와 의식적 의지, 그리고 우리의 의식적 사유의 성격에 관하여 상당히 심원한 논점과 연계되어 있다.

카루더스(Peter Carruthers, 1952-현재)는 의식적 의지는 환상이라는 웨그너(Wegner)의 주장을 검토함에 있어서 의식(意識)에 관한 그의 개념(概念)에서 출발한다. '의식적' 의지란 의식이어야 하기 때문이다. 카루더스가 말하는 의식의 기준은 어쩌면 간결하다. 의식이란 직접적(直接的)이고 비해석적(非解釈的)으로 알아차리는(aware) 정신적 사건이라는 것이다. 만일 우리가 일상적으로 느끼는 의사결정과 의도가 간접적이거나 해석적이라면 그것은 '의식적'이라고 할 수 없다.

> "물론 의식의 본질에 대해서는 많은 논쟁이 있다.… 우리의 주제는 의식적인 경험이 아니라 오히려 의식적 사유(thought)이다. 특히 결정함(deciding)이나 의도함(intending)의 의식적 행동이다. 여기서 어떤 생각(thought)이 의식적이라고 하는 것이 무엇인가에 대한 우리의 상식적 이해는, 우리가 직접적으로(immediately) 그리고 비해석적으로(non-interpretationally) 자각(自覚, aware)하는 정신적 사건이라고 논증될 수 있다는 것이다. "[83]

가령 우리는 우리 자신의 무의식(無意識)에 대해서 의식적으로 알지 못한

시에 의사결정도 원인이라는 주장은 잘못된 주장이다. 우리는 인과관계(因果関係)를 논의하는 것이 아니기 때문이다. 인과관계를 논의한다면 그것은 이미 자유의지가 아니라 결정론을 전제로 하는 것이 된다. 우리가 원인이라고 말하는 것은 그 행동이 자유의지에 의한 행동이라고 할 수 있을 정도로 의사결정에 의한 행동이라는 것을 말하는 것이다. 달리 말하면 자유의지라는 실체를 인정할 수 있을 정도가 되어야 한다.

83 Peter Carruthers, The illusion of conscious will, Synthese (2007). p.199 There is, of course, a great deal of dispute about the nature of consciousness… For our topic isn't conscious experience, but rather conscious thought: and in particular, conscious acts of *deciding or intending*. And here it is arguable that our common-sense understanding of what it is for a thought to be a conscious one is that it is a mental event *of which we are immediately and non-interpretationally aware*.

다. 우리는 정신분석자(精神分析者)의 해석(解釈)을 통해서만 자신의 무의식을 알 수 있다. 따라서 그것은 해석적이기 때문에 의식이 아니다. 마찬가지로 의사결정도 그것이 직접적으로 비해석적으로 알 수 있는 것이 아니라, 해석적이라면 그것은 의식적인 것이 아니다.

> "만약 우리가 우리 자신의 의도(意図)와 행동에 관한 결정(決定)에 대해 가지는(이르는) 유일한 접근 형태가 해석적(解釈的)(이런 점에서 우리가 다른 사람들의 의도와 결정에 대해 가지는 접근과 같다)이라는 것이 증명될 수 있다면 의식적 의지함(willing)이나 의식적인 결정(deciding)과 같은 것은 없다는 것을 나는 당연하게 여길 것이다. 의식적 의지는 환상(幻想)이 될 것이다."[84]

그런데 우리가 의사결정을 했다거나 의도를 표명하는 것은 모두 직접 행동을 유발하는 것이 아니라 그 이외에 믿음이나 욕망의 중개(仲介)를 통하여 행동을 유발하는 것이다. "진정한 결정은 동작 스키마를 활성화하는 그 무엇"이다. 그런데 "'나는 Q를 할 것이다.'라고 스스로 말하는 의식적인 에피소드가 Q를 행하는 나의 행동을 유발하지만, 그것은 나의 다른 믿음(beliefs)과 욕망(desires)의 중개(mediation)를 통해 그렇게 한다."[85] 다시 말하면 '내가 Q를 할 것이다.'와 같은 의사결정이나 의도는 의식적 의지가 아니다(즉, 직접적이지 않다).

---

84 *ibid.*, p.201. I shall take for granted that if it can be shown that the only form of access that we have to our own intentions and decisions to act is interpretative-in this respect like the access that we have to the intentions and decisions of other people-then there is no such thing as conscious willing or conscious deciding. Conscious will would have been shown to be illusory.

85 *ibid.*, p.209. A genuine decision will be something that causes a motor schema to be activated,… / So although the conscious episode of saying to myself, 'So I shall do Q' does cause my action of doing Q, it does so through the mediation of other beliefs and desires of mine.

"확실히 행동을 결정(決定)하는 것에 대한 우리의 개념(conception)이나, 행동할 의도를 형성하는 것에 대한 우리의 관념은, 직접적으로(immediately, 즉시), 또는 (그 행동을 집행하는 충분한 수단을 파악하는 것처럼 그 성격이 순전히 1차적인) 추가적 추론 과정의 작동을 통해 행동을 야기하는 사건의 관념이다. 그러나 스스로에게 '나는 Q를 할 것이다(I shall do Q).'라고 말하는 사건에는 이런 속성(屬性)이 없다. 반대로 '내가 Q를 하기로 결정했다고 믿는(believing) 사건', '내가 결정한 것을 하고 싶어 하는(desiring)' 것 같은 그런 사건을 포함하여, 그것은 성격상 좀 더 고차원의 추론 과정을 통해 행동으로 이어질(lead) 뿐이다. 이 경우, 자신에게 '나는 Q를 할 것이다.'라고 말하는 소행은 의식적이고, Q를 하는 행위의 생산에 인과적 역할을 하지만, Q를 하는 진정한 결정(genuine decision)의 인과적 역할 특성은 갖지 않는다. 결국 의식적 결정함(conscious deciding)과 같은 것은 여전히 존재하지 않는다는 것이 드러난다."[86]

　　'나는 Q를 할 것이다.'라고 말하는 것은 의사결정일 수도 있고 의도라고 할 수도 있다. 그리고 그렇게 말하고 그가 실제로 Q라는 행동을 하였다면 그의 의사결정은 인과적 역할을 한다. 왜냐하면, 그런 의사결정을 하지 않았다면 그런 행동을 하지 않았을 테니까. 그러나 그렇다고 해도 그 의사결정(나는 Q를 할 것이다)은 직접적으로 Q라는 행동을 일으킨 의식적 의지, 그리고 '진정

---

86 *ibid*., p.209. For surely our conception of a decision to act, or our idea of what it is to form an intention to act, is the idea of an event that causes action either immediately, or through the operations of further reasoning processes that are purely first-order in nature (such as figuring out a sufficient means to the execution of that act). But the event of saying to myself, 'I shall do Q' doesn't have these properties. On the contrary, it only leads to action via processes of reasoning that are higher-order in character, including such events as *believing that I have decided to do Q, and wanting to do what I have decided*. In which case, while the act of saying to myself, 'I shall do Q' is conscious, and does play a causal role in the production of the behavior of doing Q, it doesn't have the causal role characteristic of a genuine decision to do Q. And so it turns out, after all, that there is still no such thing as conscious deciding.

한 결정'은 아니다. 왜냐하면, 실제로 Q라는 행동을 야기한 것, 그 의사결정에 이어 동작 스키마를 활성화시킨 것은 그 의사결정에 대한 '믿음과 욕망 등'과 같은 것들이기 때문이다. 결국 의사결정은 진정한 결정의 인과적 역할 특성(causal role characteristic)을 가지고 있는 것은 아니다. 그리하여 그것은 의식적 의지가 아니며, 의식적 의지는 아예 실재하는 것이 아니며, 의식적 의지라고 생각하는 것은 환상(幻想)이라는 것이다.

[1629]

이것은 시간이 많이 걸리는 의사결정, 먼 미래를 위한 결정에 있어서도 마찬가지이다. 이러한 경우에 의도는 추가적인 사유가 필요하다. 먼 미래를 위한 결정은 더욱더 행동을 위한 진정한 결정(genuine decision)[87]과는 다른 것이다.

"이제 좀 더 먼 미래를 위해 취해진 결정을 생각해 보라. 종종 그러한 의도

---

[87] *ibid.*, p.209. Consider, first, an intention or decision to do something that is to be done here-and-now, such as deciding to open a window for the breeze. We surely think that, in such a case, a genuine decision must be the last *deliberative* mental event in the causal chain that leads to the action. A genuine decision will be something that causes a motor schema to be activated, which is then guided and up-dated in the light of ongoing perceptual input. Hence a genuine decision to do something here-and-now needn't be the last *mental* state in the causation of the action. But once the decision is made, we think, there is no further role for the interaction of beliefs with desires in any sort of process of practical reasoning. Rather, a genuine decision, in these sorts of circumstances, should *settle* the matter. 산들바람에 창문을 열기로 결정하는 것과 같이, 지금-여기에서 해야 할 일을 하려는 의도나 결정을 생각해 보라. 우리는 그러한 경우에 진정한 결정은 반드시 그 행동을 이끌어 내는 인과연쇄의 마지막 심의적 정신 사건이어야 한다고 생각한다. 진정한 결정은 동작 스키마가 활성화되도록 하는 것이 될 것이며, 이는 지속적인 지각 입력을 고려하여 인도되고 갱신된다. 그러므로 지금-여기에서 무엇인가를 하기 위한 진정한 결정은 그 행동의 인과관계에서 마지막 정신 상태가 될 필요는 없다. 그러나 일단 결정이 내려지면, 우리는 어떤 종류의 실제적인 추론 과정에서도 믿음과 욕망의 상호작용을 위한 더 이상의 역할은 없다고 생각한다. 오히려 이런 상황에서 진정한 결정은 그 문제를 결말지어야 한다.

는 결정을 집행할 때 취할 수단의 전체 명세(明細)를 아직 포함하지 않았다는 점에서 '불완전(incomplete)'하다. 따라서 몇 가지 추가적인 추론이 필요하다. 예를 들어, 나는 특정 책에 관한 설명을 신문의 카탈로그에서 읽은 후에 그 책을 구입하기로 결심(決心)한다. 그러나 이것은 아직 내가 어떻게 구매해야 하는지를 결정(決定)하지 못했다. 아마존을 통해 온라인으로 주문을 하거나, 지역 서점에 전화하거나, 아니면 카탈로그에 있는 주문서를 작성해서 부칠 것인가? 그러므로 그러한 경우에 결정은 행동으로 이어지는 인과연쇄(因果連鎖)의 마지막 심의단계(審議段階)가 아니다."[88]

이것은 결국 앞의 논의로 되돌아간다. 마지막 심의단계(the last deliberative step)를 끝냈다고 하더라도 그것은 시스템 2에서의 사건일 뿐이고, 행동을 선도(先導)하는 시스템 1이 움직이기 시작하는 것은 그다음이다. 그리고 그것은 결국 믿음(belief)과 욕망(desire)의 무의식적인 과정이다. 그리하여 우선 '나는 Q를 할 것이다.'라는 것은 Q를 한다는 의사결정으로 해석(解釈)되어야 하며, 해석이 없이는 그것이 사유(思惟)에 속하는 시스템 2의 의식인지 아니면 행동을 야기하는 시스템 1의 심리적 에너지인지 알 수가 없다. 이렇게 되면 그것(의사결정, 의도)은 결국 해석적(解釈的)인 것이 된다.

"위에서 요약한 시스템 2의 실제적 추론 때문에, '나는 Q를 할 것이다.'라는

---

88 *ibid.*, pp.209-210. Now consider a decision that is taken for the more distant future. Often such intentions are 'incomplete', in the sense that they don't yet contain a full specification of the means to be taken in executing the decision; so some further reasoning needs to take place (Bratman 1987, 1999). For example, I decide to purchase a particular book after reading its description in the press' catalog. But this doesn't yet fix how I should make the purchase-should I place an order on-line through Amazon, phone my local bookstore, or complete and post the order-slip in the catalog itself? So in such a case a decision isn't the last deliberative step in the causal chain that leads to action.

문장은 먼저 마음읽기(mind-reading) 능력에 의해 Q를 한다는 결정으로 해석
될 필요가 있으며, 그것은 Q를 하기로 결정하였다는 나의 믿음과 결합하여
내가 결정한 것을 하고 싶은 욕망을 통해 Q를 하는 행위에 이르게(lead) 될 뿐
이다."[89]

  "결국, '나는 Q를 할 것이다.'라고 스스로에게 말하는 의식적인 사건이 일단
완성되고 나서야, 행동에 이르는 시스템 1의 추론이 움직이기 시작하는 것이
다. 더욱이, Q를 행하기로 한 결정이 그(that) 사건이 아니며, 그 이후의 시스
템 1의 실제적 추론을 포함한 더 확장된 사건이라고 말한다면, 그(that) 사건은
의식적 사건이 아니다. 어느 쪽이든, 여기엔 의식적이면서도 하나의 결정이
되는 그러한 어떠한 사건도 없다."[90]

  결론적으로 의사결정이나 의도가 의식적 사건이라면 그것은 행동을 야기
하는 힘이 있는 '의지'가 아니다. 반대로 직접 행동을 야기하는 힘이 있는 의
지(意志)라면 그것은 '의식적'인 것이 아니다. 그런데 의사결정은 그것이 단
순히 시스템 2의 의사인지 시스템 1의 의지인지 여부에 대해 마음읽기(mind-
reading) 능력에 의해 해석되는 것이 필요하다. 그렇다면 그것은 비해석적인
것이 아니므로 의식도 아니다. 그리하여 의식적 의지라는 것은 환상(幻想)이
다. 이것이 카루더스의 결론이다.

---

89 *ibid.*, p.210. For on the account of System 2 practical reasoning sketched above, the sentence, 'I
shall do Q' first needs to be interpreted as a decision to do Q by the mind-reading faculty, and it
only leads to the act of doing Q via my desire to do what I have decided, in combination with my
belief that I have decided to do Q.
90 *ibid.*, p.210. And it is only once the conscious event of saying to myself, 'I shall do Q' is completed
that the System 1 reasoning leading to the action kicks in. Moreover, if we opt to say that the
decision to do Q isn't that event, but rather the more extended event that also includes the
subsequent System 1 practical reasoning, then *that* event isn't a conscious one. So either way,
there is no one event, here, that is both conscious and a decision.

"나는 Wegner가 옳다고 결론짓는다: 의식적 의지는 하나의 환상이다."[91]

[1630]

우리가 이제까지 논의해 온 웨그너(Wegner)와 멜리(Mele)의 논쟁에 관해서 카루더스(Carruthers)는 웨그너가 옳다고 판정 짓는다. 멜리는 많이 양보하여 겸손하게 자유의지에 의한 행동도 있다고 주장했다. 웨그너가 옳다는 것은 자유의지에 의한 행동은 없다는 것이 된다. 의식적 의지는 환상이라는 것이다. 그리고 이 결론은 단순한 동작의 차원에서가 아니라, 의사결정에 의한 장단기의 행동 모두에 대해서, 의식적 의지는 하나의 환상이라는 것이다.

멜리가 든 사례들은 카루더스가 제시한 기준에 의하면 모두 직접성과 비해석성의 요건을 충족하지 못하며, 그리하여 의식적이라고 할 수 없다(의식적이지 않으므로 의식적 의지도 없다). 낯선 도시에서 회의장소를 찾아가는 행위에 있어서 동원되는 여러 사유(思惟)들(정보수집, 지도보기, 그리고 의사결정)도 모두 직접적이지 않다. 직접적인 것은 그곳에 가려고 한 동기(動機)–믿음과 욕망–인 것이다. 사유는 그러한 동기를 실현하기 위한 수단방법에 불과하다. 멜리의 사례설명에서는 왜 그가 그곳에 가려고 결정했는지가 나오지 않기 때문에 정보수집과 지도보기가 마치 행동의 큰 원인인 것처럼 말하고 있는 것이다. 또한 지도보기나 정보수집은 그 자체는 의지(意志)가 아니다. 이것은 당연히 이해되는 것이다.[92]

결국 우리의 행동을 야기시키는 것은 의사결정이 아니라, 그 의사결정을 추진(推進)하는 믿음, 욕망, 충동, 감정, 느낌 등과 같은 것이다. 심리학에는

---

91 *ibid.*, p.210. I conclude, then, that Wegner (2002) is correct: conscious will is an illusion.
92 굳이 말하면 지도보기나 정보수집 등이 의사결정에 동원되고 그 의사결정이 바로 의지라고 하기 위해서는 해석이 동원되어야 한다. 그리고 해석적이라는 것 자체가 의식적이지 않다는 것을 의미한다.

이러한 행동의 동기(動機)에 대한 이론들이 많이 있다. 이렇게 보면 의사결정이라는 개념은 적어도 자유의지에 관한 논의에서는 오해를 야기하는 개념이다. 이 점은 멜리의 다른 사례들, 유방검사의 사례에도 그대로 적용된다. 설사 시간날짜를 정한 그룹과 그렇지 않은 그룹에 차이가 있다고 해도 그것은 위와 같은 동기들을 자극하는 하나의 연상기억(聯想記憶)이라는 기법이 작용한 것일 뿐 동기가 행동을 추동한다는 사정을 변경하는 것은 아니다.

카루더스(Carruthers)의 논의는 논리적이지만 현실적 느낌으로 연계시키는 데에는 쉬운 설명이 필요한 것으로 보인다. 우리는 앞에서 브루투스가 시저를 살해한 것은 그의 이성적 의사결정이 아니라 그의 용기라고 설명했다. 말하자면 행동의 인과적 원인은 용기와 같은 심리적 에너지(energy)라는 것이다. 여기에 더하여 사회심리학자인 바그(Bargh)의 설명이 좀 더 쉽고 구체적 사례를 통한 설명이라고 할 수 있다.

"이러한 의식적인 계획 과정은 미래의 행동을 위한 회로를 구축하는 것처럼 보이지만, 실제로 행동이 일어나도록 강제하지는 않는 것으로 보인다.… 계획에서 행동화까지의 인과적 연결에서 이 놀라운 동요(動搖)는, 아침에 아늑한 침대에 너무 오랫동안 누워서 일어나기 위해 쓸데없는 결심을 반복하는 사람에게 매우 분명하다.… 여전히, 의식적 계획에서 행동으로의 전환(轉換)이 일어나는 특정 순간은 어떻든 의식적 통제 바깥에 남아 있다."[93]

---

93 Wegner D.M, Bargh J.A. Control and automaticity in social life. *op.cit.,* p.454. These conscious planning processes appear to build the pathways for future action, but they do not seem to compel the action to occur… This remarkable wobbliness in the causal linkage from planning to acting is clear to anyone who has lain in a cozy bed too long in the morning, uselessly resolving again and again to get up… Still, the specific moment of the transition from conscious plan to action remains somehow outside of conscious control.

여기에 더하여 바우마이스터의 설명이 있다. 그것은 가게에 가고 싶어 하는 사람의 발을 움직이게 하는 것은 무엇인가 하는 것이다.

> "생각을 행동으로 옮기기 위해서는, 생각을 넘어 그 위에 무언가가 필요하다. 가게 쪽으로 움직이기 시작하는 사람은 발을 움직이게 하는 다리 근육에 신호를 보내는 두뇌 활동이 있었을 것이다. 그래도, 그런 신호들은 아마 의식적인 생각 속에서 나타나지 않았을 것이다. 한편, 가게에 가고 싶은 생각은 의식적이었다. 따라서, 그녀가 즐기는 의식적인 생각은 들었지만, 실제로 발을 움직이게 한 것과는 별개이다. 발에 시동을 거는 데 의식이 어떤 역할을 했는지 여부는 분명하지 않다. 한편으로, 가게에 가고 싶다고 생각하는 사람들은 아마도 그런 생각을 하지 않는 사람들보다 가게 될 가능성이 더 높을 것이다. 그래도 역시, 아마도 의식적인 사고는 결국 가게로 가게 되는 무의식 과정의 어떤 증상일 뿐, 그 생각(thought) 자체는 인과적(因果的)인 역할을 하지 않는다."[94]

[1631] 의미론적 개입(介入)

멜리의 주장은 상식적 직관적 호소력이 있다. 그런데도 우리가 의식적 의

---

94 Roy F. Baumeister, The Cultural Animal, *op.cit*., p.294. Something else, above and beyond the thought, is needed to translate thought into action. The person who starts moving toward the store must have had some brain activity that sent out signals to the leg muscles that got the feet moving. Still, those signals probably did not show up in conscious thought. Meanwhile, the thought I want to go to the store was conscious. Thus, there was a conscious thought that she entertained, but it was separate from what actually got her feet moving. Whether the conscious thought played any role in helping to get the feet started is not clear. On the one hand, people who think I want to go to the store are probably more likely to end up going than people who do not have that thought. Still again, perhaps the conscious thought is just a symptom of the nonconscious process that eventually leads to going to the store, and the thought itself plays no causal role.

도에 의한 행동, 자유의지를 그러한 상식적 직관적 사례에서 찾아내려고 하면 실패한다. 우리는 논리적으로 그리고 과학적으로 보면 자유의지나 의식적 의도를 포기해야 한다. 그런데도 왜 멜리의 주장에는 여전히 상식적 직관적 호소력이 남아 있는 것일까? 이 의문이야말로 해결하지 않으면 안 된다. 여기에서 우리는 이제까지와는 전혀 다른 관문(觀問)을 발견한다. 이것이야말로 새로운 관문의식(觀問意識)으로 우리에게 해결을 요구한다. 논리적으로 과학적으로 자유의지나 의식적 의지와 같은 것은 없는 것이 명백한데도, 왜 우리는 여전히 자유롭게 느끼는 것일까? 이것이 우리의 새로운 관문(觀問)이다. 저자는 간단하고 평범한 하나의 사례로서 이 관문을 논의하기로 한다.

어느 날 나는 만 5세된 손자(孫子) 주니(Junny)와 야구놀이를 하고 있었다.[95] 손자가 태어나 성장하는 과정을 지켜보면서 유태성숙(幼形成熟)의 기간, 특히 행동발달과 언어습득은 나의 관심사였다. 주니의 왕성한 놀이를 보면서, 어린이가 이렇게 근육과 운동능력이 발달하는구나 하고 실감하고 있었다. 야구놀이는 내가 투수 역할로 공을 던져 주면 타자를 하던 주니가 장난감 야구 방망이로 그 공을 치는 것이었다. 나는 주니의 키를 기준하여 주니가 치기 좋은 높이로 공을 던져 주기 위해 무척 노력했다. 말하자면 스트라이크 존(strike zone)에 공을 넣어 주어야 주니가 공을 잘 칠 수 있는 것이었다. 주니는 공을 곧장 잘 쳐 냈는데, 그것은 그가 무척 노력한 덕분이었다. 날아오는 공을 정확히 보기 위하여 눈을 크게 부릅뜨고 있는 것이 우스울 정도였다. 주니는 스트라이크 존에 가까운 적절한 높이의 공은 거의 80% 이상 쳐 냈다. 그런데 문제는 내가 우수한 투수가 아니어서 공을 항상 같은 높이로 던지지 못하는 것이었다. 공은 자주 주니의 키보다 높게 던져지거나 아주 낮게 던져지거나 했다. 그때마다 주니는 방망이를 헛되게 휘두르고는 할아버지에게 핀잔을 주

---

95 주니(준이)는 이때 정확히 5세(5년을 며칠 지난 나이)의 나이였다.

었다. 공 높이를 조절하는 능력을 발전시킬 수 없었던 나는 잘못을 주니의 탓으로 돌리려고 마음먹었다. 나는 주니에게 높은 공이 오면 '펄쩍 뛰면서' 공을 치라고 말했다. 주니는 알겠다고 했다. 그다음 바로 내가 높은 공을 던졌는데, 주니는 즉각 '펄쩍 뛰면서' 그 높은 공을 처음으로 쳐 냈다. 그 뒤부터는 주니는 높은 공을 무척 재미있어 하면서, 몸을 펄쩍 뛰면서 정확하게 공을 때려 내었다. 주니가 세 번째로 높은 공을 펄쩍 뛰면서 쳐 내는 순간, 갑자기 나는 그 당시 자유의지에 관하여 내가 가지고 있었던 관문(觀問)이 열리는 것을 느꼈다.

주니와의 이 경험을 주니의 하이볼(Junny's high ball)이라고 하자. 주니의 하이볼 사례에 대한 나의 해석은 다음과 같다. 내가 주니에게 높은 공은 '펄쩍 뛰면서' 치라고 가르쳐 주기 전까지는 주니에게는 그러한 관념(観念)이 없었다. 그리고 내가 그렇게 가르쳐 주었을 때, 주니는 그 의미를 이해했다. 그리고 내가 바로 다음에 높은 공을 던졌을 때, 주니는 펄쩍 뛰는 동작을 하면서 바로 공을 쳐 냈다. 내가 공을 던지기 전에 '펄쩍 뛰면서' 치라고 하고, 주니가 '응(yes).'이라고 했고, 이어서 바로 내가 공을 높이 던졌고, 주니는 그 공을 펄쩍 뛰면서 쳐 냈다. 그 이전까지는 주니는 한 번도 뛰면서 친 적이 없었다. 내가 말하고 주니가 공을 쳐 낸 데 걸린 시간은 3초 정도에 불과했고, 많아도 4초였을 것이었다. 주니가 공을 쳐 내는 동작은 그의 의도(意図)에 선행하여 비의식적 신경과정에 의하여 시동(始動)되었을 것이다. 그렇지만 내가 펄쩍 뛰면서 공을 치라고 했을 때, 주니가 그것을 이해(理解)한 의식적 과정은 분명히 그전에는 없었던 것이고, 그의 다음 동작에 관한 신경과정에 선행(先行)하는 것이었다. 왜냐하면, '펄쩍 뛰면서'는 주니의 외부(外部)에 존재하는 내가 가르쳐 준 관념(観念)이니까! 그리고 그 가르침을 이해한 주니가, 다음에 높은 공이 오자 '펄쩍 뛰면서 쳐야지.'하고 생각했을 것이다. 그것은 추상적 의사결정이라고 할 수 있다. Soon 등 연구진은 추상적 의사결정이 의식적 자각보다 4초를 선행(先行)한다고 했는데, 주니의 경우 다음 공을 치기 전까지 그러한 시간 간격이 되었는지는 확인할 수는 없다. 그러한 의사결정 없이 외부에서 온 관념(이해된 관념)이 바로 다음 동작과정에 투입되었을지도 모른다. 어쨌든 주니는 내가 커뮤니케이션한 관념(觀念)의 개입(介入)에 의하여 약 3-4초 후에는 높을 공을 펄쩍 뛰면서 쳐 내었다.

'의식'의 차원에서 관념의 개입이 있었던 직후, 주니의 신경과정은 몸을 펄쩍 뛰는 동작을 발생시키는 경로로 진행되었을 것이다. 그것은 결코 팔만 휘두르는 동작 신경과정의 경로만이 아니었다는 점에서 이전과는 다르다. 나아가 주니가 처음 높은 공을 쳐 낸 인과적(因果的) 원인의 하나는, 분명히 의식(意識)의 차원에 있어서의 관념의 개입이었다. 나는 이것을 '의미론적(意味論的) 개입(介入)'이라고 부르겠다. 이것은 Soon 등 연구진의 추상적 의사결정의 선행 성과와는 관계가 없다. 왜냐하면, 의미론적 개입(semantic commitment)–내가 '펄쩍 뛰면서' 라고 가르쳐 준 것–은, 의사결정의 신경과정 이전(以前)의 일이기 때문이다. 나아가 이 신경과정에 선행하는 의식적 커뮤니케이션에 의한 의미론적 개입은 분명히 주니가 높은 공을 쳐 낸 사건의 한 원인(原因)이다. 왜냐하면, 그 이전에 그러하였듯이(그 이전에는 높은 공을 펄쩍 뛰면서 친 일이 없었다), 내가 가르쳐 주지(의식적 커뮤니케이션을 하지) 않았다면 주니는 그다음의 높은 공을 쳐 내지 못했을 것이기 때문이다. 이것이 동물과는 다른 인간이라는 종(種)에게만 열려 있는 가능성(可能性)이다. 이것이 야말로 인간에게 자유(自由)를 열어 주는 가능성이다.

인간은 언어와 의미의 개입에 의하여 행위의 폭(幅)을 확장할 수 있다. 이것이 자유의지의 문제의 핵심이다. 이제까지 자유의지에 관한 논의에서 의미(意味)의 문제는 전혀 논의하지 않았다. 그런데 인간에게는 의미론적 개입이 있으며 이것은 신경과정의 선행성과는 무관하다. 모든 경우에 있어서 신경과정이 선행한다고 해도 그것과 상관없이 외적(外的)으로 또는 사유(思惟)

에 의하여 행위의 폭을 확장할 수 있는 가능성이 열려 있다. 여기에 인간자유의 근원이 있다. 그리고 의미론적 개입이야말로 우리가 앞에서 상정한 것, 멜리의 주장이 논리적으로 논파되었음에도 여전히 상식적 직관적 호소력을 가지는 이유였던 것이다.

[1632] 신경가소성(neuroplasticity)과 의미론적 개입

의미론적 개입은 뇌 가소성(brain plasticity)과 연계되어 있다. 주니의 하이볼이 결국 학습(学習)이라고 보면, 근원적으로 인간은 학습을 가능하게 하는 뇌 가소성을 기반으로 하고 있는 것이다. 주니는 그의 생애에서 처음으로 높이 오는 공에 대하여 펄쩍 뛰면서 치는 동작을 할 수 있는 신경회로(神経回路)가 구성된 것이다.[96] 이러한 새로운 신경회로가 구성되고 계속 유지되어 앞으로 주니가 계속 높은 공을 칠 수 있게 되는 것이 뇌 가소성(可塑性)의 개념이다. 이것은 신경가소성(neuroplasticity)이라고도 한다. 한편 주니의 하이볼을 달리 보면 주니는 높은 공이 올 때에는 펄쩍 뛰면서 친다고 하는 순간적인 의사결정을 할 수 있는 결정체계가 형성되었다고 할 수 있다. 이렇게 가소성을 뇌의 결정체계(決定体系)의 관점에서 보면 결정체계의 가소성이라고도 할 수 있다. 인간에게 자유란 바로 결정체계의 가소성이라고 할 수 있기 때문이다.

가소성(plasticty)의 개념은 물리, 화학, 식물학 등 넓은 범위에 걸쳐 사용된다.[97] 인간에 대하여 처음 가소성이라는 개념을 적용한 학자는 심리학자 제

---

96 물론 펄쩍 뛰면서 치는 동작이 일의적(一義的)으로 특정한 신경회로를 구성한다고 말하는 것은 아니다. 그러나 이해에 있어서는 이렇게 간명하게 생각하는 것이 좋다.

97 물리화학적으로 가소성(可塑性)은 소성(塑性)이라고도 한다. 영어 plasticity는 우리가 흔히 보는 플라스틱(plastic)의 성질처럼 한 번 구부리거나 누르거나 하여 모양을 바꾸면, 바뀌어진 상태가 그대로 유지되는 성질을 말한다. 이는 탄성(elasticity)과 대개념(対概念)이라고도 할 수 있다. 탄성(弾性)은 강철과 같이 그것을 변형시키면 그 힘이 가해지고 있는 동안은 변형이 일어나지만 그 힘이 없어지면 원래의 상태로 되돌아가는 성질이다. 이에 대하여 가소성은 탄성과 달리 처음에 힘이 가해져 변형이

임스(William James)였다. 그는 1890년에 인간의 습관(habit)에 대하여 논의하면서 이렇게 쓰고 있다.

> "가소성(可塑性)은, 넓은 의미로 보면, 어떤 영향력에 굴복할 만큼 약한 구조이지만 한꺼번에 굴복하지는 않을 만큼 강한 구조의 소유를 의미한다. 상대적으로 안정된 그러한 구조의 균형상태를 소위 새로운 습관이라고 부른다. 유기물, 특히 신경조직은 이런 종류의 매우 비상한 정도의 가소성을 지니고 있는 것 같다. 그래서 우리는 주저 없이 다음과 같은 첫 번째 명제를 제시한다. 생명체의 습관(習慣)과 같은 현상은 그들의 몸이 구성되는 유기물질의 가소성 때문이다."[98]

가소성의 개념은 그 뒤 반세기 이상 잊혀졌다가 신경과학에서 되살아 났다. 오늘날 가소성, 특히 뇌의 가소성은 신경과학에서 정설(定說)로 자리잡았다. 신경회로망에 발생한 흥분이 통과하는 시냅스(synapse)의 전달효율을 변화시켜, 신경회로망에 장시간에 걸쳐서 유지되는 기능적 또는 구조적인 어떤 흔적(痕迹)을 남긴다. 뇌 가소성은 뇌의 회로를 재구성하고, 새로운 연결

일어나면 가해진 힘이 없어져도 그 변형된 상태가 계속 유지되는 성질을 말한다. 식물학에서 가소성은 또 다른 문제와 연관된다. 동물은 환경의 변화에 대응하기 위하여 필요하면 이동(移動)할 수 있으나 식물은 이동할 수 없다. 식물은 그 대신 동물보다 더 많은 유전자를 가지고 있으며, 각 유전자는 환경에 따라 다른 표현형(phenotype)을 보일 수 있다. 이것이 표현형 가소성(phenotypic plasticity)을 보인다. 같은 종의 잎이라도 온도에 따라 잎의 크기와 모양이 달라지거나 심지어는 같은 나무에서 다른 잎의 모양이 생겨날 수도 있다.

98 William James, The Principles of Psychology,(Complete Edition In 2 Volumes), Musaicum Books, 1890(Printed 2018), p.107. Plasticity, then, in the wide sense of the word, means the possession of a structure weak enough to yield to an influence, but strong enough not to yield all at once. Each relatively stable phase of equilibrium in such a structure is marked by what we may call a new set of habits. Organic matter, especially nervous tissue, seems endowed with a very extraordinary degree of plasticity of this sort; so that we may without hesitation lay down as our first proposition the following, that *the phenomena of habit in living beings are due to the plasticity of the organic materials of which their bodies are composed*.

을 만들고, 새로운 뉴런(신경세포)을 만들 수 있는 능력이다. 뇌 가소성은 뇌의 신경회로가 외부의 자극, 경험, 학습, 기억에 의해 구조기능적으로 변화하고 재조직화되는 현상이다.

"출생 후, 우리의 모든 일상의 경험은 시냅스 연결(synaptic connections)의 패턴을 바꾸는 형태로, 우리 뇌의 구조에 작은 변화를 가져온다.··· 가소성은 어떤 경험의 결과를 통해 변화할 수 있는 뇌의 능력이다."[99]

"성인으로 성숙해서 뇌가 고정되어 변할 능력이 없다면, 새로운 기술을 배울 수도 없고 당신의 사고방식을 바꿀 수도 없을 것이다!··· 인간의 경우 성인이 되어 저글링(juggle)을 배우면 시각적 움직임을 부호화하는 데 참여하는 MT[100]시각(視覺) 영역의 크기가 증가한다. 그러나 그 사람이 2-3개월 동안 저글링을 그만두면 증가된 MT 크기가 유지되지 않는데, 이는 '사용하면 유지되고, 아니면 잃게 된다(use it, or lose it).' 현상을 잘 보여준다."[101]

주니가 그 이전까지는 전혀 칠 수 없던 높은 볼을 뛰어치라는 말을 단 한 번 들은 것으로 그 이후로는 항상 칠 수 있게 된 것은 사실 유년기에는 일상

---

99 Jamie Ward, The Student's Guide to Cognitive Neuroscience, op.cit., p.161. Following birth, all of our everyday experiences result in tiny changes to the structure of our brain, in the form of altering the pattern of synaptic connections··· Plasticity : The brain's ability to change as a result of experience.

100 MT··· 뇌의 시각피질(視覺皮質)의 한 영역, 시각피질은 V1-V4로 나누는데 MT는 V5라고도 한다. 선조외피질extrastriate)의 하나.

101 Marie T. Banich, Rebecca J. Compton, Cognitive Neuroscience, op.cit., p.476. ··· if the brain were incapable of change at the time of adult maturation, you would never he able to learn a new skill or modify your way of thinking! ··· In humans, learning to juggle in adulthood led to a growth in the size of visual area MT, which participates in coding for visual motion (Draganski et al., 2004). The increase in MT size was not maintained when participants stopped juggling for a few months, however, illustrating the "use it or lose it" phenomenon.

적으로 있는 일이다. 그러나 그것이 가능하게 되는 이유는 신경가소성 때문이다. 이렇게 보면 신경가소성은 인간이 인간이 될 수 있는 기본적이고 필수적인 능력이라고 할 수 있다. 주니의 높은 볼은 여기에 또 하나의 내용을 가지고 있다. 그것은 의미론적 개입으로서, 인간만이 사용하는 의미(意味)를 통하여 뇌의 가소성을 작동시킨다는 것이다. 주니의 하이볼은 의미(여기에서는 '뛰어라!'라는 의미)가 신경회로가 되는 하나의 사례이다. 의미론적 개입이라는 것은 뇌 가소성을 통하여 의미(意味)가 신경회로가 된다는 것을 보여준다(물론 이것은 隱喩이고 단순화이다). 의미가 의미로서 커뮤니케이션되는 것을 넘어 의미가 뇌에서 신경연결에 흔적을 남기고, 그 흔적이 신경가소성으로 고정되어 앞으로 주니의 결정체계와 행동양식을 만들게 된다. 즉 의미가 동작 스키마가 되는 것이다. 이렇게 보면 의미론적 개입은 스포츠 선수에게는 연습통제에서 일상적인 일이다. 그들은 열심히 동작에 관한 설명(의미)을 듣고, 그것을 자신의 동작 스키마로 작동시키기 위하여 연습하는 것이다. 나아가 인간의 모든 행동에 일반적으로 일어나는 일이다. 우리 인간은 의미를 통하여 행동하고, 의미에 의하여 행동양식을 프로그래밍한다. 이것이 의미론적 개입이다.

제3절 자유(自由)란 무엇인가?

[1633] 의미론적 개입과 자유

주니의 하이볼 사례에서 보면 주니가 높은 볼은 뛰면서 치라는 의미를 이해하고 수용하는 것에 의하여 이제까지 없었던 새로운 가능성(높은 볼 치기)이 열렸다. 이렇게 새로운 가능성이 열렸다고 하여 그 공을 치는 데 있어서 신경과정이 선행(先行)한다는 사실이 변경된 것은 아니다. 그렇지만 그 의미의 커뮤니케이션에 의하여 새로운 형태의 신경과정이 생성된 것이다(새로운 동작 스키마의 생성). 주니의 의식적 의도가 신경과정에 선행한 것도 아니고, 의식적 의도가 높은 볼을 치는 행동을 야기한 것도 아니다(주니의 의식적 의도 자체는 신경과정의 뒤늦은 자각(自覺)으로서 환상이다). 이 모든 사정은 변함이 없는데도 불구하고 의미의 커뮤니케이션, 의미에 의한 학습, 스스로의 사유(思惟)[102]가 인간행동의 폭을 넓혀 놓았다. 즉 주니는 높은 공을 칠 수 있게 되었다. 이것이 의미론적 개입이고, 이러한 의미론적 개입에 의하여 넓어지는 행동의 가능성이 자유이며, 그것을 할 수 있는 인간의 능력에 대하여 이제까지 자유의지의 이름으로 논의해 온 것이다. 이제까지 정확히 인식하지 못했지만 그것이 바로 자유의지의 관문(觀門)이었고, 자유의지가 직관적 호소력을 가진 이유였다. 그렇지만 정확히 밝혀진 것은 자유의지가 아니라 자유라고 해야 한다. 왜냐하면 '의지(意志)'라는 것이 실재하는 것이 아니고, 그것은 통속적 개념일 뿐이기 때문이다.

우리가 다시 처음으로 돌아가 의미론적 개입의 내용이 무엇인지를 명확하게 구체적으로 규정해야 할 지점에 이르렀다. 주니의 하이볼(high ball) 사례에서 우리는 직관적인 어떤 깨달음을 얻었지만 이를 이론화하는 것은 여전히 규명되어야 할 과제이다. 주니의 하이볼 사례는 직관적인 그 무엇이지만, 이를 이론화하려고 할 때는 대단히 넓은 영역에 걸쳐 있어, 이론화에 따라서는 상당히 다른 성격을 가질 수 있다. 의미론적 개입은 가장 넓게 그리고 그 본질적 성격을 규정하기 위해서는 동물과의 비교(比較)의 관점에서 보는 것이다. 그 핵심은 동물과는 달리 인간은 언어(言語)와 의미(意味)를 사용한다는

---

102 주니는 어느 시기에 이르러서는 높은 공을 치는 방법을 스스로 깨쳤을 것이다. 이것이 사유가 인간 행동의 폭을 넓혀 가는 기제(機制)이다.

것이다. 인간이 언어와 의미를 사용하는 것에 의하여, 그 행위와 존재양식에 있어서 동물에는 없는 어떠한 성격이 나타나는가? 주니의 하이볼 사례가 보여주는 것은 바로 직전까지 가능하지 않았던 행동이 의미론적 개입에 의하여 가능하게 되었다는 것이었다. 그것도 리벳의 실험이 말하는 신경과정의 선행성(先行性)과 주도성(主導性)을 부정하지 않음에도 동물에는 없는 새로운 가능성(可能性)을 열어 주는 것이다.

의미론적 개입은 크게 세 가지 내용을 가지고 있다. 이것은 주니의 하이볼 사례에서 모두 나타났다고 할 수 있다. (1) '펄쩍 뛰는' 동작 스키마(motor schema)를 개발했다는 것, (2) '야구'라는 콘텐츠(내용)로 의사결정(意思決定)했다는 것, (3) 야구 '놀이'로 행위의미(行爲意味)가 규정된다는 것이다.

첫째, 의미론적 개입은 행위에 관한 자기 프로그래밍(self-programing)이 이루어진다는 의미에서 인간에 자유를 부여한다. 이제까지의 논의에서와같이 인간의 행위는 동작 스키마 또는 행동 프로그래밍에 의하여 자동화(自動化)되어 있다. 그런데 의미론적 개입은 이러한 행동 프로그램을 스스로 프로그래밍할 수 있다는 것을 말하는 것이다. 주니의 하이볼 사례에서 보면 주니가 공을 치는 행동은 하나의 행동 프로그램에 의하여 자동화된 동작이다. 그런데 주니는 의미론적 개입에 의하여 새로운 행동 프로그램을 스스로 개발하였다. 즉 기존의 공을 치는 동작을 변형하여 '펄쩍 뛰며' 치는 행동 프로그램을 스스로 개발한 것이다. 행동 프로그램 자체는 신경과정의 선행과 주도에 의하여 규정되는 결정성(決定性)이 지배한다. 그렇지만 인간은 이 결정성(프로그램)을 규정(規定)하는 자유를 가진다. 어떤 종류의 결정성인가를 인간이 규정하는 것이다. 인간의 동작과 행동은 타고난 것이 아니다. 그것은 유태성숙(neoteny)[103]의 기간 동안 인간은 행동 프로그램을 개발하고 그에 맞는 방향

---

103 유태성숙(neoteny)의 개념은 서론에서 설명했다. 인간은 다른 동물과 달리 미성숙한 상태로 태어나

으로 근육이 발달한다. 이것은 뇌 가소성에 의하여 거의 평생에 걸쳐 지속된다고 할 수 있다(스포츠 선수의 운동 프로그램은 성인에 있어서 형성하는 것이다). 태어나 숲에 버려진 늑대 아이(wolf children)[104]는 늑대처럼 네발로 달리는 행동프로그램과 그에 맞는 근육을 발달시켰다. 인간의 행위는 결정성에 의하여 지배되지만 그 결정성을 규정하는 행동 프로그램을 언어와 의미를 통하여 형성할 수 있다. 결정성을 규정하는 자유, 이것이 의미론적 개입의 첫 번째 자유(自由)이다.

둘째, 인간의 행위 자체가 콘텐츠(내용)[105]로서 의미(意味)를 내포(內包)하는 경우가 있다. 이 경우 행위 자체가 내포하는 콘텐츠(내용)는 인간의 의식적 의사결정(意思決定)에 의하여 규정된다. 동물들은 '야구'놀이를 하지 않으며, 하지 못한다. 동물들은 언어와 의미가 없기 때문이다. '야구'놀이는 의미를 배제하면 성립하지 않는 행위이다. 주니의 '야구'놀이는 문화(文化)를 가진 인간만의 것으로, 이런 점에서 '야구'놀이를 하자고 한 것(의사결정)은 의식적 의도로서 그 뒤의 행동에 반영(反映)되었다고 할 수 있다.[106] 침팬지도 유태성숙의 기간 동안 새끼침팬지들끼리 서로 때리고 뒹굴기 놀이를 한다. 한 침팬지가 팔을 번쩍 드는 것은 팔로 때리고 뒹굴기 놀이를 하자는 커뮤니케이션이다.[107] 그렇지만 침팬지의 그 행동은 자동성이 지배하는 것으로—즉 성장과정

그 상태를 유지하며 성장한다. 태어나서 1년 6개월 내지 2년째부터 언어를 체득하여 인간이 된다. 그리고 근육의 몸의 발달 그리고 두뇌의 성장은 20여 년이 걸린다. 제2권에서 논의한다.

104 인도에서 태어나자마자 숲속에 버려진 것으로 추정되는 두 아이를 발견하여 인간의 마을로 데려왔다. 말하자면 유태성숙의 기간을 숲에서 인간없이 동물과 함께 경과한 것이다. 이 아이는 결국 언어를 습득하지 못했으며 급하면 네 발로 달렸다. 결국 인간이 되지 못하고 죽었다. 제2권에서 논의한다.

105 여기서 사용한 '콘텐츠'라는 단어는 물론 '내용(內容)'이라는 의미이다. 그러나 우리는 그 존재론적 의미에 관하여 제2권에서 철학적으로 논의할 것이다.

106 의식적 의도가 행동을 일으키는 원인(原因)이 되었다는 것이 아니다. '야구'를 흉내 내는 내용(콘텐츠)의 그러한 놀이를 하자는 것이 다음의 행동의 내용에 반영되었다는 것이다. 인과관계를 말하는 것이 아니라 행위의 내용이 어떻게 규정되었는가를 말하는 것이다.

107 침팬지의 커뮤니케이션에 관해서는 제2권에서 논의한다.

에서의 본능적인 행동으로–'때리고 뒹굴기 놀이' 또는 '놀이'라는 의미를 내용으로 할 수 있는 것은 아니다.

이러한 행동에 있어서 콘텐츠(내용)의 자유는 글쓰기(writing)의 행위에서는 더욱 명확하게 드러난다. 내(저자)가 지금 이 글을 쓰는 동작–아침에 컴퓨터 책상에 앉는 동작, 키보드를 두드리는 손가락 동작–은 자동성이 지배한다. 그러나 내가 이 글을 쓰면서 문자(文字) 자체를 통하여 담고 있는 의미(意味)–자유에 관한 논의–는 내가 구성하는 것이고, 이 의미구성은 나의 자유이다. 소설가가 소설가가 된 이유, 특정 소설을 쓴 계기, 자료수집, 그 소설을 쓰는 동작 등은 자동성과 결정성이 지배한다. 그러나 소설가가 쓴 소설내용, 그 스토리(story)는 소설가의 창작(創作)으로서, 소설가의 자유로운 사유(思惟)에서 나온 것이다.[108] 이것은 뒤에서 논의하는 부케티츠(F.M.Wuketits)가 말하는 사유의 자유가 행동에 반영된 것이다.[109] 창조의 기제(機制)는 결정성이 지배한다고 가정하더라도, 창조된 그 콘텐츠(내용)를 행동에 개재(介在)시키는 것은 자유이다.

---

108 *supra* [1609] 한 인간의 사유(思惟)도 자동성(自動性)과 결정성(決定性)이 지배한다고 주장할 수 있다. 우리는 앞에서 시를 쓰는 행위에 대한 리벳의 주장을 보았다. 그러나 사유(思惟)에 있어서의 자동성과 결정성은 물리세계에 있어서의 결정성과는 다르다고 생각한다. 그것에 결정성이 지배한다고 해도 그 결정성은 결정론의 그것과는 다르게 규정해야 할 것이다. 그런데 우리는 사유에 있어서의 결정성에 대한 과학적 이론을 가지고 있지 못하다. 우리는 사유를 행동에 반영하는 측면에 대하여는 우리는 이를 자유라 본다. 그것은 뇌의 한 영역(가령 사유영역)과 다른 영역(가령 운동영역)의 관계인지도 모른다. 그것이 무엇이든 간에 우리는 가시세계에서 시간의 차이가 있고, 행동에 반영되는 콘텐츠(내용)로서의 사유내용을 주연자가 결정하는 것은 사실이다. 간단히 말해 소설가가 소설을 쓴다. 그것은 그의 창작이다. 그리고 창작은 자유의 산물이다. 비록 소설가의 두뇌에서는 결정성이 지배한다고 해도 가시세계에서의 행동이 내포하는 콘텐츠로서의 창작소설은 자유라는 것이다.

109 *infra* [1637]

[1634]

세째, 인간의 행위 그 자체가 가지는 의미, 즉 커뮤니케이션적 의미 또는 사회적 의미도 주연자(主演者)에 의하여 규정된다. 또한 주연자는 그의 행위의 의미를 스스로 규정(規定)할 수 있다. 인간의 행위는 사회적으로 커뮤니케이션되는 의미가 있으며 이것을 행위의미(行為意味)라고 할 수 있다. 이것은 의미부여이기도 하고, 의미의 사용이기도 하며, 사유(思惟)이기도 하다. 주니의 하이볼 사례에 있어서 주니가 할아버지에게 하자고 한 것은 '놀이'이다. 즉 야구놀이'이다. 그것은 주니의 할아버지에 대한 커뮤니케이션이기도 하고, 같이 '야구놀이'를 하면서 그 행위들에 대하여 두 사람이 부여하는 의미(意味)이고 의의(意義)이기도 하다. 실제 야구를 하는 것이 아니며, 공부를 하는 것도 아니며, TV를 시청하는 것도 아니며, '놀이'를 하는 것이다. 구체적인 행위 자체는 자동성과 결정성이 지배한다고 하더라도 그 행위가 '놀이'라는 행위의미는 당사자가 규정한다. 행위에 대하여 행위의미는 사전(事前)의 사유(思惟)가 행위에 반영된 것이다. 그 사유(의미규정)가 행동을 인과적으로 야기한 것은 아니라도 그 의미의 선택은 주연자가 한 것이다.[110]

우리는 달리는 행위를 할 수 있다. 그리고 그 달리는 행위는 동작 스키마 또는 행동 프로그램에 의하여 자동성과 결정성이 지배한다. 그런데 그 달리는 행위가 어떤 사회적 커뮤니케이션적 의미를 가지는가 하는 것은 주연자가 규정(規定)하는 것이다. 킨트호이저(Urs Konrad Kindhäuser)는 달리는 행위에 대하여 전혀 다른 두 가지 의미가 있을 수 있다는 것을 말한다.

---

110 행위의미는 의미이므로 물질적 존재가 아니고, 따라서 인과적으로 야기하는 대상이 아니다. 그리고 사전에 주니가 '놀이'를 하고 싶다고 생각(사유)했다고 하더라도 그 의미가 그 뒤의 행동 스키마를 작동시키는 것은 아니다. 행동 스키마를 작동시키는 것은 욕망과 같은 심리적 에너지인 것이지 '의미' '사유(思惟)'가 아니다.

"어떤 특정한 행태(行態)는 다른 양식으로 기술(記述)될 수 있다. 'A가 역(駅)으로 달린다'와 'A가 경찰로부터 도망간다' 라는 두 개의 문장은 각각 특정 시간에 사람 A의 특정한 행태를 나타낼 수 있다. 그러나 이 두 가지 기술(記述)은 그 행태에 다른 의미를 부여한다. 이 차이는 문제의 행태가 처한 상황이 다른데서 비롯된 것만은 아니다. 오히려 그 행태가 일어나는 사상(事象)을 다르게 표현하는 어떤 방식으로 해석(解釈)되기 때문이다."[111]

형법학자로서 범죄론의 행위론을 주제로 하는 이 내용을 우리는 자유와 자유의지에 관한 논의에 원용(援用)할 수 있다. 어떤 사람이 역전(駅前)의 광장에서 '달리는 행위'를 하고 있다. 이 행위 자체는 자동성과 결정성이 지배한다. 그러나 이 달리는 행위가 마라톤 경기에 참여한 선수의 역주(力走)인가? 기차의 발차시간에 쫓겨서 그 시간에 제대로 기차를 타기 위하여 역주하는 것인가? 아니면 지명수배자가 발각되어 수명의 경찰로부터 도주하기 위하여 역주하는 것인가? 이 세 가지 중 어느 것인가는 정작 달리는 동작 그 자체의 의미는 아니다. 그것은 그 동작이 가지는 사회적, 커뮤니케이션적 의미이다. 그리고 행위의 의미는 주연자에 의하여 규정된다. 이 의미 자체는 우리의 개념규정에 따라 순수한 사유(思惟)이다. 당사자(A)는 발차시간에 늦지 않기 위하여 역주하는 것이지만, 사실은 뒤에서 쫓아오는 경찰이 있고 그 경찰은 지명수배자(A)였기 때문에 체포하기 위하여 뒤쫓아 가고 있었다고 하자. 이 경

---

111 Kindhäuser, Handlung, Enzyklopädie zur Rechtsphilosophie, 07.04.2011. Rn.6. (http://www.enzyklopaedie-rechtsphilosophie.net /inhaltsverzeichnis/19-beitraege/106-handlung.) Ein bestimmtes Verhalten lässt sich in unterschiedlicher Weise beschreiben. Die beiden Sätze „A läuft zum Bahnhof "und„A flieht vor der Polizei mögen sich jeweils auf ein bestimmtes Verhalten der Person A zu einem bestimmten Zeitpunkt beziehen. Jedoch geben diese beiden Beschreibungen dem Verhalten einen unterschiedlichen Sinn. Dieser Unterschied resultiert nicht nur aus den differierenden Umständen, unter denen das fragliche Verhalten gesehen und geschildert wird. Vielmehr wird mit der unterschiedlichen Darstellung des Geschehens auch das Verhalten des A in jeweils spezifischer Weise gedeutet. (제3권 행위론에서 재론한다)

우 주연자는 착오(錯誤)에 빠져 있는 것이지만 그와 상관없이 자신의 역주행위(力走行為)에 대하여 스스로 규정하는 의미(意味)–발차시간에 맞추기–는 자신이 사유적(思惟的) 선택이고 자유이다.

우리의 모든 행위는 우리가 규정하는 의미(意味)를 가진다. 그 의미가 그 행위에 인과적으로는 어떠한 기능을 하는 것도 아니다. 인과적 기능을 하는 것처럼 보이는 경우에도 사실은 그 의미를 추진하는 욕망이나 선호가 그렇게 하는 것이다. 그러나 그 의미는 사회적으로 의의가 있다. 동시에 우리가 행위에 부여하는 의미를 동물은 가지고 있지 않다. 동일하게 무엇인가를 먹는 행위라고 하더라도 우리에게는 그것이 연인과 함께 하는 즐거운 식사일 수도 있으나, 동물에게는 그냥 본능적 행동이다. 우리가 이렇게 의미를 규정하는 것, 의미로서 인지하는 것, 그것은 자유이다.

[1635] 인지적(認知的) 자유

이렇게 보면 이제까지의 자유의지에 관한 2,000년의 논의에서 거의 인식되지 못한 측면이 있었으니 그것이 바로 인간행위에 있어서의 언어와 의미의 차원이다. 그런데 오히려 의미의 차원이야말로 동물에는 없는 인간행위의 고유한 성격이다. 인간의 행위가 의미를 배제하고 규정될 수 있는 경우는 순수한 반사동작(反射動作)뿐이다. 따라서 인간의 행위에 관한 논의는 의미의 차원을 배제하고 완결될 수 없는 것이다. 그런데 이제까지 자유의지에 관한 논의에서 이러한 의미의 차원을 배제하고 인과관계의 차원에서만 계속 논의해 온 것이다.

우리는 의미론적 개입에 의한 인간의 자유를 인지적(認知的) 자유라고 부를 것이다. 인간의 인지적(認知的) 측면이 동물과 다르기 때문에 열리는 자유가 인지적 자유이다. 인간만이 언어와 의미를 사용하여 사물과 세계를 인지(認

知)한다. 행동을 산출하고 행동을 전개하는 것에도 이러한 언어와 의미에 의한 인지적 측면이 작동한다. 빨간 신호등을 보고 멈추는 행동이 자동화하였다고 해도--결정성이 지배한다고 해도--빨간 신호등이 '정지(停止)'라는 의미가 그 자동화와 결정성의 신경과정에 반영되는 것이다. 이 점은 동물과 다르다. 가령 침팬지도 훈련을 잘 시키면 빨간 신호등에 멈추게 할 수 있을 것이다. 그러나 그것은 의미가 신경과정에 반영되는 것이 아니라 상벌에 의한 조건화의 기제를 사용하는 조건반사(條件反射)의 동작 스키마가 신경과정에 형성된 것이다. 이러한 점에서 의미론적 개입에 의한 인간의 자유는 바로 언어와 의미에서 연유하는 것이다. 그리하여 이렇게 언어와 의미에 의하여 열려진 가능성으로서의 인간의 자유를 우리는 인지적 자유라고 부르는 것이다.

이러한 인지적 자유는 앞에서 본 대로 의미론적 개입(介入)에 의하여 그 내용이 규정된다. 그것은 의미론적 개입을 기준으로 하여 세 가지 차원으로 나눌 수 있다. 첫째, 인간은 스스로의 행위기제를 자기 프로그래밍(self-programming)한다는 점이 인지적 자유의 하나이다. 둘째, 인간은 행위에 있어서 그 행위의 콘텐츠(contents)를 의미론적으로 스스로 규정한다는 점이 인지적 자유이다. 셋째, 인간의 행위는 행위 자체가 의미화되어 있다. 이러한 행위의미를 인간은 스스로 규정한다는 점에서 인지적 자유이다.

이렇게 보면 인간 자유의 근원은 언어와 의미에 있다. 이제까지 자유의지의 논쟁에서 이런 점은 논의되지 못했다. 이러한 논의에 가장 가까이 간 학자로 바우마이스터(R.F.Baumeister)를 들 수 있다. 그는 인간이 문화를 가지고 있다는 점, 문화 속에서 생존하기 때문에 인간이 자연이 아니라 문화에 적응하는 행동양식을 가져야 한다는 점에 중요한 특성이 있다고 보았다.

"많은 생물들에게 그들의 세계의 다양한 문제, 딜레마, 그리고 선택지들에 어떻게 반응할 것인지를 자연이 프로그래밍해 놓았다고 가정하는 것은 타당하다. 그러나 인간이 마주치게 될 모든 문제, 딜레마 또는 선택에 대해, 그가 해야 할 정확한 대응을 미리 프로그래밍하는 것은 불가능하다.… 따라서 자연은 우리에게 모든 상황에 어떻게 대응할 것인가를 프로그래밍하는 대신, 스스로 프로그래밍하고 재(再)프로그래밍할 수 있는 자유(freedom)를 주어야 했다. 자연은, 어떤 의미에서 우리에게 자유의지(free will)를 주어야 했다."[112]

이 인용에서 우리는 제일 뒤 문장을 제외하고 모든 문장에 대하여 동의한다. 다만 자연은 우리에게 어떤 의미에서 자유의지를 준 것이 아니라 자유를 주었다(의지 같은 것은 없다. 의식적 의지는 환상이다.). 바우마이스터는 프로그래밍과 행동선택을 혼동하고 있다. 그리하여 그가 스스로 선택한 개념으로서 '스스로 프로그래밍'한다는 것을 지금 현재(現在) 행동 자체를 임의로 선택할 수 있는 것처럼 오해하고 있다. 프로그래밍이나 재프로그래밍은 지금 현재의 행동선택에 대한 것이 아니라, 행동선택의 기제(機制)에 대한 것이다. 이런 해석만 수정하면 바우마이스터의 설명을 우리의 설명으로 전용할 수 있다.

"문화(文化)는 의미(意味)를 불러냄으로써 정보를 가장 효과적으로 축적하고 이용할 수 있다. 반드시 일치하지는 않으나 그러므로 인간은 행동을 인도하

---

112 Roy F. Baumeister, The cultural animal, op.cit., p.298. It is fair to assume that nature programmed many creatures with how to respond to various problems, dilemmas, and choice points in their worlds. However, it is impossible to program a human being in advance with the precise response it should make to every problem, dilemma, or choice that it will ever encounter. Culture is complex and changes rapidly. Many of the dilemmas people face today were unheard of a couple generations ago: how to prevent hackers from borrowing credit card information through computer fraud, how to diagnose a transmission problem in an automobile, how much to rely on social security payments in planning for retirement. There is no way nature could have programmed us for how to respond to these specific threats. It didn't have time: Evolution is slow, while cultural change is fast. Several hundred thousand years, versus fifty years. Therefore, instead of programming us for how to respond to every situation, nature had to give us the freedom to program and re-program ourselves. Nature had to give us free will -in a sense.

기 위해 의미(意味)를 사용하는 정도에서 다른 동물들과 다르다.… 인간의 뇌는 언어가 가능하도록, 그리하여 의미의 힘을 개발할 수 있도록 진화했다(뇌는 진화했고, 언어는 발명되었고, 의미는 발견되었다.). 그러나 다시 말하면, 그러한 사유(thought)의 능력은 사람들이 그러한 생각에 따라서 그들의 행위를 바꿀 수 있는 충분한 자유의지(free will)를 갖지 않는다면 대부분 무용지물이 될 것이다."[113]

여기에서도 '자유의지'라는 말대신 '자유'라는 말을 쓴다면 우리는 그의 설명을 우리의 설명으로 전용(轉用)할 수 있다. 우리는 위 인용에서 '자유의지'라는 말 대신 '인지적 자유'로 바꾸고 싶다. 자유의지라는 말을 쓰느냐 쓰지 않느냐에 따른 큰 차이는 결정론자와 대립하느냐와 않느냐의 차이이기 때문이다. 바우마이스터는 스스로에 대해서 자유의지론자로서 결정론자와 대립하고 있다고 상정하고 있다. 바우마이스터 스스로도 자신이 말하는 문화의 맥락에서의 프로그래밍의 자유에 대하여 전통적 의미의 자유의지의 개념이 적절하지 않다고 느끼고 있다. 그러나 그는 다른 적절한 단어를 찾지 못했다고 말한다.

"멋진 전문 용어와 신중한 단어로 된 한정사에 의하여 모호한 태도를 취하기보다는, 다소 지나치게 무딘 용어이지만 요점을 설명하기 위해, 자유의지

---

113 Roy F. Baumeister, Free Will, Consciousness, and Cultural Animals, in: Are We Free? - Psychology and Free Will, John Baer, James C. Kaufman, and Roy F. Baumeister, Oxford University Press, 2008. p.75. Culture can accumulate and use information most effectively by invoking meaning. Not coincidentally, humans therefore differ from other animals in the extent to which they use meaning to guide action.… The human brain evolved to become capable of language so as to be able to exploit the power of meaning. (The brain evolved; language was invented; meaning was discovered.) Again, though, such capabilities of thought would be largely useless unless people had sufficient free will to be able to alter their course of action based on those thoughts.

(free will)라는 용어로 말하겠다. 즉, 우리를 문화생활(文化生活)에 적합하도록 하려면, 자연은 우리에게 자유의지를 주어야만 했다.··· 그러나 문화 속에서 사는 데 필요한 것은, 사람이 여러 가능한 행동과정을(행위를) 인식하고 그 의미와 함축(가능한 결과를 포함)의 정신적 표상(表象)을 붙잡고, 동시에 분석하고 비교할 수 있으며, 그 가능한 행위 중 하나를 사전에 완전하고 명시적으로 프로그래밍되어 있지 않은 방법으로 선택할 수 있다는 것이다. 사람은 현재 상황, 선천적 성향 또는 어쩌면 강화 이력에 의해 전적으로 결정되는 것이 아닌, 스스로 행위결정을 내릴 수 있어야 한다."[114]

바우마이스터의 주장과 우리의 의미론적 개입에 바탕을 둔 자유 (이것을 인지적 자유라 하자)와의 차이는 위 인용의 뒤 문장에 관계된다. 우리가 말하는 인지적 자유는 지금 현재의 선택의 규정성과 행동의 자동성과 배치되지 않는다. 그럼에도 인간은 자유가 있다는 것이다. 따라서 위 인용문장에서 역시 마지막 문장은 타당하지 않다고 본다. '사람은 현재 상황, 선천적 성향 또는 강화 이력에 의해(even by reinforcement history) 전적으로 결정'되는 행위결정을 하는데도 불구하고, 그 결정은 인지적 자유에 의한 결정이라고 보아야 한다는 것이다. 동시에 그것은 결정성이 지배하는 결정이다. 그럼에도 인지적 자유가 있는 이유는 그 결정성 자체를 스스로가 프로그래밍한 것이기 때문이다. 동시에 그 결정에 담긴 의미성(意味性)이 바로 인지적 자유의 또 하나의

---

114 Roy F. Baumeister, The cultural animal, *op.cit.*, p.42. Rather than pussyfooting around with fancy jargon and carefully worded qualifiers, let me state the point with an overly blunt term: free will. That is, to make us suitable for living in culture, nature had to give us free will··· What is necessary for living in culture, however, is that the person can recognize several possible courses of action, can hold on to mental representations of their meanings and implications (including possible consequences) simultaneously, can analyze and compare them, and can choose among them in a way that is not fully and explicitly programmed in advance. The person must be able to make behavioral decisions that are not entirely determined by current circumstances, by innate proclivities, nor even perhaps by reinforcement history.

콘텐츠(내용)이기 때문이다. 이것은 어떤 점에서는 대단한 신비(神祕)이기도 하다. 행위는 존재론적으로는 결정성에 의해 지배된다. 그런데 동일한 행위의 의미론적(意味論的) 측면은 인간에게 자유롭다.

[1636] 자유, 자유의지의 개념들

우리는 앞에서 의미론적 개입에 기초한 인지적 자유에 관하여 논의하였다. 우리는 어쩌면 자유의지를 구출하였는지 모른다. 어쩌면 자유의지를 기각(棄却)하였는지 모른다. 정확히 말하면 우리는 자유의지의 개념 대신 인지적 자유라는 자유의 개념을 규정하였다. 이것은 자유의지를 증명한 것인가, 아니면 자유의지라는 개념 대신에 인지적 자유라는 개념을 새로이 정의한 것인가? 즉 우리는 자유나 자유의지에 관하여 논증(論証)한 것인가 아니면 정의(定義)한 것인가? 이러한 질문은 중대한 것 같기도 하지만 내용을 이해하고 보면 초점이 잘못되어 있었던 것을 바로잡은 것에 불과하다. 인간과 사회의 현상에 대하여 올바르게 분할(分割)하여 정의하는 것, 그것이 바로 논증인 것이다. 이런 점에서 자유의지에 관한 서구에서의 개념(槪念) 자체에 관하여 살펴보는 것이 필요하다.

아리스토텔레스로부터 2,400여 년, 어거스틴(St. Augustine)으로부터 1,600여 년에 이르는 자유의지에 관한 오랜 논의와 엄청나게 쌓인 문헌(文獻)에도 불구하고 정작 가장 기본적이라고 할 수 있는 자유의지의 '개념(槪念)'이 어떠한 것이 있고, 어떠한 개념을 논의하고 있는지에 관한 고찰은 많지 않다. 자유의지의 개념에 대한 공식적인 분류가 없으므로, 논의의 필요에 비추어 우리 나름으로 그 개념들을 상정하고 열거해 보기로 한다.

1. 정신적 자유의지: 이것은 육체나 두뇌 등과 구별되는 비물질적 실재로서 정신(精神)의 의사결정과 그것을 추동하는 의지(意志)이다. 비물질적 실재

(정신)의 결정이 물질적 두뇌에 부과되는 것으로, 물질계에서 보면 비인과적(非因果的) 의지이다. 이러한 개념을 뒷받침하는 관점을 우리는 앞에서 데카르트 프레임(Descartes' frame)이라고 불렀다.

2. 의식적 자유의지: 이것은, 의식적 의지가 있으며, 그 의식적 자유의지가 행동을 야기한다는 것이다. 또는 뇌신경계에서 비의식적인 결정과정이 이루어지더라도 그것이 의식적 의사결정과 동시성(同時性)을 가지는 의도(의지)로서 나타나고, 그것에 의한 행동이 야기된다는 것이다. 우리는 뒤의 좀 더 구체적인 개념을 앞에서 데넷 프레임(Dennett's frame)이라고 불렀다. 이것은 데카르트 프레임을 부정하면서도 동시에 리벳의 실험을 부정한다.

3. 합리적 자유의지: 이것은 감정적, 비도덕적, 충동적 의사결정이 아닌, 합리적(이성적) 의사결정이 있으며, 그것을 실행할 수 있는 인간의 능력을 자유의지라고 본다. 여기에는 인간이 유혹(誘惑)에 지지 않고 타당하고 올바른 결정을 할 수 있다는 가치론적인 관점이 들어 있다. 써얼(Searle)이 구체적으로 규정하는 자유의지의 개념이며, 많은 학자들이 규정하는 자유의지의 개념이다. 이 자유의지 개념에 의하면 임의성(voluntariness)만으로는 자유의지가 될 수 없다. 올바른(합리적) 임의성이지 않으면 안 된다.

4. 타행위가능성(他行爲可能性): 우리가 형법의 책임이론에서 계속 논의해 온 자유의지의 개념이다. 살인자 등이 그 순간에 적법한 타행위를 선택할 가능성이 있었는가 하는 관점이다. 재판정에 서 있는 살인자에 관하여, 시간 역전(時間逆転) 또는 사고실험으로서 살인의 순간을 상정했을 때, 그가 살인을 하지 않았을 가능성이 있었는가, 하는 물음이 기준이다. 이 물음에 예(yes)라고 답할 수 있을 때 자유의지가 있다. 영미철학에서는 대체가능성의 원리(principle of alternate possibilities, PAP)라고 한다. 멜리(A. Mele)는 이것은 야심적 자유의지(ambitious free will)라고 이름 짓고, 이 우주에 깊은 개방성(deep

openness)이 있어야 한다고 말한다.[115]

5. 온건한 자유의지(modest free will): 강제(强制)를 당하지 않을 때 합리적이고 현명한 결정을 내리고 그에 근거하여 행동하는 능력이 있다는 의미이다. 역시 멜리(A. Mele)가 붙인 이름이다. 그러나 이 개념은 사실 두 개로 분할된다. 하나는 강제가 없는 상태를 의미할 수도 있고, 다른 하나는 합리적 의지를 의미할 수도 있다. 합리적 의지는 이미 위에서 분류하였으므로, 이것과 구별하여 의의를 가지려면, 나머지 강제가 없는 상태의 의미만 남는다. 강제가 없는 상태에서의 인간의 의지는 자유롭다, 또는 강제상황이 아닌 경우 인간은 자유롭다고 규정한다.

6. 주관적 자유의지: 자신의 행위에 있어서 자유의지의 주관적 느낌(feeling)을 내용으로 하는 개념이다. 내가 손가락을 구부리려고 의도하여 손가락을 구부렸다면, 내가 나의 자유의지에 의하여 손가락을 구부렸다고 느낀다. 가장 일반적이고 상식적인 자유의지이다. 주관적 자유의지가 없는, 즉 자유의지의 느낌이 없는 경우는 두 가지로 나눌 수 있다. 하나는 강제적 느낌이 있는 경우이다. 외계인 증후군(alien hand syndrome)이나 최면(催眠)에 걸린 행동과 같이 자신이 행동하지만 타인이나 외적 의지에 의한 것이라고 느끼는 것이다. 둘째, 의지에 의한 것이라고 느껴지지 않은 동작, 즉 반사행동이다. 이 경우는 육체적 내적 자동성(自動性)에 의하여 움직인다고 느끼고 자신의 자유의지가 작용한다고 느끼지 않는다.

7. 원인 없는 원인(uncaused cause): 주관적 자유의지가 상식이라면 원인 없는 원인은 극히 이론적인 것으로, 이 세계의 결정론(決定論)을 전제로 한다.

---

115 Alfred R. Mele, FREE-Why Science Hasn't Disproved Free Will, *op.cit.*,, p.79f. Mele가 표현하고 있지 않으나, 깊은 개방성에 대한 정의로, 'Every feature of your situation could have been exactly the same and (yet) you could have chosen differently.'가 있는바 그렇다면 깊은 개방성은 타행위가능성과 같은 의미이다.

결정론적 세계에 대한 예외(例外) 또는 부정(否定)이 원인 없이 일어나는 사건이다. 원인 없이 일어나는 행위(사건)의 원인이 자유의지이다. 이것은 상당히 형이상학적 개념이다. 사과가 땅에 떨어지는 것은 계속 작용하는 중력에 대하여 사과꼭지가 썩어서 더 이상 버티지 못하기 때문일 것이다. 이에 대해 인간이 옥상에서 뛰어내리는 것은 그러한 자연과학적 원인이 없는데도 아무 원인 없이(또는 자유의지에 의해) 뛰어내리는 것이다.

[1637]

8. 사유(思惟)의 자유, 결정의 자유, 행동의 자유: 부케티츠(F.M.Wuketits)의 분류이다.[116] 일반적으로 생각하면 생각하는 것은 자유롭다. 그러나 의사결정의 단계에서는 쉽게 결정할 수 있는 것이 아니다. 나아가 행동하는 것은 더욱 어렵다. 인간이 마음대로 생각할 수 있다는 것은 자유의지의 하나의 기반이라고 할 수 있다. 이것이 자유의지의 분류인지 자유의 분류인지, 그리고 자유의 분류라면 자유의지와는 어떤 관계가 있는지 하는 문제를 내재하고 있다. 생각은 물리적 인과법칙에 의하여 규정되지 않으므로 자유롭고, 그러한 자유로운 생각에 기초하여 의사결정이 이루어진다고 하면, 의사결정도 자유롭다고 할 수 있다. 이러한 의사결정에 의하여 행동이 이루어지기 때문에 자유롭다면, 그 행동은 자유의지에 의한 행동이라고 말할 수도 있을 것이다. 자유의지를 생각의 자유에 귀결시키는 것은 생각이 아닌 것—선호, 동기부여, 욕망…—의 영향을 문제 삼으면 심리학의 문제가 된다. 우리가 말한 인지적 자유는 인간의 행동에서 사유의 자유가 반영된 측면, 그 측면만이 자유로운 성격을 가지고 있다는 것이다.

---

116 Franz M. Wuketits, Der Freie Wille, 원석영 역, *op.cit.*, p.160f.

9. 온건한 비인과성(非因果性): 이 세계가 완전한 결정론에 의하여 규정되지 않을 수도 있고, 결정론의 개념 자체에 간극(間隙)이 있을 수 있다. 당구공 사이의 뉴턴법칙과 호랑이와 토끼의 행동 사이의 인과관계는 다르다고 할 수 있다. 그런 점에서 주연자 인과관계(agent causation)를 상정할 수 있으며 이는 결정론과 구별할 수도 있다. 무기물, 원생생물, 진균, 식물, 무척추동물, 척추동물, 침팬지, 인간의 각 단계마다 운동 또는 행동의 인과관계가 그 성격이 다르다고 할 수 있다. 그리고 그 단계가 상승함에 따라 자유도(自由度)가 증대한다고 상정할 수 있다. 이러한 관점에서 인간에게 열려 있는 인과성의 간극(間隙)을 자유의지라고 할 수 있다. 데닛이 말하는 자유의지의 진화(進化)는 대체로 이와 같은 관점과 통한다고 할 수 있다. 그러나 이 개념은 불명확하다는 결함이 있다. 즉 그것이 도대체 무엇인가 하는 논점이 있다. 물리적 결정론과 토끼의 본능적 결정론의 차이가 무엇인가 하는 것이다. 그것은 물리적 인과관계가 동물적 인과관계와 차이가 있으며 그 차이가 자유의지라면, 토끼도 자유의지를 가지는 것이 된다. 이렇게 되면 토끼의 자유의지와 인간의 자유의지의 차이가 인간의 자유의지인가, 아니면 그 공통성이 자유의지인가 하는 문제도 있다. 결국 중요한 점은 추상을 넘어서는 정의가 주어지지 않는다는 점이다.

10. 자기규제와 합리적 선택, 의미적 생각에 기초한 행위능력: 바우마이스터의 논의에서 찾을 수 있는 개념이다. 그의 관점은 '자연이 문화사회 참여를 위한 인간의 정신(psyche)을 설계했다.'는 것이다. 사회적 세계에의 적응에서 자기규제가 진화되고, 문화 속의 삶이 합리적 선택을 진화시켰다. 왜냐하면, '어떤 문화에 속하기 위해서는 다른 사람들이 자신을 보는 것처럼 자신을 볼 수 있어야 하고, 다른 사람들이 자신을 어떻게 평가해야 할지도 걱정해야 하

기' 때문이다.[117]

자유의지는 '문화 속에서 사는 데 필요한 것'으로서 의미(意味)와 함축의 정신적 표상(表象)에 의한 행위결정이기도 하다.[118] "이것이 바로 문화동물 이론의 중심이 되는 자유의지의 버전이다: 자연은 인간의 정신이 그 의미 있는 생각(논리와 추리, 도덕적 규칙, 상징성, 먼 목표(distal goal)와의 관계 포함)에 기초하여 행동할 수 있도록 설계했다."[119]

11. 의식의 근원적 지향성(original intentionality)으로서 자유의지: 써얼(Searle)의 철학적인 자유의지의 개념이다. 합리적 행동은 이유(理由)에 근거해서 가능해지는데, 그 이유와 행동의 관계가 지향적 인과관계이다. 이것들은 사회과학적 인과관계의 일반적 모습이다(가령 기아(飢餓)가 혁명을 야기하였다). 그런데 이 인과관계의 설명은 결정론적 설명이 아니다. 이유와 행동의 수행에는 간극(gap)이 존재한다. 그 간극을 메우는 것이 의식의 근원적 지향성이고 바로 자유의지이다. "선거에서 누구에게 투표할지를 결정할 때, 내 행동에 대한 지향적 설명은 인과적으로 충분한 조건을 제공하지 못한다. (이에 비해)… 마약중독자는 스스로를 어찌할 수 없다는 지향적 설명만으로도 인과적으로 충분한 조건을 제공한다. 통상 이런 간극(間隙)을 일컬어 '의지의 자유'라고 한다."[120]

---

117 Roy F. Baumeister, Cultural Animal, *op.cit.*, pp.3-4. In order to belong to a culture, people had to be able to see themselves as others would see them, and they also had to be concerned about how others would evaluate them. ⋯ nature has designed the human psyche for participation in cultural society.

118 *supra* [1635]

119 Roy F. Baumeister, Cultural Animal, *op.cit.*, p.297. This, then, is the version of free will that is central to cultural animal theory: Nature designed the human psyche to be able to act on the basis of its meaningful thoughts (including logic and reasoning, moral rules, symbolism, relation to distal goals).

120 John R. Searle, Mind, Language and Society, Basic Books(ebook), 1998, p.114/175,(IV_5). When I decide whom to vote for in an election, the intentionalistic explanation of my behavior does not give causally sufficient conditions. This contrasts with the heroin addict taking a drug because

이에 대해 바그(Bargh)는 써얼의 주장을 이렇게 해석한다. 인간의 선택은 선호, 동기부여, 욕망 등에 이루어진다고 해석하지 않고, 그것들에 의해서 영향을 받았지만(influenced), 그것만에 의하여 결정된 것은 아니며, "그 선택이 '원래적 지향성'의 원천이 되는 의식(意識)에 의해 만들어진다는 점에서 자유롭다."라고 해석한다. "행동, 판단 그리고 그 밖의 고등 정신과정은 내부 심리상태(동기, 선호 등)에 의해 영향받는(influenced) 자유로운 의식적 선택의 산물"[121]로 해석하는 것이다. 말하자면 동기, 선호 등은 '영향'을 미칠 뿐이고, 근원적 지향성으로서 의식이라는 자유의지가 결정한다는 것이다. 이것을 달리 보면 선호, 동기, 욕망이 행동을 야기하는 필요충분조건이 되지 못하기 때문에 자유의지는 그 간극(間隙)에 존재한다는 것이다.

위 자유의지의 개념들은 여러 학자들의 관점을 저자가 재구성(再構成)한 것이다. 어쨌든 많은 자유의지의 개념들이 있다. 우리는 이러한 많은 자유의지의 개념에 대하여 일일이 논의하지 않았고, 여기에서도 모두 논평하지 않는다. 어떤 개념들에 대해서는 뒤에서 재론하고 논평할 것이다. 우선 자유의지를 논의하는 차원을 구분해 볼 필요는 있다. 사회적 차원에서 자유의지를 논의하는 것은 전혀 다른 논의의 지평(地坪)이 된다. 그 외 심리학적인 접근도

---

he wants heroin and believes the drug is heroin. In this case, the addict cannot help himself, and the explanation does give causally sufficient conditions. The name usually given to this gap is the freedom of the will."

121 John A. Bargh, Free Will Is Un-natural, in; Are We Free? - Psychology and Free Will, John v Baer, James C. Kaufman, and Roy F. Baumeister, Oxford University Press. 2008. pp.130-131. No one today would deny that people have preferences, motivations, desires, goals, and so on, and that these at least *influence* what we do. This is after all the very subject matter of psychological science. But the doctrine of free will within psychology holds as axiomatic (see Locke & Kristof, 1996) that the *choices* made on the basis of these influences are free, made by a consciousness that is the source of "original intentionality" (Searle, 1983). Now we have distilled the essence of the question of free will, in the psychological domain: Are behaviors, judgments, and other higher mental processes the product of free conscious choices, as *influenced* by internal psychological states (motives, preferences, etc.), or are those higher mental processes *determined* by those states?

있으며 철학적 접근도 있다. 법학이나 윤리학적인 접근에 있어서는 다른 접근법과는 다른 독특한 문제가 제기되는데 그것은 외적(外的) 강제의 문제이다. 그런데 이 모든 접근법에 대하여 근원적인 문제를 제기하는 것은 리벳의 실험이었다. 다른 접근법에 있어서 자유의지가 있다고 하더라도, 리벳의 실험은 그처럼 자유의지가 있다는 경우에 있어서 그 의식적 의도 그 자체가 환상이라는 것을 말하는 것이기 때문이다. 나아가 의사결정에 의한 행위에 대해서도 마찬가지라는 것을 우리는 이미 논의하였다.

그런데 자유의지의 개념은 세계관과 연계되어 있으며, 그것은 결정론과의 대개념으로 논쟁되어 온 것이다. 이렇게 되면 자유의지의 문제는 인간이란 무엇인가를 넘어 세계란 무엇인가의 문제로 확대된다.

[1638] 결정론(決定論)과 자유의지론(바울, 어거스틴, 칸트)

결정론과 자유의지론을 대개념(対槪念)으로 하는 프레임은 하느님을 상정할 때 가장 쉽게 이해될 수 있다. 즉 하느님은 어떤 분야에서는 자연법칙으로 어떤 분야에서는 자유의지로 이 세상을 구성했다. 이것이 기독교 프레임에서는 최후의 심판에 대한 개인의 책임이라는 맥락에서 자유의지의 개념으로 발전되었다. 바그(John A. Bargh)는 자유의지 관념의 기원(起源)에 대하여 다음과 같이 설명하고 있다.

"고대 그리스 철학자들은 정치적 자유에 대해 많은 관심을 기울였지만 그들의 작품에서 자유의지를 언급한 적은 없었다. 개인에 있어 의지(意志)의 개념을 발견한 사람은 바울(St. Paul)이었다(로마서 7장). 그런 다음 다른 초기 기독교 사상가인 어거스틴(St. Augustine)이 더 완전하게 발전시켰다. 바울은 자신이 선(善)한 것이 무엇인지 알고 자신이 그렇게 하고 싶었지만 항상 그렇게 할 수는 없었다고 썼다. 이 말에서 그는 올바른 일을 행하기 위한 개인의 통제(統制)와 책임(責任)의 핵심 개념과 개인이 육체의 유혹에 굴복하지 않고 그것을 성공적으로 행할 것인지의 여부를 결정하는 '의지(will)의 힘'을 소개했다. 어거스틴은 세상에서 어떻게 악(惡)이 현명하고 선하며 강력한 하나님과 공존할 수 있는지에 대한 설명에 있어 이 아이디어를 바탕으로 삼았다. 어거스틴에게는 영원한 천국과 개인 구원에 대한 정당한 보상은 각 개인의 선과 악 행동의 가능성을 요구했다. 사물의 신적(神的) 도식(圖式)에서 최후의 심판에 대한 책임은 행동에 대한 자유로운 개인통제(個人統制))를 요구했다."[122]

　기독교적 세계관에 있어서 자유의지는 우주론적(또는 세계구성적) 위상(位相)을 가지는 셈이다. 세계가 사물과 법칙에 의하여 구성될 수 있지만 동시에 하느님과 인간의 의지에 의하여 구성될 수도 있다. 사실 신화시대(神話時代)에는 오로지 신의 의지 나아가 인간과 사물의 의지에 의하여 구성되었고 법칙은 그 하위개념이었다. 아마도 그 마지막 철학적 모습이 쇼펜하우어의 의지와 표상으로서의 세계일 것이다. 그것이 기독교적 세계관에서는 법칙과 의지의 관계가 인간과 세계를 포괄하는 첨예한 교리적 문제였다. 최후의 심

---

122 John A. Bargh, Free Will Is Un-natural, in; Are We Free? - Psychology and Free Will, John v Baer, James C. Kaufman, and Roy F. Baumeister, Oxford University Press. 2008. pp.129-130. The ancient Greek philosophers, for example, gave a great deal of attention to political freedom, but never even mentioned free will in any of their works. It was St. Paul who discovered the notion of the individual will (Romans, chapter 7), which was then developed more fully by another early Christian thinker, St. Augustine. Paul wrote that he knew what the good was, he wanted to do it, but could not always do it. In saying this, he introduced the key notion of individual control and responsibility for doing the right thing, and "strength of will" as an important determinant of whether an individual will successfully do it instead of yielding to the temptations of the flesh. St. Augustine built upon this idea in his explanation for how evil could coexist in a world along with a wise, good, all-powerful God. For Augustine, the just reward of eternal heaven and individual salvation required the possibility within each individual of both good and bad behavior (see Neiman, 2002). Accountability at the final judgment, in the divine scheme of things, required free individual control over actions.

판과 하느님의 전능성(全能性) 그리고 인간의 정체성과 신앙과 구원을 관통하는 논제였다.

이렇게 규정되었던 자유의지의 문제가 근대로 전환하면서 자연과학의 발전에 따라 전혀 다른 이론적 상황에 놓이게 되었다. 자유의지의 문제는 서구에서 여전히 이론적 문제로 남아 있었다. 그런데 이 문제는 데카르트 프레임에 의하여 새로운 이론적 격위(格位)를 가지게 되었다. 하느님과 최후의 심판 등의 프레임이 사라진 대신, 물질과 정신의 이원적 프레임이 자유의지의 이론적 위상을 규정하는 배경이 되었다. 일반적 상식이나 학문적 이론에 있어서나 이 세계의 물질과 정신이라는 이원론적 구조가 당연한 것으로 받아들여졌다. 이러한 이원론의 프레임에서 자유의지는 전체로서의 두 개의 세계 중 하나의 세계–정신의 세계–에 그 위상을 차지하게 되었다. 자유의지란 실재(実在)로서의 정신의 특성이다. 이것이 앞에서 제일 먼저 나온 정신적 의지의 개념이다.

칸트(Kant)는 자유의 문제를 도덕법칙과의 관계에서 논의하였다. 그의 가장 유명한 논의는, 자유는 도덕법칙의 존재근거(存在根拠)이고, 도덕법칙은 자유의 인식근거(認識根拠)라는 것이다.

"내가 지금 자유를 도덕의 조건이라고 부르고, 그리고 그 후에, 논문에 있어서, 도덕법칙은 우리가 먼저 자유를 인식할 수 있는 조건이라고 주장하는데, 누군가가 어떤 모순을 발견한다고 가정한다면, 나는 다만 자유는 진실로 도덕법칙의 존재근거(ratio essendi)이고, 도덕법칙은 자유의 인식근거(ratio cognoscendi)라고 말하고 싶다. 왜냐하면, 이미 우리의 이성에 있어서 도덕법칙이 뚜렷하게 생각되어지지 않았더라면, 우리는 결코 그러한 것을 자유라고 가정하는 것이 정당하다고 생각해서는 안되기 때문이다(자기모순은 아니더라도). 그러나 자유가 없다면 도덕법칙은 우리 자신 안에서 전혀 마주치지 않을 것이다."[123]

[1639] 쇼펜하우어

세계관적 시야에서 의지(意志)의 개념을 궁구한 철학자는 쇼펜하우어였다. 그는 세계를 '의지와 표상'으로 보았다. 의지와 표상이라는 단 두 개의 개념으로 세계 전체를 해석할 수 있다는 것을 발견한 쇼펜하우어는 자신의 통찰에 긍지를 가지고 있었던 것으로 보인다. 그는 자신의 철학이 헤겔의 철학에 밀리는 것이 대해 극히 분노하고 있었다. 그는 의지(意志)를 칸트의 물 자체(Ding an sich)라고 규정했다. 모든 것의 이면에 있으면서 근원적인 실재이지만 인간의 인식은 도달하지 않는 것, 그것이 칸트의 물 자체(物自体)였다. 그런데 쇼펜하우어는 그 물 자체를 철학적으로 통찰할 수 있다고 보았으며 그것이 바로 의지(意志)였다. 이것은 그야말로 세계의 비밀(秘密)에 도달한 것이 된다는 의미이다.

"물 자체(우리는 칸트식의 이 표현을 공식적 문구로 사용한다)는 그 자체로서는 결코 어떤 객관(客觀)이 아니다. 왜냐하면, 모든 객관은 물 자체의 단순한 현상(現象)이며, 이미 물 자체가 아니기 때문이다. 만일 물 자체를 객관적으로 사고하려고 한다면 물 자체는 어떤 객관에서, 즉 어떤 형태로 객관적으로 주

123 Kant, Practical Philosophy, translated by M.J.Gregor, Cambridge University Press, 1996, p.140,(5:5n) Lest anyone suppose that he finds an inconsistency when I now call the freedom the condition of the moral law and afterwards, in the treatise, maintain that the moral law is the condition under which we can first become aware of freedom, I want only to remark that whereas freedom is indeed the ratio essendi of the moral law, the moral law is the ratio cognoscendi of freedom. For, had not the moral law already been distinctly thought in our reason, we should never consider ourselves justified in assuming such a thing as freedom (even though it is not self-contradictory). But were there no freedom, the moral law would not be encountered at all in ourselves.

어진 것, 즉 물 자체 하나의 현상에서 명칭과 개념을 빌려와 어떤 이름을 가져야 한다. 그런데 합의점으로 쓰이기 위해서는 물 자체의 모든 현상 가운데에서 가장 완전한 현상, 즉 가장 명확하고 발전된 현상, 직접 밝혀진 현상이지 않으면 안 된다. 그것이 바로 인간의 '의지(意志)'이다. 여기서 주의하지 않으면 안 되는 것은 이 경우 탁월(卓越)한 것으로 명명(命名)하고 있음에 불과한 것이므로, 의지라고 하는 개념은 지금까지 사용된 것보다 더 넓은 범위를 갖고 있다.… 이때까지의 '의지'라는 개념은 '힘(Kraft)'의 개념 아래 포함되어 있었지만, 나는 이것을 정반대로 자연 속에 있는 모든 힘을 의지라고 생각하고 싶다. 이것이 개념논쟁에 불과하고 아무래도 상관없다고 생각한다면 곤란하다. 오히려 이것이야말로 가장 의미있고 중요하다. 왜냐하면, 힘이라는 개념의 밑바탕에는 다른 개념에서와 마찬가지로 결국 객관적 세계의 '직관적 인식', 즉 현상과 표상이 존재하며, 힘이라는 개념은 이것에서 만들어지는 것이기 때문이다. 힘이라는 개념은 인과가 지배하는 영역에서, 곧 '직관적 표상'에서 추상된다. 그리하여 힘이라는 개념은 인과적으로는 그 이상의 설명을 할 수 없으며, 바로 모든 원인적 설명의 필연적인 전제이고 원인이 원인이 되는 바의 원인존재(Ursachseyn)이다."[124]

---

124 Arthur Schopenhauer, Die Welt als Wille und Vorstellung, Musaicum Books (ebook), 2017, pp.170-173(§22). Dieses Ding an sich (wir wollen den Kantischen Ausdruck als stehende Formel beibehalten), welches als solches nimmermehr Objekt ist, eben weil alles Objekt schon wieder seine bloße Erscheinung, nicht mehr es selbst ist, mußte, wenn es dennoch objektiv gedacht werden sollte, Namen und Begriff von einem Objekt borgen, von etwas irgendwie objektiv Gegebenem, folglich von einer seiner Erscheinungen; aber diese durfte, um als Verständigungspunkt zu dienen, keine andere seyn, als unter allen seinen Erscheinungen die vollkommenste, d.h. die deutlichste, am meisten entfaltete, vom Erkennen unmittelbar beleuchtete: diese aber eben ist des Menschen Wille. Man hat jedoch wohl zu bemerken, daß wir hier allerdings nur eine denominatio a potiori gebrauchen, durch welche eben deshalb der Begriff Wille eine größere Ausdehnung erhält, als er bisher hatte··· Bisher subsumierte man den Begriff Wille unter den Begriff Kraft: dagegen mache ich es gerade umgekehrt und will jede Kraft in der Natur als Wille gedacht wissen. Man glaube ja nicht, daß dies Wortstreit, oder gleichgültig sei: vielmehr ist es von der allerhöchsten Bedeutsamkeit und Wichtigkeit.Denn dem Begriffe Kraft liegt,

이상의 근대에까지 이르는 자유의지에 대한 논의에 대하여 우리가 논평한다면 그것은 모두 통속적 개념의 형이상학(形而上学)이라는 것이다. 물론 과거에는 훌륭한 사상적 철학적 개념이었지만 오늘날의 관점에서 보면 세계의 오류에 빠져 있는 통속적 개념이다. 바울이나 어거스틴의 자유의지에 대한 논의는 신화적 세계와 가시세계(可視世界)를 통합하여 보고 있는 것이다. 그러한 점에서 세계의 오류이다. 칸트는 가시세계와 내관세계(內觀世界), 그리고 미세세계를 모두 포괄하여 하나의 세계로 보고 있는 세계의 오류이다. 칸트는 우리의 내관세계와 가시세계에서 하나의 법칙으로 작동하는 도덕법칙이라는 것이 있다고 보았다. 그리고 그 도덕법칙이 있기 때문에 그것을 근거로 자유(자유의지)가 있다고 추론할 수 있다는 것이다. 도덕법칙이 자유의 인식근거(認識根拠)라는 것은 그런 의미이다. 우리가 멀리서 연기가 나고 있는 것을 보면 그곳에 불이 있다고 추론할 수 있다. 연기는 불의 인식근거이다. 이때 도덕법칙은 가시세계와 내관세계라는 통일된 세계에서 성립하는바, 그것은 물리법칙처럼 실재한다는 것이다. 그러한 실재(実在)로부터 자유를 추론할 수 있다는 것이다.

이러한 통속적 개념에 입각하여 형이상학적 입장에서 한 걸음 더 나아가면 쇼펜하우어의 관점에 도달할 수 있다. 우리가 세계를 통합적으로 해석하려면 모든 것의 배후에 있는 힘으로서의 의지에 형이상학적으로 도달할 수 있다. 그렇게 하여 우리는 세계를 '해석(解釈)'할 수 있다. 그러나 이 해석은 세계의 오류이다. 사상으로서의 형이상학은 세계의 오류가 문제되지 않을 수 있다. 왜냐하면 형이상학의 관점에서는 세계는 하나라고 주장할 수 있을 것이

---

wie allen andern, zuletzt die anschauliche Erkenntniß der objektiven Welt, d.h. die Erscheinung, die Vorstellung, zum Grunde, und daraus ist er geschöpft. Er ist aus dem Gebiet abstrahirt, wo Ursache und Wirkung herrscht, also aus der anschaulichen Vorstellung, und bedeutet eben das Ursachseyn der Ursache, auf dem Punkt, wo es ätiologisch durchaus nicht weiter erklärlich, sondern eben die nothwendige Voraussetzung aller ätiologischen Erklärung ist.

기 때문이다. 그러나 우리가 자유의지라는 논제를 적용하려고 할 때 신경세계와 가시세계 그리고 내관세계에서 다른 의미를 가지고 있다는 것을 받아들이지 않으면 안 된다. 신경세계에서는 그것을 신경패턴의 발화와 어떤 관계를 가지는지를 묻지 않으면 안 되고, 가시세계에서는 사회를 형성하는 개인들의 행동패턴에 어떤 관계를 가지는지를 묻지 않으면 안 되고, 내관세계에서는 그것이 어떻게 느껴지는지—그 표상과 이미지—를 묻지 않으면 안 되는 것이다. 그것들에 대해서 명쾌하게 대답할 수 없다면 무엇을 주장하는지 알 수 없게 되는 것이다.

[1640] 결정론과 네 가지 입장, 충족이유율

앞에서 본 것처럼 이제까지 자유의지에 관한 논의에서 언어와 의미의 측면을 상정하지 못했다는 것이 치명적인 결함이었다. 이러한 결함 속에서 자유의지에 관한 논의는 결정론과의 관계에서 규정되었다. 그 입장은 4개의 입장으로 정리되었는데, 이러한 도식화(図式化)가 다시 인간의 사유를 억압하는 기능을 한 것도 사실이다. 즉 모든 사유를 그러한 도식에서 벗어날 수 없게 만든 것이다.

전통적으로 결정론(determinism)과 자유의지에 관하여 네 가지 입장이 가능하다고 말해진다. 우선 결정론과의 관계에서 양립가능론(compatibilism)과 양립불가론(incompatibilism)으로 구분된다. 양립불가론에 있어서는 결정론을 부정(否定)하는 자유의지론(libertarianism)과 반대로 자유의지를 부정하고 결정론의 입장을 취하는 제거주의(eliminativism)을 든다. 제거주의에서도 라플라스의 악마를 믿는 것과 같은 강경한 입장을 강성(强性) 결정론(hard determinism)이라고 할 수 있다. 라플라스의 악마(Laplace's demon)는 수학자 라플라스(P. S. Laplace)의 관념으로, 주어진 한순간 우주의 모든 존재의 위치와 운동상태를 알고 있는 악마가 있다면 그는 미래의 우주의 상황을 정확하게 예측할 수 있다는 것이다.

이제까지 자유의지가 존재하는가 하는 문제에 대하여 자유의지의 관점에서 대부분의 논의가 이루어졌다. 그런데 반대로 결정론(決定論)이란 무엇인가 하는 관점에서 자유의지의 가능성을 추구하는 여러 가지 논의가 있다. 이것은 인과관계론의 차원에서 원인이나 조건이란 무엇인지, 그리고 원인이나 조건의 불충분성을 논의하는 방식으로 자유의지를 추론하는 것이다. 그런데 이러한 관점에서 접근할 때 결정론이란 무엇인가 하는 논제가 잘 해결되지 않는다는 문제가 제기된다. 여러 학자들이 결정론의 결함으로부터 자유의지를 추론하려고 한다. 인과법칙에 관하여 어떠한 하나의 결과가 발생하는 데 있어서 당장 제기되는 문제가 여러 가지 많은 원인(原因)이 있다는 것이다. 이렇게 되면 당장 원인이 몇 개인가 하는 문제가 제기된다. 어떻게 보면 원인은 무한(無限)하다.

가령 어떤 킬러가 1.5킬로미터의 먼 거리에서 조준경이 부착된 총으로 정부 요인을 암살하기 위해 저격(狙擊)했다고 하자. 그런데 1억 광년 떨어진 행성(行星)이 폭발하여 그에 따라 발생한 중력파(重力波)가 1억 년의 시간이 지나 마침 저격의 순간에 지구에 도착했다고 하자. 그중력파의 영향으로 지구의 공간이 약간의 만곡(彎曲)이 발생하였으며 그 바람에 정확한 궤도로 발사된 총알이 약간 빗나가는 바람에 목표가 된 정치가의 머리가 아니라 귀를 맞히게 되었다고 하자. 이 경우 그 피해자 정치가가 생명을 건진 원인(原因) 중의 하나는 1억 년 전의 행성 폭발이다.

이것은 어떤 한 사건의 원인이 거의 무한하다는 것을 실증하는 것이다. 즉 지구만이 아니라(지구 한편에서의 나비의 날갯짓) 전 우주에 걸친 무한한 원인이 지구에서의 한 사건을 결과로 야기시키는 것이다. 따라서 우리가 결정론에서 출발한다면 당장 무엇이 원인인가, 어떤 범위까지 원인이 구비되면 필요충분조건이라고 할 것인가 하는 문제에 부딪치는 것이다. 이 문제는 해결하기 어려운 문제이다. 그렇다고 원인 문제가 해결되지 않았다고 하여 자유의지가 있다는 결론으로 추론하는 것은 옳지 않다. 그런데 대부분의 논리는 바로 이런 방식으로 자유의지를 증명했다고 주장한다.

결정론에 관하여 심원(深遠)한 철학적 접근을 한 학자는 쇼펜하우어였다. 그는 인과법칙이 아니라 충족이유율(Principle of sufficient reason)이라고 불리는 원리에 대한 연구로 박사학위논문을 썼다. 충족이유율의 가장 일반적인 표현은 '왜 그것이 존재하는가에 대해 이유(理由) 없이는, 아무것도 존재하지 않는다.'이다.[125] 간단히 말하면 모든 것에는 이유가 있고, 그 존재에 이유가 없는 것은 아무것도 없다는 것이다. 그런데 이 충족이유율은 사실은 그것이 '무엇에' 관한 이론인가가 명확하지 않다. 쇼펜하우어는 그의 논문을 통해 충족이유율을 4개로 분류하여 제시하였다. 1)생성(生成)의 충족이유율, 2)인식(認識)의 충족이유율, 3)존재(存在)의 충족이유율, 4)행위(行爲)의 충족이유율이 그것이다.[126] 생성의 충족율(충족이유율)은 인과법칙이다. 인식의 충족율은 논리법칙이다. 존재의 충족율은 시공간적 형식, 구체적으로는 수학적 진리이다(존재의 시간적 충족율을 다루는 것이 산술학(算術學)이고, 존재의 시간적 충족율을 다루는 것이 기하학이다). 행위의 충족율은 동기화(動機化)의 법칙이다. 충족이유율이 의의는 그것이 세계관에 대하여 넓은 지평을 제공한다는 것이다. 보통 우리

---

125 (라틴어 표현) Nihil est sine ratione cur potius sit, quam non sit. (독일어 표현) Nichts ist ohne Grund warum es sei. Arthur Schopenhauer, Über die vierfache Wurzel des Satzes vom zureichenden Grunde, Musaicum Books, 2007. p.16. (§5) (영어 표현) Nothing is without a reason for its being. Arthur Schopenhauer, On the Fourfold Root of the Principle of Sufficient Reason, Mme. Karl Hillebrand (Translator),London George Bell and Sons, 1907.p.(§5)

126 Schopenhauer, Über die vierfache Wurzel des Satzes vom zureichenden Grunde, *op.cit.*, 각 충족이유율의 라틴어 표현과 그것을 다루고 있는 장은 다음과 같다. principium rationis sufficientis feindi(생성의 충족이유율)-§20, principium rationis sufficientis cognoscendi(인식의 충족이유율)-§29. principium rationis sufficientis essendi(존재의 충족이유율),-§36. principium rationis sufficientis agendi(행위의 충족이유율)-§43

는 세계에 대하여 존재물들이 가득한 세계로 상정한다. 그러나 쇼펜하우어의 충족이유율에 의하면 세계는 생성의 측면이 있으며, 존재물들이 있고, 인식이라는 범주가 있는가 하면, 행위라는 또 다른 범주가 있다.

> "여기서 우리는 말하자면 무대 뒤에 서서, 원인이 내적 본질에 따라 결과를 일으키는 방법의 비밀을 경험한다. 왜냐하면, 여기서 우리는 전혀 다른 유형에 있어서, 따라서 전혀 다른 방식으로 인식하기 때문이다. 이로부터 '동기화(動機化)는 내부에서 본 인과성이다.'라는 중요한 명제가 도출된다. 따라서 인과성은 여기서 전혀 다른 종류의 인식으로, 전혀 다른 방식으로, 전혀 다른 매체로 나타난다. 따라서 이제 인과성은 우리 원칙의 특별하고 고유한 한 형태로 제시된다. 이 원칙은 행위의 충족이유율, 짧게 말하면 동기화의 법칙으로서 나타난다."[127]

여기서 제기되는 문제는 동기화에 의한 행위의 발생을 행위에 있어서 인과율의 독특한 발현 형태로 규정하고 있다는 것이다. 과연 그런가? 또는 그렇지 않은가? 동기화가 행위에 있어서 인과율의 독특한 형태라고 한다면 동기에 따른 행위에 있어서 자유의지란 없다. 반대로 동기화만으로는 인과율의 필요충분한 조건을 충족하지 못한다고 하면, 인간의 행위에는 자유의지가 개재(介在)한다고 결론을 내릴 수 있게 된다. 중요한 문제는 위 쇼펜하우어의

---

127 Schopenhauer, Über die vierfache Wurzel des Satzes vom zureichenden Grunde, *op.cit.*, p.192. (§43). Hier stehen wir gleichsam hinter den Koulissen und erfahren das Geheimnis, wie, dem innersten Wesen nach, die Ursache die Wirkung herbeiführt: denn hier erkennen wir auf einem ganz andern Wege, daher in ganz anderer Art. Hieraus ergibt sich der wichtige Satz: die Motivation ist die Kausalität von innen gesehn. Diese stellt sich demnach hier in ganz anderer Weise, in einem ganz andern Medio, für eine ganz andere Art des Erkennens dar: daher nun ist sie als eine besondere und eigentümliche Gestalt unsers Satzes aufzuführen, welcher sonach hier auftritt als Satz vom zureichenden Grunde des Handelns, principium rationis sufficientis agendi, kürzer, Gesetz der Motivation.

논점을 결정해 주는 근거가 없다는 것이다.

[1641] Markus Gabriel

위와 같은 충족이유율과 인과율에 개재하고 있는 난점을 이용하여—이용하는지도 알지 못하고—자유의지를 도출하는 하나의 이론을 최근 독일의 신진철학자가 제기되고 있다. 가브리엘(Markus Gabriel)이 이 논의를 그대로 적용하고 있다. 상당히 많은 분량의 설명을 하고 있으나 그 내용은 아주 간단히 요약할 수 있다. 우선 자신이 해석하는 충족이유율을 설명한다. 그는 충족이유율의 충족이유에 대하여 단일하고 공통적인 충족이유를 부정한다.

> "이 생각에서 중요한 전환점은 모든 조건(條件)이 어떤 공통범주로 단순화될 수 있다고 가정하지 않는다는 사실이다. 모든 조건이 (엄격한 원인이거나) 이유(理由)들인 것도 아니다. 조건들의 목록은 열려 있다. 형이상학과 같은 유일한 이론으로 개괄할 수 없는 무수한 유형의 조건들이 존재한다. 따라서 자유의지를 지키기 위해서 필요한 것은 범주별로 구분해야 한다. 우리는 엄격한 익명적인 원인으로 인간행동의 모든 조건을 식별해야 한다고 생각해야 할 믿을만한 근거가 없다는 것을 알아야 한다."[128]

---

128 Markus Gabriel translated by Christopher Tuner, I am not Brain-Philosophy of Mind for the twenty-First Century, Polity Press, 2017.(ebook), p.255. An important twist that should be noted in this line of thought is the fact that I do not assume that all conditions can ever be reduced to a common category. Not all conditions are (hard causes or) reasons. The list of conditions is open. There are countless types of conditions that we cannot survey in a single theory, a metaphysics. Hence, all we need to safeguard our free will is a categorical distinction that allows us to understand that we have no credible evidence which forces us to identify all conditions of human action with hard anonymous causes.

사실 이것은 이 충족이유율의 가브리엘의 버전만 있는 것은 아니다. 이미 쇼펜하우어가 생성의 충족율로서 원인과 행위의 충족율로서 동기화와 이유를 구분했다. 충족율(가브리엘의 조건)을 다양화하거나 충족율을 구성하는 조건들이 각 분야나 범주마다 다른 것을 인정해야 한다는 것이다. 그런데 이렇게 총족이유가 각 분야(또는 범주)마다 다르다는 것을 인정하면 어떻게 되는가?

  "자유의지의 난제(難題)에 대한 나의 해결은 특수한 형태의 양립가능론(兩立可能論)이다. 충족이유율의 형태를 띤 결정론은 참(true)이다, 그럼에도 동시에 우리는 자유롭다. 왜냐하면 우리가 자유(freedom)를 통하여 출현한다고 여기는 그러한 사건들의 어떤 조건들은 자유(free)로 불리어지는 것이 적절하기 때문이다. 인간행동의 필요조건 중에서 많은 것이, 우리가 그것들을 주연자(主演者)의 자유의지에 귀속(歸屬)시키지 않고는 이해할 수 없기 때문에, 우리는 자유롭다."[129]

  "자연주의(自然主義)는 다음의 근거로 궁극적으로 참(true)이 아니다. 즉, 많은 사건은 오직 주연자(主演者)가 그것에 개입되어 있을 때에만 발생하고, 그리고 주연자가 실제로 존재할 때에만 사건에 개입될 수 있기 때문이다. 그러나 주연자는 존재론적으로 순전한 자연적 사건의 부수현상(付隨現象)으로 격하(格下)시킬 수 없다. 우리는 원하는 것을 할 수 있다. 우리의 행동은 대부분

---

[129] *ibid.*, My resolution of the hard problem of free will is thus a specific form of compatibilism. It claims that determinism in the form of the principle of sufficient reason is true and that nevertheless at the same time we are free, because some conditions of those events which we conceive of as emerging through freedom are properly referred to as free. We are free, because many of the necessary conditions of human action are precisely such that we cannot understand them without ascribing free will to agents.

자유로우며, 오히려 이것을 의심할 이유가 없다.[130]

　가브리엘의 논리를 단순화하면 이 세계를 단일한 세계로서 순전한 물리적 세계로 규정하는 것은 오류라는 것이다. 이것이 그가 자연주의가 궁극적으로 참이 아니라고 한 말의 의미이다. 그렇다면 이 세계에는 물리적 세계가 아닌 다른 세계가 있다. 그 세계 중에서 어떤 사건들은 주연자가 개입될 때에만 발생한다는 것이다. 그런데 주연자가 개입되어 발생하는 사건은 돌멩이와 돌멩이가 부딪쳐서 일어나는 사건과는 성격이 다르다는 것이다(주연자의 개입을 순전한 자연적 사건의 부수현상으로 격하시킬 수 없다). 주연자가 개입되어 발생하는 사건에 대해서는 우리는 자유롭다[131]고 말할 수 있으며 이것을 의심할 이유는 없다는 것이다.

　그의 책은 충족이유율까지 동원하여 참으로 많은 이야기를 하고 있지만 위와 같이 단순화하면 사실 이것은 누구나 아는 통속적 직관(直觀)이다. 생물학자들도 이 세계를 단순한 물리적 세계로 환원하는 것을 동의하지 않을 것이다. 그렇다면 동물은 물론 심지어 아메바도 물리적 인과관계로 환원되지 않는다. 즉 동물은 물론 아메바도 자유를 가진다는 결론이 된다. 우리가 논의하는 것은 아메바의 자유가 아니다. 물론 생물학자들도 아메바의 자유나 동물의 자유에 대하여 논의하지 않는다. 이 모든 것으로부터 구별되는 자유를 논의하기 위해서는 주연자만으로는 부족하고, 우리가 앞에서 논의한 언어와 의미의 차원을 도입하지 않으면 안 된다.

130　*ibid.*, p.259. Naturalism is ultimately simply not true, because many events take place only if agents are involved in them, and agents can only be involved in events if they actually exist. Yet, agents cannot be ontologically reduced to epiphenomena of purely natural events. We can do what we want to do. Our actions are mostly free - or, rather, we have no good reason to doubt this.

131　그도 의지라는 것은 부정한다. 즉 의지라는 것이 있어서 그것이 자유롭다고 하는 관점을 부정한다. 그렇다면 자유의지론이 아니라 원칙적으로 자유론이라고 해야 한다.

[1642] John Searle

가브리엘과 유사하게 결정론과 인과관계론의 시각에서 보지만, 더욱 치열하고 정밀하게 인간의 자유의지에 대하여 탐구한 학자로서 우리는 훨씬 앞세대인 써얼(Searle)을 들어야 할 것이다. 그는 간극(間隙, gap)으로서의 자유의지를 주장하였다.

우리가 어떤 사건이 발생하는 데 있어서 무한한 원인으로 후퇴하지 않고 사건 발생에 필요충분조건을 상정한다면, 필요충분조건이 완전히 구비되지 않았는데도 사건이 발생한 경우를 상정해 볼 수 있다. 이렇게 필요충분조건과 실제 현실에 있는 조건과의 틈(즉 간극, gap)에 자유의지가 존재한다는 것이다. 이렇게 불충분한 원인만 있는데도 사건이 발생하는 경우가 있고, 그 원인의 충분성에 이르는 간극(間隙, gap)을 자유의지가 메꾼다는 것이다. 이것은 독특한 논법으로 어떻게 보면 결정론을 유지하면서(원인의 충분성), 자유의지가 결정론의 원인의 한 부분으로 포섭되는 것으로 귀결된다. 기묘하게도 정반대의 결론도 가능하다. 써얼은 이러한 간극으로서의 자유의지론은 결정론과 양립하지 않는다고 한다. 왜냐하면 필요충분조건이 없는데도 사건이 발생한 것은 결정론이 타당하지 않다는 것을 의미하기 때문이다.[132] 인간의 행동에는 이와 같이 필요충분조건이 부족한 것이 일반적이다. 인간의 행동에도 이유(理由)가 있으나 그 이유는 필요충분한 원인이라고 할 수 없다는 것이다.

---

132 Searle, Freedom and Neurobiology, *op.cit.*, p.47. According to the definitions of these terms that I am using, determinism and free will are not compatible. The thesis of determinism asserts that all actions are preceded by sufficient causal conditions that determine them. The thesis of free will asserts that some actions are not preceded by sufficient causal conditions. Free will so defined is the negation of determinism. 내가 지금 사용하는 이들 용어의 정의상, 결정론과 자유의지는 양립하는 것이 불가능하다. 결정론의 논제에 의하면, 모든 행동에는 그것에 선행하면서 행동을 결정하는 인과의 충분조건이 있다. 자유의지 논제에 의하면 인과적 충분조건이 선행하지 않는 행동도 있다.

"어떤 이유에 근거해서 다른 사람이 아닌 부시에게 투표하기로 결심하고 실제로 투표장에서 부시에게 표를 찍을 때, 흥미롭게도 내 행동에 선행하는 이유가 인과적(因果的)으로 충분한 조건의 것이라고는 느껴지지 않았다. 내가 그 같은 결정을 하게 된 이유가 그 결정을 강제(强制)하기에 인과적으로 충분한 것이라거나, 혹은 나의 결심이 내 행동을 강제하기에 충분한 원인이라고는 생각지 않았다. 고민한 후에 행동을 하는 전형적인 경우, 숙고(熟考)와 결정과 행동이라는 일련의 과정 각 단계에 작용하는 원인과 각 단계의 실제 결과 사이에는 간극(間隙) 혹은 일련의 간극들이 존재한다."[133]

써얼은 이 간극의 경험이 자유의지의 경험이라고 한다. 심리학적 차원에서 인간은 자신의 행동이 필요충분한 이유로 강제되는 것이 아니라는 것을 느끼는 것, 그것이 자유의 경험이다. 우리는 여러 가지 이유(理由)로 부시에게 투표하는 것을 자유의지라고 관념할 수 있다. 그런데 써얼은 그런 여러 가지 이유에도 불구하고 필요충분한 원인으로 심리적으로 강제(强制)되는 상태가 아니라는 것, 그 간극이 자유라는 것이다. 그리고 이것은 그가 말하는 대로 심리학적 차원에서 하는 말이다.

써얼의 이러한 논의는 가브리엘에 비하면 훨씬 더 정밀하다. 즉 인간이 행동을 할 때 그것이 사물의 물리적 관계가 아니라 (사물이 아닌) 주연자(主演者)의 행동이라는 것 이외의 추가적인 논의를 진행하고 있는 것이다. 만일 인간이 약물중독에 빠져서 자신의 의지로는 도저히 저항하지 못하고 또 다시 그

---

133 *ibid.,* p.42. But, interestingly, when I chose to vote for Bush on the basis of some of those reasons and not others, and later when I actually cast a vote for Bush in a voting booth, I did not sense the antecedent causes of my action as setting causally sufficient conditions. I did not sense the reasons for making the decision as causally sufficient to force the decision, and I did not sense the decision itself as causally sufficient to force the action. In typical cases of deliberating and acting, there is, in short, a gap, or a series of gaps, between the causes of each stage in the processes of deliberating, deciding and acting, and the subsequent stages.

약물을 복용하는 경우라면 완전히 강제(强制)되는 것이기 때문에 자유의지의 간극이 없다고 할 것이다. 보통은 이와는 달리 자신을 심리적으로 강제할 만한 그러한 충분한 이유가 없는데도 행동하는 것이 인간의 일반적 행위양식이다. 그리고 그것이 바로 자유현상이고 이유나 동기, 선호, 욕망 등이 있음에도 그러한 이유들로는 심리적 강제상태가 아닌 경우, 그 간극에 자유가 있다. 그리고 실제로 우리는 그러한 경우에 자유의 느낌을 가진다고 할 수 있다 (아편중독자가 아편을 갈구할 때에는 자유의 느낌이 없는 것에 대비하여).

그러나 이 논의에는 두 가지 중대한 난점이 있다. 첫째, 이 논의에 따르면 우유부단(優柔不斷)한 사람이 가장 자유로운 사람이라는 결론이 될 것이다. 반대로 그렇게 많은 이유를 동원하지 않고도 행동해야 한다고 믿는 사람은 거의 자유가 없는 셈이 될 것이다. 이렇게 되면 자유나 자유의지가 심리적 성격이 좌우하는 현상이 될 것이다. 둘째, 이것은 결국 통속심리학이다. 즉 심리학적인 차원에서 자유의지를 규정하고 있는 것이다. 가브리엘의 논의가 추상적이고 형이상학적인 철학의 논의라면, 써얼의 논의는 통속적인 관점의 심리학의 논의다. 심리학자들은 이러한 논의를 하지 않으며 대체로 어떤 행동에 대한 규칙성이 있는 여러 이유(심리적 원인)를 찾으려고 노력하지(더 나아가 의식하지 않은 무의식적 원인까지), 심리적 원인규명을 그만두고 자유의지 만세라고 외치지는 않기 때문이다. 가장 근본적인 문제는 리벳의 실험이 말하는바, 심리적으로 충분한 원인 없이 결정을 한다고 해도 이미 그 전에 뇌 신경과정에 의한 결정이 이루어진 상태라는 것이다.

결국 자유는 어디에서 찾을 수 있는가? 그것은 우리가 앞에서 논의한 것처럼 인간의 행위에 언어와 의미의 차원이 있다는 것에서 찾아야 한다. 심리적 원인이나 이유의 문제가 아니라는 것이다.

[1643] 이유와 원인

　결정론 개념의 내용을 구성하는 인과관계론, 인과율, 원인론 등에 대비개념으로서 이유개념에서 자유의지를 찾으려는 논의가 있다. 앞의 써얼(Searle)의 논의도 그 하나로서 이유의 불충분성이 기초하고 있었다. 그런데 확실히 이유는 원인과 구별되는 개념으로서 이유에 의한 행동은 자유의지에 의한 행위이고, 원인에 의한 결과들에만 결정론이 적용된다고 생각할 수 있다. 이렇게 간명하게 생각할 수 있다면 이유는 자유의지에 대한 유력한 논거가 될 수 있다. 독일의 메르켈(Reinhard Merkel)도 원인과 이유를 구별하는 인상적인 사례를 제시한다.

　　"심판 S는 X팀과 Y팀 사이의 경기에서 호루라기를 불었다. 왜 그랬는가? 호루라기 소리가 발생한 원인(Ursache)에 대해 묻는다면 그 대답은 다음과 같다. 'S의 몸에서 다양한 생리적 과정이 발생하여 폐에서 작은 기구로 공기가 들어가, 특정 공기 진동이 발생하여, 호루라기 소리가 나게 된 것이다.' 확실히 그것은 의심의 여지가 없다; 그러나 '왜-질문'은 그것에 대해서 물은 것이 아니다. 만족스러운 답변은 다음과 같다. '휘슬(whistle)의 이유(Grund)는 X팀의 공격수 A가 오프사이드를 범했기 때문이었다. 휘슬의 직접적인 동기는 S가 X팀의 공격을 멈추고 Y팀에게 프리킥(free kick)을 주기 위한 것이었다. 그 간접적 동기는 그의 심판의무를 적절하게 이행하기를 원했기 때문이었다. 휘슬의 중요성은 이 프리킥이 실제로 주어진다는 것이다."[134]

---

134 Reinhard Merkel, Willensfreiheit und rechtliche Schuld. Eine strafrechtsphilosophische Untersuchung --Eine strafrechtsphilosophische Untersuchung, Nomos Verlag, Baden-Baden, 2008. pp.41-42. Nehmen wir ein einfaches Beispiel: Schiedsrichter S produziert im Spiel der X-Mannschaft gegen die Y-Mannschaft auf seiner Trillerpfeife einen Pfiff. Warum hat er das getan? Fragt man nach der Ursache des Pfiffs, so könnte die Antwort lauten: „Im Körper des S fanden

휘슬(호루라기 소리의 발생)이라는 사건의 원인(原因)은 분명히 호루라기에 의한 공기진동이다. 그러나 휘슬의 이유(理由)는 A가 오프사이드 위치에 있었기 때문이다. 이것은 실로 엄청난 차이이다.

> 이유(理由)는 물리적 존재가 아니다. "그것은 물리적 세계의 인과적으로 관련된 성질과는 다른 소재로 만들어졌기 때문에, 그것은 존재론적(ontologisch)인 것에 속하지 않는다."[135]

결국 행동에 대한 설명으로서 이유는 모두 인간사회의 해석(解釈)의 한 형태이다. 그러나 원인과 이유의 이러한 구별은 중대한 것이기는 하지만 위의 사례와 같이 반드시 명확한 것은 아니다. 당장 심리적 원인 또는 심리적 이유가 있다. 인간의 행동은 인간의 선호, 욕망, 동기화, 목적 등에 의하여 규정된다. 이러한 심리적인 것들은 원인인가 이유인가? 이것들을 모두 배제하고 순전히 외적 사회적 의미(意味)만에 한정하여 이유를 규정한다면 그 범위에 한정하여 자유의지를 규정할 수 있게 될 것이다.

이유와 신경과정의 중간적 범주 또는 매개범주를 의식(意識)이라고 하면 문제는 의식의 문제로 이전하고, 그것을 정신이라고 하면 정신의 문제로 이전한다. 가령 그러한 매개범주로서 주체적 실재로서 주연자(agent)를 상정하

---

diverse physiologische Vorgänge statt, die zu einem Luftstoß aus dessen Lungen in ein kleines Instrument führten, aus dem dann bestimmte Luftschwingungen austraten, die als Pfiff hörbar wurden. "Das ist gewiss unbestreitbar; aber danach fragt die Warum-Frage offensichtlich nicht. Eine zufriedenstellende Antwort wäre dagegen diese:"Grund für den Pfiff war, dass der Stürmer A des X-Teams im Abseits stand. Unmittelbares Motiv des Pfiffs war, dass S den Angriff des X-Teams stoppen und dem Y-Team einen Freistoß zusprechen, mittelbares Motiv, dass er seine Schiedsrichterpflicht anständig erfüllen wollte. Die Bedeutung des Pfiffs war, dass eben dieser Freistoß tatsächlich gegeben wurde.

135 *ibid.*, p.42. Sie sind aus einem anderen Stoff als die kausal relevanten Eigenschaften der physischen Welt und gehören deshalb ontologisch nicht zu dieser.

면 주연자-인과관계(agent causation)의 개념에 이를 수도 있을 것이다.[136] 주연자-인과관계는 사실 가브리엘의 관점이기도 하다. 또한 이 지점에서 우리는 다시금 리벳의 실험으로 되돌아가게 될 수도 있다. 즉 매개범주를 어떻게 설정하고 어떻게 그럴듯한 이론을 구성하더라도 결국 인간의 이유와 의사결정에 대해 신경과정이 선행(先行)한다. 이렇게 보면 많은 학자가 리벳의 실험에서 출발하여 원인과 이유의 정거장에 도착한 것으로 상상하지만, 실제로는 리벳의 실험에서 한 발짝도 벗어나지 못했다는 것이 드러난다. 만일 여전히 원인과 이유의 구별을 고집하는 사람이 있다면 그는 아직도 이유를 제대로 이해하지 못하는 것이다. 그리하여 메르켈(R. Merkel)은 결국 인와겐(Peter van Inwagen)의 결론을 만나게 된다.

"자유의지적 비양립성에 대한 우리의 분석 결과는 그 가장 중요한 대변인 중 한 사람의 공식보다 더 간결하게 요약될 수 없다; '자유의지는 수수께끼로 남아 있다(Free Will Remains a Mystery)'. 자세히 들여다보면 원초적(原初的) 이유를 알 수 있다. 일종의 토끼와 고슴도치의 관계가 의지(意志)와 그것의 신경기반(neuronalen Basis) 사이의 관계이다. 자유를 주장하기 위해, 의지 또는 결정의 정신적 토끼가 어떠한 개념적 정교함을 사용하여 그 정신적 위치를 주장한다고 해도, 신경생리학의 고슴도치가 항상 그곳에 버티고 있다. 왜냐하면, 그것 없이는, 그 어떤 정신도 상상할 수 없기 때문이다. 의식의 다른 과정과 마찬가지로 의지도 그러하다."[137]

136 Peter van Inwagen, Free Will Remains a Mystery, Philosophical Perspectives, 14, Action and Freedom, 2000, (pp.1-19), Ned Markosian, A Compatibilist Version Of The Theory Of Agent Causation, in *Pacific Philosophical Quarterly* 80, 1999, (pp. 257-277)

137 Merkel, Willensfreiheit und rechtliche Schuld. *op.cit.*,, p.79. Das Resultat unserer Analysen zum libertären Inkompatibilismus lässt sich nicht bündiger fassen als in die Formel eines seiner bedeutendsten Vertreter: „Free will remains a mystery". Ein genauerer Blick zeigt den prinzipiellen Grund: eine Art Hase-und-Igel-Verhältnis zwischen dem Willen und seiner neuronalen Basis.

이 미스터리의 해결은 인간행동에 언어와 의미의 차원을 발견하는 것에서 시작된다. 위 심판의 호루라기의 사례는 자유의지론에 관하여 중요한 시사(示唆)를 준다. 심판이 호루라기를 부는 행위 자체는 자동성과 결정성(決定性)이 지배한다. 우리가 심판의 행위 자체에 대하여 이유에 근거한다는 점에 의하여 자유의지 행위라는 결론으로 나아가는 것은 타당하지 않다. 심판은 축구경기의 규칙에 대한 이해가 신경기반적인 동작 스키마로 학습되어 있으며, 따라서 즉각적으로-자극반응체계로서-호루라기를 부는 것이다. 이것은 횡단보도에 이르러 빨간 신호등이 들어오는 것을 보고 걸음을 멈추는 것과 동일하다. 따라서 이것을 이유와 원인으로 구별하여 자유의지의 근거로 논의하는 것은 타당하지 않다.

그리하여 중요한 것은 다시 인간행위의 의미성(意味性)으로 돌아간다. (호루라기를 부는) 동작 자체에 대한 자유의지의 문제가 아니다. 그 동작에 의미를 부여하는 것, 그것이 상대방에게 A가 오프사이드 위치에 있었고, 따라서 경기를 중단시키고, 상대방에게 오프사이드 벌칙을 부과한다는 이 의미성(意味性)이야말로 자유의 문제인 것이다. 행위에 대한 이러한 의미부여가 자유이다. 그리고 실제 인간이 만드는 문화적 사회에 있어서는 행위의 의미성이 대부분의 행위에서 결정적인 중요성을 가진다. 위 심판의 호루라기에 대하여 누구도 공기의 진동을 논의하지는 않을 것이다. 이런 점에서 인간의 자유는 오히려 행동 자체의 자동성과 결정성을 그 기반으로 하고 있다. 이제까지는 행동의 자동성과 결정성을 자유와 대립적으로 보아 왔다. 오히려 정반대

Welche gedankliche Position mittels welcher begrifflichen Finessen man für den mentalen Hasen des Wollens oder Entscheidens auch reklamieren möchte, um dessen Freiheit zu behaupten - der Igel des Neurophysiologischen ist immer schon da. Denn ohne ihn, ohne es, ist überhaupt nichts Mentales vorstellbar, ein Wille sowenig wie irgend ein sonstiger Vorgang des Bewusstseins. (토끼와 고슴도치의 비유는 독일의 동화에서 연유한다. 토끼와 고슴도치가 달리기를 하였는데 두 개의 목표지점에 고슴도치 부부(夫婦)가 각각 위치하고 있었다. 부부를 같은 고슴도치로 착오한 토끼는 열심히 달려 도착하면 이미 고슴도치가 목표지점에 와 있는 것을 발견할 뿐이었다.)

이다. 인간의 자유가 성립하기 위해서는 행동의 자동성과 결정성이 전제(前提)인 것이다. 자동모드의 승용차 운전에서 인간의 자유가 넓어지는 것이다. 수동모드로 알지 못하는 험준한 길을 가는 사람이 온몸과 정신을 다 쏟아 정신없이 운전하고서는 자유의지로 운전했다고 말하는 주장이 옳지 않다는 것이다.

[1644] 인과율과 결정론의 개념

이제까지 결정론적 세계는 인과법칙에 의하여 지배되는 세계라고 상정해왔다. 그런데 인과법칙이란 무엇인가? 이 세계를 구성하는 법칙이 인과법칙이 전부인가? 인과법칙에 의하여 지배되지 않는 영역이나 세계는 없는가? 막상 당연한 것 같은 이와 같은 질문에 대답하려고 하면 난제(難題)라는 것을 발견한다.

인과법칙 또는 인과율(因果律)은 일반적으로 어떤 원인상태(狀態)로부터 다른 결과상태가 필연적으로 일어나는 법칙이라고 할 수 있다. 그러나 만족할 만한 정의가 있는 것은 아니다. 우선 원인과 결과로 불리는 것이 존재(存在)인가, 상태(또는 事象)인가, 사건인가? 하는 문제가 있다. 만일 원인이나 결과가 존재라면 존재란 무엇인가 하는 문제를 피할 수 없게 된다. 2+3=5에서 2,3,5가 존재라면 이 수학의 덧셈법칙도 인과율이라고 해야 할 것이다. 존재의 문제가 아니라고 해도 인과율은 두 개 이상의 존재가 있어야 한다. 왜냐하면 원인이라고 불리는 존재와 결과라고 불리는 존재가 있어야 하기 때문이다. 아래의 아인슈타인의 말과 같이 방사성물질의 붕괴(崩壞)는 두 개의 존재의 관계가 아니고 따라서 인과율이 지배하지 않는다. 아이가 성장하여 어른이 되는 경우 하나의 존재뿐이라면 인간의 성장은 인과율이 아니게 될 것이다. 반대로 섭취하는 음식물 등도 모두 존재라고 한다면 인간의 성장이라는 인과율에 있어서 존재를 어떻게 규정할 것인가 하는 문제가 다시 제기된다. 이런 점에서 콰인(W.V.O. Quine)의 존재론의 상대성은 중요한 문제를 제기한다. 즉 인과율에 전제되는 존재론적 개입(ontological commitment)은 어떻게 규정되는가 하는 것이다. 그것은 흄(D.Hume)이나 칸트(Kant)의 말처럼 인과율은 실재적 법칙이라기보다는 관념적인 것에 불과한지도 모른다.[138]

원래 인과율이 자연과 우주의 보편적 법칙으로 등장한 것은 뉴턴의 고전역학 때문일 것이다. 이 고전역학의 세계는 모든 것이 연장성을 가진 존재로 규정되기 때문에 역학적 법칙들은 결과를 야기하는 법칙적 관계를 선명하게 보여주는 것이었다. 라플라스의 악마도 같은 관점을 전제로 한다. 그러나 현대물리학에 이르면 인과율은 자연과 우주의 보편법칙으로서 지위가 확실하지 않게 되었다. 양자역학에서 인과율은 부정되는 경우가 있다는 것이 정설이다.

그리하여 자유의지에 대개념(対槪念)으로서 인과율에 의한 결정론을 설정하는 것이 과연 타당한가 하는 의문은 해명되지 않는다. 결정론의 개념도 자유의지의 개념도 규정이 되지 않기 때문이다. 자연과 우주 전체를 포괄하는 어떤 법칙이나 법칙들을 통합하는 메타법칙이 있을까?[139] 마찬가지로 이 우

---

138 우리는 제2권에서 이에 관하여 논의할 것이다.

139 아인슈타인은 통일장 이론을 죽을 때까지 연구했지만 성공하지 못했다. 우리는 과학이 아무리 발전해도 사과나무에서 사과가 언제 떨어질지, 그 떨어지는 시간을 규정하는 법칙이나 메타법칙을 얻지 못할 것이다. 사과나무의 사과가 언제 떨어질지를 알기 위해서는 당장 물리학 법칙으로서 뉴턴의 법칙(엄밀히는 아인슈타인의 이론)을 알아야 하고, 동시에 사과가 생장하여 어느 시점에 사과의 무게가 얼마나 되고, 그리고 사과의 무게를 지탱하는 사과꼭지가 어느 속도로 생장하여 사과 무게를 견디는지 그 능력(견인력)의 크기를 알아야 하고, 기상학적 법칙을 동원해 사과나무가 있는 곳에 어느 시점에 어떠한 정도의 바람이 불어 사과를 어느 정도의 범위로 흔들지 알아야 하며, 나아가 사과나무의 주변에서 서식하는 벌레들의 행태를 알아서 어떤 벌레가 어느 시점에 사과나 사과꼭지를 갉아먹을 가능성을 알아야 한다. 이것만이 아니다. 이런 물리학 법칙, 생물학 법칙, 기상학 법칙을 포괄하여 그 법칙들이 어떻게 종합되는지를 규정하는 메타법칙(mata-law)이 있다면 그 법칙을 알아야 할 것이다. 그러한 법칙이 없다면 없다는 것이 논증되어야 할 뿐 아니라, 실제 현실에서 각 분야의 법칙이 어떠한 방식으로 연관되는지를 알아야 할 것이다. 간명하게 말해 엄밀하게는 우리는 사과가 정확히 어느 시점에 떨어지는지에 대하여 알지 못하고, 알 수 있는지에 대해서도 알지 못한다.

주가 근원적으로 법칙에 의하여 결정되는지 아니면 법칙의 간극에서 작용하는 어떤 개방성이나 무작위성이 있는지 알지 못한다. 왜냐하면 이러한 사유 자체가 형이상학(形而上學)으로 보이기 때문이다.[140]

자연과 우주의 보편법칙으로서의 지위가 의심된다면 그것의 대개념(対概念)이나 예외로서 자유의지의 개념을 설정하는 것은 타당하지 않다. 삼각형의 내각의 합은 180도이고, 이등변삼각형의 변 사이에는 피타고라스 정리가 성립한다. 그런데 이것은 인과율은 아니다. 이렇게 보면 수학의 모든 법칙들은 인과율이 아니라는 것이 드러난다. 결국 인과율을 기준으로 하여 결정론자와 비결정론자로 대립하는 것은 타당한 관점이라고 할 수 없게 된다.

"비결정론(非決定論)은 아주 비논리적인 개념이다. 비결정론이란 무엇을 의미하는가? 이제 방사성 원자의 평균수명이 어떠하다고 말하면, 그것은 특정 질서(Gesetzlichkeit)를 표현하는 진술이다. 그러나 이 아이디어 자체에는 인과관계(因果關係)를 말하는 것이 아니다. 우리는 그것을 평균(平均)의 법칙이라

---

140 Mele는 우주의 깊은 개방성(deep openness)을 논의한다. 저자는 그 개념 자체가 형이상학으로 보인다. 근원적으로 법칙 자체가 자연적인 어떤 실재가 아니라 우리의 인식방법일지도 모르기 때문이다(칸트는 시간에 대해서 그것이 실재가 아니라고 했다. 실제 시간이 실재인지 아닌지는 아직도 명확하지 않다). 따라서 멜리의 다음과 같은 사유는 형이상학으로 보인다. Alfred R. Mele, FREE -Why Science Hasn't Disproved Free Will, *op.cit.*,p.80. But what would it feel like if, in fact, alternative decisions *weren't* open to us in the deep way required by ambitious free will? What would it feel like if, given the way our universe and everything in it works (including us), an imaginary supercomputer provided with complete information about the laws of nature and a complete description of the universe many years ago could deduce everything we will decide?··· The answer, to the best of my knowledge, is this: just the way it normally feels, just the way things feel now. I'm not saying that we don't have deep openness. I'm saying that the difference between deep openness and its absence isn't the kind of thing that can be *felt*. 만약, 사실, 대체적인 결정이 야심적(ambitious) 자유의지에 의해 요구되는 깊은 방법으로(deep way) 우리에게 열려 있지 않다면 어떤 기분이 들까? 우리의 우주와 그 안의 모든 것이 작동하는 방식을 고려할 때(우리를 포함) 수년 전에 자연의 법칙에 대한 완전한 정보와 우주의 완전한 설명을 제공하는 가상의 슈퍼컴퓨터가 우리가 결정할 모든 것을 추론할 수 있다면 어떤 기분이 들까? ··· 내가 아는 한, 답은 이것이다: 평상시의 느낌 그대로, 현재 느끼는 상황 그대로. 나는 우리가 깊은 개방성을 가지고 있지 않다고 말하는 것이 아니다. 나는 깊은 개방성과 그것의 부재(不在)의 차이는 느낄 수 있는 것이 아니라고 말하고 있다.

고 부른다. 모든 법칙에 인과적 유의성을 가지는 것은 아니다. 또한 그것이 야기(惹起)되지 않았다는 의미에서 원자의 평균수명이 비결정적이라고 말한 다면 그것은 바보같은 소리이다."[141]

따라서 이러한 인과율을 전제로 하는 결정론의 개념으로 자유의지와의 관계에서 양립론, 비양립론 등을 논의하는 것은 타당하지 않다. 그것은 이론적으로 사유를 제약하는 도식으로 전락할 것이다. 우리는 모두 아인슈타인의 말대로 '피아노를 배우는 청소년 학습자와 같다.' 말하자면 '단지 바로 앞이나 뒤에 있는 음표 하나만 관련되어 있다는 것만 알 뿐'[142]이다. 따라서 결정론과의 관계에서 자유의지를 논의하는 것은 타당하지 않다. 그리하여 우리는 결정론 대신 결정성(決定性)이라는 기표(단어)를 주로 사용하기로 한다. 인과법칙이 아니라고 하더라도 어떤 사건이 법칙성 또는 필연성에 의하여 발생한다는 뜻으로 결정성(決定性)이라는 용어를 사용한다는 것이다.

[1645] 사회심리학에서의 논쟁(사회심리학 연차대회 2009 SPSP)

이제까지 우리는 주로 철학적 시야에서 보고 있는 자유의지에 관한 논의들을 검토하였다. 리벳의 실험을 계기로 자유의지의 문제는 이제는 철학을 넘어 다른 학문에서도 중요한 이슈가 되었다. 다음은 사회심리학(社會心理学)

---

141 Max Planck, Where is Science Going?, *op.cit.*, p.202. Indeterminism is quite an illogical concept. What do they mean by indeterminism? Now if I say that the average life-span of a radioactive atom is such and such, that is a statement which expresses a certain order, Gesetzlichkeit. But this idea does not of itself involve the idea of causation. We call it the law of averages ; but not every such law need have a causal significance. At the same time if I say that the average life-span of such an atom is indetermined in the sense of being not caused, then I am talking nonsense.

142 *ibid.*, p.203. we are like a juvenile learner at the piano, just relating one note to that which immediately precedes or follows.

의 분야에서의 자유의지에 관한 논쟁을 검토하기로 한다. 이 논쟁은 2009년 SPSP(Society for Personality and Social Psychology) 연차대회에서의 바그(John A. Bargh)와 바우마이스터(Roy F. Baumeister)의 발표와 토론에서의 논쟁이다.

바우마이스터의 논의는 앞에서도 이미 논의한 바 있다.[143] 그는 자유의지에 대하여 긍정적인 입장을 대표하였다. 그는 대회의 인쇄된 프로그램에 실린 발표의 간단한 요약에서 이렇게 말하고 있다. 이 요약은 바우마이스터 주장의 대강(大綱)을 이루는 기조(基調)라 할 수 있을 것이다.

> "자유의지라는 용어는 논란의 여지가 있지만, 그것이 나타내는 심리적 과정은 문화(文化)를 포함한 인간 사회생활의 고유한 요구에 대한 중요한 적응(adaptations)이다. 이 진화적으로 새로운 행동통제 형태는 (문화의 규칙을 따르기 위한) 자기통제(自己統制)와 (문화의 기회와 제약을 타협시키기 위한) 합리적 선택(選擇)이 포함된다."[144]

바우마이스터가 자유의지를 주장하는 데 있어 가장 기본적이고 근원적인 논거는 문화사회(文化社會)이다. 동물은 자연 속에서 자연에 밀착(密着)하여 생존한다. 그렇지만 이제 인간은 자연 속에서는 생존하지 못한다. 유아(乳兒)가 자연에 버려진다면 살아남지 못한다. 인간은 문화를 형성하고 문화사회 속에서 생존한다. "문화에 속하기 위해서는 사람들은 자신을 다른 사람들이 보는 것처럼 볼 수 있어야 했고, 다른 사람들이 자신을 어떻게 평가할지에 대

---

143 *supra* [1635]

144 SPSP 2009, printed program, http://spsp.org/sites/default/files/PrintedProgram2009.pdf, p.74. The term "free will" is controversial, but the psychological processes it denotes are important adaptations for the unique demands of human social life, including culture. This evolutionarily new form of action control includes self-control (for following culture's rules) and rational choice (for negotiating culture's opportunities and constraints).

해서도 걱정해야 했다." "문화사회에 참여할 수 있도록 자연이 인간의 정신(psyche)을 설계했다."[145]

이러한 기조(문화사회)에서 보면 인간은 동물처럼 행동하는 것이 아니라 문화와 규칙을 따르는 자기통제(이것은 본능적 욕구의 억제를 포함한다)를 하고, 또한 의미를 사용하는 지적 정신에 기반하여 문화의 기회와 제약을 타협시키기 위한 합리적 선택을 한다는 것이다. 이러한 자기통제와 합리적 선택이 바로 동물에게는 없는 인간의 자유의지에 의한 행동이라고 한다.

이에 대하여 자유의지를 부정하는 발표를 한 바그(Bargh)의 관점은 다르다. 그는 인간의 행동이 우리가 상상하는 것보다 훨씬 더 자동성(自動性)을 가진다는 연구로 사회심리학에 새로운 시야를 열었다. 어떤 점에서 보면 바우마이스터와는 정반대로 동물의 자동적 자극반응기제에 더 접근하여 인간과 동물의 보편적 행동기제를 지향한다고 할 수 있다. 인간의 경우는 자연만이 아니라 문화사회를 포함하여 이러한 자동적 행동기제를 가진다는 것이다. 문제는 우리가 의식적 행동으로 알고 있는 행위들도 점화기제(点火機制)에 관한 연구에 의하면 의식적 의도를 배제하고 설명할 수 있다는 것이다.

이렇게 보면 바그(Bargh)는 신경과학에서 리벳의 실험이 가지는 의미를 심리학의 차원으로 확장한 것으로 볼 수 있다. 그런데 심리학 차원으로 확장하면 전혀 다른 문제가 제기되는데 우리가 일상적으로 그리고 느낌으로 인식하는 우리의 의식적 의도에 의한 행동들도 심리학적으로 무의식에 의하여 추진되는 행동기제에 의하여 설명해야 한다는 문제가 있다. 가령 내가 손가락을 구부린다고 생각하고 손가락을 구부리는 현상에 대해, 이를 의식적 의

---

145 Roy F. Baumeister, The Cultural Animal, op.cit., pp.3-4. In order to belong to a culture, people had to be able to see themselves as others would see them, and they also had to be concerned about how others would evaluate them… The theme of this book is that nature has designed the human psyche for participation in cultural society.

도(내가 손가락을 구부린다)를 배제하고, 문화적 측면을 포함한 외적 자극에 의한 맥락적 점화(contextual priming)가 손가락을 구부리는 동작 스키마를 점화한다는 것을 설명해야 한다. 그는 이런 자동성(automaticity) 연구를 성공적으로 수행했으며 이는 사회심리학 분야에서 자동성 혁명이라고 불리는 이론적 혁명을 가져왔다.[146] 그가 보는 자유의지 관문(觀問)의 본질은 다음과 같다.

---

146 바우마이스터와 바그에 대한 소개로 다음 일본 학자의 글이 있다. (日本) 放送大学研究年報 第30号 (2012) pp.33-34.ここで簡単に二人のスピーカーを紹介する. まずBarghは「オートマティシティ(自動性)革命」(池上, 2001)とでも呼ぶべき一大革命を社会心理学にもたらした時代の寵児とも言える存在で 1990年代以降の社会心理学(特に社会的認知)は彼を中心に発展してきたといっても過言ではない. 彼は主に プライミングという認知心理学の中で開発された手法を社会心理学的事象に援用することで 人間の判断や行動 あるいはそれに先行する認知 感情 動機づけといったあらゆる心的側面が 環境内の刺激によって 自動的に(当事者の意識的関与なしに)発動することを次々と例証してきた. これを自動性研究という. 高次のものも含め 人間の判断や行動の大部分を無意識的過程が担うことができると仮定する以上 Barghにとって 自由意思はとるにたりないものであるしたがって 彼が自由意思の存在を否定する立場のスピーカーとして 今回のシンポジウムの演壇に立ったことは誰の目にも明らかだった. 一方のBaumeisterは 長年 社会心理学界を牽引してきた研究者の一人として 幅広い分野の研究を行ってきている. それらを一つ一つ説明することは難しいが 総じて自己の問題に関する関心が高く 最近は特に自己制御の研究に精力を注いでいる. 自己制御とは 規範や理想 目標などにしたがって 自らの行動を律したり 変化させたりすることであり そこでは半ば必然的に自己制御を行う行為者の自由意思を仮定せざるをえない. すなわちBaumeisterは Barghとは反対に 自由意思を肯定する立場として演壇に立ったわけである. 彼はまた 社会心理学者という立場を越え 心理学を代表する研究者の一人として 自由意思にまつわる論文をまとめた書籍(後述)の編纂に関わるなど 近年 積極的にこの問題に関与している. その意味でも Barghの論敵として これ以上ない人選だったと考えられる. 여기서 간단히 두 사람의 연설자를 소개한다. 우선 Bargh는 오토매티시티(자동성) 혁명(池上, 2001)이라 불리는 일대 혁명을 사회심리학에 가져온 시대의 총아라 할 수 있는 존재로, 1990년대 이후의 사회심리학(특히 사회적 인지)은 그를 중심으로 발전해 왔다고 해도 과언이 아니다. 그는 주로 프라이밍이라는 인지심리학 속에서 개발된 방법을 사회심리학적 사건에 원용함으로써 인간의 판단이나 행동, 혹은 이에 선행하는 인지, 감정, 동기부여 등 모든 심적 측면이 환경 내의 자극에 의해 자동적으로(당사자의 의식적 관여 없이) 발동된다는 것을 차례차례 예증해 왔다. 이것을 자동성(自動性) 연구라고 한다. 고차적인 것도 포함해 인간의 판단이나 행동의 대부분을 무의식적 과정이 담당할 수 있다고 가정하는 이상, Bargh에게 있어서 자유의사는 하찮은 것이다. 따라서 그가 자유의사의 존재를 부정하는 입장의 스피커로서 이번 심포지엄 연단에 선 것은 누가 봐도 분명했다. 한편 Baumeister는 오랫동안 사회심리학계를 견인해 온 연구원의 한 사람으로 폭넓은 분야를 연구해 왔다. 그것들을 일일이 설명하기는 어렵지만 대체로 자기 문제에 대한 관심이 높으며, 최근에는 특히 자기제어(自己制御) 연구에 정력을 쏟고 있다. 자기제어는 규범이나 이상, 목표 등에 따라 자신의 행동을 지배하거나 변화시키는 것으로서 거의 필연적으로 제어를 하는 행위자의 자유의사를 가정하지 않을 수 없다. 즉 Baumeister는 Bargh와는 반대로 자유의사를 긍정하는 입장에서 연단에 선 것이다. 그는 또한 사회심리학자라는 입장을 넘어 심리학을 대표하는 연구원의 한 사람으로 자유의사에 관련된 논문을 정리한 서적(후술) 편찬에 관여하는 등, 최근 적극적으로 이 문제에 관여하고 있다. 그런 의미에서도 Bargh의 논적으로서 더할 나위 없

"이제 우리는 심리적 영역에서 자유의지 문제의 본질을 증류(蒸溜)해 내었다. 행동, 판단, 그리고 그 밖의 고차원 정신과정은 내부 심리상태(동기, 선호 등)에 의해 영향받는(influenced) 자유로운 의식적 선택의 산물인가, 아니면 고차원의 정신과정이 그러한 상태에 의하여 결정되는(determined) 영향모델(influence model)은 무엇을 할 것인가에 관하여 부하 직원으로부터 제안을 받지만 결정은 독자적으로 하는 임원(任員)에 비유할 수 있다. 결정모델(determination model)은 독립적 결정자를 필요로 하지 않고 일선직원이 직접 감당한다."[147]

물론 그의 주장은 결정모델이며, 우리가 의식적 의도에 의한 행동이라고 생각하는 경우들도 실제로는 여러 가지 자극이나 동기에 의하여 동작 스키마가 점화되었다는 것이다. 따라서 자유의지에 의하여 설명할 필요가 없다는 것이다.[148] 바그의 연구에 대한 전체적인 간명한 요약으로서 다음의 소개가 적절한 것으로 보인다.

는 인선이었다고 볼 수 있다.

147 John A. Bargh, Free Will Is Un-natural, in; Are We Free? - Psychology and Free Will, John Baer, James C. Kaufman, and Roy F. Baumeister, Oxford University Press, 2008. pp.130-131. Now we have distilled the essence of the question of free will, in the psychological domain: Are behaviors, judgments, and other higher mental processes the product of free conscious choices, as *influenced* by internal psychological states (motives, preferences, etc.), or are those higher mental processes *determined* by those states? The *influence* model can be likened to an executive officer who takes suggestions from subordinates as to what to do but nonetheless makes the decisions; the *determination* model has those subordinates directly in charge with no need of an independent Decider.

148 설명할 필요가 없다는 것은 단순히 이론적인 문제가 아니게 된다. 리벳의 실험은 손가락을 구부리는 동작이 실제로는 신경과정에서 이미 결정되었다는 것을 증명한다. 그리고 우리는 손가락을 구부리는 동작이 일어나는 기제(메커니즘)가 실제로는 동작 스키마가 작동되는 것이라는 점을 밝혔다. 그런데 바그(Bargh)의 연구는 이러한 동작 스키마를 작동시키는 계기(촉발자, trigger)가 무엇인가 하는 점을 밝힌 것이 된다. 바그의 연구는 그것이 우리의 자연적 문화적 생활에 있어서의 여러 가지 자극 또는 계기들이 야기하는 맥락적 점화라는 것이다. 이렇게 되면 '내가 손가락을 구부리겠다.'는 의식적 의도는 완전하게 배제된다. 그러면 왜 우리는 그러한 의식적 의도를 가지는가 하는 새로운 문제가 제기된다. 이에 관해서는 다음 절에서 논의한다.

"존 바그 (John Bargh)는 역사적으로 '자유의지는 우리의 행동이 어디에서 기원하는가, 행동은 최초에 어디에서 왔는가?'에 대한 대답이었다고 주장한다.… 그러나… 어떤 상황에서도 어떻게 해야 할지에 대해 우리의 무의식으로부터 아이디어나 제안이 부족하지 않다. 그는 다양한 연구 패러다임에 의한 무의식적 의사결정에 대한 증거를 감안할 때, 우리는 의식적인 행동의 원인이 아니라 주로 무의식적인 가정으로 시작해야 한다고 제안한다. 이 증거에 대한 그의 검토는 행위 추진(推進)의 발생을 설명하기 위해 자유의지의 존재를 상정할(posit) 필요가 없으며, 이러한 (무의식적) 추진이 어떻게 분류되고 통합되어 인간의 행동과 다른 고차적 정신과정을 생성하는지를 설명하기 위해 자유의지를 주장할 필요가 없다는 것이다."[149]

[1646] Roy Baumeister

바우마이스터는 정확히 전통적 의미의 자유의지를 주장하는 것은 아니다. 그렇지만 그가 자유의지라는 용어를 사용하고 자유의지를 주장하는 연사로서 사회심리학 연차대회에 내정된 것은 충분히 근거 있는 것이었다. 그의 학문적 기조의 계기가 된 통찰에 대하여 자신의 책에서 언급하고 있다. 그것은

---

149 John Baer, James C. Kaufman, and Roy F. Baumeister, Introduction : Psychology and Free Will, in; Are We Free? - Psychology and Free Will, *op.cit.*, p.6. John Bargh argues that historically, "free will has been the answer to the question of where our actions originate, where they come from in the first place… But …there is no shortage of ideas or suggestions from our unconscious as to what to do in any given situation." Given the evidence for unconscious decision making from a variety of research paradigms, he suggests that we should begin with the assumption of mainly unconscious instead of conscious causation of action. His review of this evidence leads him to conclude that "there is no need to posit the existence of free will in order to explain the generation of behavioral impulses, and there is no need to posit free will in order to explain how those (unconscious) impulses are sorted out and integrated to produce human behavior and the other higher mental processes."

문화가 인간의 정신을 통합적으로 설명할 수 있다는 순간적 통찰이 왔기 때문이었다고 말한다.

> "그러던 어느 날 옥상 수영장 옆에 앉아 출판사의 답변을 기다리던 중, 엄청난 양의 정보를 통합적(統合的)으로 설명할 준비가 된 것 같다는 생각이 들기 시작했다. 인간의 정신(psyche)은 독립적으로 작동하는 부품들이 무작위로 조립된 수집품(collection)이 아니다. 아마도 그것은 매우 특정한 것을 위해 설계되었을 것이다. 내적(內的) 프로세스는 인간 상호 간에 기능하도록 작동되는 것이다. 사람의 내부에서 일어나는 일은 우리가 가진 관계의 유형을 촉진하기 위한 것이다. 인간의 심리적 기능에 대한 대부분의 총괄적(big-picture) 설명은 자연과 문화라는 두 가지 큰 원인으로 거슬러 올라간다. 나는 이것들에게 일반적인 립서비스를 제공했지만, 그들에 대해 말하는 표준방식이 결정적(決定的)으로 잘못되었다는 것을 알기 시작했다. 약간의 노력 끝에 나는 이 책의 주요 주제를 생각해 냈다. 자연은 우리를 문화(文化)를 위해 만들었다. 따라서 인간의 정신은 우리가 문화에 속할 수 있도록 자연선택에 의해 설계되었다(designed). 통상적인 견해는 자연이 개인의 생존과 번식이라는 좁은 우연에 근거하여 우리에게 특정한 패턴을 주입했다는 것이다. 그리고 자연이 주입한 것을 기반으로 문화가 생겨났다는 것이다. 일반적인 주장은 대부분의 행동 패턴을 자연에 귀속시키는 것과는 대조적으로, 얼마나 많은 범위의 문화가 행동에 영향을 미쳤는지에 관한 것이다. 그 대신 나는 문화가 자연에 영향을 미쳤다고 제안했다."[150]

---

150 Roy F. Baumeister, The Cultural Animal, *op.cit.*, x-xi. Then, one day, sitting by a rooftop pool while waiting to hear back from publishers, I began to think that the giant mass of information really did seem to be ready for integrative explanation. The human psyche is not just a randomly assembled collection of independent working parts. Perhaps it was designed for something very specific. Inner processes serve interpersonal functions. What goes on inside the person is there to facilitate the

인간의 정신과 행동양식이 문화를 위하여 설계되었다고 본다면, 그것은 바로 인간과 동물(자연 속에 생존하는 동물)의 차이야말로 인간의 본질적 성격으로 규정된다. 그것은 본능적 충동을 억지하는 능력이 있다는 것이 본능적으로 행동하는 동물과 비교하여 인간의 본질적 모습이다. 왜냐하면 문화사회에서 살기 위해서는 자신을 억제하고 제어하는 것이 중요하기 때문이다. 또한 선택에 있어서도 자신의 욕망만이 아니라 상황적 제약을 고려하는 합리적 선택이 인간의 행동양식이 된다. 그렇다면 이렇게 자연으로 설명할 수 없는 것에 대하여 자유의지로 귀결될 수 있다. 물론 이것은 전통적 의미의 자유의지의 개념은 아니지만 비자연적이라는 의미에서 자유의지라는 말이 타당하게 보인다.

"사람은 현재 상황, 선천적 성향 또는 강화 이력에 의해 전적으로 결정되지 않은 행위결정을 내릴 수 있어야 한다."[151]

"이런 일이 일어나기 위해서, 어떤 내부 메커니즘은 아마도 우리가 다른 동물들로부터 물려받은 시스템에 내장(內藏)된 자동반응을 무시(無視)해야 했을 것이다. 실제로, 첫 번째 반응을 무시하고 다른 것을 하는 능력은 다음 섹션에

---

types of relationships we have. Most big-picture explanations of human psychological functioning hark back to the two big causes: nature and culture. I had given the usual lip service to these, but I began to see that the standard way of talking about them was wrong in crucial ways. After some struggle, I came up with this book's main theme: Nature built us for culture. The human psyche is thus designed by natural selection to enable us to belong to a culture. The conventional view is that nature instilled certain patterns in us, based on narrow contingencies of individual survival and reproduction: then came culture, building on what nature had instilled. The usual arguments revolve around how much latitude culture had to influence behavior, as opposed to attributing most behavior patterns to nature. Instead, I was proposing that culture had influenced nature.

151 *ibid*., p.44. The person must be able to make behavioral decisions that are not entirely determined by current circumstances, by innate proclivities, nor even perhaps by reinforcement history.

서 다루어야 할 것처럼 문화생활에서 큰 도움이 된다."[152]

자유의지의 연원은 인간이 사회세계와 문화세계에 적응하면서 진화한 내적 구조이다. 문화 속에서 살려면 사람은 여러 가능한 행동과정을 인식하고 그 의미와 함축의 정신적 표상을 붙잡고 동시에 분석하고 비교할 수 있어야 한다. 인간의 행동을 인도하기 위해 의미를 사용하는 정도에서 인간은 다른 동물과 다르다. 문화 속에서 살려면 이러한 의미과정을 알기 위해 명시적으로 프로그래밍되어 있지 않은 방법을 선택할 수 있어야 한다. 즉 문화적으로 형성되는 상황에 대응하는 프로그램을 선천적으로 타고나는 것을 불가능하기 때문에, "자연은 우리에게 모든 상황에 어떻게 대응할 것인가를 프로그래밍하는 대신 스스로 프로그래밍하고 재(再)프로그래밍할 수 있는 자유(freedom)를 주어야 했다. 자연은 어떤 의미에서 우리에게 자유의지(free will)를 주어야 했다."[153]

"사유(thought)의 능력은 사람들이 그러한 생각들에 기초하여 그들의 행동 방침을 바꿀 수 있는 충분한 자유의지(free will)를 가져야 한다(자유의지가 없다면 생각이나 의미는 무용지물이 될 것이다)."[154]

"인간은 최고의 장기적 결과를 도출한다는 측면에서 어떤 상황을 분석하고 무엇이 최선인지를 알아내는 데 의미(意味)를 사용할 수 있다. 그러나 이 능력

---

152 *ibid.*, p.297. In order for this to happen, some inner mechanism probably had to override the automatic responses built into the system we inherited from other animals. Indeed, the ability to override one's first response and do something else is hugely helpful for living in culture, as we shall cover in the next section.
153 *supra* [1635]
154 *supra* [1635]

도 그들이 그러한 생각들을 바탕으로 행동할 수 있는 능력을 갖추지 않는 한 무용지물이다. 단기적인 자연 충동을 무시하고 대신 의미 있는 생각의 결과에 기초한 행동을 실행할 수 있는 어떤 기제가 있어야 한다."[155]

바우마이스터는 그가 규정하는 자유나 자유의지가 기존의 개념들에 부합하는지에 대해서는 의문을 가지고 있었다. 그래서 그는 다른 표현들을 찾았으나 자유의지를 대신할 만한 적절한 용어를 찾지 못한 것으로 보인다.

"자유의지라는 용어가 귀하에게 너무 거창하다면, 통제된 과정, 자기규제(規制) 및 생애 행위 가소성(lifelong behavioral plasticity)으로 대체해도 좋다."[156]

[1647] John Bargh

바이마이스터와는 대립적으로 바그(Bargh)는 자유의지로 인간의 행동을 설명하는 것 자체를 반대한다. 그의 말투는 자유의지란 일종의 신비주의(神秘主義)라는 느낌을 풍긴다.

"어떤 사건이 이전의 물리적 자료(data)에 의하여 엄격하게 결정되지 않았다고 해서 그것이 자유의지에 의해 발생한 것은 아니다.… 자유의지가 존재하고 그것이 행동의 진정한 인과적 원천일 때에만 가능한 인간행동이 있는

---

155 Roy F. Baumeister, The cultural animal, op. cit., p.44. Human beings can use meaning to analyze a situation and figure out what would be the best thing to do, in terms of producing the best long-range consequences. But this ability is useless unless they also have the ability to act on the basis of those thoughts. There has to be some mechanism that can override short-term natural impulses and instead implement actions that are based on the outcome of meaningful thought.
156 ibid., p.42. (If the term free will is too grandiose for you, please substitute controlled processes, self-regulation, and lifelong behavioral plasticity.

가? 있을 수 있다. 그러나 아직 비신비적(非神秘的, non-mystical) 원인에 대한 연구를 포기해서는 안 된다.… 그렇다면 자신의 의지(意志)가 내적 인과관계로부터 '자유롭지' 않다면 어떻게 되는가? 유전적 계승, 국지적 문화규범과 유년기에 있어서의 가치의 흡수, 그리고 특별한 개인적 인생 경험 등의 합류점(合流点), 그것은 여전히 당신의 의지이고 나의 의지이며 그리고 우리 각자는 고유하다."[157]

바그(Bargh)는 점화(priming)의 프레임에 의하여 인간의 행동이 우리가 상상하는 것 이상으로 자동화(自動化)되어 있다는 연구를 꾸준히 해 왔다. 그는 계속적 연구를 통해 인간의 일상적인 활동의 99.44%가 행위자의 의식적(意識的) 관여를 수반하지 않는 자동성 과정으로 일어나고 있다고 주장한다.[158] 이러한 연구는 사회심리학에서 하나의 혁명으로 받아들여지고 있으며, 자동성(automaticity)의 이론은 관련 논제에 있어서는 주류(主流)로 인정받고 있다. 바그는 자유의지를 전면적으로 부정한다. 그리고 '자유의지로부터가 아니라면, 우리의 행동은 어디에서 기원하는가?' 라는 질문에 아래와 같이 대답하고 있다.

"역사적으로, 자유의지는 우리의 행동이 어디에서 기원(起源)하는가, 제일 처음에 어디로부터 오는가 하는 질문에 대한 답이었다. 그러나 (위에서 설명한

---

157 John A. Bargh and Brian Earp, The Will Is Caused, Not "Free" --Our belief in free will is mainly self-serving. https://www.psychologytoday.com/intl/blog/the-natural-unconscious/200906/the-will-is-caused-not-free, Posted Jun 23, 2009. Just because some event is not strictly determined by prior physical data doesn't mean it is caused by a free will… Are there some human behaviors that are possible only if free will exists and is a true causal source of action? There may be. But let's not give up on the search for non-mystical causes just yet… So what, then, if one's will is not 'free' of internal causation? It is still your will and my will and each is unique: a confluence of genetic heritage, early absorption of local cultural norms and values, and particular individual life experiences.

158 John A. Bargh(1997), Reply to the commentaries. In R. S. Wyer, Jr.(ed.), *Advances in social cogniton : The automaticity of everyday life*(vol. 10). Mahwah, NJ : Erlbaum. P., pp.231-246.

것처럼) 어떤 주어진 상황에서 무엇을 해야 하는지에 대하여 우리의 무의식(無意識)으로부터 착상(idea)이나 제안이 전혀 부족함이 없기 때문에, 이제 질문에 대한 대안적 대답이 있다. 우리의 진화된 동기와 선호(選好), 문화적 규범과 가치(価値), 그 상황에서의 자신의 과거 경험, 그리고 다른 사람들이 현재 그 상황에서 하고 있는 것, (주어진 시간에) 이러한 것들로부터 산출되는 적응적(適応的) 행위 충동들이 다수가 있다. 그리고 우리 세상의 과거와 현재로부터의 모든 무의식적 입력(input)--심지어 활성화된 태도와 선호--은 우리의 행위기제(行為機制)에 직접적으로 연결되는 것으로 나타났는바, 그것이 바로 행동 경향(action tendencies)이다. 최근의 신경과학 연구는 영장류와 인간 모두에서 우리의 지각적(知覚的) 표상과 행동적(行動的) 표상 사이의 밀접하고도 자동적인 연결을 확인했다. 마찬가지로 사회적 인지(認知)에 있어서의 프라이밍(priming, 点火) 연구는 우리가 우리 주변 사람들의 행동과 목표에 얼마나 민감하고, 그들과 같은 일을 하는 것이 긍정적이고 보람 있는 경험이라고 생각하는지를 기록화했고, 자동적인 태도에 대한 연구는 즉각적으로 생성되는 호불호(好不好)가 대상에 접근할 것인지 피할 것인지에 관한 근육 운동 경향과 직접적으로 연결됨을 보여주었다."159

---

159 John A. Bargh, Free Will Is Un-natural, in; Are We Free? - Psychology and Free Will, John vBaer, James C. Kaufman, and Roy F. Baumeister, Oxford University Press. 2008. p.144. IF NOT FROM FREE WILL, WHERE DO OUR BEHAVIORS ORIGINATE? Historically, free will has been the answer to the question of where our actions originate, of where they come from in the first place. But there is now an alternative answer to the question because (as outlined above) there is no shortage of ideas or suggestions from our unconscious as to what to do in any given situation. There are a multitude of adaptive behavioral impulses generated at any given time from our evolved motives and preferences, from our cultural norms and values, from our own past experiences in that situation, as well as from what other people are currently doing in that situation. And all of these unconscious inputs from the past and present of our world-even activated attitudes and preferences-have been shown to be directly connected to behavioral mechanisms, that is, to *action tendencies*. Recent neuroscience research has confirmed the close, automatic connection between our perceptual and our actional representations in both primates and humans. Similarly, priming research in social cognition has documented how sensitive we are to the behavior and

바그(Bargh)도 문화(文化)와 인간행동에 관하여 논의한다. 문화적 유인(誘引)에 의한 인간의 행동동기도 대단히 강력하다고 인정하고 있다. 그 역시 진화는 우리를 개방형(開放型) 체계 또는 선택적 체계(open-ended system)로 만들었다고 한다. 그러나 바그가 바우마이스터와 다른 점은 문화 역시 인간의 행동에 대하여 내적 인과성(internal causation)[160]을 구성한다는 것이다. 문화가 자유의지를 필요로 하게 만든다는 것을 부정하는 것이다.

> "이런 이유로 진화는 우리를 선택적(選択的) 체계로 만들었다. 이것은 문화와 학습을 통해 인간 유아(乳兒)를 지역 조건에 맞게 '미세 조정'할 수 있는 여지를 제공한다.… 따라서 진화(進化)는 우리에게 생존에 대한 일반적인 동기와 전략을 제공하고, 문화(文化)는 우리에게 세상의 특정 부분과 우리가 태어난 특정 집단에서 사는 방법에 대한 일반적인 규칙과 지식을 제공한다. 우리 자신의 직접적인 경험은 우리에게 더 세밀한 이해와 예측을 제공한다. 그러나 이것들은 독립적인 영향이 아니다. 도킨스(Dawkins)가 지적했듯이 문화를 흡수하는 능력은 표현형 가소성 (진화 시스템의 개방성)에 달려 있다. 이것은 유전적 변이(genetic variation)에 달려 있다. 즉, 인간이 자연선택을 통해 문화를 획득할 수 있는 능력을 얻은 것이다."[161]

---

goals of those around us and how we find it a positive, rewarding experience to be doing the same thing as they are, and work on automatic attitudes has shown our immediately generated likes and dislikes to be directly connected to muscular action tendencies to either approach or avoid the object.

160 John A. Bargh and Brian Earp, The Will Is Caused, Not "Free", *op.cit.*,

161 John A. Bargh, Free Will Is Un-natural, *op.cit.*, p.134. 136. It is for this reason that evolution has shaped us to be *open-ended* systems (Mayr, 1976, p. 695). This gives room for "fine-tuning" of the human infant to local conditions, as through culture and learning…Thus, *evolution* gives us the general motives and strategies for survival, *culture* gives us the general rules and knowledge of how to live in the particular part of the world and the particular group of people into which we happen to have been born, and *learning* from our own direct experience gives us even finer-grained understanding and predictive anticipations. Note, however, that these are not *independent*

[1648] 논평: 인지적 자유

바우마이스터와 바그의 논쟁이 어떤 점에 있어서는 가장 발전된 논의로 보인다. 그것은 철학적 형이상학의 개념성을 탈피하고 있으며, 인지신경과학과 같이 자유의지의 주제를 총괄적으로 조망하기 위해서는 많은 해석을 필요로 하는 것과 다르다. 그런데 우리의 관점에서는 두 학자의 주장이 모두 옳다고 말할 수 있다. 이것은 동시에 두 학자의 주장이 모두 틀렸다는 것도 함축한다. 이렇게 되면 두 학자의 논쟁이 어떤 점에서 모두 옳은가, 그리고 모두 옳은데도 불구하고 치열하게 대립한다고 생각하는 이유는 무엇인가? 이것이 논점이 된다.

우리는 자유의지가 아니라 자유의 문제라고 규정하였다. 그리고 의미론적 개입이야말로 자유의지의 문제의 핵심이라고 하였다. 그런면 의미론적 개입은 어떻게 이루어지는가? 의미론적 개입 역시 동작 스키마 또는 행동 프로그램을 통하여 이루어진다. 우리는 이러한 의미론적 개입의 세 가지 유형을 논의하였다. 하나는 의미와 사유의 차원이 신경과정에 영향을 미쳐 동작 스키마 또는 행동 프로그램을 변형하거나 새롭게 형성하는 것이다. 인간이 유태성숙(幼態成熟)의 기간 동안 여러 가지 동작과 행동을 발달시키는 것은 모두 이것에 의한 것이다. 또한 성인이 되어서는 스포츠 선수들이나 피아노 연주가들의 연습통제도 모두 여기에 속한다. 골프선수는 스윙코치의 지도하에 연습을 통하여 새로운 스윙방법을 몸으로 체득한다. 이것이 스윙교정이다. 이 평범하고 흔한 사례들이 문화와 의미가 인간의 행동에 영향을 미치는 방식이다. 바우마이스터는 문화에 의한 인간행동의 특성들을 자유의지에 의하

---

influences; as Dawkins (1976, p. 193) points out, our ability to absorb culture depends on phenotypic plasticity (the openness of the evolved system). This in turn depends on genetic variation-that is, we as humans *acquired* the ability to acquire culture through natural selection.

여 설명한다. 자기통제나 합리적 행동양식이 그것이다. 그러나 그것 역시 인간의 동작 스키마와 행동 프로그램을 통해서 이루어진다. 그렇다면 그것이 자동성을 가진다는 바그의 주장과 결코 상충되는 것이 아니다. 바그는 그것에 대해 내적 인과성(internal causation)을 구성한다고 말한다.

이런 점에서 바우마이스터가 '사람은 현재 상황, 선천적 성향 또는 강화 이력에 의해 전적으로 결정되지 않은 행위결정을 내릴 수 있어야 한다.'라고 말하는 것은 다른 사람만이 아니라 그 자신도 오해하고 있다. 바우마이스터가 이렇게 말한다고 하여 그 자신이 말하는 것이 데카르트 프레임(Descartes' frame)을 주장하는 것은 아닌 것이다. 즉 두뇌의 외부나 어느 한 부위에 영혼이 있어서 그것이 결정을 내려서 뇌피질의 신경프로세스를 가동시키는 것은 아니라는 것이다. 그렇다면 결국 그것도 동작 스키마와 행동 프로그램의 자동성의 문제로 돌아가게 된다. 문화에 의하여 형성된 인간은 동물과는 다른 행동양식을 가지고 있는 것이다. '어떤 내부 메커니즘은 아마도 우리가 다른 동물들로부터 물려받은 시스템에 내장(內藏)된 자동반응을 무시(無視)해야 했다.'는 것도 마찬가지로 모두가 오해하는 내용이다. 이것 역시 데카르트 프레임을 주장하는 것은 아니라는 것이다. 동물로부터 물려받은 내장된 자동반응을 무시하는 것 역시 하나의 행동 프로그램이다. 또는 그 행동 프로그램을 규정하는 동기화 요소 체계이다. 이런 점에서 인간의 본능은 퇴화(退化)되었다는 기시다 슈(岸田秀)[162]의 주장이 적절한 관점이 될 수 있다.

이러한 점은 행동이 촉발되는 계기(契機)나 행동과정에 있어서 의식적 통제로 보이는 사실들에 대해서는 설명이 부족한 것으로 보일 수 있다. 그리고 그것에 대해서는 바우마이스터의 주장이 옳고 그것은 자동성(自動性)과 결정성(決定性)으로 보이지 않을 수 있다. 그러나 이 점에 관해서는 그 대부분

---

162 제2권에서 논의한다.

이 사실은 의미론적 개입에 있어서 우리가 논의한 두 번째와 세 번째의 개입 양식이다. 즉 인간행동의 의미성(意味性)이 그 행동의 콘텐츠(내용)로 작동하는 경우와 그 행동의 문화사회적 차원에 있어서 행위의미(行爲意味)로 규정되는 경우이다. 어떤 사람이 옥상에서 투신자살하였다고 하자. 이 경우 바우마이스터는 동물의 본능적 행동–개체유지본능–과는 달리 문화사회의 의사결정 기제에 의한 자유의지에 의한 행동이라고 할지도 모른다. 그러나 이 경우 자유(자유의지가 아니다)는 그것이 자살(自殺)이라는 행위의미(行爲意味)에 한정된 것이다. 자살한 사람은 자살이라는 행위의미를 의식적으로 선택하고 규정한 것은 확실하다. 그러나 실제로 옥상에서 투신(投身)하는 것은 그의 심리적 사회적으로 이루어지는 맥락적 발화에 의하여 행동 프로그램이 작동되었기 때문이다. 가령 기시다 슈의 주장대로 환상아(幻想我)가 현실아(現實我)를 희생시키는 심리적 기제가 작동되었기 때문이라고 할 수도 있다. 이것은 많은 사람들이 투신자살을 결심하고도 정작 투신하지 못하는 이유이기도 하다. 이처럼 인간의 자유, 인지적 자유가 인정되는 것은 앞에서 보았듯이 소설(小說)을 쓰는 경우도 그러하다. 소설의 스토리를 이루고 있는 콘텐츠(내용) 그 자체는 소설가의 창작으로서 자유로운 것이다. 바그(Bargh)가 자동성을 주장하였다고 하여, 소설 내용(스토리) 자체도 자동성과 결정성을 지닌다고 말하는 것은 아니다.

이런 점에서 의미론적 개입, 그리고 인지적(認知的) 자유는 행동의 자동성 및 결정성과 완전히 양립(兩立)한다. 양립할 뿐만 아니라 오히려 자동성과 결정성을 전제로 한다. 오히려 인지적 자유는 인간행위의 자동모드(auto mode)에 의하여 더욱더 많이 실현될 수 있는 것이다. 그런데 이러한 통찰은 상식에 반하는 것으로 보인다. 그렇지만 상식이나 우리의 일상적 느낌과는 배치되는 진리가 항상 있다. 사실 그것은 당연한 것이다. 인간의 느낌은 내관세계(內觀世界)에 있지만, 진리는 가시세계(可視世界)만 있는 것이 아니라 미시세계(微視世界)와 거시세계(巨視世界)에 산재하기 때문이다. 이런 점에서 가시세계와 거시세계가 느낌적으로 배치되는 것이 바로 천동설(天動說)이다. 우리가 매일 보는 태양에 대해서 우리는 이미 진리와 배치되는 느낌, 결코 바꿀 수 없는 느낌을 가지고 있다. 바그도 이에 대해서 말한다.

> "개인의 자유의지에 대한 믿음은 인간의 경이로운 경험의 깊이 뿌리 박힌 측면이며, 지적으로 그것을 승인하지 않는 사람들도 다른 사람들과 마찬가지로 개인생활에서 여전히 그것을 느끼고 있을 정도로 강력하다. 1인칭 경험이 물리적 현실과 상충되는 것은 드문 일이 아니다. 코페르니쿠스가 500년이 지난 후에도 우리는 과학적으로 더 잘 알고 있음에도 불구하고 지구(그리고 우리 자신)가 태양 주위를 도는 것이 아니라 (태양이 선회하는) 아침 일출을 볼 수 있다."[163]

---

163 John A. Bargh and Brian Earp, The Will Is Caused, Not "Free" --Our belief in free will is mainly self-serving. https://www.psychologytoday.com/intl/blog/the-natural-unconscious/200906/the-will-is-caused-not-free, Posted Jun 23, 2009. The belief in personal free will is a deeply rooted aspect of human phenomenal experience, and is so powerful that even those who do not subscribe to it intellectually still feel it in their personal lives as much as everyone else. It is not uncommon for one's first-person experience to be at odds with physical reality: 500 years after Copernicus we still see a morning sunrise, not the earth (and ourselves) tilting towards the sun, even though we know better scientifically.

의도와 자아―실재인가, 환상(幻想)인가?

노스님과 제자가 운수행각(雲水行脚) 중에, 노스
님이 손뼉을 '딱' 치면서 물었다. "손뼉 소리가 어
느 손에서 났느냐?" 제자 스님이 정신을 바짝 차
려 대답했다. "연기(緣起)일 뿐이지요. 한 손이 인
(因), 다른 손이 연(緣)이 되어 피어나는 것이지
요." 그러자 갑자기 노스님이 제자의 뺨을 후려쳤
다. 제자는 '악!'하고 비명을 질렀다. 노스님이 대
갈(大喝)했다. "이놈! '악' 소리는 어디서 났느냐?"

[1649] 의지의 자리(the seat of the Will)

우리는 아주 단순한 현상에서 시작하였다. 우리 스스로 '손가락을 구부리
겠다.'라고 생각하고 이어서 나의 손가락을 구부렸다. 여기서 '손가락을 구부
리겠다.'라고 생각한 것을 우리는 의도(意圖)라고 할 수도 있고, 또 의지(또는
자유의지)라고 할 수도 있다. 적어도 손가락을 구부리는 것에 있어서는 생각
(사유), 의도, 의지, 의식적 의도, 자유의지 등을 같은 의미로 생각할 수 있다.
그런데 우리가 리벳의 실험을 받아들이면, 새로운 관문(觀問)이 제기된다. 뇌
의 신경과정에서 이미 결정이 이루어져 손가락을 구부리는 과정이 진행되고
있는데, 뒤늦게 '손가락을 구부리겠다.'라고 의도를 가지는 이유는 무엇인가
하는 것이다. 또한 그 의도(意圖)라는 것이 도대체 무엇인가 하는 것이다.

리벳은 그것을 뒤늦은 자각(自覺, awareness)이라고 했으나, 이것은 의심스
러운 것이고, 그 역시 이 표현에 명확한 의미를 담은 것으로 보이지 않는다.
뒤늦은 자각이라는 것은 신경과정의 결정(決定)을 우리가 안다(aware)는 것인

데, 우리 누구도 신경과정이나 신경결정을 직접 느끼지는 못한다. 우리는 다만 생각했을 뿐이고, 생각이 신경과정을 아는 것은 아니다. 다만 우리가 막연히 상정할 수 있는 것인 특정한 신경과정이 진행되었을 때 우리 머릿 속에 어떤 생각이 떠오른다는 것이다. 즉 우리의 뇌 속에서 손가락을 구부리는 신경과정이 어느 정도 진행되었을 때, 우리의 내관세계(內觀世界, 또는 우리의 意識)에 '손가락을 구부리겠다.'라는 생각이 떠오른다는 것이다. 과연 그럴까?

　이러한 문제가 중요한 의미를 가지는 또 하나의 이유는, 우리에게 떠오른 생각의 내용(또는 의도, 의지)이 실제(實際)와 다르다는 것이다. '내가 손가락을 구부리겠다.'라는 의도(意圖)는 분명히 어떤 힘(또는 의지)을 가지거나 원인력(原因力)으로 작용하여 손가락을 구부려야 한다. 그런데 실제로는 손가락을 구부리는 것은 신경과정이 하고 우리의 의식(의식적 의도)은 구경만 하고 있을 뿐인데 마치 자신(의식)이 직접 구부린 것처럼 느끼고 그렇게 생각한다는 것이다. 다시 말하면 실제와는 다른 환상(幻想)을 우리의 의식이 가진다는 것으로 귀결된다.

　이제까지는 손가락을 구부리겠다는 생각(의도)보다 신경과정이 선행했다는 것을 논의해 왔으며 그것은 자유의지에 관한 논쟁이었다. 그런데 지금은 신경과정의 선행의 문제가 아니라, 왜 '손가락이 구부려지는구나.'라는 생각이 떠오르지 않고, 사실과 다르게 '손가락을 구부리겠다.'라는 생각(의도)이 떠올랐는가 하는 문제이다. 이것은 자유의지의 문제가 아니라, 의도라는 생각(사유), 의도를 내용으로 하는 의식, 의식을 내용으로 하는 우리의 정신의 문제이다. 우리는 자유의지란 무엇인가를 묻는 것이 아니라, 사유(思惟)란 무엇인가, 의식(意識)이란 무엇인가, 정신(精神)이란 무엇인가를 묻고 있는 것이다.

　그런데 이 문제는 이렇게 거창하고 심원한 문제(의식 또는 정신의 문제)에까지 가지 않고 간명하게 해결될 가능성도 있다. 우리 뇌의 신경세계에 '의지(意志)의 자리(席)'가 있고 우리가 그것을 발견하면 되는 것이다. 우리 두뇌의 뇌피질(腦皮質)의 어떤 장소에 '의지의 자리'가 있어서 그 부분이 발화(発火)하면 우리는 내관세계(內觀世界, 즉 의식세계)에서 의도(意図)를 느끼게 된다고 상정하는 것이다. 이렇게 되면 모든 것이 간단해진다. 만약 그렇다면 우리의 의식(意識, 나아가 精神)은 영화관의 스크린과 같은 것이 된다. 그리하여 우리 뇌피질에서 어떤 부분이 발화할 때마다 그것에 대응하여 그 스크린에 어떤 영상(느낌, 생각)이 떠오르게 되는 것이다.[164]

그리하여 뇌에서 '의지(意志)의 자리(席)'를 찾으려는 시도가 있었다. DNA 나선구조 모델로 노벨상을 공동수상한 프란시스 크릭(Francis Crick)은 만년에 인간의 의식(意識)에 관한 연구에 천착(穿鑿)하여 『놀라운 가설』이라는 책을 저술하였다. 그는 후기(後記)에 자유의지에 관해 간단하지만 역시 놀라운 착상(着想)을 제시하였다. 바로 인간의 뇌 속에 '의지의 자리(the seat of the Will)'가 있다는 것이다.

> "자유의지(自由意志)는 우리의 뇌의 어디에 위치할 수 있을까? 분명히 그것은 뇌의 여러 부분 사이의 상호작용을 포함하지만, 대뇌피질의 특정 부분이 자유의지에 관여한다는 생각이 불합리하지는 않다.… 이 시점에서 문득 안토니오 다마지오(Antonio Damasio)와 그의 동료 연구자들의 뇌에 손상을 입은 한 여성 환자에 대한 설명을 우연히 발견했다. 뇌손상을 입은 후 그 환자는 거의 반응을 보이지 않았다. 그녀는 깨어 있는 상태에서도 침대에서 거의 반응을 보이지 않았다. 그녀는 눈으로 사람들을 따라갈 수 있었지만, 자발적으로

---

164 그러나 이러한 가정(仮定)도 심각한 문제를 안고 있다. 왜냐하면 우리의 생각이라는 것이 뇌피질의 꼭두각시인데 우리는 그것을 모르고 스스로 생각한다고 느낀다는 결론이 되기 때문이다. 우리는 이 런저런 생각을 하는데 사실은 그 이전에 뇌피질의 여기저기에서 불꽃(신경발화)이 일어나고 그것에 대응되는 생각들이 떠오른다는 것이 된다. 만약에 우리가 사유(생각)에 있어서 자유로움을 조금이라도 확보하려고 한다면 다시 뇌피질의 여기저기에서 불꽃(신경발화)을 야기시키는 호문쿨루스(homunculus)가 있어야 한다. 이것은 다시금 데카르트 프레임으로 돌아간다.

말을 하지 않았다. 그녀에게 말을 걸면 고개를 끄덕이는 방식으로 반응을 보여 무슨 말인지 이해하는 것처럼 보여도 말로는 답변하지 않았다.… 한 달 후 그 환자는 크게 회복되었다. 그녀는 자신이 얼마 전까지 사람들과 거의 대화를 나눌 수 없었다는 이야기를 듣고도 놀라지 않았다. 그녀는 사람들의 대화를 따라갈 수 있었지만 '할 말이 없었기 때문에' 말을 하지 않았다고 했다. 당시 그녀의 마음은 '텅 비어' 있었다. 나는 즉각 '그녀는 〈의지(意志)〉를 잃었다'고 생각했다. 그렇다면 그녀는 어느 부위에 손상을 입었는가? 그녀가 손상을 입은 부위는 브로드만의 분류에 의한 영역 24에 바로 인접한 전대상뇌구(anterior cingulate sulcus)라 불리는 영역이었다.… 어느 날 나는 차(茶) 모임에 참석해서 패트리샤 처칠랜드와 테렌스 세즈놉스키에게 '의지의 자리(the seat of the Will)'를 발견했다고 선언(宣言)했다."[165]

그러나 노벨상을 받은 학자의 이 놀라운 발견은 그 뒤에 조용히 사장(死藏)되었다. 모든 의욕을 잃고 누워 있는 환자에 대하여 '의지(意志)'를 잃었다고 판단할 수도 있다. 그것은 통속적(通俗的) 개념으로는 옳은지도 모른다. 심

---

165 Francis Crick, Astonishing Hypothesis: The Scientific Search for the Soul, Simon & Schuster, 1995, pp.267-268. Where, I wondered, might Free Will be located in the brain? Obviously it involves interactions between several parts of the brain but it was not unreasonable to think that one part of the cortex might be especially concerned… At this point I happened to stumble across an account by Antonio Damasio and his colleagues of a woman with certain brain damage. After the damage, she appeared very unresponsive. She lay quietly in bed with an alert expression. She could follow people with her eyes but did not speak spontaneously. She gave no verbal reply to any questions put to her even though it appeared she understood them because of the way she nodded in reply.… After a month she had largely recovered. She said she had not been upset because she had previously been unable to communicate. She had been able to follow conversations but she had not talked because she had nothing to say." Her mind had been "empty." I immediately thought "she'd lost her Will"-where was the damage? It turned out to be somewhere in or near a region called the "anterior cingulate sulcus," next to Brodmann's area 24… I went over to tea one day and announced to Pat Churchland and Terry Sejnowski that the seat of the Will had been discovered! It was at or near the anterior cingulate.

장이 작동을 멈추면 사망한다. 그렇다고 심장이 생명의 자리라고 할 수 있을까? 인간은 간(肝)의 기능이 많이 저하하면 혼수상태(昏睡狀態)에 빠진다. 그렇다고 간기능의 일정 수준을 의식의 자리라고 할 수는 없다. 죽은 사람은 숨을 쉬지 않는다. 그렇지만 생명은 대기로부터 받아들이는 생기(生氣)의 한 호흡에 있다고 하는 것은 문학(文学)일 뿐이다.

[1650] 외계인 손 증후군(alien hand syndrome)

우리는 의지의 자리나 의도(意図)의 자리를 찾으려는 사고방식을 벗어나기 어렵다. 가령 외계인 손 증후군(alien hand syndrome)이라는 병(病)이 있다. 이 병에 걸린 환자는 한쪽 손이 제 마음대로 움직인다. 말하자면 한 손이 통제불능이다. 그렇지만 그는 자신의 손이 움직인다는 것은 인정한다. 어떤 환자는 성기(性器)에 가려움을 느꼈을 때 다른 사람이 보고 있는데도, 그 외계인 손(자신의 통제불능의 손)이 자신의 의지와는 상관없이 자신의 성기를 마구 긁어 대서 당황해했다. 그 환자는 얼른 다른 정상적인 손으로 그 통제불능의 손을 붙잡고 그 움직임을 저지하려고 노력했다. 환자는 그 외계인 손의 동작이 자신(自身)의 동작이라는 것도 인식하고 있다. 동시에 자신의 그 외계인 손이 자신의 의도(意図)와 상관없이 제 마음대로 움직인다는 것을 인식한다.

"Assai 등 연구진은 fMRI를 사용하여 우측 두정엽 손상과 왼쪽 외계인 손을 가진 환자의 자발적 움직임 및 외계인 손 움직임과 관련된 신경적 기저를 조사하였다. 외계인 손 움직임은 우측 일차운동피질의 활성화와 연결되었다. 자발적인 손 운동 역시 이 영역을 활성화시켰지만, 이와 더불어 행위 관련의 광범위한 영역들의 네트워크(우측 전운동영역, 좌측 전두엽)를 포함하였다. 이는 행위에 대한 의도성을 느끼는 데 이러한 영역들이 필수적임을 암시한다."[166]

외계인 손 증후군 사례는 의도(意図)에 대해 결정적인 논거를 제공하는 것처럼 보인다. 즉, 의도를 느끼는 것은 우측 일차운동피질, 우측 전운동영역, 좌측 전두엽 등 운동네트워크를 활성화시키는 신경발화라고 할 수 있다. 한편 의도와 상관없이 손을 동작시키는 데는 일차운동피질(primary motor cortex)의 발화(発火)만으로도 충분하다는 것을 말하는 것이기도 하다. 가령 의도성(意図性)의 핵심은 전운동피질(premotor cortex)이라고도 할 수 있다. 그런데 모든 의도에 대하여 이러한 간명한 결론이 나오는 것이 아니다. 우선 의도와 상관없이 손만을 동작시키는 데는 일차운동피질만이 발화되면 충분하다는 명제는, 그 손동작이 무엇을 위한 동작인가 하는 질문에 대답하지 못한다. 즉, 외계인 손 증후군이 의미하는 바는 동작을 야기하는 것이 아니라 야기된 동작의 통제(統制)에 관한 문제일 수도 있다. 팔을 들어올린다는 의도와 들어올려지는 팔을 억제하거나 통제하는 의도는 다른 것이다. 앞에서 효용행동(UB)의 경우와 같이 행동을 억지(抑止)하고 통제하는 것의 결함일 수도 있다는 것이다.[167] 전운동피질이 발화하면 당사자가 의도를 느낀다고 하자. 그 의도가 '내려치는 동작'의 의도인가, '칼로 내려치는 동작'의 의도인가? 망치로 못을 내려치는 의도인지, 무를 칼로 내리치는 의도인지, 잠자는 사람의 목을 내리치는 의도인지 구분 없이 전운동피질이 발화하는 것인가? 이렇게 되면 모든 살인범의 고의는 전운동피질에 있는 것인가?

---

166 Jamie Ward, The Student's Guide to Cognitive Neuroscience, *op.cit.*, p.327. Assal et al. (2007) examined the neural basis of voluntary and alien movements using fMRI in a patient with a right parietal lesion and left alien hand. Alien hand movements were associated with activity in the right primary motor cortex. Voluntary hand movements also activated this region but additionally recruited a wider network of action-related regions (right premotor, left prefrontal cortex), suggesting that these are crucial for the feeling of intentionality over actions.
167 *supra* [1615]

우리는 앞에서 다른 실험을 본 바가 있다. Desmerget 등 연구진은 뇌수술 환자들의 뇌에 직접 전기자극을 가하는 실험을 했다. 그 실험에 의하면 좌우의 두정 부위(parietal regions) 자극은 반대쪽 손, 팔, 발의 움직이고자 하는 욕구와 강한 의도를 촉발했다. 이에 대해 전운동부위(premotor region)의 자극은 열린 입과 반대쪽 수족의 움직임을 유발했으나, 환자들은 자신들이 움직였다는 것을 단호하게 부인했다.[168] 이 실험의 결론은 앞의 외계인 손 증후군과 명백히 배치된다. 의도 없이 동작을 야기시키는 부위도 다르고, 의도를 느끼게 하는 부위도 다르다. 다른 한편 보조운동영역(SMA)의 자극이 움직임의 충동을 야기한다는 연구도 있다. Fried 등 연구진은 "SMA의 전기자극에 의해 다양한 감각이 유발되었다. 어떤 경우에는 움직임을 수행하기 위한 '충동' 또는 움직임이 발생하기를 기대하는 예비적 감각이 일어났다."[169]라고 보고하고 있다.

우리가 의도나 충동의 관점에서 보면 이러한 연구들은 서로 배치된다. 그렇다고 이들 실험이나 연구가 틀렸다고 할 수도 없다. 우리는 철학적으로, 심리학적으로, 그리고 형법적으로 '의도(意図)'라는 개념을 단일의 정체성(正体性)을 가진 용어로 사용한다. 그런데 신경세계(神経世界)에서도 '의도'가 과연 단일의 정체성을 가지고 있느냐 하는 문제가 제기되는 것이다. 칼로 무를 자르는 의도와 사람의 목을 자르는 의도가 신경세계에서는 전혀 다르다고 한다면 어떻게 되는가? 신경세계에서는 칼로 사람을 찌르는 의도와 막대기로 사람을 찌르는 의도와 손가락으로 앞에 사람의 배를 찌르는 의도가 전혀 다

168 *supra* [1406]
169 Itzhak Fried, Amiram Katz, Gregory McCarthy, Kimberlee J. Sass, Peter, Functional organization of human supplementary motor cortex studied by electrical stimulation. J. Neurosci, 11, 1991, p.3656 Various sensations were elicited by electrical stimulation of SMA. In some cases a preliminary sensation of "urge" to perform a movement or anticipation that a movement was about to occur were evoked. Most responses were contralateral to the stimulated hemisphere.

른 영역이 작용한다면 어떻게 되는가? 또는 손가락을 구부리는 의도와 머리를 들이박는 의도가 신경세계에서는 전혀 다를 수도 있다. 또는 동작을 야기(惹起)하는 의도와 동작을 억지(抑止)하는 의도도 전혀 다를 수 있다.

[1651] 기저핵 회로, 감각피질회로

의도(意図, intention)와 관련하여 임의적(volitional) 행동에 관한 연구는 신경과학에서 많이 이루어졌다. 인지신경과학에서는 행동이 발생하는 두 개의 신경회로가 있다는 것에 대해서 대체로 합의를 이루고 있다. 이러한 행동발생 회로와 임의적(任意的) 행동 그리고 자유의지와 연관시키는 연구로서 해거드(Haggard)의 논문이 있다. 신경과학에서의 임의성(이것은 의도성과 같다고 할 수 있다)과 임의적 행동을 자극(刺戟)에 의한 행동과 구별하여 규정한다. 그러나 반사와 구별하기도 한다.

> "과학적으로 더 만족스러운 접근방식은 임의적인 행동을 자극에 추동된(stimulus-driven) 행동과 대비하여 정의한다: 임의적인 행동은 다른쪽 끝에 단순한 반사(反射)를 갖는 어떤 연속체의 한쪽 끝에 있다. 그러므로 반사는 자극의 형태에 의해 결정되는 즉각적인 운동반응이지만, 임의적 행동의 발생, 시기 및 형태는 직접적으로 결정되지 않거나, 기껏해야 식별 가능한 외부 자극에 의해서만 매우 간접적으로 결정된다. 따라서 임의적인 행동은 Shadlen에 의해 만들어진 구절을 사용하면 '직접성(immediacy)으로부터의 자유'를 보여준다."[170]

---

170 Patrick Haggard, Human volition: towards a neuroscience of will, Neuroscience Vol. 9, 2008, p.934, A scientifically more satisfactory approach defines voluntary action by contrasting it with stimulus-driven actions: voluntary action lies at one end of a continuum that has simple reflexes

"임의적 행동과 반사행동(reflex action)을 대비하는 것은 몇 가지 유용한 신경과학적 지시점(pointer)을 제공한다. 임의적 행동은 대뇌피질과 관련이 있지만 일부 반사는 순전히 척추(脊椎)와 관련이 있다. 의지(意志)는 개인의 발달이 늦어지지만, 반사(反射)는 출생 시 또는 출생 전에 나타날 수 있다. 마지막으로, 임의적 행동에는 일반적으로 반사에는 없는 두 가지 뚜렷한 주관적 경험이 포함된다. 이것들은 '의도(intention)'의 경험, 즉 무언가를 하려고 하거나 계획을 세우고 있는 경험과, 주연성(主演性, agency)의 경험으로, 즉 나중에 행동이 특정 외부 사건을 일으킨 것으로 느끼는 것이다. 예를 들어, 조명(light)을 켜는 사람은 특정 순간에 행동을 취하려는 의도를 경험할 수 있다. 또한 조명이 켜지면 사람은 이 변경 사항을 자신의 행동으로 간주하므로 이 외부 이벤트를 일으킨 확인을 경험한다(주연성 경험). 대조적으로, 무릎 경련(knee jerk)과 같은 반사에 의해 물리적으로 유사한 운동이 유발될 때, 의도 및 통제 경험은 모두 결여된다."[171]

이러한 관점에서 반사운동과 구별되는 임의적 행동의 과정은 바로 신경과

---

at the other end. Thus, whereas reflexes are immediate motor responses, the form of which is determined by the form of stimulation, the occurrence, timing and form of a voluntary action are not directly determined, or at best are only very indirectly determined, by any identifiable external stimulus. Voluntary actions thus demonstrate a 'freedom from immediacy', to use a phrase coined by Shadlen.

171 ibid., p.935. Contrasting voluntary actions with reflex actions provides several useful neuroscientific pointers. Voluntary actions involve the cerebral cortex, whereas some reflexes are purely spinal. Volition matures late in individual development, whereas reflexes can be present at or before birth. Finally, voluntary actions involve two distinct subjective experiences that are generally absent from reflexes. These are the experience of 'intention' -that is, planning to do or being about to do something - and the experience of agency, which is the later feeling that one's action has indeed caused a particular external event. For example, a person who switches on a light might experience the intention to perform the action at a particular moment. When the light goes on, the person attributes this change to their action and so experiences confirmation that they caused this external event. by contrast, when a physically similar movement is evoked by a reflex, such as in a knee jerk, the experiences of intention and of control are both absent.

학 일반에서 말하는 두 개의 행동회로이다. 그 두 개의 회로는 모두 일차운동피질(M1, primary motor cortex)에 도달한다. 내적으로 발생하는 행동은 기저핵(基底核)에서 출발한다는 점에서 기저핵회로라고 할 수 있다. 그 하나의 신경회로는 이렇다. 기저핵(basal ganglia)→전두피질(preforental cortex)→전보조운동영역(pre-SMA)→내측전운동피질(medial premotor cortex=보조운동영역SMA)→일차운동피질(M1, primary motor cortex)→척수(Spinal cord)→사지(四肢)의 근육(muscle). 이 회로를 형성하는 행동은 외부적 자극이 없이 내생적으로 발생한 요인에 의하여 행동이 일어나는 경우이다. 단순하게 말하면 배가 고파서 빵을 먹는 행동도 여기에 속할 것이다.

다른 하나의 행동회로는 외부 자극(刺戟)에 의하여 행동이 일어나는 경우이다. 신호등을 보고 횡단보도를 걷는 것과 같은 행동이다. 이것은 외적 자극을 감각하는 초기감각피질에서 시작하므로 감각피질회로라고 할 수 있다. 초기감각피질(S1, early sensory cortics)→두정피질(parietal cortex)→외측 전운동피질(lateral premotor cortex)→일차운동피질(M1, primary motor cortex)→척수→4지의 근육에 이르는 회로이다. 이것은 가령 파란 신호등을 보고 횡단보도를 걷는 행동과 같은 것이다. 이 구별은 객체 지향적 행위와 외부 환경을 특별히 고려할 필요가 있는 행위로 규정하는 것도 가능하다.[172] 이러한 행동회로를 뇌에서의 회로로 표시하면 다음 그림과 같다.

---

172 Jamie Ward, The Student's Guide to Cognitive Neuroscience, *op.cit.*, p316. Whereas the lateral premotor cortex has been associated with acting on objects in the environment (e.g., reaching for a coffee cup), the SMA has conversely been associated with dealing with spontaneous, well-learned actions, particularly strong demands on monitoring the environment (e.g., playing a familiar tune on a musical instrument). 외측 전운동피질(lateral premotor cortex)은 주위 환경에 존재하는 물체에 대한 행위(예; 커피잔에 손을 뻗는 행위)와 관련된 반면, 보조운동영역(SMA)은 자발적이고 잘 학습된 행위, 특히 외부 환경을 잘 관찰할 필요가 있는 연속된 행위(예; 익숙한 악기를 연주하는 행위)를 처리하는 데 관계한다.

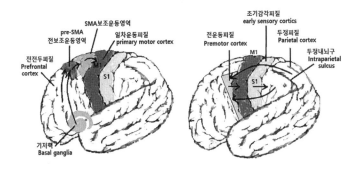

〈그림〉 기저핵 회로와 감각피질회로

[1652]

우선 해거드(Haggard)가 말하는 임의행동이라고 하여 두 가지 신경회로가
결정론과의 대비에서 말하는 원인 없는 원인(uncaused cause)을 입증하는 것
은 아니다. 우선 감각피질회로는 외부 자극이라는 원인에 의하여 의도가 발
생하는 것이다. 이에 대하여 내부의 기저핵(基底核)에서 발생하는 행동도 기
저핵 자체가 다른 영역으로부터 영향을 받는 구조이기 때문에 그 자체에서
원인 없이 의도가 발생하는 것은 아니다.[173]

173 *ibid.*, p. 937. The brain's circuits for voluntary action might consist of loops rather than linear
   chains that run back to an unspecified and uncaused cause (the 'will'). Indeed, the input from the
   basal ganglia to the preSMA is thought to play a major part in the initiation of action. For example,
   patients with Parkinson's disease, in whom the output from the basal ganglia to the preSMA is
   reduced, show less frequent and slower actions than healthy controls. Moreover, signals that
   predict a forthcoming voluntary response can be recorded some 2s before movement onset
   from electrodes implanted in the basal ganglia - these signals thus precede the typical onset time
   of readiness potentials. The subcortical loop through the basal ganglia integrates a wide range
   of cortical signals to drive currently appropriate actions, whereas dopaminergic inputs from the
   substantia nigra to the striatum provide the possibility to modulate this drive according to patterns
   of reward. From this view, voluntary action is better characterized as a flexible and intelligent
   interaction with the animal's current and historical context than as an uncaused initiation of action.

한편 해거드의 이론은 사실 의식적 의도(意図)를 산출하는 신경과정을 보여주는 것은 아니다. 그것은 임의적 행동의 신경회로를 보여준다는 점에서는 의의가 있다. 임의행동의 신경회로와 의식적 의도의 인식은 반드시 같은 의미는 아니다. 근원적으로 임의적 행동의 신경회로에 대한 논의는 신경세계(神経世界)에 있으며, 의식적 의도의 인식에 관한 논의는 내관세계(內觀世界)에 있기 때문이다.

이 신경회로가 함축하는 임의행동은 구체적으로 무엇인가? 순전한 반사(反射)와 대비되는 임의행동이라면 그것은 뚜렷하게 구별된다. 즉 위의 두 개의 회로 모두 반사가 아닌 임의행동을 말하기 때문이다. 순전한 반사는 위와 같이 대뇌피질을 전혀 거치지 않고 신경신호가 척수(脊髓, spinal cord)만을 거쳐 바로 운동기관으로 간다. 순전한 반사와 구별되는 임의행동의 신경회로는 위와 같이 두 개의 회로를 거치는데 하나는 감각피질회로이고 다른 하나는 기저핵회로이다. 이 두 회로는 모두 일차운동피질(M1)을 공통으로 거쳐 척수로 내려가 운동기관(근육)으로 간다.

그런데 우리는 어떠한 경우에 어떠한 신경회로나 신경사건을 반영하여(또는 자각하여) 의식적 의도(意図)를 가지는가 하는 질문에 대답하려고 하면 여기에서 곤란에 부딪친다. 해거드의 이론을 어떤 운동이 대뇌피질(위 두 회로

임의적 행동을 위한 뇌의 회로는, 지정되지 않은 채 원인 없는 원인(uncaused cause)('의지 the will')으로 되돌아가는 선형(線形) 체인(linear chain)이라기보다는 루프(loop, 고리)로 구성될 수 있다. 실제로, 기저핵(基底核)에서 pre-SMA로의 입력은 행동의 시작에 중요한 역할을 하는 것으로 생각된다. 예를 들어, 기저핵에서 pre-SMA로의 출력이 감소된 파킨슨병 환자는 건강한 대조군보다 덜 빈번하고 느린 행동을 보인다. 더욱이, 다가오는 임의적 반응을 예측하는 신호는 기저핵에 이식된 전극으로부터 움직임이 시작되기 약 2초 전에 기록될 수 있다. 이러한 신호는 일반적인 준비전위의 전형적 시작 시각보다 앞서는 것이다. 기저핵을 통한 피질 하 루프(고리)는 광범위한 피질 신호를 통합하여 현재 적절한 행동을 추동하는 반면, 흑질(黑質)에서 선조체(線條体)에로의 도파민 입력은 보상 패턴에 따라 이 추동성(drive)을 조절할 수 있는 가능성을 제공한다. 이러한 관점에서, 임의적 행동은 행동의 원인 없는 시작(uncaused initiation)이기보다는 동물의 현재 및 역사적 맥락(脈絡)과 유연하고 지능적인 상호작용으로 더 잘 특징지어진다.

중 어느 하나)에서 발생하기만 하면(즉 순전한 반사가 아니라면), 우리는 의도를 자각한다고 해석(解釈)할 수 있다. 그러나 이러한 해석은 의도의 범위가 너무 광범하여 실제 우리가 의도를 가지지 않는 경우, 의도의 개입 없이 자극에 즉각적으로 반응하거나, 습관적으로(즉 거의 무의식적으로) 행동하는 경우도 포함하게 된다. 우리는 그러한 경우에 의식적 의도를 가지지 않는다. 이런 점에서 해거드 역시 반사와 임의행동 사이의 중간 영역을 상정한다.

"반사작용과 임의적인 행동 사이의 연속체에서 중간적인 경우를 필요로 한다. 인간과 다른 동물들은 운동반응을 각각 'go'와 'stop'을 나타내는 녹색과 붉은색 등 자의적(arbitrary) 감각자극과 연관시키는 것을 쉽게 배운다. 어떤 사람이 녹색 신호에 반응하여 길을 건너기 시작할 때, 그 행동의 시기와 형태는 자극(刺戟)과 관련이 있다. 반면에, 그 작용은 자극이 일어날 때마다 일어나지 않을 수 있다. 구체적으로 그 발생은 그 사람이 길을 건너기를 원하는지, 그리고 어쩌면 그 사람이 그렇게 할 어떤 이유(理由)가 있느냐에 달려 있다. 따라서 외부 자극에 대한 반응은 대개 반사(反射)와 임의행동의 특징을 모두 가지고 있다. 최근의 진화에서 연상피질(association cortex)의 발달은 운동반응이 잡기(grasping)와 같은 객체 지향적(客体指向的) 행동에서처럼 직접적으로 자극에 연결될 뿐만 아니라 임의적으로, 탄력적으로, 조건적으로 자극에 연결할 수 있게 했다. '임의적 행동'은 상황과 배경에 대해 특별히 지능적으로 대응하는 제한적인 경우를 단순히 말하는 것일 수 있다."[174]

---

174 *ibid.*, p. 936. A continuum between reflexes and voluntary actions would require intermediate cases. Humans and other animals readily learn to associate motor responses with arbitrary sensory stimuli, such as green and red lights respectively signalling 'go' and 'stop'. When a person starts crossing a road in response to a green signal, the timing and form of their action is related to the stimulus. on the other hand, the action might not occur every time the stimulus occurs. Specifically, its occurrence depends on whether the person wants to cross the road, and perhaps on whether the person has some reason to do so. Therefore, responses to external stimuli usually

해거드의 이러한 설명은 행동의 신경회로에 대한 주제와는 달리, 의식적 의도가 무엇인가에 대한 우리의 질문에 관해서는 위 연구가 적합하지 않게 된다. 왜냐하면 위 두 가지 신경회로 모두 어떤 경우에는 의식적 의도가 자각(自覺)되고, 어떤 경우에는 의식적 의도가 자각되지 않는다는 결론이 되기 때문이다. 결국 우리는 대뇌피질에서 의식적 의도에 대응하는 어떤 영역이나 회로를 발견할 수 없다는 것을 말한다. 위와 같이 추가로 선택적 문제에 부딪치는 경우에 한정하여 임의행동으로 보고, 그러한 경우만이 감각피질회로를 형성한다고 해석할 수도 있다. 이렇게 되면 다른 이유를 고민하지 않고 초록신호를 보고 길을 건너는 경우에는 신경과정이 감각피질회로를 형성하지 않고 척수에서 해결되는 순전한 반사행동으로 보는 것이 된다. 그러나 이러한 관점으로는 기저핵회로에 난점이 발생한다. 왜냐하면 내적 동기(가령 배고픔)에 의하여 행동이 발생하는 경우에도 별생각 없이(그래서 임의행동이 아니라고 하면) 행동하는 경우, 기저핵을 거치지 않고 (예를 들어) 위장(胃腸)에서 바로 척수로 가거나 또는 기저핵에서 바로 척수로 가야 하기 때문이다. 이것은 무리한 것으로 보인다.

우리가 내관세계에서 의식적 의도를 어떠한 경우에 자각하게 되느냐 하는 논제를 이렇게 순전히 신경회로에 의하여 규정하려고 하는 경우 여러 가지 어려움이 보인다. 해거드의 논의는 이런 질문에 대해서는 여러 가지 점에서 명확하지 않다. 두 개의 신경회로의 구별도 그렇고, 두 회로와 반사의 구별이 모두 불명확하게 된다.

have features of both reflex actions and voluntary actions. The development of the association cortex in recent evolution has allowed motor responses to link to stimuli not only directly, as in object-oriented actions like grasping, but also arbitrarily, flexibly and conditionally. 'Voluntary actions' could simply refer to the limiting case of particularly intelligent responses to situations and contexts.

해거드의 논의를 의식적 의도란 무엇인가의 관점에서 보면 몇 가지 해석이 가능하다. 첫째, 기저핵회로와 감각피질회로의 경우에 의식적 의도가 발생한다. 이것은 해거드의 기준에서는 우리 행동의 거의 대부분을 척수에서 반사행동(反射行動)으로 처리한다는 것을 전제하는 것이다. 즉 무릎경련(knee jerk)만이 아니라 그냥 별 생각 없이 신호등을 보고 길을 건너거나, 습관적으로 양치질을 하거나, 배가 고파서 별생각 없이(가령 메뉴 선택에 고민하지 않고) 밥을 먹는 것과 같은 행동들을 모두 척수(脊髓)가 처리한다는 것이다. 여기에는 두 가지 난점이 있다. 과연 척수가 그렇게 모두 처리할 수 있느냐 하는 것이다. 다른 하나는 과연 그러한 경우 (내관세계의 기준에서) 의식적 의도가 없느냐 하는 것이다. 우리는 별생각 없이 양치질을 해도 무릎경련과는 달리 의식적으로 행동한다고 생각한다. 의식적으로 행동한다는 것은 의식적 의도를 가지고 행동한다고 말하는 것이다. 무엇보다도 횡단보도를 건너거나 양치질을 하는 것은 의도도 있고 주연성(主演性)도 있는 경험이라고 해야 한다.

해거드의 글은 자극 기반 통제를 하는 감각피질회로가 아니라 임의성이 입력되는 기저 회로만이 의식적 의도를 생성한다고 해석될 수도 있다. 다음 글은 그러한 해석의 한 근거가 될 수 있다.

"개인의 현재 욕구가 충족되고 현재의 자극이 일상적인 스키마에 의해 적절하게 반응하여 처리되면, 개인의 행동은 의지(意志) 개념에 의존하지 않고 설명될 수 있다. 다른 경우에는, 새로운 행동이 개시되거나 기존의 행동 패턴이 보류되거나 수정되는 것처럼 행위가 일상의 처리를 넘어서는 경우가 분명히 있다. 그런 다음, 뇌는 〈그림〉에 개략적으로 도시된 바와 같이, 행동에 관한 계층적 결정 세트(set)에 따라 정보를 생성한다. 먼저 어떤 행동을 취할 것인지에 대한 초기 결정이 있다. 욕구, 욕망 및 기타 행동 이유는 이 초기 결정에서 강력한 역할을 한다. 임의적인 행동은 세 가지 뚜렷한 이유로 발생할 수 있다. 첫째, 일상적인 자극 처리로서는 어떤 반응을 결정하기에 충분한 정보를 생성하지 못할 수가 있는데, 예를 들어 모호한 자극에 반응하여 두 개의 대안적 행동 중에서 선택할 때와 같다. 둘째, 배고픔과 같은 새로운 기본 욕구나, 친구에게 손을 흔드는 욕구와 같은 새로운 높은 수준의 욕구를 반영하여 새로운 행동 이유(理由)가 갑자기 나타날 수 있다. 셋째, 때때로 임의적 행동을 수행하는 일반적 추동(推動)이 행위 조망(眺望)의 탐색(探索)을 허용한다. 인지 통제의 한 중요 모델을 보면, 이러한 이유 중 하나로 인해 발생하는 임의적 행동은 일상적인 자극 기반 통제를 일시적으로 중단하고 운동기관의 통제를 감각(censory)에서 임의적 입력(volitional input)으로 전환한다."[175]

이처럼 해석에 따라서 의식적 의도가 발생하는 경우가 세 가지로 나누어질 수 있다. 첫째는 기저핵회로 하나에 의해서만 의식적 의도가 발생한다는 것이다. 둘째는 기저핵회로와 감각피질회로 모두에서 발생한다는 것이다. 셋

---

175 ibid., pp.937-938. If an individual's current needs are satisfied, and if current stimuli are appropriately processed and responded to by routine schemas, then the individual's behaviour can be explained without recourse to any concept of volition. In other cases behaviour clearly goes beyond routine processing, such as when a new action is initiated or when an existing action pattern is withheld or modified. The brain then generates information according to a hierarchical set of decisions regarding the action, as schematized in FIG. 2. First there is an early decision whether to make any action at all. Needs, desires and other reasons for action have a strong role in this early decision. Voluntary actions might occur for any of three distinct reasons. First, routine processing of stimuli can fail to generate sufficient information to determine a response - for example, when selecting between two alternative actions in response to an ambiguous stimulus. Second, a new reason for action can suddenly emerge, reflecting either a renewed basic need, such as hunger, or a new high-level desire, such as the desire to wave to a friend. Third, a general drive to perform occasional voluntary actions would allow exploration of the behavioural landscape. In one important model of cognitive control, voluntary actions that occur for any of these reasons will temporarily suspend routine stimulus-based control and switch the control of the motor apparatus from sensory to volitional input.

째는 두 회로 모두 행동의 자동성 여부에 따라서 의식적 의도가 발생하는 경우도 있고 아닌 경우도 있는 것이다.

여기에 다시 다른 난점이 있다. 그것은 인간의 의식적 의도와 동물의 의식적 의도는 다르다고 해야 한다. 인간의 의식적 의도는 의미론적(意味論的)이다. 우리는 손가락을 구부린다고 하여 '손가락' '구부린다' 등의 의미론적 개념이 개입되는 것이 의식적 의도라고 해야 한다. 그런데 해거드가 설명하는 두 개의 신경회로는 인간과 동물에 공통적인 것이다. "인간과 영장류(靈長類)의 뇌는 모두 임의적인 행동에 기여하는 구별되는 피질운동회로(cortical motor circuits)를 포함하고 있다."[176] 그런데 영장류가 의식적 의도를 가진다고 할 수는 없다. 침팬지가 의식적 의도를 가진다면 호랑이도 의식적 의도를 가진다고 해야 한다. 이것은 단순히 인간을 침팬지로부터 구별해야 한다는 주장이 아니라, 의식적 의도를 해명하기 위해서는 의미론적 성격을 설명하는 대뇌피질의 영역이 규명되어야 한다는 것이다. 이 점에서 단순히 운동회로를 찾아내는 신경과학적 접근과 의식적 의도란 무엇이며 어떻게 발생하는가를 규명하는 관점이 다른 것이다. 다시 말해 위의 해거드의 논의가 신경과학적으로 올바르게 해석될 수 있다고 해도 그것이 의식적 의도를 완전히 설명하는 것은 아니다.

[1654] 의미와 신경신호의 번역(飜訳)

이제까지 의식적 의도에 관한 논의에서 의미론적 차원이 있다는 점은 거의 고려되지 않았다. 그런데 의식적 의도는 그것이 의미론적 차원, 즉 그것이 언

---

176 *ibid.*, p.936. The human and primate brain both contain several distinct cortical motor circuits that contribute to voluntary action.

어와 의미에 의하여 규정된다는 점을 배제하면 결코 그것은 의식적 의도라고 할 수 없다.

그런데 우리가 의식적 의도에 관하여 의미론적 차원을 논의하자마자 대단히 특별한 문제에 부딪친다는 것을 알 수 있다. 그것은 의식적 의도의 내용을 형성하는 의미가 신경세계에는 전혀 통하지 않는다는 것이다. 가령 우리가 왼팔 아래(하박부)를 바깥으로 젖히겠다는 의식적 의도를 가졌다고 생각해 보자. 우리는 '왼팔을 젖힌다.'는 의식적 의도를 가지고 이어서 왼팔을 바깥으로 회전시키면서 젖힌다. 가령 지금 나는 컴퓨터에 연결된 키보드를 양손 손가락으로 치고 있다. 이때 나의 양손의 형태는 손바닥이 아래를 향하고 손등이 위로 향한 상태이다. 그래서 내가 '왼팔을 바깥으로 젖힌다.'는 의식적 의도를 가지고 이어서 왼팔을 젖힌다. 그것은 손바닥이 하늘을 향하고 손등이 아래를 향하도록 손바닥은 뒤집는 동작이다. 그런데 중요한 문제는 이러한 우리의 관념(왼팔을 바깥으로 젖힌다)이 신경세계에는 전혀 통하지 않는다는 것이다. 만약에 의식적 의도가 이 팔을 젖히게 했다면 나의 이 관념이 신경세계에는 통하는 그 무엇으로 번역(飜譯)되어야 한다. 반대로 리벳의 실험대로 신경세계에서 먼저 결정(決定)이 일어나 우리가 그것은 뒤늦게 자각하는 경우도 마찬가지이다. 이번에는 정반대로 신경세계에서의 신경신호나 그 무엇이 우리의 언어(의미)로 번역되어야 한다.

앞에서의 해거드의 논의를 포함하여 신경과학의 논의, 자유의지론을 주장하는 철학자 등의 논의는 이러한 번역의 문제를 완전히 논외(論外)로 하고 있다. 그것은 그냥 인식(認識)할 수 있는 것처럼 논의한다. 그러나 이것은 인식(認識)의 문제가 아니다. 왜냐하면 언어화(言語化)하거나 반대로 언어가 신경신호로 전환하는 문제이며 그것은 인식이 아니기 때문이다. 자유의지에 관한 논의에서 이 논점(論點)은 의지(意志)의 논점에 가려 있었다. 즉 (쇼펜하우어처럼) 의지라는 것이 있어서 그것이 자유로운가, 그것(의지)이 팔을 젖히는가(손

가락을 구부리는가) 등의 문제로 논의해 온 것이다. 여기서 의지는 또 하나의 호
문쿨루스로 간주되어, 그것이 실제로는 언어(의미)가 동작을 야기하든가, 또
는 신경신호가 언어(의미)로 전환되든가 하는 문제를 덮어 버린 것이다.

　의식적 의도에 관하여 논의하려면 우리는 이 문제를 피해 갈 수 없다.

[1655] 외전(外転)과 내전(內転)

　앞에서 책상 앞에 앉아서 컴퓨터에 연결된 키보드(keyboard)를 두들기는 동
작을 이야기하였다. 이 경우 손바닥이 아래를 향하고 손등이 위로 향하고 있
다. 이처럼 컴퓨터 키보드에 손을 얹어 손등을 위로 하는 상태를 만드는 것을
해부학(解剖学)에서 내전(內転, pronation)이라고 한다. 반대로 손바닥이 위가
되게 팔의 하박부를 회전시키는 것을 외전(外転, supination)이라고 한다.[177] 외
부적으로 우리가 눈으로 보는 하박부의 외전동작과 내전동작은 다음 사진과
같다.

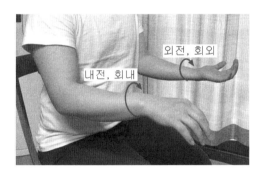

177　또는 회외(回外), 회내(回內)라고 하기도 한다. 모두 밖(外) 또는 안(內)으로 회전(転, 回)시킨다는 의미
　　이다.

앞에서 말한 것처럼 팔 하박부가 내전된 상태는 우리가 매일 하는 동작으로서 컴퓨터 키보드를 치는 자세이다. 골프 스윙동작의 경우에는 다운스윙동작이 외전동작이다. 즉 백톱에서 손바닥이 아래를 향하고 있다가 다운스윙에서 왼팔을 외전하여 피니시에 가면서 손바닥이 하늘을 향하게 된다. 그런데 이러한 관찰은 우리가 우리 몸의 외부에서, 즉 가시세계(可視世界)에서 하는 것이다. 즉 가시세계에서 우리의 행동을 보면 우리의 팔 하박부를 '젖힌다'(젖히는 방식에 내전이 있고 외전이 있다).

그런데 이 외전, 내전의 동작이 실제로 어떠한 기제(機制)에 의하여 일어나는가는 우리가 외부에서 보는 모습과는 전혀 다르다. 우리 팔의 내부에서는 팔을 회전(回転)시키는 것이 아니다. 신(神)은 팔의 회전 기제(메커니즘)을 어떻게 만들었을까? 팔꿈치에 바퀴나 회전판을 만들어서 팔을 회전시킬까? 신(神)은 회전판에 하나의 팔뼈를 꽂아 넣는 기제(메커니즘)를 사용하지 않았다. 회전판이 아니라 두 개의 뼈를 사용하였다. 즉, 팔의 하박부는 두 개의 뼈로 구성되어 있다. 바깥쪽에 있는 뼈는 요골(橈骨, radius)이라고 하고, 안쪽에 있는 척골(尺骨, ulna)이라고 한다. 이 뼈들에는 근육이 붙어 있어 근육이 수축되면 뼈를 잡아당기는 기능을 한다. 외전동작이 일어나는 것은 회외근이 요골과 척골을 II형으로 나란히 되도록 잡아당기기 때문이다. 내전동작이 일어나는 것은 회내근이 요골과 척골을 X형이 되도록 잡아당기기 때문이다. 결국

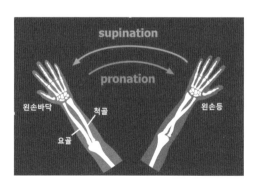

외전동작은 회외근이 작용하여 요골과 척골의 형태가 II형태가 되는 것이며, 내전동작은 회내근이 작용하여 요골과 척골이 X형태가 되는 것이다.

그런데 우리는 '팔의 젖히는 동작'이 세 개의 세계에서 다르게 관찰된다는 것을 발견한다. 즉 '팔을 젖힌다'는 개념은 바깥에서 우리가 팔을 피상적으로 관찰하면서 가지는 것이다. 그런데 우리의 '의식적 의도'는 '팔을 젖힌다'고 생각하고 그러한 내용으로 의도를 가진다. 그런데 팔의 내부에서 실제로 일어나는 일은 두 개의 뼈가 II(나란히) 상태가 되느냐 X(엇갈리는) 상태가 되느냐 하는 것이다. 실제로는 팔을 젖히는 동작은 세 개의 세계에서 다른 콘텐츠(내용)를 가진다.

1) 내가 팔을 바깥으로 젖히겠다고 생각하고 그 의도에 의하여 실제로 팔을 외전(外転)시킨다. 단순하게 말하면 '내가 팔을 바깥으로 젖힌다'. 이것은 가시세계의 차원에서 우리가 일상적으로 그리고 상식적으로 인식하고 행동하는데 바탕이 되는 그러한 생각이다. 우리가 스스로 팔을 바라보면 팔의 형태와 피부가 보인다. 그리고 팔을 젖혀야겠다고 생각하고 (팔을 젖힌다는 의식적 의도를 가지고) 실제로 팔을 젖힌다. 앞에서 본 것처럼 키보드 입력 동작은 내전(内転) 상태이다. 마주보며 악수를 하는 동작은 (손바닥이 수직이지만 몸과의 관계로 인해) 외전동작이다(두 뼈가 II상태이다). 광장에 모인 사람들을 향하여 양손을 치켜드는 동작은 대체로 손바닥이 전면을 향하게 되어 (그대로 앞으로 내리면 손바닥이 땅을 향함) 역시 내전동작이다.

2) 실제 하박부의 내부(内部)에서 일어나는 사건은 다른 모습이다. 위에서 설명한 바와 같이 그것은 뼈와 근육의 세계이다. 외전이나 내전이나 회전(回転)의 개념이지만, 실제 일어나는 일은 회전이 아니라 두 개의 뼈가 구조적으로 배치되는 모습이다. 요골과 척골이 X모양으로 포개져 있다가 II모양으로 평행하게 배치되는 모습으로 변하는 것이 외전이다. 그리고 반대가 내전이다. 이렇게 뼈를 움직이는 것은 그 뼈에 붙어 있는 근육의 수축(収縮)이다. 근

육이 수축되면 그에 연결된 뼈가 당겨지는 것이다.

3) 위 두 세계와는 다른 또 하나의 세계가 있다. 그것이 신경생리적 차원, 신경세계(神経世界)이다. 그것은 위 뼈에 연결된 특정한 근육이 수축하도록 하는 명령(命令)이 생성되고 전달되고 집행되는 기제이다. 명령의 생성·전달·집행은 비유적인 것으로 달리 말하면 신경신호가 근육에 작용하는 것이다. 팔의 외전(外転)이 반사적(反射的)으로 발생하는 경우에는, 신경신호는 뇌까지 관여하지 않고 척수(脊髓)에서 회외근에 이르는 과정이다. 대뇌피질이 관여하는 경우에도 위 두 개의 신경회로에서 발생하는 신경신호가 모두 일차운동피질(primary motor cortex)로 와서, 다시 척수를 거쳐 척골과 요골에 붙은 근육으로 전달된다. 이 두 개의 회로에서 (가령) 회외근을 수축하라는 신경신호를 발생시키고, 이 신호는 척수를 거쳐 회외근에 전달된다. 이를 그림으로 보면 다음과 같다.

[1656] 의식적 의도(意図)의 환상(illusion)

우리는 오랫동안 손가락을 구부리는 문제를 논의해 왔다. 그런데 손가락을 구부리는 것을 대신하여 '팔을 젖히는' 동작을 논의하면 그동안 가려졌던 문제가 드러난다. 내가 '팔을 바깥으로 젖히겠다.'는 의도를 가졌다고 해도 그 의도의 내용 자체는 실제 팔을 바깥으로 젖히는 동작을 전혀 야기할 수 없다. 왜냐하면 실제 일어나는 동작은 팔을 바깥으로 젖히는 것이 아니라 척골과 요골이 II형태로 정렬하는 것이기 때문이다. 더 나아가 척골과 요골을 II형태로 정렬하는 것이라기보다 회외근에 수축하라는 신경신호가 발생하는 것이기 때문이다. '팔을 젖힌다.'는 의미론적 내용을 가진 의식적 의도는 회외근을 수축하는 데 아무런 작용도 할 수 없다. 그렇다고 우리의 의식적 의도에 팔을 '젖힌다.'는 것 이외에 어떠한 다른 것도 찾을 수 없다.

이것은 정반대도 마찬가지이다. 리벳은 거꾸로 우리 뇌의 신경과정에서 일어난 사건에 의하여 '팔을 젖힌다.'는 의식적 의도를 뒤늦게 자각(自覺)한다고 한다. 그런데 이것은 앞의 것과 반대의 번역(飜訳)을 필요로 한다. 즉 회외근을 자극하여 수축하는 신호가 있는데, 이것에 대하여 우리의 의미론적으로 '팔을 바깥으로 젖힌다.'고 내관세계에서 번역(飜訳)되어야 한다. 우리의 내관세계에 신경신호를 언어(의미)로 번역하는 사전이 있는지 알 수 없으나 그렇게 보이지는 않는다. 번역은 어떻게 이루어졌을까? 회외근을 수축하라는 신경신호가 번역되었을까? 척골과 요골이 II상태로 정렬된 현상이 번역되었을까? 아니면 최종 결과로서 몸 외부의 가시세계에서 팔이 젖혀지는 결과를 보고 그것을 번역하였을까? 마지막의 경우에는 시간적으로 문제가 있는 것이 번역된 내용으로서 우리의 의식적 의도(팔을 젖히겠다)가 실제 팔이 젖혀지는 동작보다 먼저이기 때문이다.

의식적 의도(意図)란 무엇인가? 그것이 의미론적 내용을 가진다고 하는 한, 위의 문제는 피할 수 없다. 자유의지론자이건 리벳을 지지하는 신경과학자이건 모두 이 문제는 논외로 젖혀 두고 있다. 그냥 막연하게 자유의지론자는 의미론적 내용을 가진 어떤 힘(즉 의지)이 있어서 그것이 신경과정을 작동시킨다고 가정한다. 반대로 리벳의 지지자들도 막연하기는 마찬가지로 신경과정에 대응하여 뒤늦게 의미론적 내용을 가진 의식적 의도가 자각된다고 한다. 자유의지론자의 문제는 의식적 의도의 의미론적 내용(팔을 바깥으로 젖히겠다)이 어떻게 신경신호를 야기하는지를 설명하지 못한다는 것이다. 이 경우에는 의미(意味, 또는 언어)가 신경신호가 되어야 한다. 반대로 리벳의 지지자들에게는 신경신호가 의미(또는 언어)가 되어야 한다. 그런데 신경신호는 아래로 내려가 회외근을 자극할 뿐이지, 어디 다른 데로 가서 언어(言語)가 되지는 않는다. 이에 대한 가장 편리한 해결책은 이러한 신경세계나 의미를 조정하는 인간의 마음(mind)을 가정하는 것이다. 그렇다면 두 가지 모두 가능해진다. 마음이 의미를 신경신호에 작용하도록 바꾸어 주든가, 반대로 마음이 신경신호를 해석하여 의미로 바꾸어 준다고 하면 된다. 그런데 이렇게 되면 뇌의 또 다른 부분에서 마음의 기능을 하는 장소를 찾아내야 한다. 그런데 이 제까지 신경과학에서 그러한 마음이 두뇌피질에 따로이 있다는 발견을 보고한 일은 없다(송과체에 있는 것을 못 찾고 있는지는 모르나).

결국 어느 경우에 있어서나 의식적 의도는 환상(幻想)이라는 것이 드러난다. 그것은 전혀 인과적 힘이 없는 데도 있다고 느끼는(의도가 아닌데도 의도라고 느끼는) 환상이고, 실재(實在)가 아닌 의미인데도 실재라고 느끼는 환상이고, 허구적(虛構的) 의미인데 사실(事實)을 지시(指示)하는 의미라고 느끼는 환상이다. 앞에서 임의행동의 두 가지 경로를 논의한 해거드(Haggard) 역시 이러한 결론들을 제시한다.

"우리는 우리가 자유의지를 가지고 있다고 느낀다. 대부분의 신경과학자들은 이 생각이 '기계 속의 유령'을 내포하고 있기 때문에 이 생각을 의심하고 있다. 오히려 의식적인 의도와 신체적인 움직임 모두 뇌활동의 결과일 수 있다. 예를 들어, 웨그너(Wegner)는 인간의 마음이 그들 사이의 상관관계를 설명하기 위해 의식적 의도에서 행동까지 '인과적 통로'를 가정(假定)한다고 제안했다. 사실 의식적인 의도와 행동 둘 다 공통적인 원인, 즉 행동을 위한 신경 준비에 의해 움직이기 때문에 상관관계가 있다. 더 급진적인 견해는 의식의 의도가 진실한(bona fide) 정신상태가 전혀 아니며, 오히려 우리 몸의 물리적인 움직임의 가상적 원인으로서 의식의 흐름에 소급적으로 삽입되는 추론이라는 것을 암시한다. 이러한 견해는 의도 경험이 사건들 간의 연결에 대한 비정상적인 인과관계 설명과 연관되어 있는 정신병의 연구로부터 지지를 받는다."[178]

[1657] 좌뇌(左腦)와 우뇌(右腦)

의식적 의지가 환상이라는 것은 세 가지의 문제를 제기한다. 첫째, 인간의 의식 또는 정신이 이렇게 체계적으로 환상을 야기하는 성격이 있는가 하는 것이다. 둘째, 인간의 의식 또는 정신이 왜 다른 경우가 아니라 의식적 의도에 관하여 환상을 야기하는가 하는 것이다. 세째, 이러한 진실이 아닌 거짓으로서의 환상 속에 살면서도 왜 우리에게 아무 문제가 없는가 하는 것이다.

이 문제는 단순히 의식적 의도에 한정된 문제가 아니다. 이것은 본질적으로 우리의 정신에 관한 문제이고 우리의 존재 자체에 관한 문제이다. 우리의 정신 자체가 이렇게 조직적(組織的)으로 체계적으로 그리고 일상적으로 거짓을 사실처럼 느끼는 환상을 야기하는가? 환상은 의식적 의도에 한정되는가? 다른 경우에도 이와 마찬가지로 광범한 환상이 또 있는가?

환상의 문제는 우리의 의식적 의도를 넘어 뇌가 어떻게 인식하고 추론하는가 하는 문제에 관하여 논의해야 한다. 뇌가 어떻게 인식하고 추론하는가에 대한 신경과학적 연구로서 중요한 성과의 하나로서 분리뇌(分離腦)에 관한

---

178 *ibid.*, p.941, … we feel we have 'free will'. Most neuroscientists are suspicious of this idea, because it implies a "ghost in the machine". Rather, both conscious intention and physical movement might be consequences of brain activity. Wegner, for example, has proposed that the human mind assumes a causal path from conscious intention to action in order to explain the correlation between them. In fact, the correlation occurs because both conscious intention and action are driven by a common cause, namely the neural preparation for action. A more radical view suggests that conscious intention is not a bona fide mental state at all, but rather an inference that is retrospectively inserted into the stream of consciousness as the hypothetical cause of the physical movement of our bodies. This view receives support from studies of psychosis, in which experiences of intention are associated with unusual causal explanations of connections between events. Even in the healthy brain, the consequences of an action can strongly influence the experience of the action itself.

연구가 있다. 가자니가(Michael.S.Gazzaniga)가 이 분야에 선구적 업적을 남겼다.

우리의 뇌는 좌뇌와 우뇌가 뇌량(腦梁, corpus callosum)에 의하여 연결되어 있다. 간질환자의 일부는 뇌량에 종양이 생긴 경우가 있으며 이러한 경우 뇌량절제술(腦梁切除術)이 행해질 수 있다. 뇌량을 절제하는 것은 결과적으로 좌뇌와 우뇌를 분리하는 것이 된다. 오랫동안 뇌를 분리하여 뇌기능을 연구하기를 기대해 왔던 가자니가는 그 기회를 잡고, 분리뇌 연구로 신경과학에 획기적 분야를 개척했다. 좌뇌에는 언어영역이 있으며 언어를 말하고 이해할 수 있다. 이에 대해 우뇌(右腦)는 말을 하지 못하고 언어를 이해하는 수준도 아주 제한적이다. 좌뇌(左腦)의 주요한 기능은 추론(推論)하고 해석하는 것인데 대하여 우뇌는 추론에 아주 약하다. 우뇌는 있는 그대로의 사실을 인지한다. 한편 좌뇌는 몸의 오른쪽 반을 관할하고 우뇌는 왼쪽 반을 관할한다. 오른눈의 시야(視野)에 들어온 사물은 좌뇌가 보고, 왼눈의 시야에 들어온 것은 우뇌가 보게 된다. 팔도 마찬가지로서 오른팔은 좌뇌로부터 동작의 명령을 받고 왼팔은 우뇌로부터 명령을 받는다. 그런데 이러한 좌뇌는 놀랍게도 거짓 사실도 순식간에 꾸며 내는 능력을 가지고 있다. 말하자면 알지 못하는 것에 대해서도 이를 메꾸어 넣어 상상의 이야기를 꾸며 내는 것이다.

"우리는 분리뇌 환자 한 명에게 두 장의 그림을 보여주었다. 닭발이 그려진 그림은 오른쪽 시야에 보여주었다. 그러니까 좌뇌는 닭발 그림만 본 것이다. 그리고 왼쪽 시야에는 눈이 내리는 풍경의 사진을 보여주었다. 우뇌는 눈이 내린 풍경만 본 것이다. 그런 다음 여러 장의 그림을 환자 앞에, 그러니까 좌뇌와 우뇌가 모두 볼 수 있도록, 펼쳐 놓고 한 장을 고르게 했다. 왼손은 삽을 가리켰고(눈 내린 풍경에 가장 잘 들어맞는 대답이었다). 오른손은 닭을 가리켰다(닭발에 가장 잘 들어맞는 대답이었다). 그런 다음 왜 그 사진들을 선택했는지 물었다. 환자의 좌뇌 언어중추는 '그건 간단해요, 닭발은 닭이랑 어울리잖아요' 라고 대답하며 알고 있는 것을 쉽게 설명했다. 좌뇌는 실제로 닭발을 봤으니까. 그러더니 삽을 가리키고 있는 왼손을 내려다보면서 조금도 주저하지 않고, '그리고 닭장을 치우려면 삽이 필요하잖아요.'라고 말했다. 좌뇌는 왜 삽을 골랐는지도 모른 채 왼손의 반응을 관찰한 즉시 설명이 가능한 상황으로 끼워넣은 것이다. 말하자면 이미 알고 있는 사실과 일관되도록 상황에 맞게 반응을 해석한 것이다. 좌뇌가 알고 있는 사실은 닭발뿐이었다. 눈이 내린 풍경에 대해서는 아무것도 몰랐지만, 왼손이 쥐고 있는 삽을 설명해야 했다. 닭은 어지르길 좋아하니까 청소를 해야 해. 옳거니. 바로 그거야! 말이 되는군. 흥미로운 점은 좌뇌가 '모르겠다'고 대답하지는 않는다는 사실이다. 사실 좌뇌는 아무것도 모르는 게 맞는데 말이다. 좌뇌는 상황에 맞게 사후 대답을 만들어 냈다. 알고 있는 사실에서 단서를 찾아 이해가 되도록 엮어 이야기를 만들었다. 우리는 좌뇌의 이 같은 과정을 해석기(interpreter)라 불렀다."[179]

179 Michael S. Gazzaniga, Who's in Charge?-Free Will and the Science of the Brain-Harper Collins Books, 2011, pp.82-83. We showed a split-brain patient two pictures: A chicken claw was shown to his right visual field, so the left hemisphere only saw the claw picture, and a snow scene was shown to the left visual field, so the right hemisphere only saw that. He was then asked to choose a picture from an array of pictures placed in full view in front of him, which both hemispheres could see. The left hand pointed to a shovel (which was the most appropriate answer for the snow scene) and the right hand pointed to a chicken (the most appropriate answer for the chicken claw). Then we asked why he chose those items. His left-hemisphere speech center replied, "Oh, that's simple. The chicken claw goes with the chicken," easily explaining what it knew. It had seen the chicken claw. Then, looking down at his left hand pointing to the shovel, without missing a beat, he said, "And you need a shovel to clean out the chicken shed." Immediately, the left brain, observing the left hand's response without the knowledge of why it had picked that item, put it into a context that would explain it. It interpreted the response in a context consistent with what it knew, and all it knew was: chicken claw. It knew nothing about the snow scene, but it had to explain the shovel in his left hand. Well, chickens do make a mess, and you have to clean it up. Ah, that's it! Makes sense. What was interesting was that the left hemisphere did not say, "I don't know," which truly was the correct answer. It made up a post hoc answer that fit the situation. It confabulated, taking cues from what it knew and putting them together in an answer that made sense. We called this left-hemisphere process the interpreter.

이렇게 보면 뇌가 사실과 다르게 추론할 수 있다는 것은 특별히 잘못된 문제는 아닌 것으로 보인다. 오히려 해석과 추론을 하는 경우에 있어서 그것은 어쩌면 불가피한 것일 수도 있다. 왜냐하면 실재(實在)와 정확하게 일치한다는 것이 무엇을 의미하고 그 실재적 기능이 무엇인가 하는 점도 명확하지 않기 때문이다. 가자니가도 같은 관점에 서 있다.

> "뇌 해석기(interpreter)가 우리를 함정에 빠뜨렸다. 그것은 자아(自我)라는 환상을 만들고 그와 함께 인간은 행위의 주체이며 '자유롭게' 자신의 행동을 결정한다고 생각하게 만들었다.… 우리는 해석기가 이야기와 서사(敍事)를 제공하고 스스로 중요한 결정을 내리며 자유의지를 실천하는 주체라고 믿는다. 이 환상은 너무나 강력해서 제아무리 많은 분석결과가 나와도 인간이 의지와 목적을 가지고 행동한다는 느낌을 지울 수는 없을 것이다. 의지를 가진 하나의 어떤 자아가 있다는 환상을 깬다는 것은 절대 쉽지 않은 일이다. 지구가 둥글다는 사실을 알아도 이를 믿기는 어려운 것과 마찬가지이다."[180]

[1658] 자아(自我)와 자유의지의 환상

가자니가(Gazzaniga)의 논의는 우리가 가지는 환상이 의식적 의도에 한정되지 않는다는 것을 보여준다. 의식적 의도 또는 자유의지라는 환상과 불가

---

180 *ibid.*, p.105. THE HUMAN INTERPRETER HAS SET US UP FOR A FALL. IT has created the illusion of self and, with it, the sense we humans have agency and "freely" make decisions about our actions. … The interpreter provides the storyline and narrative, and we all believe we are agents acting of our own free will, making important choices. The illusion is so powerful that there is no amount of analysis that will change our sensation that we are all acting willfully and with purpose. … Puncturing this illusionary bubble of a single willing self is difficult to say the least. Just as we know but find it difficult to believe that the world is not flat, it too is difficult to believe that we are not totally free agents.

분적으로 연계되어 있는 것이 자아(自我)라는 환상이다. 즉 자아라는 의사결정과 행위의 주체가 있고, 그러한 자아가 자유롭게 자신의 행동을 결정하는 의식적 의도라는 환상이 생겨난다는 것이다. 자아가 환상이라는 이 주장은 사실은 2,500년 전에 석가(釋迦)가 갈파한 종교적 진리이다. 석가는 당시 인도에서 힌두교적 진리로서 아트만(自我)을 부정하고 인류의 역사에서 처음으로 무아(anatman)의 진리를 깨달았다고 선언했다. 그것은 당시 인도의 정신에 대한 정면도전이었다. 더 궁금한 것은 석가가 2,500년 전에 어떠한 경험을 하였기에 자아를 부정했는가 하는 점이다. 그런데 석가의 무아의 깨달음, 자아는 환상이라는 깨달음이 그 뒤 오늘에 이르기까지 다른 사람들–불교적 깨달음을 얻은 사람들–에 의하여 그 체험이 재생산되고 있다는 것이다.

그런데 석가와는 무관하게 오늘날 신경과학자들에게 자아가 환상이라는 것은 이제 상식이 되었다. 모든 신경과학자들은 자아가 환상이라는 것을 알고 있다(비록 佛家의 깨달음과는 성격이 다르지만). 그리고 신경과학자들의 상식은 그것이 의식적 의도와 체계적으로 연계된 것이라는 점에서 더욱 과학적이고 체계적이다.

의식적 의도가 환상이라는 점에 대하여 가장 많은 논의를 한 사람은 아마 웨그너(Wegner)일 것이다. 웨그너는 의식적 의도가 아니라 의지를 논제로 삼고 있는데 그것은 우리의 의식적 생각과 관찰된 행동 사이의 연관성에 대한 해석(解釈)의 결과로 본다. 말하자면 해석을 경험으로 느낀다는 것이다.

> "이 분석에서 의지의 경험은 머리 내부에서 행동을 일으키는 어떤 심리적 힘의 직접적 판독(readout)이 아니다. 오히려 의지는 행동과 연관 지어 나타나는 의식적 생각과 관찰된 행동의 성질 사이의 그럴듯한 연관성에 대한 해석(解釈)의 결과로서 경험된다. 의지는 자기-지각적으로 받아들인 그럴듯한 정신의 인과관계의 결과로서 경험된다. 따라서 기존의 여러 이론과 같은 선상

에서 이 이론은 그 의지는 자신의 행동을 의도된 것으로 해석하는 데서 생겨나는 하나의 의식적인 경험임을 시사한다."[181]

웨그너는 자유의지가 환상이라는 주장을 논의하기 위하여 한 권의 책을 바쳤다. 그의 논의의 전체 개요는 인간의 행동이 의식적 의도의 지도(guide) 없이도 자동적으로 이루어진다는 것으로 많은 병리적 사례들로부터 그 논거를 구하고 있다. 그의 책의 각 장(章)과 그 장에 대한 간단하지만 정치(精緻)한 요약으로도 그의 환상론이 무엇인가를 보여준다. 다음이 그의 책 각 장의 제목과 요약이다.

"1. 환상(幻想): 보통 우리는 우리의 임의행동을 의식적으로 의지(意志)하는 것처럼 보이지만, 이것은 환상이다.

2. 뇌와 신체: 의식적 의지는, 심리적으로 해부학적으로, 마음이 행동을 창조하는 과정과는 구별되는 다른 과정으로부터 생겨난다.

3. 의지의 경험: 비록 의도와 행동은 그 자체로서는 의지(意志)된 것으로 느끼지 않는 정신과정에 의하여 야기되지만, 우리의 의식적 의도가 우리의 임의행동을 야기했다고 추론(推論)할 때, 의식적 의지의 경험이 일어난다.

4. 자동운동(automatism)의 분석: 심지어 행동이 임의적(任意的)이고 목적적(目的的)이며 복잡한 경우에도, 그 의지의 경험은 어떤 조건하에서는 매우 낮

---

181 Daniel M. Wegner, The Illusion of Conscious Will, MIT Press, 2017. p.60. In this analysis, the experience of will is not a direct readout of some psychological force that causes action from inside the head. Rather, will is experienced as a result of an interpretation of the *apparent* link between the conscious thoughts that appear in association with action and the nature of the observed action. *Will is experienced as the result of self-perceived apparent mental causation.* Thus, in line with several existing theories (Brown 1989; Claxton 1999; Harnad 1982; Hoffman 1986; Kirsch and Lynn 1997; Langer 1975; Libet 1985; Prinz 1997; Spanos 1982; Spence 1996), this theory suggests that the will is a conscious experience that is derived from interpreting one's action as willed.

620 | 죄, 의미, 문명 I

은 수준으로 감소될 수 있는 바, 그리하여 남아 있는 것은 자동운동이다.

5. 환상의 보호: 의지의 환상은 너무나 강렬하여, 그 행동이 의도될 수 없었는데도, 그 행동이 의도되었다는 믿음을 유발할 수 있다.

6. 행동투사(行動投射): 자아로부터 다른 사람 혹은 집단, 심지어 동물에게 투사함으로써, 자기 행동의 주연성(主演性)을 상실하기도 한다.

7. 가상 주연성(仮象主演性): 사람들이 행동을 가상의 주연자(主演者)에게 투사하게 되면, 그들은 자기 행동의 그럴듯한 원천으로서, 가상의 주연자를 창조한다. 이 과정은 주연자 자아의 형성뿐만 아니라, 빙의(憑依), 해리성(解離性) 정체성(正体性) 장애를 낳는다.

8. 최면(催眠)과 의지: 최면에서 사람들은 의식적 의지의 상실을 경험한다. 이 상실은, 자신을 통제하는 어떤 예외적 형태를 창조하면서, 다른 누군가에게 통제를 이전하는 것을 수반한다.

9. 마음의 나침반: 비록 의식적인 의지의 경험이 정신적 인과관계의 증거는 아니지만, 그것은 개인에게 행동의 인적(人的) 주연성(authorship)을 깨닫게 해주기 때문에 성취감과 도덕적 책임의 수용에 영향을 미친다."[182]

---

182 Daniel M. Wegner, The Illusion of Conscious Will, *op.cit.*, (contents). vii-viii. 1 The Illusion.…*It usually seems that we consciously will our voluntary actions, but this is an illusion.* 2 Brain and Body… *Conscious will arises from processes that are psychologically and anatomically distinct from the processes whereby mind creates action.* 3 The Experience of Will…*The experience of conscious will arises when we infer that our conscious intention has caused our voluntary action, although both intention and action are themselves caused by mental processes that do not feel willed.* 4 An Analysis of Automatism…*The experience of will can be reduced to very low levels under certain conditions, even for actions that are voluntary, purposive, and complex - and what remains is automatism.* 5 Protecting the Illusion.…*The illusion of will is so compelling that it can prompt the belief that acts were intended when they could not have been. It is as though people aspire to be ideal agents who know all their actions in advance.* 6 Action Projection…*The authorship of one's own action can be lost, projected away from self to other people or groups or even animals.* 7 Virtual Agency…*When people project action to imaginary agents, they create virtual agents, apparent sources of their own action. This process underlies spirit possession and dissociative identity disorder as well as the formation of the agent self.* 8 Hypnosis and Will…*In hypnosis the person experiences a loss of conscious will. This loss accompanies an apparent transfer of control*

[1659] 환상의 기제 I —마술 지각이론(魔術知覚理論)

웨그너는 그의 책 제일 앞에 (차례 이전에) 비어스(A. Bierce)의 『악마의 사전』
의 한 귀절을 게재하고 있다. 그것은 나무에서 떨어지는 잎이 마치 자기 스스
로의 의지로 떨어지고 방향을 잡는 것처럼 말하는 내용이다. 우리 인간의 자
유의지의 느낌이 그와 같다는 것이다.

> "나뭇잎이 나무에서 떨어져 나왔다.
>
> '나는 땅에 떨어질 작정이다.'라고 그가 말했다.
>
> 서풍이 불어오자, 그를 떠오르게 하고, 방향을 바꾸게 했다.
>
> '동쪽으로,' 그가 말했다. '나는 이제 방향을 잡을 것이다.'
>
> 동풍이 더욱 세차게 불었다.
>
> 그는 말했다. ' 나는 현명하여 코스를 바꾸리라.'
>
> 바람이 동등한 힘으로 맞서고 있었다.
>
> 그는 이렇게 말했다. '내 판단을 보류한다.'
>
> 바람이 잦아들자, 잎사귀는, 의기양양하여,
>
> 부르짖었다: '나는 곧장 떨어지기로 결정했다.'[183]

웨그너의 비유대로 인간은 바람에 떨어지면서, 스스로 떨어지기로 결심했

---

to someone else, along with the creation of some exceptional forms of control over the self. 9 The Mind's Compass …*Although the experience of conscious will is not evidence of mental causation, it does signal personal authorship of action to the individual and so influences both the sense of achievement and the acceptance of moral responsibility.*

183 *ibid.*, A leaf was riven from a tree, "I mean to fall to earth," said he. The west wind, rising, made him veer, "Eastward," said he, "I now shall steer." The east wind rose with greater force. Said he: "'Twere wise to change my course." With equal power they contend. He said: "My judgment I suspend." Down died the winds; the leaf, elate, Cried: "I've decided to fall straight." Ambrose Bierce, The Devil's Dictionary (1911)

다고 말하는 나무잎과 같은 것일까? 다른 사람은 인간과 자유의지를 고슴도치에 비유했다. 아인슈타인(A. Einstein)은 생물을 넘어 궤도를 도는 달(月)에 비유했다.

"만일 고슴도치가 생각을 할 수 있다면, 아마 그는 적(敵)이 다가올 때 가시를 세우는 것이 자신의 자유의지에 따른 행동이라고 믿을 것이다."[184]

"만약 달이, 지구를 도는 영원한 길을 완성하는 행위에서, 자의식(自意識)을 타고났다면, 달은 자발적(自發的)으로 그의 길을 여행하고 있다는 것을 완전히 확신하게 될 것이다.… 더 높은 통찰력과 더 완벽한 지성을 타고난 존재는, 인간과 그의 행동을 지켜보면서, 자신이 자신의 자유의지에 따라 행동하고 있다는 인간의 환상에 대해 미소를 지을 것이다."[185]

우리가 자유의지를 당연한 것으로 느끼는 이유는 앞에서 드러난 바와 같이 자아(自我)라는 또 다른 환상과 연계되어 있다. 우리는 우리의 행동에 대해 '내가(自我)' 손가락을 구부렸다고 느끼는 것이다. 자아가 없다면 자유의지도 없다. 왜냐하면 자유의지란 반드시 주체(主体) 또는 주연자(主演者)를 전제로 하는 것이기 때문이다. 앞에서 임의행동에 대한 2개의 신경회로 이론을 제시

184 Franz M. Wuketits, Der Freie Wille, *ibid*,, p.207.
185 Wegner, The illusion of concious will, *op.cit*., p.325. If the moon, in the act of completing its eternal way around the earth, were gifted with self-consciousness, it would feel thoroughly convinced that it was traveling its way of its own accord. … So would a Being, endowed with higher insight and more perfect intelligence, watching man and his doings, smile about man's illusion that he was acting according to his own free will.--D. Home, A. Robinson. 1995. Einstein and Tagore: Man, nature and mysticism. Journal of onsciousness Studies 2:167-179. Albert Einstein, 'About Free Will' in The Golden Book of Tagore, ed. Ramananda Chatterjee (Calcutta: Golden Book Committee 1931), pp.77-84. Quoted from Albert Einstein, The World as I See It (London: John Lane The Bodley Head, 1935).

한 해거드(Haggard)는 자아의 느낌에 대하여 주연성(主演性, agency)으로 규정하고 있다. 그는 주연성의 신경적 기초는 여전히 불분명하다고 말한다.[186] 이렇게 보면 우리의 자유의지와 관련한 인식은 그야말로 조직적 체계적으로 구축된 환상이라는 것이 된다. 어쩌면 이러한 자아와 자유의지의 환상이야말로 인간이 인간일 수 있는 조건이 아닐까? 또 달리 말하면 자아와 자유의지의 환상은 인간이 자연적 존재가 아니라 비자연(非自然)으로서의 문명적 존재로 이탈하는 기초가 아닐까?

[1660]

웨그너가 요약한 자아와 자유의지의 환상을 다시 요약하면 이렇게 말할 수 있다. 우리의 임의행동은 자아가 의식적으로 의지하는 것처럼 보이는데 그것은 환상이다. 의식적 의지는 (실제 행동이 야기되는 과정과는) 심리적으로 해부학적으로 구별되는 '다른 과정'으로부터 생겨난다. 우리의 행동에 대해 우리의 의도가 그것을 야기했다고 추론할 때 의식적 의지의 경험이 일어난다. 어떤 행동은 대단히 목적적이고 복잡한 경우에도 자동적으로(즉 자아와 의지의 느낌 없이) 일어날 수 있다. 이것은 목적적이고 복잡한 행동에는 자아와 의지의 개입이 필요하다는 우리의 선입견이 틀렸다는 것을 말한다.

자아와 자유의지의 개입 없이 일어나는 비정상적인 행동은 세 가지로 나눌

---

186 Patrick Haggard, Human volition, *op.cit.*, p.942. In addition to the experience of intention, voluntary actions often produce an experience of agency. This is the experience that one's voluntary action causes specific events in the outside world. Agency necessarily involves the experience of external sensory consequences, whereas intention relates more closely to preparation and effort. The neural basis of agency remains unclear. 의도의 경험 외에도, 자발적인 행동은 종종 주연성의 경험을 낳는다. 이것은 한 사람의 자발적인 행동이 외부 세계에서 특정한 사건을 야기한다는 경험이다. 주연성은 반드시 외부 감각 결과의 경험을 포함하는 반면, 의도는 준비와 노력과 더 밀접하게 관련된다. 주연성의 신경적 기초는 여전히 불분명하다.

수 있다. 첫째, 자동기술(自動記述)과 같이 자아나 의지의 개입이 없이 글을 쓰는 현상이다. 손과 그것이 잡고 있는 펜이 자동적으로 움직여 글을 쓴다. 둘째, 자아나 자기의지의 개입 없이 마치 다른 자아와 그 의지가 내 몸을 동작하게 하는 것 같은 현상이다. 빙의나 해리성 정체성 장애와 같은 경우이다. 셋째, 최면과 같이 자아와 자기의지가 있는데도 그와 상관없이 몸이 동작하는 것이다. 웨그너가 고찰한 것은 일반적으로 비정상적인 현상으로 규정되는 자동행동이다. 그런데 사실은 정상적인 경우이고 누구나 가능한 자동행동의 경험이 불가에서는 수행의 한 방법으로 인정된다. 무드라(Mudra)가 그 것이다.[187]

우리가 이처럼 전혀 다른 기제에 의하여 야기되는 행동을 자아와 자유의지로 인식하는 이유에 대하여 마술 지각이론(theory of magic perception)이 있다. 우리가 자아와 자유의지를 느끼는 기제가 마술과 동일한 기제에 의하여 인식하게 된다는 것이다.

우리는 마술사가 무대에서 조수인 여자를 상자 속에 넣어 놓고 톱으로 썰어서 몸을 반토막 내는 마술을 본다. 이때 커다란 상자를 열고 조수인 여자를 그 속에 들어가 눕게 한다. 그리고 상자의 뚜껑을 닫는다. 상자 속으로 들어간 여자의 머리와 양팔만 상자 밖으로 나와 보이게 된다. 때로는 아래 두 발도 상자 밖으로 보이게 한다. 그리고 마술사는 톱을 가져와 상자의 한가운데를 무자비하게 톱질한다. 여자는 손발을 허둥대며 비명을 지른다. 그렇지만 결국 상자는 반으로 잘려진다. 관객들은 믿지 않으면서도 놀라서 고함을 지

---

187 누구든지 무드라(Mudra)를 경험할 수 있다. 가부좌를 틀고 앉아 어느 정도 시간 명상 상태로 호흡을 가다듬는다. 왼손을 위로 오른손을 아래로 배 앞에 두고 양손 사이에 공을 안고 있는 것 같은 자세를 취한다. 그리고 양손바닥 사이로 기감(氣感)을 느끼기 위해 노력한다. 그리고 스스로 아무런 의지를 가하지 않는데도 양손이 저절로 움직인다고 '생각한다'. 이렇게 몇 번만 시도하면 누구나 어느 순간 손이 저절로 움직이는 것을 경험하게 된다. 처음에는 약간 삐끗하면서 손이 움직일 수도 있고 부드럽게 미끄러지면서 움직일 수도 있다. 수련을 계속하면 동작은 점차 커져서 무용을 하는 것과 같이 된다.

르며, 상반신과 하반신이 분리된 여자는 애처로운 모습으로 떨고 있다. 이러한 마술이 성립하는 이유는 무엇인가?

"이러한 실감 나는 느낌은 해롤드 켈리(1980)가 도입한 마술 지각이론(魔術知覺理論)에서 직접 나오는 것이다. 켈리의 분석에 따르면, 외양적(外樣的) 인과연쇄(causal sequence) 전부가 인식되지 않는 실제 인과연쇄를 단축하거나 숨기면, 우리는 마술을 지각(知覺)한다(그리고 외양적 연쇄는 보통 상식적으로 예측할 수 있는 것에서 출발한다). 예를 들어 마법사가 아가씨를 반(半)으로 토막 내는 것을 보았을 때, 단지 외양적으로만 보이는 사건이 일어났다. 그녀의 하반신이 상반신에서 분리된 것과 같다. 우리는 이것이 진짜 인과연쇄(因果連鎖)일 수 없다는 것을 아는데, 그렇지 않으면 많은 마술사 조수들이 비극적으로 경력이 단절되었을 것이기 때문이다. 실제 인과연쇄가 있는데, 상자 안에 있는 왜곡된 공간, 거울, 특별한 구멍, 아래쪽에서 꿈틀거리는 발을 제공하는 추가 숙녀, 그리고 마술사만이 아는 그 밖의 것이 있을 수 있다. 그러나 관객들은 톱이 그녀를 반으로 자르는 듯한 외양적 인과연쇄를 보고, 환상(幻想)이 잘 이루어지면, 그 속임수에 놀라움을 금치 못한다. 바로 정확히 이런 의미에서 자아(自我)는 마법이다. 우리가 우리 자신을 보면, 우리는 단순하고 종종 놀라운 외양적 인과연쇄를 지각(知覺)한다(나는 그것을 생각했고, 그것이 일어났어!). 우리의 행위의 밑바탕에 깔려 있는 실제 인과연쇄가 복잡하고, 다중적으로 얽혀 있고, 일어난 그대로 우리에게 알려지지 않으면, 우리는 그 외양적 인과연쇄를 지각한다."[188]

---

188 Daniel M. Wegner, Self Is Magic, in: Are We Free? - Psychology and Free Will, John Baer, James C. Kaufman, and Roy F. Baumeister, Oxford University Press. 2008. pp.227-228. This realization follows directly from the theory of magic perception introduced (with a flourish) by Harold H. Kelley (1980). According to Kelley's analysis, we perceive magic when an apparent causal sequence shortcuts or obscures a real causal sequence that is not itself fully perceived (and the apparent

우리가 자유의지처럼 자연스럽고 당연하게 느끼는 자아(自我)의 느낌은 위와 같이 마술적 인식(認識)에서 연유하는 환상이라는 것이다. 우리는 수많은 자신의 행동과 남의 행동을 인식한다. 그러나 그것이 어떻게 일어났는지 알지 못한다. 마치 마술사의 상자 속에 들어 있어 관객이 보지 못하는 것과 같다. 우리에게 보이고 우리가 인식하는 것은 손가락을 구부리려는 생각을 가졌고, 그리고 손가락이 구부려졌다는 것이다. 그리고 다른 사람들도 그렇게 하며 마음읽기(mind-reading)로서 그도 그렇게 마음먹고 그렇게 했다고 해석한다. 그리하여 그가 그렇게 손가락을 구부린 것처럼 '나'도 그렇게 손가락을 구부렸다고 해석한다. 이러한 해석이 하루에도 수백 번 수천 번 이루어지고 평생을 그렇게 해석하여 아무런 문제가 없었다. 그렇게 하여 나(자아)가 탄생한다. 실체를 잡을 수는 없지만 확실한 것, 자아의 환상이 탄생한다.

물론 여기에는 단순한 인지만이 아니라 개체보존(個體保存)의 본능이 욕망(慾望)으로 구체화하여 이 환상에 결합한다. 이런 점에서 자아 그리고 자유의지는 단순한 인식(認識)과 지식의 문제만은 아니다. 우리의 본능(本能)이 의미화(意味化)한 것이 자아이다.

---

sequence usually departs from one that common sense would predict). When the magician saws a lady in half, for example, an event has occurred that is only apparent: The lower half of her body seems to have seceded from the upper half. We know this can't be the real causal sequence, or there would be a lot of magician's assistants out there whose careers were tragically cut short. There is a real causal sequence that may involve contortion, mirrors, special cavities in the box, an additional lady to provide distal wiggling feet, and what else only the magician knows. But the audience sees the apparent causal sequence in which the saw seems to cut her in half, and if the illusion is well done, they are amazed by the trick. It is in exactly this sense that the self is magic: When we look at ourselves, we perceive a simple and often astonishing apparent causal sequence (I thought of it and it happened!) when the real causal sequence underlying our behavior is complex, multithreaded, and unknown to us as it happens.

[1661] 환상의 기제 II --의도와 가시세계(可視世界)

　의식적 의도 그리고 자유의지는 환상이다. 그런데 자유의지, 의식적 의도가 환상이라고 하는 것은 사실 우리가 하나의 전제(前提)를 가지고 있기 때문이다. 그것은 의식적 의도가 그 의미론적 내용(~하겠다)대로 행동을 인과적으로 야기해야 하는데 그렇지 못하기 때문에 환상이라는 것이다. 또는 의식적 의도는 신경세계를 있는 그대로 반영(反映)해야 하는데 신경세계를 반영하지 않기 때문에 환상이라는 것이다. 우리는 환상과 진실을 가르는 경계, 우리가 진실이라고 규정하는 기준을 신경세계(神経世界)에 두고 있는 셈이다. 즉 우리는 신경세계를 기준으로 하여 의식적 의도가 진실인지 환상인지를 규정하고 있는 것이다. 이것은 세계의 오류인지 모른다. 왜냐하면 우리가 느끼는 의식적 의도는 신경세계와 같은 미시세계가 아니라, 가시세계와 같은 시공간 척도(尺度)를 가진 내관세계(內觀世界)와 관련이 있기 때문이다.

　우리가 신경세계나 미시세계를 떠나서, 행동하는 가시세계(可視世界)를 기준으로 한다면 상황은 완전히 달라진다. 가시세계의 관점에 설 때, 의식적 의도나 자아는 환상이 아니리 사실(fact)이다. 우리가 행동하는 가시세계에서 의도(意図)는 결코 허위가 아니다. 나는 손가락을 구부리겠다고 의도하고, 그리고 실제로 나는 손가락을 구부린다. 여기에 어떠한 허위도 없고 어떠한 환상도 없다. 우리는 컴퓨터의 키보드를 누르기 위해 양팔을 안으로 '젖히려고 (내전하려고) 하는' 의식적 의도를 가지고 실제로 양팔을 안으로 젖혀 키보드 위에 올려놓는다. 골프스윙도 마찬가지로 골프 코치가 왼팔을 밖으로 '젖히라'고 지도하고 선수는 그러한 의도로 왼팔을 수피네이션(젖히는)하는 방식으로 스윙을 한다. 그리고 우리가 행동의 세계, 당신과 내가 만나는 사회에서는, 당신도 자아(自我)를 가지고 있다고 생각하고, 나도 자아를 가지고 있다고 생각하며, 그것이 사실 그대로이다. 자아가 아니라면 당신과 나는 무엇이란 말인가? 세계를 바꾸는 것으로 모든 것은 진실이 된다. 카루더스(Carruthers)가 바로 이 관점을 제시하고 있다.

"그것은 주연자(agent) 자신의 정신적 상태를 안쪽으로 보기보다는 바깥쪽으로(outwards)의 세계에 초점을 맞추고 있으며, 주연자 자신의 행동을 관찰하고 해석해야만 그러한 상태를 주연자에게 귀속시킬 수 있다. 가자니가(Gazzaniga)와 카루더스(2005)는 이러한 착상에 진화적인 회전을 주어, 다른 사람을 해석하고 조작하기 위한 목적으로 먼저 마음읽기가 진화했다는 제안과 연결시킨다. (이것은 '마키아벨리식 지능' 가설의 한 버전이다.)… 마음읽기 시스템(mind-reading system)은 시각(視覺) 시스템으로부터 (그리고 묘사되지 않은 다른 감각 시스템으로부터도) 입력을 받는다. 그러나 그것은 추론(推論)과 의사결정에 관련된 시스템으로부터 어떠한 입력도 받지 않는다(믿음과 慾望이 형성한 시스템으로부터 혹은 실용적인 이유로부터 마음을 읽는 시스템으로의 화살표가 빠져 있다는 점을 유의하라.) 그러나 그것은 다양한 종류의 기억(記憶) 시스템에 접근할 수 있다; 그래서 그것은 그것의 해석을 현재 인식의 내용뿐만 아니라 과거에 무슨 일이 일어났는지의 기억에 의존한다(예를 들어 실험자가 제공한 지시의 기억에 접근하는 것)."[189]

---

189 Peter Carruthers, The illusion of conscious will, *op.cit.*, p.202. It is focused outwards on the world rather than inwards on the agent's own mental states, and can only attribute such states to the agent by observing and interpreting the agent's own behavior. Gazzaniga (1998) and Carruthers (2005) give these ideas an evolutionary spin, linking them to the suggestion that mind-reading evolved in the first instance for purposes of interpreting and manipulating other people. (This is a version of the 'Machiavellian intelligence' hypothesis; see Byrne and Whiten 1988, 1997.)… The mind-reading system receives input from the visual system (and also from the other sensory systems, which aren't depicted).But it receives no input from the systems involved in reasoning and decision-making. (Note the lack of any arrows back to the mind-reading system from the belief and desire forming systems, or from practical reason.) It can, however, access memory systems of various kinds; so it can base its interpretations not only on the contents of current perception, but also on what has happened in the past (e.g. accessing a memory of the instructions given by

가시세계에서는 오히려 거꾸로 다른 사람의 행동을 보고 그 사람의 의도(意図)를 추론하는 과정이 된다. 이것이 마음읽기 시스템(mind-reading system)이다. 인간은 다른 사람들의 행동을 보고 그 사람의 의도를 추론한다. 이렇게 보면 우리의 의도라는 것이 오히려 거꾸로 다른 사람의 행동을 보고 그 의도를 추론하는 식으로, 자신의 의도에 대해서도 그렇게 추론하는 것이라고 할 수 있다.

이 전환은 중대하다. 우리가 의도(意図)를 가지는 것은 사실은 외부의 다른 사람들의 행동에서 의도를 추론하는 것과 같은 것을 자신에게 적용하는 것이다. 숲속에서 표범이 먹잇감을 발견하고 낮은 자세를 취하며 접근하는 것을 나무 위의 침팬지가 보았다고 하자. 침팬지는 그 표범의 동작에서 잽싸게 먹잇감을 덮치는 동작을 예상(予想)할 것이다. 이 예상(予想)은 인간과 같은 의식이 아니고, 의미론적 의식은 더구나 아니다(예상한다는 표현조차 의미론적 記述이다). 그렇지만 침팬지는 표범의 다음 동작을 안다(know, 이것 역시 의미론적 기술이지만 실지로 아는 것과 같은 어떤 사실을 표현하는 것이다).

[1662]

진화의 과정에서는 의미론적 의식보다 지능(知能)이 선행한다. 많은 동물들이 의미론적으로 의식하지는 못하지만 직관적으로 알고 있다는 점에서 지능이 있다. 우리는 영리한 개(犬)나 사람과 같은 느낌을 주는 침팬지의 행동에서 지능(知能)을 가지고 있다는 것을 발견한다. 그들은 의미(意味, 언어)를 가지고 있지는 않으나 지능은 가지고 있는 것이다. 침팬지는 표범의 행동을 보면서 그 표범이 마치 의도(意図)를 가진 것처럼 그 행동을 도식화(図式化)할

_____
the experimenter).

수 있다. 표범의 행동에 대한 예상을 의도와 유사한 것으로 느끼는 것이다. 동시에 이것은 동료의 행동을 보고 모방(模倣)하는 것도 가능하게 한다. 모방과 마음읽기(동작의 본능적 예측)로 연결되는 사건도식(事件図式)에서 의도(意図)가 탄생했다고 할 수 있다.[190] 토마셀로(Tomasello)는 모방과 사건도식과 의도를 하나의 맥락에 연계시킨다.

"모방(模倣)이 사건도식(event schema)을 형성하는 비언어적(非言語的) 방법이라는 가설이 가능하다. 동료를 모방하는 행위자는 최소한 동료가 특정한 행동을 하고 있고, 자신도 그와 '동일한 행위'를 할 수 있음을 안다. 모방이 사회적 학습을 위한 최선의 전략은 아닐지라도 (인간 손에 길러진 경우에) 대형 유인원은 능숙하게 동료들의 행위를 따라 할 수 있다. 일부 유인원은 다른 유인원이 자신을 모방하고 있다는 것도 아는데, 이는 유인원이 최소한 기초 수준의 자타 등가성(self-other equivalence)을 이해하고 있다는 것을 보여준다. 그러나 모방은 자아(self)와 타자를 포괄한다. 유인원은 다른 모든 주연자(agents)의 목적(goal)을 이해하기 때문에, 다음과 같은 대안적 가설이 가능하다. 즉, 유인원은 움직임(movements)이 아니라 행위자가 나무에 오른 목적(目的)을 가지고 있다는 이해를 바탕으로 하여 나무에 오르는 행동을 도식화(図式化)한다. 그

---

190 사건도식(event schema)이라는 개념은 제2권에서 자세히 논의하게 될 것이다. 가령 호랑이가 토끼를 잡아먹는 사건을 침팬지가 보았다고 하자. 침팬지는 호랑이라는 존재가 아니라 호랑이가 토끼를 잡아먹는 사건을 하나의 사건유형으로 인지할 수 있다. 그것은 호랑이의 행동양식으로서 호랑이는 먹잇감을 보면 강력한 앞발로 쳐서 쓰러뜨리고 입으로 물어 죽여 먹잇감으로 잡아먹는다는 것이다. 이러한 호랑이의 포획사건이 되풀이되는 것을 본다. 이렇게 인지된 사건을 유형화 즉 도식화할 수 있다. 이렇게 '잡아먹는 사건'이 도식화되면, 이 도식에 토끼가 아니라 자신(침팬지)을 대입할 수 있다. 그것은 자신이 잡아먹히는 것이 될 것이고, 침팬지가 잡아먹히는 사건이 될 것이다. 한편 호랑이 대신에 사자를 대입할 수도 있다. 이것은 사자가 토끼나 침팬지를 잡아먹는 사건이 될 것이다. 이와 같이 사건도식은 본능적으로 어떤 유형의 일이 일어날 것이라는 예상을 가능하게 한다. 동시에 사건도식은 호랑이나 사자의 행동양식에서 그것의 가상적 목적이나 의도를 인지할 수 있게 한다. 그 의도는 의미론적(언어적) 의도가 아니라는 점에서 인간의 의도와는 다르다. 그렇지만 침팬지가 생존하는 데 유용한 느낌(인지)이다.

리고 그 목적(행동 그 자체가 아니다)은 자아가 있든 없든 모든 개체에 해당하는 사건도식의 기반을 제공한다.… 이러한 대형 유인원의 창조적인 생각이 상상을 가능케 했다. 예를 들면, 이전에 나무에 오른 모습을 보인 적이 없는 유인원이라도 위급할 때 나무 위로 도망치는 것을 상정할 수 있다."191

우리는 사건도식에서 목적에 대한 이해가 의도의 이해에 연결된다고 본다(물론 둘 다 모두 의미론적 기술이다). 여기서 중요한 것은 의도(意図)가 사유발생(思惟発生)의 초기부터, 또는 사유발생 이전(以前)부터 (대형 유인원의 사유는 인간의 사유와 다르다고 가정하면) 인지되고 있다는 것이다. 침팬지는 다른 동물들이 나무를 오르는 행동을 모방하는 것은 가능하다. 모방할 줄 안다(인지한다)는 것은 특정한 행동을 안다는 것을 의미한다. 그런데 침팬지는 특정한 행동을 이미지의 유형으로 인지하는데, 그것이 사건도식(事件図式)이다(사건을 언어적으로가 아니라 이미지로 인지한다).192 침팬지는 이렇게 특정한 행동을 사

---

191 Michael Tomasello, A Natural History of Human Thinking, Havard University press, 2014, p.29. 이하 번역은 이정원 역, 『생각의 기원』, 이데아에서 인용한다. 번역의 수정 부분이 있다.(뒷부분에서 역자는 goal을 意図로 번역하고 있다. 저자는 직역하여 목적으로 번역한다. 그러나 의도라는 번역이 틀린 것은 아니라고 본다. Here things are a bit more difficult evidentially because there are few if any nonverbal methods for investigating event schemas like climbing. But one hypothesis is that a nonverbal way of establishing an event schema is imitation. That is, an individual who imitates another knows at the very least that a demonstrator is doing X and then they themselves can do X-"the same thing"-as well (and perhaps other actors also). Although imitation is not their frontline strategy for social learning, great apes (at least those raised by humans) are nevertheless capable of reproducing the actions of others with some facility in some contexts (e.g., Tomasello et al., 1993; Custance et al., 1995; Buttelmann et al., 2007). Some apes also know when another individual is imitating them, again suggesting at least a rudimentary understanding of self-other equivalence (Haun and Call, 2008). But imitation involves just self and other. Since apes understand the goals of all agents, an alternative hypothesis might be that apes schematize acts of climbing based not on movements but on an understanding that the actor has the goal of getting up the tree-and that goal (not actions per se) provides the basis for an event schema across all individuals, with or without the self…The claim would be that great ape productive thinking enables an individual to imagine, for example, that if I chase this novel animal it might climb a tree, even if I have never before seen this animal climb a tree.
192 여기서 이미지로 인지한다는 것은 언어에 대비되는 표현일 뿐이다. 결국 침팬지는 본능적으로 인지

건도식으로 인지함으로써, 모방이 가능해진다. 즉 특정한 사건도식(나무를 오르는 행동)에 주연자(agent)를 달리 대입(代入)하면 그 동물이 어떻게 행동할 것인지 예상하는 것이 되고, 그 주연자가 자신이면 자신이 그 행위를 모방하는 것이 된다. 여기에 사건도식의 주연자는 필연적으로 의도(意図)를 가진 주연자이다. 나무를 오르는 의도, 위급하여 도망치기 위해 나무에 오르는 의도와 같은 것이다. 앞의 목적을 가진 주연자가 바로 의도를 가진 주연자이다.

[1663] 의도(意図)와 사유(思惟)의 탄생

중요한 것은 자유의지에서의 의도(意図)가 뇌 속의 어떤 신경 상관자(神経相関者)로 탄생하는 것이 아니라, 사회적 동물이 다른 동물의 행동을 사건도식(事件図式)으로 인지하는 과정에서 탄생하였다는 것이다. 이것은 우리가 앞에서 논의한 두 개의 세계, 신경세계와 가시세계 중에서 의도는 가시세계에서 탄생하였다는 것을 말하는 것이다. 이것은 인간의 개체발생(個体発生)에서 확인할 수 있다. 개체발생은 계통발생(系統發生)을 반복하는 것으로, 우리는 유아에서 일어나는 일이 종으로서 인간의 진화에서 일어난 일로 볼 수 있다.[193]

인간의 아기가 최초에 느끼는 것은 엄마의 의도(意図)를 인지(認知)하는 것이다. 즉 아기는 자신의 의도를 인지하는 것이 아니라 엄마의 의도를 먼저 인지한다는 것이다. 바우마이스터(Baumeister)는 앞의 토마셀로를 해석하면서

하는 것이며, 언어와 의미가 없는데 이미지를 인지하는 내관세계를 상정하기 어렵다. 기억(記憶)한다는 것도 신경계에서 본능적으로 처리된다고 해야 할 것이다.

193 개체발생(個体発生)에 관해서는 제2권에서 논의할 것이다. 인간이든 동물이든 하나의 개체가 탄생하여 성장하는 것이 개체발생이다. 이것은 진화의 역사에서 하나의 종이 탄생하여 진화하는 과정(계통발생)과 대비된다. 중요한 것은 모든 개체들의 개체발생 과정이 진화의 역사에서 계통발생을 되풀이 한다는 것이다. 개체발생은 계통발생을 반복한다(ontogeny recapitulate phylogeny). 이것이 해켈(Ernst Haeckel)의 법칙이다. 이 법칙에 의거하여 우리는 인간의 유아가 탄생하여 변화성장하는 과정(개체발생)에서 인간이 진화사에서 과거에 종으로서 변화진화하는 과정을 볼 수 있다.

바로 이와 같은 관점에 서 있다. 그는 앞에서 말한 손가락으로 가리키는 행동 이전(以前)이라고 할 만한 것으로, 같은 방향을 쳐다보는(look) 것에 대하여 논의한다. 그에 의하면 엄마와 아기가 같은 방향을 쳐다보는 것은, 엄마가 '무엇인가를 인지하는 마음'을 가지고 있다는 것, '같은 방향을 보면 엄마가 보는 그 대상을 같이 인지할 수 있다'는 것을 아기가 아는 것이라고 말한다.

"토마셀로는 단지 그들이 함께 지각할 수 있도록 하기 위해, 엄마와 아기는 환경에 있는 다른 무언가의 존재를 서로에게 신호하는 유일한 종이라고 결론 지었다. '보라(Look)!'는 일반적으로 인간 엄마가 아기들에게 말하는 가장 초기 단어 중 하나이며, 아기들이 엄마와 커뮤니케이션하기 위해 사용하는 첫 번째 단어 중 하나이다. 밝은 빛, 예쁜 색, 또는 특이한 꽃으로 누군가의 주의 (注意)를 일깨우는 것은, 인간이 거의 모든 다른 종들이 성취할 수 있는 것을 넘어선다는 것을 깨닫지 않는 한, 그다지 놀랄 만한 것으로 보이지 않을 것이다.… 사실, 토마셀로는 약 몇 달이 지난 인간 아기들이, 종종 그렇게 하도록 지시받거나 권유받지 않고도, 자발적으로 엄마가 보고 있는 것을 보기 위해 얼굴을 돌려서 보게 된다고 강조한다. 그러기 위해서는 엄마가 무엇인가를 인지하고 있는 마음을 가지고 있다는 것과, 같은 방향을 보면 같은 것을 지각할 수 있다는 것을, 그들은 분명히 이해해야 한다. 인간의 아기가 다른 인간과 공유하는 것은, 그것이 매우 중요하지만 공동 관심의 능력만이 아니다. 관련된 능력은 의도(意図)를 알아차리는 능력이다. 다른 인간도 당신과 같은 마음과 내면의 정신상태를 가지고 있다는 것을 알기 때문에, 자신의 행동이 의도에 의해 조직되는 것과 마찬가지로 그들에게 의도를 귀속시키는 것을 빨리 배우게 된다."[194]

---

194 Roy F. Baumeister, The Cultural Animal, *op.cit.*, p.190. But Tomasello has concluded that we are

이어서 바우마이스터는 인간의 뇌가 의도를 읽는 선천적 능력이 있다고 한다. "신경과학에서 나온 최근의 발견은 인간의 뇌가 다른 사람들의 행동에서 의도를 읽어 내는 선천적인 능력과 경향을 가지고 있다는 것을 시사한다."[195] 그가 드는 실험사례는 영화촬영에서 사용되는 것으로, 캄캄한 어둠 속에서 인간의 몸에 작은 전구를 붙여 생기는 빛의 움직임과 인간이 아닌 것에 붙인 불빛의 패턴을 3개월 정도의 아기가 구분(區分)할 수 있다는 것을 보여주는 실험이다. "다른 연구는 인간의 뇌가 의도를 지각하기 위해 배선(配線, hard-wired)된 것처럼 보인다는 것을 확인했다."[196]

[1664] 인식(認識)과 인간·문명의 관문(觀問)

우리는 자아가 의식적 의도(의지)에 의하여 행동을 야기한다고 일반적으로 느낀다. 그런데 그것은 사실이 아니다. 이런 점에서 자아나 의식적 의지는 환상이다.

---

the only species in which mothers and babies signal to each other the presence of something else in the environment simply for the sake of enabling them to perceive it together. "Look!" is universally one of the earliest words that human mothers speak to babies and one of the first that babies use to communicate with mothers. Calling someone's attention to a bright light, pretty color, or peculiar flower does not seem all that remarkable, unless you realize that it is beyond what almost any other species can accomplish… In fact, Tomasello emphasizes, human babies past the age of about months often will spontaneously turn to see what Mama is looking at, without being instructed or exhorted to do so. To do this, they must apparently understand that Mama has a mind that is perceiving something and that they can perceive that same thing by looking in the same direction. What the human baby shares with other humans is not just the capability of joint attention, although that is hugely important. A related ability is the recognition of intention. Because you know that other humans have minds and inner mental states like you have, you quickly learn to attribute intentions to them, just as your own behavior is organized by intention.

195 *ibid.*, p.190. Recent findings from neuroscience suggest that the human brain has an innate capability and tendency to read intention into the behavior of others.

196 *ibid.*, p.191. Other work has confirmed that the human brain seems hard-wired to perceive intention.

"의식적으로 행동을 의지함(willing)의 경험이, 의식적 생각이 행동을 야기하였다는 직접적 표지(indication)가 아니라는 뜻에서, 그것은 환상이다. 이런 식으로 볼 때, 의식적인 의지는 진실로 놀라운 환상일 수 있다. 마술사가 그의 손수건 주름에서 코끼리를 끄집어내는 것과 같다. 이것이 실제로 일어나지 않는다면, 어떻게 우리의 의지가 행동을 일으키는 것처럼 보일 수 있는가?… 의식적인 의지를 마음의 힘, 우리의 생각과 행동 사이의 인과적(因果的) 연결이라고 말하는 것이 일반적이다. 의식적으로 기꺼이 행동을 취한 경험과 그 사람의 의식적 마음에 의한 행동의 인과관계가 같은 것이라고 상정한다. 그러나 밝혀진 바와 같이, 그것들은 전적으로 별개(別個)이며, 그것들을 혼동하는 경향이 의식적 의지의 환상의 원천이다."[197]

그런데 다른 한편으로 우리가 가시세계(可視世界)를 기준으로 보면, 우리의 자아와 의식적 의도의 환상이라고 부르는 것이 전혀 환상이 아니라는 것을 발견한다. 우리 자신이 아니라 다른 사람의 행동을 보면 그는 자신의 자아에 의하여 주도되는 의식적 의도에 의하여 행동한다는 것을 발견한다. 내가 아니라 내 눈앞에 있는 '그(he)'의 자아(自我)가 손가락을 구부리겠다고 생각하고, 그것에 뒤이어 실제로 그 자신이 손가락을 구부리는 것을 본다. 여기에 등장하는 그의 자아와 그의 의식적 의도(자유의지) 그리고 그의 행동에 아무런 거짓도 환상도 없다. 그런데 우리가 눈으로 보는 그의 행동과 그의 마음과 그

---

197 Wegner, The illusion of concious will, *op.cit.*, pp.2-3. It is an illusion in the sense that *the experience of consciously willing an action is not a direct indication that the conscious thought has caused the action*. Conscious will, viewed this way, may be an extraordinary illusion indeed-the equivalent of a magician's producing an elephant from the folds of his handkerchief… It is also common, however, to speak of conscious will as a force of mind, a name for the causal link between our minds and our actions. One might assume that the *experience* of consciously willing an action and the *causation* of the action by the person's conscious mind are the same thing. As it turns out, however, they are entirely distinct, and the tendency to confuse them is the source of the illusion of conscious will that this book is about.

의 의도와 그의 자아는 사실은 우리의 해석(解釈)이다. 우리는 추론하고 해석하고 있는 것이지, 우리가 그의 자아나 그의 자유의지를 직접 경험하는 것은 아니다. 동시에 우리는 나에 비추어 본다면-간주관적(間主観的)으로-사실은 그의 자아나 그의 의식적 의도 역시 환상이라는 것을 안다. 사실은 이것이 올바른 추론이고 해석이다. 그런데 우리 모두는 그렇게 해석하지 않는다.

최종적으로 우리의 의식과 자아와 의식적 의도(의지)에 대하여 위 두 가지 관점을 어떻게 통합할 것인가 하는 문제가 남아 있다. 내관세계와 미시세계의 관점에서의 해석은 그것이 사실이 아닌 환상이라는 난점이 있다. 이에 대하여 가시세계(타인의 행동)에 대한 인식의 관점에서 보면 사실적이지만 해석일 뿐이며, 또한 우리 자신에 있어서 의식과 행동이 동반하는 타이밍(timing)에 대하여 해명하지 못한다. 최선의 해석은 두 개의 관점을 종합하는 것이지만 어떻게 종합할 것인가 하는 문제가 있다. 하나의 종합은 우리의 내관세계와 미시세계와의 관계에서는 타이밍(timing)만 규정되고, 의도의 내용(內容)은 가시세계에서 온다는 것이다. 이것은 우리의 의식적 의도가 하나의 세계에서 일어나는 사건이 아니라는 것을 말한다. 의식적 의도는 단순히 미시세계를 반영하는 것만이 아니다. 또한 의식적 의도는 단순히 가시세계의 해석만도 아니다. 그것은 미시세계와 가시세계를 인연(因緣)으로 하는 하나의 연기(緣起, 사건)이다. 의식적 의도는 미시세계(신경세계)의 타이밍(timing)과 가시세계의 콘텐츠(contents)가 종합된 사건(事件, event)이다. 아예 내관세계(內観世界) 그 자체가 미시세계(신경세계)와 가시세계, 두 개의 세계를 인연으로 하는 것이다. 이것은 우리의 자아도 마찬가지로 두 개의 세계로부터 연기라는 것을 말하는 것이다.[198]

우리는 자유의지에 관한 논의를 해명했다. 더 이상의 해명은 없다. 그런데

---

198 연기, 사건, 내관세계, 인식, 자아 등에 대하여는 제2권에서 본격적으로 논의할 것이다.

자유의지에 관한 해명은 전혀 새로운 문제를 제기한다. 이 새로운 관문(觀問)은 이제까지 전혀 제기되지 않았던 것이다. 그런데 그것이 철학적 인식론, 존재론, 가치론의 근본문제와 연관되어 있는 것으로 보인다. 이제까지 인식론(認識論)은 눈앞에 있는 존재나 세계를 어떻게 우리가 인식할 수 있는가 하는 문제였다. 합리주의는 우리에게 세계와 진리를 인식할 수 있는 능력으로서 이성이 있고 그것에 의하여 선천적으로 가능하다는 것이었다. 경험론은 그러한 선험적인 것은 없고 모든 것은 경험에 의하여 가능하다는 것이었다. 러셀 이후의 분석철학에서의 논리경험주의는 지식에 있어서 언어(의미)와 사실(경험)의 기여에 관한 논의였다. 그런데 우리의 자유의지에 관한 논의는 전혀 다른 문제를 제기한다. 우리의 인식이 근본적으로 그 토대에 있어서 환상에 기초한 것이 아닌가 하는 것이다. 인식주체로서의 자아도 환상이고, 인식대상으로서의 타인의 행동이나 사회도 환상적 구조—대상의 자아와 자유의지—에 의하여 인식하고 있기 때문이다. 자연에 대해서도 마찬가지이다. 환상적 주체(자아)가 인식하는 사물과 세계가 과연 사실의 인식인가 하는 문제가 된다.[199] 이것은 존재론의 문제나 가치론 그리고 의미론에 대해서도 근본적 관문, 이제까지 제기되지 않았던 관문을 새로이 제기한다. 이 모든 것이 가리키는 것은 자연(自然)으로서 진리(眞理)로서의 인식이나 존재나 가치가 의미는 없다는 것을 말한다. 그것은 비자연(非自然) 탈자연(脫自然)으로서의 문명(文明)의 차원에서만 규정될 수 있는 것이다. 가시세계를 척도로 하여 너와 내가 자아와 자유를 가졌다고 가정하는 것, 그렇게 함으로써 환상을 실재로 만드는 것이 문명(文明)이다.

　이것은 인간(人間)에 대해서도 새로이 근원적인 관문을 제기한다. 이제까지 인간에 대한 관점은 근대적(近代的) 인간관이었다. 그것은 중세의 종교적

199　우리는 이 관문(觀問)에 대해 제2권에서 해명할 것이다.

인간관에서 벗어났다는 점에서 인류의 커다란 진보였다. 이 근대적 인간은 이성을 가진 자유로운 개인이었다. 개개인은 자아를 가진 독립적 주체였다. 이성은 모든 것의 기준으로서 근대 합리성의 전제였다. 자유 역시 인간의 본질이었다. 자아, 이성, 자유 이것이 인간존엄의 본질이었다. 그런데 우리의 논의는 이 모든 것을 환상이라고 규정한다. 자아는 실재하지 않는다. 마찬가지로 이성 역시 실재하지 않는다. 자유의지도 실재하지 않는다. 이 모든 것은 환상이다. 이 모든 것에 대해서도 문명의 차원에서만 환상이 실재가 된다. 이렇게 새로이 제기되는 모든 관문에 대하여 우리는 제2권에서 논의할 것이다.

제7장

책임은 어떻게 가능한가?
—책임: 인지적 자유의 부담(負担)

[1701] **인지적**(認知的) **자유**(인지적 자유와 문명적 자유)

사람이 자살하는 것은 자유(自由)인가 구속(拘束)인가? 사람이 자살할 수 있다는 것은 어떻게 보면 유일한 자유로 보인다. 인간이 시도하는 모든 일은 많은 간섭과 제한을 받지만 자살만은 누구도 제약할 수 없는 유일한 자유로 보인다. 또한 자살은 모든 자유가 구속되었을 때에도 마지막까지 주연자에게 남겨지는 최후의 자유로 보인다. 그런데 다른 관점에서 보면 자살이야말로 최악의 구속으로 보인다. 인간은 모든 살아갈 가능성을 박탈당했을 때 그리하여 어쩔 수 없이 자살한다. 삶을 위한 단 하나의 다른 가능성이라도 있다면 자살하지 않는다. 삶에 대한 모든 대안이 없다고 생각했을 때 자살한다. 그리하여 자살은 가장 완벽한 구속이고 최후의 구속이다.

> "스스로 목숨을 끊는 사람은 실제로 자유롭게 행동하는 것은 물론 아니다. 오히려 그는 다른 대안(代案)을 보지 못한다. 무정한 세계에서 외로움이나 무기력감이 그럴 수 있듯이 치료가 불가능한 병이나 갑자기 생긴 커다란 장애가 목숨을 취하는 결정을 규정할 수 있다. 어떤 사람을 죽음으로 내모는 것은 사회적·정치적 상황인 경우가 빈번하다.… 우리가 자유의지라는 이념을 환상으로 받아들인다면, 우리는 살인범이나 강간범도 자살하는 사람과 매한가지로 거의 자유롭지 않게 행동하는 것임을 인식할 수밖에 없다."[1]

---

1   Franz M. Wuketits, Der Freie Wille, 원석영 역, 『자유의지, 그 환상의 진화』, 열음사, 2009, p.195.

부케티츠(Wuketits)의 이 말은 전통적인 자유의지의 개념을 전제로 한 말이다. 이제까지의 논의에서 자유의지의 문제는 의미론적(意味論的) 시야(視野)에서 규정해야 한다고 하였다. 그런 관점에서 보면 자살은 인지적(認知的) 자유에 의한 행동이다. 동시에 자살은 문명적(文明的) 자유를 박탈당한 구속이다.

우리는 자살이라는 현상에 대하여 자유의 두 가지 개념을 동시에 적용한다. 자살은 인간에게 여전히 인지적 자유가 있다는 것을 보여주는 현상이다. 동시에 자살은 문명적(文明的) 자유가 결여된 상태를 보여주는 현상이다. 자살은 의미론적 행위이다. 동물은 자살하지 않는다.[2] 왜냐하면 동물은 언어와 의미 그리고 개념이 없기 때문이다. 이에 대하여 인간의 자살은 의미와 개념에 의한 의사결정이 반영된 것이다. 기시다 슈(岸田秀)의 말처럼, '자살이란 환상아(幻想我)가 현실아(現実我)를 죽이는 것이다[3] 자아라는 실체, 환상아와 현실아의 분열 이 모두가 인간의 의미론적 구성(構成)을 전제하는 것이다.

우리는 위에서 문명적(文明的) 자유를 정의하지 않고 사용하였다. 문명적 자유란 그 시대의 문명 수준에서 일반적으로 보장되어야 하는 문명적 삶에 있어서의 선택(選択)의 범위이다. 이것은 의미론적 삶을 전제로 하지만 인지적 차원이 아니라 의사결정의 차원에 있다. 문명적 자유란 선택의 논리공간(論理空間)[4]의 크기이다. 자살하는 사람은 선택의 논리공간의 크기가 축소되어 자살이라는 선택 이외에는 남아 있지 않은 상태이다. 자살은 사회적 삶에서 더 이상 물러날 곳이 없는 상태에서 하는 선택이다. 또는 살아갈 단 하나의 가능성도 없을 때 하는 결정이다. 그것 역시 의미론적인 것으로 부케티츠

---

2 설사 동물이 스스로 죽음을 택하는 것처럼 보이는 현상이 일부 발견되었다는 보고가 있다고 해도, 동물은 의미론적으로 '나는 나의 생명을 종결짓는다.'고 의식적으로 의도하여 죽는 것은 아니다.

3 제2권에서 논의한다.

4 우리는 논리공간(論理空間)이라는 개념을 제2권에서 다룰 것이다. 여기에서는 인간이 스스로 '생각'하고 판단하는 선택지(選択肢)들이 있는 공심리적 공간, 정신공간(精神空間)의 의미로 사용하기로 한다. 공간이라는 단어는 은유(隱喩)인 셈이다. 논리(論理)라는 개념은 우리가 생각한다는 정도의 의미이다. 생각하는 공간이라고 할 수 있다.

의 말대로 주관적으로 다른 대안(代案)이 없을 때 하는 선택이다. 여기에서 선택(選擇)이라는 말은 (인지적 자유를 의미하는 것이기도 하지만), 사실은 더 이상 선택이라고 할 수 없는 선택이다. 다른 선택이 없는 선택은 선택이 아니기 때문이다. 자살은 '주관적(主觀的)' 결정성이라는 점에서 문명적 자유의 결여, 선택의 논리공간의 극단적 축소와 반드시 일치하는 것은 아니다.[5]

자살은 주관적이다. 객관적 자살은 없다. 그렇지만 궁극적으로는 모든 사람이 주관적이다. 자살이 주관적이기 때문에 개개인에 대해서는 문명적 자유가 일치하는 것은 아니다. 그렇지만 전체적으로 볼 때 그 사회의 자살률(自殺率)은 그 사회의 문명적 수준을 반영하는 것이다. 자살률이 높다는 것은 문명적 자유가 적다는 것을 말하는 것이다. 따라서 국가의 국민소득수준과 문명적 자유의 정도는 반드시 비례하는 것은 아니다. 우리는 먼저 인지적 자유를 논의한다.

[1702] 침팬지의 인식, 사유, 지능(知能)

인지적 자유에 관한 논의는 침팬지에서 출발할 수 있다. 침팬지는 일반적 동물의 본능적 행동과 인간의 인지적 자유에 의한 행동의 중간에 위치한다고 할 수 있다. 침팬지는 다른 동물과는 달리 소규모의 사회를 형성하고 있다는 점에서 원시인류의 밴드 사회(band society)에 비교할 수 있다. 다음은 드발(Frans De Waal)이 기록한 침팬지의 행동에 관한 한 사례이다. 단디(Dandy)는 한 침팬지의 이름이다.

---

5 자살은 부케티츠의 말대로 주관적(主觀的)으로 어떠한 대안(代案)이 없는 상황에서의 선택이다. 검찰에서의 수사를 앞에 두고 있는 기업가의 자살은, 그에게 감옥에 가서 수형생활을 하는 것은 더 이상 대안(代案)이 아니었기 때문이다. 한때 수많은 팬들에 둘러싸여 인기를 누렸던 배우나 가수가 인기가 떨어지고 악플(악성댓글)에 시달리다 자살하였다고 하자. 이 경우 그 연예인에게는 더 이상의 대안이 보이지 않았기 때문이다.

"단디(Dandy)는 힘(力)이 부족한 만큼 꾀(guile)를 쓰지 않으면 안 된다. 나는 독일 사진작가인 피터 페라와 함께 놀라운 광경을 목격했다. 우리는 침팬지 사육장에다 약간의 자몽을 감춰 두었다. 과일의 일부가 언뜻 보이도록 해서 모래 속에 묻어 두었다. 침팬지들은 우리가 뭔가 하고 있다는 것을 알았다(know). 왜냐하면 과일이 가득 든 상자를 들고 밖으로 나가는 것을 보았으며, 그리고 비어 있는 상자를 가지고 돌아오는 것을 보았기 때문이다. 그들은 비어 있는 상자를 보자마자 흥분해서 '후우후우' 소리치기 시작했다. 그들은 우리가 밖으로 나오기가 무섭게 미친 듯이 찾았지만 성공하지 못했다. 침팬지 모두가 자몽이 숨겨진 장소를 그냥 지나쳤다. 적어도 우리는 그렇게 생각했다. 단디 역시 자몽이 숨겨진 장소에서 걸음을 멈추거나 느리게 걷는 행위를 일절 하지 않았으며 특별한 관심을 보이지도 않았다. 그러나 그날 오후 모든 침팬지들이 햇볕 아래서 꾸벅꾸벅 졸기 시작하자 단디는 유유히 일어나 꿀벌처럼 뱅뱅 돌아서는 문제의 장소로 갔다. 그는 머뭇거리는 기색도 없이 과일을 파내서 게걸스럽게 먹었다. 만일 단디가 문제의 장소를 비밀로 하지 않았더라면 과일은 다른 놈들에게 빼앗겼을 것이다."[6]

---

6 Frans de Waal Chimpanzee Politics, 25th anniversary, The Johns Hopkins University Press, p. 62. 이하 번역은 장대익·황상익 역, 『침팬치 폴리틱스』, 바다출판사에서 인용한다. 수정한 부분도 있다. Dandy has to offset his lack of strength by guile. I witnessed an amazing instance of this together with the German cameraman Peter Fera. We had hidden some grapefruit in the chimpanzee enclosure. The fruits had been half buried in sand, with small yellow patches left uncovered. The chimpanzees knew what we were doing, because they had seen us go outside carrying a box full of fruit and they had seen us return with an empty box. The moment they saw that the box was empty they began hooting excitedly. As soon as they were allowed outside they began searching madly but without success. A number of apes passed the place where the grapefruits were hidden without noticing anything- at least, that is what we thought. Dandy too had passed over the hiding place without stopping or slowing down at all and without showing any undue interest. That afternoon, however, when all the apes were lying dozing in the sun, Dandy stood up and made a bee-line for the spot. Without hesitation he dug up the grapefruits and devoured them at his leisure. If Dandy had not kept the location of the place a secret, he would probably have lost the grapefruits to the others.

제7장 책임은 어떻게 가능한가? | 645

위 침팬지 단디(Dandy)의 행동에 대하여 지능적(知能的)이라고 할 수 있다. 단디만이 아니라 다른 침팬지들도 사람들이 과일이 가득 들어 있는 상자를 가지고 사육장으로 갔다가 비어 있는 상자를 들고 돌아오는 것을 보았기 때문이다. 침팬지들은 사람들이 사육장에 과일을 숨겼을 것이라고 추론(推論)했다. 그래서 모든 침팬지들이 사육장으로 달려가 열심히 과일을 찾았으나 결국 발견하지 못했다. 그러나 단디는 그 무리들 틈에 끼어 같이 지나치면서 과일이 어디에 숨겨져 있는지 알았다. 그러나 단디의 행동을 본 사람들은 그가 과일을 찾았다는 것을 알지 못했다(단디는 과일을 발견했다는 태도를 전혀 보이지 않았다). 다른 모든 침팬지들이 다른 곳에서 졸고 있을 때, 단디는 혼자 사육장으로 돌아와 숨겨진 과일을 꺼내어 혼자 게걸스럽게 먹었다.

중요한 점은 단디와 같은 침팬지는 적어도 위와 같은 사례에서 사람과 전혀 차이가 나지 않는 지능(知能)을 보여주고 있다는 것이다. 우리의 논점(論点)은 언어(言語)와 지능이 분리된다는 것이다. 침팬지는 언어가 없다. 그렇지만 위 사례에서의 지능은 우리와 전혀 다르지 않다. 사람이라고 하여 위 단디 이상의 지능적 행동을 할 수 있을까? 여기서 지능이라는 것은 동시에 인식(認識)에 연관된다. 단디만이 아니라 모든 침팬지들이 사람들이 과일이 가득한 상자를 들고 사육장에 갔다가 비어 있는 상자를 들고 돌아온 것에 대하여, 사람들이 어떤 행동(과일의 숨김)을 했는지를 추론(推論)했다. 추론한다는 것은 사유(思惟)한다는 것이다. 단디는 여기에서 더 나아가 자신은 힘이 부족하기 때문에 다른 침팬지들과 같이 행동하면 단 하나의 과일도 먹지 못한다는 것을 '알고 있다'. 따라서 단디 자신은 어떻게 행동해야 한다는 것을 '알고 있다'. 여기서 '알고 있다'는 것은 인식(認識)이기도 하고 사유(思惟)이기도 하다.

우리는 여기서 지능, 인식, 사유가 모두 언어(言語) 없이 발생하고 작동한다는 것을 알 수 있다. 침팬지는 언어가 없음에도 인간과 유사한 인식을 할 수 있고, 상당한 지능을 가지며, 추론하고 사유할 수 있다. 언어가 없다는 것은 의미(意味)를 사용하지 않는다는 것이다. 즉 지능, 인식, 사유는 언어와 의미 없이 작동되는 것이다. 그것들은 언어와 의미가 조건이 아니다. 정반대로 진화의 발전은 일정한 수준의 지능, 인식, 사유가 있는 상태에서 언어와 의미가 추가되는 것이다. 이러한 점은 개체발생(個体発生)에서도 확인된다. 인간 유아(乳兒)도 언어 이전(以前)에 침팬지와 유사하게 인식하고 사유하며 지능을 가지고 있다. 다만 인간 유아는 출생 후 1년이 되기 전에 언어를 알아들을 수 있다(hearing). 가장 단순한 예로 엄마가 '배꼽' '발가락' 하고 말하면, 유아는 손가락으로 자신의 배꼽과 발가락을 가리킨다. 이것은 언어와 의미를 말하지는 못해도 어느 정도 이해한다는 것을 뜻한다. 즉 말하지 못한다고 하여 언어가 없는 것은 아니다. 그러나 언어·의미의 추가에 의하여, 지능, 인식, 사유가 어떠한 영향을 받는가 하는 것은 이제까지 명확하게 해명되지 않았다. 우리는 이제까지 정반대로 인간은 언어와 의미가 있기 때문에 인식할 수 있고 사유할 수 있으며 지능을 가진다고 상정해 왔다. 그러나 그것은 잘못된 생각이다.

우리는 위와 같은 상황에서 인간과 침팬지가 완전히 똑같이 행동한다고 해도[7], 인간의 행동에 대해서는 인지적 자유가 있다고 말하고, 침팬지의 행동에 대해서는 인지적 자유가 없다고 말할 것이다. 왜냐하면 인지적 자유는 의미론적 개입(semantic commitment)에 근거하기 때문이다. 즉 언어와 의미에 의하여 규정되는 행동에 대하여 인지적 자유를 상정하는 것이다.

[1703] 인지적 자유

우리는 앞([1633]-[1635])에서 인지적 자유에 세 개의 차원이 있다고 논의하

---

7   인간도 감옥이나 수용소에 수용되어 있다고 상정한다면 위와 똑같은 상황이 발생할 수 있다.

였다. 첫째는 의미론적 개입에 의하여 행동 프로그램 등 행위기제를 형성하는 것이다. 이것은 요약하여 자기 프로그래밍(self-programming)이라고 할 수 있다. 둘째는 행위 콘텐츠(contents)를 규정하는 것이다. 세째는 행위의미(行爲意味)를 선택하는 것이다.

이 모두가 행위 자체는 자동성(自動性)과 결정성(決定性)을 가진다는 것을 전제로 한다는 점에서 전통적 자유의지의 개념과는 다르다. 행위 자체는 위침팬지와 같은 기제에 의하여 결정된다. 그럼에도 의미론적 차원에 서면 인간의 행위는 인지적 자유에 의한 행위라는 것이다. 물론 여기에는 반사행동(反射行動)이 제외된다. 무릎경련(knee jerk)과 같은 반사행동에는 의미론적 차원이 결여되어 있다. 언어 습득 이전의 유아의 행동도 마찬가지이다. 다른 행위들은 전통적 개념의 자유의지가 없는 행동, 자동성과 결정성에 의하여 규정되는 행동인데도 불구하고, 그 행동의 의미론적 차원은 인간이 선택하는 것이다. 이것이 동일한 행동을 하더라도 인간의 행동을 침팬지의 행동과는 다르게 평가해야 하는 이유이다.

인지적 자유에 관하여 두 번째의 차원(행위 콘텐츠 차원)과 세 번째 차원 행위의미(行爲意味) 차원을 이해하는 것은 어렵지 않다. 우리는 두 번째 행위 콘텐츠의 차원에 대하여 소설(小說)을 쓰는 행위를 예로 들었다. 그가 소설가가 된 이유, 그 소설을 쓰기로 결심한 이유, 소설을 쓸 때 키보드에서 작동하는 손가락의 동작, 그 모든 것에는 자동성과 결정성이 지배한다. 그러나 그 소설의 스토리(story)를 이루는 내용(contents)은 그 소설가의 인지적 자유에 의한 것이다. 그것은 주연자(소설가)가 동작(행동)의 자동성과 결정성을 이용한 의미구현(意味具現)이다. 명예훼손죄(名譽毁損罪)나 모욕죄(侮辱罪)도 주연자(행위자)가 행위의 콘텐츠를 규정한다는 점에서 인지적 자유의 행위이다. 물론 말하는 행위는 자동성과 결정성이 지배한다. 그렇지만 그 말의 내용(콘텐츠)을 선택하는 것은 주연자이다. 그는 그 말의 내용이 상대방의 명예를 실추시키거나 상대방이 그 의미를 이해하는 경우 모욕감을 느끼게 된다는 것을 인식하고 있다. 주연자가 그러한 내용(콘텐츠)을 선택한 것이다. 그러한 콘텐츠의 선택은 의미론적인 것이다. 그러한 선택 자체가 자동성과 결정성이 지배한다고 하더라도, 그러한 내용(콘텐츠)을 인식(認識)하는 것만으로 인지적 자유에 의한 행위인 것이다. 문서위조죄(文書僞造罪)도 행위 콘텐츠의 하나의 예이다. 문서위조란 타인의 문서의 명의(名義)를 도용(盜用)하는 행위이다. 자신과 타 인간에 체결된 매매계약서의 계약일자를 고치는 행위를 보자. 주연자(행위자)는 그 문서에서 계약일자가 무엇을 의미하는지 인식하고 있다. 그러한 내용(콘텐츠)의 인식하에 그것을 고치는 행위가 인지적 자유에 의한 행위인 것이다. 위조 또는 변조의 의사결정 과정이나 그것의 실행에 있어서의 자동성과 결정성에도 불구하고, 그 행위가 내포하는 의미를 인식하고 있다는 것에 초점이 있다.

세 번째 차원으로서 행위의미(行爲意味)는 행위 그 자체의 사회적 의미 등을 행위자가 인식하고 있는 것으로 인지적 자유가 성립한다. 우리는 앞에서 역전에서 달리는 행동을 예를 들었다. 달리는 행동 그 자체는 자동성과 결정성이 지배한다고 할지라도, 그 달리는 행동의 의미가 경찰의 추적으로부터 도주하는 행위인지 또는 제시간에 열차에 승차하기 위한 행위인지를 스스로 알고 있다는 것, 이것이 달리는 행위를 인지적 자유행위로 만든다. 절도죄의 행위는 남의 물건을 가져가는 행위이다. 남의 돈을 가져가는 행위는 절도죄 행위의 전형적인 것이다. 그런데 돈은 그것이 지폐일지라도 그 의미가 본질이다.

"돈은 좋은 예다. 돈은 물리적 실재가 아니다. 확실히 어떤 돈은 지폐나 동전 같은 물리적인 물건의 형태를 취하지만, 그 지폐와 동전의 가치는 거의 전적으로 공유하는 이해(shared understanding)에 달려 있다. "[8]

    따라서 절도행위 자체는 자동성과 결정성이 지배하고 있다고 하더라도, 그의 행위가 남의 돈을 가져온다는 것을 인식하고 있다는 것, 돈의 의미를 인식하고 있다는 것, 그것에 기초하여 자신의 행위의 의미를 인식하고 있다는 것으로서, 인지적 자유행위가 된다. 왜냐하면 행위의미(行爲意味)의 선택은 의식적 의도에 의한 선택이라고 해야 하기 때문이다. 이러한 행위의미의 차원에서 형법상의 모든 죄는 인지적 자유에 의한 행위가 된다. 살인죄란 사람을 살해하는 행위로서의 의미를 가진다. 주연자(행위자)가 그러한 의미를 인식하고 행위하는 것이기 때문에 인지적 자유행위이다. 이것은 형사미성년자나 정신장해자의 경우도 마찬가지이다. 그들도 의미를 알고 의미에 기초하고 의미를 선택하여 행동하기 때문이다. 비록 유치한 이해나 망상적 의미라고 할지라도 의미는 의미이다. 인지적 자유는 헤겔(Hegel)의 말처럼 사람을 동물과 다른 인격으로 대우하는 것이다. 인격적 법익(法益)에 관한 죄, 재산적 법익에 관한 죄, 사회적 법익에 관한 죄, 국가적 법익에 관한 죄, 그 모든 죄에 있어서 행위는 모두 행위의미에 의하여 의미론적으로 규정된다.

    이처럼 우리가 자유의지를 전면적으로 부정함에도 불구하고 반대로 인지적 자유을 전면적으로 인정하는 이유는 의사결정(意思決定)의 의미론적 연계(連繫)에 있다. 브루투스(Brutus)가 시저(Caesar)를 살해한 사건에서, 그의 시저 살해의 의사결정 자체는 살해행동(살해의 실천행동)의 인과적 원인이 아니다. 우리는 이것에 관하여 많은 논의를 하였다. 그것을 증명한 점에서 카루더스(Carruthers)의 논의는 의의(意義)가 있는 것이다.([1629]). 그 근거를 다시 단순화

---

8   Roy F. Baumeister, The Cultural Animal, op.cit., p. 59. Money is a good example. Money is not a physical reality. To be sure, some money takes the form of physical objects, such as bills and coins, but the value of those bills and coins depends almost entirely on shared understandings.

하여 말하면 브루투스가 시저를 살해한 인과적 원인은 의사결정이 아니라 그의 용기(또는 성격)라는 것이다.[9] 의사결정 자체는 사유(思惟)에 불과하다. 그러나 정작 의사결정대로 행동이 이루어진 경우에서는, 의사결정에서 규정한 행위의미(行爲意味)가 실천된 행동에 그대로 실현된다. 이러한 점에서 바로 행위의미의 차원에서 인지적 자유가 인정되는 것이다. 그리하여 인간의 행위는 오히려 그 동작보다 행위의미가 더 중요한 의의(意義)를 가지는 것이다.

[1704]

이제 위 인지적 자유의 첫 번째 차원에 관하여 살펴보자. 그것은 인간에게 있어서는 행위의 자동성과 결정성 그 자체가 그 이전의 생애(生涯)에 걸친 의미론적 개입(介入)에 의하여 규정된다는 것이다. 그런 점에서 인간의 의미론적 행위는 그의 생애에 걸친 관점에서 보면 인지적 자유행위라는 것이다. 인간의 행동은 자동모드(auto mode)로 운행 중인 자동차를 운전하는 것과 같다. 자동차의 운행 자체는 무인자동차와 같이 자동모드에 의해 운행된다. 그렇지만 그 자동모드에 의해 운행되는 자동차 그 자체는 인간이 만든 것이다.[10] 동물은 본능(本能)에 의하여 행동한다. 그러나 인간의 행위기제(行爲機制)는 본능만이 아니라 유태성숙(幼態成熟)의 기간 동안 의미론적 개입에 의하여 형성된 또 다른 행위기제가 종합된 것이다. 이런 점에서 바우마이스터의 주장을 우리의 논의에 전용(転用)할 수 있다. "좀 더 일반적으로, 소위 자유의지는 인간이 의미(meanings)에 기반을 두고 행동할 수 있도록 하는 내적 메커니즘

---

9 이것이 당시에 많은 사람들이 시저에 대해 분개하고 살해하려는 의사결정을 했음에도 불구하고 정작 행동으로 옮기지 못한 이유이다. 우리는 사유(思惟)에 있어서는 하룻밤에도 만리장성(萬里長城)을 구축할 수 있다.
10 비유(譬喩)가 완전하려면 자동차의 생산자와 자동차의 운전자가 같은 사람이라는 추가적 가정이 있어야 한다.

일 것이다."[11] 그리하여 인간의 행위는 행위 당시의 시공간의 관점에서 보면 자동성과 결정성이 지배하지만, '생애에 걸쳐 의미론적 차원에서 보면' 인지적 자유에 의한 행위라는 것이다. 그의 모든 의미론적 행위는 그의 인지적 자유에 의하여 규정된다. 이를 하나의 사례로서 보기로 하자.

인간 A가 인간 B를 살해(殺害)하였다. 그 살해는 뒤에서 논의하는 바와 같이 타행위가능성(他行爲可能性)이 없는 자동성과 결정성(決定性)에 지배되는 행위이다. A가 B를 살해한 이유는 과거에 B가 A의 퇴직금을 편취(騙取, 사기)했기 때문이다. A는 정년퇴직을 하여 아무런 수입이 없는 상태에서 거액의 퇴직금을 몽땅 B에게 사기(詐欺)당하여 그 뒤로는 생활수준이 완전히 엉망이 되어 주관적으로는 비참(悲慘)한 상황에 놓였다. 그 뒤 또다시 잘못되어 유일한 재산인 집도 날리게 되고, 그 고통 속에서 처도 죽게 되고, A 자신은 역전(駅前)의 홈리스(homeless)가 되었다. A는 자신의 비참한 상황의 근본적인 원인이 B에게 있다고 생각하였다. 그리하여 A는 어느 날 시장에서 가위를 사서 돌로 찧어 두 개의 날을 분리하였다. 그리고 B를 만난 자리에서 분리된 두 개의 가윗 날로 B의 온몸을 찔러 결국 심장자창(心臟刺創)에 의한 실혈(失血)로 B를 사망하게 하였다. 이 사건에서 A의 살인행위 자체는 자동성과 결정성이 지배한다. A의 비참한 상황의 원인은 A에게도 책임이 있었다. 그는 일확천금(一攫千金)에 현혹(眩惑)되어 사기당했다. 그 뒤에 집을 담보로 자신이 한 사업도 실패했다. 처와의 불화가 처의 죽음의 한 원인이었다. 그와 같이 역전(駅前)에서 홈리스 생활을 하는 사람 중에는 비슷한 경우가 많이 있었다. 그렇지만 그가 그 모든 비참함의 근본 원인을 B에게 있다고 생각한 것은 그의 특유한 가치관이나 사고방식 때문이었다. 그는 자신의 잘못을 인정할 수 없었고

---

11 Roy F. Baumeister, The Cultural Animal, *op.cit.,* p.297. More generally, though, free will (such as it is) is likely an inner mechanism to allow human beings to act on the basis of meanings.

자신의 잘못을 야기하게 된 근본 원인은 B에게 있다고 생각했다. 그는 매일 아침 일어나면 그날그날의 비참함에 대한 분노(憤怒)를 억누를 수 없었다. 마침내 그는 분노의 캐릭터(charccter)가 되었다. 그리하여 결국 그는 시장에 가서 가위를 샀던 것이다.

우리가 이 사건에 대하여 인지적 자유를 인정하는 이유는 단순하다. 그는 살인이라는 개념을 가지고 있었고, 살인의 의미를 알면서 살인하겠다는 의사결정(意思決定)을 하였다는 것이다. 물론 이 의사결정 자체가 살인행동을 인과적(因果的)으로 야기(惹起)한 것은 아니다. 그와 같이 생활하면서 그와 비슷한 경우를 당하여 그와 마찬가지로 분노의 캐릭터가 되어 매일 아침 원수를 살해하겠다는 의사결정을 하는 사람은 많이 있었다. 그러나 A를 제외한 나머지 모든 사람들은 그 의사결정을 실천으로 옮기지 못했다. 그들 중에 몇몇은 칼을 사기도 했다. 그러나 그들은 그 칼을 소시지를 짜르는 데 사용하는 것으로 그쳤다. 그렇지만 A는 살인행동을 실행했다. 그의 의사결정을 실행에로 이끈 동기화체계, 감정체계, 가치관, 성격, 인격… 그 모든 것은 어렸을 때부터 형성된 의미론적 개입의 결과인 것이다. 이러한 점에서 그의 행위는 인지적 자유에 의한 행위이다.

그의 살인행위가 야기되는 과정은 자동성과 결정성이 지배한다. 그것은 바그(Bargh)가 앞에서 말한 것처럼, 인간의 행동은 동기화체계, 감정체계 등 "내적 인과성(internal causation)으로부터 자유롭지 않으며", "유전적으로 계승된 것과 유년기에 흡수한 문화적 규범이나 가치관과 개인의 인생경험의 합류점"에 의하여 규정된다.[12] 그럼에도 그의 살인행위는 생애에 걸친 의미론적 행위로서 인지적 자유로 규정되는 것이다.

---

12 *supra* [1647]

[1705] 행위의 의미론적 차원

전통적으로 자유의지와 행위에 관한 논의는 존재론적 차원에 한정된 것이었다. 존재론적으로 행위가 어떻게 발생하는지, 존재론적으로 자유의지가 존재하는가 하는 것이었다. 그것은 당연한 것이었기 때문에 그러한 논의가 존재론적 논의인지 여부 조차도 논점이 되지 못했다. 그러나 동물의 행위와 달리 인간의 행위에 있어서 그 논의는 존재론적 차원이 아니라 의미론적 차원의 문제이다. 왜냐하면 동물의 행동과 인간의 행위가 다른 이유가 바로 의미론적 차원의 여부이기 때문이다.

이렇게 본다면 바우마이스터의 논점은 중요한 의의가 있다. 그는 의미가 행동을 일으킬 수 있는가를 문제 삼았다. 자유의지의 문제에 집중한다면 핵심적인 문제는 이렇게 재정의(再定義)할 수 있다.

> "만약 물리적인 인과율이 모든 것을 설명한다면, 의미(意味)는 결코 행동을 일으키지 않는다."[13]

데카르트 프레임은 의미가 아니라 정신(영혼)이 자유의지를 가지고 있으며, 정신이 행동을 일으킬 수 있느냐의 문제였다. 우리가 부딪친 문제는 '의미가 세계를 움직일 수 있는가'의 문제이다. 이것이 현대의 시점에서 자유의지의 문제가 도달한 이론사적 지점이다. 물론 바우마이스터는 약간 다른 프레임에서 질문을 제기하고 있지만 우리는 그의 논의를 전용할 수 있다.

---

13 Roy F. Baumeister, The Cultural Animal, op.cit., p.300. If physical causality explains everything, then meaning never causes behavior….

"누군가가 진정으로 사회적 실재(reality)를 믿는지에 대한 테스트 사례는 다음과 같을 것이다. 당신은 관념(觀念)이 분자(分子)를 움직일 수 있다고 믿는가? 즉, 우주의 물리적 물질의 분포가 의미나 다른 비물리적 실재에 의해 조금이라도 변화된 적이 있는가? 제한된 조건에서이지만, 그 대답은 분명히 그렇다(yes)라고 나는 생각한다. 관념은 분자를 움직일 수 있는바, 그 관념들(뇌속에서 그것들을 처리한다는 의미에서)을 이해할 수 있는 사람(people)이 있고, 그들이 이해하는 것에 기초하여 그들의 행동을 변화시킬 수 있는 경우에 한해서이다. 그렇지만, 그 관념들은 두뇌의 어떤 특정 부위와도 상관없는 독립적인 실재성을 가지고 있다. 그 관념들은 한 무리의 사람들에 의해 공통적으로 보유되는 문화에 뿌리를 두고 있다. 만약 그 사람들 중 한 명이 죽거나 떠나도, 그 관념들은 계속 존재하며, 남아 있는 사람들에 의해 유지된다."[14]

우리는 바우마이스터의 문제제기에는 공감하지만 그의 대답은 잘못된 차원에 있다고 본다. 그는 의미가 사물을 움직이는 것의 매개체로서 사람(people)을 설정한다. 그러나 이러한 매개체로 사람을 설정하면 그것은 사회학적 관점으로 이동시킨다. 오히려 이론적으로는 반대 진영에 있는 바그의 맥락적 점화(contextual priming)에 관한 논의가 더욱 설득력 있게 들린다. 우리의 두뇌는 의미(意味)를 처리하는 기제(機制)이기 때문에 외적인 사건이나 사람을 지각하는 것에 의하여 자동적으로 그와 관련된 표상(表象)을 활성화한

---

14 *ibid.,* p.58. Probably the test case for whether someone genuinely believes in social reality is this: Do you believe that ideas can move molecules? In other words, is the distribution of physical matter in the universe ever altered, even slightly, by meanings or other nonphysical realities? I think the answer is clearly yes, although only under limited conditions. Ideas can move molecules but only if there are people who can understand the ideas (in the sense of processing them in their brains) and change their actions on the basis of what they understand. Still, the ideas do have a reality that is independent of any particular brain. The ideas are rooted in the culture, which is held in common by a group of people. If one of those people dies or moves away, the ideas continue to exist, held by the people who remain.

다는 것이다. 그러한 표상의 활성화는 이에 동반하여 그것과 연관되어 해당 표상에 저장된 모든 내부정보, 즉 의미론적 내용을 가진 목표, 지식, 정서 등을 자동으로 활성화시킨다는 것이다. 이것은 동물과는 달리 우리의 두뇌는 의미론적 처리에 의하여 행동을 출력시킨다는 것을 말하는 것이다.

"현재적 맥락(Current Context)에 의해 무의식적으로 인도되는 사회적 행위-우리의 진화 설계의 개방형 본성으로 인해 우리는 현재적 국소적(局所的) 맥락에 매우 민감하고 반응적이다. 진화가 생존과 번식을 위한 일반적인 '좋은 트릭(trick)'을 우리에게 주었던 것처럼, 문화와 조기 학습은 우리가 적응한 무의식적 과정을 우리가 태어난 더 구체적인 국소적 조건에 맞게 미세 조정했고, 맥락적(脈絡的) 점화는 현재의 사건과 사람들에게 더욱 정확한 조정을 제공하는 메커니즘이다. 맥락적 점화(点火)에서는, 특정 사건과 사람들의 존재만으로도 자동으로 관련된 표상(表象)을 활성화하고, 이에 동반하여 대응반응에 관련하여 그 표상에 저장된 모든 내부 정보(목표, 지식, 정서)를 자동으로 활성화한다. 이러한 편재하는(ubiquitous) 점화 효과의 진화되고 선천적인 기초는 유아의 모방 능력을 뒷받침하여, 출생 직후부터 존재한다는 사실에 의해 드러난다. 이러한 점화 효과는 사람이 지각하는 것이 사람의 행동에 직접 영향을 미치며, 지각과 행동 사이의 밀접하고 자동적인 연결의 존재에 달려있다."[15]

---

15 John A. Bargh and Ezequiel Morsella, The Unconscious Mind, Perspect Psychol Science 3(1), 2008, p.76. Social Behavior as Unconsciously Guided by the Current Context -- The open-ended nature of our evolved design has also caused us to be highly sensitive and reactive to the present, local context. Just as evolution has given us general "good tricks" (Dennett, 1995) for survival and reproduction, and culture and early learning have fine-tuned our adaptive unconscious processes to the more specific local conditions into which we were born, contextual priming is a mechanism that provides still more precise adjustment to events and people in present time (Higgins & Bargh, 1987). In contextual priming, the mere presence of certain events and people automatically activates our representations of them, and concomitantly, all of the internal information (goals, knowledge,

[1706] 행위의 제어(制御) 수준

인간의 행위는 그 생성에 있어서만이 아니라 제어(control)에 있어서도 의미론적 차원에서 이루어지는 성격이 있다. 인간의 내적(內的) 인과성(因果性)은 동물의 본능적(本能的) 인과성과는 다르다는 것이다. 간명하게 말하면 동물의 유전자(遺伝子)에 의한 환경에의 적응과 인간의 의미론적 기반에 의한 의사결정(意思決定)은 질적으로 다른 것이다.

> "유전자 변이를 통한 자연선택 과정은 방대한 시간 단위로 작동하기 때문에 환경의 변화나 사건에 실시간으로 적응할 수는 없다. 따라서 행동에 대한 유전자 제어(genetic controls)는 비교적 융통성이 없으며 환경의 갑작스러운 변화에 빠르게 적응할 수 없다(이것은 존재했던 종의 99%가 현재 멸종된 대체적 이유이다.)."[16]

바우마이스터(Baumeister)는 인간이 세 개의 환경—물리적 환경, 사회적 환경, 문화적 환경—에 적응하는 내적(內的) 구조를 가졌다고 말한다. 이에 대해 바그(Bargh)는 인간의 행위에는 세 개의 제어수준(levels of control)—유전, 문화, 심리—이 있다고 한다. 우리는 바그의 논의를 인간의 행위기제에 있어서 의미

---

affect) stored n those representations that is relevant to responding back. The evolved, innate basis of these ubiquitous priming effects is revealed by the fact that they are present soon after birth, underpinning the infant's imitative abilities (see Meltzoff, 2002). Such priming effects, in which what one perceives directly influences what one does, depend on the existence of a close, automatic connection between perception and behavior.

16 John A. Bargh, Free Will Is Un-natural, *op.cit.*, p.134. Because natural selection processes, through gene mutations, operate over vast units of time, they cannot in any way adapt in real time to changes or events in the environment. Thus, genetic controls over behavior are relatively inflexible and can't adapt quickly to sudden changes in the environment. (This is largely why 99% of the species that ever existed are now extinct.)

론적 개입으로 해석한다. 물론 가장 기본적인 것은 유전자 수준의 제어이다. 그렇지만 유전자 수준의 제어도 동물과는 달리 심리적 동기(動機)에 의하여 이루어진다. 동물과는 달리 실제 행동을 야기하는 행동목표 또는 동기는 의미론적인 것이다. 오히려 이러한 의미론적인 것이 유전적 영향을 발현시키는 국소적 주연자(主演者)이다.

> "이런 이유로 진화는 우리를 개방형 시스템(open-ended system)으로 만들었다. 이것은 문화와 학습을 통해 인간 유아를 국소(局所) 조건에 맞게 '미세 조정'할 수 있는 여지를 제공한다. 우리 행동의 유전적 결정 요인은, 우리 (그리고 우리가 가지고 있는 유전자)의 생존과 번식에 중요한 가장 기본적인 진실, 선조의 진화 역사에서 온 추상에서 비롯된 진실만을 반영한다. 유전자가 현재의 행동을 주도하는 기제(機制)는 진화된 동기(動機)를 통해 이루어진다. 행동목표 또는 동기는 유전적 영향이 발현을 일으키는 '국소적 주연자(local agent)'이다."[17]

두 번째로 인간의 행동을 규정하는 제어수준은 문화(文化)이다. 의미론적 내용을 가진 문화는 언어 규범 가치를 포함하여 출생 후 아동에게 다운로드 된다.

---

17 *ibid.*, p.134. It is for this reason that evolution has shaped us to be open-ended systems (Mayr, 1976, p. 695). This gives room for "fine-tuning" of the human infant to local conditions, as through culture and learning. The genetic determinants of our behavior reflect only the most basic truths that are important for our (and the genes that we carry; Dawkins, 1976) survival and reproduction, truths that have been abstracted out of eons of our ancestors' evolutionary history. The mechanism through which genes drive our present-day behavior is through evolved motives (Tomasello, Carpenter, Call, Behne, & Moll, 2005). The active goal or motive is the "local agent" by which the genetic influence finds expression (see also Neuberg, Kenrick, Maner, & Schaller, 2004).

"문화적 지식(cultural knowledge)은 우리의 발전으로서 유전적 결정요인이 결코 성취할 수 없는 현재적 국소환경에 적응하기 위한 거대한 단계이다. 이런 식으로, 인간 유아는 태어나자마자 세계의 어떤 장소와 어떤 문화로든 이주(移住)할 수 있으며, 그 아이는 그곳에서 태어난 모든 아이처럼 그 문화와 언어에 적응하고 말할 수 있다.… 언어, 규범, 가치 등을 포함한 문화는 출생 후 '다운로드(download)'되며, 이는 아동의 세계의 예측 불가능성과 행동 및 행동방식에 대한 불확실성을 크게 줄인다."[18]

여기에 다시 세 번째의 제어수준이 있는데, 그것은 심리적 차원이다.

"아직 세 번째 수준의 적응이 있는바, 출현한 성인 인간에 대해 더 섬세한 수준의 예측 가능성과 통제력을 생성한다. 이 수준의 적응은 심리적 수준으로서 학습(learning)인 바, 어린이의 특정한 경험들이 다음에 일어날 일에 대한 예측-사건 A가 주어지면 보통 사건 B가 뒤따른다-을 통하여, 그 또는 그녀를 형성하는 것이다. 그리고 이 적응 결과에 의한 지식은 일반적 문화보다 국소적 적응의 더 섬세한 수준에서 어린이의 행동을 인도하고 규제하는 데 도움이 된다."[19]

---

18 *ibid*., pp.135-136. This cultural knowledge is a giant step toward adaptation to the current local environment that the genetic determinants of our development could in no way accomplish. In this way, a human infant can be relocated immediately after birth to any place and any culture in the world and that child will adapt to and speak the language of that culture just as well as any child born there… Culture, including language, norms, values, and so on, is "downloaded" after birth, and it reduces greatly the unpredictability of the child's world, and his or her uncertainty as to how to act and behave in it.

19 *ibid*., p.136. There is yet a third level of adaptation, producing an even finer level of predictability and control for the emergent adult human. This is learning, the psychological level of adaptation, in which the child's particular experiences shape him or her with expectations of what happens next-given event A, event B is what usually follows-and this knowledge of outcomes helps to direct and constrain the child's behavior at a finer level of local adaptation than even the general culture.

뇌는 이 모든 수준을 종합하여 결정을 내리는 의미론적 결정기제이다. "이 지점에서 다시 한 번 뇌가 무엇을 위해 존재하는지를 기억해 보자. 신경과학자들은 이런 생각을 별로 하지 않지만 뇌는 결정을 내리는 장치다. 뇌는 온갖 것으로부터 정보를 모아 매 순간 결정을 내린다. 정보를 수집하고 계산한 후 결정을 내린다."[20]

이렇게 보면 앞에서 자유의지에 관한 논쟁에서 우리가 몰랐던 것, 그것이 바로 우리 자신의 신경기제에 있어서의 의미론적 처리기제라는 것을 알 수 있다. 우선 이것이 쇼펜하우어 테제–우리는 우리가 원하는 것을 할 수는 있지만, 우리가 원하는 것을 원할 수는 없다–에 대한 대답이다. 우리가 원하는 것을 원할 수 없는 이유는 그것이 의미론적 신경기제에 의하여 규정되는 것이기 때문이다. 우리는 유전적 수준에 의하여 결정된 동기(또는 진화적 본성)들도 의미화하여 처리되는 기제를 가지고 있다. 또는 의미화한 출력을 생산할 수 있는 기제를 형성한다. 그리고 성장하면서 흡수한 문화적 가치의미의 체계들을 내재화하고 있다. 그리고 개인적 경험을 통하여 세계와 사회를 인지하는 자신만의 인격과 성격의 체계를 가지고 있다. 이것들은 매 순간 의사결정에서 모두 '의식(意識)'되는 것은 아니다. 이것이 아인슈타인이 한 질문, '파이프 담배에 불을 피우고자 하는 행위의 배후에는 무엇이 있을까?'에 대한 대답이다.

---

20 Michael S. Gazzaniga, Who's in Charge?-Free Will and the Science of the Brain-HarperCollins Books, 2011, pp.127-128. At his point, let's once again remember what a brain is for. This is something that neuroscientists don't tend to think about much, but the brain is a decision-making device. It gathers information from all sorts of sources to make decisions from moment to moment. Information is gathered, computed, a decision is made, …

[1707] 인지적 자유와 실행통제(實行統制)

인간의 행위를 의미론적 차원에서 재규정하면, 행위의 실행통제(executive control)[21]도 의미론적 내용이 더 중요한 의의를 가지고 동작보다 사유(思惟)를 반영하거나 사유 그 자체의 문제가 된다. 그것은 "목표를 향해 행동을 계획하고 융통성 있게 정보를 활용하며 추상적으로 사고하고 합리적으로 추론해 내는 능력"[22]이다. 간단히 말하여 뇌의 실행기능은 사유(思惟)를 행동에 반영하는 능력이다.

"뇌의 실행기능(executive function)은 수많은 인지적(認知的) 과정들의 조작이 요구되는 상황에서 최적의 수행을 이끌어 내기 위해 사용되는 복잡한 과정들로 정의될 수 있다."[23]

"실행기능은 목표 지향적(目標指向的) 행동을 가이드하거나 통제하는데 필요한 일련의 능력들을 의미하고 이 능력들은 주로 전두엽(frontal lobe)에 의존한다. 실행적 통제는 어떤 행동을 해야 하는가에 대한 스키마(schema)가 존재하지 않는 새로운 상황과 전형적인 반응을 무시하거나 억제해야 하는 상황에서 반드시 필요하다."[24]

---

21 executive를 실행으로 번역한다. 집행으로 번역하는 경우도 있다. control은 통제로 번역한다. 앞에서는 제어로 번역하였다.

22 Marie T. Banich, Rebecca J. Compton, Cognitive Neuroscience, *op.cit.*, p.333. …which include the ability to plan actions to reach a goal, to use information flexibly, to think abstractly, and to make inferences.

23 Jamie Ward, The Student's Guide to Cognitive Neuroscience, *op.cit.*, p.506. The executive functions of the brain can be defined as the complex processes by which an individual optimizes his or her performance in a situation that requires the operation of a number of cognitive processes (Baddeley, 1996).

24 Marie T. Banich, Rebecca J. Compton, Cognitive Neuroscience, *op.cit.*, p.365. Executive functions

이렇게 되면 정작 행동(동작) 자체가 아니라 사유(思惟)의 문제가 된다. 의사결정이 특정한 유형의 사유의 문제이듯이 행동(동작)의 목표에 대한 계획, 적합성 등도 사유의 문제이다. 실행기능의 중요한 문제가 사유의 문제라는 것은 인간행위의 의미화를 말하는 것이기도 하다. 우리가 인지신경과학의 실행기능을 전부 다 논의할 필요는 없다. 여기에서도 병변(病變)으로서 실행기능의 결함을 보여주는 사례, 목표를 향해 행동을 계획하고 정보를 활용하고 추상적 합리적 추론을 할 수 없는 사례를 보는 것에 관하여 논의한다. 그것이야말로 행위, 그리고 그 실행통제에 있어서 의미론적 차원이 중심을 이루고 있다는 것을 보여주기 때문이다.

"P 박사는 여행과 운동을 즐기는 중년의 성공한 외과의사였다. 불행하게도 그가 가벼운 안면수술을 받는 동안 합병증으로 아주 짧은 시간 동안 산소부족이 발생하였고 이로 인하여 뇌손상을 입게 되었다. 그는 뇌손상의 후유증으로 인지기능(認知機能)의 장애를 가지게 되었는데, 즉 계획(計畵)을 세우고 변화에 적응하여 독립적으로 행동할 수 있는 능력에 손상을 가지게 되었다. 수술 후 실시된 표준화 지능검사에서 P 박사의 지능은 대부분의 분야에서 '우수(superior range)' 수준에 해당되었다. 그런데도 그는 단순한 일상생활 활동을 하지 못하였고 자신이 장애를 가지고 있다는 것을 인식하지 못하였다. 그의 기능장애가 너무 심각하여 외과의사로서 자신의 직업에 복귀하는 것이 불가능하였을 뿐만 아니라 남동생을 자신의 법정후견인으로 지명하여야 할 정도였다. 외과의사로서 P 박사는 다양한 요구에 잘 대처해 왔고 변화하는 상황에

---

are a series of abilities that are required to guide or control behavior toward a goal; these abilities rely heavily on the frontal lobe. Executive control must also be exerted in novel situations when no preexisting schemas for how to act are available to use, and when typical responses must be overridden or inhibited.

융통성 있게 적응하였다. 그러나 지금은 가장 기본적인 일만을 수행할 수 있으며 그것도 단지 고정되고 관습적인 방식으로만 수행할 수 있었다. 더욱이 그는 행동을 개시하거나(initiate actions) 미래를 위해 계획을 세우는 능력을 상실하였다. 예를 들어 남동생의 부인이 그에게 옷을 갈아입어야 하겠다고 말했지만, 그는 몇 년 동안의 노력 끝에 겨우 자신 스스로 옷을 갈아입었다. 그는 남동생 사업장의 배달용 트럭 운전사로 일했지만 이 일도 남동생이 배달 지시를 최소화할 때만 가능하였다. P 박사는 계획을 세울 수 있는 능력을 상실하였기 때문에 그날의 배달 일정에 따라서 스스로 배달을 할 수 없었다. 그 대신 그의 남동생이 한 번에 하나씩 배달 일정을 그에게 알려 주어야만 하였다. P 박사는 자신이 처한 상황을 전혀 알지 못하였다. 그는 자신이 기본적인 생활필수품, 예를 들어 옷, 음식과 숙소를 어떻게 제공받는지를 몰랐고 이에 관심도 보이지 않았으며 남동생이 제공하는 것에 완전히 만족하였다. 이전에는 매우 사교적이었지만 지금 그는 모노톤(monotone)으로 말하고 감정을 거의 표현하지 않았다. 그는 어떤 활동도 먼저 시작하지 않고 자신에 관한 질문도 하지 않으며, 여유시간을 TV시청으로 보내는 것에 만족하였다."[25]

---

25 *ibid.*, p.333. Dr. P was a successful, middle-aged surgeon who used the financial rewards of his practice to pursue his passion for traveling and playing sports. Tragically, while he was undergoing minor facial surgery, complications caused his brain to be deprived of oxygen for a short period. The ensuing brain damage had profoundly negative consequences for his mental functioning, compromising his ability to plan, to adapt to change, and to act independently. After the surgical mishap, standard IQ tests revealed Dr. P's intelligence to be, for the most part, in the superior range. Nonetheless, he could not handle many simple day-to-day activities and was unable to appreciate the nature of his deficits. His dysfunction was so severe that returning to work as a surgeon was impossible for him, and his brother had to be appointed Dr. P's legal guardian. As a surgeon, Dr. P had skillfully juggled many competing demands and had flexibly adjusted to master changing situations. Now, however, he was unable to carry out any but the most basic routines, and then only in a rigid, routinized manner. Furthermore, he had lost his ability to initiate actions and to plan for the future. For example, his sister-in-law had to tell him to change his clothes, and only after years of explicit rule-setting did he learn to do so on his own. He managed to work as a delivery truck driver for his brother's business, but only because his brother could structure the deliveries so that they involved minimal planning. Dr. P could not be provided with an itinerary for the deliveries of the

　우선 이 사례가 가지는 가장 큰 의의(意義)는 행위의 실행기능이라는 것이 행위에 관한 단일의 포괄적 능력으로 규정된다는 것이다. 이것은 두 가지 의의가 있는데, 하나는 실행기능이라는 이름 아래 포괄할 수 있는 여러 가지 능력들의 집합을 단일한 것으로 취급할 수 있다는 것이다. 다른 하나는 이렇게 규정되는 능력을 관장하는 뇌 부위가 단일하게 규정된다는 것이다. 그것은 포괄적으로는 '계획을 세우고 변화에 적응하여 독립적으로 행동할 수 있는 능력'이다. 여기에는 행동을 개시(initiate)하는 능력도 포함되며, 자신이 처한 상황을 파악하는 능력도 포함된다. 세부적으로는 옷을 갈아입는 행위도 한 사례가 될 수 있다.

　이러한 실행기능을 하나의 집합단위로 볼 수 있다는 것은 이와 연관되거나 기반이 되는 것으로 생각될 수 있는 다른 기능이 손상되지 않았는데도 실행기능이 손상되었다는 것을 말한다. P 박사는 지능검사에서 우수 수준에 해당되었다. 즉 지능이 우수함에도 실행기능이 손상되었다는 것은 실행기능과 지능은 관계가 없다는 것을 말한다. 또한 P 박사는 일반상식, 어휘(語彙), 공간처리능력 등에서도 이상이 없었다. 한편 P 박사와 같이 실행기능의 장애를 가져오는 뇌 부위는 전두엽영역(frontal region) 특히 전전두 영역(prefrontal region)으로 알려져 있다. 실행기능의 결함을 전두엽 신드롬(frontal lobe syndrome)이라고 부르기도 한다.

---

day because he was incapable of advance planning. Rather, his brother gave him information about one delivery at a time. After each delivery, Dr. P would call in for directions to the next stop. Dr. P appeared to be totally unaware of his situation. He seemed unconcerned about and uninterested in how he was provided with the basic necessities of life, such as clothes, food, and lodging, and was utterly complacent about being a ward of his brother and sister-in-law. Formerly an outgoing man, he now spoke in a monotone and expressed little emotion. He did not initiate any activities or ask questions about his existence, being content to spend his free time watching television.

P 박사의 사례가 보여주는 것은 실행기능의 본질적 모습이 동작이나 동작들의 통제의 문제가 아니라, 생각(즉, 思惟)의 문제라는 것이다. 왜냐하면, 위 P 박사의 사례에서 구체적인 동작의 문제가 제기된 것은 하나뿐–옷을 갈아입는 동작–이다. 이것도 옷을 갈아입어야 할 시점에 대한 생각, 어떤 옷을 선택하고 어떻게 입을 것인가 등등 사유의 요소가 중심인 것으로 보인다. 그것은 그가 배달일을 수행하고 있다는 것은 배달에 필요한 동작을 하는 것은 아무런 문제가 없다는 것을 말하는 것이기 때문이다. 결국 인지신경과학에서 실행기능은 사유의 한 가지 유형에 관하여 말하고 있다. 그것은 행위실행에 관한 사유라고 할 수 있다.

우리는 많은 종류의 사유를 상정할 수 있다. 신(神)에 관해서 생각할 수도 있고, 연인(戀人)에 관해서 생각할 수도 있으며, 자신의 국가에 대해서 생각할 수도 있고, 철학이나 논리적 추론을 위해 열심히 생각할 수도 있다. 그런데 실행기능에 관한 사유라는 것은, 자신의 현재 상황, 자신의 삶에 관한 목표나 가치, 지금 할 수 있는 일, 자신의 직업, 자신의 업무, 그것과 관련된 행위들의 구성… 이와 같은 것과 관련하여 구체적인 목표와 계획, 그 계획을 실현하기 위한 행동과 동작, 동작들의 관계와 순서 등을 설계하고, 필요한 행동이 무엇이고 그 행동의 순서는 어떻게 하고 행동하는 방법은 어떻게 하고… 이와 같은 것에 대하여 생각하는 것이다. P 박사는 이와 같은 것을 생각하는 능력을 상실하였다는 것을 말한다. 그리고 이와 같은 것을 생각하는 능력은 바로 전두엽 특히 전전두영역이 담당하고 있다는 것을 말한다.

이제 반대로 그렇다면 정상적인 사람은 이와 같은 행위실행에 관한 생각을 어떻게 하는 것일까? 어떻게 목표를 설정하고 행위에 관한 계획을 세우는 것일까? 그리고 그 행위를 구성하는 구체적인 행동과 동작들을 어떻게 설계하는 것일까? 우선 명확한 것은 이러한 사유를 전두엽영역 또는 전전두영역이 담당하고 있다. 이러한 전두엽영역은 과거로부터 형성되어 온 의미들이 처리된다는 것을 말한다. 가령 P 박사는 성공한 외과의사였다. 그렇다면 그는 오랫동안 공부한 의학 지식이 기억으로 신경체계에 축적되어 있을 것이다. 여기에 더하여 성공한 외과의사로서 그동한 집도한 수술사례들이 의미화하여 그의 신경체계에 축적되어 있을 것이다. 그의 지능이 우수하다는 것은 이러한 축적된 지식에는 문제가 없다는 것을 말하는 것이다.

나아가 그가 그동안 살아온 삶의 노하우들도 마찬가지이다. 의사가 아닌 인간으로서 사업과 삶에 대한 그의 지식과 경험과 노하우들이 모두 신경체계에 신경화하여 축적되어 있다고 할 수 있다. 그것들이 모두 동원되고 현재의 상황에 관한 모든 의미들이 역시 신경화하여 함께 종합되어 바그(Bargh)의 무의식적 마음, 우리의 전의식적-의식적 마음(preconscious-conscious mind)을 형성하고 있을 것이다.

결국 P 박사에게 일어난 일은 의미론적 축적에 연결시켜 그것을 행동화하는 방법에 관한 기제를 상실하였다는 것이다. P 박사가 잃어버린 것은 침팬지와 같은 수준에 있어서와 같이 동작(動作)하는 능력을 상실한 것이 아니다. 그는 트럭을 운전할 수 있으며 사지(四肢)를 움직이는 데도 어떠한 어려움을 겪는 것은 아니다(모든 동작은 사지의 움직임으로 환원된다는 점을 상기할 필요가 있다). 또한 그는 대부분의 분야에서 지능이 우수 수준에 해당한다는 판정을 받았다. 즉 그의 의미론적 축적의 내용에 있어서는 문제가 없다는 것을 말한다. 그렇다면 P 박사에게 일어난 일은 이 둘을 연관시키는 능력을 상실한 것이다. 그리고 그것은 침팬지와는 달리 인간의 모든 행위는 문화적 행위이기 때문에(자연 속에서의 동작이 아니기 때문에), 이 둘의 연계능력을 상실한 것이 바로 행위에 있어서 실행통제를 할 수 없게 되는 이유이다.

[1709] 인지적 자유와 주의기제(注意機制)

주의기제는 행위를 실시간적(實時間的)으로 통제하는 것과 연관된다. 익숙한 길을 운전하는 자동성(自動性) 모드에서도 주의는 필요하지만, 처음 가는 길이나 복잡한 길을 가는 경우에 운전자는 매 순간 실시간적으로 평가와 판단을 내리고 이를 동작화해야 한다. 매 순간 평가와 판단(즉 의사결정)을 내리므로 의미론적 측면을 가지지만 이것을 사유(思惟)의 문제라고 할 수는 없다. 또한 평가판단을 반영하여 매 순간 이를 동작화해야 한다고 하여 이를 동작의 문제라고도 할 수는 없다. 여기에서 중요한 관건(關鍵)으로 등장하는 것이 주의(attention)이다. 어려운 길을 운전할 때서 중요한 것은 어떠한 사항에 주의를 기울이고, 그러한 주의로써 인지한 사정들에 의하여 어떻게 주의 깊은 평가와 판단을 할 것인가 하는 점이다. 이에 관한 논의를 위해서는 인간의 신경체계에서 주의(注意)가 어떠한 모습인가 하는 점에 관한 논의가 필요하다. 다음은 편측무시증(片側無視症)이라는 주의기제와 관련된 하나의 병적 증상에 관한 기술이다('왼쪽'이라는 단어에 주의하면서 읽어 보라.).

"매일 아침 잠에서 깨어나서 하듯이 빌(Bill)은 침대에서 일어난 후 욕실로 들어갔다. 칫솔에 치약을 짠 다음 빌은 거울을 들여다보면서 양치를 하기 시작하였다. 그는 입의 오른쪽 치아는 매우 열심히 닦았지만 왼쪽 치아는 거의 닦지 않았다. 양치를 끝낸 다음 샤워실로 들어가서는 비누 거품을 낸 후 자신의 신체 오른쪽 면에만 비누를 칠하였고 왼쪽 면에는 비누를 칠하지 않았다. 옷을 입은 다음 빌은 아침 식사를 위해 자신이 좋아하는 식당으로 갔으며 그날의 특선메뉴인 달걀 두 개, 토스트, 베이컨과 브라운 빵을 주문하였다. 베이컨과 브라운 빵은 빌이 가장 좋아하는 음식이다. 빌이 주문한 음식이 준비되어 웨이트리스가 빌 앞에 음식을 놓았는데, 달걀과 토스트는 빌의 오른쪽에,

그리고 베이컨과 브라운 빵은 왼쪽에 놓았다. 그는 베이컨과 브라운 빵을 한 번 먹은 다음 달걀과 토스트를 먹기 시작하였다. 이상하게 일단 그가 달걀과 토스트를 먹기 시작한 후에는 브라운 빵과 베이컨을 더 이상 먹지 않았다. 빌이 커피를 마시는 동안 식당 종업원이 빌의 왼쪽을 지나쳐 부엌으로 가는 도중 가지고 있던 그릇들을 바닥에 떨어뜨려 식당에 소동이 일어나게 되었다. 빌은 식당 안에 있던 다른 사람들과 마찬가지로 당황한 종업원이 어질러진 그릇을 치우는 것을 바라보고 있었다. 이후 빌은 아침 식사를 계속하였고 앞서 그가 무시하였던 베이컨과 브라운 빵을 먹었다. 빌이 음식값을 계산하기를 원하자 웨이트리스는 계산서를 가져다가 테이블의 왼쪽에 놓았다. 몇 분 후에 빌은 웨이트리스를 다시 불러 다음과 같이 말하면서 불평하였다. '계산서를 5분 전에 부탁하였는데 왜 이렇게 시간이 오래 걸리지요?' 웨이트리스는 이상한 눈초리로 그를 바라본 다음, 테이블에 놓인 계산서를 가리키면서 다음과 같이 말하였다. '손님 계산서는 여기에 있는데요. 제가 조금 전에 이 계산서를 여기다 놓았어요.' 빌이 계산서를 가지고 자리에서 일어났고 웨이트리스는 이 모든 상황에 당황해하면서 빌을 쳐다보았는데, 빌은 출입문의 왼쪽 면에 부딪치면서 거리로 나갔다."[26]

---

26 Marie T. Banich, Rebecca J. Compton, Cognitive Neuroscience, *op.cit.*, p.297. As he did every morning after waking, Bill went into the bathroom to begin his morning ritual. After squeezing toothpaste onto his toothbrush, he looked into the mirror and began to brush his teeth. Although he brushed the teeth on the right side of his mouth quite vigorously, for the most part he ignored those on the left side. Then he stepped into the shower and began rubbing a bar the bacon and hash browns to the left. He took one bite each of bacon and of hash browns, and then turned to the eggs and toast. Strangely, once he started eating the eggs and toast, he never took another bite of hash browns or bacon. While Bill was sipping his coffee, a busboy, walking to the kitchen off to Bill's left, dropped a stack of dirty dishes, creating a commotion. Bill, like everyone else in the diner, watched the rattled busboy clean up the mess. Afterward, Bill resumed eating his breakfast and now heartily consumed the hash browns and bacon he had previously ignored. When Bill asked for the check, the waitress placed it on the left side of the table. After a few minutes, he waved the waitress over and complained, saying, "I asked for my tab five minutes ago. What's taking so long?" She looked at him quizzically, pointed to the bill on the table, and replied, "But sir, it's right here. I

위 사례에서 빌(Bill)의 행동을 보면 특이한 점이 그는 시야의 왼쪽에 있는 것에 대해서 전혀 주의(注意)를 하지 않는다는 것이다. 처음에 왼쪽 치아를 닦지 않았고, 샤워실에서는 자신은 왼쪽 몸에는 비누칠을 하지 않았고, 왼쪽에 있는 브라운 빵과 베이컨을 한 번 먹은 후 더 이상 먹지 않았고, 웨이트리스가 그의 테이블 왼쪽에 계산서를 갖다 놓았는데도 계산서를 가져오지 않았다고 불평을 하였으며, 식당을 나가면서도 출입문 왼쪽 면에 부딪쳤다. 이와 같은 사례의 환자들의 기이한 행동을 편측무시증(hemineglect) 혹은 편측부주의(hemi-inattention) 증후군(症候群)이라고 한다. 이들은 공간의 한 면에 제시된 정보를 무시하고 주의를 기울이지 않는다. 그 원인에 대해서도 알려져 있는데 우반구 두정엽(right parietal lobe)에 손상을 입은 후에 일어나는 현상이다.

중요한 점은 이들이 공간의 한쪽(즉 왼쪽)에 대하여 주의를 기울이지 않는 것이지, 그쪽 공간에 있는 사물을 인식하지 못하기 때문은 아니라는 것이다. 말하자면 감각장애(感覺障礙) 때문은 아니다. 이는 그들이 행동을 하는 데는 아무런 지장이 없다는 것에서 드러나고, 또한 무시된 공간에 있는 물체에 대한 후두피질(後頭皮質)의 영역이 활성화되고 있는 것이 관찰된다. 또한 무시되는 공간이라고 할지라도 강력한 자극이 있으면 그 부분에 주의를 기울이고 정보를 처리하기도 한다. 말하자면 눈으로 보고 있으면서도 주의(注意)를 기울이지 않는 것이다. 이런 장애에 대한 연구에서는 공간(空間)을 기준으로 하여 왼쪽 공간 전체가 무시된다는 이론이 있고 사물(事物)을 대상을 하여 각 사물들의 왼쪽 면이 무시된다는 이론도 있다.

---

put it there a while ago. With that, Bill rose to leave, and the waitress, still bemused by the whole encounter, watched him bump into the left-hand part of the door frame as he walked out into the street. As she turned to clean the table, she saw that Bill had left a generous tip. Shrugging, she said softly to herself, "I guess the customer is always right."

편측무시증은 주의가 무엇이라는 것을 보여준다. 단순하게 말하면 감각적으로 정보를 인식하면서도 대상에 대해 관심(關心)을 가지지 않는 것이다. 그러나 이렇게 말하면 관심이라는 개념이 신경과학적으로 상정될 수 있는 것인지 논의하지 않으면 안 된다. 가령 앞의 사례에서 빌은 웨이트리스가 가져와 왼쪽 테이블에 놓은 계산서를 시각적(視角的)으로 본 것은 틀림없다. 그런데 과연 그것을 본 것일까? (여기에 새삼스럽게 본다(見)는 것의 정의가 문제된다). 우리가 어떤 방에 들어가서 방 전체를 둘러본다고 하자. 그리고 나와서 그 방안에 무엇무엇이 있었는가를 질문받았을 때, (C.G.Jung의 분류에서) 감각형(感覺型)의 사람은 더 많이 기억하고, 사고형(思考型)의 사람은 더 적게 기억한다. 그런데 밖에 나와서 그 방 안에 있던 것 중에서 기억나지 않는 사물에 대해서 말한다면, 과연 그 사람이 보았던 것일까 보지 못했던 것일까? 그 결론이 어느 쪽이든 주의는 의지의 문제가 아니라 능력의 문제라는 것이다.

이 모든 논의에서 드러나는 것은 주의기제가 우리의 능력(能力)의 문제라는 것이다. 편측무시증 중후군은 뇌의 특정 부위의 결함이 주의능력을 떨어뜨리는 것을 보여준다. 그는 공간의 왼쪽 부분을 보지(주의하지) 않는 것이 아니라 보지(주의하지) 못하는 것이다.

[1710]

흔히 알려진 실험의 하나로 농구게임 영상을 보면서 패스 회수를 세라는 과제를 주었을 때, 그것을 열심히 세고 있던 사람은 그 영상에서 고릴라로 변장한 사람이 선수들 사이를 지나가도 그 사실을 알아채지 못했다. 실험에서 반(半) 이상의 사람들이 고릴라가 지나갔다는 것을 인지하지 못했다. 이 현상을 부주의맹(inattentional blindness)이라고 한다. 이 경우에 실제 시각적(視覺的)으로는 뇌에 입력이 된 것이다. 앞의 웨이트리스의 계산서, 방 안을 둘러

보고도 기억하지 못한 사물들, 농구선수들 사이로 지나간 고릴라… 이런 것들에 대해서 시각적으로 보았다는 것과 의식한다는 것, 그리고 시각정보를 처리한다는 것을 구별해야 할 것이다. 그러나 주의기제에서 이것은 명확하지 않다.

주의(注意)라는 개념도 그것이 정확히 무엇인지는 여전히 합의에 이르지 못하고 있다. 그래서 주의를 여러 가지 유형들을 내포하는 우산용어(umbrella term)로 상정한다. 이렇게 볼 때 몇 개의 유형이 있다.[27] 각성(alertness and arousal)은 가장 기초적인 수준의 주의로 본다. 피곤하거나 졸리거나 하면 각성(覺醒)이 떨어지고 혼수상태가 되면 각성이 없다. 의식(意識)과 각성이 어떻게 다른가 하는 문제가 있지만, 각성이 떨어지면 전체적으로 주의력이 떨어진다는 점에서 의미가 있다. 경계(vigilance)는 지속주의(sustained attention)라고도 하는바, 각성상태를 일정 시간 동안 유지할 수 있는 능력을 의미한다. 수업시간에 계속적으로 경계상태에 있는 것은 쉽지 않다. 선택주의(selective attention)는 과제에 꼭 필요한 정보를 선택하는 능력을 의미한다. 이것은 주의를 많은 양의 정보들 중에서 중요한 정보를 골라내는 여과과정(濾過過程)으로 보는 것이기도 하다. 잘못된 선택주의는 주의하지 않은 것과 같은 결과가 된다. 분리주의(divided attention)는 주의를 여러 과제에 분할(分割)하는 것으로 주의의 분리이고, 분리된 상태에서의 주의이기도 하다. 운전하면서 대화를 하면 시각적으로는 전면좌우를 관찰하는 것에 주의를 기울여야 하고 청각과 입은 말을 하는 데 주의를 기울여야 한다. 이 개념들은 주의의 유형이라기보다는 연관개념이라고 하는 것이 타당할 것이다.

동물에게서 주의(注意)는 유전적 능력이라고 할 것이다. 약한 동물들이 포

---

27 이하 설명은 Marie T. Banich, Rebecca J. Compton, Cognitive Neuroscience, *op.cit.*, pp.297-298의 개념의 요약이다.

식자의 접근을 재빠르게 느끼고 도주한다거나, 반대로 포식자가 먹이동물이 근처에 있다는 것을 느끼고 주의 깊게 접근하여 주의를 기울여 공격의 타이밍을 잡는 것 등은 모두 유전적 능력으로 규정된다. 사람의 경우에도 뱀에 대한 두려움과 풀숲 등에서 뱀의 위험성에 주의를 기울이는 능력은 유전적으로 진화한 것이라고 할 것이다. 그렇지만 인간의 주의가 실제로 작동해야 하는 경우는 문명(文明) 속에서이다. 그리고 문명 속에서 필요로 하는 주의는 유전적으로 진화되지 않은 것이다. 그리하여 인간의 주의에 관한 많은 것은 문명 속에서 인위적(人爲的)으로 학습되고 훈련되어야 한다. 이것은 앞에서의 질병에서 나타나는 주의와 질적(質的) 성격은 동일하다고 해도, 학습되고 훈련되어야 한다는 점에서 다른 문제가 된다.

　인간의 주의기제가 실제로 이러한 모습을 하고 있다는 것은, 어디까지 인지적 자유가 인정될 수 있느냐 하는 문제를 제기한다. 편측무시증 환자가 교통사고를 냈다면 그의 주의결핍에 과연 인지적 자유가 있었다고 할 수 있느냐 하는 것이 문제이다. 그것은 그의 능력(能力)의 문제이며, 그에게 그러한 능력이 없었다는 것은 그에게 인지적 자유가 없었다는 것을 말하는 것이다. 능력이 없는 곳에 자유도 없다. 그에게 잘못이 있다면 편측무시증 환자이면서도 운전을 하였다는 것이 될 것이다. 스스로 그것을 알고 있으면서 운전을 하였다는 점 자체에 인수과실(引受過失)이 있다고 할 수는 있을 것이다. 그에게 인지적 자유는 운전할 것인가 하지 아니할 것인가 하는 것을 선택하는 데에 있다. 이것은 나아가서 과실범(過失犯) 일반에 있어서의 문제를 제기한다. 운전과실에 있어서도 인지적 자유는 운전연습(運転演習) 그 자체에 있다. 그것이 운전능력을 규정하기 때문이다. 운전을 하는 상황에 있어서의 주의의 무에 관련하여 인지적 자유가 있느냐의 문제는 엄밀하게는 인지적 상황으로 규정할 수 있느냐의 문제이다. 이것은 스포츠 선수나 연주가에 대한 연습통제의 반대평가라고 할 수 있다. 우리는 연주가에 대하여 엄청난 연습량으로 평가하는 것이 아니라 오디션에서의 그의 연주 자체에 대해서 평가하고 상을 준다. 운전에 대해서도 마찬가지이다. 그의 운전연습에 대하여 평가하는 것이 아니라 그것에 의한 운전 그 자체에 대해서 평가하고 벌을 주는 것이다. 결국 과실범의 경우에도 인지적 자유의 근거는 생애에 걸친 인지적 자유–그의 운전연습–에 근거한 것이다.

[1711] 문명적(文明的) 자유(文明)의 개념

인지적 자유는 유적 존재(Gattungswesen)로서의 인간의 본질이다.[28] 인지적 자유는 인간이 다른 동물과 구별되는 존재로서 모든 다른 동물들에 대한 대개념(対槪念)으로서 인간의 본질이다. 달리 말하면 모든 동물은 인지적 자유가 없는데 인간만이 인지적 자유가 있다. 이에 대해 문명적(文明的) 자유는 인간을 사회와 문명 속에서 파악할 때 규정되는 본질이다.

유적 존재로서의 인간의 인지적 자유는 의미가 신경화한 생애 결정체계 뇌가소성(腦可塑性)이다. 이처럼 사회 속에서 결정체계는 의미의 신경화를 통하여 스스로 형성하는 것이며, 이것이 인지적 자유이다. 물론 이러한 성격 또는 품성(character)을 형성하는 데는 가정, 교육 등 사회적 영향력이 지대하다.

인지적 자유와는 다른 차원에서의 논의로 우리는 문명적(文明的) 자유를 규정했다. 그것은 특정한 문명사회에서 개인에게 주어지는 선택의 범위이다. 그것은 문명사회적 삶에서의 선택의 논리공간의 크기이다.

---

28 Gattungswesen은 마르크스의 개념으로 그 개념에 대하여 여러 가지 논의가 있을 수 있다. 여기에서 사용하는 유적(類的) 존재라는 개념은 두 가지 의미이다. 첫째, 동물에 대한 대개념(対槪念)으로서 인간이라는 종(種)이 가지는 본질이라는 개념이다. 둘째, 인간이 개체로서의 특징이 아니라 사회를 형성하는 인간, 사회 속에서 규정되는 인간의 본질이라는 개념이다. 어떤 한 인간을 개체로서 관찰한다고 하더라도 그 인간은 벌써 사회 속에서 성장하여 사회적으로 형성된 인간이다. 숲에 버려진 아이로 발견된 늑대아이(wolf child)는 유적 존재로서의 본질을 가지지 않는다.

문명이라는 개념은 반드시 단일하고 공통된 뜻을 가지고 것은 아니다. 따라서 우리는 현재의 논점에서 상정하는 문명개념을 설정하기로 한다. 우리가 말하는 문명의 개념은 정치, 경제, 사회, 문화를 포괄하는 사회적 총체성으로서, 자연(自然)의 대개념(対槪念)이다. 문명은 우선 첫째로, 자연의 대개념으로서 자연이 아닌 것(非自然), 인간이 인위적(人爲的)으로 만든 것을 의미한다. 도시에 높이 솟아 있는 고층 빌딩은 문명의 상징이라고 할 수 있다. 인위적인 것은 무형적인 것도 포함하는바, 따라서 정치제도, 경제제도 등도 문명에 포함된다. 이런 점에서 둘째로, 문명은 정치, 경제, 사회, 문화를 모두 포괄한다. 흔히 문명은 문화와 비교된다. 그러나 우리는 문명을 자연의 대개념으로 상정하는 것이지, 문화의 대개념(対槪念)으로 상정하는 것이 아니다. 이렇게 보면 문화는 정치, 경제, 사회와 같은 차원에 설정되며, 정치, 사회, 경제와의 대비개념이다. 이러한 관점은 독일에서의 문화와 문명의 개념과는 차이가 있을 수 있다.[29] 셋째, 문명의 프레임에는 고대 수메르에서 출발하는

---

29 Nobert Elias의 문명화 과정(Über den prozeβ der zivilisation)에 의하면 독일과 영국 · 프랑스에서의 문명과 문화의 개념에 있어서 차이가 있다. (다음의 p.숫자는 『문명화 과정』, 한길사, 2009의 페이지이다). Elias에 의하면 영국과 프랑스에서 주로 사용되는 개념은 문명이다. 이에 대해 독일에서는 '문명'을 문화보다는 낮은 차원에서 속하는 것으로 생각하며 민족적 자부심을 표현하는 문화개념과는 거리를 둔다. "영국과 프랑스에서 이 개념(문명)은 자국의 중요성에 대한 자부심, 서구와 인류 전체의 진보에 대한 자부심을 담고 있다. 그 반면 독일어권에서 문명은 아주 유용한 것이긴 하지만 단지 이류급에 속하는 것, 다시 말하면 단지 인간의 외면과 인간존재의 피상적인 면만을 의미한다. 독일인들이 자기 자신을 해석하며, 자신의 업적과 자신의 존재에 대한 자부심을 표현하는 일차적인 단어는 문화이다."(p.106) 영국과 프랑스에서는 "여러 민족들 간의 차이점들을 어느 정도 퇴색시키고 모든 인간들에게 공통적인 것"을 강조한다(p.107). 하지만 독일에서는 주로 '문화'의 개념을 사용하며, 그것은 "민족적인 차이와 집단들의 특성을 부각시킨다(p.107). Elias에 따라 이 차이를 세 가지 측면에서 구분해서 본다. 첫째, 개념 적용 영역의 차이-프랑스와 영국에서는 '문명'의 개념이 정치적, 경제적, 종교적, 기술적, 도덕적, 또는 사회적인 사실들을 지시한다. 이에 비해 독일에서는 문명과 문화 개념을 구분하여 문명은 피상적인 개념으로 정치적 경제적 사회적 사실들에 적용되고, 문화는 정신적 예술적 종교적 사실들에 적용된다(p.106). 둘째, 운동방향에 있어서 문명은 끊임없이 앞으로 나아가는 것으로 역동적이다. 이에 대해 독일의 문화개념은 운동보다는 인간의 생산품들, 예술작품과 책들, 한 민족의 특성을 표현하는 종교적 철학적 체계들에 관련된다.(p.107). 셋째, 문명개념은 여러 민족들 간에 공통적인 속성을 대표하는 전체성을 지닌다. 이에 대해 문화개념은 민족적 특수성을 나타낸다. 이렇게 보면 문화는 집단의 내부인들에게는 많은 공통성과 가치 있는 의미성이지만 외부인에게는 전혀 아무런 의미가 없을 수도 있다.

고대문명들–메소포타미아문명, 이집트문명, 그리스문명, 황하문명, 인도문명…–에서 시작한다는 의미가 있다. 또 다른 프레임으로 근대 서구의 이성의 빛에 의하여 계몽(啓蒙)된 문명이라는 의미가 있다. 이렇게 되면 근대화(近代化)와 같은 의미가 되고, 이에 대한 대개념(対概念)으로 흔히 미개인(未開人), 야만인(野蠻人) 등이 있다. 우리는 이것을 문명에 대한 특정한 프레임에 의한 것으로 본다. 다만 문명이라고 하면 어떠한 발전성의 의미가 내포되어 있다고 본다. 발전하는 것으로 본다는 것은 변화하고, 더 나아지고, 동시에 가치평가가 포함되어 있다는 것이다.

무엇보다도 여기서 문명이라고 하면 자연(自然)의 대개념(對概念)이다. 인간의 문명에 대하여 개미의 유사문명(類似文明)[30]과 비교하는 것이 도움이 될 것으로 보인다. 개미 중에서도 잎꾼개미(leafcutter ant)는 인간보다 5천만 년 전에 농사(農事)를 시작한 곤충이라고 말해지기도 한다. 잎꾼개미는 열대림에서 나뭇잎을 뜯어서 운반하여 이를 배양매체로 하여 버섯을 대량으로 키우는 것으로 그들의 유사문명을 형성한다. 이렇게 배양된 버섯이 잎꾼개미들의 식량이다.

> "중남미의 열대림에 가면 흔히 제가끔 자기 몸보다 더 커다란 이파리를 물고 집으로 돌아가는 잎꾼개미들의 긴 행렬을 볼 수 있다. 이러한 잎꾼개미의 행렬은 때로 수백 미터에 달하는 장관을 이룬다." "우리나라 시골마을 어귀에서 흔히 볼 수 있는 큰 정자나무 정도의 나무도 일단 잎꾼개미들이 덤벼들어 잎을 따 들이기 시작하면 그저 한 이틀 만에 벌거숭이가 되고 만다.… 중남미 열대지방에 사는 사람들이 온대지방 사람들처럼 농사를 짓지 못하는 결정적인 이유 중의 하나도 바로 이 잎꾼개미들 때문이다. 오랫동안 정성스레 가꿔

---

30 개미들이 이룩한 삶과 제국을 문명과 비교하여 유사문명이라고 부르기로 한다.

온 밭이 잎꾼개미들에게 걸리면 하룻밤 사이에 완전히 쑥대밭이 되고 만다. 생태학자들의 계산에 의하면 중남미 열대림에서 잎꾼개미들에 의해 소비되는 잎의 양은 전체의 약 15%에 달한다."[31]

"잎꾼개미의 사회는 고도로 조직화된 계급사회다. 몸길이가 불과 2-3mm에 지나지 않는 농장의 정원사개미로부터 그들보다 무려 300배 가량이 무겁고 머리의 폭도 6mm나 되는 병정개미까지 몸의 크기에 따라 네 계급의 일개미들로 구성되어 있다. 병정개미들은 말 그대로 잎꾼개미 사회에서 국방을 담당하는 군인들이다. 적이 나타나면 지체 없이 출동하여 그들의 막강한 이빨로 가차 없이 물어뜯는다.… 병정개미보다 한 계급 낮은 일개미들이 바로 이파리를]잘라 집으로 운반해 오는 잎꾼개미들이다.… 잎꾼들이 이파리를 굴속으로 운반해 오면 그들보다 조금 작은 일개미들이 기다리고 있다가, 그 잎들을 받아 톱날 같은 이빨로 잘게 썬다. 그리고 나면 이번엔 더 작은 일개미들이 잘게 썰린 잎조각들을 잘근잘근 씹어 마치 종이를 제작할 때 쓰는 펄프처럼 만든 다음 효소가 담뿍 들어 있는 배설물과 잘 섞는다.…"[32]

이상이 잎꾼개미들의 경제와 사회계급이다.

[1712] 개미왕국의 문명

개미들이 이룩한 유사문명은 수백만 마리의 거대도시(巨大都市)를 건설한다.

---

31 최재천, 『개미제국의 발견』, 사이언스 북스, 1999. p.32. 34.
32 ibid., pp.35-37.

"잎꾼개미 사회의 규모는 실로 엄청나서 큰 군락에는 5백만에서 8백만 마리의 개미들이 산다. 브라질 어느 열대림에서 파헤쳐진 한 군락에는 주먹만 한 크기의 방으로부터 축구공 크기의 방까지 무려 1천 개가 넘는 방들이 있었고, 버섯은 그중 약 4백 개의 방 안에서 자라고 있었다.… 이 대도시에는 버섯을 경작하는 방들은 물론 중앙 냉난방과 환기를 위하여 설치해 놓은 많은 환풍 통로들로 복잡하게 얽혀 있다. 땅속 깊숙한 곳에 있는 큰 방들에 모아둔 식물 찌꺼기나 쓰레기들이 썩으면서 나오는 뜨거운 공기는 환풍 통로를 타고 올라가 굴 밖으로 빠져나간다. 동시에 다른 통로로는 산소가 풍부한 찬 공기가 들어와 환기도 되고 실내의 온도도 유지된다. 철저한 분업제도를 바탕으로 조립라인과도 같은 농장을 경영함은 물론 도시가 기본적으로 갖춰야 할 제반시설까지도 건설하고 이를 조직적으로 운영하고 있는 잎꾼개미들의 사회는 인간 문명에 버금가는 기가 막힌 진화의 산물이다."[33]

우리는 잎꾼개미들의 위 거대왕국(또는 거대도시)과 우리의 거대도시를 비교할 수 있다. 그런데 우리가 우리의 거대도시를 문명이라고 부르고 잎꾼개미들의 거대도시를 문명이라고 부르지 않는 이유는 단 한 가지이다. 그것은 절대적인 규모(規模), 공간적인 크기가 작기 때문이다. 가령 그 크기가 수 미터(m)에 이른다고 하더라도 그것은 그냥 흙일 따름이고 자연을 벗어난 것이라고 할 수 없다. 개미도시는 작기 때문에 탈자연(脫自然)이라고 할 수 없고 자연에 포괄된다. 우리는 여기서 문명의 정의를 발견한다. 문명은 자연에 대한 대개념(對槪念)으로서 비자연(非自然) 탈자연(脫自然)이다. 나아가 우리가 개미왕국을 유사문명이라고 하고 비교하는 사례로 든 것은, 문명은 사실 유례(類例)가 없기 때문에 가장 가까운 것을 선택한 것이다(南柯一夢도 꿈이다).

---

33 *ibid.*, pp.38-39.

우리는 문명과 유사한 것으로 비교할 수 있는 예(例)를 찾을 수 없다(그것이 당연한 것이 이 세상에 자연을 벗어난 것(脫自然)이 있을 수 있겠는가). 그리하여 문명의 또 하나의 개념은 유례가 없는 것이다.

문명의 정의는 유례(類例)가 없는 것, 비자연(非自然) 탈자연(脫自然)이다. 잎꾼개미들의 거대도시를 우리가 여전히 자연(自然)으로 보고 있는 이유는 규모가 작아서 비자연 탈자연이 아닌 자연으로 보이기 때문이다. 물론 수백만 마리의 개미들에 의해 자연에 변경이 가해졌지만 우리(인간)의 관점에서는 그 변경을 자연의 범주 속에 넣을 수 있다. 나아가 개미들의 사회와 우리 인간의 사회는 그 구성양식에서 본질적인 차이가 있다.

개미들의 사회는 인간의 사회와는 달리 사회(society)가 아니라 군체(群体, colony)이다. 개개의 개미 개체들은 사회를 형성하는 인간 개인들과 달리 그 독립성이 완전하지 않다. 인간은 생식(生殖)을 개인 단위로 하며, 말하자면 결혼하여 아이를 출산한다. 그런데 개미는 수백만 마리로 구성된 군체 전체의 단위로 생식이 이루어진다. 생식을 담당한 여왕개미가 수개미와 한 번 교미하는 것으로 평생 1억 5000만 마리의 일개미 알을 낳을 수 있다. 그리하여 생식은 수백만 마리가 사는 군체(개미왕국) 전체에서 여왕개미 한 마리가 담당하는 것이다. 이렇게 보면 개미 군체 전체를 하나의 생명단위로 볼 수 있다. 산호초 군체와 마찬가지라는 것이다. 이런 점에서 개미 한 마리 한 마리는 독립적인 개체인 것 같지만 생물학적으로 전체의 한 부분의 성격을 가진다. 개미 개체는 본능에 의하여 규정된 행동양식에 의하여 행동한다. 여왕개미는 생식(生殖)을 하고, 병정개미는 전쟁을 하며, 일개미는 일을 한다. 이에 대하여 인간은 개개인이 독립된 개체이고 개인의 독립성을 전제로 하여 사회를 구성한다. 여기서 우리는 개미와 인간의 차이를 자유(自由)로 규정한다. 이것이 우리가 규정하는 문명적(文明的) 자유이다. 인간 문명을 형성하는 전제가 되는 자유가 문명적 자유이다. 이렇게 보면 문명적 자유는 인간의 조건이기도 하며 동시에 인간사회의 조건이기도 하다.

수백만의 개체가 모여서 하나의 사회체를 구성할 때 그 사회체가 어떻게 구성될 수 있는가 하는 관문에 대하여, 이 세계에 나타난 두 가지 방식이 있다면 그것이 바로 개미사회(개미군체)와 인간사회이다. 그것은 우리가 신(神)의 개념을 빌린다면 아마 신의 아이디어의 기발함일 수도 있고 한계일 수도 있다. 개미는 유전자의 표현형 가소성일 수도 있는데, 사회를 형성하는 분업에 전문화된 개체로 태어나 그 본능에 의하여 행동하는 것으로 개미군체가 형성된다.

> "예를 들어 개미의 주어진 카스트의 표현형은 머리가 유난히 크다는 것일 수 있다. 이로써 이런 형태의 개미들은 문지기 역할을 하는 전문 병사로 군락(群落) 전체에 매우 유용하게 쓰이게 되는데, 이런 유형의 개미들은 출입구 주변에서 모든 시간을 보내며 머리를 처박아 통로를 폐쇄하여 침입자를 막고 자기 군락의 개미들이 커다란 머리를 더듬이로 두드려 지시할 때만 길을 열어준다."[34]

이 문지기개미는 전쟁 시에 그 큰 머리를 문구멍에 처박아 넣음으로써 적군 개미들이 그 머리를 파내지 못하는 한 그 문으로 진격하지 못한다. 이러한 행동이 본능에 의하여 이루어진다. 자폭(自爆)개미는 전쟁에서 배 속의 독물을 폭파시켜 적을 죽이고 산화하지만 그러한 동작에 갈등(葛藤)하지 않는다.

---

34 Daniel M. Wegner, Self Is Magic, op.cit., p.214. In many social animals, particularly social insects, the job a given organism will do in the society is determined by its inherited morphology. The phenotype of a given caste of ant, for example, may be that it has an unusually large head. This makes ants of this form very useful to the whole colony as specialized soldiers whose job is to act as doors, so ants of this type spend all their time around the entrances, using their heads to shut the passageway to intruders and opening the way only when ants of their colony prompt them by tapping antennae on their big noggins (Holldobler & Wilson, 1990).

이에 대하여 사회를 형성하는 동물로서 원숭이나 유인원은 사회적 요구와 자신의 충동에 대해 갈등하고 스스로를 통제(統制)하는 심리기제를 진화시킨 것이다. 그러한 점에서 유인원이나 인간에게 내적 갈등과 자기통제는 심리기제의 기능이고, 심리적 존재의 의미이기도 하다. 이 점을 배제하고 자유를 논의할 수 없다.

[1713] 의식적(意識的) 자유

인간은 전쟁행동(戰爭行動)이라 할지라도 독립된 개체로서 자신의 의식적 결정에 의하여 행동한다. 인간에 있어서는 전쟁에서 개체의 역할이 유전자에 의하여 결정되거나, 유전자의 표현형 가소성(phenotypic plasticity)에 의하여 규정되지 않는다. 말하자면 인간의 경우 전쟁에 동원될 때에도 개개인 병사(인간)들의 의식적 행동에 의하여 전쟁행위를 하게 된다. 이것은 사회를 구성하는 방식이 개미와 인간이 다르다는 것이다. 인간의 경우 사회를 구성하는 방식은 개체(個體)의 의사결정에 의한 행동이다. 이에 대하여 개미의 경우 사회를 구성하는 방식은 개체의 표현형 가소성에 의하여 규정되는 본능적 행동이다. 개미의 본능과 비교하여 인간이 가지는 행동양식에 대하여 우리는 문명적 자유라는 이름을 붙인다. 문명적 자유라는 이름을 붙이는 이유는 그것이 문명을 형성하는 기초적 전제이고, 동시에 문명사회 속에서 규정되는 인간에게 주어지는 기초적 조건이기 때문이다. 자유(自由)라고 하는 이유는, 개미처럼 본능에 의하여 정해져 있는 것과는 달리 개개인의 인간이 독립(獨立)하여 자신의 선택에 의하여 행동하기 때문이다.

문명적 자유는 이처럼 개미군체와 개미에 비교하면 비교적 명확하게 규정된다. 개미가 이룩한 것에 비하여 인간이 이룩하는 것이 문명(文明)이다. 그것은 개미와 유사하게 수백만의 개체가 함께 형성하며 함께 생존하는 것이지만 그 양과 질에서 인간의 문명은 자연을 이탈(離脫)하는 것이기 때문에 문명이라고 부른다. 그리고 개미와 달리 독립적 개체성을 가진 개인이 자신의 행동을 의식적으로 선택할 수 있다는 것이 문명적 자유이다.

우선 우리가 말하는 문명적 자유라는 것은 우선 의식적(意識的) 자유이다. 왜냐하면, 무의식적(無意識的) 행동은 의식적 차원에 있는 선택이 아니며 우리의 문명이 그러한 행동을 기초로 구축되는 것은 아니기 때문이다. 개인의 의식적 행동이 우리의 사회를 형성하고 문명을 구축한다는 것은 논의할 필요가 없는 상식(常識)이기도 하다. 그런데 이러한 상식을 다시 논의하는 것은 앞에서의 문명적 자유의 개념을 앞의 인지적 자유의 개념과는 전혀 다른 차원에서 규정한다는 것을 확인하기 위해서이다. 문명적 자유에 있어서는 우리는 자유의지를 전제로 하지 않을 뿐만 아니라 아예 논외(論外)로 삼는다. 그러나 이것은 사실 문제가 있는 것이다. 엄밀히 말하면 의식(意識)이라는 것이 실재하는지, 의식적 자유를 상정할 수 있는지가 존재론적으로는 의문(疑問)이기 때문이다. 우리가 이제까지 논의해 온 것은 의식적 의도가 없는 것처럼 의식적 자유라는 것도 없다고 해야 하기 때문이다.

앞에서 본 사회심리학회 2009년 연차대회(SPSP 2009)에서 자유의지에 대해 서로 대립된 연사로 섰던 두 사람, 바그(Bargh)와 바우마이스터(Baumeister)는 의식에 대해서만은 거의 같은 입장을 보였다.

"자유의지에 대한 심리학적 연구는 의식(意識)이 무엇을 위한 것이며, 왜 우리가 그것을 가지고 있는지에 대한 오랜 실존적 질문을 떠맡게 될 것이다. 달리 말하면, 많은 고등 정신과정들의 작동과 인도(引導)에 의식과정이 필요하지 않다는 것을 보여주는 축적된 연구는 의식의 존재론적 지위(ontological status)에 관한 결론을 다음과 같이 정당화하지 못한다. (a) 그것은 실제로 실존하지 않으며, (b) 그것은 부수현상적이며, 또는 (c) 그것은 인간 심리상태

(psychology)와 행위에서 독자적이고 핵심적인 역할을 하지 않는다."[35]

"의식은 자유의지에 봉사하지만, 그러나 때로 주장되듯이 행동의 직접 지휘(command)에 있지 않다. 의식은 그 자체로 뇌의 입력이다. 그것은 자문기능을 제공하는바, 다양한 의사결정 선택지의 가능한 결과, 다른 사람의 정신상태, 중요한 경험의 반사실적 재생과 같은 비현재적 현실을 시뮬레이션하는 방식으로 자문한다. 그것이 행동에 미치는 영향은 간접적이지만, 종종 인간의 사회생활에 결정적이다."[36]

여기서 의식이란 단순히 깨어 있는 상태(동물의 의식)와 구별되는 상태로, 스스로 인식하고 있다는 것을 인식하는 상태, 주연자(主演者)로서 자아(自我)가 의식되는 상태이다.[37] 바그와 바우마이스터가 유일하게 차이가 있다면 바우마이스터는 때로는 의식이 간접적이지만 종종 사회생활에 결정적이라고

---

35 SPSP 2009, printed Program. *op.cit.*, p.74. Also, the psychological research on free will will be brought to bear on the longstanding existential question of what consciousness is for, and why we have it. In other words, the accumulating research showing that conscious processes are not needed for the operation and guidance of many higher mental processes does not justify conclusions about the ontological status of consciousness such as (a) it does not actually exist, (b) it is epiphenomenal, or (c) it does not play a unique, key role in human psychology and behavior.

36 SPSP 2009, printed Program. *op.cit.*, p.74. Consciousness serves free will but is not, as is sometimes asserted, in direct command of action. Consciousness is the brain's input into itself. It serves an advisory function by simulating nonpresent realities, including likely outcomes of various decision options, other people's mental states, and counterfactual replays of important experiences. Its impact on behavior is indirect but often crucial for human social life.

37 여기서 의식이라는 것은 단순히 반응성(reactivity)이 있는 상태를 의미하는 것이 아니다. 여기서 의식이라는 것은 두 가지 의미를 내포한다. 하나는 자신이 인식(認識)한다는 것을 인식하고 있는 상태이다. 단순히 사물을 보고 있는 것이 아니라 사물을 보고 있는 것을 알고 있는 상태이다. 이것은 다른 말로하면 자아(自我)가 관여하고 있는 상태이다. 의식을 이렇게 규정하는 이유는 동물이 깨어 있는 상태와 인간의 의식을 구별하기 위해서이다. 동시에 이것은 자동성을 의식적 통제상태와 구별하기 위해서이다. Wegner D.M, Bargh J.A. Control and automaticity in social life. In: Gilbert D, Fiske ST, Lindzey G Handbook of social psychology (4th ed, Vol. 1). New York: McGraw-Hill ; 1998. p453.참조

긍정한다는 것이다.[38] 그러나 이것 역시 오해이다. 의식이 행동을 통제(統制)하는 것처럼 보이는 경우에도 사실은 경쟁(競爭)하는 신경과정 중의 하나가 우세(優勢)해지는 것이다.[39] 그것을 우리는 의식이 통제하는 것으로 내관세계에서 인식할 뿐이다. 즉 행동에 대한 의식적 통제, 그리고 그러한 의미에서의 의식적 자유는 환상(幻想)이다. 그럼에도 우리는 문명적 자유에 관련해서는 의식적 자유를 인정한다. 문명적 자유는 의식적 자유이다.

[1714] 가위바위보

의식은 사유(思惟)를 위한 것이다. 이 사유는 인간사회에서의 커뮤니케이션(communication)을 포함한다. 사유와 커뮤니케이션은 서로를 전제로 하는 것이며, 의미(意味)를 매개로 한다는 점에서 공통적이다. 의식이 사유에 기능한다는 것은 바꾸어 말하면 의식은 행동을 야기하거나 통제하는 기능을 하

---

38 Roy F. Baumeister, The Cultural Animal, *op.cit.*, pp.295-296. The first is when the body does not know what to do. This might come about because the person has conflicting impulses and does not know which one to follow, or even because a choice is required and the person does not have any basis for making the choice… The second is when some behavior is in progress but the person is able to realize by means of conscious thought that this not what he or she should be doing and therefore has to override the response. "Not a good idea," one says, and this expression literally captures the point:… Another alternative is that behavior follows from pre-set programs, including meaningful maxims. Consciousness can however set and alter these. Maybe consciousness is too slow to guide behavior when splitsecond choices are required, but consciousness can work after the fact even just seconds after the fact. Within an event or conversation that takes an hour or two, consciousness can exert plenty of influence. 첫째는 몸이 어찌할 바를 모를 때이다. 이것은 그 사람이 상반되는 충동을 가지고 있어서 어떤 것을 따라야 할지 모르거나, 심지어 선택이 요구되는데 그 사람이 선택을 할 근거가 없는 경우에 발생할 수 있다.… 두 번째는 어떤 행동이 진행 중이지만 사람은 의식적인 사고방식에 의해 이것이 자신이 해야 할 일이 아니므로 반응을 무효화해야 한다는 것을 깨달을 수 있을 때이다. '좋은 생각이 아니다.'라고 말하는 사람이 있는데, 이 표현은 말 그대로 핵심을 포착한 것이다.… 또 다른 대안은 의미 있는 격률(格律)을 포함하는, 사전 설정된 프로그램대로 행동이 따르는 것이다. 의식은 이것들을 설정하고 바꿀 수 있다. 1/10초 단위의 선택이 필요할 때 행동을 유도하기에는 의식이 너무 느릴 수도 있지만, 그 사실이 있은 지 단 몇 초 만에라도 의식이 작동될 수 있다. 한두 시간이 걸리는 사건이나 대화 내에서 의식은 많은 영향력을 행사할 수 있다.
39 *supra* [1616]

지 않는다는 것이다. 그런데도 우리는 그렇게 생각하고 느낀다. 우리는 의식적으로 행동을 야기하고 통제하는 것으로 느낀다. 그리고 그것을 의식적 자유라고 생각한다. 이런 점에서 의식적 자유는 환상이다. 그런데 중요한 문제는 우리의 문명이 의식적 자유, 즉 환상에 기반을 두고 있다는 것이다. 우리는 앞에서 개미와 달리 인간은 개체로서 의식적 자유에 의하여 행동하고, 그것을 기반으로 하여 사회와 문명을 형성한다는 것을 보았다. 이것이 숲속의 개미왕국과 인간의 사회·문명의 차이이다. 동시에 인간의 사회·문명의 본질이기도 하다(환상에 기초한다는 것이 인간의 사회·문명의 본질이라는 것이다).

그렇지만, 그리하여, 우리는 공동환상(共同幻想)을 본질로 하는 의식적 자유로서 문명적 자유를 규정하려고 한다. 우리가 미시세계(신경세계)와 내관세계의 관점에서 보면 의식적 자유는 환상이다. 그렇지만 우리가 가시세계(우리가 행동하는 세계)의 관점에서 보면 의식적 자유는 진실(眞實)이다. 환상이라고 할지라도 그것을 공동으로 가지게 되면(공동환상), 그것은 사회적 실재(social reality)를 구성한다. 우리는 가위바위보 게임으로 그것을 설명할 수 있다.

당신이 가위바위보(Rock-paper-scissors)를 하면서 보를 내고 철수가 바위를 내었다고 하자. 그런데 가위바위보에서 진 철수가, 갑자기 바위를 낸 동작은 자신의 자유의지가 아니라고 진지하게 주장한다면, 당신은 철수가 미쳤다고 생각할 것이다. 그리고 다시는 철수와 가위바위보를 하려고 하지 않을 것이다. 이처럼 의식적 자유는 가시세계에서는 진실이다. 그것도 단순한 진실이 아니며, 그 진실의 무게는 엄청난 것이다. 왜냐하면, 그 진실, 그 의식적 자유의 진실 위에서만 가위바위보가 성립할 뿐만 아니라, 우리의 사회가 구성되고, 문명이 성립되기 때문이다. 그런데 신경세계라는 또 다른 세계에서는 의식적 자유는 실재하지 않는다. 가위바위보는 동작 스키마(schema)가 자동적(自動的)으로 작동하며, 매 순간 당신의 의도를 느끼기 350ms 전에 이미 당신이 보를 내는 과정이 진행되고 있다. 더 정확히 말하면 당신의 신경세계에서는 가위, 바위, 보를 내는 세 개의 신경과정이 경쟁적(競爭的)으로 진행되다가, 어느 순간 보를 내는 신경과정이 우세(優勢)하게 되어 그것으로 진행되고, 그다음에 당신의 의식(意識)이 그것을 자각(自覺)한다.

가위바위보라는 게임(game)은 개개인의 의식적 자유를 전제로 하지 않는다면 성립할 수 없는 게임이다. 가위바위보 게임 그 자체에 의식적 자유라는 전제가 내포(內包)되어 있다. 의식적 자유는 가위바위보의 개념 자체를 구성한다. 그것은 너무나 당연하기 때문에 아무도 그에 관하여 논의하지 않을 뿐이다. 가위바위보 게임에는 의식적 자유만이 아니라 자아(自我)의 개념도 내포되어 있다. 가위바위보의 성패(成敗)를 규정하는 전제는, 가위를 낸 행위에 대한 주연성(主演性)을 구성하는 자아의 의식적 자유이다. 그런데 의식적 자유나 자아가 환상이라면(신경세계의 관점에서는 환상이다), 가위바위보는 환상위에 성립하고 있다. 가위바위보가 환상 위에 성립한다는 것은 우리 사회(社會)가 환상 위에 성립하고 있다는 것을 말한다. 사회가 환상 위에 성립하고서도 아무런 문제가 없는 것은 이유가 있다. 자아의 자유의지가 환상이라고 하더라도, 각 참가자가 가위 등의 선택에 의한 승패에 승복한다는 공동환상(관념)을 가지고 있고, 누구도 그것을 환상으로 생각하지 않기 때문이다. 개개인이 환상을 가지고 있는데도 그들의 삶에서 그것을 바꿀 만한 어떠한 이유도 발견하지 못했기 때문이다. 여기에 인간의 문명이 성립하는 토대가 있다. 동물들의 삶은 환상이 아니라 자연 그 자체를 토대로 한다. 그러나 인간의 문명은 자연이 아니라 공동환상을 토대로 한다. 이것이 인간의 문명이 비자연(非自然)인 또 하나의 이유이기도 하다. 엄밀히 말하면 사회가 공동환상을 창조했는가, 반대로 공동환상이 사회를 창조했는가 하는 것은 어려운 질문이다. 그러나 진화의 긴 역사에서 보면 이것은 구별이 필요없는 질문이 된다. 왜냐하면, 공동환상을 창조하지 못한 사회는 멸종했고, 사회를 구성하지 못하는 환상은 사적(私的) 환상으로 전락하여 정신병(精神病)이 되었기 때문이다.

가위바위보 게임은 또 다른 성격을 가지고 있다. 그것은 의미(意味)의 세계이다. 가위는 손가락 두 개만을 내는 것인데 옷을 재단하는 가위(scissors)를 의미하고, 바위는 주먹을 내는 것인데 바위(岩)를 의미하고, 보는 손을 펴서 내는 것으로 보자기를 의미한다. 한편 그 성패는 이렇게 결정된다(세상 모든 사람이 알고 있듯이). 가령 바위와 보가 만나면 보자기로 바위를 싸 버릴 수 있으므로 보(보자기)가 이긴다. 가위와 보가 만나면 보자기를 가위로 짜를 수 있으므로 가위가 이기고, 가위가 바위를 만나면 바위로 가위를 부수어 버릴 수 있으므로 바위가 이긴다. 중요한 것은 가위바위보 게임이 이중의 의미적 환상을 공동환상으로 하는 게임이다. 가령 주먹은 결코 바위(岩)가 아니라는 의미에서 주먹이 바위라는 생각은 환상이다.[40] 나아가 주먹과 보가 만나면 보가 바위를 '싸 버린다'는 것도, 그래서 이긴 것이라는 설명도 우리가 함께할 환상(非自然的 image)에 관해서 설명하는 것이다. 이 환상은 오로지 가위바위보라는 게임을 하는 경우에만 성립하는 공동환상이다. 가위바위보와 상관없이 여러분이 오른 손바닥으로 길가는 사람의 뺨을 치고는 화를 내는 그에게, 아니야 이것은 보자기일 뿐이야 라고 말했다면 틀림없이 미친 사람 취급을 받을 것이다. 다시 말하면 미친 사람을 제외하고는, 어쩌면 미친사람을 포함해서, 가위바위보의 개별적 환상(상징, 이미지)들이 그 게임에서만 성립하는 공동환상이라는 것을 모르는 사람은 없다. 가위바위보 게임 이외에서 그러한 환상을 가지고 있는 사람이 있다면 그것은 사적(私的) 환상에 지나지 않는 것이다.

---

40 주먹을 바위에 비유(比喩)하거나, 주먹이 바위를 상징(象徵)하거나, 주먹이 바위와 비슷한 형상(덩어리라는 의미에서)을 하고 있기 때문에 그 형상만을 취하여 바위라고 하거나, 또는 주먹이 바위라는 것이 아니라 주먹과 다른 것(가위와 보)와의 승패를 설명하기 위하여 방편(方便)으로 바위를 예를 들었다거나… 이와 같은 논의는 별로 의미가 없다. 중요한 것은 이러한 간단한 설명을 생후 4-5세 된 어린이가 금방 이해하고 바로 가위바위보 게임을 배운다는 것이다. 그것은 의미의 본질을 표상(表象)이라고 할 때 가장 잘 설명이 된다. 그리고 그 표상의 본질이 결국 환상(비자연적인 이미지)이다.

우리는 가위바위보와 같은 하나의 사소한 사례를 들면서 그것을 문화·문명이라고 부른다. 왜냐하면 이 사소한 사례가 인간의 사회문화 나아가 인간 문명의 정체성을 함축(含蓄)하고 있기 때문이다. 한 그루의 매화(梅花)가 피었다는 것은 온 세상에 봄이 왔다는 것이다. 침팬지는 가위바위보를 하지 못한다. 그리하여 의식적 자유는 가위바위보와 같이 미시세계를 배제하고 성립하는 문명적 자유이다. 의식적 자유에 미시세계를 개입시키지 않는 이유는 문명이라는 것 자체가 미시세계를 배제하고 가시세계에서 성립하는 것이기 때문이다. 어떻게 진실(眞實)에 기반하지 않는 즉 환상에 기초하여 문명이 성립할 수 있는가 하는 질문은 (일반적으로는 상상력 자체가 미치지 않는) 철학적(哲學的) 수수께끼이다. 그렇지만 이 질문에 대한 작은 대답은 있다.

[1715] 실행증(失行症, apraxia), 의미의 동작화

우리가 환상이라고 불렀던 것들은 이미지, 표상(表象), 의미(意味)들이다. 자아(自我)나 의도, 자유의지, 의식적 자유와 같은 것도 의미(意味)이다. 이러한 의미를 그것의 지시대상(指示對象)과 구별하여 독립적으로 생각하면 거짓이나 환상의 문제가 제기되지 않는다. 그리하여 독립한 의미들이 만드는 것이 문명이다. 그렇기 때문에–지시대상으로부터 독립한 것에 기초하기 때문에–문명은 비자연(非自然)이고 탈자연(脫自然)이다.

그런데 이러한 그 자체 근거나 지시대상으로부터 독립한 관념(觀念)이 행동을 야기하는 데 관여하여 생성되는 것이 인간의 행위이다. 인간의 행동은 문명 속에서 일어나는 것이기 때문에 동작 자체가 의미와 연관되는 경우가 많다. 가령 망치로 못을 내려치는 경우 그것이 망치라는 것을 알아야 한다. 즉 도구에 대한 관념(의미)을 가져야 한다. 이처럼 단순한 행동(일련의 동작)도 의미와의 연계가 단절되지 않는다. 이러한 점은 어떤 행동이 그 행동의 의미에 부합하여야 한다는 문제를 제기한다. 일반적으로 건강한 사람은 이러한 문제가 제기되지 않는다. 우리는 불이 필요할 때 성냥이나 라이터를 찾아서 성냥을 긋거나 라이터를 찰칵 눌러서 불을 켤 수 있다. 그러나 개념실행증(conceptual apraxia) 환자는 도구(道具)를 사용하지 못한다. 몸이 마비되었기 때문이 아니라 동작을 기억하고 있는 뇌 부위의 신경경로(neural pathway)가 손상을 입었기 때문이다. 관념운동실행증(ideomotor apraxia)은 다른 사람이 하는 동작을 사지나 머리를 이용하여 따라 할 수 없는 상태를 말한다. 그 외에도 여러 종류의 실행증이 있다.

> "인간은 많은 종류의 도구를 사용한다. 도구사용은 의미기억(semantic memory)을 통해 물체와 관련된 지식과 행동들을 인출(引出)함으로써 달성되거나, 또는 물체의 감각운동 특성에 기초한 '행위유도성(affordances)'을 사용하여 달성된다. 이처럼 도구사용의 손상을 실행증(失行症)이라 한다."[41]

> "그(Liepman)는 관념실행증(개념실행증)은 움직임의 관념(idea)을 형성하는 능력이 손상된 것으로, 그래서 환자는 어떤 동작들이 필요하며 어떤 순서로 동작해야 하는지를 결정하지 못하게 된다고 보았다. 예를 들어 어떤 환자는 칫솔을 사용하여 음식을 먹으려고 노력할지도 모른다. 어떤 환자가 촛불에 불을 켜지 못하는 것은, 그 환자가 필요한 일련의 사건들(성냥을 성냥갑에서 뽑기, 성냥갑 닫기, 성냥을 성냥갑에 긋기, 성냥을 양초 심으로 가져가기)을 순서화할 수 없기 때문이다."[42]

---

41 Jamie Ward, The Student's Guide to Cognitive Neuroscience, *op.cit.*, p.350. Humans use a vast range of tools. Tool use may be achieved by retrieving stored knowledge of objects and their actions via semantic memory, or may be partially achieved using "affordances" based on sensorimotor properties of objects. A difficulty in using objects is referred to as apraxia.
42 Marie T. Banich, Rebecca J. Compton, Cognitive Neuroscience, *op.cit.*, pp.132-133. He suggested

깁슨(Gibson)의 행위유도성(affordance)의 개념은 개별 도구의 관습적 사용의 관념이 아니라 도구끼리의 유사한 특성과 그 사용방식을 연관시키는 관념이다. "반구형(半球形)은 용기(container)를 의미할 수도 있고, 손잡이는 잡는 것을 의미할 수 있으며, 날카로운 모서리는 절단을 의미할 수 있다."[43] 그리하여 가위에 대하여 일반적인 방식으로 한 손으로 사용하지 못하는 때도, 가위 손잡이를 두 손으로 잡고 적당하게 사용하는 환자가 있을 수 있다.

실행증은 피질의 병변에 의한 피질성 운동장애(cortical motor disorder)인데 대해, 다음 병들은 피질하(subcortical) 운동장애이다. 파킨슨병(Parkinson's disease)은 흑질(substantia nigra)의 세포손상에 기인하는바, 자발적 운동의 시작이 불가능하게 되는 운동불능증(運動不能症), 운동을 시작할 수는 있으나 동작이 무척 느려서 제대로 된 운동이라고 할 수 없거나, 반복적으로 떨림을 야기하는 경우이다. 헌팅턴병(Huntington's disease)은 선조체(striatum)의 손상으로 생기는 것으로 경련성 움직임이 일어나거나 비틀거리게 된다. 뚜렛 증후군(Tourette's syndrome)은 아동기에 발현하는데 반복적인 틱(tics)이나 씰룩거림으로 나타나고 심한 경우에는 울음, 으르렁거림, 욕지거리 등을 자신의 의도와는 상관없는 동작을 지속적으로 야기한다.

인간은 도구를 사용하는 동물이다. 그것은 인간의 행동은 도구에 대한 관념과 동작을 연관시키는 능력이 있어야 한다는 것을 말한다. 그것은 의미기억을 통해 도구에 관련된 지식과 행동을 인출한다.

---

that ideational apraxia (sometimes also called conceptual apraxia) impairs the ability to form an "idea" or mental image of the intended movement, precluding the person from determining which actions are necessary and in what order they should occur. For example, a person with ideational apraxia might be unable to light a candle because she might not be able to sequence the necessary events (e.g., tear a match out of a matchbook, close the matchbook cover, strike the match against the cover, bring the match to the candle's wick).

43 Jamie Ward, The Student's Guide to Cognitive Neuroscience, *op.cit.*, p.341. For example, semi-spherical shapes may imply a container, a handle may imply grasping and a sharp edge may imply cutting.

"피질하 운동장애는 움직임의 형태와 타이밍에 영향을 미치는 장애로 광범위하게 규정할 수 있으며, 피질 운동장애는 복잡한 운동활동의 순서에 문제가 생기거나, 운동활동을 개념으로 표상(represent)하는 능력의 결함으로 인하여, 운동 동작들의 개념적 명료성(conceptual clarity)에 영향을 미치게 된다."[44]

위와 같은 운동통제가 제대로 되지 않는 병변들이 보여주는 것은 인간의 정상적인 동작이 어떤 성격의 것인지를 보여주는 것이다. 우리는 그것을 다음 몇 가지로 정리할 수 있다. 첫째, 인간의 행동(동작)은 본질적으로 문명(文明) 속의 행동이라는 점에서 자연 속에서 행동하는 동물이나 침팬지와 다르다. 인간은 도구(道具)를 사용하는 동물(Homo faber)이라는 것은 인간의 모든 행동(동작)의 본질을 규정한다. 침팬지도 도구를 사용한다. 그러나 그 도구(가령 나뭇가지)들은 자연상태 그대로이고 자연 속의 동작을 크게 벗어나지 않는다. 이에 대하여 인간의 대부분의 행동은 관련된 도구의 관념 그 자체가 행동에 체화(體化)될 것을 요구한다. 그 외에 직접 도구를 사용하지 않는 경우에도 문명적 인공적 구조물 등과 무관한 동작은 없다. 가령 길을 걸어가는 행위도 횡단보도의 관념이나 신호등의 관념이 필요하다. 등산을 하고 산길을 가는 경우에도 등산로의 관념이나 등산화 신발에 대한 관념이 필요하다.

둘째, 일반적이고 정상적으로 행동하는 사람은 너무나 당연하여 미처 알지 못할 수도 있으나, 위와 같이 병변(病變)이 있는 사람들의 행동이 말해 주는 것은, 인간의 행동(동작)은 그냥 도구나 구조물에 대한 관념을 아는 것에 그치는 것이 아니라, 그 관념이 동작 자체를 형성하는 신경회로에 구조화(構造化)

---

44 Marie T. Banich, Rebecca J. Compton, Cognitive Neuroscience, op.cit., p.126. As discussed at the outset of this chapter, we can broadly characterize subcortical motor disorders as affecting the form and timing of movements, whereas cortical motor disorders affect the conceptual clarity of motor acts, either by disrupting the sequencing of complex motor acts or by disrupting the ability to have a motor act represent a concept.

되어야 한다는 것을 드러낸다. 관념이 운동을 야기하는 신경체계에 구조화
되어야 한다는 것은 의미가 존재로 전환되어야 한다는 것을 말한다. 개념운
동 실행증은 일상의 지극히 당연한 행동, 즉 성냥으로 촛불을 켤 수 있는 사
람과 그것을 할 수 없는 사람의 차이를 보여준다. 그리고 성냥으로 촛불을 켜
는 행동의 의의(意義)가 무엇인지를 보여주는 것이다. 이것은 피질하 운동장
애에 대해서도 마찬가지이다. 그 운동장애들은 모두 다 그 동작의 관념성에
비추어 요구되는 동작의 형태, 타이밍이나 리듬을 충족시키지 못한다.

결론적으로 운동통제의 차원에서 볼 때 인간의 행위는 문명 속에 의미화
(意味化)한 동작들이고, 의미가 동작화(動作化)한 것이다. 도구나 구조물 등과
관련된 관념이 신경회로에 반영되어 동작 자체를 형성한다. 그리고 이러한
의미의 동작화에 실패한 경우 그것은 의식적 자유의 문제가 아니라 병변(病
變)으로 나타난다. 즉 자유(自由)의 문제가 아니라 질병(疾病)의 문제가 된다.
인간의 행동이 동물의 행동과 다른 점은, 단순히 행동이 복잡화한 것이 아니
라 질적으로 다른 행동이라는 것이다. 동물의 행동이 자연적 행동이라면 인
간의 행동은 문명적 행동이다. 그것은 동작이 의미화(意味化)하였으며, 의미
가 동작화(動作化)한 것이다. 의식적 자유는 이러한 행동을 구동(驅動)시킬 수
있는 능력인 것이다.

[1716] 의식적 자유와 문명적 자유

문명적 자유는 위와 같은 의식적 자유를 기반으로 한다. 의식적 자유를 전
제로 하고 그에 대하여 문명적 평가(評價)에 의하여 규정되는 자유이다. 문명
적 자유는 우선 인간이 의식적으로 의사결정한 것, 의식적 의도를 가지고 행
한 행위에 대하여, 그것이 그의 자유로운 행동이라고 규정한다. 의식적 의도
에 의한 행위에 부당하게 강제하거나 간섭해서는 안 된다는 것이다. 그러한

자유를 보호하는 것이 문명적 자유를 규정하는 것으로서 문명사회의 기조(基調)이다. 그것은 서구 근대문명의 기조이기도 하다. 의식적(意識的) 자유에 대한 일반적 관점은 두 가지이다. 첫째, 흔히 헌법(憲法)에서 자유권의 보호 등의 이름으로 다루어지는 것으로 인간의 의식적 자유를 보호(保護)해야 한다는 것이다. 둘째, 개인의 의식적 자유에 의한 행위가 야기한 사회에 대한 유해(有害)한 결과에 대해서는 책임(責任)을 부담해야 한다는 것이다.

그러나 이러한 일반적 이해는 타당하지 않다. 의식적 자유는 본질적으로 환상이다. 의식적 자유가 내용으로 하는 의식적 의도는 사실은 행위를 인과적으로 야기하는 것이 아니다. 따라서 그것을 책임의 성립사유로 규정하는 것은 타당하지 않다. 환상을 근거로 책임을 부과하는 것은 야만(野蠻)이다. 그렇다고 의식적 자유가 사회·문명에서 논외(論外)로 될 수 있는 것은 아니다. 의식적 자유는 오히려 그것을 보호하는 기조하에서만 규정될 수 있다. 왜냐하면 그것이 사회·문명을 형성하는 기본이기 때문이다. 그리하여 의식적 자유의 보호는 형법에서는 면책사유의 근거가 될 수 있다. 이러한 면책사유의 근거로서의 의식적 자유가 문명적 자유이다. 그것은 문명이 보호해야 할 선택의 논리공간(論理空間)의 크기이다. 사회·문명은 그것을 구성하고 형성하는 개인에게 이러한 문명적 자유를 보장해야 한다는 것이다.

이제까지 많은 논의에서 문명적 자유를 자유의지로 오해하거나 책임의 성립사유로 오해해 왔다. 다음 멜리(Mele)의 언급도 자유의지를 문명적 자유로 바꾼다면 타당한 논의가 될 수 있다.

> "한 개념에 따르면, 부당한 강제력(undue force)을 받지 않을 때 합리적이고 현명한 결정을 내리고 그에 근거하여 행동하는 능력을 갖추는 것으로서 자유의지를 갖기에 충분하다.… 이를 온건한 자유의지(modest free will)라고 부르자. 우리들 대부분은 적어도 어느 정도는 이런 능력을 갖추고 있는 것 같다.

그리고 우리는 때때로 이슈에 관한 결정을 내리고 그에 따라 행동할 때 이런 능력을 발휘하는 것 같다. 당신의 삶은 당신에게 이 능력이 때때로 당신과 당신이 상호작용하는 사람들에게 작용한다는 증거를 제공한다."[45]

우리는 그가 주장하는 온건한 자유의지를 문명적 자유라고 한다면 타당하다고 본다. 그가 말하는 온건한 자유의지 개념은 부당한 강제가 없는 상태와 합리적 자유의지의 결합으로 되어 있다. 우리는 합리적 자유의지를 배제하고 강제 없는 상태만 문명적 자유로 규정한다. 왜냐하면 문명적 자유의지는 실재성(実在性)을 근거로 하는 것이 아니라, 문명의 논리공간(論理空間)에 있어서의 개인의 자유에 대한 설정(設定)이기 때문이다. 그것은 문명이 개인에게 설정해 주는 선택의 논리공간의 범위이다.

이런 점에서 킨트호이저(Kindhäuser)의 자유개념이 그대로 문명적 자유에 대한 논의가 된다. 킨트호이저의 논의는 자유 일반에 대해서는 타당하지 않지만 우리가 그의 논의를 문명적 자유에 한정한다면 모두 타당한 논의가 된다(이것은 달리 말하면 킨트호이저가 인지적 자유와 문명적 자유의 구별을 상정했더라면 더욱 타당한 논의에 접근할 수 있었다는 것이다). 그러한 의미에서 앞에서 그에 관하여 논의한 것을 일부 옮겨오기로 한다. 우선 자유에 관하여 그것이 오직 소극적(消極的) 의미로서만 언어용법으로 사용된다고 하는 오스틴(Austin)의 주장도 우리가 문명적 자유를 상정할 때에는 의의를 가진다.

---

45 Alfred R. Mele, FREE -Why Science Hasn't Disproved Free Will, op.cit., p.78. According to one conception, having the ability to make-and act on the basis of-rational, informed decisions when you're not being subjected to undue force is sufficient for having free will. This was the free-will analogue of regular gas in Chapter 1. Let's call it *modest free will*. Most of us certainly seem to have this ability at least some of the time. And it seems that we sometimes display this ability in making decisions of the kind at issue and acting accordingly. Your own life provides you with evidence that this ability is sometimes at work in you and in people you interact with.

"(겉으로 보기에는) 소극적 단어가 (적극적 의미의) 이상한 사태를 나타내는 경우가 자주 있고, 반면 적극적인 단어가 단지 이상한 사태를 상정하는 것을 거부하는 데 사용된다."[46]

"일상 언어에서 자유라는 개념의 의미는 '부자유', '자유롭지 않게', '강요에 의하여,' '강제로' 등의 부정적 표현에 있다. 반대로 이에 맞는 적극적 표현의 사용은 부정적 사용을 위한 요건들을 기대했지만 이 요건들은 존재하지 않는다는 것을 분명히 한다."[47]

킨트호이저에게 자유란 단순하게 말하면 '강제가 없는 상태'로 규정된다. 이것은 소극적 규정이다. 자유가 적극적으로 어떤 상태인 것이 아니라 소극적으로 강제(자유 아님)가 아닌 상태로 규정되기 때문이다. 그리하여 우리는 자유를 묻는 것이 아니라 부자유(不自由)를 묻는다. 그리고 자유에 대해서는 부자유가 아닌 상태로 규정하는 것이다. 킨트호이저는 아프리카에서 어떤 여자가 강간을 당했는데, 혼외임신이라는 죄목(罪目)으로 돌에 맞아 죽는 형을 선고한 사례를 들었다. 이 경우 그 여자는 혼외임신을 했지만, 강제된 상태였기 때문에 부자유(不自由) 상태이다. 즉 자유가 없는 상태라는 것이다. 중요한 것은 자유의 개념을 정의하지 않았다는 것이다. 다만 부자유를 정의하였을 뿐이다. 그리고 그에 따라 자유의 유무는 규정될 수 있다. 강제상태였기 때문에 부자유상태이고, 부자유이기 때문에 자유가 없고, 자유가 없기 때문에 책임을 부담시켜서는 안 된다는 것이다. 우리가 말하는 것은 이러한 논의

---

46 Treffend *Austin*, Gesammelte philosophische Aufsatze, Stuttgart 1979, p. 251, Kindhäuser, Strafrechtliche Schuld im demokratischen Rechtsstaat, *op.cit.*, p.108. note.8. Es kommt oft genug vor, dass das (scheinbar) "negative" Wort die (positive) Anomalie kennzeichnet, während das "positive" Wort ··· nur dazu dient, die Unterstellung der Anomalie abzuweisen.
47 *supra* [1254]

나 문명적 자유에 대해서 타당하다는 것이다. 우리의 문명적 자유에 대한 정의는 사실은 소극적 정의의 이면을 말하는 것이다. 즉 문명적 자유는 선택의 논리공간(論理空間)의 크기라든가, 문명적 삶이 보장해야 하는 선택의 범위와 같은 정의는 다만 강제 없는 상태와 같은 소극적 정의에 대한 이념적(理念的) 규정이라고 할 수 있다. 이 점이 인지적 자유와 다르다.

[1717] 결정론과 책임의 계기(契機)-타행위가능성은 없다

철학과는 달리 형법에서는 책임의 문제가 구체적이고 실제적인 주제이다. 그것은 구체적인 사건을 두고 논의되어야 한다. 가령 어떤 사람 A가 B를 살해하였을 때, 그 시점(時点)에서 A에게 살인행위가 아닌 다른 적법한 행위의 가능성이 있었는가 하는 문제이다. 만일 A에게 다른 적법한 행위를 선택할 가능성이 있었다면, 그럼에도 살인행위로 나아간 A를 비난(非難)하고 그에게 책임을 추궁할 수 있다. 이것이 전통적인 책임에 관한 우리의 관념이었다. 그런데 반대로 그 시점에 A에게 타행위가능성이 없었다면 어떻게 되는가? 그 경우에는 책임을 물을 수 없는가?

우선 타행위가능성이 있는가? 이 문제는 사고실험(思考実験)을 할 수 있다. 살인자 A에게 살인의 시점(時点)으로 시간이 되돌아갔다면 과연 A는 살인을 하지 않을 것인가? 이것이 논점이다. 독일체계에서의 타행위가능성은 영미철학에서는 대체가능성의 원리(PAP, principle of alternate possibilities)라고 불린다. PAP에 관해서도 동일한 사고실험이 제기된다.

> "이제 여러분이 좋아하는 미디어 플레이어에서 보고 있는 영화를 되감는 방식과 같이 시간(그리고 우주 전체)을 다시 되감을 수 있다고 상상해 보라. 그리고 내 친구가 결정을 내린 후에, 그녀가 승낙하기로 결정하기 바로 직전의

순간으로 시간이 되감겼다(rewound)고 상상해 보라. 모든 것이 처음 통과할 때와 완전히 똑같다."[48]

우선, 이 사고실험에서 비현실적인 상황을 상상한다는 것 자체가 논점이 될 수 있다. 그리하여 지금까지 타행위가능성은 어느 쪽으로든 증명할 수 없다는 것이 독일체계의 일반적 입장이었다. 그러나 사고실험은 비현실적인 상황을 상상하는 것이다. 즉 논거(論拠)의 문제이지 비현실성의 문제가 아니라는 것이다. 빛에 가까운 속도로 비행하는 로켓 속에서 빛을 발사할 때에, 그 로켓의 바깥에서는 빛의 속도가 어떻게 측정될 것인가 하는 아인슈타인의 사고실험도 비현실적인 것이다. 그러나 사고실험은 가능하다.

우리는 리벳의 실험에 의하여 이 사고실험에서 새로운 논거(論拠)를 가지게 되었다. 즉, 우리는 이 사고실험에 관하여, 살인자 A는 과거로 돌아간다고 해도 그 시점에서 다시 살인을 저지르게 된다고 결론짓는다. 리벳의 실험에 의하면 살인의 동작시점으로부터 550-600ms 전(前)으로 돌아간다고 해도 그 시점에 이미 살해동작은 결정된 상태이다. 즉 주연자가 아직 살해하기로 마음먹기 350ms 전에 살인은 이미 결정되고 진행되고 있는 상태라는 것이다.

여기에 다시 타행위가능성이 없다는 세 가지 논거가 더 추가된다. 첫째, 살인 직전(just before)의 그 시점에서 우주(宇宙) 전체가 완전히 동일(同一)한 상황으로 되돌아가는 것이므로, 동일한 결과로 귀결될 수밖에 없다. 우주 전체에 걸쳐서, 이전의 동일한 시점과는 다른 결과를 산출할 수 있는 그 어떠한

---

48 Alfred R. Mele, FREE -Why Science Hasn't Disproved Free Will, *op.cit*., p.79. Now, imagine that time (and the whole universe, actually) could be rewound in something like the way you rewind a movie you are watching on your favorite media player. And imagine that, after my friend made her decision, time was rewound to a moment just before she decided to say yes. Everything is exactly the same as it was the first time through.

요소도 없다. 이것이 사고실험의 전제라는 것을 상기할 필요가 있다.[49] 이것은 사실 결정론이나 자유의지론의 문제가 아니다. 전 우주가 완전히 동일한 상황에서 이전의 그러한 상황에서 야기되었던 행동과 다른 행동이 야기될 수 있다는 것은 데카르트 프레임이다. 즉 비물리적 왕국에 사는 정신(精神)의 다른 결정이 주연자의 두뇌피질에 투입되어야 한다. 하나의 사건이 생성되는 데는 시공간에 걸쳐서 전 우주(全宇宙)가 참여한다. 그런데 우리의 전제는 특정한 사건에 참여하는 그 전 우주가 완전히 동일한 상태로 되돌아간다는 것이다. 그렇다면 그 특정 사건(A의 살인)이 발생하는 것은 필연적이다. 전 우주 외부(外部)에 신(神)이 있다면, 그리고 그 신이 A의 살인을 저지하는 것으로 개입한다면 결과가 달라질 수 있을 것이다. 그러나 이것은 '신(神)이 개입하지 않는다면' A의 살인이 필연적이라는 결론을 말하는 것에 불과하다. 이것 역시 데카르트 프레임이다. 흔히 제기되는 양자역학적 불확정성은 논거가 될 수 없다. 그 불확정성은 미시세계의 현상이고 그것의 종합에 의하여 법칙화하는 가시세계적 현상을 우리는 논의하고 있기 때문이다.[50]

---

49 흔히 드라마에서 살인자가 과거로 되돌아간 경우 자신이 그 시점에 살인을 했다는 것을 (미래를) 기억(記憶)하고 있다. 그리하여 다시 살인을 저지르지 않기 위해 무척 노력한다. 그러나 우리의 사고실험에서는 전 우주가 과거의 특정 시점으로 되돌아가는 것이므로 그 살인자는 아직 살인을 하지 않았고 그에 대한 기억도 없다는 것을 상기할 필요가 있다.

50 하이젠베르크는 '우리가 현재를 정확히 알면 미래를 예측할 수 있다.'는 인과법칙의 엄밀한 공식에서 잘못된 것은 결론이 아니라 전제라고 하였다. 즉 우리가 현재를 모든 명확한 부분에 이르기까지 원칙적으로 알 수 없다는 것이다. 결국 하이젠베르크가 말하는 것은 전제를 가정한다면 결론은 정당하다는 것이다. 자유의지에 관하여 흔히 양자역학적 불확정성을 근거로 드는 것은 양자역학에 대한 오해에 기초한 것이다. 불확정성은 미시적 인식의 차원에 있는 것이지, 거시적(그리고 가시적) 현상의 차원에 있는 것이 아니다. Eduard Dreher, Die Willensfreiheit-Ein zentrales Problem mit vielen Seiten, Beck Verlag, München, 1987

[1718]

둘째, 앞에서 말한 바와 같이 우주가 과거의 동일한 시점으로 되돌아갔을 때, 그 시점에서 의식적(意識的)으로는 아직 살인동작의 의도가 없는 때라고 하더라도, 실제로는 그 시점의 550-400ms 이전부터 동작을 향한 신경과정이 진행하고 있다. 만일 행동(동작)과 의사결정(意思決定)이 분리된 경우라면 의식적 의사결정의 시점보다 이미 4분 이전(以前)에 신경과정에서의 의사결정은 이루어진 상태이다. 달리 말하면 의식적 동작의 의식적 의사결정의 직전 시점으로 되돌아간다고 해도, 실제로는 이미 그 시점에 살인을 향한 의도와 동작의 신경과정이 진행하고 있는 상태인 것이다. 그러나 동작시점과 멀리 떨어진 의사결정시점으로 돌아간다는 것은 무의미하다. 살인 직전으로 돌아간다는 사고실험의 전제를 버리는 것이기 때문이다. 이미 진행하는 신경과정을 중단시키고, 전혀 다른 신경과정을 새로이 생성하는 그 어떠한 요소도 없다는 것-전 우주가 동일한 상태로 되돌아감-이 이 사고실험의 전제(前提)라는 것을 상기(想起)할 필요가 있다. 과거로 돌아가 다른 행위를 선택한다는 것이 신경세계에서는 이중의 과제를 내포한다. 즉, 이미 살인을 지향하여 진행 중인 신경과정을 중단시켜야 한다. 다음으로 그것을 대체하는 타행위를 지향하는 신경과정을 새로이 생성시켜야 한다는 것이다. 그런데 이러한 이중의 과제에 관한 그 어떠한 요인도 없다는 것이 이 사고실험의 전제-전 우주가 특정 시점의 동일한 상태로 되돌아감-이라는 것을 상기(想起)할 필요가 있다.

셋째, 다른 모든 경우와는 다르게 A의 살인사건의 경우에는 과거로 되돌아가는 데 있어서도 특별한 점이 있다. 그것은 범죄사건의 경우, 주연자(A)는 항상 형벌(刑罰)의 위하(威嚇)를 감수하고 의사결정을 하고 범죄를 실행했다는 점이다. A는 살인죄가 장기의 징역형이나 어쩌면 사형의 형벌을 받을지도 모른다는 것을 알고도 그러한 것을 감수하고-가령 사형을 당해도 좋다-범죄

(살인)의 의사결정을 하고 실행한 것이다. 또는 A 자신만은 절대로 체포되지 않을 것이라고 굳게 믿었을지도 모른다. 말하자면 A의 경우는 비범죄적(非犯罪的) 행위와는 다른 고려요소–행위의 억지요인(抑止要因)–가 하나 더 있으며, A에게는 그러한 행위의 억지요인을 능가하는 '더 강력한 충동(衝動)이나 동기'가 있었다는 것이다. 그런데 A가 과거로 돌아갔을 때 이와 같은 억지를 능가(凌駕)하는 요인이 있다는 점은 변함이 없다.[51] 일반적으로 억지를 능가하는 요인은 일반적인 충동이나 동기보다 훨씬 강렬한 것이다. 그것은 결코 계량적(計量的) 이성이 아니다. 그것은 '나는 죽어도 좋아'와 같은 격렬한 충동일 수도 있다. 또는 다른 어떠한 것도 보이지 않는 탐닉(耽溺)일 수도 있고, 어떠한 고려사항도 돌아보지 않는 절대적인 확신(確信)일 수도 있으며, 일체를 초월하는 망상(妄想)일 수도 있다. 중요한 점은 전 우주가 과거로 돌아간다는 것은 바로 이러한 억지를 능가하는 요인이 작동하는 상태로 돌아간다는 것을 의미한다는 것이다. 따라서 범죄사건에서 타행위가능성에는 고백을 받고 받아들이거나 거절하거나, 투표에 어느 정당을 선택하는 것과는 성질이 다른 강력한 요인이 있는 것이다.

결론적으로 과거로 돌아가는 사고실험의 논리에서 볼 때, 인간에게 타행위가능성은 없다는 것으로 귀결된다. 모든 저질러진 범죄에 있어서 그 시점에 대체가능성(代替可能性)은 없다. 우리가 막연하게 타행위가능성 또는 대체가능성이 있다고 상정하는 것은 범죄행위에 대하여 타자적(他者的) 관점과 사후적(事後的) 관점으로 보기 때문이다. 그러나 현실에서는 언제나 주연적(主演的), 사전적(事前的)인 관점만 작용한다. 타인의 일로 보면 모든 것이 가능해

---

51 만일 A는 자신은 절대로 체포되지 않을 것이라고 확신하고 범죄를 저질렀는데 실제로는 바로 체포되었으며 사형을 선고받았다고 가정하자. 그런데 그러한 A가 살인 이전인 과거의 시점으로 되돌아갔고, 체포되었다는 기억(記憶)을 가지고 있었다면 당연히 살인 행동으로 나아가지 않을 가능성이 있다. 그렇지만 전 우주가 되돌아간 과거의 시점에서는, 이러한 기억이 없는 상태이고, 오히려 반대로 억지 능가 요인만 있는 상태이다.

보인다. 그러나 정작 자기의 일에서는 그렇지 않다. 인기가 떨어진 연예인이 자살하는 경우에 일반 사람의 관점에서 보면 얼마든지 타행위가능성이 있는 것으로 보인다. 그러나 모든 자살하는 사람들에게는 주연적(主演的)으로 다른 길(代案)이 보이지 않는다. 어린아이는 장난감을 엄청나게 중요하게 생각하고 친구들과 장난감 때문에 싸우기도 한다. 그러나 성장한 어른들의 입장에서 사후적(事後的)으로 보면 장난감을 두고 다툰 일은 우스운 일이다. 그러나 어린이의 사전적(事前的) 관점에서는 전혀 그렇지 않다. 과거로 돌아가는 사고실험의 진정한 의미는 이러한 주연적, 사전적 관점에 관한 것이다. 우리가 주연적 사전적 관점에 서면 모든 것은 자동성과 결정성이 지배한다. 그리고 그것이야말로 우주의 안정성(安定性)이다.

자유의지의 문제는 경험과학적으로 증명될 수도 없으며 또한 반박될 수도 없다는 독일학계의 일반론은, 리벳의 실험 이전의 사고방식이다. 그것은 인지신경과학 이전의 진부(陳腐)한 일반론이다. 우리는 '자연적인 것으로서' 자유의지는 존재하지 않는다는 명제에서 출발해야 한다. 이제까지 불가지론(不可知論)을 위장하여 타행위가능성을 사실상 전제하는 트릭(Trick)을 벗어나야 한다. 리벳의 실험은 이러한 근대적 사유를 전복한다는 점에서 중요하다. 우리는 정반대로 사건 시점에서 타행위가능성은 없다는 것을 전제로 하여 책임이론을 논의해야 하는 것이다.

[1719] 프랭크퍼트 사례(Frankfurt Case)

대체가능성의 원리(타행위가능성)과 관련하여 영미철학계에서 혁신적 이론으로 평가받는 이론이 프랭크퍼트(Harry G. Frankfurt)에 의하여 제시되었다. 우리는 이미 독일 형법 이론사에서 타행위가능성이 책임의 조건이라는 전제 하에서 발전되어 왔다는 것을 보았다. 이 점은 영미철학계에서도 마찬가지였다. 가령, 반 인와겐(van Inwagen)은 대체가능성을 모든 철학자의 동의사항(同意事項)이라고 했다.

> "자유의지의 개념은 실제로 한 것과는 달리 행동할 수 있는 주연자의 힘과 능력의 관점에서 이해되어야 한다는 데 일반적으로 동의하는 것으로 보인다. 사람이 자유의지를 가진다는 것을 부정하는 것은 사람이 하는 것과 할 수 있는 것이 일치한다고 주장하는 것이다. 그리고 어떤 주연자가 어떤 행위에 책임이 있다고 생각하기 위한 필요조건은 그가 그 행위를 수행하는 것을 하지 않을 수 있었다고 믿는 것이라는 데 거의 모든 철학자가 동의한다."[52]

그런데 이 대체가능성의 원리(PAP)에 대하여 프랭크퍼트는 정면으로 잘못된 이론이라고 부정하고 나왔으며, 이를 받아들이는 학자들로부터는 중대한 혁신으로 평가되고 있다. 그는 단정적으로 말하는 것으로 그의 논문을 시작한다.

> "그러나 대체가능성의 원칙은 거짓(false)이다. 다른 대체적인 것이 가능하지 않았던 경우에도, 사람은 자신이 한 일에 대하여 당연히 도덕적으로 책임이 있다. 이 원칙의 타당성은 환상(illusion)이며, 이 환상은 관련된 도덕적 현상들에 좀 더 예리하게 초점을 맞추는 것으로 사라지게 할 수 있다."[53]

---

52 Peter Van Inwagen, The Incompatibility of Free Will and Determinism, Philosophical Studies: An International Journal for Philosophy in the Analytic Tradition, Vol. 27, No. 3, 1975. p.188. It seems to be generally agreed that the concept of free will should be understood in terms of the power or ability of agents to act otherwise than they in fact do. To deny that men have free will is to assert that what a man does do and what he can do coincide. And almost all philosophers agree that a necessary condition for holding an agent responsible for an act is believing that the agent could have refrained from performing that act.

53 Harry G. Frankfurt, Alternate Possibilities and Moral Responsibility,The Journal of Philosophy, Vol. 66, No. 23. 1969, pp.829-830, But the principle of alternate possibilities is false. A person may

그의 자세한 분석은 오히려 다른 학자들이 구체화한 그의 직관적 사례에 의하여 더 일반적으로 받아들여지고 있다. 프랭크퍼트 사례(Frankfurt Case)라고 말해지는 이 사례는 하나의 사고실험이다. 조작자(A)가 어떤 사람(B)의 뇌에 조작을 가하여, 조작자(A)가 원하지 않는 행동을 피조작자(B)가 하려고 하는 경우에만 개입(介入)한다는 것이다. 이렇게 되면 당사자는 자유롭게 행동하는 것으로 생각하지만, 실제로는 조작자가 결정한 방향으로만 행동하게 된다. 데넷(Dennett)이 좀 더 구체화한 프랭크퍼트 사례는 다음과 같다.

> "존스는 스미스를 증오한다. 그리하여 존스는 정상적인 정신상태에서 스미스를 죽이기로 결심했다. 한편 극악(極惡)한 신경외과 의사인 블랙 씨도 스미스의 죽음을 바라며, 존스의 뇌에 어떤 장치를 이식했다. 그 장치는 존스가 결심을 번복할(뒷걸음질 칠) 때에만, 블랙은 특별 버튼을 눌러, 존스를 다시 살인의 코스로 되돌릴 수 있게 돼 있다. 블랙이 개입할 필요가 없는 경우도 있는데, 존스가 살해행위를 스스로 실행하는 경우이다."[54]

다르게 구성된 프랭크퍼트 사례도 같은 내용의 사고실험이다.[55] 모두 기본

---

well be morally responsible for what he has done even though he could not have done otherwise. The principle's plausibility is an illusion, which can be made to vanish by bringing the relevant moral phenomena into sharper focus.

54 Daniel C. Dennett, Elbow Room, *op.cit.*, p.144. Jones hates Smith and decides, in full possession of his faculties, to murder him. Meanwhile Black, the nefarious neurosurgeon (remember him?), who also wants Smith dead, has implanted something in Jones' brain so that just in case Jones changes his mind (and chickens out), Black, by pushing his special button, can put Jones back on his murderous track. In the event Black doesn't have to intervene; Jones does the deed all on his own.

55 가령 투표에 관한 프랭크퍼트 사례는 다음과 같다. 도널드는 공화당원이며 공화당에 투표할 것 같다. 오직 한 가지 특정한 상황에서만 투표하지 않을 것인데, 그것은 도널드가 투표직전에 미국이 이라크에 패배할 가능성에 대해 생각하는 경우이다. 공화당 대표인 화이트는 도널드의 뇌 속에 몰래 특별장치를 이식했는데 그것이 활성화되면 도널드가 공화당에 투표하도록 강요하게 된다. 도널드는 투표 전에 이라크전쟁에 대해서 아무런 생각을 하지 않았고 공화당에 투표하였다. 화이트는 이를 알고 아무

적인 내용은 존스에게 아무런 선택의 여지가 없다는 것이다. 스미스를 스스로 죽이지 않는다면 뇌속의 장치가 작동하여 스미스를 죽이게 될 것이기 때문이다. 그런 점에서 존스의 행동은 결정론적이다. 그렇지만 위의 경우에 존스는 스미스의 살해에 대하여 스스로 책임을 져야 한다는 것이 직관적(直觀的) 결론이라는 것이다. 결론적으로 존스에게는 대체가능성(타행위가능성)이 없음에도 존스의 행위는 책임이 있다는 것이다. 프랭크퍼트의 결론은 이렇다.

> "그러므로 대체가능성의 원칙은, 내 의견으로는, 다음과 같은 원칙에 의해 대체되어야 한다: 사람은 '오직 다르게 할 수 없었기 때문에(only because)' 그 것을 했다면, 그가 한 것에 대해 도덕적으로 책임이 없다. 이 원칙은 도덕적 책임이 결정론과 양립할 수 있다는 견해와 충돌하는 것으로 보이지 않는다. … 어떤 사람이 그가 한 일을 정말로 하고 싶어 했고 ; 그가 정말로 하고 싶었던 일이었기 때문에 그것을 했다면, 그는 '오직 달리할 수 없었기 때문에' 그렇게 하였다 라고 말하는 것은 옳지 않다. 이러한 조건에서, 그 사람은 그가 한 일에 대해 당연히 도덕적으로 책임을 져야 할 것이다."[56]

요약하면 결정론과 상관없이, 달리 행동할 수 없었다는 것이 그의 행위에 대한 유일(唯一)한 이유일 때(only because)에만 책임이 없다는 것이다. 이와는 달리 그가 정말로 그 일을 하고 싶어 했다면 대체가능성(타행위가능성) 여부와

런 행동도 하지 않았다.

56 Harry G. Frankfurt, Alternate Possibilities and Moral Responsibility, *op.cit.*, pp.838-839. The principle of alternate possibilities should thus be replaced in my opinion, by the following principle: a person is not morally responsible for what he has done if he did it only because he could not have done otherwise. This principle does not appear to conflict with the view that moral responsibility is compatible with determinism. … the person really wanted to do what he did; he did it because it was what he really wanted to do, so that it is not correct to say that he did what he did only because he could not have done otherwise. Under these conditions, the person may well be morally responsible for what he has done.

는 상관없이 도덕적 책임이 있다는 것이다. 직관적으로 생각하면 프랑크퍼트의 주장을 수긍할 수 있다. 존스는 자신의 뇌에 어떠한 장치가 이식되었는지도 몰랐고, 스스로 자신의 결정이라고 생각하고 스미스를 살해했으며, 실제로 자기 스스로의 결정이었다(블랙은 개입하지 않았다). 당연히 그는 살인의 죄책을 져야 할 것이다. 프랑크퍼트는 도덕적 책임을 논의하고 있지만, 형법적으로도 살인의 고의가 인정되고 면책될 수 있는 사례가 아니다.

[1720]

이러한 프랑크퍼트의 직관적 결론에 대하여, 그리고 결정론과 책임의 양립가능성에 관하여 다른 견해가 있다. 이것은 영미철학에서 프랑크퍼트의 사례에 대한 비판이기도 하다. 존스의 성향(性向)이 스미스를 살해하는 데 결정론으로 볼 수 있을 정도로 인과적으로 충분하다고 한다면, 그것은 이미 결정론적이기 때문에 존스에게 자유의지를 인정할 수 없다. 즉 존스는 자유의지에 의하여 스미스를 살해한 것이 아니다. 즉 이 경우 자유의지와 결정론이 양립하는 것이 아니다. 반대로 존스의 결정에 그의 성향이 인과적으로 불충분하여 비결정론적이라면 존스의 행동은 도덕적으로 책임이 있지만, 이렇게 되면 프랑크퍼트 사례는 진정한 결정론적 사례가 되지 못한다.

사실 프랑크퍼트 주장의 취약점은 그것이 직관적(直觀的)이라는 것이다. 직관적이라는 것은 '의식적(意識的) 자유의지'를 이미 전제로 하고 있다는 것이다. 그러나 타행위가능성의 문제는 '의식적' 자유의지 그 자체가 과연 존재하는지 여부를 논점으로 하고 있다. 타행위가능성이 있는가 하는 점을 묻는 것은 의식적 살인자, 즉 고의가 인정되는 살인자에 대하여, 과거로 되돌아갔을 때 과연 타행위가능성이 있는지를 묻는 것이다. 이것은 우리의 상식, 우리의 직관, 그리하여 근대적 인간관을 넘어서는 질문이다. 그리고 바로 이 점이 과거로 돌아가는 사고실험의 관문의식이다. 이렇게 보면 프랭크퍼트의 논의는 타행위가능성(대체가능성의 원리)의 본질과는 다른 이해이다.[57] 프랭크퍼트에 대한 위 비판에서 존스의 성향이 결정론적인가 비결정론적인가를 따지는 것은 이러한 점을 지적하는 것이라 할 수 있다. 이런 점에서 데닛(Dennett) 역시 동일한 오해를 하고 있다. 그는 프랭크퍼트의 주장을 지지하면서 이렇게 해석하고 있다.

"존스는 이 경우 그가 한 일에 책임이 있다. 존스는 충분한 심사숙고(深思熟考) 끝에 그것을 마음속으로 선택했기 때문이다. 잠복하고 있는 과잉결정자(overdeterminer)가 존재하여 존스가 다른 선택을 할 수 없었다고 하더라도."[58]

데닛 역시 형법이론이 초점을 두고 있는 논점과는 다른 이해를 바탕으로 논의하고 있다. '의식적' 자유의지를 인정한다면 타행위가능성(대체가능성의 원리)은 전혀 문제가 되지 않는다. 의사자유의 문제에서 타행위가능성의 논점이 제기되는 이유는 정상적이고 일반적인 고의행위에 대하여 과연 타행위가능성이 있는가 하는 점이 과학적으로 결코 입증이 되지 않기 때문인 것이다. 따라서 그가 위 논의 뒤에 이어 루터의 확신에 의한 선택(확신 때문에 타행

---

57 프랭크퍼트 자신의 논의는 달리 말하면 이미 자유의지론을 전제로 하고 있다. 당사자가 진지하게 숙고하여 또는 의식적 의도로 결정한 것이라면 그것에 대해 책임을 저야 한다고 말한다. 그런데 결정론은 당사자 스스로는 의식적 의도, 진지한 숙고에 의해서 행동했다고 하더라도 그것이 자유의지가 아니라는 것이다(리벳의 실험이 그것이다). 즉 환상에 빠져 있다는 것이다. 또는 전혀 다르게 말할 수 있다. 즉 프랭크퍼트는 결정론을 오해하고 있는 것이다. 존스의 성향이 그의 행동을 결정하는 필요충분조건으로 결정성을 가지고 있다면 이미 존스가 아무리 진지하게 숙고했다고 해도 그것은 자유의지가 아니다. 여기서 사실은 프랭크퍼트의 문제가 아니라 결정론과 자유의지가 무엇인가 하는 문제가 해결되지 않았다는 것이 드러난다.

58 Daniel C. Dennett, Elbow Room, op.cit., p.144. In such a case, Frankfurt claims, the person would be responsible for his deed, since he chose it with all due deliberation and wholeheartedness, in spite of the lurking presence of the overdeterminer whose hidden presense makes it the case that Jones couldn't have done otherwise.

위가능성이 없는 경우)에 대하여 논의하는 것도 그 의의를 인정하기 어렵다.

나아가 프랭크퍼트 사례에서 존스에게 책임이 인정되는 근거가 무엇인가 하는 것도 명백하지 않다. 프랭크퍼트는 존스에게 책임이 있는 이유가 단순히 직관적(直觀的)으로 그렇다고 말한다. 그런데 그 직관의 내용을 보면 존스가 스스로 원하여, 즉, 정말로 원하여(really wanted) 살인을 했기 때문에 책임을 져야 한다는 것이다. 프랭크퍼트를 지지하는 데넷은 심사숙고(all due deliberation and wholeheartedness)하여 결심한 것이기 때문에 책임이 있다고 말한다. 메르켈(Merkel)의 해석은 좀 더 깊이 들어가고 있다.

> "타행위가능성 대신 자율적 자기확신-행동하기로 한 구체적 결정이 주연자 자신의 결정인지의 여부의 문제가, 그가 그 결정을 피할 수 있었는지의 여부, 즉, 다른 결정을 할 수 있었는지의 여부보다, 책임 문제에 있어서 더욱 중요하다. 일반적인 용어로 말하면, 의지적 결정의 자율적 주연성(Urheberschaft)이 대체가능성의 원칙보다 더 중요하다."[59]

그러나 이러한 주장은 형법적으로 보면 별로 의미가 없다. 독일 형법학 이론사에서 보면 이것은 타행위가능성 대신에 범인의 주관적 심리에서 책임개념을 규정하는 심리적(心理的) 책임개념으로 되돌아가는 것이 된다. 그리고 심리적 책임개념이 비판되고, 규범적 책임개념의 난점으로 평가대상의 문제에 관하여 논의한 갈라스(Gallas)의 논의에 미치지 못한다. 갈라스는 책임도 불법과 마찬가지로 부정적(否定的) 가치평가로서 비인(非認, Mißbilligung)에 본

---

59 Reinhard Merkel, Willensfreiheit und rechtliche Schuld, *op.cit.*, p. 102. Die Frage, ob ein konkreter Handlungsentschluss jemandes eigener Entschluss ist, ist für die Frage der Verantwortlichkeit bedeutsamer als die, ob der Handelnde diesen Entschluss hätte vermeiden, sich also anders hätte entschließen können. In gängiger Terminologie: die autonome Urheberschaft an einem Willensentschluss ist wichtiger als das Prinzip alternativer Möglichkeiten.

질이 있다고 생각했다. 불법(不法)이 행위나 결과에 대한 부정적 가치판단이라면, 책임은 (행위나 결과와 구별되는) 어떤 심정(心情)에 대한 비인(非認)이라는 것이다. 그리하여 책임판단의 대상은 법적 비인의 심정(rechtlich mißbilligte Gesinnung)이다. 책임이란 법적으로 승인(承認)되지 않는 심정을 가진 것에 대한 비난이라는 것이다. 주연자 자신의 진정한 의사결정, 심사숙고한 의사결정이 비난받는 이유는 법적 비인의 심정이기 때문이다.

결국 프랭크퍼트가 적극적으로 주장하는 것은 심리적 책임개념에 불과한 것이 된다. 그리고 심리적 책임개념을 상정하면 굳이 대체가능성(타행위가능성)을 논의할 필요조차 없는 것이다. 독일체계의 관점에서 보면 이것은 이론사를 과거(過去)로 되돌아가는 것이다.

그러나 프랭크퍼트의 사례에 대한 이러한 비판에도 불구하여 여전히 문제는 남아 있다. 프랭크퍼트의 지지자나 비판자나 해결되지 않는 문제를 안고 있다는 것이다. 이제 존스가 중간에 마음을 바꾸어 스미스를 살해하지 않기로 마음을 바꾸었다. 그런데 이를 눈치챈 블랙이 존스의 두뇌 속에 심은 칩(신경조작 장치)을 가동시켰다. 그러자 존스는 다시 진지하고 심각하게 그 문제를 재검토하기 시작했다. 그는 심사숙고(all due deliberation and wholeheartedness)한 후에 스미스를 살해하기로 결심하고 그날 저녁에 스미스를 살해했다. 이 경우 존스는 책임이 있는가? 만약 책임이 없다면 심사숙고 그 자체는 책임의 요건이 아니다. 만약 책임이 있다면 블랙의 조작이 요건이 아니게 된다. 재론한다[1726].

[1721] 인지적 책임개념–인지적 자유의 부담(비난의 위치)

우리는 긴 여정을 거쳐 다시금 책임의 개념에 관한 문제로 돌아왔다. 책임이란 무엇인가? 책임이란 인지적 자유의 부담(負担)이다. 형법적 책임은 인간이 가진 인지적 자유의 형법적 부담이다. 인지적 자유를 가진 인간이 불법(不法)을 행한 데 대한 사회적 부담이 책임이다.

책임개념의 내용을 구성하는 두 개의 개념은 인지적 자유(認知的自由)와 부담(負担)이다. 우리는 인지적 자유의 부담으로서 책임개념을 이제까지의 다른 책임개념과 구분하는 경우, 즉 심리적 책임개념, 규범적 책임개념 등에 대한 대비개념(対比概念)으로서는 '인지적 책임개념이라는 말을 사용하기로 한다. 인지적 책임개념에서 인지적 자유에 대해서는 앞에서 많은 논의를 했다. 따라서 여기에서 재론할 필요는 없다. 부담이라는 개념은 일반적인 용어로서 책임과 관련해서 우리가 새로이 선택한 용어이다. 일반적 용어로서 사전적(辞典的) 의미를 먼저 제시하는 것이 좋을 듯하다. 부담의 사전적 의미는 '짐(load, burden)을 어깨나 등에 메다', '의무·책임 등을 인수하는 것(charge)'이다. 그러나 부담개념의 가장 중요한 의의는 이제까지 책임개념의 상식적(常識的) 유개념(類概念)이라고 할 수 있는 비난(非難)을 대체하는 것이다. 다시 말하면 우리는 책임을 비난이라고 생각하지 않는다. 이것이 인지적 책임개념이 이제까지의 모든 책임개념과는 다른 개념이라는 것을 말하는 것이다. 우리는 비난이나 비난가능성의 개념을 면책성(免責性)의 개념에 한정하여 사용하기로 한다. '책임은 비난이 아니라 부담이다.' 이것이 우리가 제시하는 인지적 책임개념이 말하는 책임테제이다.

인지적 책임개념에 대한 상식적 유개념(類概念)으로서 부담(負担)이라는 말을 사용하는 것은, 책임의 유개념이 비난이나 비난가능성이 아니라는 것이다. 책임의 성립은 비난이나 비난가능성과는 무관하다는 것이다. 아리스토텔레스 이후 2,300년에 걸친 책임에 관한 논의에서 오늘에 이르기까지 벗어나지 못한 하나의 오류(誤謬)가 있는데, 책임을 비난(非難)과 혼동하는 것이다. 이 혼동은 책임과 면책성(免責性)에 대한 혼동과도 연계되어 있다. 오늘날 독일체계에서는 모든 법률가와 법학도에게 책임의 가장 간명한 정의는 비난가능성이다. 정작 비난가능성이라는 기표(단어)를 제기한 프랑크는 그 용어가 별로 의미가 없다고 했음에도 여전히 모든 법학도의 상식에서 책임은 비난가능성이다. 이것은 사실 근원적으로는 프랑크가 아니라 아리스토텔레스에서 유래한다. 아리스토텔레스는 이렇게 말하고 있으며 이것이 사실 서구의 정신이 되었다.

> "미덕(美德)은 감정과 행위와 관련되고, 자발적(自發的)인 감정과 행위는 칭찬받거나 비난(非難)받는 데 반해, 비자발적(非自發的)인 감정과 행위는 용서받거나 때로는 동정받기까지 하는 만큼, 미덕을 연구하는 사람은 반드시 자발성과 비자발성을 구분해야 할 것이다."[60]

윤리학과 형법학의 출발점이라고 할 수 있는 이 구절은 칭찬과 비난을 말하고 있다. 여기서 푸펜도르프의 귀속개념이 이어지고 헤겔에 이르러 책임개념이 전면에 등장한다. 책임개념 자체는 나중에 등장했지만 그것을 연계하는 비난은 2,300년 전부터 윤리학과 형법학의 기본적인 술어(述語)였다. 책임과 면책성을 비난이라는 술어에 의하여 하나의 관념의 양면으로 묶어 왔다. 비난할 수 있는 것이 책임이고 비난할 수 없는 것이 면책성이었다. 책임과 면책성은 사실상 동일한 사회적 실재의 양면, 동전(銅錢)의 양면이 된다. 이렇게 되면 책임과 면책성이 아니라 비난(非難)이 주된 개념이 된다. 이러한 문제는 독일체계에서 거의 거론되지 않았다.

---

60 *supra* [1103]

[1722] 부담(負担)--면책성, 불법과의 관계

　책임과 비난에 대한 이 근본적인 난점은 전혀 잘못된 방식으로 거론되고 잘못된 방식으로 논의되었다는 것이다. 책임개념 자체가 심각한 모순(矛盾)을 내포하고 있는 것으로 드러났다. 심리적 책임개념에 있어서 책임의 성립요소는 고의 · 과실이었다. 그것은 고의 · 과실이 있는 경우에 비난(非難)할 수 있다는 것이다. 그런데 고의 · 과실이 있는데도 불구하고 책임이 없는 경우가 발견되었다. 바로 정신장해의 경우이다. 정신장해자에게도 고의 · 과실이 인정된다. 즉 정신장해의 경우에는 고의 · 과실이 인정되는데도 불구하고 책임이 성립하지 않는다. 그리하여 심리적 책임개념은 책임능력(정신적 건강)을 책임의 전제(前提)에 위치시키고, 고의 · 과실을 책임의 본질로 유지하려고 했다. 그런데 여기에 난점이 있는 것이 책임의 단일(單一)한 본질(本質)이 규정되지 않는다는 것이다. 여기에 또 다른 난점이 제기된다. 책임능력도 있고, 고의 · 과실도 있는데도 책임이 없는 경우가 발견되는 것이다. 위법성 인식이 없는 경우이다. 책임능력이 있고, 고의 · 과실이 있는데도 위법성의 인식가능성이 없는 경우에는 책임이 없다. 그렇다면 책임의 본질은 책임능력과 고의 · 과실만으로는 규정되지 않고 위법성의 인식가능성이 있어야 한다. 그런데 책임능력(정신건강)과 고의 · 과실 그리고 위법성 인식가능성을 통일하는 책임의 본질은 무엇인가? 그러한 어떤 본질적 규정성(規定性)이 있는가?

　그런데 여기에 책임능력, 고의 · 과실, 그리고 위법성 인식가능성이 있는데도 불구하고 다시 책임이 없는 경우가 발견된다. 그것의 예로 강제(duress)를 들 수 있다. 저항할 수 없는 폭력으로 강제당하여(가령 아들을 인질로 잡혀 생명의 위험을 당한 경우) 횡령죄를 범한 사람을 생각해 보자. 그는 책임능력도 있고 (정신적으로 건강하고), 고의 · 과실도 있고, 위법성의 인식이 있는데도 불구하고, 책임이 없다. 결국 강제도 책임요소가 되어야 한다. 그런데 이렇게 되면 정신건강(책임능력), 고의·과실, 위법성 인식, 강제당하지 않음, 이 모든 것에 내재(內在)하는 보편적 본질로서 책임이란 무엇인가? 그것이 과연 있는가?

그런데 여기에 다시 새로운 경우가 발견된다. 정신건강(책임능력), 고의·과실, 위법성 인식, 강제당하지 않는데도 불구하고, 다시 책임이 없는 경우가 있는 것이다. 그것이 면책적 긴급피난의 경우이다. 카르네아데스의 널판지로 설명되는 이 상황에서는 강제하는 사람도 없다. 바다에 표류한 널판지에서 다른 사람을 밀어내어 죽게 한 사람의 경우는 책임이 없다는 것이 독일체계의 책임이론이다. 이 경우에는 정신건강(책임능력), 고의·과실, 위법성 인식, 강제없음이 모두 갖추어져 있음에도 책임이 없다. 그렇다면 면책적 긴급피난의 상황을 포괄하는 책임개념이 가능한가? 여기에 또다시 새로운 난점이 제기될 수 있다. 프랑크(Reinhard Frank)가 제기한 부수사정(附随事情)의 정상성(定常性)이다.

> "어떤 사업체의 회계원과 우편배달부가 각각 횡령죄를 범했다고 하자. 전자는 유복하고 가족이 없으며 사치스런 도락성(道樂性)을 가지고 있었고, 후자는 절약검소했고 병든 아내와 다수의 아이가 있었다.… 후자의 책임은 그가 처한 불우한 부수사정(附随事情)으로 인해 감소되는 반면, 전자의 책임은 그의 좋은 재산상태와 그의 사치스런 성향에 의해 반대로 증가한다."[61]

정신건강(책임능력), 고의·과실, 위법성 인식, 강제 없음, 면책적 긴급피난의 상황이 아님, 그리고 부수사정의 정상성… 이 모든 것을 포괄하는 책임개념은 무엇인가? 그것이 가능한가? 우리는 책임개념을 규정하는 요소에 대하여 논의하였지만 실제로는 면책성의 사유를 모조리 열거한 결과가 되었

---

61 *supra* [1213]

다. 이러한 모든 상황을 포괄하거나 또는 공통성에 의하여 추상(抽象)한 그러한 책임개념이 가능한가? 그런데 실제 그런 개념이 발견되었다. 바로 비난가능성이다. 그것은 실로 신축자재(伸縮自在)한 고무줄이었다. 그것은 존재하는 문제가 전혀 없는 것처럼 외관(外觀)을 주는 것이었다. 그러나 프랑크(Reinhard Frank)가 말한 것처럼 그것은 책임의 동어반복(同語反覆)이다. 비난가능성이 무엇인가 하고 묻는 것은 책임이 무엇인가 하고 묻는 것과 같은 말이다.

중요한 것은 위와 같은 난맥상(亂脈相)을 단칼에 자르는 책임개념의 핵심문제가 있다는 것이다. 책임은 비난이 아니라는 것이다. 책임을 비난으로 규정하는 한 면책성과 구별되지 않는다. 책임과 면책성이 아니라 비난이 실체가 되어 책임과 면책성을 묶게 되어 위와 같은 난맥상을 되풀이하게 된다. 책임은 우리(또는 재판관)가 주연자에 대하여 가치판단(비난)하는 것이 아니다. 책임은 주연자가 사회에 대하여 어떤 관계에 놓이는 것이다. 즉 책임은 주연자의 사회에 대한 부담이다. 이런 점에서 규범적 책임이론은 타당하지 않다.

책임은 주연자가 불법(不法)을 행한 것에 의하여 사회적 관계에서 지게 되는 부담이다. 이런 점에서 보면 책임은 불법을 전제(前提)로 한다. 불법을 저지르지 않은 자는 책임이 없다. 오랫동안 비난에 얽매여 책임이 마치 불법과는 독립된 어떤 사회적 실체로 취급되어 왔다. 그러나 책임은 불법을 전제로 하는 것이며, 불법이 없다면 위의 모든 것이 있어도 책임은 성립하지 않는다. 고의·과실이 있다고 해도, 그리고 다른 모든 것이 있다고 해도, 정당방위자(正當防衛者)는 책임을 부담하지 않는다. 이 점에 대해서도 독일체계는 오랫동안 오해해 왔다. 책임은 불법과 분리되지 않는다. 책임은 면책성이 아니라 오히려 불법과 동전(銅錢)의 양면(兩面)을 구성하는 것이다. 이런 점에서 책임은 오히려 불법과 일치(一致)한다. 이것은 독일 범죄론 체계를 전면적으로 재구성해야 한다는 것을 의미한다.[62] 이 모든 함축이 인지적 책임개념의 부담 (負担)의 의미가 함축하는 것이다.

[1723] 문명적 자유와 면책성(免責性)

책임에 관한 위의 논의는 결과적으로 면책성의 논의에 그대로 전용된다. 즉 앞에서 우리는 비난과 관련하여 책임개념을 논의하였다. 그러나 그것은 결과적으로 면책성의 개념을 논의한 것이다. 비난이 책임과 관련된 것이 아니라는 결론은 비난은 면책성과 관련된다는 의미이다. 우리가 대중적 개념으로서 정의한다면, 면책성이란 비난가능성이 없는 것이다. 즉 비난가능성이 책임이 아니라, 비난가능성이 없음이 면책성이다.

이러한 대중적 정의가 가능한 이유는 면책성은 문명적 자유, 즉 의식적 자유에 기반을 두고 있기 때문이다. 면책성에 관해서 우리는 타행위가능성이나 결정론이나 자유의지를 논의하지 않는다. 왜냐하면 문명의 차원에 서기 때문이다. 우리는 가위바위보를 하는 것과 같은 차원에서 논의하는 것이다. 그리하여 면책성은 문명적 자유의 결여(缺如)이고, 비난가능성이 없는 경우이다. 우리는 비난가능성의 결여라는 이 추상적인 개념을 문명적 차원이라는 시좌(視座)에 결합하는 것으로 그 내용을 구체화할 수 있다고 본다. 그 시공간의 문명 수준을 전제로 하여 책임을 부과한다면 부끄러운 사유들이 면책사유를 구성한다는 것이다.

문명적 자유의 결여가 면책사유이다. 이것은 특정한 문명사회에서 문명적 자유가 없다고 평가되는 그러한 사유들이 면책사유를 이룬다는 것이다. 그리하여 우리는 간결하게, 책임은 인지적 자유의 부담이고, 면책성은 문명적

---

62 제3권에서 논의한다.

자유의 결여에 근거한다고 말한다. 이제까지 독일체계에서 책임이론의 모든 혼란은 책임과 면책성을 하나의 개념으로 해결하려고 하였다는 데에서 기인한다. 그것은 불가능한 기획(企劃)이었다. 그것이 불가능한 본질적 이유는 자연의 논리공간(論理空間)과 문명의 논리공간을 혼동하고 있기 때문이다. 책임개념은 자연의 논리공간을 전제로 구축해야 하고, 면책성은 문명의 논리공간 속에서 규정되어야 하는 것이다.[63] 이러한 혼동은 영미체계에서는 야기되지 않았다. 영미체계에서는 통일된 책임개념, 모든 것을 통합하는 책임개념을 구하지 않았으며, 그러한 책임개념 자체가 범죄체계의 요소가 아니었다. 영미체계에서는 고의·과실을 가책성(Culpability)이라고 하여 독립적으로 규정한다. 그리고 고의·과실을 제외한 책임과 관련된 모든 사유는 면책항변(excuse defense)으로 규정한다. 이러한 면책항변에 정신장해(Insanity), 법률의 착오(Mistake of Law), 강제(Duress), 명정(Intoxication), 함정수사(Entrapment) 등이 있다. 통합적인 책임개념이 없으므로 정신장해는 당연히 면책항변에 속한다. 한 형법 교과서의 면책항변에 대한 설명은 다음과 같다.

"면책항변(excuse defense), 예를 들면, 정신장해(insanity)는 정당화항변과는 근본적으로 다르다. 정당화사유의 주장은 행위(즉, D의 행위)에 착안하여, 그 행위가 불법하지 않다는 것을 보여주려고 하는 것인 데 비해, 면책사유는 행위자(즉, D)에게 중점을 두고, 행위자는 그의 불법행위에 관해 도덕적으로 가책적(culpable)이지 않다는 것을 보여주려고 한다."[64]

---

63 자연의 논리공간, 문명의 논리공간에 대해서는 제2권에서 논의한다. 여기에서는 자연의 논리공간은 자연적 존재로서의 인간을 전제로 하여 그 인간을 사회문명적으로 조직하는 차원에서 개념을 규정한다는 의미이다. 이에 대하여 문명의 논리공간은 이미 구성된 사회문명의 차원에서 인간 상호 간의 관계의 차원에서 개념을 규정한다는 의미이다.

64 Joshua Dressler, Understanding Criminal Law, op.cit., §16.04. p.219. An excuse defense, e.g., insanity, differs from a justification defense in a fundamental way. Whereas a justification claim generally focuses upon an act (i.e.,D's conduct), and seeks to show that the act was not wrongful,

영미체계의 모범형법에서 정신장해는 중요시되어 일반적인 면책사유와 독립적으로 하나의 장(article 4)을 형성하여 특별하게 취급하고 있다. 그리하여 모범형법에서는 고의·과실에 대해 가책성(Culpability)이라는 용어를 사용하고 있는 데 대하여, 정신장해의 문제에 대해서는 유책성(Responsibility)이라는 용어를 사용한다.

영미체계와 비교하면, 독일체계에서 200여 년에 걸쳐서 통합적인 책임개념을 확립하기 위해 엄청난 이론적 노력을 기울인 것은 놀라운 일이다. 이처럼 적극적(positive) 의미로서 책임개념에 대한 노력이 전혀 없이도 형법이론이나 실무(実務)에서 별로 불편함이 없었다는 것은 무엇을 의미하는 것일까? 여기에서 명백한 것은 독일체계에서 책임개념에 관한 오랜 혼란에는 두 개의 원인이 있다는 것이다. 첫째, 전체의 통합적인 책임개념, 적극적(positive) 책임개념에 대하여 정신장해를 개념의 내포적(內包的) 요소로 상정해 왔다는 것이다. 이렇게 되면 책임개념은 정신장해자와 정상인 사이의 경계개념에 의하여 규정되지 않으면 안 된다. 그런데 그렇게 규정된 책임개념이 체계의 다른 개념들과 정합적(整合的)일 수 있는가 하는 문제가 있다. 실제로는 정합성을 형성할 수 있는 어떠한 논리적 필연성도 없다. 둘째, 독일체계는 면책성(免責性)의 개념을 독립시키지 않고 단순히 책임개념의 대개념(対概念)으로 상정하였다. 이것은 달리 말하면 모든 면책사유들을 해석할 수 있는 책임개념을 구성해야 했다는 것을 의미한다. 그리하여 영미체계상의 면책사유들도 독일에서는 책임조각사유, 책임배제사유, 면책사유 등 갖가지 이름으로 불리면서 그것의 구분도 통합되어 있지 않다. 왜냐하면 책임개념에 따라서 달라지기 때문이다.

---

an excuse centers upon the actor (i.e., D), and tries to show that the actor is not morally culpable for his wrongful conduct.

우리는 책임이론에 대하여 간명하게 정리하기로 한다. 책임은 인지적 자유의 부담이고, 면책성은 문명적 자유의 결여이다. 이렇게 간명하게 정리되지만 우리가 사회와 문명을 조직하는 차원에 서면 그것은 심원한 의미를 지닌다. 동시에 이제까지 독일체계에 난마(亂麻)처럼 얽혀 있는 책임에 관련된 여러 논점들을 정리하게 해 준다.

[1724] 인지적 책임개념과 의미론적 존재

책임은 인지적 자유의 부담이다. 책임은 비난이 아니라 부담이다. 책임이 부담이라는 것은 책임은 비난이나 면책성과 무관하게 성립한다는 것이며, 동시에 책임은 불법을 전제로 한다는 것이다. 책임이 부담(負擔)이라는 것은 비난(非難)과 무관하게 성립한다는 것이다.

다시 말하면 이제까지 비난할 수 없는 경우에도 책임은 성립한다는 것이다. 그 사례가 정신장해이다. 정신장해의 경우 이제까지 비난할 수 없으며, 따라서 정신장해가 아닌 것이 책임이 성립요소로 규정되었다. 그러나 정신장해자도 고의 · 과실은 인정된다. 그리고 인지적 자유는 인정된다. 왜냐하면 정신장해자도 언어적 의미에 의하여 행동하기 때문이다. 망상형 정신분열의 경우 행위의 의미성(意味性)은 일반 사람보다 더 강렬(強烈)하다고 해야 할 것이다. 그런 점에서 정신장해자는 침팬지와 다르다. 침팬지와 다르기 때문에 책임부담(責任負擔)은 있다. 간단히 말하면 정신장해는 면책사유(免責事由)라는 것이다. 따라서 책임이 성립하는 전제조건으로서 책임능력(責任能力)이라는 말은 타당하지 않는 말이다. 영미체계에는 책임능력이라는 말이 없다. 영미체계(모범형법)에서 정신장해에 대한 책임개념은 유책성(responsibility)으로 표현된다. 그런 점에서 인지적 책임개념은 영미체계의 가책성(culpability)에 해당한다고 할 수 있다. 이것은 형사미성년자도 마찬가지이다. 그것 역시 면책사유이다. 둘 다 인지적 자유의 문제가 아니라 문명적 자유의 문제인 것이다. 여기에 인지적 자유와 문명적 자유를 구별하는 이유가 있다.

인지적 자유는 책임의 근거이다. 이에 대하여 문명적 자유는 그 결여가 면책성을 근거한다. 인지적 자유와 문명적 자유는 전혀 차원을 달리하는 개념이다. 그런 점에서 책임과 면책성은 그 기준이 다르다. 책임이 성립하지 않는 경우가 면책성이 되는 것은 아니다. 책임이 성립하지 않는다는 것은 아예 불법이 성립하지 않는다는 것이다. 왜냐하면 책임은 불법에 대한 부담이기 때문이다. 이에 대하여 면책성은 책임을 전제로 하지만 그 기준은 책임과는 무관하다. 즉 책임은 불법을 전제로 하고 면책성은 책임을 전제로 한다.

이것은 인지적 책임개념이 이론사의 그 어떠한 것과도 다른 차원(次元)에 근거한다는 것을 의미한다. 즉 인간(人間)에 대한 다른 이해에 기초하는 것이기도 하다. 그 다른 차원은 의미론적(意味論的) 존재로서의 인간이다. 인간이 침팬지와 다른 점은 언어와 의미를 사용하는 의미론적 존재라는 것이다. 그리고 그 침팬지와 다른 점–의미론적 존재–에서 도출되는 것이 인지적 책임개념이다.

인지적 책임개념을 이제까지 책임개념의 이론사에서 직접 비교할 만한 이론이 전혀 없다. 간접적으로 비교할 만한 이론이 하나 있는데 그것은 쉬네만(Schünemann)의 언어학적 책임개념이다. 그런데 쉬네만이 언어학적으로 논의하는 것은 책임이 아니라 자유의지에 관한 것이다. 즉 자유의지가 언어학적 차원에서 보면 사회적 실재(social reality)로서 인정된다는 것이다. 자유의지가 존재하는가, 하는 질문에서 '존재한다'는 것이 무엇인가 하는 것을 먼저 규정한다. 쉬네만의 관점에서는 사회적 실재가 구성되는 차원은 언어(言語)이다. 자유의지가 실재하는가 하는 문제는 언어적 차원에서 그것이 사회적 실재인가 하는 문제가 된다. 그런데 언어적 차원을 규정하는 원리는 어휘적 문법적 구조이다. 그는 유럽어들이 모두 주어와 목적어 구조를 취하고, 능동태와 수동태의 문장을 사용한다는 점에 주목한다. 즉 언어구조 자체가 주연자(주어)가 자유의지의 대상(목적어)에 대하여 능동적으로 행동한다는 것이 전제되어 있다는 것이다. 수동태 문장도 마찬가지로 그 주연자의 상대방의 자유의지를 표현하는 것이다. 그런데 '주연자-행위'의 문장형태가 아닌 언어가 실재한다. 쉬네만은 윈투(Wintu) 언어나 나바호(Navaho) 언어를 예로 든다. 쉬네만의 주장은 윈투 언어나 나바호 언어와는 다른 유럽어를 사용하는 이상 자유의지는 사회적 실재라는 것이다.[65]

쉬네만은 자유의지를 언어차원을 토대로 성립하는 사회적 실재로 보았다. 이에 대하여 우리는 언어차원(言語次元)이 아니라, 인간이라는 존재의 의미론적 차원에서 성립하는 것으로, 인지적 자유를 규정하는 것이다. 이것은 결국 존재론적 차원에서 인지적 자유를 규정하는 것이다. 이런 점에서 의미론적 존재로 규정하는 인간이해(人間理解)야말로 인지적 자유의 전제이다. 달리 말하면 인지적 자유는 존재론적 차원에서 인간이해를 달리하는 것이다.

여기에 타행위가능성으로서의 자유의지를 부정하는데도 불구하고 책임개념이 성립할 수 있는 이유가 있다. 인간은 특정한 사건에 대하여 타행위가능성이 없는데도 불구하고 자신에게서 연유하는 그 사건의 행위의미(行為意味)에 대하여 책임을 부담해야 한다. A가 B를 살해한 살인사건에서, A의 살인행위는 그의 생애에 걸쳐 형성된 캐릭터(character)에서 연유하는 것으로 타행위가능성은 없다. 그러나 그럼에도 불구하고 그것이 사회적으로 살인(殺人)이

---

65 *supra* [1251] "여기에서 언어구조는 다시금 가장 심층적이며 가장 변경하기 어려운 기본 토대가 되고 있다. 이러한 이유로 해서 법 자체를 형성하는 언어구조가 아무런 변동 없이 그대로 유지되고 있음에도 불구하고 법을 이 구조로부터 분리시킬 수 있다고 주장한다면 그것은 어리석은 생각이 될 것이다." "자유의지는 단순한 생물적-물리적 사실이 아니라 소위 실재의 사회적 재구성의 일부이고, 최소한 서양문화의 특별한 기초 층위에 속하기 때문에, 서양문화를 통째로 해체하는 경우에만 그 포기를 상정할 수 있다."

라는 행위의미는 그에게서 연유하는 것이다. 침팬지가 사람을 살해하였다면 그는 살인죄의 책임부담이 없다. 왜냐하면 침팬지가 사람을 죽인 행위는 살인이라는 행위의미를 가지지 않으며, 그러한 행위의미가 침팬지에게서 연유하는 것은 아니기 때문이다. 침팬지는 그러한 것을 인지하지 않는다. 그러나 인간은 그것을 인지(認知)하고 살인행위를 한 것이다. 이러한 점에서 살인이라는 행위의미는 그가 선택한 것이다. 왜냐하면 그가 사람으로 인지하지 않았다면, 그리고 인간에 대한 살해행위로 인지하지 않았다면 그런 행동을 하지 않았을 테니까. 간결하게 말하면 타행위가능성은 없지만 행위의미의 선택에 있어서는 인지적 자유가 있는 것이다. 그리고 인지적 자유의 근거인 부담이 인지적 책임인 것이다.

우리는 인지적 자유의 세 차원 중에서 다만 행위의미에 대해서만 논의하였다. 그러나 동일한 논지는 행위의 콘텐츠(contents), 그리고 생애에 걸친 자기 프로그래밍(self-programming)에 관해서도 동일하게 말할 수 있다. 즉 타행위가능성이 없는데도 불구하고 행위의미, 행위의 콘텐츠, 생애에 걸친 자기 프로그래밍으로서의 인지적 자유가 인간에게 있는 것이다. 이러한 인지적 자유에 기초하여 인간의 책임부담이 규정되는 것이다.

[1725]

인지적 책임개념은 자유의지, 더 구체적 개념으로서 타행위가능성을 부정하면서도 성립하는 책임개념이다. 타행위가능성을 부정하면서 책임개념이 성립한다는 것은 전통적 책임개념과는 다른 세 가지 중요한 전제(前提)를 이해함으로써 논의되어야 한다. 첫째, 인지적 책임개념은 동물의 행동과 대비되는 인간의 유적(類的) 본질에 근거하는 것이다. 그것은 인간도 책임도 그것을 존재론적으로 규정하는 데 있어서 의미론적 차원에 서는 것이다. 그것은 인간에 대한 다른 이해–의미론적 존재로서의 인간–에 근거하는 것이다. 둘째, 따라서 인지적 책임개념은 언표주체(言表主体)로서의 인간이 언술주체(言述主体)로서의 다른 인간에 대한 평가로서 비난(非難)과는 무관하다는 것이다.[66] 비난은 사실 항상 평가하고 비난하는 주체–언표주체–를 상정하는 것이다. 인지적 책임개념은 이러한 비난과 언표주체를 상정하지 않는다. 셋째, 이제까지 이러한 상식적 개념으로서의 비난 내지 비난가능성을 상식적으로 적용할 때에도, 책임이 아니라 면책성에 적용한다. 즉 면책성이야말로 비난가능성이 기준이며, 비난가능성이 없을 때에 면책된다고 상식적으로 말할 수 있다. 우리는 면책성을 문명적 자유의 결여에 근거한다고 규정한다. 따라서 사실은 비난이나 비난가능성이 요건이 아니다. 그렇지만 이 상식적 개념–비난이나 비난가능성–은 지금까지 독일체계나 영미체계 모두에서 버릴 수 없는 개념이 되었다. 우리는 이 상식적 개념을 책임이 아니라 면책성에 적용한다. 비난이나 비난가능성이 있는 것이 책임이 아니라, 비난이나 비난가능성이 없는 경우에 면책성이 규정된다는 것이다.

우리가 이러한 이해에 서면 인지적 책임개념은 이제까지의 이론사에 있어서 앞서 간 학자들에게서도 언뜻언뜻 간취되었던 통찰이라는 것을 발견할 수 있다. 다만 그들은 자신들의 통찰의 정확한 정체가 무엇인가를 명확하게 규정하지 못했다. 다음은 윤리적 책임개념을 주장한 카우프만(Arthur Kaufmann)은 인과율의 세계에 대하여 '의미(意味)'의 세계로부터 연유하는 결

---

66 언표주체와 언술주체의 개념은 제2권에서 논의하는 개념이다. 여기에서는 문장의 이해를 위하여 간단하게 설명하기로 한다. 언술주체는 어떠한 사건(事件)에 있어서 사건의 주인공, 스토리(story)의 주인공을 말하는 것이다. 우리는 지금까지 언술주체를 항상 주연자(主演者)라는 개념으로 칭해 왔다. 이에 대해 언표주체는 그러한 스토리에 대하여 이야기하는 화자(話者)라고 할 수 있으며 평가하는 주체라고 할 수 있다. 이것은 서사학적(敍事学的)인 개념이지만 재판구조(裁判構造)에서도 드러나고 형법학에서도 암암리에 가정되어 있다. 재판에서 피고인은 언술주체이고 재판관은 언표주체이다. 형법학의 일반적인 서사구조에 언술주체는 범인이고 행위자이며, 언표주체는 형법학의 저자, 가르치는 교수, 평가하는 일반인 등이다. 형법학은 규범학문이고 항상 평가의 개념이 개입한다. 그러한 때에 평가하는 주체가 바로 언표주체이다.

정인자를 부가하는 것', 그것이 자유라고 통찰하였다. 의미의 세계로부터 연유하는 결정인자를 인과율에 부가하는 것이 어떤 형태가 되는가에 대해서 그는 추상적으로밖에 말할 수 없었을 것이다. 그러나 오늘날 신경과학의 관점에 서면 그것은 의미가 프로그래밍되는 것이고 우리가 말하는 세 차원–자기 프로그래밍, 행위의 콘텐츠, 행위의미–모두에 대해서도 적용할 수 있다.

> "이렇듯 자유의 개념은 단지 적극적으로 이해할 때만, 즉 무엇으로부터의
> 자유가 아니라, 무엇을 위한 자유라는 관점에서 이해할 때만 그 의미가 있다.
> 윤리적 자유의 행위는 인과적인 결정을 부인하는 것이 아니라, 오히려 그것
> 을 조정(Überdetermination)하는 데에서 -더 정확하게 말하면 그러한 조정가능
> 성에서- 성립한다. 다시 말해 특별한 종류의 고유한 결정인자를 첨가하는 것,
> 즉 인과율의 세계가 아니라 의미의 세계로부터 연유하는 결정인자를 부가하
> 는 것이 바로 그러한 의미의 자유이다. 하르트만(Nicolai Hartmann)의 말을 빌
> 린다면, 결정인자를 배제하는 것이 아니라, 오히려 새로운 결정인자를 부가
> 시키는 것이 윤리적인 의지를 특징짓는다. 요컨대 결정인자의 감소가 아니라
> 바로 결정인자의 증가가 자유이다."[67]

리스트도 유사한 통찰에 도달하였다. 그는 책임의 개념은 모든 인간의 행위가 표상(表象)에 의해 규정된다는 것만을 요구한다고 주장했다. 우리가 표상을 의미와 같은 것으로 본다면 인간의 행위가 의미론적 차원에 의하여 규정된다는 것만 확보된다면 다른 논의는 필요하지 않다는 것이다. 따라서 자유의지의 가설과는 독립적이고 오히려 결정론에서도 충분히 가능하다고 주

---

67 Arthur Kaufmann, Unzeitgemäße Betrachtungen zum Schuld-grundsatz im Strafrecht, 김영환 역, 『형법상 책임원칙에 관한 시대불변의 성찰들』, 책임형법론, 홍문사, 1995. pp.16-17.

장하였다.[68]

　　"이런 의미에서 책임의 개념은 자유의지의 가설과 완전히 독립되어 있다. 그것은 모든 인간의 행위가 표상(表象)에 의해 규정되거나(결정되거나) 규정될 수 있으며, 나아가 종교, 도덕, 법 등의 일반적인 표상에 의해 규정된다는, 이론(異論)이나 반박의 여지가 없는 전제만을 요구한다. 책임판단, 나아가 소행과 주연자의 법적 사회적 비인(非認)에 관하여, 결정론도 이를 충분히 정당화할 수 있으며, 오히려 이러한 정당화는 비결정론에서는 완전히 결여된다."[69]

[1726] 성격책임(性格責任) 논쟁

　　우리의 인지적 책임개념은 성격책임으로 오해될 수 있다. 인지적 책임은 인간의 행위기제에 대한 생애(生涯)에 걸친 자기 프로그래밍(self-programming)을 한 내용으로 한다는 의미에서 성격책임과 유사하다. 그러나 성격 또는 인격과 행위기제를 유사한 개념이라고 본다고 해도 인지적 책임개념은 인간행위의 의미론적 차원, 인격에 있어서의 의미론적 개입에 초점을 맞추고 있다는 점에서 다르다. 그에 더하여 인지적 책임개념은 행위의 콘

68　그러나 그는 그 구체적인 매개를 인격(人格)에서밖에 찾을 수 없었다. 그것은 심리적 책임개념과 성격적 책임개념 사이를 동요하게 되었던 것이다. 우리처럼 책임개념에서 비난을 제거하면, 인간의 행위가 의미론적 행위라는 것만으로도 책임부담을 정당화할 수 있게 된다.

69　Liszt, Lehrbuch des Deutschen Strafrechts, 25. Aufl., *op.cit.*, p.152(§36). Der Begriff der Schuld, in diesem Sinne genommen, ist völlig unabhängig von der Hypothese der Willensfreiheit (oben § 6 Note 1). Er verlangt nichts als die unbestreitbare und unbestrittene Voraussetzung, daβ alles menschliche Verhalten durch Vorstellungen, mithin auch durch die allgemeinen Vorstellungen der Religion, der Sittlichkeit, des Rechts usw. bestimmt (determiniert) und bestimmbar sei. Aber auch zu der in dem Schuldurteil weiter gelegenen rechtlichsozialen Miβbilligung der Tat und des Täters ist der Determinismus durchaus berechtigt, während diese Berechtigung dem Indeterminismus völlig mangelt.

텐츠 그리고 행위의미와 같은 다른 차원이 부가된다는 점에서도 성격책임과 다르다. 그리고 무엇보다 인지적 책임개념은 비난(非難)이나 비난가능성을 기준으로 하지 않는다. 그런 점에서 비난을 전제로 하는 논의는 타당하지 않다. 그렇지만 성격책임 논쟁을 인지적 책임개념의 시좌에서 검토할 필요는 있다.

"본설(성격책임)은 결정론을 기초로 하여, 각자는 자신의 행위에 원인이 된 개성(個性)에 대하여, 자신이 그러하다는 것에 대해, 바로 답책(答責)된다는 점에서 출발한다. 그 가장 저명한 철학적 시조가 Schopenhauer이다. 그에 의하면 모든 행위자는 다음 사항을 알고 있다. '그가 다른 인격(人格)이었던 경우에만, 전혀 다른 행위가 가능하며, …또 행해질 수 있었을 것이다. 그냥 그대로 된 것이다. 그는 이런 성격을 가졌기 때문에 그 본인이며, 다른 사람이 아니기 때문에, 그에게는 다른 행위는 가능하지 않았던 것이다. 그러나 그 자체는… 가능했다. 그가 인식하는 답책성은 우선…단순히 그 행위에 관계되지만, 근본적으로는 그의 성격에 관계되는 것이다. 그는 그 성격에 답책적이라고 느끼고, 타인도 그의 성격에 답책한다…' 이 같은 견해에는 형법에서도 많은 지지자가 있다. Heinitz는 '얼마나 다양한 이유에서 그렇게 되었는가와는 상관없이, 그러하다는 것에 대하여 사람은 생활(生活)에 있어서 책임을 진다.'고 한다. Dohna는 '모든 사람은 자신이 행한 것에 대하여 자신의 인격(人格)에서 비롯되는 한 책임을 지지 않으면 안 된다는 것, 선악(善惡) 어느 쪽이든 그가 그러한 것에 대해 책임을 져야 하는 것이 사회적 존재의 근본법칙'이라고 말하고 있다. Engisch도 '성격책임에 대한 답책성'으로부터, 형벌을 수인(受忍)해야 하는 의무를 연역한다. '성격책임은 성격에 대한 특별한 태양(態樣)의 영향을 부과하여 인수하게 함으로써 정산된다.' Figueiredo Dias는 책임이란 '불법구성요건 수행의 근거인 인격에의 보증의무'라고 한다. 즉 '행위자가 형법적으로 가치위반의 인격특성을 - 그 의미에서 책망할 만한 인격을 - 행위로 표현한 때에' 행위자는 유책이다."[70]

위와 같은 성격책임에 대한 논의에는 두 가지 측면이 있다. 기존의 타행위 가능성의 관점에서 보았을 때, 그 시점에서 보면 타행위가능성이 없다는 것을 인정한다는 것이다. 그 이유가 이미 그러한 성격 또는 인격이 형성되었고 행위는 그러한 성격 또는 인격에 의하여 결정론적으로 규정된다는 것이다. 둘째, 그런데 이와 같은 결정론에도 책임이 있는 근거가 반드시 일치하는 것은 아니다. 가령 주연자에게 사회에 대하여 그 자신의 성격을 보증(保証)해야 하는 의무가 있기 때문이라는 것이 하나의 논거이다. 이것은 성격 그 자체가 답책적이라는 말도 포함되는 것이다. 또 다른 논거는 행상책임(行狀責任) 또는 생활영위책임(Lebensführungsschuld)으로서 말하자면 그는 과거의 자기의 삶을 다른 방식으로 조직할 수 있었고 그랬다면 현재의 성격을 형성하지 않

---

70 Roxin, ATI, §19Rn.27.28. (27)Diese Lehre geht auf deterministischer Grundlage davon aus, dass jedermann für die Eigenschaften, die ihn zur Tat veranlasst haben, fir sein So-Sein, ohne weiteres verantwortlich sei. Ihr bedeutendster philosophischer Ahnherr ist Schopenhauer, demzufolge jeder Täter weiß, dass eine ganz andere Handlung sehr wohl möglich war und hatte geschehen können, wenn nur er ein anderer gewesen wäre: hieran allein hat es gelegen. Ihm, weil er dieser und kein anderer ist, weil er einen solchen und solchen Charakter hat, war freilich keine andere Handlung möglich; aber an sich selbst ··· war sie möglich. Die Verantwortlichkeit, deren er sich bewusst ist, trifft dabei bloß zunächst··· die Tat, im Grunde aber seinen Charakter: für diesen fühlt er sich verantwortlich und für diesen machen ihn auch die anderen verantwortlich···" (28)Auch im Strafrecht hat eine solche Auffassung viele Anhänger. Heinitz sagt: „Man steht im Leben ein für das, was man ist, ohne Rücksicht daraut, durch welche vielfältigen Gründe dies geworden ist." Dohna" nennt es ein Grundgesetz des sozialen Daseins, dass jedermann einzustehen hat fir das, was er nut, insoweit es Ausfluss ist seiner Persönlichkeit, dass dem Menschen entgolten wird, was er ist, im Guten wie im Bösen". Auch Engisch8 leitet aus der ‚Verantwortlichkeit für Charakterschuld" die Pflicht zur Erduldung der Strafe ab: ‚Die Charakterschuld wird ausgeglichen durch Auferlegung und Ubernahme einer besonders gearteten Einwirkung auf den Charakter." Figueiredo Dias bezeichnet die Schuld als „Einstehenmüssen für die Persönlichkeit, in der die Begehung eines Unrechtstatbestandes ihren Grund hat"; der Täter ist schuldig, ‚wenn er in der Tat strafrechtlich wertwidrige persönliche Eigenschaften und in diesem Sinne eine tadelnswerte Persönlichkeit - zum Ausdruck bringt".

았을 것이기 때문에 비난받아야 한다는 것이다. 이것은 타행위가능성을 타성격형성가능성(他性格形成可能性)으로 바꾸는 것이라고 할 수 있다. 그런데 이러한 성격책임에 대하여는 주지(周知)의 비판이 있다.

"이와 같은 견해에 대하여 바로 할 수 있는 반론은, 그것에 대하여 본인이 아무것도 할 수 없는 것, 책임 없는 소여 - 그의 성격상태 - 에 대하여, 책임을 긍정하는 것은 모순이라는 것이다. 이 이론의 주장자는 형이상학적 구성으로서 부분적으로 이런 난점을 극복하려고 한다. Schopenhauer는 완전하게 결정된 경험적 성격의 배후에, 자유로운 선택에 있어 자기결정을 하는 오성적(悟性的) 성격을 인정한다. Figueiredo Dias도 유사한 실존주의적으로 수정한 형태, '인간은 스스로 결단하고, 그것에 의해 자기 자신의 존재를 형성하고, 혹은 자기 자신의 본질을 확립한다'는 '기본적인 선택'을 제기한다. 그러나 이 가정은 행위 시의 타행위가능성과 똑같이 증명할 수 없는 것이며, 그러므로 철학적 신앙의 문제이긴 해도, 경험적 · 합리적 형법관념의 기초가 될 수는 없다. 아마 자기의 존재양태(Seinsbeschaffenheit)에 대해서는 보증의무가 있다고 선언하는 책임관념을 지지하기 위해 더욱 좋은 방도는, 행위자에 대한 응보 및 윤리적 비난(非難)을 완전하게 포기하고, 형법을 예방목적으로 한정하여, 책임을 대강 사회적 부담(Haftung)이라고 해석하는 것이다."[71]

---

71 Roxin, ATI, §19Rn.29,30. (29) Der nächstliegende Einwand gegen derartige Lehren ist der, dass es paradox sei, jemandem die Schuld für eine Gegebenheit - seine Charakteranlage zuzusprechen, an der er unschuldig ist, für die er nichts kann,0 Die Vertreter dieser Lehre überbrücken die Schwierigkeit teilweise mit metaphysischen Konstruktionen. So sieht Schopenhauer hinter einem vollständig determinierten empirischen Charakter einen intelligiblen Charakter, der sich in freier Wahl zu sich selbst bestimmt, und noch Figueiredo Dias" greift in ähnlicher, existentialistisch modifizierter Form auf eine „Grundwahl" zurück, ‚durch die sich der Mensch zu sich selbst entscheidet und dadurch sein eigenes Sein schafft oder sein eigenes Wesen festlegt". Aber solche Annahmen sind ebenso wenig zu beweisen wie das Andershandelnkönnen im Tatzeitpunkt und können daher Sache des philosophischen Glaubens sein, aber nicht zur Grundlage einer empirisch-rationalen

성격적 책임개념에 대한 록신(Roxin)의 주장은 그대로 타당하다. 성격적 책임개념에 대한 이제까지의 이론적 구성은 록신이 비판한 대로 타당하지 않다. 그리고 록신의 해결책도 타당하다. 즉 자신의 현재의 존재양태에 대하여 보증의무가 있다고 선언하기 위한 가장 올바른 방도는 책임과 관련하여 응보나 윤리적 비난(非難)을 완전하게 포기하는 것이다. 책임개념을 비난에 기초를 두는 한 성격책임은 타당하지 않다. 그것은 록신이 말하는 대로 사회적 부담(Haftung)일 경우에만 가능하다. 다만 우리는 록신과는 달리 예방목적에 의하여 규정되는 부담이 아니라, 의미론적 존재라는 점에서 문명적 차원에서 도출되는 부담이라는 것이다. 비난에서 부담에로의 전환, 이 점은 록신의 탁월한 통찰이다.

[1727] 프랭크퍼트 사례의 본질

인지적 책임개념에 서면 프랭크퍼트 사례를 다른 관점에서 재검토할 수 있다. 우리가 이 사례와 관련하여 앞에서 마지막으로 제기한 질문이 있다. 즉 존스는 살인을 포기하였는데, 블랙이 버튼을 눌러 존스 두뇌에 심은 칩(살인의사 발생 장치)을 작동시켜, 존스로 하여금 다시 살인하게 하였다면 어떻게 되는가? 문제는 블랙이 칩을 작동시켰기 때문에 존스가 다시 심사숙고(深思熟考)하여 결국 살해의사를 일으켜 살해한 경우이다.[72] 인지적 책임개념의 관점에서 보면 이 경우 존스는 인지적 책임이 없다. 왜냐하면 이 경우 존스의

Strafrechtskonzeption dienen. (30) Der bessere Weg zur Stützung einer Schuldkonzeption, die das Einstehenmüssen für die eigene Seinsbeschaffenheit proklamiert, ist wohl der, auf Vergeltung und sittlichen Vorwurf gegen den Täter ganz zu verzichten, das Strafrecht auf präventive Zwecke zu beschränken und die Schuld mehr im Sinne einer sozialen Haftung zu verstehen.

72 블랙이 칩을 작동시켜 존스가 무의식상태로 -또는 좀비처럼- 스미스를 살해한 경우에는 문제가 되지 않는다. 왜냐하면 살인의 고의가 없기 때문이다. 결국 블랙이 칩을 작동시킨다는 것은 그것에 의해 존스가 살인고의를 다시 가지게 되는 것이다.

살해고의는 신경과학적 관점에서 보면 블랙에 의하여 완전하게 조종(操縱)된 것으로, 존스에게 의미론적 인지(認知)가 있는 것이 아니다. 우리의 재해석에 의하면 이 사례는 심사숙고하였는데도 불구하고 스스로의 의미론적 인지가 없는 특별한 사례에 해당한다. 존스는 이 경우 실험실의 침팬지처럼 조종된 것이고, 따라서 그의 행위는 그의 의미론적 행위가 아니고, 그 사건의 행위의미(行爲意味)는 존스가 아니라 블랙에게 귀속(歸屬)되어야 한다.[73] 그의 행위의 행위의미는 그가 선택한 것이 아니다. 존스는 블랙이 손에 쥔 칼과 같은 것이다.[74] 따라서 머릿속의 칩이 작동된 상태에서 존스가 아무리 심사숙고(all due deliberation and wholeheartedness)하였다고 하더라도 그의 인지는 블랙에게 귀속되고, 그 행위의미도 블랙에게 귀속되는 것이다.

이렇게 보면 프랭크퍼트 사례에 관한 여러 주장들도 재검토되어야 한다. 전체적으로 보아 결정론적 상황인데도 존스가 자신의 의사에 의하여 스미스를 살해한 경우에는 책임부담이 있다는 프랭크퍼트의 주장은 결론에 있어서만 타당하다(근거는 다르다). 왜냐하면 결정론적 상황인데도 불구하고 스미스 살해라는 행위의 행위의미는 존스에게 귀속(歸屬)되기 때문이다. 이것이 직관적(直觀的) 타당성의 이유이다.[75] 행위의미의 귀속에 의하여 책임이 부담(負擔)되는 것이지 결정론적 상황-타행위가능성–에 의하여 책임부담이 규정되는 것이 아니기 때문이다. 결정론적 상황-타행위가능성–이 문제되는 책임개념은 비난(非難)으로서의 책임개념이다. 비난하기 위해서 그러한 근거가 필요하기 때문이다.

---

73 이 사례는 또한 귀속(歸屬)이라는 개념이 의의가 있는 경우가 된다. 귀속개념에 대해서는 [1201]에서 논의하였고 제3권에서 다시 논의하게 될 것이다.

74 실제 이 사건의 경우 현재의 이론에 있어서도 간접정범(間接正犯)이라고 해야 한다.

75 우리가 프랭크퍼트 사례에서 직관적으로 책임을 부담하는 것이 옳다고 느끼는, 이유는 그것이 '살인(殺人)'이라는 의미를 가지는 행위이고 그 행위의 의미(행위의미)가 존스에게 귀속된다는 느낌 때문이다. 그런데 블랙이 칩으로 존스의 의사를 조종한 경우에는 그 살인행위의 행위의미를 존스에게 귀속시키는 것이 부당하다는 느낌이 우리의 직관이다.

그렇지만 여기서 결정론적 상황이라는 것은 사실은 별로 의미가 없다. 왜냐하면 무엇이 결정론적 상황인가 하는 데 있어서 우리는 견해를 달리하기 때문이다. 프랭크퍼트가 설정한 사례는 의식적 자유에 관한 상황이다. 신경세계를 상정하지 않은 내관세계를 기준으로 한 결정론적 상황인 것이다. 그러나 우리가 행동이 결정성을 가진다(결정론적이다)고 하는 것은 신경세계까지 포함하는 것이다.

다른 한편 프랭크퍼트의 다른 결론, 즉 '오직 다르게 행위할 수 없었기 때문에' 그런 행동을 한 경우에만 책임이 없다는 주장은, 책임부담에 관한 논의가 아니라 면책성에 관한 논의이다. 즉 어떠한 사유에 대하여 면책시키느냐 하는 것이다. 이것은 문명적 자유의 문제이다. 문명적 자유가 결여되었는가 하는 차원의 문제인 것이다. 그것은 특정한 사회와 특정한 문명적 수준에 의하여 그 범위가 달라질 수 있다. 프랭크퍼트 사례는 면책성의 사례로서 적절하지 못하다. 왜냐하면 면책성의 차원에서는 다른 가능성이 없다는 것을 주연자가 알고 있어야 하기 때문이다. 그런데 다른 가능성이 없다고 하는 경우에도 대개의 경우 마지막으로 부작위(不作爲) 즉 행위하지 않는 선택은 여전히 남아 있는 경우가 많다. 작위범(作爲犯)이 일반적으로 금지규범(禁止規範)이 되는 이유도 부작위는 일반적으로는 누구에게나 선택지(選択肢)가 되기 때문이다. 나치스의 상황에서도 협조하지 않고 부작위하는 것은 대부분의 사람들에게 여전히 하나의 선택지가 되는 것이다. 그렇기 때문에 나치스의 상황에서 돌격대나 친위대가 된 사람들은 프랭크퍼트의 사례와는 관계가 없는 것이다. 강제(duress)가 면책사유가 되는 이유도 부작위라는 선택지를 없애 버린 상황이기 때문이다.[76] 그리하여 프랭크퍼트의 결론, '오직 다르게 행위할 수 없었기 때문에'에만 면책되고, 조건 없는 대체가능성의 원리는 거짓

---

76 심각한 협박(脅迫)은 부작위라는 선택지를 빼앗는 것이다.

(false)이라는 주장은 타당하지 않다. 대체가능성의 원리 자체가 부작위(不作爲)라는 선택지(選択肢)마저 없다는 것을 알고 있는 것을 조건으로 하고 때문이다. 이렇게 되면 결국 둘은 같은 내용이 된다.

[1728] 사회는 어떻게 조직되는가?(도부 섬의 사회와 살인)

200여 년에 걸친 독일체계와 영미체계의 이론사, 그리고 자유의지・자유・인간에 관한 논의의 끝에서 우리는 책임에 관하여 이렇게 정리한다. 책임은 인지적 자유의 부담(負担)이고, 면책성은 문명적 자유의 결여(欠如)이다. 이 간명한 정리가 의의(意義) 있기 위해서는, 인간사회의 근원적 현상을 개념으로 정리해 내야 하고, 범죄론의 여러 관련 개념들을 정합적(整合的)으로 규정할 수 있어야 한다.

책임개념은 인간사회의 형성 그 자체와 근원적으로 연계(連繫)되어 있다. 책임은 사회와 문명의 형성에 그 계기(契機)가 있기 때문이다. 인간사회는 어떻게 형성되는 것일까? 인간은 어떻게 사회를 형성할 수 있는가? 이러한 문제는 근대 초기의 계몽사상가들에게 하나의 화두(話頭)였다. 계몽사상가들은 인간의 자유나 인권, 정치적 이념이나 정치제도 등의 문제들을 원초적 상태 또는 자연상태 등에서 추론하였다. 홉스(Hobbs)가 인간의 자연상태는 '만인의 만인에 대한 투쟁'이라고 한 것은 널리 알려져 있다. 이에 대해 루소(Rosseau)는 인간의 자연상태를 평화롭고 조화로운 것으로 보았다. 그 이후 인류학(人類学)의 발전은 유럽의 관점에서의 미개인 사회, 즉 전통사회를 연구하였다. 그 결과는 홉스와 루소가 상상과 어떤 점에서는 같지만 어떤 점에서는 다르다는 것을 보여 주었다. 실제로 평화로운 전통사회로서 부시멘(Bushmen) 사회를 들 수 있다. 이에 대해 정반대의 사회도 있었으니 그것이 도부 섬의 사회이다. 우리는 베네딕트(Ruth Fulton Benedict, 1887-1948) 여사의

도부 섬의 사회에 관한 연구를 인용한다. 대단히 길지만 그렇게 인용해야 할 충분한 가치가 있다.

　　"도부(Dobu) 섬은 동부 뉴기니의 남부 해안에서 떨어진 당뜨르까스토(d'Entrecasteaux) 군도에 있다. 도부 사람은 북서부 멜라네시안들 중에서 가장 남쪽에 있는 종족들 중의 하나이다. 이 지역은 브로니슬라우 말리노프스키 박사의 트로브리안드 제도에 관한 많은 저작을 통하여 가장 잘 알려져 있다.…도부에는 수장도 없고 정치적 조직도 없다. 엄밀한 의미에서 보면 합법성(legality)이라는 것도 없다. 그러나 이것은 도부 사람이 무정부 상태, 즉 루소가 말하는 아직 사회계약에 의하여 구속당하지 않은 '자연인'으로 살고 있기 때문에 그런 것은 아니다. 그 이유는 도부 섬에서 통용되고 있는 사회형태는 악의와 배반을 조장하고 또한 그것을 사회의 용인된 미덕으로 인정하기 때문이다. 그러나 도부 사람이 무정부 상태에 있다고 본다면 그런 견해야말로 가장 사실과 어긋나는 것이다. 도부의 사회조직은 여러 개의 동심원과 같이 짜여져 있고 그 각각의 원 안에서 특정의 전통적인 적대관계가 인정되고 있다. 특정의 집단 내부에서 문화적으로 용인되고 있는 이러한 적대행위를 행사하는 경우를 제외하고는 어느 누구도 제멋대로 제재를 가하는 일은 없다. 도부 사람에게 기능하는 최대의 집단은 약 4-20개의 마을로 구성된 여러 가지 명칭을 지닌 지역공동체(locality)라는 것이다. 그것은 전쟁의 단위이며 여타 모든 유사한 지역공동체와 영속적인 적대관계를 갖고 있다.… 사실 위험은 지역공동체 자체의 내부에 가장 많이 도사리고 있다. 같은 해안에서 고기잡이를 하거나 매일 함께 생활하는 사람들이 바로 초자연적이고 현실적인 해를 입히는 자들이다. 남의 수확을 망치고 경제적 교역을 혼란을 일으키며 질병과 죽음의 원인을 가져오는 사람들이 바로 그들이다. 누구나 이러한 의도에 사용할 주술(magic)을 몸에 지니고 있으며 또 앞으로 보게 되겠지만, 모든 경우에 주술을 사용한다.… 그러나 이 지역집단의 중심에는 상이한 행동이 요구되는 그룹이 있다. 일생을 통하여 도부 사람들은 이 그룹의 후원을 기대하기도 한다. 이 그룹은 아버지나 아버지의 형제자매 및 그 남자의 자식들을 포함하지 않기 때문에 가족이라 할 수도 없다.이 그룹은 견고하고 결속력이 강한 모계 집단(母系集團, susu)이다.…

살인(殺人)은 주술에 의해서도 일어날 수 있지만 주술에 의하지 않고서도 역시 일어날 수 있다. 독(毒)이라는 것은 축사(逐邪, sorcery)나 흑주술(witchcraft)과 마찬가지로 죽음의 원인으로 널리 의심을 받고 있다. 여자들은 요리 그릇에서 한순간도 한눈파는 일이 없다. 모르는 사이에 누군가가 접근하는 일을 막기 위함이다. 사람들은 각자 여러 가지 독을 소유하며 자신의 주술적인 주문을 시험하듯이 그 독을 시험한다. 그 독이 사람을 죽일 수 있음이 판명되면 그것은 심각한 싸움에 사용된다.

'나의 아버지가 그것을 이야기해 주었다. 그것은 부도부도(budobudo)인데 바닷가에서 많이 자란다. 한번 시험해 보고 싶었다. 그래서 우리는 그 즙을 짜내었다. 나는 야자를 따서 그 물을 마시고 남은 것에 그 즙을 짜 넣고 봉해 두었다. 다음 날 그것을 아이에게 주면서, 나도 마셨으니 너도 마실 수 있을 거야, 하고 말했다. 낮에 그 아이는 병이 들었고 밤중에 죽었다. 그 아이는 나의 아버지 마을의 누이의 딸이었다. 나의 아버지도 부도부도로 그 애의 어머니를 독살했다. 그 후에 내가 그 고아를 죽인 것이다.'

'무엇 때문에 그랬어?'

'그 아이의 어머니가 나의 아버지에게 흑주술을 걸었다. 아버지는 몸이 약해졌다. 그래서 그녀를 죽였더니 원기를 회복할 수 있었다.'…

축사와 흑주술은 결코 범죄가 아니다. 존경받는(valued) 사람은 그것이 없이는 존재할 수 없다. 다른 한편 나쁜(bad) 사람이란 다른 사람과의 투쟁에서 패배하여 재산상의 손해를 입거나 수족이 없는 병신이 된 사람을 말한다. 불구자는 항상 나쁜 사람이다. 그는 누구라도 볼 수 있게끔 자기의 패배를 몸에 지니고 다니는 사람이다. 도부인에게는 일반적인 형식의 합법성이 보이지 않는다. 그것은 이러한 살인적인 투쟁이 한층 더 심하고 가장 이상하게 발달해 있는 데서 찾아볼 수 있다.… 그러나 도부에서는 그런 것(합법적 행동)이 하나도 없다. 처마 끝에 서서 남의 말을 엿듣는 행위는 항상 염려의 대상이 된다. 그렇게 하여 획득한 주문의 지식은 다른 방법으로 획득한 지식과 마찬가지로 효력이 있기 때문이다. 도둑질한 물건은 존중된다. 와부와부는 제도화된 관행이지만 관습상 인정받지 못한 교활한 행동까지도 도부에서는 사회적 단속의 대상이 되지 않는다. 후안무치한 사람들은-소수이긴 하지만-배우자의 상을 당해도 상을 치르지 않는다. 여자의 경우는 눈이 맞아 도망칠 남자가 있기만 하면 상치르는 것을 피할 수 있다. 이런 경우 죽은 남편의 마을 사람들은 그녀가 도망쳐 간 마을에 와서 나뭇잎과 가지를 사방에 어지럽혀 놓는다."[77]

77 김열규 역, 『문화의 패턴』, 까치, 1980. pp.134-170에서 김열규의 번역을 인용하였다. Ruth Benedict, Patterns of Culture, Mariner Books, 2005, pp.130-172, (p.130)Dobu Island lies in the d'Entrecasteaux group off the southern shore of eastern New Guinea. The Dobuans are one of the most southerly of the peoples of northwestern Melanesia, a region best known through the many publications of Dr. Bronislaw Malinowski on the Trobriand Islands… (p.131)Dobu has no chiefs. It certainly has no political organization. In a strict sense it has no legality. And this is not because the Dobuan lives in a state of anarchy, Rousseau's 'natural man'as yet unhampered by the social contract, but because the social forms which obtain in Dobu put a premium upon ill-will and treachery and make of them the recognized virtues of their society. Nothing could be further from the truth, however, than to see in Dobu a state of anarchy. Dobuan social organization is arranged in concentric circles, within each of which specified traditional forms of hostility are allowed. No man takes the law into his own hands except to carry out these culturally allowed hostilities within the appropriate specified group. The largest functioning Dobuan grouping is a named locality of some four to twenty villages. It is the war unit and is on terms of permanent international hostility with every other similar locality… (p.132)Danger indeed is at its height within the locality itself. Those who share the same shore, those who go through the same daily routine together, are the ones who do one another supernatural and actual harm. They play havoc with one's harvest, they bring confusion upon one's economic exchanges, they cause disease and death. Everyone possesses magic for these purposes and uses it upon all occasions, as we shall see…At the centre of this local group, however, is a group within which a different behaviour is required. Through-out life one may turn to it for backing. It is not the family, for it does not include the father nor his brothers and sisters nor a man's own children. It is the firm undissolving group of the mother's line… (p.166) Murder may be

우리는 우선 계몽사상가들의 상상력이 틀렸다는 점을 확인할 수 있다. 인류의 자연상태나 원초적 상태가 투쟁상태나 평화상태와 같은 어느 하나가 아니라는 것이다. 다음으로 설사 도부 섬같이 투쟁상태라고 하더라도 중요한 것은 그러한 상태가 오랫동안 유지되어 왔다는 것이다. 만인의 만인에 대한 투쟁상태라면 우리가 상상할 수 있는 것은 그러한 사회가 유지될 수 없다는 것이다. 만인이 만인을 살해하려고 하는 상태라면, 누가 누구를 살해하는 데 성공하는가와 상관없이 결국은 모두가 죽게 될 것이다. 그러한 사회는 결국 붕괴되고 인간은 절멸하게 될 것이다. 그러나 도부 섬 사회는 그러한 사회인데도 불구하고 오랫동안 유지되어 왔다. 중요한 것은 투쟁상태라는 것이 아니라 투쟁상태임에도 어떻게 유지될 수 있는가 하는 점이다.

---

done by non-magical means as well as magical. Poison is as universally suspected as sorcery or witchcraft. No woman leaves her cooking-pot a moment untended lest someone gain access to it. Individuals own various poisons which they try out as they do their magical incantations. After these poisons have been proved to kill, they are useful in a serious encounter. "My father told me of it, it is budobudo. Plenty of it grows by the sea. I wanted to try it out. We drew the sap from it. I took a coconut, drank from it, squeezed the sap into the remainder, and closed it up. Next day I gave it to the child saying, 'I have drunk of it, you may drink. She fell ill at midday. In the night she died. She was my father's village sister's daughter. My father poisoned her mother with the budobudo. I poisoned the orphan later." ""What was the trouble?" ""She bewitched my father. He felt weak. He killed her and his body grew strong again."···(pp.169-170) Sorcery and witchcraft are by no means criminal. A valued man could not exist without them. The bad man, on the other hand, is the one who has been injured in fortune or in limb by the conflicts in which others have gained their supremacy. The deformed man is always a bad man. He carries his defeat in his body for all to see. It is a further and most unusual development of this cutthroat warfare that the usual forms of legality are absent in Dobu. ··· legally validating act. In Dobu there is none. Eavesdropping is constantly feared because knowledge of an incantation obtained in this way is as good as knowledge obtained in any other. Anything that one can get away with is respected. Wabuwabu is an institutionalized practice, but even sharp practice to which no convention gives approval is not socially dealt with in Dobu. A few thick-skinned individuals do not submit to the mourning for the spouse. A woman can only evade it if a man is willing to let her elope with him, and in this case the village of her dead husband come to the village to which she has escaped and litter it with leaves and limbs of trees.

[1729] 복수(復讎)의 기제(機制)

우리의 관심은 도부 섬 사회에서 살인이 범죄(犯罪)가 아니라는 사실이며, 더 나아가 살인이 반가치(反價値)가 아니라 오히려 패배자가 반가치라는 사실이다. 그런데도 어떻게 사회가 유지될 수 있을까? 모든 사람이 서로가 서로를 죽여 마지막 살인자가 죽는 것으로 끝나야 하지 않는가? 도부 섬 사회가 보여주는 것은 살인이 찬양되어도 공동체가 해체되지 않는다는 사실이다. 그뿐만이 아니라. 살인이 긍정(肯定)되어도 살인이 자주 일어나는 것은 아니다. 그 이유는 어찌 보면 실로 오묘(奧妙)하다고 할만하다. 살인자는 복수(復讎)를 당하기 때문이다.

A가 B를 살해하였다면, 그때부터 A는 살해된 B의 모계집단(도부족의 경우 susu)으로부터 복수의 대상이 되기 때문에 A 자신이 언제 살해당할지 모른다. 따라서 설사 살인이 정당화되고 찬양된다고 하더라도, 살해자는 스스로의 생명을 위협받지 않게 누가 살해자인지 알지 못하게 은밀하게 살해하는 것이 중요하다. 도부인들이 자기 자신만이 아는 은밀한 독(毒)을 개발하고 직계자손에게 물려주는 등으로 중요하게 여기는 이유는 바로 독으로 살해하는 경우 병들어 죽는 것과 구별할 수 없게 되기 때문이다. 그렇게 되면 복수당할 위험에서 벗어날 수 있다. 여기에 대응하여 도부 사회에서는 사람이 병들어 죽었는데 살해당한 것으로 생각되면 다른 마을의 점쟁이를 불러와 살인자를 찾는다. 또한 살인을 계획하는 자는 예정한 피해자에게 접근하여 지극히 상냥하고 친절하게 친구로서 사귀며 그 기간이 몇 개월이 걸리는 수도 있다. 의심받지 않기 위해서이다. 물론 나중에 점쟁이가 그 친절을 근거로 의심할 수도 있다. 어떤 형태로든 친족집단(가족, 씨족 등)의 복수의 기제(機制)가 살인에 대한 자동적인 억제책이 된다. 그리하여 실제로 도부 섬의 사회에서 살인의 사례는 그 비율에 있어서 오히려 문명사회보다 적다.

이러한 복수의 기제는 위 베네딕트의 연구보다 훨씬 이전(以前)부터 널리 알려진 사실이다. 왜냐하면, 이러한 복수의 기제 자체가 응보형(応報刑)의 역사적 근거이기 때문이다. 다만 이 복수의 기제를 원시적 형벌(刑罰)로 해석하였던 점에서 한계가 있었다. 리스트(Liszt)는 1882년 그의 유명한 마르부르크 강령(형법에 있어서 목적사상)에서 복수의 기제를 원시형벌로 설명하고 있다.

> "원시형벌의 첫 번째 형태는 피의 복수(Blutrache 혈족 간 복수)였다. 개인의 사적인 복수가 아니라 가족 또는 가문의 복수였다. 이 피의 복수는 원시적 결합인 혈족(Blutsgenossenschaft), 즉 씨족에 근거했다. 그것은 원래 두 종족 사이의 적대로 나타난다. 피의 복수는 살해나 상해를 당한 자의 씨족이 갖고 있는 권리이자 의무였다. 그것은 살인의 집단적 담지자(Träger)로서의 침해자 일족 전체를 겨냥한다."[78]

리스트뿐만 아니라 현재까지의 법제사 연구자들은 복수의 기제를 동해보복(同害報復) 이전 단계인 무한보복의 단계로 보아 순전히 형벌의 발전과정으로 보아 왔다. 그러나 복수의 기제를 형벌의 단계로 해석하는 것은 결론을 전제로 삼는 오류의 위험이 있다. 형벌의 개념을 전제로 하여 인간사회를 보게 되기 때문이다. 중요한 것은 복수의 기제와 형벌제도의 차이이다. 복수의 기제에는 형벌제도에 필수적인 책임개념이 없다. 달리 말하면 책임개념은 형벌제도가 복수의 기제를 대체하면서 파생된 개념이라고 할 수 있다. 형벌제

---

78 Franz von Liszt, "Der Zweckgedanke im Strafrecht" (Marbuger Universitätsprogramm 1882. Abgedruckt Z.III 1.) J.Guttentag Verlagsbuchhandlung G.m.b.H. pp.138-139. Die erste Form der primitiven Strafe, die Blutrache, ist nicht Privatrache, sondern Familien- oder Geschlechterrache. Sie wurzelt in der primitiven Geselllung, der Blutsgenossenschaft, der Sippe. Sie erscheint ursprünglich als Fehde zweier Geschlechter; sie ist Recht und Pflicht der Sippe des Getöteten oder Verletzten; sie richtet sich gegen die ganze Sippe des Verletzers, als der Kollektivträger in der Blutschuld.

도를 정당화하는 개념이 바로 책임개념이라는 것이다. 도부 섬의 사회에서는 형벌제도가 없는 것처럼 책임의 개념이 없으며, 요구되지 않는다. 도부 섬의 사회에서는 정당성의 개념이 없는 것처럼 책임의 개념도 없다.

인간사회가 살인을 범죄와 형벌의 제도가 아니라 복수의 기제에 맡긴 기간이 장구(長久)하다는 점을 주의할 필요가 있다. 약 3,800년 전의 인류최초 법전의 하나라고 할 수 있는 함무라비(Hammurabi) 법전에는 살인죄가 없다. 이렇게 살인을 범죄로 취급하지 않는 것은 로마 시대의 초기까지 이어진다. 로마에서도 왕정(王政) 이전의 초기에는 살인을 범죄로 규정하지 않았으며 복수의 기제에 맡겨 두고 있다.[79] 그뿐만 아니라 로마의 왕정시대에도 상당한 기간에 걸쳐 살인은 사적(私的) 문제로 취급되었다. 그것은 가족의 문제(family affair)로 취급되었고 전적으로 가부장(paterfamilias) 권한에 관한 문제였다. 후세에 공화정과 제국에 이르기까지도 피살자의 가부장에게 처벌적 행위를 할 권리가 있었으며 사법 당국은 그것을 도와주는 위치에 있었다.[80] 살인죄(homicida)라는 단어는 콘스탄틴(Constantine) 시대에 가서야 일반적 살인죄의 의미로 사용되었으며, 그에 비해서 사회적 안전에 관계되는 의미로서 칼잡이(knife-man) 또는 깡패(ganster)를 의미하는 Sicarius가 더 일반적인 범죄용어였다.[81]

[1730]

함무라비 법전은 B.C. 1700년대의 것이다. 이에 대해 로마의 왕정이 시작

---

79 조규창, 『로마형법』, 고려대학교 출판부, 1998. p.133.
80 O.F.Robinson, The Criminal Law of Ancient Rome, The Johns Hopkins University Press, 1995. p.41.
81 ibid., p.42.

된 것은 로마 건국자 Romulus가 왕위에 오른 B.C. 753년으로 추정되고 있다. 그렇다면 대체로 약 1,000년의 기간 동안 인류사회는 복수의 기제에 의하여 유지되고 있었다고 할 수 있다. 함무라비 법전 이전에 우르남무(Code of Ur-Nammu) 법전이 있다. 이것은 함무라비 법전보다 약 400년 전인 B.C. 2100-2050년 사이에 성립된 것으로 약 57개의 법조문 중 40개항이 해석되었다. 이 법전 제1조는 다음과 같다. '사람이 살인을 저지르면, 그들이 그 사람을 죽일 것이다.'[82] 그러나 함무라비 법전과 함께 생각한다면 여기에서 말하는 살인죄의 규정이 피해자 혈족의 복수의 기제를 배제하는 것이라고 보기 어렵다. 오히려 그로부터 1,500년이나 뒤 로마 초기의 상황과 함께 생각한다면 피해자 혈족의 복수의 기제를 보완하는 제도라고 보는 것이 합리적일 것이다. 이렇게 보면 적어도 복수의 기제는 인류사회에서 국가가 성립한 이후에도 최소한 1,500년 동안 범죄가 아니었다고 하는 것이 타당할 것이다.

이것은 살인죄만이 복수의 기제에 맡겨지고 다른 죄는 범죄화되었다는 것을 말하는 것이 아니다. 함무라비 법전에 살인죄가 없는 것은 그러한 해석을 가능하게 하는 것처럼 보인다. 그러나 실제로는 사적 복수(또는 혈족의 권리)와 공적 형벌의 개념이 공존한 것이라고 보아야 할 것이다. 그러한 기간이 인류의 역사에서 1,500년 정도 되는 것이라고 해야 할 것이다. 그리고 후대에 이르러서는 오히려 사적 복수를 억지(抑止)하였던 것이 범죄와 형벌의 사회화 과정이다. 이것은 우리의 일반적 상상과는 정반대이다. 즉 우리는 횡행하는 범죄적 행위를 억지하기 위하여 형벌제도가 사회적으로 발전한 것으로 상상한다. 그러나 정반대로 현실은 사적 복수의 원리를 억지하는 과정에서 범죄

---

82 *supra* [1101] Martha Tobi Roth, Law Collections from Mesopotamia and Asia Minor, Scholars Press Atlanta, Georga. 1995, pp.17-19. 1 If a man commits a homicide, they shall kill that man. 살인죄는 다른 법문과 다르게 they shall kill ~ 로 번역되고 있다. 여기서 그들이(They) 누구인가 하는 문제와 관련하여 복수의 기제라고 해석할 여지가 남아 있다.

와 형벌제도가 확립된 것이다. 이러한 과정을 로마가 보여준다.

살인사건을 공적으로만 처리할 수 있는 권한은 비교적 이른 시기에 공적 형사 당국에 의하여 획득되었다. 특히 과실로 기인한 사망사건의 경우 재물이나 속죄금을 지불함으로써 사적 복수를 피할 수 있었다. 이러한 재물이나 희생은 공적 협의회(in concione)에서 행해져야 한다.[83] 다른 한편 남편이나 아버지가 간통자와 함께 발견되면 즉각적으로 복수할 수 있는 권리는 상당히 오랫동안 존재해 왔다. 특히 남편은 체포된 아내를 죽일 수도 있다고 추측되고 있다. 12표법(12表法, lex duodecim tabularum, The Twelve Tables, B.C. 451-450)에서는 상해의 경우에도 복수의 한계로서 talio(동해보복) 원칙을 수립했는데, 이는 피해자와 합의할 수 없는 경우를 대비한 것이고, 뼈가 부러지거나 충격된 것과 같은 심각하지 않은 부상의 경우(os fractum aut collisiim)는 탈리오 원칙에서 배제되었고, 부상당한 측은 분명한 보상을 받았다. 절도에 대해서는 사적 복수의 원칙(the principle of private vengeance)과 더욱 밀접하게 관련되어 있는데, 12표법은 야간절도와 무장한 도둑에 대해서는 살해를 허용하고 있다. 후에는 명백한 절도(furtum manifestum)에 대해서는 피해의 4배, 불확실한 절도(fur nee manifestum)에 대해서는 2배의 배상을 청구할 수 있게 하였다.[84]

그리하여 범죄와 형벌이 인간사회의 일반적이고 당연한 현상이 아니라, 오히려 정반대로 복수의 기제와 민사적 배상이 인간사회의 일반적인 사회구성의 원리였다. 이것은 우리가 시간적 시야를 확장하면 너무나도 명백한 사실로 드러난다.

---

83 Carl Ludwig von Bar, translated by Thomas p. Bell, A History of Continental Criminal Law, Little, Brown, and Cpmpany, Boston, 1916. p.12.

84 ibid., p.13.

[1731] 수렵채집사회에서의 살인–범죄와 정당행위

인간이 사회를 형성하고 살아온 시간은 역사시대(歷史時代)보다 10배 또는 40배는 길다. 그것은 수만 년에 걸친 수렵채집사회(hunter-gatherer society)이다. 인류의 역사시대가 5,000년 정도라면 수렵채집사회는 최소한 그보다 10배가 긴 5만 년에서 그 40배에 달하는 20만 년으로 추정된다.[85]

수렵채집사회는 '개 이외에는 어떤 동물도 사육하지 않고, 어떤 식물도 재배하지 않고, 야생에서 사냥과 채집과 어로활동으로 살아가는 사회'를 말한다. 이 사회는 앞에서 말한 대로 20만 년에서 5만 년 동안 인류의 사회 모습이었으며, 동시에 현대에 이르러서도 지구의 여러 지역에서 이러한 전통사회가 존재하고 있어 인류학적 연구의 대상이 되어 왔다. 이러한 수렵채집사회는 2~8명 규모의 아주 밀접한 소집단, 50~60명 정도의 중간단위가 있으며, 이러한 중간단위의 무리들의 네트워크가 최소 500명에 이르는데, 이것이 적정규모의 유전자 풀을 형성한다.[86]

수렵채집사회는 사냥과 어로, 열매의 채집으로 삶을 영위한다. 수렵채집사회에서 가족이 형성되고 남성이 우위를 점하는 것으로 연구되었으나 그 원인은 명백하지 않다. 그렇지만 배우자의 정조나 혼전 순결 등에 대해 느슨한 태도가 일반적이다. 배우자의 부정에 대해 과잉반응하는 사람은 흔히 조롱거리가 된다. 그렇다고 여자를 사이에 둔 남자들의 다툼이 없는 것은 물론 아니

---

85 수렵채집사회의 시작이 20만 년과 5만 년으로 큰 차이가 나는 것은 유골의 유전적 증거에 의할 것이냐 고고학적 증거에 의할 것이냐에 따라 달라진다. 유전적 증거는 '해부학적 현생인류', 즉 지금의 우리처럼 생긴 인간이 출현한 시기를 해당 기간의 시작으로 잡는다. 이에 대해 고고학적 증거는 '행동적 현생인류' 즉 지금의 우리처럼 행동하고 생각하는 인간은 위 해당 기간의 끝무렵에 진화했다고 본다. 이재경 역, 『가치관의 탄생』, 반니, 2016, p.389. (2장 각주 5.참조) (Ian Morris, Forgers, Farmers, And Fossil Fuels, Princeton University Press, 2015)

86 이재경 역, 『가치관의 탄생』, 반니, 2016, p.53. 60. (Ian Morris, Forgers, Farmers, And Fossil Fuels, Princeton University Press, 2015.)

다. 수렵채집사회에서는 한 사람이, 가령 원숭이를 사냥에 오면 모든 사람이 함께 먹는다. 사냥해 온 동물은 보관이 불가능하고 주거도 계속 이동하므로 부(富)를 축적하는 것이 불가능하고 필요도 없다. 중요한 점은 그 사회에서 탁월한 능력으로 더 많은 양의 사냥을 하여 씨족 구성원에게 나누어 줌으로써 다른 사람들로부터 권위를 인정받으려고 하는 태도는 예민하게 견제된다.

수렵채집사회에서는 정치적 위계가 완전히 없거나 대단히 느슨한데, 이에 반하는 위와 같은 태도는 사회 구성원으로부터 조롱, 외면과 배척, 힐난, 구성원의 자진이탈 등의 방법으로 견제된다. 우선 필요 이상의 많은 양을 사냥하는 것은 금지된다. 왜냐하면, 사냥물이 없어져 버릴 위험이 있기 때문이다. 그런 정도는 아니라도 더 많은 사냥을 해 와 나누어줌으로써 사람들로부터 존경과 권위를 인정받으려는 자('건방진 자'라고 할 수도 있다)는 조롱을 받고, 외면당하거나 배척받으며, 힐난을 받는데 그래도 태도를 바꾸지 않으면 다른 구성원들이 소집단에서 이탈해 버린다. 그는 이윽고 혼자 남게 될 것이다.

위와 같이 간단히 스케치한 사회의 모습이 수렵채집사회이다. 중요한 점은 이러한 사회가 우리 인류사의 90~97%의 기간 동안의 인간사회의 모습이라는 것이다. 이러한 수렵채집사회에서도 물론 예외가 있지만 일반적으로 폭력이 가끔씩 행해진다. "초기의 인류학자들이 수렵채집인의 난폭성을 인지하는 데는 오랜 시간이 걸렸다. 민족지학자들이 운이 좋아서 유난히 평화로운 수렵채집 집단만을 방문했기 때문은 아니다. 수렵채집사회는 개별 규모가 워낙 작아서 살인율이 높아도 외부인이 그것을 감지하기가 어렵기 때문이다. 구성원이 열두어 명에 불과한 무리의 경우 폭력적 죽음의 발생률이 10%라고 해도 대략 25년에 한 번 꼴로만 살인이 일어난다." "대개의 동물처럼 인간도 폭력을 분쟁 해결의 도구의 하나로 활용하도록 진화했다. 하지만 사이코패스가 아니고서야 눈앞의 모든 문제를 폭력으로 해결하려는 남자는 없다.[87] 그랬다가는 이내 무리에서 고립되고 더 센 폭력으로 대응하는 연합세력에 직면하게 된다."[88] 중요한 점은 수렵채집사회에서 범죄와 처벌이 구별되지 않는다는 것이다.

이상의 연구에서 알 수 있는 것은 수렵채집사회에서는 범죄와 정당행위와 처벌이 구분되지 않는다는 것이다. 위에서 말하는 수렵채집사회에서의 '건방진 자'의 살해는 범죄라고 볼 수도 있고 정당행위로 볼 수도 있으며 심지어 형벌로 볼 수도 있다. 왜냐하면, 필요 이상의 많은 양의 사냥을 해서는 안 된다는 것을 '사회질서'라고 한다면 이러한 질서를 파괴하려는 '건방진' 자에게 조롱, 외면, 배척, 질책 등의 방법이 통하지 않고, 그 때문에 자주 다툼이 있어서 결국 감정이 격해져 누군가가 그를 살해하였다면 이것이 범죄인지 처벌인지 말하기 어렵다. 정확하게 말하면 인류사의 97%의 기간 동안 범죄, 정당행위, 형벌의 개념이 성립하지 않는다는 것이다.

인간이 사회를 형성하는 방법은 두 가지이다. 하나는 복수(復讐)의 기제에 의하여 사회를 형성하는 것이다. 폭력과 살인 등 사회에 유해한 행위는 복수의 기제에 의하여 억지(抑止)되고 최소한의 질서(秩序)가 형성된다. 사회를 형성하는 다른 하나의 방법은 형벌제도(刑罰制度)이다. 형벌제도가 형성된다는 것은 국가와 권력, 범죄와 처벌, 정당성, 불법, 책임 등의 제도와 개념이 형성된다는 것이다. 이것이 인간이 사회를 형성하는 두 가지 방법이다.[89] 사회를 형성하는 이 두 가지 방법의 공통점은 모두 다 의미화 체계를 전제로 한다는 것이다. 복수의 기제이든 형벌제도이든 언어와 의미에 기초한다. 이에 대하

---

87 (원주 요약) 원저자가 '남자'라고 지칭한 것은 수렵채집사회, 농경사회, 화석연료사회를 통틀어 폭력범죄의 90%는 남자가 저지르기 때문이다. (*ibid*. p.393)

88 *ibid*., p.75.

89 이 두 가지 방법의 중간 형태로서 국가 등 공식적 권력이 형성되지 않은 상태에서 비공식적으로 사회적 에토스(ethos)에 의하여 범죄와 처벌이 행해지는 것이다. 앞에서 말하는 '건방진 자'의 처벌은 부시멘족에서 전형적으로 나타나는바, 종족 전체에 걸쳐서 정당하지 않은 행위가 규정되고 그에 대한 적절한 제재가 사실상 행해지는 것이다.

여 개미사회는 다르다. 언어와 의미에 기초하지 않으며, 표현형 가소성(可塑性)으로서의 개미의 종류에 따른 본능적 분업적 존재들(일개미, 병정개미 등)에 의하여 사회(군체)가 형성된다.

[1732] 책임이론의 문명적 맥락

수렵채집사회에서 어떤 살인이 정당한 살인이라고 해도 여러 대에 걸친 보복살인(복수)이 야기되지 않는다는 보장은 없다. 최초의 살인이 상대방의 공격에 대항하는 과정에서 일어났다고 하자. 현재의 관점에서 보면 정당방위라고 할 수 있는 상황이었다는 것이다. 그러나 이것은 최초 살인자(정당방위자)의 관점이고, 그 피살자(최초 공격자) 가족의 관점에서는 당연히 복수하려고 할 것이다. 살인자 관점의 정당성과 피살자 관점의 정당성이 같을 수 없다는 문제도 있지만, 아예 정당성의 개념 자체가 없을 수도 있다. 그리하여 피살자의 가족이 최초 살인자를 살해하는 것으로 복수할 것이다. 이번에는 최초 살인자, 즉 복수 피살자의 가족이 보복살인에 나설 것이다. 이러한 고리를 끊는 것은 무엇인가? 그것은 아마도 정당성(正當性)의 개념일 것이다. 정당성의 개념이 확립되어, 최초의 살인에 관하여 그것이 정당한 것인가 정당하지 않은 것(즉, 범죄)인가를 가해자와 피해자의 가족이 합의할 수 있다면, 그리하여 정당한 것으로 의견이 일치한다면, 보복살인은 일어나지 않을 것이다. 이렇게 정당성의 개념이 확립되는 것은 동시에 범죄(정당하지 않은 살인), 그리고 형벌(가령 정당한 복수)의 개념이 확립되는 것이기도 하다.

이러한 개념의 확립은 좀 더 섬세하게 확장될 수도 있다. 살인이지만 의도적(意図的)인 살인이 아닌 경우를 상정할 수 있는 것이다. 즉 오늘의 관점에서 실수(과실)로 사람을 사망하게 한 경우를 살인과 구별할 수 있을 것이다. 이것이 중요한 이유는 피해자(사망자) 가족으로서도 피해자가 실수(과실)로 사망한 것으로 인정한다면 반드시 가해자를 살해하는 복수에 나서지 않을 수도 있기 때문이다. 이렇게 살해의 복수로 나서지 않을 수도 있다는 것은 인간이 가지는 관념에 있어서 실수로 인한 사망과 살해당하는 것을 구별하고, 전자에 대해서는 증오심과 복수심이 적어진다는 것을 전제하는 것이다. 이렇게 살인과 실수에 의한 살인(즉 과실치사)을 구별하는 관념의 차이에서 책임개념(責任槪念)의 기원을 찾을 수 있다. 이것은 단순히 관념에 그치는 것이 아니라, 피해자 가족이 복수살인의 행동에 나서는가 그렇지 않은가의 실제적인 차이가 있다. 후자의 경우에는 배상(賠償)을 받는 방식으로 해결될 수 있기 때문이다. 실제로 함무라비 법전은 살인과 상해치사(傷害致死)를 구별하고 있다. 살인에 대해서는 앞에서 보는 바와 같이 규정이 없으며 복수의 기제에 맡겨 두고 있다. 그러나 상해치사에 대해서는 배상을 규정하고 있다. 우리는 이미 이에 대하여 살펴보았다.[90]

　수렵채집사회에서는 정당한 폭력 또는 정당한 살인의 개념도 성장하고 있었다고 할 수 있다. 여기에서 정당한 폭력 또는 정당한 살인의 개념은 한편에서는 정당방위 등 정당화사유가 형성하는 정당성의 개념일 수도 있고, 사회적 처벌의 개념으로서의 정당성의 개념일 수도 있다.

> "수렵채집인들이 대놓고 폭력을 싸고돌지는 않지만, 남자가 상황에 따라 폭력으로 문제를 해결할 수 있다는 인식은 상당히 일반적이다. 폭력은 살의(殺意)를 수반한 분노의 폭발로 나타나기도 하고, 여러 대에 걸친 보복살인으로 이어지기도 한다. 가끔은 석기시대판 '오리엔트 특급살인'[91]으로 비화된

90　*supra* [1101] ~[1103]
91　(원주 요약) 『오리엔트 특급살인』은 특급열차 손님 12명이 공모하여 13번째 손님을 살해한다는 내용이다. 그런데 그 13번째 손님(피살자)은 과거에 살인을 하여 손님 13명에게 피해를 입힌 악당이었다. 14번째 손님인 주인공 탐정은 사건의 내용을 밝혀내고도 경찰에 침묵하기로 결심한다.(*ibid*. p.393)

다. '건방진' 인간을 처리할 방법은 살인밖에 없다. 수렵채집사회 전반에서 이런 상황이 번번히 일어난다는 뜻은 아니다. 다만 가끔은 살인이 정당한 해결법이며, 그런 맥락에서 폭력을 행사한 사람들(거의 항상 남자들)이 지탄의 대상이 될 수 없다는 전반적인 인식과 합의가 존재한다."[92]

[1733]

이러한 관념의 발달에 비하여 도부 섬 사회에서는 관념이 전혀 다른 방향으로 발달하고 있는 것을 본다. 도부 섬 사회에서는 정당성이나 그 외 폭력과 살인에 관련한 섬세한 관념이 발달하고있는 것이 아니라, 마법과 주문, 공격적이고 폭력적인 세계관에 관련된 다양한 관념이 발달하고 있다. 그것은 그야말로 최악의 악몽같은(nightmare) 우주의 악의가 거침없이 펼쳐지는 세계이다.

"도부의 삶은, 대부분의 사회가 제도에 의해 극소화시키고 있는 원한과 적의의 극단적인 형태를 오히려 조장하고 있다. 오히려 도부의 여러 제도는 그러한 것을 최대한으로 찬양하고 있다. 도부 사람은 인간의 최악의 악몽같은 우주의 악의(ill-will of the universe)를 억제함이 없이 살아간다. 그들의 인생관에 따르면 인간사회와 자연의 여러 힘의 속성으로 생각되는 악의를 터뜨릴 수 있는 상대(희생자)를 선택하는 일이 미덕으로 되어 있다. 도부인이 볼 때, 모든 존재는 필사적인 투쟁의 존재이다. 그 투쟁에서 불구대천의 적대자들은 생활의 재화 하나하나를 얻기 위하여 서로 맞서고 있다. 그 투쟁에서는 의심과 잔혹함이 가장 믿을 수 있는 무기이다. 그들은 어느 누구에게도 자비를 구

---

92 *ibid.*, p.76.

걸하지 않듯이, 아무에게도 그것을 주지도 않는다."[93]

　우리는 법과 질서가 지켜지는 문명사회에 살고 있다고 생각한다. 그러나 실제로 문명사회라고 지칭되는 사회에서도 사회마다 그 수준과 내용은 다르다. 어떤 사회에서는 거짓말을 하는 사람을 하층민으로 규정한다. 즉 하층민은 거짓말을 할 수도 있는 사람이라는 것이다. 이에 대하여 어떤 사회에서는 일반인들도 일반적으로 거짓말을 하며, 특히 사업을 하는 과정에서 필요한 정도의 거짓말은 당연하다고 생각한다. 이러한 국가에서 사업을 하는 경우에 항상 거래 상대방의 거짓말에 속지 않기 위하여 조심해야 한다는 것이 사업의 첫째 능력이 된다. 물론 두 번째 능력은 거래 상대방을 속이고도 보복을 당하지 않는 능력이다(정확히는 보복을 당하지 않는 방식으로 상대방을 속이는 것이다). 또 다른 국가에서는 일반인은 거짓말을 할 수도 있지만 정치가나 공무원 등 공인(公人)은 거짓말을 하지 않는다는 에토스가 확립되어 있다. 서구 선진국 중 상당수의 나라들이 공인은 거짓말을 할 수 없으며 거짓말이 드러나는 것으로 정치생명이 끝나는 정치문화가 확립되어 있다. 서구 선진국이 아닌 나라들 중에는 정치가가 언론 앞에서 태연히 거짓말을 하고 나중에 그것이 드러나도 정치적 지지를 잃지 않는 나라들이 있다. 이 모든 것은 문화수준의 차이이다.

　우리는 동일한 내용을 폭력과 살인에 대해서도 적용할 수 있다. 이것은 문

---

93 Ruth Benedict, Patterns of Culture, op.cit., p.172. Life in Dobu fosters extreme forms of animosity and malignancy which most societies have minimized by their institutions. Dobuan institutions, on the other hand, exalt them to the highest degree. The Dobuan lives out without repression man's worst nightmares of the ill-will of the universe, and according to his view of life virtue consists in selecting a victim upon whom he can vent the malignancy he attributes alike to human society and to the powers of nature. All existence appears to him as a cutthroat struggle in which deadly antagonists are pitted against one another in a contest for each one of the goods of life. Suspicion and cruelty are his trusted weapons the strife and he gives no mercy, as he asks none.

화수준이 아니라 문명(文明)의 문제라고 할 수 있다. 인간은 증오와 혐오, 그리고 질투 등에 의한 본능적 공격성을 가지고 있다. 오랜 역사에서 약탈과 침략으로 강대국가를 건설한 많은 사례가 있다. 나아가 서구열강의 대외적 확장에는 처참한 살육(殺戮)의 사례들이 있었다. 필요하다면 증오하거나 혐오하는 인간을 살해해 버릴 수 있는 사회가 멋진 사회라고 상정할 수도 있다. 물론 스스로가 살해당할 수 있는 위험은 자신이 대처해 나가야 한다. 영악하고 강인한 인간이라면 이러한 사회가 좋을 수도 있다. 바로 그러한 사회의 한 사례가 도부 섬의 사회이다. 이러한 사회에서는 범죄와 형벌제도가 필요하지 않다. 이런 사회에서는 범죄, 정당성, 불법, 책임 등의 관념이 발달하지 않기 때문이다. 반대로 현대의 문명사회는 도부 섬 사회와는 다른 길을 선택한 것이다. 그리고 그에 필요한 제도와 관념이 형벌제도와 사법제도, 범죄, 정당성, 불법, 책임 등의 관념이다. 이런 점에서 보면 이런 제도와 관념은 문명적 선택이고 동시의 문명의 수준의 문제라는 것이 드러난다.

[1734] 사회의 조직대안(組織代案)과 책임개념

이상의 논의를 요약하면 형벌제도 전체를 정당화하는 책임(責任)의 개념과 개개의 범죄에 대한 처벌과 면책을 정당화하는 면책성의 개념은 전혀 다른 차원에 있다는 것이다. 그리하여 책임은 인지적 자유의 부담이고 면책성은 문명적 자유의 결여이다.

책임은 형벌제도 전체의 정당화에 관한 것이다. 도부(Dobu)의 사회나 부시멘(Bushmen) 사회에서는 책임개념과 책임의 제도가 필요하지 않다. 도부의 사회에서는 원하면 누구든지 죽일 수 있고 또 살인에 대하여 책임을 부담하지 않는다. 책임은 형벌제도 그리고 범죄, 정당성, 불법, 등의 개념과 함께 규정되는 것으로 도부 사회와는 다른 문명의 선택에서 연유한다. 그렇지만 책임은 개개의 사건의 정당화에 직접 관계하는 것이 아니다. 이것은 책임이 있다고 하더라도 이를 근거로 개별 사건을 처벌하는 것은 정당하지 않을 수도 있다는 것을 의미한다. 그것은 책임이 개별 사건의 처벌과 불처벌을 정당화하는 개념이 아니기 때문이다.

이러한 차이는 당장 불법(不法)과의 관계에서 이제까지 독일체계와는 다른 시야(視野)를 제공한다.[94] 전체 형벌제도는 불법과 책임이 통합적(統合的)으로 정당화하는 것이다. 책임은 불법을 전제(前提)로 하며, 불법 전체에 관하여 부책(負責)되는 것이다. 이런 점에서 책임성립의 필수적인 전제는 불법이다. 범죄적 불법이 없는 자에게는 당연히 형법적 책임은 제기되지 않는다. 한편 책임의 근거는 인지적 자유이다. 인간이 책임을 져야 하고 질 수 있는 이유는 인지적 자유의 존재이기 때문이다. 이것은 형벌제도에서 규정되는 것이다.

물론 독일의 책임 이론사에서 책임의 차원에 관한 이 논점에 이론적 상상력이 전혀 미치지 못한 것은 아니다. 비록 완전한 형태는 아니지만 록신(Roxin)과 야콥스(Jakobs)가 연관된 논점을 제공하고 있다. 록신의 논점에 관해서는 앞에서 일반예방과 개별 범죄를 연계시키는 문제로서 그의 책임이론과 관련하여 논의하였다. 이에 대하여 야콥스는 국가사회의 조직(組織)이라는 관점에서 중요한 논의를 하고 있다. 앞에서 본 대로 책임은 인간사회 내지 문명사회의 조직방식(組織方式)에 연계되는 것이다. 우선 비교가 되는 방식으로서 도부 사회나 부시멘 사회가 있다. 이런 사회에서는 특별한 조직방식이 필요하지 않다. 다만 전제로서 가족제도 또는 혈연집단이 존재하는 것으로 충분하다. 사회질서에 대하여 특별한 내용은 필요하지 않으며 모든 인간

---

94 이제까지 독일체계에서는 단계적 심사론(審査論)의 관점이 묵시적 명시적 상식으로 되어 있었다. 즉 어떤 사건(독일체계에서는 행위)에 대하여 그것이 범죄인가를 규정하는 데 있어 단계적으로 심사한다는 관점이다. 구성요건해당성, 위법성, 책임과 같은 순서로 심사한다는 것이다. 이러한 심사의 관점에서는 전체 형벌제도의 정당화와 개별 사건의 처벌배분(處罰配分)의 정당화와 같은 관념은 자리할 여지가 없다. 우리는 이러한 점에 관하여 범죄론 체계를 주제로 제3권에서 논의한다.

은 제 마음대로 행동해도 된다. 도부 사회에서는 앞에서 길 가는 자가 마음에 들지 않으면 죽여 버려도 상관없다. 물론 반대로 자기가 죽임을 당할 수도 있다. 이런 점에서 도부 사회는 완전히 자유롭다. 그럼에도 사회가 해체되지 않는 것은 모든 사람들이 공격자이기도 하지만 방어자이기도 하기 때문이다. 또한 혈연집단을 단위로 하는 복수(復讎)의 기제가 작동하기 때문이다. 이러한 사회에서는 정당성이나 책임개념이 필요하지 않다.

다음으로 우리는 개미의 사회(정확히는 群体)를 비교 대상으로 상정할 수 있다. 개미사회에는 유전자의 발현 자체가 분업적 개체(個体)를 형성한다. 여왕개미, 일개미, 병정개미… 그리고 일개미나 병정개미는 다시 세분화하여 여러 종류의 일개미와 병정개미가 태어난다. 이러한 개미들의 본능에 의한 분업체계가 개미사회를 형성한다. 여기에는 언어나 의미가 필요하지 않다. 또한 개체의 개미에 대한 통제나 책임부과가 필요하지 않다.

이에 대하여 문명사회의 조직 방식은 이들과 다르다. 문명사회도 개인의 자유로운 행위를 전제로 하여 조직된다. 모든 개인은 자유롭게 행동하고, 그러한 자유로운 행위가 사회를 형성한다. 그렇지만 문명사회의 개인의 자유는 의식적 자유인바, 그 의식적 자유는 의미화체계를 전제로 한다. 개인의 의식적 행위는 의미화체계에 의하여 결정되는데, 그 의미화체계에는 정당성과 책임에 관한 에토스가 축적되어 있다. 어떤 행위는 정당하지 않은 범죄로 규정되고, 이에 대해서는 형벌제도에 의하여 처벌받아야 하는 책임이 부과된다. 수렵채집사회에서의 복수의 기제가 형벌제도에 의하여 대체된 것이다. 이러한 대체는 구성원이 수백만에서 수억에 이르는 거대 사회에서는 복수의 기제가 작동할 수 없기 때문에, 거대 사회로서의 문명사회로 인류가 사회를 조직하는 유일한 조직 대안(代案)이었던 것으로 보인다. 이렇게 함으로써 개인에 대하여 자율적(自律的)인 행위를 전제로 하면서도 일정한 질서―가령 살인금지―가 유지되는 양식으로 사회가 조직되는 것이다.

[1735] 자기관리의 자유—책무관할(Zuständigkeit)

　문명사회를 조직하는 가장 근원적인 양식은, 개인의 자율성(自律性)을 전제로 하여, 자유로운 개인의 행위에 의하여 사회를 조직하는 것이다. 이러한 개인의 자율성은 의미화체계와 인지적 자유에 의하여 보장된다. 의미화체계에 기초하는 인지적 자유는 자율의 능력이다. 즉 규범에 따를 수 있는 의미화의 결정체계(신경체계)를 형성할 수 있는 능력이다. 야콥스는 개인의 자율에 의하여 사회를 조직하는 방법밖에 다른 대안이 없다고 전제하고, 이는 개인의 책무관할(Zuständigkeit)을 전제로 하여 책임을 부과하고 그것으로 사회를 조직하는 것이라고 한다. 그는 사회를 조직하는 방식이라는 근원적 차원에서 책임개념이 규정된다는 것을 통찰한 사람이다. 그리하여 우리는 야콥스의 통찰을 따라가 볼 필요가 있다.

　국가가 사회를 조직함에 있어서 개인에게 자기 자신에 대한 관할(管轄)-자기결정–을 전제로 하면서, 동시에 그에게 책임을 부과하는 방식 이외에 다른 대안(代案)--조직화대안-이 있는가? 이것이 야콥스가 제기하는 관문(觀問)이다. 국가가 개인을 수용소에 수용하여 특정한 국가사회적 과업을 직접 부과한다면 개인에게 책임을 귀속시킬 필요가 없다. 그렇지 않고 개인에게 스스로에 대한 관할을 인정한다면 그 관할에 대한 책무도 스스로 지지 않으면 안 되고, 이러한 관할책무(管轄責務, Zuständigkeit)가 책임이다. 인격은 사회조직화의 차원에서 자유역(自由域, freiraum)을 가지고 있어 이러한 관할책무를 부담할 수 있는 적격(適格)이다. 야콥스의 책임개념에서 Zuständigkeit야말로 핵심적인 개념이다. 일반적으로 관할(管轄)로 번역되는 이 개념은 자신의 관할 하에 있는 사항에 대해서는 책임(책무)도 부담한다는 의미를 함축한다. 이러한 관할과 책무의 개념을 인격에 적용하면, 인간(인격)은 자기 자신의 행동에 대해서 자신이 관할하므로 자신이 책임을 져야 한다는 것으로 귀결된다. 그리하여 Zuständigkeit를 관할책무 또는 책무관할로 번역한다.

"책임은 주연자가 현실적으로 규범적 의미에서 행위대안을 갖고 있는지 여부와는 관련이 없고, 주연자에의 귀속에서 조직화대안(Organisationsalternative)이 있는지 여부에 관련이 있다." "책임에 관한 개인적 가능(Können)은 '국가필요의 허구'라는 Kohlrausch의 유명한 말은 수정되어야 하며, 이를 정정하면, 그것은 규범적 구성(normative Konstruktion)이다."[95]

그러나 야콥스의 책임이론에서 자유가 완전히 무관한 것은 아니다. 사실 관할책무라는 개념 자체가 자유개념을 함축하고 있다. 왜냐하면, 자유롭지 않은 자는 관할책무가 없기 때문이다. 그러나 이 관할책무의 함축으로서의 자유가 자유의지인가에 대해서 야콥스는 부정적이다. 관할책무의 자유는 적법동기화(適法動機化)의 가능(可能)과는 무관하다.

"책임은 규범효력의 침해에 대한 관할책무(Zuständigkeit)이며, 그 관할책무자의 규범적인 동기화 가능성을 더 이상 전제하고 있지 않다. 물론 책임은 자유와 관련을 맺고 있다. 하지만 그때의 자유란 의지의 자유가 아니라 자기관리의 자유(Freiheit zur Selbstverwaltung), 즉 자신의 두뇌(頭腦)와 조직권역(組織權域)의 지배에 대한 자유를 말한다. 책임이란 어차피 모든 사건과정들이 획일적으로 중앙집중화되어 조종되지는 않는, 다시 말해 그 관리권이 분산되어

---

95 Jakobs, AT, 17/23. Bei einer Beschränkung auf die Sicherung der sozialen Ordnung geht es bei der Schuld nicht darum, ob der Täter real und nicht nur in normativer Bestimmung eine individuell volziehbare Verhaltensalternative hat, sondern ob es zur Zurechnung zum Täter eine Organsationsalternative gibt, die generell vorzugswürdig ist··· Kohlrauschs berühmtes Wort, das individuelle Können bei der Schuld sei eine "Staatsnotwendige Fiktion", ist also dahin abzuwandeln, daβ das Können, so man darauf abstellen will, eine normative Konstruktion ist.

있는 질서하에서만 가능한 개념이다."⁹⁶

[1736]

야콥스가 말하는 것은 단순화하면 사회조직의 차원에서 규정되는 인간의 자율성이라고 할 수 있다. 야콥스에게 책임은 가능(可能)이라는 사실에 근거하는 것이 아니라, 국가사회를 조직화하는 차원에서 규범적으로 규정된다. 즉 사실적 가능적 근거가 필요하지 않다. "책임개념이 제공하는 작역(作役, Leistung)은 갈등의 근원으로서 적법 동기화(適法動機化)를 하지 않음의 식별(識別)에 있다."⁹⁷ 즉, 책임개념의 기능은 사회적 갈등의 원인이 당신의 적법 동기화의 결여에 있다고 규정짓는 것이다. 갈등은 규정되어 해결되어야 하고, 그러기 위해서는 책임은 배분되어야 한다. 즉 살인사건이라는 갈등은 해결되어야 하고, 그러기 위해서 그 원인을 규정하고, 그 원인에 따라 갈등 야기자에 대해 책임이 배분되어야 한다. "심지어 결정론자(決定論者)도 그 질서가 보존되어야 하는 한, 답책(答責)의 배분 외에 대안이 없다는 것에 동의할 수밖에 없다."⁹⁸

야콥스는 자유의지론 특히 타행위가능성과 완전히 무관한 책임개념의 확립에 성공하고 있다고 주장한다. 자유의지론과 상관없이 사회는 조직되어

---

96 Jakobs, Schuld und Prävention(1976), Strafrechts wissenschaftliche Beiträge, *op.cit.*, p.692. Schuld ist Zuständigkeit für einen Normgeltungsschaden, setzt also voraus, daß der Zustädige durch Normen motivierbar ist mehr nicht. Alierdings hängt Schuld doch mit Freiheit zusammen, aber nicht mit Willensfreiheit, şondern mit Freiheit zur Seibstverwaltung, also zur Verwaltung des eigenen Kopfes und des eigenen Organisationskreises. Schuld ist nur innerhalb einer Ordnung möglich, in der nicht sowieso schlechthin jeder Vorgang zentral gesteuert wird, die also dezentral verwaltet wird.
97 Jakobs, AT, 17/18. Die vom Schuldbegriff zu erbringende Leistung besteht in der Kennzeichnung der nicht rechtlichen Motivierung des Täters als Grund des Konflikts.
98 Jakobs, AT, 17/23. Auch ein Determinist kann darin einstimmen, daß es zur Verteilung von Verantwortung keine Alternative gibt, soweit die Ordnung überhaupt erhalten werden soll.

야 하고 책임은 배분되어야 하기 때문이다. 자유의지론에 신념을 가지고 있거나 반대로 철저한 결정론자이거나 상관없이, 결국 사회는 조직되어야 하고 책임이 배분되어야 한다는 것을 부정할 수는 없다. 물론 그러한 책임배분이 잔인할지도 모른다. 그렇다고 야콥스가 자유를 무시하거나 부정하는 전제주의자는 물론 아니다. 우선 그는 의지의 자유와는 다른 성격이지만 자기관리의 자유를 상정하고 있다. 이 특별한 개념은 상세하고 연구되지 않았다. 그렇지만 그는 이 자기관리의 자유를 책무관할(Zuständigkeit)이라고 하면서, 이것이 자유의지의 법이론적 대응물이라고 한다.

> "규범은 준수하는 것이 수범자 자신에게도 가치 있는 것으로 근거(根拠)지우는 작업에 대한 관할은 바로 규범 수범자에게 있다. 여기서 책무관할(Zuständigkeit)이라는 개념이 바로 형이상학에서 자유의지라고 부르는 것의 법이론적 대응물이다."[99]

야콥스는 책무관할의 개념에 관하여 우화(偶話)를 만들어 설명하고 있다. 국경을 접하고 있는 몇몇 국가들에서 접경지역 주민들 간에 때때로 이웃나라에 대한 약탈행위가 자행되고 있었다. 관련 국가의 군주들이 모인 회담에서 약탈행위를 엄하게 단속할 것을 약속하고 다시 약탈행위가 발생할 경우 손해액의 두 배에 해당하는 금액을 군주가 대신하여 지불할 것을 약속했다. 그 뒤 발생한 약탈행위에 대해 관련국의 군주는 최선의 노력을 했는데도 충분한 숫자의 경찰을 배치할 능력이 없었다고 변명했다. 그러면서 자국의 접경지역의 주민을 통제할 능력이 없다고 했다. 그러자 다른 군주들은 그러면

---

99 Jakobs, Schuld und Prävention, Strafrechts wissenschaftliche Beiträge, *op.cit.*, p.682. … er ist also zuständing dafür, daß Normbefolgung für ihn als vorzugswürdig gilt. Diese Zuständigkeit ist das rechtstheoretische Gegenstück dessen, was in der Metaphysik Willensfreiheit heißt,

그 지역을 신탁통치의 지역으로 하고 나머지 국가의 군주들이 나누어 관리하겠다고 제안했다.

> "이러한 가능성에 직면하여 그 군주는 벌금을 지불했다. 그때 한 궁정철학자는 부자유한 행위에 대해 벌금을 지불한다는 것은 부당하며, 그러한 지불요구에 응하는 것은 존엄의 손상이라고 주장한다. 그의 주장에 대하여 군주는, 자기관리의 자유가 그러한 고려보다 우선한다고 대답했다."[100]

[1737]

야콥스의 논의는 그 치열한 관문의식에도 불구하고 어쩐지 문제가 해결되지 않았다는 느낌을 지울 수 없다. 분명히 그는 자유의지와 책임에 관하여 논의하는 그 어떠한 학자들보다 더 심원한 차원에 서 있다. 그럼에도 그의 논의는 어쩐지 선명(鮮明)하지 않다. 그가 만든 우화(寓話)는 문제를 이해하는 데 도움이 된다. 왕이 실제로 접경지 주민을 거의 통제하지 못한다고 가정해 보자. 그럼에도 왕은 그 접경지 영토를 자신의 영토로 자기관리하고 싶어 한다는 것이 야콥스의 주장이다. 왕은 그 대가로 매년 많은 벌금을 물어야 할 것이다. 그 벌금이 너무 많아 국가 전체의 재정이 고갈된다면 군대를 유지할 수 없을 것이다. 아마 다른 국가는 어느 시기에 이 나라를 침략하여 접경지가 아니라 전체 영토를 강탈할지도 모른다. 따라서 자기관리의 자유가 우선한다고 하여, 통제되지 않는 접경지를 무조건 보유한다는 것이 문제의 대답으로

---

100 Jakobs, Das Schuldprinzip. *op.cit.*, p.206. Angesicht einer solchen Möglichkeit zahlt der Monarch dann doch. Zwar meint sein Hofphilosoph, es sei ungerecht, Buße für ein unfreies Verhalten zahlen zu müssen, und unwürdig, einem solchen Zahlungsverlangen nachzukommen, jedoch der Monarch erwidert, seine Freiheit zur Selbstverwaltung rangiere vor solcher Überlegungen.

보이지 않는다. 어쩐지 선명하지 않고 문제가 해결되지 않았다는 것은 바로 이런 이유 때문이다. 접경지 주민의 통제 문제가 나라 전체의 유지에 위협이 되지 않을 정도는 되어야 한다. 즉, 접경지 주민의 통제 여부와 자기관리의 원칙이 완전히 무관하다고 할 수 없다는 것이다.[101]

야콥스의 우화에 빠져 있는 고려가 무엇일까? 그것은 두 가지이다. 첫째, 시간 프레임(time-framing)이 빠져 있다. 우주(宇宙)는 공간만이 아니라 시간 차원이 있다. 둘째, 의미론적(意味論的) 차원이 빠져 있다. 우리가 다루는 인간·사회·문명에는 (책임문제도 마찬가지인바), 존재론적 차원만이 아니라 의미론적 차원이 있다.

우선 접경지에 대한 통제가 지금은 잘되지 않지만 앞으로 시간이 흐른 후에는 통제가 개선될 가능성이 있다. 문제가 무엇이든 그것을 보는 데 있어서 시간 차원(時間次元)을 배제하면 현실(現實)을 제대로 볼 수 없다. 접경지 주민에 대한 통제가 개선된다면 문제는 해결된다. 이것은 우리의 원래의 논점, 책임과 관련하여 생애(生涯)를 통한 자기 프로그래밍(self-prggramming)의 차원이 있다는 것이다.

다음으로, 접경지 주민은 결국 인간이고 그리하여 의미론적(意味論的) 존재이다. 인간으로서 언어적 의미론적 차원이 존재한다. 접경지 주민에 대한 커뮤니케이션이나, 그들의 상황과 그들의 행동에 대한 언어적 의미론적 이해에 의하여 상황은 개선될 수 있다. 법은 언어와 의미에 의한 통제이다. 강제

---

101 이것은 책임에 있어서는 자유의지의 차원에서가 아니라 사회의 조직화 차원에서 규정되어야 한다는 주장이 의문스럽다는 것을 말하는 것이다. 접경지 주민의 통제 문제=자유의지 문제, 접경지에 대한 관할권 유지=자기관리의 자유=자기관리의 원칙을 기준으로 하는 사회의 조직화의 비유가 비유에 있어서도 내적 논리가 의문스럽다는 것이다. 앞에서 야콥스의 논지를 되돌아보면 다음과 같다. "책임은 주연자가 현실적으로 규범적 의미에서 행위대안을 갖고 있는지 여부와는 관련이 없고, 주연자에의 귀속에서 조직화대안(Organisationsalternative)이 있는지 여부에 관련이 있다." "심지어 결정론자(決定論者)도 그 질서가 보존되어야 하는 한, 답책(答責)의 배분 외에 대안이 없다는 것에 동의할 수밖에 없다."

나 형벌에 의한 수단을 동원하더라도 그것은 루만(Luhmann)이 말하는 것처럼 여전히 의미(意味)의 커뮤니케이션이다. 이것은 우리의 원래의 논점, 책임과 관련하여 행위의 콘텐츠 차원, 행위의미의 차원이 있다는 것이다.

결론적으로 존재론적 차원에 있어서는 인간은 타행위가능성이 없다. 그러나 의미론적 차원에 있어서는 인간은 행위의미를 선택하는 인지적 자유를 가지고 있다. 그 행위의미 선택의 인지적 자유는 행위의 성격에 따라 행위 자체가 의미론적 콘텐츠를 가질 때에는 인지적 자유의 폭은 더 커진다. 나아가 그것은 다시 생애 자기 프로그래밍에 의하여 더욱 심화될 수 있다. 그리하여 인지적 자유의 측면으로 눈을 돌리면, 위 야콥스 논의의 의의(意義)와 한계(限界)가 동시에 보인다. 즉 시간적 차원을 무시하고 지금 현재라는 시간적 단면(斷面)을 잘라서, 인간을 사회로 조직화하는 방식은 무조건 답책을 배분하는 것밖에 다른 방법이 없다고 할 수 있다. 그리고 그것을 사람들이 수용하는 이유는 자기관리의 자유를 가지고자 하기 때문이다. 이런 관점에서는 '책무관할(Zuständigkeit)의 개념이 형이상학적 자유의지라 부르는 것의 법이론적 대응물'이라는 야콥스의 주장은 타당하다. 그러나 우리가 '의미론적 차원을 도입하면' 책무관할은 바로 인지적 자유와 그 부담(負擔)을 의미한다. 그것은 단순한 자기관리의 권리의무만이 아니라, 그것을 가능하게 하는 인간의 자유(인지적 자유)가 있다는 것이다. 나아가 시간적으로 인간은 생애에 걸쳐서 자신을 의미론적 존재로 재규정하는 가능성을 또 다른 인지적 자유로 가지고 있는 것이다. 이러한 인지적 자유야말로 인간과 문명의 기반이다. 나아가 특정 시대와 사회의 문명 수준 자체가 함축하는 문명적 자유의 결여에 대하여 면책성의 범위를 설정한다. 인간사회가 문명적이라고 말하는 이유는 그 구성원에게 문명적 자유를 보장하고 그 보장에 실패하는 것에 대하여는 사회(국가)가 면책하기 때문이다. 그리하여 면책성은 그 국가의 문명적 수준을 함축하는 것이다.

[1738] 결어(結語)와 서론(緒論)

자유의지에 관한 우리의 논의는 간명하게 요약할 수 있다. 인간은 존재론적으로 결정성(決定性)에 의해 규정되나, 의미론적으로는 자유롭다는 것이다. 즉 인간은 존재론적으로 자유의지가 없으나 의미론적으로 인지적 자유가 있다. 브루투스(Brutus)가 시저(Caesar)를 살해한 행동은 결정론적으로 발생한 것이지만, 공화국의 적을 살해한다는 그 행위의미(行爲意味)는 브루투스가 자유롭게 선택한 것이다. 이것은 하나의 신비(神祕)이다. 존재론적으로 결정적인 것이 어떻게 의미론적으로는 자유로울 수 있을까? 결정성과 자유가 동전의 양면을 형성하는 것, 이것이 인간존재에 귀결된 진화의 신비이다.

이 신비의 해명은 제2권에서 다룰 것이나, 여기서는 좀 단순하게 이해하기로 한다. 브루투스(Brutus)가 시저(Caesar)를 살해하기로 의사결정한 것 자체는 살해행동의 원인이 아니다.(인과적 관계에 있지 않다). 이것이 다른 많은 사람들이 같은 의사결정을 하고도 살해행동이 일어나지 않은 이유이다. 그리하여 행동의 원인은 욕망이나 용기 등과 같은 정신적 에너지이다. 그렇지만 일단 결정론적으로 살해행위가 일어났을 때, 공화국의 적을 살해한다는 의사결정 당시에 선택한 행위의미(行爲意味)는 실천행위의 행위의미가 된다. 결정론적으로 이루어진 모든 행위의 행위의미는 그 이전에 선택된 것이다.[102]

---

102 물론 브루투스가 공화국의 적을 살해한다는 의사결정(행위 의미의 선택) 자체는 결정성이 지배한다. 그 선택 역시 Soon et al., 2013 실험과 같이 4초 전에 두뇌 피질에서 선행하여 결정된 것이다. 그러나 이것은 사유(思惟)이다. 우리는 사유(思惟)에서의 결정성에 대해서는 인과적이라거나 결정성이 지배한다고 말하지 않는다(그렇게 정의(定義)하지 않는다). 인과율이나 결정론은 존재론적 차원에서 있어서 규정되는 것이다. 의미론적 차원에 있어서는 인과율을 논의하는 것이 가능한가 하는 문제가 먼저 해결되어야 한다. 인간의 사유는 우리가 상상하는 것 이상으로 결정성이 지배한다. 나는 이 책을 교정하면서 [1503]에서 '그래도 지구는 돈다'의 귀절을 첨부해 넣으면서 과거에도 이 귀절을 썼다는 느낌을 받았다. 그리고 [1509]에서 같은 귀절을 찾았다. 원고상으로는 가깝게 있지만 [1503]은 나중에 써 넣은 것으로 거의 1년6개월의 시간차이가 있다. 그리하여 우리의 사유도 대단히 결정성이 지배하는 것처럼 보인다. 그러나 사유의 결정성을 인과율로 환원하여 설명하기는 어렵다. 동시에 그

인간과 자유에 대한 이러한 우리의 결론이야말로, 바로 우리 인간, 사회 그리고 문명을 구축하는 가장 근원적인 사실(진리)이다. 사회인문학적 차원에 있어서 가장 근원적 진리가 바로 인간이 존재론적으로는 결정성(決定性)이며 의미론적으로는 자유롭다는 것이다. 이것이 가위바위보를 가능하게 한다. 결정성이 뒷받침되지 않으면 그렇게 빠르게 가위바위보를 할 수 없을 것이다. 그리고 콘텐츠의 자유가 선택되지 않으면 승패와 그에 대한 승복이 이루어지지 않을 것이다. 진화가 창조한 이 신비한 진리가 인간이 커뮤니케이션을 할 수 있고, 사회를 형성할 수 있고, 문명을 구축할 수 있게 해 준 것이다.

그런데 우리가 자연과 문명으로 시야(視野)를 넓히면, 이 존재론적 차원과 의미론적 차원이 어떤 관계성(關係性)을 가지고 있는지 알지 못한다. 하나의 논의(이론)에서 사실과 의미의 기여(寄與)를 구분할 수 없다는 것이 콰인(W.V.O. Quine)의 주장이다. 나아가 도대체 의미(意味)라는 것 그 자체는 무엇인지 알지 못한다. 우리는 이제까지 의미, 의미성, 의미론적 개입, 의미론적 차원, 의미론적 자유 등 의미에 관하여 많은 말을 해 왔지만, 정작 의미가 무엇인지 알지 못한다. 그런데 영미의 분석철학은 러셀 이후로 100여 년이 넘게 의미(意味)에 관한 철학을 논구해 왔다. 우리는 영미 분석철학을 개관(槪觀)하고 의미, 자연, 문명에 관하여 그 논의를 확장할 것이다. 이것이 제2권의 주제이다.

한편 우리는 위 인간의 자유에 관한 논의의 귀결로 도출한 인지적(認知的) 자유와 문명적 자유를 책임개념의 규정에 도입하였다. 그리하여 책임은 인지적 자유의 부담(負擔)으로, 면책성은 문명적 자유의 결여(缺如)로 규정하였다. 이것은 이제까지 독일체계에 있어서 책임이라는 체계범주를 전혀 다르게 설정하는 것이 된다. 이제까지 독일체계에서 책임개념에 관해서만 논의

사유에 의한 의미론적 개입을 결정성이라고 할 수는 없다. 이에 관하여는 제2권에서 재론한다.

가 집중되어 면책성은 책임이라는 동전의 뒷면처럼 취급하였다. 그러나 우리는 책임과 면책성을 전혀 다른 차원에서 규정하고 있다. 이것은 범죄론 체계 자체의 변혁을 불가피하게 한다. 나아가 독일체계는 그 자체로서 해결해야 할 많은 문제를 안고 있다. 그것은 행위라는 범죄의 유개념의 문제이다. 우리는 이 범죄의 유개념의 문제를 영미 분석철학의 한 성과로서 데이빗슨(Donald H. Davidson)의 사건존재론(事件存在論)을 수용한다. 그리하여 제1권과 제2권의 논의의 성과를 바탕으로 하여 제3권에서 독일체계와 영미체계를 종합하는 새로운 범죄론 체계를 구축할 것이다. 이것은 한편에서는 형법총론이라는 학문의 재구성이지만, 동시에 철학적으로는 제2권에서 구축한 새로운 철학의 시범사업이라고 할 수 있다. 동시에 문명의 전환에 관한 논리와 방법의 시범사업이기도 하다.

Freudenthal, Berthold [1216]
Fried et al., 2011 [1407]
Fried, Itzhak [1407]

Gabriel, Markus [1641]
Gallas, Wilhelm [1232]
Garofalo, Raffaele [1218]
Gazzaniga, Michael S. [1405] [1518] [1625] [1657]
  [1658] [1661]
Geltungsanspruch [1255]
ghost in the machine [1511]
Goldschmidt, James Paul [1216]
Goya, Francisco de [1625]
Gramatica, Filippo [1224]

Habermas, Jürgen [1255]
Hacker, Peter M.S. [1507]
Haggard, Patrick [1408] [1651]
Haggrad & Eimer 1999 [1408] [1519]
Hallet, M. [1520]
Harari, Yuval N. [1510]
Harris, Sam [1509]
Hart, H. L. A. [1301]
Hartmann, Nicolai [1725]
Hassemer, Winfried [1256] [1259]
Haxby et al., 2001 [1417]
Haxby, James V. [1417]
Haynes et al., 2007 [1410]
Haynes, John-Dylan [1410]
Hegel, Georg Wilhelm Friedrich [1203]
Humboldt, Alexander von [1250]
Hume, David [1509]
Hypnosis [1615]

IB; imitation behavior [1615]
ill-will of the universe [1733]
inattentional blindness [1710]
incompatibilism [1640]
Inwagen, Peter van [1643] [1719]
Isham, Eve A. [1515] [1517]

Jakobs, Günther [1238]
James, William [1632]

Kant, Immanuel [1638]
Kaufmann, Armin [1236]
Kaufmann, Arthur [1211] [1259] [1725]

Keller, I. [1519] [1523]
Kindhäuser, Urs Konrad [1253] [1634] [1716]
Knutson et al., 2007 [1411]
Knutson, B. [1411]
Kohlrausch, Eduard [1247]
kommuikative Vernunft [1255]
Kornhuber, H.H. [1403]

Laplace, P. S. [1640]
Laplace's demon [1640]
Lau et al., 2004 [1409] [1516]
Lau, Hakwan C. [1409]
Lebensführungsschuld [1726]
left anterior temporal lobe [1415]
left inferior frontal gyrus [1415]
liability [1303]
Libet, Benjamin [1401]
Liepmann, Moritz [1210]
Liszt, Franz von [1208] [1227]
Lombroso, Cesare [1218]
LRP(Laterlized RP) [1408]
Luckmann, Thomas [1249] [1252]
Luhmann, Niklas [1737]

masking stimulus [1614]
Matsuhashi, M. [1520] [1524]
Mayer, Max Ernst [1210] [1214]
Mele, Alfred [1520] [1618] [1630] [1716]
mens rea [1302]
Merkel, Reinhard [1643] [1720]
Mezger, Edmund [1228]
mind-reading [1629] [1660]
Monti et al., 2010 [1418]
Monti, Martin M. [1418]
MOT, Moment of Truth [1604]
MRI, Magnetic Resonance Image [1409]
ms(millisecond) [1402]
multiple drafts model [1512]

NAcc(nucleus accumbens) [1411]
neural correlates [1618]
neural decision to move now [1521]
neuroplasticity [1632]
Nisbett, R. E [1515] [1517]
Noll, Peter [1243]

operationale Geschlossenheit [1513]